"十二五"普通高等教育本科国家级规划教材

ECONOMICS & MANAGEMENT

高等学校经济管理类核心课程教材

Corporate Finance

公司理财

（第3版）

刘淑莲　编著

中国人民大学出版社
·北京·

前　言

在过去半个多世纪里，公司财务/财务管理研究空前繁荣，从以融资为核心的传统财务学，到以价值评估、价值创造为核心的现代财务学，其研究视角发生了很大的变化。总体上说，公司财务的研究框架主要表现在两个方面：一是通过资源的流动和重组实现资源的优化配置和价值增值；二是通过金融工具的创新和资本结构的调整实现资本的扩张和增值。这两个问题的核心就是如何通过投资和融资决策为公司创造价值。在公司理财的实践中，金融市场扑朔迷离，价值评估与价值创造日益复杂与困难，这给今天的公司理财教学带来了前所未有的挑战。我们的目的就是提供一本尽可能简明易懂但又不会对重要细节敷衍的教材，使其成为无论在财务理论的理解和解释上，还是在公司理财的实践应用上都有所突破的教材。

教材设计

黑格尔说："不理解过去人们的思想，也就不能理解过去的历史。正是在这种意义上，历史就是思想史，一切历史都是思想史。"金融思想萌芽于路易斯·巴舍利耶（Louis Bachelier，1900）的博士论文《投机理论》（The Theory of Speculation），其率先采用数学工具解释股票市场的运作。数十年后，这篇关于证券市场统计研究的论文，最终被认定为标志着金融学从经济学独立出来，成为一门新学科的里程碑。[1] 20世纪50年代后，随着资本市场的作用日益扩展，金融理论的研究空前繁荣，出现了一群在金融学史上举足轻重的代表性人物。在马科维茨（Markowitz，1952）、夏普（Sharpe，1964）、米勒（Miller，1958）、法马（Fama，1965）等学者的努力下，金融学成为半个世纪以来最活跃的一个经济学分支。他们的理论成为金融学史上具有重大学术价值的历史文献，他们也先后成为诺贝尔经济学奖得主。如果用一个术语来描述这些经典文献，那就是资产定价。例如，佛朗哥·莫迪利亚尼和默顿·H. 米勒（Franco Modi-

---

① 沈艺峰，沈洪涛. 公司财务理论主流. 大连：东北财经大学出版社，2004.

gliani and Merton H. Miller，1958）的资本结构无关论；哈里·M. 马科维茨（Harry M. Markowitz，1952）的投资组合理论；威廉·F. 夏普、约翰·林特纳和杰克·特雷诺（William F. Sharpe，John Lintner and Jack Treynor，1964）的资本资产定价模型；费希尔·布莱克和迈伦·斯科尔斯（Fischer Black and Myron Scholes，1973）的期权定价理论；尤金·F. 法马（Eugene F. Fama，1965）的有效市场假说。这些模型反映了主流金融经济学的基本走向和理论框架。更为重要的是，在理想资本市场假设条件下，这些模型关于资产风险、预期收益或公司价值等的结论具有高度的一致性。当然，这一假设条件并非现代金融经济学理论的全部，对部分假设条件的逐步放松反映了现代金融经济学的发展轨迹。瑞典皇家科学院在1990年诺贝尔经济学奖的致辞中称，米勒革命性地改变了公司财务的理论与实务，将公司财务从一个松散的工作程序及规则，改变为追求股东价值最大化的精细巧妙法则。① 布莱克和斯科尔斯在《期权定价与公司债务》一文中推出了期权估值模型（BSOPM），首次提出负债公司的股权实际上是公司价值的看涨期权。此后，大量的研究进一步说明了如何将期权定价理论用于解决公司财务问题，如股利政策、资本结构、兼并与收购、投资决策、可转换债券、认股权证等。

通过对财务理论和实践要求的理解，我们一直在寻找将公司投资、融资与营运资本管理联系在一起的线索，即价值评估与价值创造。本书在编写过程中主要遵循以下原则。

注重学科知识的系统性和学生的认知规律。本书以公司财务目标为导向，以风险与收益为决策变量，沿着证券估价→投资项目估价→公司估价→价值创造与管理的技术路线设置各篇章的内容。全书共分12章，第1～5章为财务估价基础篇，以公司财务理论为背景，系统介绍财务报表分析、证券价值评估模型、风险与收益模型，主要通过现金流量折现法说明债券、股票和公司价值评估方法，通过投资组合理论、资本资产定价模型阐述预期收益率的确定方法。第6～12章为应用篇，在阐述资本成本的基础上，根据简易资产负债表框架设置投资、融资和营运资本管理三部分。其中，投资决策（资产负债表下方）主要侧重于项目资本成本（投资者要求的收益率）、项目现金流量、项目评价基本标准、项目风险分析等。融资决策（资产负债表右方长期融资）主要侧重于融资方式、资本结构理论、股利政策（留存收益作为公司的内部资金，与股利支付率反向变动，在投资既定的情况下，股利政策可以作为融资活动的一部分）。营运资本管理（资产负债表左上方）主要侧重于流动资产管理和流动负债管理。在此基础上，阐述价值创造评价标准、价值创造驱动因素、经济增加值等基本理论与实用技术。书中内容设置模块化，各章既相互联系，又独立成篇，便于根据实际需要组织教学与学生自主学习。限于篇幅，本书在第2版的基础上，对相关内容进行了一定的增删、修订和调整；根据教学内容的逻辑关系和学生的认知需要，将资本成本单独成章；将流动资产和流动负债合并为营运资本管理；在投资决策中增加了实物期权；删除了公司并购与重组（这章内容可在“高级财务管理”课程中讲授）。本书以格力电器

---

① 李志文. 追念经济学诺贝尔奖得主默顿·米勒//李志文. 李志文谈管理教育及财经金融. 台北：策略企业管理顾问股份有限公司，2001：120.

为例，以其近十年历史财务报表为依据，从财务报表分析、财务预测、价值评估、经济增加值分析等四个方面对格力电器进行分析评价，以便为学生提供一套财务分析、价值评价的整体思路。本书的结构如图 1 所示。

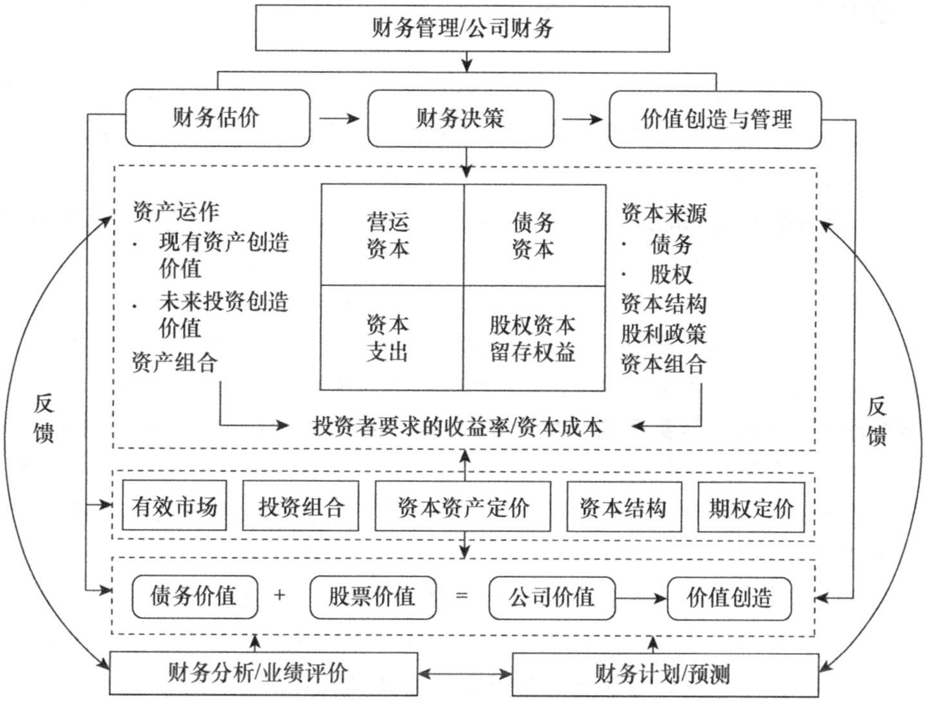

图 1 全书结构框架

注重理财技术的应用性。本书力求突破财务管理教材的传统模式与写法，将求实与求新、求深相结合；将现代公司财务模式与我国财务管理现实情况相结合，尽量为读者提供一种理财的思路或导向。书中许多章节以我国上市公司的财务数据为基础，通过大量的实例将各章的前后概念和财务术语联系起来，运用价值估价模型将公司投资决策、资本结构、营运资本管理和风险管理有机地结合在一起。书中各章后的案例分析从公司设立到公司价值创造相互呼应。通过反复练习和提示给予读者更多的启发，以帮助读者理解书中的内容，掌握财务理论与应用技术。

注重理财技能的演练性。与一般教材不同的是，本书不仅将财务学研究的最新成果融入内容，使读者通过本书获取完整的财务知识，而且提供了利用 Excel 财务函数解决一般财务问题的具体操作过程，通过模拟提升读者对财务模型的理解和应用能力，使其学会利用 Excel 工具进行财务建模、财务决策和价值评估。本书是一本将财务理论带出课堂的教材，读者在学习相关的财务理论后，只需具备 Excel 的基础知识，根据各种财务变量关系，导入真实数据，即可进行实际演练。本书各章之后设置了本章小结、基本训练（单项选择题、多项选择题、判断题、讨论/思考题、计算分析题、案例分析）等栏目。在完成本课程教学后，学生应能够以上市公司的真实数据为依据，从公司财务业绩分析出发，预测公司收益与风险、现金流量、资本成本、公司现有资产和未来投资的价值创造及其驱动因素，据此撰写上市公司价值评估报告。

需要说明的是，本书中的计算题和案例均采用Excel函数计算，由于四舍五入的原因，计算结果与手工计算稍有偏差，读者可参阅Excel电子表格的计算过程。

教学方式

教材中章节顺序体现了这门课程的授课过程，在一般情况下可按章节顺序讲授。但教师也可根据需要变更次序或放弃某一部分内容。在课堂教学的过程中，教师主要应注意以下几个问题：

要处理好全面和重点的关系。公司理财的内容多，涉及面广，各章之间相互联系、相互影响。在教学过程中，要根据学生的特点和要求，精心组织教学内容，力求突出重点，讲清难点，解答疑点，使学生在全面理解的基础上，尽快掌握必要的理论、方法和技能。为了体现本课程的实务特色，课堂教学可采取问题导向的教学方式。在每次上课之前学生应仔细阅读教材，各章后面的基本训练可作为预习的线索。

要处理好理论教学与实务操作之间的关系。在教学方法上，以基本理论为基点，强调案例教学（真实案例和虚拟案例），坚持“理论-方法-案例”并行，使学生循序渐进，有所借鉴。为了培养学生的合作能力、表达沟通能力和实践能力，本课程宜采取研究训练计划（students research training，SRT）。特别是各章中的讨论/思考题、案例分析适合小组作业和现场报告，即5～7名学生组成小组，在主讲教师指导下，按特定题目各抒己见，然后展开讨论，互相切磋，这样就为学生提供了在课堂中难以得到的自我表现机会。公司理财的参考文献和相关链接（可通过二维码获得）有利于开阔学生眼界，引发学生深入思考和研究。事实上，学生知识的主要部分不是从教师讲课中得到的，图书馆、网络资源、实验室也是知识的主要园地。

要处理好课堂讨论与案例分析的关系。为了使学生在进行专业基础理论学习的同时增强对公司理财方法应用的感性认识，充分锻炼学生的分析能力和应用能力，要求学生上网收集上市公司的相关资料，随着课程的进度进行相关的案例分析，使其成为课堂教学和习题测试的一个必要环节。例如，讲授零息票债券时，可以美国通用汽车承兑公司（GMAC）1981年首次向公众发行10年零息票债券、美国百事可乐公司1982年发行30年期零息票债券为例，在课堂讨论中将学生分为两组：零息票债券发行者说明公司为什么愿意发行零息票债券；零息票债券购买者或投资者说明为什么愿意购买或持有零息票债券。通过角色模拟，学生可以了解零息票债券的特征及其影响因素。

本书各章后设置案例分析（虚拟案例和真实案例），例如，学习财务报表分析时，可结合案例，分析瑞幸咖啡财务造假的方式、动机和启示；学习乘数法股票估价时，可讨论美的集团收购小天鹅定价是否合理等。这些案例通常是运用公司理财的理论或方法，对某一事项进行计算或分析。与一般练习题不同，案例向读者提供的资料、信息往往不全或较为复杂；反映的情节具有一定的拟真性或真实性；提出的问题带有较多的思考性和启发性；案例分析的方法一般会因人而异，没有标准答案。在案例分析中，学生首先需要认真阅读案例的内容，掌握其中的要点和重点，如组织名称、事件背景、数据资料、问题症结以及各要素之间的相互关系；其次从教材中找出用来解释相关问题的理论、方法或模型，确定思考和分析问题的角度；最后根据这些理论或模型的要求，整理、加工和筛选案例提供的数据，找出解决问题的方法，并以自己的观点进行阐述。需要特别注意的是，案例分析通常没有标准答案（也可能会有多种正确答案）。

要处理好课堂教学与网络教学平台的关系。与公司财务/财务管理学习相关的网络资源（国家精品课程共享资源系统 http://icourses.cn/mooc、中国大学 MOOC、学习强国，以及相关学习网站 https://www.bilibili.com/video/BV1BJ411R78Z?from=search&seid=13933752575057O489）提供了一整套网络教学整合资源包，主要有：教学录像；教学资源包，如教学大纲、教学日历、教案、综合练习题、模拟试题、参考文献；多媒体教学资源包，如教学课件、网络辅助教学软件、网络视频教学课件；实践教学资源包，如学生上机实验和实验数据库。这些教学资源对于读者学习与自我测试、尽快掌握理财技术是非常好的辅助资源。教师可以通过网络教学平台的讨论区定期设定指定的题目或进行网上答疑，让学生主动参与讨论，并及时得到反馈。教师根据学生参加讨论的活动记录和所发表见解及意见的内容给予评价。这种教学模式不仅提高了学生的积极性和学习效果，而且在潜移默化中培养了学生的合作能力、表达沟通能力和实践能力。

目标读者群

在本书中，假设学生已经学习经济学、管理学、会计学、概率论与统计学，这些先修课程有助于学生加深对本书内容的理解。但是先修课程并非至关重要，为学习方便，本书对前续课程中的有关概念做了必要的铺垫性说明。书中许多内容曾作为高等院校相关专业的主要教材，并在使用过程中不断进行修订和补充。这次再版既可作为财务管理、会计、金融等专业本科教材，也可满足 MBA，MPAcc 课程学习和中高级管理人员培训需求。不论是渴望得到公司理财知识的学生，还是追求公司价值最大化的财务决策者，都可以从本书中找到值得学习和借鉴的地方。书中有关公司理财案例的讨论与分析既可应用在学校的教室，也可应用在公司董事会的办公室和投资银行的会议室。书中所提供的财务知识和管理工具，可使财务经理将其来自市场的知识转化为可在公司中运用的知识。因此，本书可以成为财务管理从业人员书架上十分有用的参考手册。

本书由刘淑莲教授设计与撰写。任何一本教材的架构和写作不仅源于作者的知识积累和创造，更来自前人的研究成果和贡献。本书在写作过程中，参阅了国内外许多财务专家和学者的最新研究成果，他们的思想和观点对本书的完成极为重要。为了反映这些专家和学者的贡献，对书中引用的观点或案例尽可能标注了相应的出处。

感谢中国人民大学出版社的支持，感谢出版社编辑李文重老师等在本书编辑出版过程中所付出的辛勤劳动，他们的支持和帮助使本书增色许多并顺利出版。

本书写作的目的不仅在于通过财务知识的介绍、传播，帮助读者将财务概念用于解决现实问题，而且要将作者从这个学科中获得的兴奋与快乐传递给读者。虽然作者主讲“财务管理”课程已近四十年，多次主编不同层次的公司理财教材，但每次撰写教材都是重新学习的过程。在本书的写作过程中，虽然穷尽了作者在这一领域教学与实践的积累，许多地方反复推敲，几易其稿，但限于水平和时间，书中难免疏漏和不当之处。谨以此书献给理论界与实务界的财务专家，以及在这一领域学习与探索的未来的财务专家，你们的批评和建议将是本书再次修订的重要依据。

刘淑莲

目　录

第 1 章

公司理财概述

有人说，财务管理是研究“以钱生钱”之术。“以钱生钱”是一个古老而简单的概念，也是一种全新而繁杂的技术。从一个公司的角度来看，“以钱生钱”就是将公司获得的资本投放到能够创造增长价值的活动。这里的“资本”通常是“他人的钱”（other people's money），对于上市公司来说，“他人的钱”主要是由股东和债权人提供的。公司作为资本的使用者，必须为资本的提供者提供报酬，这个报酬通常是公司用“他人的钱”，“以钱生钱”（投资）创造的。公司只有不断地为“他人”“生钱聚钱”，才能持续不断地得到“他人的钱”（外部融资）。因此，在研究“以钱生钱”之术时，必须正确权衡资本提供者与使用者之间的委托代理关系，在为“他人”创造财富的同时，也为公司创造价值。

通过本章的学习，可以了解企业组织形式与理财目标；熟悉财务管理的内容和财务管理者的职责；熟悉委托代理关系与代理问题；掌握金融资产的特点与价值决定因素。

1.1 企业组织形式与理财目标

1.1.1 企业组织形式

企业的组织形式主要有独资企业、合伙企业和公司三种。独资企业是指一个人所拥有的企业，其特点主要表现在：(1) 企业的资金主要来源于个人储蓄、银行借款、企业利润再投资等，不允许发行股票、债券或以企业名义发行任何可转让证券；(2) 个人拥有企业的全部资产，并对企业的债务承担全部责任；(3) 企业的收入即为企业所有者的收入，并以此向政府缴纳个人所得税；(4) 独资企业的存续期受制于企业所有者的生命期。

合伙企业是由两个或两个以上合伙人共同创办的企业，其特点主要表现在：

(1) 合伙企业融资与独资企业相同，企业开办资金主要来自合伙人的储蓄等，企业不能通过出售证券筹措资金；(2) 合伙企业可分为普通合伙制和有限合伙制两类，前者对企业债务承担无限责任，后者对企业债务的责任仅限于其个人在合伙企业中的出资额；(3) 合伙人通常按照他们对合伙企业的出资比例分享利润或分担亏损；(4) 合伙企业本身不缴纳所得税，其收益直接分配给合伙人，他们获得的分红是各自缴纳所得税的依据；(5) 合伙企业的管理控制权归属普通合伙人；(6) 普通合伙企业随着一个普通合伙人的死亡或撤出而终止，有限合伙人可以通过出售其在企业中的权益退出。

公司是企业形态中一种最高层次的组织形式，它是由股东集资创建的经济实体，具有独立的法人资格。公司的特点主要表现在：(1) 公司的资金可由股东共同出资，也可以在资本市场发行股票、债券等各种有价证券来筹措；(2) 公司实行有限责任制，即股东对公司的债务只负担有限责任，公司破产时，股东的损失以其在该公司的出资额为限；(3) 股东对公司的净利润拥有所有权；(4) 公司股份代表对公司的所有权，并可以随时转让给新的所有者；(5) 公司双重纳税：公司收入要纳税，分配给股东的红利也要纳税；(6) 公司具有无限存续期，因为公司与其所有者相互独立，所以某一所有者的死亡或撤出股份在法律上并不能影响公司的存在。

与独资或合伙企业相比，公司制最大的优点是有限责任、股权容易转让、易于获得外部资本、经营寿命周期长等；公司制的最大缺点是双重纳税。由于公司日渐成为企业的主导形式，本书以股份公司作为财务管理的主体，但基本原理同样适用于其他两种组织形式。

现以一个假想的案例说明企业设立、举债融资、扩股融资等组织形式变革对企业经营与风险分担的影响。

假设企业创始人丁一先用自己的钱购买材料，制造电脑并卖给客户，获得一定的收入，然后将销售所得的资金投资，购买更多的材料，生产和销售更多的电脑。图1-1列示了丁一最初的资产负债表。

现金	100		
存货	300		
厂房、设备	600	丁一权益	1 000
资产总额	1 000	负债+股东权益	1 000

图1-1　丁一初始资产负债表（单位：万元）

在图1-1中，丁一提供了全部资本（1 000万元），因此，负债和股东权益仅记录了丁一的权益，丁一也是该企业的经理。实际上，除了供应商和客户以外，丁一是该企业的唯一直接投资者。初始资产负债表反映了三个特点：(1) 丁一享有该企业唯一所有权；(2) 丁一享有该企业及其资产的完全控制权（在法定范围内）；(3) 丁一承担该企业投资的全部风险。

为了生产更多更好的电脑，丁一向银行借款1 000万元，并承诺以电脑销售收入归还借款本息。假设企业利润全部回馈给投资者，举债经营后的资产负债表如图1-2所示。

现金…… 150	
存货…… 500	银行借款…… 1 000
厂房、设备…… 1 350	丁一权益…… 1 000
资产总额…… 2 000	负债+股东权益…… 2 000

图1-2 丁一企业向银行借款后的资产负债表（单位：万元）

举债后的企业比初创时多了一个利益关系人（债权人），现在的情况是：(1) 丁一保持企业的唯一所有权；(2) 丁一仍然控制企业的资产，但受银行借款义务的约束；(3) 此时，企业的资产负债率为50%，银行承担一定的风险，丁一承担全部剩余风险。

随着企业规模扩大，订单增加，银行借款增加，企业负债比率上升，银行不愿意承担追加贷款的风险。为了筹措资金，银行建议丁一进行扩股融资，企业通过发行新股筹措资本1 000万元，此时公司的股东由丁一和新股东两部分组成，公司组建了董事会进行管理。图1-3描述了企业发行新股后的资产负债表。

现金…… 400	银行借款…… 1 500
存货…… 800	新股东权益…… 1 000
厂房、设备…… 2 300	丁一权益…… 1 000
资产总额…… 3 500	负债+股东权益…… 3 500

图1-3 丁一企业发行新股后的资产负债表（单位：万元）

发行新股后的企业比初创时增加了债权人和新股东，在这种情况下：(1) 该企业已不再归丁一独有；(2) 丁一虽然控制企业的资产，但除了受银行借款义务的约束外，还要承担为其他股东利益行事的义务；(3) 此时，企业的资产负债率降为42.86%，银行仍然承担一定的风险；(4) 丁一不再承担全部剩余风险，他和新股东按每人持股比例分担剩余的企业风险。

假设丁一决定聘请经理经营企业，而自己退出企业管理，仅依靠投资报酬获得企业收益。在这种情况下：(1) 丁一不再直接控制企业及其资产；(2) 与股东相比，企业的经理对资产拥有直接经营权；(3) 丁一与其他股东一样，委托经理为其利益经营企业。

1.1.2 企业目标与财务经理职责

利润最大化目标是经济学界的传统观点，并在实务界得到了广泛的推崇，但从公司资源提供与风险承担的角度分析，股东作为公司资源的提供者，对公司收益的索取权位于其他所有关系人（如债权人、经营者等）之后，承担了公司的全部剩余风险。这种剩余收益索取权赋予股东的权利、义务、风险、收益都大于公司的债权人、经营者和其他员工。因此，应从股东的利益出发，将股东财富最大化作为公司经营目标。

与利润最大化相比，将股东财富最大化作为公司经营目标具有其积极的方面，主要表现在：（1）股票的内在价值是按照投资者要求的收益率折现后的现值，这一指标考虑了获取收益的时间因素和风险因素；（2）股票价值是一个预期值，股东财富最大化在一定程度上可以克服公司在追求利润上的短期行为，保证了公司的长期发展；（3）股东财富最大化能够充分体现公司所有者对资本保值与增值的要求。

股东财富最大化存在的缺点主要是：（1）股东财富最大化只适用于上市公司，对非上市公司很难适用；（2）由于股票价格的变动不是公司业绩的唯一反映，而是受诸多因素影响的综合结果，因此股票价格的高低实际上不能完全反映股东财富或价值的大小；（3）股东财富最大化目标在实际工作中可能导致公司所有者与其他利益主体之间的矛盾与冲突。

除以上两种目标外，还存在公司价值最大化、利益相关者价值最大化。这些目标实现的前提条件是公司管理层的目标与股东的目标相一致，公司经营不产生无法追踪的社会成本。

在公司制企业中，股东通过选举董事会实现对公司的控制，董事会将大部分日常经营决策权授予以首席执行官（CEO）、首席运营官（COO）、首席财务官（CFO）等为首的管理层。在工业发达国家，CFO负责公司的财务管理工作，其下设立会计部门和财务部门，分别由主计长（controller）和司库（treasurer）负责，其下再根据工作内容设置若干科室。主计长的职责主要是通过各种会计核算工作向外部投资者和公司管理层提供各种量化的财务信息。司库的职责主要是负责公司的现金管理、资本筹措，以及与银行、股东及其他投资者保持联系。公司CFO的主要职责不仅是监管主计长和司库的工作，更重要的是根据公司战略规划和经营目标编制和调整财务计划，制定公司的财务政策等。典型的公司组织架构和财务管理职责如图1-4所示。

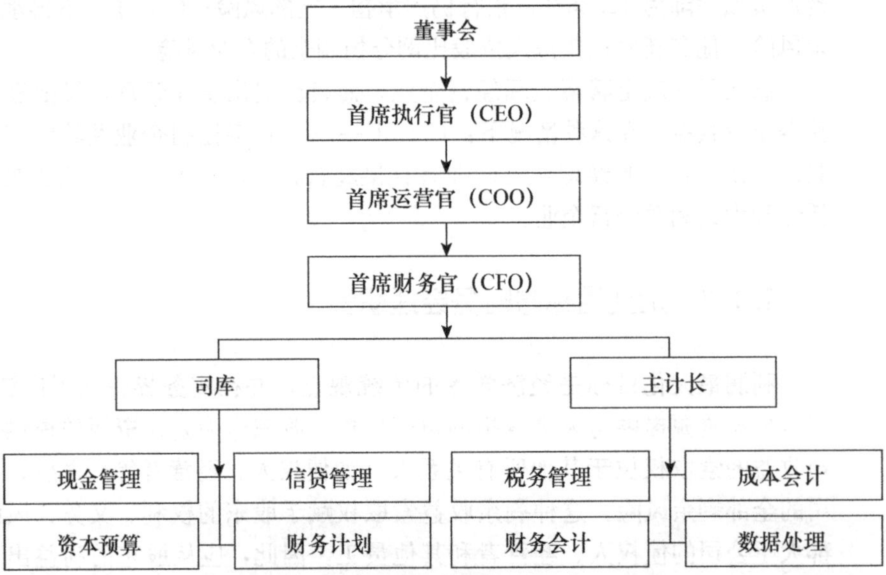

图1-4　典型的公司组织架构和财务管理职责

在上述各种管理职责中，有的集中在财务部门，有的由几个部门共同承担，如应收账款中的信贷限额可由财务部负责，也可由市场部负责，但由此引起的现金流量必须通过财务部才能完成。又如，为公司现在经营或未来增长提供资本是CFO的主要职责之一，但有关融资工具或金融品种的设计、包装、发行通常由财务部门和证券管理部门（如果公司专门设置了这一部门）共同完成。虽然公司的资本预算过程交由司库或CFO负责组织、监管，但重大资本投资项目与产品开发计划、产品营销等方面的决策需要相关部门经理参与筹划和分析，最终的决策需由公司总裁或董事会决定或批准。

随着经济全球化、金融一体化的进程，公司对资本市场的依赖程度不断增强，迫切需要越来越多的专业CFO，他们在战略规划、信息流程化管理、投资者关系管理、业绩评估、风险管理、公司治理结构等方面发挥着重要作用。战略视野和沟通能力被视为CFO的重要技能，其重要性甚至超过会计专业技能。

首席财务官职能转变

1.2　公司理财内容

1.2.1　资产负债表模式

根据财务学科的范畴，财务管理是以公司理财为主体，以金融市场为背景，研究公司资源的取得与使用的管理学科。资源的取得主要指融资活动，即筹措公司经营活动和投资活动所需要的资本；资源的使用主要是指投资活动，即将筹得的资本用于旨在提高公司价值的各项活动。财务管理的内容可纳入一张简易的资产负债表。图1-5描述了会计视角的资产负债表与管理视角的资产负债表的关系。在管理资产负债表中，公司财务管理的内容分为投资管理、融资管理和经营性营运资本管理三部分。投资管理（资本预算）主要侧重于公司长期资产的投向、规模、构成及使用效果管理，即对列示在资产负债表左下方有关项目的管理；融资管理主要侧重于资本的来源渠道、筹措方式、资本结构、股利政策①管理，即对列示在资产负债表右方有关项目的管理；经营性营运资本管理主要侧重于经营性流动资产（最低现金持有额、应收账款、存货、预付账款等）和经营性流动负债（应付账款等非融资短期负债）的管理，即对列示在管理资产负债表左上方有关项目的管理。投资、融资及经营性营运资本管理的目的在于使资本的使用效益大于资本的取得成本，实现公司价值最大化。

① 需要说明的是，股利政策是确定公司的利润如何在股利和再投资这两方面进行分配的决策。尽管分配股利会增加股东财富，但若不将利润作为股利分配给股东，它便成为公司的一项资本来源，将其进行再投资可为股东创造更多的财富。因此，在投资既定的情况下，公司的股利政策可作为融资活动的一个组成部分。

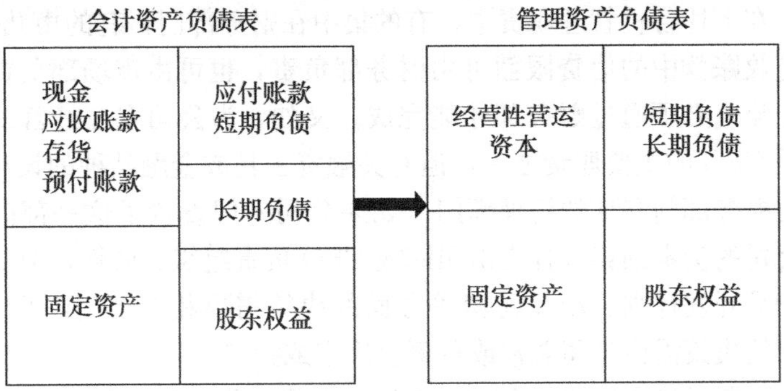

图1-5 资产负债表模式

在实务中，公司财务决策通常与公司高层管理人员有关，如负责财务方面的副总经理（vice president of finance，VP）或首席财务官（chief financial officer，CFO）。图1-6从动态的角度描述了财务管理的主要内容。

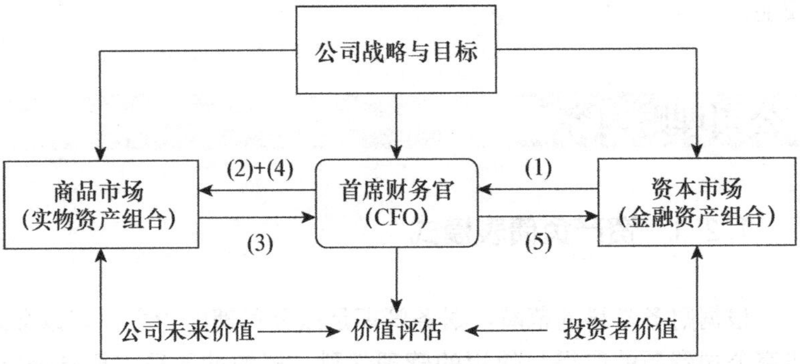

图1-6 财务管理内容

如果说图1-5从静态的角度描述了财务管理的内容，图1-6则从动态的角度描述了财务管理的内容，即现金从投资者流向公司并最终返回投资者的过程。其中：(1) 在资本市场向投资者出售金融资产；(2) 在商品市场进行实物资产投资和产品经营；(3) 将融资现金流量与投资和经营活动现金流量进行对比分析；(4) 将投资或经营活动产生的现金流量的一部分用于再投资；(5) 将投资收益的一部分以利息、股息或红利的形式分配给投资者。

根据图1-6，首席财务官需要回答三个基本问题：一是如何在商品市场上进行实物资产投资，为公司未来创造价值；二是如何在金融市场上筹措资本，为投资者创造价值；三是如何分配新创造的价值。对第一个问题的回答是公司的投资决策，即根据公司的战略规划确定公司资本预算，参与投资方案的财务评估。对第二个问题的回答是公司的融资决策，即根据公司融资需要与商业银行或投资银行一起选择或设计各种融资工具、估算资本成本、设置资本结构等。对第三个问题的回答是公司的分配决策，即根据公司未来发展和投资者利益需求，将新创造的价值以利息、股利等方式在投资者之间进行分配。

1.2.2 契约模式

在公司制下，参与公司经营活动的关系人主要有两种：一种是公司资源的提供者——股东和债权人；另一种是公司资源的使用者——管理层。除此之外，公司在经营活动中还要与社会上的其他关系人（如社区、供应商、客户、政府等）发生往来。公司在经营活动中形成的各种关系表现为委托代理关系，如图1－7所示。从公司财务的角度分析，这种委托代理关系也可以看作公司财务活动形成的财务关系。

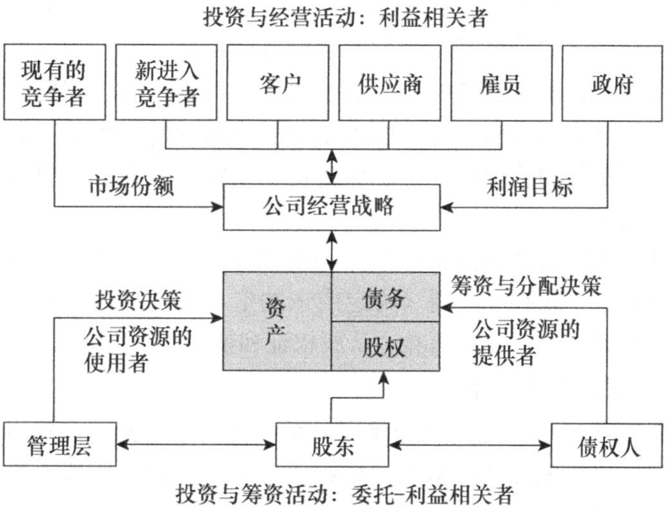

图1－7 委托代理关系

在图1－7中，与公司战略相关的公司市场份额、利润目标等反映了公司财务活动的经营成果，公司收入在与供应商、雇员、政府、债权人、股东之间的利益分配关系可以通过利润表加以描述。图1－7中的阴影部分类似一张简化的资产负债表，反映了公司资源提供者与使用者之间的关系。公司资源的使用者主要指管理层，他们作为股东的代理人，在董事会领导下从事公司的经营活动和投融资活动，对公司收益的索取权通常由契约规定。

图1－7中的各种关系人从市场进入公司，其目标函数各不相同，如股东追求股票价格最大化；债权人希望到期收回本金和利息；雇员关心工资待遇与工作条件；供应商和客户重视产品的质量与价格；政府关心税收与环境等。关系人各方目标函数不一致，将不可避免地引起各方利益的相互冲突。解决矛盾与冲突的方式就是关系人各方签订一系列合约，因此，现代公司的代理关系可以定义为一种契约或合同关系。这种契约或合同可能是明确的，也可能是模糊的。前者如公司与债权人之间的借贷契约，公司与雇员之间的用工合同，公司与供应商、客户之间的购买与销售合同等；后者如股东与经营者之间的契约（承诺按股东的最佳利益行事）等。

如果说图1－5从投资和融资两个方面描述了财务管理的基本内容，那么图

1-7从产权关系描述了财务管理的本质特征。在产权制度下，资产负债表的左方反映了公司对各种资源的使用权；右方反映了公司对各种资源提供者的责任或义务，对应这些责任或义务的是这些资源提供者对公司收益的索取权，即放弃资本当前使用权以取得未来收益的索取权。按照索取权获得方式的不同，可分为固定索取权、剩余索取权和或有索取权三种。一般来说，债权人对公司收益具有固定索取权或法定索取权。债务合约赋予债权人按约定时间向公司索取固定数额现金（本金和利息）的权利，不论公司是否盈利。与固定索取权对应，在公司持续经营的情况下，债权人只是默默无闻的商业伙伴，没有投票权。只有在公司清算时，债权人才可能参与管理。

与债权人的索取权不同，股东对公司收益的索取权是一种剩余索取权。在公司持续经营的前提下，这种索取收益的权利仅限于公司的利润或净收益；在公司清算时，这种索取权位于其他关系人的索取权（工资、利息、税收等）之后。与剩余索取权相对应，股东成为公司风险的主要承担者，因此，股东拥有公司的控制权和管理权，以确保公司在投资、融资活动中增加公司价值和剩余索取权价值。

或有索取权是一种状态依存的索取权，也就是说，这种索取权对收益享有的权利依存于未来某时刻（约定或未约定）某物（如果是约定的，又称为标的物）的状态，如可转换债券、认股权证和期权等。

1. 股东与经营者

股东与经营者之间委托代理关系产生的主要原因是资本的所有权与经营权相分离，但代理关系并不必然导致代理问题。如果代理人的目标函数与委托人的目标函数完全一致，则不会引发代理问题，但在两权分离的条件下，这一假设是很难满足的。拥有公司所有权的股东具有剩余索取权，他们追求的目标是资本的保值、增值，最大限度地提高资本收益，增加股东价值，集中表现为货币性收益目标；拥有公司经营权的经营者作为所有者的代理人，除了追求货币性收益目标（高工资、高奖励）外，还包括一些非货币性收益目标，如豪华的办公条件、气派的商业应酬以及个人声誉、社会地位等。由于代理人的目标函数既包括货币性收益，又包括非货币性收益，在其他因素一定的条件下，代理人对非货币性收益的追求是以牺牲股东利益为代价的。因此，如果没有适当的激励约束机制，代理人就有可能利用委托人的授权谋求更多的非货币性收益，使股东的最大利益难以实现。

此外，代理人作为经济人同样存在所谓的机会主义倾向，在代理过程中会产生职务怠慢、损害或侵蚀委托人利益等道德风险。由于委托人与代理人之间存在严重的信息不对称，因此，委托人对代理人努力程度的大小、有无机会主义行为较难察觉。经营者与股东目标间发生的偏离以及由此产生的代理成本（如签约成本、监督成本等）可能最终都由股东来承担。

根据代理理论，解决股东与经营者之间矛盾与冲突的最好方法就是建立激励和约束经营者的长期契约或合约，通过契约关系对代理人（经营者）行为进行密切监督以约束代理人那些有悖于委托人（股东）利益的活动。这种监督机制既可以是股东大会和董事会对经营者的行政监督，也可以是具有超然独立性的内部审计部门对经营者的审计监督，或者是股东大会聘请的外部审计师对经营者的外部审计监督。除监督机制外，还可以采取激励机制解决目标偏离问题，如对经营者实行股票期权或年薪制等，使代理人为实现委托人的利益而努力工作。激励成本是股东财富的直接减项，只有当激励机制产生的收益高于激励成本时，这一机制才可能是有效的。除内部监督与激励机制外，控制权市场和经理人市场的存在增加了经营者由于并购或其他原因而被替换的机会和可能，迫于自身价值和职业声誉的压力，经营者必须恪守职责，努力工作，从而部分地纠正股东与经营者利益目标的偏差。

2. 股东与债权人

当债权人借出资本后，便与股东形成了一种委托代理关系。从某种意义上说，股东与债权人之间是一种不平等的契约关系。股东对公司资产承担有限责任，对公司价值享有剩余追索权。前者赋予股东将公司资产交给债权人（发生破产时）而不必偿付全部债务的权利。后者给予股东获得潜在收益的最大好处。也可以说，有限责任使借款人对极端不利事态（如破产）的损失享有最低保证（债务人的收入不可能小于零），而对极端有利事态所获得的收益没有最高限制。这种风险与收益的不对等契约是股东与债权人之间矛盾与冲突的根源所在。

此外，在借贷活动中，存在以债务人占有私有信息为特征的信息不对称现象，即债务人比处于公司外部的债权人更了解公司的状况。他们利用私有信息选择有利于增进自身效用而不利于债权人的各种行为，如债务人违反借款协议，私下改变资本用途，从事高风险投资，或转移资本、弃债逃债等。而债权人既不能亲自监督债务人的行为选择过程，又无法证实债务人已经选择的行为是违背契约的。

对于债务人的各种违约行为，理性的债权人一般通过降低债券投资的支付价格或提高资本贷放的利率，反映他们对股东行为的重新评估。不仅如此，他们还会在债务契约中增加各种限制性条款进行监督，这些条款包括限制生产或投资条款、限制股利支付条款、限制融资条款和约束条款等。

3. 股东财富与社会责任

根据古典经济学的解释，在一个有效的市场中，市场机制这只“看不见的手”使股东财富增加与履行社会责任趋于一致。如股东在为自己创造财富（通过投资等活动增加收益）的同时，也为社会创造更多的就业机会，提供更多的产品，从而实现社会责任的目标。但是，市场机制有时不能区分对和错，股东在追求财富最大化的同时，可能会给社会带来负面效应，如为了公司自身利益生产各种污染环境的产品或损害公共利益的产品等。如果这些负面效应不能以成本的方式追索到特定的公司，从短期看，虽然可能增加了股东财富，但从长期看，通过损害社会利益增加股东财富的方式会阻止股东价值的长期可持续增长。也就是说，如果股东希望从客户、供应商、员工或社会获得不合理的利益，最终都将减少股东或公司的利润。从长远来看，股东财富最大化的财务目标将意味着公平对待社会各个群体，而这些群体的经济状况与公司的经营状况和价值是密切相关的。

以股东财富最大化作为财务管理的目标，其隐含的假设是：存在一个有效反映信息的金融市场，信息本身可以通过公司经营者或该公司的财务分析人员及时、真实地传递到金融市场。实际上，公司有时会压制或延缓信息，特别是延缓不利信息的公布，甚至会向市场传递一些误导性或欺骗性信息。大量经验表明，公司经理确实会延期公布不利的消息。又如，一些公司为提高股票价格，蓄意向金融市场发出有关公司现状和前景的误导性信息，使股票市价严重偏离其真实价值。事实上，即使公司传递的信息并没有造成市场价格的扭曲，也不能保证市场价格是实际价值的无偏估计，市场参与者的非理性投资、金融市场对信息的过度反应都可能使市场价格偏离实际价格。

对这些问题至今仍没有简单而确实有效的解决方法，从长期来看，可以采取某些方法改善信息质量，减轻价格与价值的偏离程度。这些方法主要有：第一，改善信息质量，如证券交易委员会等管理机构要求公司披露额外信息，并对提供误导性和欺骗性信息的公司进行惩罚；第二，提升市场效率，如提高市场流动性，降低交易成本等。市场效率这一概念并不要求市场价格总是等于真实价值，但它应是真实价值的无偏估计。

1.3 金融市场环境

1.3.1 金融市场功能

在现代经济系统中，金融市场是引导资本流向，沟通资本由盈余部门向短缺部门转移的市场。金融市场主要有以下三层含义：第一，它是一个金融资产进行交易的有形和无形的场所；第二，它反映了金融资产的供应者和需求者之间所形成的供求关系；第三，它包含金融资产交易过程中所产生的运行机制，其中最主要的是价格（包括利率、汇率及各种证券的价格）机制。在金融市场上，市场参与者之间的关系已不是一种单纯的买卖关系，而是一种借贷关系或委托代理关系，是以信用为基础的资本使用权和所有权的暂时分离或有条件让渡。

从公司理财的角度看，金融市场的作用主要表现在以下几个方面：

(1) 资本的筹措与投放。公司在金融市场上既可以发售不同性质的金融资产或金融工具，以吸收不同期限的资本；也可以通过购买金融工具进行投资，以获取额外收益。

(2) 分散风险。在金融市场的初级交易过程中，资本使用权的出售者在获得资本使用权购买者（生产性投资者）一部分收益的同时，也有条件地分担了生产性投资者所面临的一部分风险。这样，资本使用权出售者本身也变成了风险投资者，使经济活动中风险承担者的数量大大增加，从而减少了每个投资者所承担的风险量。在期货市场和期权市场，金融市场参加者还可以通过期货、期权交易进行融资、投资的风险防范与控制。

(3) 转售市场。资本使用权出售者可根据需要在金融市场上将尚未到期的金融资产转售给其他投资者，或用其交换其他金融资产。如果没有金融资产的转售市场，公司几乎不可能筹集巨额资本。此外，由于公司股票没有到期日，即股票持有者无法从其发行者处收回购买股票的资本（除非股票发行者想收回已发行的股票），因此，股票转售市场的存在显得格外重要。

（4）降低交易成本。金融市场减少了交易的搜索成本和信息成本。金融市场中的各种中介机构可为潜在的和实际的金融交易双方创造交易条件，沟通买卖双方的信息往来，从而使潜在的金融交易变为现实。金融中介机构的专业活动降低了公司的交易成本和信息成本。

（5）确定金融资产价格。金融市场上买方与卖方的相互作用决定了交易资产的价格，或者说确定了金融资产要求的收益率，金融市场这一定价功能在很大程度上决定着资本流动的方向与性质。此外，在金融市场交易中形成的各种参数，如市场利率、汇率、证券价格和证券指数等，是进行财务决策的前提和基础。

1.3.2　金融市场的类型

在实务中，金融市场通常是以金融工具大类为标准进行分类，即把金融市场分为六个市场：股票市场、债券市场、货币市场、外汇市场、期货市场、期权市场。在这六大市场中，前三个市场又称有价证券市场，这三个市场的金融工具主要发挥筹措资本、投放资本的功能。无论从市场功能上还是从交易规模上看，有价证券市场都构成了整个金融市场的核心部分。外汇市场的交易工具主要是外国货币，这个市场具有买卖外国通货和保值投机的双重功能，但对筹措资本和投放资本这两大主要财务活动来说，它只是一个辅助性的市场。对于以融资或投资为目的的金融市场参与者来说，他们利用外汇市场，只是为了最终参加其他国家的有价证券市场活动。期货市场和期权市场的辅助性质更为突出。它们既不能筹措资本用于生产，也不能投放资本以获得利息。对于具有融资和投资目的的金融市场参与者来说，这两个市场主要是用来防止市场价格和市场利率剧烈波动给融资、投资活动造成巨大损失的保护性机制。因此，这两个市场又称为保值市场。这六个市场之间的关系如图 1－8 所示。

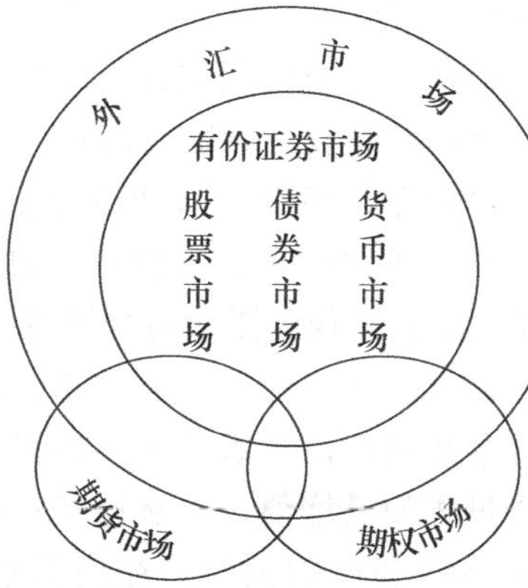

图 1－8　金融市场关系图

从公司理财的角度进行分析，有价证券市场是一国金融市场的主体。要想进行融资或投资活动，必须利用有价证券市场。外汇市场是一国有价证券市场和另一国有价证券市场之间的纽带，一国的投资者或融资者要想进入另一国的有价证券市场，必须先通过外汇市场这一环节。期货市场和期权市场是市场价格不稳定条件下有价证券市场和外汇市场的两个支点，它们提供保证金融市场稳定发展的机制。期货市场以其金融期货与有价证券市场和外汇市场相交，期权市场以期权的各种基础证券与其他金融市场相交。

为了从不同的角度说明同一事物的不同侧面，在分析中也运用其他一些分类方法。例如，按金融市场的组织方式不同，将金融市场分为拍卖市场（又称交易所市场）和柜台市场（又称证券公司市场或店头市场）。按金融工具的期限不同，将金融市场分为长期金融市场（又称资本市场）和短期金融市场（又称货币市场）。前者如期限在一年以上的股票、债券交易市场；后者如期限不超过一年的银行同业拆借市场、票据贴现市场、银行短期信贷市场、短期证券市场等。按金融市场活动的目的不同，将金融市场分为有价证券市场和保值市场。前者如股票、债券市场；后者如期货市场、期权市场等。按金融交易的过程不同，将金融市场分为初级市场和二级市场。前者是指从事新证券和票据等金融工具买卖的转让市场，又称为发行市场或一级市场；后者是指从事已上市的旧证券或票据等金融工具买卖的转让市场，又称为流通市场或次级市场。按金融市场所处的地理位置和范围不同，将金融市场分为地方金融市场、区域性金融市场、全国性金融市场、国际金融市场等。

1.3.3 金融资产价值特征

金融资产是对未来现金流入量的索取权，其价值取决于它所能带来的现金流量。由于这个现金流量是未来的、尚未实现的，因此它具有时间性和不确定性两个特性。

从时间性分析，金融资产是一种特殊的资产形态，其特殊性在于对购买者来说，获得金融资产时支付的是现金，而持有金融资产后获得的收入流量仍然是现金。因此，购买金融资产，实质上是购买者把今天的现金变成未来的现金，把自己今天的现金使用权在一段时间内让渡给他人，然后按商定的条件逐渐收回。在商品经济条件下，金融资产的购买者通常要求所购买的金融资产能够带来比其价款更多的现金流量，多出的部分即为让渡现金使用权的补偿，补偿额的高低通常按让渡时间的长短计算。金融资产的期限越长，购买者要求的时间补偿就越大，这就是金融资产现金流量的时间性特征。

金融资产的现金流量不确定性主要表现在：金融资产购买后，购买者今天的现金流量就转移到金融资产出售者手中。出售者用这笔现金流量购买有形或无形资产，通过生产过程使其增值，再从这些资产创造的收入流量中分出一部分，变成现金支付给金融资产购买者。在商品经济下，由于未来的各种因素（经济因素、政治因素、社会因素等）是不确定的，在金融资产的买卖中，一方面，社会中暂时闲置的现金从金融资产购买者手中转移到金融资产出售者手中；另一方面，一部分生产性投资风险也从金融资产出售者转移到金融资产购买者，使后者也变成了风险投资者，其持有的金融资产的未来现金流入量就变成了一个不确定的量。金融资产购买者承担生产性风险并不是无条件的，他要求生产性投资者支付一定的报酬作为承担风险的补偿。补偿额的大小与投资风险成正比，金融资产的风险越高，购买者要求的风险补偿也就越大，这就是金融资产现金流量的不确定性特征。

根据金融资产的特点，其价值主要由时间价值和风险价值两部分构成。时间价值反映了投资者延期消费要求的补偿，影响这一价值的主观因素是投资者个人对收入进行消费的时间偏好。任何人进行投资都是以牺牲当前消费来换取未来的消费，由于未来消费具有不确定性，因此，人们看重现在消费甚于未来消费。这种时间偏好越强，对推迟消费要求的补偿就越大，要求的收益率就越高；反之亦然。影响这一价值的客观因素是各种经济因素和资本市场发展水平等，经济周期、国家货币政策和财政政策、国际关系、国家利率管制等均有不同程度的影响。

风险补偿价值主要指与宏观经济有关的预期通货膨胀溢价和与证券特征有关的风险，如债券违约风险、流动性风险、到期期限风险、外汇风险和国家风险等。风险越高，投资者要求的风险溢价就越大。

1.3.4 有效市场假说

有效市场假说是现代经济学中理性预期理论在金融学中的发展。理性预期的思想表明，如果金融市场是有效的，市场预期就是基于所有可能信息的最优预测。在高度发达的金融市场中，已经发展出大量相互竞争的投资中介机构（包括商业银行、共同基金、保险公司等），这些投资中介机构高薪聘请专家，收集市场信息，包括国内外的政治、经济动态和行业发展状况、公司的财务状况和经营成果以及发展前景等。同时，他们还采取各种各样的方法迅速地处理这些信息，从而比较准确地判断有关证券的价位、收益率和风险程度。不同的中介机构对有关证券信息的收集、加工和处理能力各不相同，对证券未来价格的预期会得出不同的结论。在一个完全竞争的市场中，收集信息越完整、做出判断越准确的中介机构能吸收越多的资本，其投资行为对市场价格的影响就越大。因此，市场形成的均衡价格所包含的信息和对未来预期（金融市场的估价机制依赖对未来的预期）的准确性就远高于所有市场参加者预测估值的平均水平。这样，在金融市场中，由于投资中介机构的高度竞争，市场就具备了高效率的公允价格的发现功能和形成机制。从财务的角度理解，这里的公允价格就是能正确地反映资产价值的市场均衡价格，这一价格也是在所有可能获得的信息的基础上做出的最优预测价格。

走近大家：尤金·法马有效市场假说

在金融市场上，不同信息对价格的影响程度不同，从而金融市场效率程度因信息种类不同而异。一些经济学家将证券的有关信息分为历史信息、公开信息和全部信息三类，从而定义了弱式、半强式、强式三种不同程度的市场效率。

1. 弱式效率性

在一个具有弱式效率性（weak-form efficiency）的市场中，所有包含过去证券价格变动的资料和信息（价格、交易量等历史资料）都已完全反映在证券的现行市价中；证券价格的过去变化和未来变化是不相关的，即所有证券价格的变化都是相互独立的。由于有关证券的历史信息已经充分揭露、均匀分布和完全使用，因此，任何投资者均不能通过任何方法分析这些历史信息以获取超额收益。反之，如果有关证券的历史资料对证券的价格变动仍有影响，说明证券市场尚未达到弱式效率性。

2. 半强式效率性

这一假说是指证券价格中不仅包含过去价格的信息，而且包含所有已公开的其他信息，如经济和政治形势的变化、收入情况、股票分割以及其他有关公司经营情况等重大信息。在一个具有半强式效率性（semi-strong form efficiency）的市场中，投资者无法利用已公开的信息获得超额利润。这是因为在新的资料尚未公布之前，证券价格基本上处于均衡状态。一旦新的信息出现，价格将根据新的信息变化。公开信息传递的速度越快、越均匀，证券价格调整就越迅速；反之，就越缓慢。如果每个投资者都同时掌握和使用有关公开信息进行投资决策，则任何投资者都不可能通过使用任何方法分析这些公开信息以获取超额收益。然而，公司的内线人物（如董事长或总经理等）可能取得投资者所无法得到的信息去买卖自己公司的股票，从而获得超额利润。

3. 强式效率性

证券的现行市价已经反映所有已公开的或未公开的信息，即全部信息。因此，任何人甚至内线人物都无法在证券市场中获得超额收益。如果有人利用内部信息买卖证券而获利，则说明证券市场尚未达到强式效率性（strong-form efficiency）。

在上述三种效率市场中，由于历史信息集是公开信息集的一个子集，而公开信息集又是所有信息集的一个子集，因此，强式效率市场包含半强式效率市场，半强式效率市场包含弱式效率市场。

对有效市场假说，经济学家做了大量的实证研究来检验其合理性。如在弱式效率市场检验中，通过统计检验方法考察股票市场周收益率关系，发现相邻两周收益率之间几乎没有关系；在半强式效率市场检验中，研究者采用事件研究方法，检验了证券价格对利润或股利公告、兼并信息、宏观经济信息等消息的反应速度，发现当一家公司公布最新收益公告或宣布股利变化时，价格调整主要在5～10分钟内完成。对强式效率市场的检验则考察那些证券分析人士推介的、预期表现优于大盘的互助基金或养老基金。实证研究发现它们稍稍领先于大盘的表现，但考虑到管理成本，专业管理基金的收益与市场收益相比并没有超额的表现。

2013 年 10 月 14 日，瑞典皇家科学院宣布授予美国经济学家尤金 · F. 法马、拉尔斯 · 皮特 · 汉森以及罗伯特 · J. 席勒该年度诺贝尔经济学奖，以表彰他们在研究资产市场的发展趋势时采用了新方法。瑞典皇家科学院指出，三位经济学家为资产价值的认知奠定了基础。几乎没有什么方法能准确预测未来几天或几周股市债市的走向，但可以通过研究对 3 年以上的价格进行预测。

值得一提的是，尤金 · F. 法马和罗伯特 · J. 席勒持有完全不同的学术观点，前者认为市场是有效的，而后者坚信市场存在缺陷。瑞典皇家科学院指出，这些看起来令人惊讶且矛盾的发现，正是这一年诺贝尔奖得主分析得出的结论。

□ 本章小结

1. 与独资或合伙企业相比，公司最大的优点是有限责任、股权容易转让、易于获得外部资本、经营寿命周期长等，其缺点是双重纳税。

2. 财务管理是以公司理财为主体，以金融市场为背景，研究公司资源的取得与使用的管理学科。资源的取得主要指融资活动，即筹措公司经营活动和投资活动所需要的资本；资源的使用主要是指投资活动，即将筹得的资本用于旨在提高公司价值的各项活动。

3. 在公司制下，参与公司经营活动的关系人主要有两种：一种是公司资源的提供者——股东和债权人；另一种是公司资源的使用者——管理层。除此之外，公司在经营活动中还要与其他关系人（如社区、供应商、客户、政府等）发生往来。

4. 股东、债权人、经营者之间的委托代理关系源于资本所有权与使用权的分离；委托人与代理人之间的矛盾或冲突在于各方的目标函数不同、信息不对称和风险分担不均衡。

5. 在金融市场上，不同的信息对价格的影响程度不同，从而金融市场效率程度因信息种类不同分为弱式效率性、半强式效率性和强式效率性三种。

□ 基本训练

◆ 单项选择题

1. 股东作为公司的所有者，对公司收益的索取权是（　　）。

A. 剩余索取权　　　　B. 固定索取权

C. 法定索取权　　　　D. 或有索取权

2. 无论从市场功能上还是从交易规模上看，构成整个金融市场核心部分的是（　　）。

A. 外汇市场　　　　B. 商品期货市场

C. 期权市场　　　　D. 有价证券市场

3. 股东用来协调与经营者的利益的方法主要是（　　）。

A. 激励和接收　　　　B. 解聘和激励

C. 激励和约束　　　　D. 解聘和接收

4. “所有包含过去证券价格变动的资料和信息都已完全反映在证券的现行市价中，证券价格的过去变化和未来变化是不相关的。”下列各项中，符合这一特征的是（　　）。

A. 弱式效率市场　　B. 半强式效率市场

C. 强式效率市场　　D. 以上都不是

5. 下列不属于委托人与代理人之间产生矛盾或冲突的动因的是（　　）。

A. 双方的目标函数不同　　B. 双方法律意识不同

C. 双方风险分担不均衡　　D. 双方信息不对称

◆ **多项选择题**

1. 从公司理财的角度看，金融市场的作用主要表现在（　　）。

A. 资本的筹措与投放　　B. 分散风险

C. 转售市场　　D. 降低交易成本

E. 确定金融资产价格

2. 以股东财富最大化作为财务管理的目标，其隐含的假设是（　　）。

A. 存在一个有效反映信息的金融市场

B. 股票市场价值等于其真实价值

C. 有关公司的信息可以及时真实地反映到金融市场

D. 股东与债权人之间的合约是完全对等的

E. 市场机制能够完全调整股东行为

3. 金融资产价值的基本特征主要表现为（　　）。

A. 客观性　　B. 确定性　　C. 时间性　　D. 不确定性

E. 唯一性

4. 公司在经营过程中形成的各种委托代理关系主要表现在（　　）。

A. 资源提供者与资源使用者之间

B. 股东与债权人之间

C. 股东与管理层之间

D. 股东与供应商和客户之间

E. 公司与政府和社区之间

5. 在半强式效率性的金融市场上，证券的价格包含的信息有（　　）。

A. 历史交易量和交易价格　　B. 公开财务报表信息

C. 经济和政治形势的变化　　D. 股票分割、股票股利信息

E. 董事长掌握的内幕消息

◆ **判断题**

1. 在任何情况下，债权人只是一个默默无闻的商业伙伴，没有投票权。（　　）

2. 金融资产是对未来现金流量的索取权，其价值取决于它所能带来的现金流量的现值。（　　）

3. 与独资或合伙企业相比，公司制最大的优点是有限责任、股权容易转让、易于获得外部资本、经营寿命周期长、纳税少。（　　）

4. 经营性营运资本是指流动资产与流动负债之间的差额。（　　）

5. 公司在经营活动中形成的各种契约或合同关系，可能是明确的，也可能是模糊的。（　　）

◆ 讨论/思考题

1. 根据《麦肯锡全球调查结果：财务部门的变革之道》(2009)，财务部门在公司层面上扮演的角色主要表现在四个方面：价值经理（占受访者的43%）、业务合作伙伴（占受访者的22%）、流程经理（占受访者的18%）、精算会计（占受访者的15%）等。普华永道联合专业机构对亚太地区400名CFO调查后认为，在中国，除了一些著名的跨国公司外，大多数中国企业的财务职能仍然停留在传统的记账阶段，CFO更像账房先生。产生这种现象的原因很多，除了制度、环境因素外，CFO大多出身会计专业，谙熟会计，在会计业务上有很深的造诣，但对公司业务流程不熟悉，很难参与公司生产经营等方面的战略决策。

请上网查询相关资料（例如，上市公司对财务经理的职位描述等），说明财务经理的基本职责。你认为一个合格的CFO应具备哪些条件?

2. 2006年3月21日，万科在中国主板市场首家推出股权激励计划，大约有160名万科员工获得股权激励，当时的万科董事长王石与其管理团队由此拥有“股东与职业经理人”的双重身份。作为第一家正式出台管理层激励计划的上市公司，万科的这一做法对解决股东与管理层之间的代理冲突有何普遍意义？你认为股权激励对防止经理的短期行为、引导其长期行为具有什么作用?

3. 安然事件连同美国“9·11”恐怖袭击、世界通信公司会计造假案和安达信解体，被美国证券交易委员会前主席哈维·皮特称为美国金融证券市场遭遇的“四大危机”，可见安然事件对美国经济的影响之大。在中国，蓝田事件、银广夏事件、万福生科……一系列上市公司的财务丑闻迫使监管部门加大了对资本市场的监督力度。请根据公司治理理论说明如何发挥市场监管机制使企业走向长治久安。

4. 1988年美国总统大选中的候选人为乔治·赫伯特·沃克·布什和迈克尔·杜卡基斯，加州大学伯克利分校的哈斯商学院进行了一次金融试验。参加试验的350人每人获得一股布什公司和杜卡基斯公司股票。根据大选信息在虚拟市场购入或卖出股票。大选结束前，布什公司的股票价格为63美元，杜卡基斯公司的股票价格为37美元。令人惊讶的是，最后两位候选人在大选中的实际得票比例为：布什得票64%，杜卡基斯得票36%，与这两家公司的价格比例几乎相当。这次试验的结果远比其他民意测验准确得多，请用财务理论解释这种现象。

5. 2008年9月11日，石家庄三鹿集团股份有限公司（简称三鹿集团）发出声明，经自检发现部分批次三鹿婴幼儿奶粉受三聚氰胺污染，公司决定立即对2008年8月6日以前生产的三鹿婴幼儿奶粉全部召回。那些因三聚氰胺而饱受折磨的人（三聚氰胺是一种化工原料，可导致人体泌尿系统产生结石）向该公司提起诉讼，2009年2月12日，石家庄中级人民法院宣布三鹿集团因不能清偿到期债务，资产不足以清偿全部债务，符合法定破产条件，依法宣布破产。你认为公司在追求股东财富最大化时应如何履行社会责任，如何公平地对待社会各个群体?

◆ 案例分析

1. 雷士照明控制权之争

惠州雷士照明有限公司（HK：02222，以下简称雷士照明）是中国一家领先的照明产品供应商。1998年，吴长江与杜刚、胡永宏共同出资创立雷士照明，三人合力领导雷士照明，一度被行业誉为“照明三剑客”。2005年，吴长江推出渠道变革，遭到了杜刚和胡永宏的强烈反对，最终两位选择出局。但雷士照明必须即刻向两位股东各支付5 000万元，并在半年内再各支付3 000万元，总额1.6亿元的现金流出让雷士照明不堪重负，吴长江开始寻找资金。此时，亚盛投资总裁毛区健丽带着自己的团队在雷士照明最缺钱时成功低价入股，瞬间就稀释了吴长江30%的股权。此后，在赛富投资基金（简称赛富）和高盛的资金陆续进入雷士照明后，吴长江的股权再次遭遇巨幅稀释，第一大股东地位拱手于人，赛富成为雷士照明第一大股东。2014年，雷士照明引入战略投资者德豪润达国际（香港）有限公司（简称德豪润达），并通过股权置换助其成为雷士照明第一大股东。吴长江在大幅转让自己股权的同时，也为双方利益冲突以及爆发控制权纷争埋下了隐患。2014年7月14日，德豪润达联合赛富、施耐德全面替换雷士照明11家控股子公司董事，吴长江及其管理团队的核心成员全面出局。2014年8月8日，雷士照明董事会决议罢免吴长江的CEO职务，由董事长王冬雷担任临时CEO，同时罢免吴长江管理团队的核心成员副总裁职务。2014年8月29日，雷士照明在中国香港召开临时董事会，以95.84%的投票权罢免了吴长江执行董事及委员会职务。表1-1列示了雷士照明股权变动情况。

表1-1　雷士照明股权变动情况

时间	融资与相关事项	股权结构	第一大股东
1998—2002年	吴长江、杜刚、胡永宏分别出资45万元、27.5万元、27.5万元	吴长江45%，杜刚27.5%，胡永宏27.5%	吴长江
2002年	创始人重新划分股权	吴长江33.4%，杜刚33.3%，胡永宏33.3%	吴长江
2005年	创始人杜刚、胡永宏退出	吴长江100%	吴长江
2006年6月	亚盛投资总裁毛区健丽等出资894万美元。用于解决公司财务危机，支付杜刚、胡永宏股权转让费	吴长江70%；毛区健丽20%；陈金霞、吴克忠、姜萍三人共占10%	吴长江
2006年8月	赛富出资2 200万美元，自然人叶志如200万美元。解决公司资金短缺，满足经营与发展的资金缺口	吴长江41.79%；赛富35.71%；毛区健丽12.86%；叶志如3.21%；陈金霞、吴克忠、姜萍三人共占6.43%	吴长江
2008年8月	高盛出资3 656万美元；赛富再出资1 000万美元。用于收购世通投资有限公司（世纪集团）现金对价	吴长江34.40%；赛富36.05%；高盛11.02%；毛区健丽9.50%；其他9.03%	赛富
2008年8月	定向增发326 930股雷士照明普通股给世纪集团作为收购对价的一部分	吴长江29.33%；赛富30.73%；世纪集团14.75%；高盛9.39%；毛区健丽7.74%；其他8.06%	赛富
2010年5月	港交所IPO，发行6.94亿股新股，占发行后总股份的23.85%，募资14.57亿港元	吴长江22.33%；赛富23.40%；世纪集团11.23%；高盛7.15%；毛区健丽5.89%；其他29.99%	赛富

续表

时间	融资与相关事项	股权结构	第一大股东
2011 年 7 月 21 日至 2012 年 11 月	由赛富、高盛联合吴长江等六大股东向施耐德转让 2.88 亿股股票，施耐德出资 12.75 亿港元。用于拓展海外销售市场，拓展工程照明业务	吴长江 15.33%；赛富 18.48%；施耐德 9.22%；世纪集团 9.04%；高盛 5.65%；其他 42.28%	赛富
2012 年 12 月至 2014 年 12 月	吴长江多次向德豪润达转让股份，到 2013 年 12 月 31 日，吴长江仅持股 1.71%。用于拓展 LED 照明业务，对赛富、施耐德形成股权制衡	德豪润达 27.03%；赛富 18.50%；施耐德 9.22%；高盛 5.67%；吴长江 1.71%；其他 37.87%	德豪润达

资料来源：依据雷士照明公司公告、年报，以及媒体报道整理。

要求：

上网查询雷士照明控制权纷争的相关信息，回答以下问题。

(1) 雷士照明主要经历了三次大的控制权之争：第一次是 2005 年创始人吴长江与创始人杜刚、胡永宏之间；第二次是创始人股东吴长江与机构投资者（赛富）之间；第三次是创始人吴长江与战略投资者（德豪润达）之间。吴长江引入资本的后果是控制权丧失，请说明这对民营企业引入外部资本有什么启发。在实践中，为防止创始人控制权稀释，可以通过一些制度安排加以控制。请上网查询民营上市公司保持控制权的其他方法。例如，查询百度创始人李彦宏、搜狐创始人张朝阳、京东创始人刘强东如何将控制权保持在创始人手中。

(2) 雷士照明 2006 年 6 月第一次出售股权是为了支付两位创始人的退出费用，后面几次融资（出售股权、IPO 或定向增发、股权置换等）大部分是为了满足公司经营或战略需要，请查询雷士照明各次股权融资的原因和用途以及各次引入资金对公司治理的影响。你认为公司创始人在公司需要资金时，采用什么样的方式筹资可能降低控制权风险？

(3) 雷士照明控制权之争并没有结束，可继续跟踪这一事件后续发展情况。你认为雷士照明控制权纷争对民营上市公司治理有什么启发？

2. 公司治理结构分析

假设你刚到一家咨询公司工作，你的上司要求你选择两家公司中的一家进行公司治理结构分析。

(1) 登录相关网站，获取相关信息。登录巨潮资讯网 http://www.cninfo.com.cn/，在主页右上角的搜索框中输入公司名称或公司代码查询（如输入 600019），然后点击“搜索”键，看到所选择公司的相关信息，再点击“公司概况”“公司公告”“股东股本”等栏目，下载需要的相关信息。在“定期报告”栏目，可以下载公司的资产负债表、利润表和现金流量表，以及其他与公司治理有关的数据等。

(2) 撰写一份公司治理结构报告，报告应包括以下内容。

1) 公司治理结构基本情况。

总经理或首席执行官：谁是公司的总经理或首席执行官？其担任这一职位多长时间了？其是产生于企业内部还是来自外部的“空降兵”？如果公司是家族企业，那么总经理是这个家族的成员吗？如果不是，这位总经理经过了什么样的职业道路才达到这一职位？总经理的年收入为多少（包括工资、奖金、津贴）？总经理拥有多少所在公司的股票或股票期权？

公司董事会：董事会成员情况，如持股比例是多少？担任董事多长时间？是内部董事还是外部董事？有多少董事与该公司有其他关联（作为供应商、客户或消费者）？有多少董事同时兼任其他公司的总经理？

2）公司经营者与股东。公司的股东通过何种方式行使其投票权？他们参加过股东大会吗？他们购买公司股票是为了获得资本利得还是股利收入？公司经营者是如何对股东负责的？股东采取何种方式（监督或激励）解决他们之间的矛盾与冲突？

3）公司与债权人。公司存在公开交易的债务吗？最大的债权人是谁？公司的信用等级为多少？资产负债率为多少？长短期负债比率为多少？公司债务契约中是否含有限制性条款或附有防止股东侵害债权人利益的保护性条款？如果股东与债权人之间存在矛盾和冲突，是如何解决的？

4）公司与金融市场。市场如何得到关于公司的信息？有多少分析人员对公司进行追踪分析？目前该公司股票的交易量和交易价格是多少？该公司上市后股票价格变化幅度是多少？

5）公司与社会。公司如何看待自身的社会责任？如何处理自身的社会形象？如果公司具有某种声誉，那么它是如何获得这种声誉的？如果该公司成为社会舆论批评的目标，它是如何反应的？

第 2 章
财务分析

美国商界有一句谚语："一只手铐是铐四只手的。"寓意是上市公司财务报表的真实性要由 CEO 和 CFO 同时签署并承担责任。根据 2001 年美国安然公司倒闭和 2002 年世通公司的会计丑闻开始催生的美国《萨班斯-奥克斯利法案》，所有在美国上市的公司的财务报表都需要 CEO 和 CFO 共同签字认可。不论是 CEO 还是 CFO，"底线"（bottom line）都是他们最关注的指标之一。"底线"（本意指财务报表最后一行的数字，即最终结果）只不过是一组数字，但它的背后隐含着十分复杂的世界。通过财务分析可以了解公司的赚赔盈亏、资源配置、资本结构、现金流动等财务信息，透视公司经济活动的内在联系，考核公司的经营成果和财务状况。财务业绩分析的结果可以为经营决策、投资决策、筹资决策提供依据。

通过本章的学习，可以了解财务业绩分析的基本方法；熟悉经济环境与行业分析的基本内容；掌握盈利能力、营运能力、偿债能力、增长能力的基本指标和含义；掌握杜邦财务分析方法；熟悉现金流量的影响因素及分析方法；了解财务指标在财务危机预警和信用评级中的作用。

2.1 财务分析框架

2.1.1 经济环境与行业分析

财务分析是指通过对财务数据和相关信息的汇总、计算、对比和说明，揭示和评价公司的财务状况、经营成果，为报表使用者进行投资、融资和经营决策提供财务信息。图 2-1 描述了公司财务分析的基本框架，从经济环境分析到公司内在价值评估是这一框架的出发点和分析结果，财务分析构成了这一框架的主要部分。①

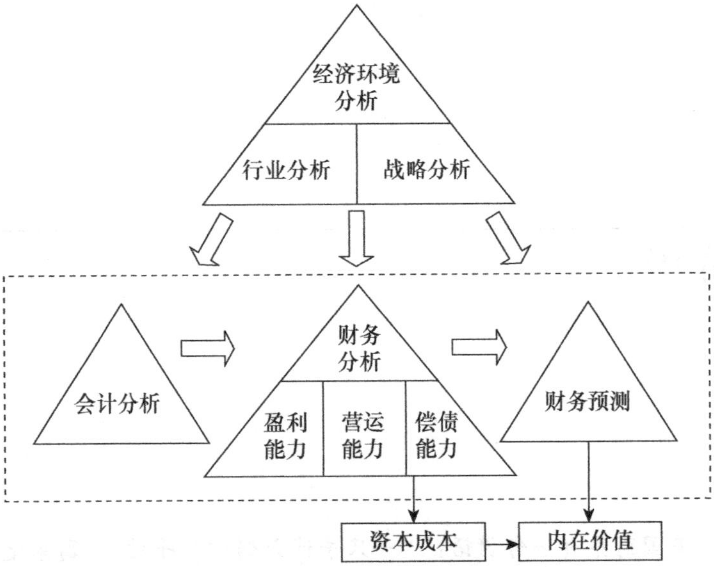

图2-1　公司财务分析框架

PEST 分析
思维导图

经济环境分析一般指 PEST 分析，其中 P 是政治（political），E 是经济（economic），S 是社会（social），T 是技术（technological）。在 PEST 分析中，政治要素是指对组织经营活动具有实际与潜在影响的政治力量和有关的法律、法规等因素；经济要素是指国家的经济制度、经济结构、产业布局、资源状况、经济发展水平以及未来的经济走势等；社会要素是指组织所在社会中成员的民族特征、文化传统、价值观念、宗教信仰、教育水平以及风俗习惯等因素；技术要素不仅包括那些引起革命性变化的发明，还包括与公司生产有关的新技术、新工艺、新材料的出现和发展趋势以及应用前景。

经济环境分析的目的在于考察所有公司共同面临的环境以及对公司竞争能力的影响。从价值评估的角度分析，除了政治、政策、文化、技术等环境因素外，更应关注经济因素，如经济发展的总体指标（国民生产总值或国内生产总值）、通货膨胀率、利率、汇率、失业率等。虽然公司不能控制宏观经济因素，但这些因素会影响公司的发展前景，因此必须考虑这些因素对公司价值的影响。

行业分析的目的在于考察特定行业的经济特性、竞争状况、关键成功因素等，以便明确公司的竞争优势，正确制定公司战略。迈克尔·波特（Michael Porter）在1980年提出了产业竞争五力模型，用于分析产业竞争环境。他认为产业竞争存在五种基本力量：现有企业的竞争能力、供应商议价能力、购买者议价能力、潜在进入者的威胁、替代产品的威胁。这五种力量的状况及其综合

① John J. Wild, K. R. Subramanyam, Robert F. Halsey. Financial Statement Analysis. Eighth Edition, McGraw Hill, 2004.

强度，决定着行业的竞争激烈程度，同时决定了行业的最终获利能力。波特五力模型可用于战略状况分析和战略选择分析，考察公司现有业务组合中的战略力量或市场吸引力结构。在实务中可以从 SWOT 四个方面分析公司的竞争能力，即通过自身的强势（strength）和弱势（weakness）、外部面临的机会（opportunity）和威胁（threat）分析，明确公司的竞争优势和在市场中的地位，寻找公司价值创造的核心专长和优势资源（如人力、产品、技术、流程、文化及价值等），选择适合本公司特点的竞争战略，如成本领先战略（low-cost leadership strategy）、产品差异化战略（differentiation strategy）或集中化战略（focus strategy）等。公司战略选择的衡量标准就是能否有效地使用各种资源，为客户提供超越竞争对手的价值，从而实现公司价值的增值。

SWOT 分析
思维导图

在行业分析中，还要关注某一行业不同生命周期对公司的影响，以及分析商业周期对特定行业的影响。例如，汽车、钢铁和高档消费品行业对商业周期的敏感性较强，而一些基础性行业，如食品、公共事业、烟草等行业对商业周期的敏感性较弱。从风险的角度分析，财务杠杆（负债/股东权益）和经营杠杆（盈利与销售量之间的关系）对商业周期的敏感性较强。

公司战略分析的资料主要来自管理者提供的报告、董事长信函、工作报告、财经新闻、新闻发布、网站等，以及其他专业性机构，如投资咨询服务机构、行业性协会、证券交易所等提供的有关资料。

2.1.2　会计分析

会计分析是指根据公认的会计准则对财务报表的可靠性和相关性进行分析，以提高会计信息的真实性，准确评价公司的经营业绩和财务状况。

1. 确认关键因素的会计政策

在战略分析中，不同行业的特点和公司的竞争优势决定了公司成功的关键因素和风险。从财务的角度分析，金融业的关键因素是利率和信用风险；零售业的关键因素是存货；制造业的关键因素是产品质量与创新、研究开发等。会计分析的目的就是分析这些关键要素在确认和评价时所采用的会计政策及其对收益与风险的影响，以便对公司未来的发展趋势做出准确的估计。

2. 评价会计政策的灵活性

由于会计政策的多样性，几乎所有的资产、负债、股东权益、收入和费用项目都存在可供选择的惯例、实务和原则。例如，存货计价方法、固定资产折旧方法以及投资核算方法的选择等。不同的会计政策和会计估计对公司财务报告的影响不同，从而为管理者操纵财务报告提供了平台或空间。又如，信用风险管理是银行业的关键因素，对于如何估计坏账，管理者具有较大的弹性；而软件开发业可以选择在哪一个阶段将研发费用资本化。因此，要对同一个公司不同时点或不同公司的财务状况、经营业绩进行比较，需要对公司会计政策选择的适当性做出评价，进而明确管理者选择会计政策的意图。

3. 评价会计信息披露策略

出于盈余管理的需要，管理者在对外报告中通常采用三种方式调整公司的盈利水平：大幅增加当期利润、巨额冲销当期利润、采用平滑方式减少大幅波动。因此，在评估公司会计信息披露质量时，应注意以下三个方面：第一，公司会计信息是否充分披露。这些信息主要是公司所在行业的说明、公司技术水平和技术进步能力的说明、公司面临的机会与风险的说明、公司重点投资计划的说明、公司竞争对手或潜在竞争者对公司产生影响的说明、不符合会计核算基本前提的说明、重要会计政策和会计估计及变更的说明、或有事项和资产负债表日后事项的说明、重要资产转让及其出售的说明以及公司合并、分立的说明等。第二，根据公司披露的会计信息是否能够说明或评价公司的经营策略和经营成果。第三，附注中相关内容是否与会计政策和假设存在逻辑关系。

4. 识别和评价危险信号

常见的危险信号主要有：未加解释的会计政策和会计估计变动，在公司经营恶化时应当特别注意；报告利润与经营性现金流量之间的差距日益扩大；报告利润与应税所得之间的差距日益扩大；未加解释的旨在“提升”利润的异常交易；与销售有关的应收账款的非正常增长；与销售有关的存货的非正常增长；出乎意料的大额资产冲销；第四季度和第一季度的大额调整；频繁的关联交易、资产重组和剥离、股权转让、资产评估；巨额补贴收入、资产捐赠；过度热衷于融资机制，如与关联方合作从事研究开发活动，带有追索权的应收账款转让；被出具“保留意见”的审计报告，或更换注册会计师的理由不充分等。

5. 调整财务报表

在以上分析的基础上，还应采取一定的方式对财务报表的相关项目进行调整，以满足财务同比分析的需要。在进行比较分析前，应对同一业务采用相同的会计处理，确保财务分析的可比性。同样，对同一公司不同时期的比较分析，应注意不同时期会计政策选择的一致性。在实务中，需要调整的项目主要是租赁业务、资产减值和债务重组支出、研究开发等资本性支出、股东持股计划支出、递延税项等。

2.1.3 财务业绩、预测、价值分析

财务分析的目的是在考虑公司既定目标与战略的情况下，评价公司的经营成果和财务状况。前者主要指公司获利能力、资产营运能力分析，后者主要指公司偿债能力和风险分析，借以考察公司的流动性，并评价公司经营活动、投资活动和融资活动现金流的管理情况，为未来经营业绩预测、信用评价、风险分析、公司估价提供依据。

财务预测是指公司前景分析，即在公司战略分析、会计分析、财务分析

的基础上，根据历史资料、基本假设（商业环境和经济环境）、可持续增长率编制预计资产负债表、预计利润表、预计现金流量表，展示公司未来各种战略决策的财务成果和目标；确定公司在计划期内各项投资及生产发展所需的资本数量及其时间安排，包括需追加的营运资本的数量。在此基础上，结合公司的股利政策、目标资本结构或债务水平等财务政策，确定资本来源与运用计划；分析各种因素对预计财务报表的敏感程度，提高预测结果的准确性和可行性。

在财务预测的基础上，根据与公司价值评估有关的参数，如资本成本、自由现金流量等，采用不同的价值评估方法，将财务信息、预测信息转化为公司价值信息。现在广泛使用的股权资本成本方法主要有资本资产定价模型（CAPM）、戈登稳定增长模型（Gordon growth model）、套利定价模型或多因素模型（APT）等，有关内容见本书第 5 章。公司价值评估方法主要有现金流量折现法、乘数法等，详细内容见本书第 4 章。

2.2 财务分析方法

2.2.1 财务报告构成

上市公司的财务信息主要来自公司历史财务报表，标准的财务报告主要包括基本财务报表、报表附注和财务情况说明书。

基本财务报表主要指资产负债表、利润表、现金流量表和股东权益变动表。资产负债表是用来反映公司某一特定时日（月末、季末、期末）财务状况的静态报表。通过资产负债表，可以了解公司拥有的经济资源及其分布状况，分析公司的资本来源及其构成比例，预测公司资本的变现能力、偿债能力和财务弹性。

利润表或损益表是总括反映公司一定时期（月份、年份）内经营成果的动态报表。通过分析利润表，可以了解公司一定时期的生产经营成果，分析并预测公司的盈利能力，考核公司管理人员的经营业绩。

现金流量表是反映公司一定时期现金流入量、流出量和净流量的动态报表。通过现金流量表，可以分析公司在一定时期内现金的生成能力和使用方向，反映现金的增减变动状况，说明资产、负债、股东权益变动对现金的影响，从现金流量的角度揭示公司的财务状况。

资产负债表、利润表和现金流量表之间的勾稽关系如图 2－2 所示。

基本报表之间具有相互印证关系，例如资产负债表中的经营性流动资产（非现金流动资产加上最低现金需求量）、经营性流动负债（流动负债减去短期借款等筹资性流动负债）通常与现金流量表中的经营现金流量相关；长期资产与现金流量表中的投资现金流量相关；长期负债、股东权益项目通常与筹资活动现金流量相关；利润表中的收入项目往往与流动资产相关；费用项

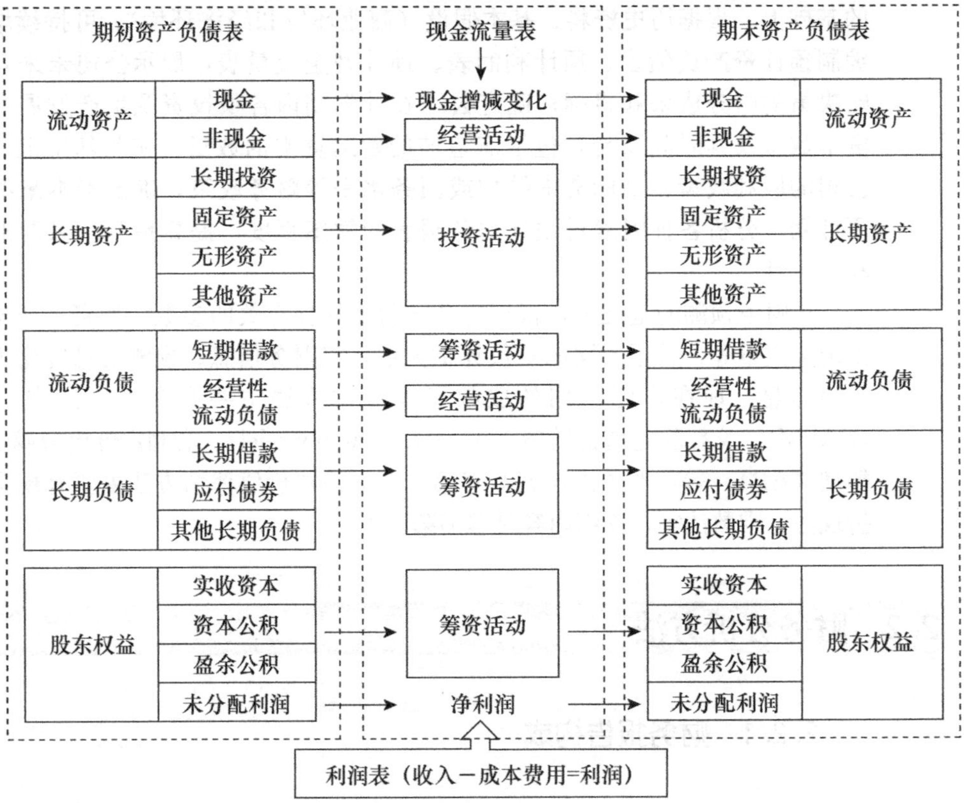

图2-2　财务报表勾稽关系

目往往与存货、固定资产相关。通过各项目之间的印证关系，可以掌握公司财务状况、现金流量、经营成果的基本情况，甚至也可以找出某些造假的财务报表。

从某种意义上说，公司的资产负债表是基本财务报表的核心，无论是现金流量表还是利润表，都是对资产负债表的深入解释。在图2-2中，现金流量表是对资产负债表变化的解释，现金的变化最终反映到资产负债表的一个项目——现金及等价物的变动情况。利润表反映了收入、成本、利润的生成过程，净利润会影响资产负债表的一个项目——未分配利润的变动情况。净利润经过经营、投资、筹资三项重要的现金变动转变为最终的现金变化。

除三张基本财务报表外，财务信息还包括股东权益变动表、报表附注和财务情况说明书。

股东权益变动表是反映上市公司本期（年度或中期）内截至期末股东权益增减变动情况的报表。

报表附注是指对财务报表编制基础、编制依据、编制原则和方法及主要项目所做的解释。财务报表附注至少应当包括下列内容：会计政策和会计估计及其变更情况的说明；重大会计差错更正的说明；关键计量假设的说明；或有事项和承诺事项的说明；资产负债表日后事项的说明；关联方关系及其交易的说明；重要资产转让及其出售的说明；公司合并、分立的说明；重大投资、筹资活动的说明；财务报表重要项目的说明；有助于理解和分析财务报表的需要说明的其他事项。

财务情况说明书一般包括：公司生产经营的基本情况；利润实现和分配情况；资本增减和周转情况；对公司财务状况、经营成果和现金流量有重大影响的其他事项等。

对于由母公司和子公司组成的企业集团，财务分析应以合并财务报表为基础，这是因为合并财务报表能够提供反映母子公司组成的企业集团整体经营情况的财务信息，有利于避免企业集团利用内部控股关系粉饰财务状况的情况的发生。

2.2.2　财务报表分析方法

通览财务报表虽然可以得到大量的财务信息，但很难获取各种直接有用的信息，有时甚至还会被会计数据引入歧途，被表面假象蒙蔽。为了使报表使用者正确揭示各种会计数据之间存在的重要关系，全面反映公司的财务状况和经营成果，通常采用比较分析、结构百分比分析、趋势百分比分析、财务比率分析等方法。

(1) 比较分析（comparative analysis）是指前后两期财务报表间相同项目变化的比较分析，即将公司连续两年（或多年）的会计数据并行排列在一起，并增设“绝对金额增减”和“百分率增减”两栏，编制出比较财务报表，以揭示各会计项目在这段时期内所发生的绝对额变化和百分率变化情况。

(2) 结构百分比分析（common-size analysis）是指同一期间财务报表中不同项目间的比较与分析，主要是通过编制百分比报表（percentage statement）进行分析，即将财务报表中的某一重要项目（如资产负债表中的资产总额或权益总额、利润表中的销售收入、现金流量表中的现金流入量总额）的数据作为100%，然后将报表中其余项目以这一项目的百分比的形式纵向排列，从而揭示出各个项目数据在财务管理中的相对意义。不仅如此，采用这种形式编制的财务报表还使两家规模不同的公司进行经营和财务状况比较成为可能。由于把各个会计项目的余额都转化成百分数，在经营规模不同的公司之间就形成了可比基础，这就是“共同比”的含义。当然，要在不同公司之间进行比较，其前提条件是这两家公司基本上属于同一行业，它们所采用的会计核算方法和财务报表编制程序也必须大致相同，否则就不会得到任何有实际意义的结果。

(3) 趋势百分比分析（trend percentage analysis）是指将连续多年的财务报表的数据集中在一起，选择其中某一年份为基期，计算每一期间各项目对基期同一项目的百分比或指数，以揭示各期间财务状况的发展趋势。对不同规模的公司，在一定条件下也可采用百分比进行比较。这种趋势百分比可按下列公式计算：

$$某期趋势百分比=\frac{报告期金额}{基期金额}\times 100\% \tag{2-1}$$

（4）财务比率分析（financial ratio analysis）是指通过将两个有关的会计项目数据相除，得到各种财务比率，以揭示同一张财务报表中不同项目之间、不同财务报表不同项目之间内在关系的一种分析方法。比率分析可以是同一公司不同时期财务比率的比较分析，也可以是同一时期不同公司财务比率的比较分析。

以资产负债表和利润表为基础的财务比率分为三种：第一，存量比率，即资产负债表各项目之间的比率，反映公司某一时点的财务状况；第二，流量比率，即利润表各项目之间的比率，反映公司一定时期的经营成果；第三，流量与存量之间的比率，即将利润表中的某个流量项目与资产负债表中的某个存量项目加以比较。由于资产负债表中的各项目是时点指标，不能准确反映这个变量在一定时期的流量变化情况，因此采用资产负债表期初、期末余额的平均值作为某一比率的分母，可以更好地反映公司的整体情况。投资收益比率、资产周转率等指标均属于利润表与资产负债表比率，都需要采用存量项目的平均值。在实务中，为简化，也可直接以期末数代替资产占用额。

2.3 财务业绩分析

2.3.1 财务业绩分析的逻辑起点

从价值创造的角度出发，财务业绩分析的逻辑起点是公司的盈利能力和可持续增长能力。在图2-3中，公司财务业绩是产品市场策略和金融市场策略共同作用的结果，前者通过公司的经营策略和投资策略得以执行，后者通过筹资与股利策略得以执行。为保持持续的盈利与可持续增长能力，公司主要通过利润表反映收入与费用的对比关系；通过利润表与资产负债表相组合反映公司资产使用效率；通过资产负债表反映公司财务杠杆与股利分配状况。有效的财务业绩分析可以将财务数据与经营因素相结合，为报表分析使用者提供有关公司成果与财务状况的有用信息。

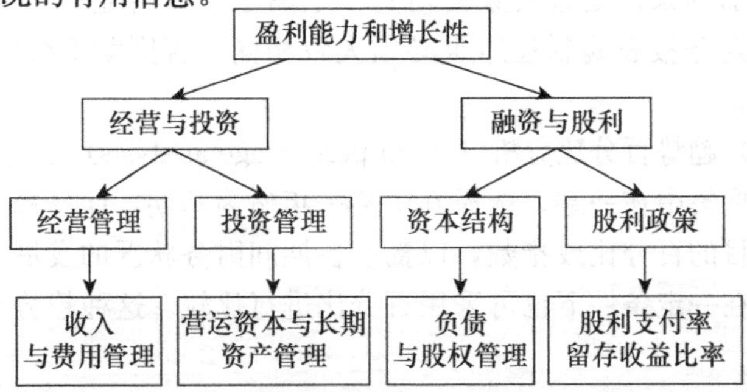

图2-3 财务业绩分析的逻辑起点

根据图2-3，采用财务比率评价财务业绩时，一般包括盈利能力（收入与费用）、营运能力（资产使用效率）、偿债能力（财务杠杆）和成长能力（股利支付与留存收益）等财务指标。

2.3.2 盈利能力分析

反映公司盈利能力的指标主要有以销售为基础的盈利指标和以资产或股权为基础的收益率指标。前者主要有销售毛利率、销售利润率、息税折旧摊销前利润率、销售净利率；后者主要有总资产收益率、投入资本收益率和净资产收益率。

销售毛利率（gross profit ratio）的计算公式为：

$$销售毛利率=\frac{销售净收入-销售成本}{销售净收入} \tag{2-2}$$

式中，毛利等于销售净收入减去销售成本；销售净收入通常采用主营业务收入减去销售折扣（折让）的余额。

销售毛利率反映了公司产品竞争力和产品销售的初始获利能力，是公司净利润的起点。与同行业比较，如果公司的销售毛利率显著高于同行业水平，说明公司产品附加值高，产品定价高，或与同行相比公司存在成本优势，竞争力较强。与历史比较，如果公司的销售毛利率显著提高，则可能是公司所在行业处于复苏时期，产品价格大幅上升。在这种情况下投资者需考虑这种价格的上升是否能持续，公司将来的盈利能力是否有保证。相反，如果公司的销售毛利率显著降低，则可能是公司所在行业竞争激烈，销售毛利率下降往往伴随着价格战的爆发或成本的失控，这种情况预示产品盈利能力的下降。

销售利润率（EBIT margin）又称息税前利润率，反映公司经营活动创造的利润，其计算公式为：

$$销售利润率=\frac{息税前利润}{销售收入} \tag{2-3}$$

息税前利润（earnings before interest，taxes，EBIT）指不考虑付息债务时的税前利润。根据财务报表及其报表附注数据，息税前利润等于利润总额加上利息净支出（利息支出－利息收入）。

与净利润不同，EBIT剔除了财务杠杆和所得税对利润的影响。例如，同一行业的不同公司之间，无论所在地的所得税税率有多大差异，或者财务杠杆有多大差异，采用EBIT可能更为准确地比较盈利能力。而同一个公司在分析不同时期盈利能力的变化时，EBIT也比净利润更具可比性。息税前利润率也称营业利润率，主要用来衡量公司主营业务的盈利能力，这一指标越大，公司主营业务盈利能力越强。

为使财务报表使用者更清晰地了解经营活动创造的利润，式（2-3）的分子也可采用息税折旧及摊销前利润（earnings before interest，taxes，depreciation and amortization，EBITDA）。采用这一指标可以剔除不同公司间的财务杠杆、折旧政策、税收政策的差异，从而使公司间更具有可比性。由于折旧、无形资产摊销属于非现金支出，因此，EBITDA 显示了公司通过其经营活动所产生的现金。该现金利息支出的来源由此成为公司债权人密切关注的指标。

从数量上讲，EBIT 加上折旧和摊销即得到 EBITDA。如果说 EBIT 主要用来衡量公司主营业务的盈利能力，EBITDA 则主要用于衡量公司主营业务产生现金流的能力。它们都反映公司现金的流动情况，是资本市场中的投资者比较重视的两个指标，在计算利润时剔除一些因素，可以使利润的计算口径更方便投资者使用。但是这一指标没有考虑补充营运资本以及重置设备的现金需求，不能简单地将 EBITDA 与现金流对等。另外，由于折旧、摊销都是费用，将其包含在收益中，可能会高估公司的业绩。

为了反映经营活动和财务活动（利息）对利润的影响，式（2-3）中的分子也可以采用税前利润计算。

销售净利率（net profit margin）是指公司净利润与销售收入的比率，其计算公式为：

$$销售净利率=\frac{净利润}{销售收入} \tag{2-4}$$

销售净利率的高低不仅取决于公司的经营环境和行业属性，还取决于公司的资本结构、非经常性损益和所得税等因素的影响，因此，通常需要结合其他指标评价公司的盈利能力。

总资产收益率（return on assets，ROA）是公司在一定时期创造的收益与资产总额的比率，其计算公式为：

$$总资产收益率=\frac{息税前利润}{总资产平均余额} \tag{2-5}$$

式中，总资产平均余额是公司资产总额期初数与期末数的算术平均数。

总资产收益率主要用于衡量公司资产创造收益的能力。在市场经济比较发达、各行业竞争比较充分的情况下，各行业的总资产收益率将趋向一致。如果某公司的资产收益率偏低，说明公司资产利用效率较低，经营管理中存在问题，应该调整经营方针，加强经营管理。式（2-5）中的分子也可采用利润总额（或净利润）指标，以反映公司总资产创造的利润总额（或净利润）的情况。

投入资本收益率（return on investment capital，ROIC）是指公司为投资者（股东、债权人）创造的收益，其计算公式为：

$$投入资本收益率=\frac{税后净经营利润}{投入资本平均余额} \tag{2-6}$$

式中，税后净经营利润（net operation profit after taxes，NOPAT）是指归属股东和债权人的收益，为了反映正常经营活动创造的利润，通常需要扣除非经常性损益，例如，处置长期股权投资、固定资产、在建工程、无形资产、其他长期资产产生的损益；计入当期损益的对非金融企业收取的资金占用费等。如果公司发生非经常性收益，公司经常性活动产生的净利润就会低于利润表所反映的当期净利润，只有扣除非经常性损益，才能真实、公允地评价公司当期经营成果和获利能力，税后净经营利润的计算公式为：

$$\begin{matrix}\text{税后净}\\\text{经营利润}\end{matrix}=\text{净利润}+\text{利息}\times(1-\text{所得税税率})-\text{税后非经常性损益} \tag{2-7}$$

投入资本（investment capital，IC）是指股东和债权人投入资本的账面价值，包括有息债务资本和股权资本。前者指长短期贷款，不包括应付账款和其他应付款等无息负债；后者主要指普通股和优先股。

投入资本也可理解为公司的全部资产减去商业信用（应付账款、应付工资和其他应付款等）后的净值。为了计算与主营业务有关的投资，应从资产项目中扣除超额现金（一般指货币资金超过最低现金需要量的部分）和非经营性资产（例如，交易性金融资产、可供出售金融资产、持有至到期投资等）。

$$\begin{matrix}\text{投入}\\\text{资本}\end{matrix}=\text{净资产}+\begin{matrix}\text{少数股东}\\\text{权益}\end{matrix}+\begin{matrix}\text{有息}\\\text{债务}\end{matrix}-\begin{matrix}\text{超额}\\\text{现金}\end{matrix}-\begin{matrix}\text{非经营性}\\\text{资产}\end{matrix} \tag{2-8}$$

如果公司资本全部来自有息负债和股权资本，那么投入资本与公司资产总额相等。此时，投入资本收益率也可称作总资产收益率。

净资产收益率或股东权益收益率（return on equity，ROE）反映为普通股股东创造的收益。假设公司无优先股，净资产收益率的计算公式如下：

$$\text{净资产收益率}=\frac{\text{净利润}}{\text{净资产平均余额}} \tag{2-9}$$

式中，净资产平均余额是资产负债表中股东权益期初数与期末数的算术平均数。这一比率说明公司为普通股股东创造的收益。在实务中，为了正确反映公司的经营收益，在净利润中还应剔除非经常性损益。在我国，净资产收益率是证券市场使用频率最高的一个财务比率，原因是它被视为衡量上市公司首发、增发、配股资格的主要指标之一。

2.3.3 营运能力分析

营运能力是指公司资产的使用效率或资产周转状况，通常以资产周转率作为评价指标。常用的指标主要有应收账款周转率、存货周转率、应付账款周转率、流动资产周转率和总资产周转率等。

应收账款周转率反映了公司在一定时期应收账款周转额与应收账款平均余额的关系，其计算公式为：

$$\text{应收账款周转率}=\frac{\text{应收账款周转额}}{\text{应收账款平均余额}} \tag{2-10}$$

式中，应收账款周转额是指已经转化为现金的应收账款，可根据报告期应收账款累计贷方发生额确定。由于这一指标不对外公布，通常以赊销收入净额取代本年应收账款周转额，计算应收账款周转率。应收账款平均余额为应收账款期初余额和应收账款期末余额的算术平均数。

应收账款周转率是考核应收账款变现能力的重要指标，反映了应收账款转化为货币资金的平均次数。一般来说，应收账款周转率越高，收账速度越快，发生坏账的可能性就越小。在以信用交易为主的现代公司中，公司的信用政策是以货款的收现期（货款周转一次的天数）表示的。因此，需要计算应收账款平均周转天数或应收账款账龄，其计算公式为：

$$应收账款周转天数=\frac{日历天数}{应收账款周转率} \tag{2-11}$$

通常，应收账款周转天数越短越好。如果公司实际收回账款的天数超过了公司规定的应收账款天数，一方面说明债务人拖欠时间长，资信度低，发生坏账损失的风险比较大；另一方面说明公司催收账款不力，使结算资产形成呆账、悬账甚至坏账，造成流动资产不流动，这不利于公司经营活动的正常进行。但是，如果公司应收账款周转天数太短，则表明公司奉行较紧的信用政策，有可能降低部分营业额，使公司实际得到的利润少于本来可以得到的利润。

存货周转率反映公司在一定时期产品销售成本与存货占用之间的关系，其计算公式为：

$$存货周转率=\frac{销售成本}{存货平均余额} \tag{2-12}$$

存货平均余额是存货期初余额和期末余额的算术平均数。存货周转率也可以用周转一次需要多少天来表示，称为存货周转天数（日历天数/存货周转率）。一般而言，存货周转率越高，说明存货在公司停留的时间越短，存货占用的资本越少，公司的存货管理水平越高。如果存货周转率放慢，表明公司有过多的流动资本在存货上滞留，不能更好地用于业务经营。太高的存货周转率则可能是存货水平太低或库存经常中断的结果，公司也许因此而丧失了某些生产或销售机会。

应付账款周转率是指销售成本与应付账款平均余额之间的关系，其计算公式为：

$$应付账款周转率=\frac{销售成本}{应付账款平均余额} \tag{2-13}$$

应付账款周转率反映本公司免费使用供货公司资本的能力，应付账款周转天数（日历天数/应付账款周转率）反映从购进原材料开始，到付出账款为止所经历的天数。这个指标通常不应该超过信用期，如果过长，意味着公司的财务状况不佳，从而无力清偿货款；如果过短，表明管理者没有充分运用流动资本。

流动资产周转率反映公司短期资产的利用效率，其计算公式为：

$$流动资产周转率=\frac{流动资产周转额}{流动资产平均余额} \tag{2-14}$$

流动资产平均余额是流动资产期初余额和期末余额的算术平均数，流动资产周转额可以有两种计算方式：一是按产品的销售收入计算，二是按销售产品的成本费用计算。按第一种方式计算，流动资产周转率不仅反映公司生产经营过程中流动资产的周转速度，而且反映生产经营过程中新创价值的情况，即周转率不仅受实际投入资产周转速度的影响，而且受盈利水平高低的影响。按第二种方式计算，流动资产周转率只反映公司投入流动资产在生产经营过程中的周转速度。在会计实务工作中，通常采用第一种方式计算流动资产周转额。

总资产周转率用来分析公司全部资产的使用效率，其计算公式为：

$$总资产周转率=\frac{销售收入}{总资产平均余额} \tag{2-15}$$

总资产平均余额是总资产期初余额和期末余额的算术平均数。从理论上讲，总资产周转率越高，资产管理效率越高。实际上，这一指标的大小与行业性质密切相关，通常资本密集型行业周转率较低，劳动密集型行业周转率较高。因此，应将公司的总资产周转率与行业平均周转率进行比较，以判断公司资产的使用效率。

2.3.4 偿债能力分析

反映公司偿债能力的指标主要有流动性比率和财务杠杆比率，分别用于衡量公司短期偿债能力和长期偿债能力。前者主要有流动比率和速动比率，后者主要有资产负债率、权益乘数、利息保障倍数等。

流动比率是流动资产与流动负债的比率，其计算公式为：

$$流动比率=\frac{流动资产}{流动负债} \tag{2-16}$$

流动比率反映公司流动资产包含流动负债的倍数，用以反映每1元流动负债有多少流动资产作为偿还的保障。由于行业或时期不同，流动比率的标准往往不尽相同，短期债权人可能偏好较高的流动比率，但过高的流动比率可能是由存货积压引起的，这非但不能偿付到期债务，还可能因存货跌价遭受损失从而危及财务状况。过高的流动比率也可能是因为拥有过多的货币资金而未加以有效运用，进而影响公司的盈利能力，因此，过高的流动比率并不意味着公司的财务状况良好。适当的流动比率必须视经营行业及管理政策确定，同时应考虑流动资产的构成、流动负债的性质以及其他非现金资产转为现金的速度等。

速动比率是速动资产与流动负债的比率，其计算公式为：

$$速动比率=\frac{速动资产}{流动负债} \tag{2-17}$$

速动资产是指现金、银行存款、短期投资、应收账款、应收票据等几乎立即可以用来偿付流动负债的资产。对于大多数公司来说，如果速动比率为1∶1，表明公司短期偿债能力较强，较容易筹措到经营活动所需要的现金；反之，如果公司的速动比率较低，说明公司在现金安排和使用上不合理或有缺口，随时会面临流动资产不足以偿付到期债务而被迫中断生产经营的危机。在这种情况下，公司必须立即采取措施调整资产结构，并想方设法筹措到足够的资金以备不测。

资产负债率用以反映公司全部负债（流动负债和长期负债）在资产总额中所占的比率。这一比率越高，公司偿还债务的能力越差，反之亦然。

$$资产负债率=\frac{负债总额}{资产总额} \tag{2-18}$$

权益乘数通常指资产总额相当于股东权益总额的倍数。这一乘数越大，说明股东投入的资本在资产总额中所占的比重越小，公司的财务风险越大。权益乘数的计算公式为：

$$权益乘数=\frac{资产总额}{股东权益总额}=\frac{1}{1-\frac{负债总额}{资产总额}}=\frac{1}{1-资产负债率} \tag{2-19}$$

利息保障倍数主要用于分析公司在一定盈利水平下支付债务利息的能力。这一比率越高，说明公司的收益或利润为支付债务利息提供的保障程度越高。如果公司在支付债务利息方面资信度高，即能够一贯按时、足额地支付债务利息，公司就有可能借新债还旧债，永远不需要偿还债务本金。如果利息保障倍数较低，说明公司的收益难以为支付利息提供充分保障，就会使公司对债权人失去吸引力。一般来讲，利息保障倍数至少要大于1，否则，公司就不能举债经营。

$$利息保障倍数=\frac{息税前利润}{利息费用}=\frac{税前利润+利息费用}{利息费用} \tag{2-20}$$

为了正确评价公司偿债能力的稳定性，一般需要计算连续数年的利息保障倍数，并且选择一个指标最低的会计年度考核公司长期偿债能力的状况，以保证公司最低的偿债能力。某些长期性的经营租赁具有长期筹资的特征，因此，计算利息保障倍数时，租赁费也应视作利息费用，这是一种更为保守的度量方式。

2.3.5 增长率

在进行财务报表分析时，一般计算不同财务指标的同比增长率，即某一财务指标在同一周期、同一阶段的数据比值，其计算公式为：

$$同比增长率=(本期数-同期数)\div 同期数 \tag{2-21}$$

在分析中，比较常见的同比增长率是本年与上年同期相比较的增长率，其计算公式为：

$$某一指标同比增长率=\frac{本年该指标值-上年同期该指标值}{上年同期该指标值} \tag{2-22}$$

根据分析需要，可计算营业收入增长率、营业利润增长率、净利润增长率、总资产增长率、负债增长率、股东权益增长率等指标。①

2.3.6 市场指标分析

对于上市公司，还应将财务报表提供的数据和市场数据结合起来，评价公司经营业绩的发展潜力。与此有关的各项评价指标主要有每股收益、市盈率、市净率等，其计算公式如下：

$$每股收益=\frac{净利润-优先股股息}{普通股股数} \tag{2-23}$$

式（2-23）中普通股股数可采用按月计算的发行在外的普通股加权平均数，如果计算期内公司存在稀释性潜在普通股，应计算稀释后每股收益。这种潜在普通股主要包括可转换债券、认股权证和股票期权等。可转换债券持有者行使转换权，或认股权证持有者按预定价格购买普通股时，都会增加公司的普通股，从而降低或稀释每股收益。每股收益是衡量上市公司盈利能力的重要财务指标，每股收益越高，公司的财务形象越好。

$$市盈率=\frac{普通股每股市价}{普通股每股收益} \tag{2-24}$$

市盈率是投资者在市场上买卖股票时分析股价与上市公司净利润之间关系（即股票以几倍于每股收益的价格买入或卖出）的重要尺度。据此可以衡量某种股票就其公司收益而言，是否定价合理。一般来说，经营前景良好、发展前途较好的公司，其股票市盈率会趋于上升；反之，发展机会不多、经营前景黯淡的公司，其股票市盈率处于较低的水平。但是，在股市上，一个公司的市盈率可能会被非正常地抬高或压低，无法反映出该公司的资产收益率情况，导致投资者错误地估计公司的发展前景。而且，由于各公司的税负、价格、还贷等政策不尽相同，因此每股收益的确定口径也就不一致，这

① 与同比增长率不同的是，环比增长率是将报告期水平与其前一期水平对比（相邻期间的比较）所得到的动态相对数，表明某一指标发展的变动程度。如将一年内各月与前一个月对比，即 2 月比 1 月，3 月比 2 月，4 月比 3 月……12 月比 11 月，说明逐月的发展程度。

就为运用该指标在各公司之间进行分析比较带来一定的困难。对投资者来说，如果公司未来各年的收益不变，市盈率倍数也可作为回收最初投资的年数。

$$市净率=\frac{每股市价}{每股净资产} \tag{2-25}$$

式（2-25）中每股净资产是股权资本的账面价值，市场价格与账面价值之间的差额主要源于以下两点：第一，财务报表是以交易数据（历史数据和历史成本）为基础计算的，没有考虑公司资产可能产生的未来收益；第二，公司有许多影响未来收益，但没有计入资产负债表的资产或负债，如商标、高新技术、品牌、良好的管理、未决诉讼、过时的生产线、低劣的管理等。这些从会计角度无法计量的资产和负债使公司的账面价值与市场价格相距甚远。此外，还要分析股票市场定价效率对这两者差异的影响。

上述各项指标是根据公司的会计利润衡量公司的盈利能力，这种方法存在的最大问题就是没能给出一个用于比较的尺度。从经济意义上看，只有公司的投资收益大于其资本成本时才能为投资者创造价值。而会计利润仅扣除了公司使用资本的债务成本，并没有扣除股权资本成本，因而并不能真正反映公司的盈利能力。为此，许多公司开始采用经济利润或经济增加值衡量公司价值创造能力。

2.3.7 财务比率综合分析

在各种财务比率中，净资产收益率是一个综合性极强、具有代表性的指标，构成了财务分析体系的核心。净资产收益率不仅反映了为股东创造的收益，而且反映了公司筹资、投资等各种经营活动的效率。假设不考虑优先股，并以期末数代替总资产或股东权益占用额，净资产收益率可表示为：

$$\begin{aligned}\text{净资产收益率}&=\frac{净利润}{股东权益}\\&=\frac{息税前利润}{销售收入}\times\frac{销售收入}{资产总额}\times\frac{税前利润}{息税前利润}\times\frac{资产总额}{股东权益}\times\frac{净利润}{税前利润}\end{aligned} \tag{2-26}$$

式（2-26）表明影响净资产收益率的因素有五个，其中前两个比率（销售利润率和总资产周转率）综合反映了公司投资和经营决策对总体盈利能力的影响。它们的乘积就是总资产收益率，表示公司息税前盈利能力。

第三个比率称作财务成本比率（financial cost ratio），这一比率的高低与公司负债筹资额的大小有关。公司负债越多，这一比率就越小，净资产收益率也就越低，反之亦然。如果公司全部为股权筹资，则财务成本比率等于1，此时税前利润与息税前利润相等。在一般情况下，“1”是该比率的极大值，只要公司存在债务筹资，其值就会小于1。只有在财务费用小于0的情况下，这一指标才大于1。

第四个比率为权益乘数，这一比率的高低与公司负债筹资额的大小呈同方向变化，公司负债越多，这一比率越大，反之亦然。

第三和第四个比率反映了公司筹资政策对总体盈利能力的影响，两者的乘积称作财务杠杆乘数（financial leverage multiplier）。

第五个比率称作税收效应比率（tax effect ratio），反映税收对净资产收益率的作用。税率越高，这一比率越小，公司净资产收益率就越低。这一比率可表示为：

$$\text{税收效应比率}=\frac{\text{净利润}}{\text{税前利润}}=\frac{\text{税前利润}\times(1-\text{所得税税率})}{\text{税前利润}}=1-\text{所得税税率} \quad (2-27)$$

从以上分析可以看出，公司的盈利能力涉及公司活动的各个方面，如筹资结构、销售收入、成本控制、资产管理等，这些因素构成了一个系统。只有协调好系统内每个因素之间的关系，才能使净资产收益率最大化，从而实现公司价值最大化。综合上述五个因素，可将式（2－26）重写为：

$$\text{净资产收益率}=\text{销售利润率}\times\text{总资产周转率}\times\text{财务成本比率}\times\text{权益乘数}\times\text{税收效应比率} \quad (2-28)$$

假设不考虑财务成本比率和所得税因素的影响，仅从经营活动的视角研究净资产收益率的影响因素，式（2－26）可改写为：

$$\text{净资产收益率}=\frac{\text{净利润}}{\text{资产总额}}\times\frac{\text{资产总额}}{\text{股东权益}}=\frac{\text{净利润}}{\text{销售收入}}\times\frac{\text{销售收入}}{\text{资产总额}}\times\frac{\text{资产总额}}{\text{股东权益}} \quad (2-29)$$

上式称为杜邦财务分析指标体系，它将净资产收益率分解为销售净利率、总资产周转率、权益乘数之间的关联关系，这一体系给管理层提供了一张明晰的考察公司资产管理效率高低和是否最大化股东投资收益的路线图。净资产收益率作为综合财务业绩评价指标，不仅反映了为股东创造的收益，而且反映了公司筹资、投资等各种经营活动的效率。分解净资产收益率的影响因素，有助于分析指标变化原因和变动趋势，为今后采取的改进措施提供方向。

［例2－1］珠海格力电器股份有限公司（简称格力电器）是目前全球最大的集研发、生产、销售、服务于一体的专业化空调企业。根据格力电器（000651）2019年财务报表等数据计算的净资产收益率（ROE）为24.25%，如图2－4所示。图中上一层指标是下一层指标的结果指标，下一层指标是上一层指标的动因指标。例如，ROE可分解为销售净利率、总资产周转率和权益乘数；这三个因素还可进一步分解为不同的影响因素。

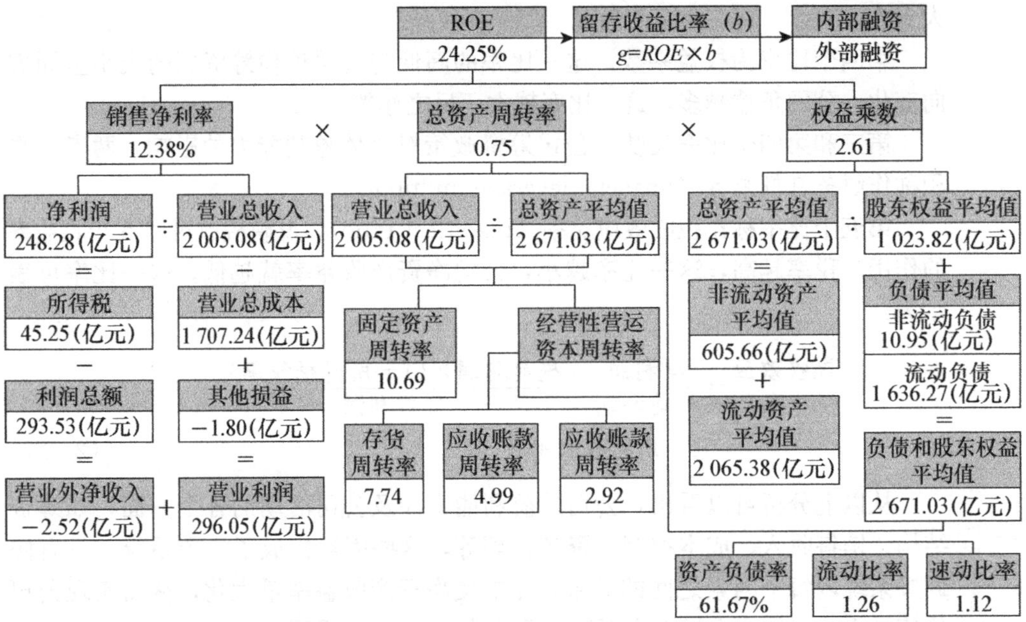

图 2-4 格力电器的 ROE 及分解指标（2019 年度）

说明：书中相关图表中的数据是采用 Excel 计算的，其计算结果与直接根据图表中的数据计算的结果可能有偏差。

在图 2-4 中，ROE 指标分解为以下两类指标：一是 ROE 与增长率的关系；二是 ROE 与总资产收益率的关系。增长率、ROE、股利支付率的关系表述如下：

$$\text{增长率}=\text{ROE}\times(1-\text{股利支付率})=\text{ROE}\times\text{留存收益比率} \qquad (2-30)$$

通过公司的股利政策，可以确定留存收益比率，进而确定公司的增长率，根据增长率等指标可以确定未来资金所需额（包括内部融资和外部资金需求等）。

ROE 与总资产收益率的关系可表述如下：

$$\begin{matrix}\text{净资产}\\\text{收益率}\end{matrix}=\begin{matrix}\text{总资产}\\\text{收益率}\end{matrix}+\left(\begin{matrix}\text{总资产}\\\text{收益率}\end{matrix}-\begin{matrix}\text{利}\\\text{率}\end{matrix}\right)\times\left(1-\begin{matrix}\text{所得税}\\\text{税率}\end{matrix}\right)\times\frac{\text{负债资本}}{\text{股权资本}} \qquad (2-31)$$

式（2-31）中的总资产收益率是根据式（2-5）计算的，与 ROE 相比，二者之间的差异主要反映了利息、所得税的影响。

为了解不同行业的 ROE 及其影响因素，表 2-1 列示了格力电器等七家上市公司（分别属于食品饮料、家电、房地产、医药、公用事业、批发零售、钢铁业）归属母公司股东的 ROE 的因素分析。

在表 2-1 中，归属母公司股东的 ROE 可按下式计算：

$$\begin{aligned}\begin{matrix}\text{归属母公司}\\\text{股东的}ROE\end{matrix}&=\frac{\text{净利润}}{\text{营业总收入}}\times\frac{\text{归属母公司股东的净利润}}{\text{净利润}}\\&\quad\times\frac{\text{营业总收入}}{\text{总资产平均余额}}\times\frac{\text{总资产平均余额}}{\text{归属母公司股东的股东权益}}\end{aligned}$$

表2-1 归属母公司股东的ROE及分解指标(2019年)

公司	伊利股份	格力电器	万科	云南白药	国投电力	苏宁易购	宝钢股份
归属母公司股东的ROE	25.66%	24.52%	22.61%	14.50%	12.18%	11.66%	7.00%
净利润/营业总收入	7.70%	12.38%	14.99%	14.07%	20.58%	3.46%	4.61%
EBIT/营业总收入	9.00%	13.59%	22.36%	15.52%	35.52%	5.74%	5.89%
利润总额/EBIT	1.009	1.077	0.930	1.027	0.685	0.944	0.872
净利润/利润总额	0.848	0.846	0.720	0.883	0.846	0.639	0.898
归属母公司股东的净利润/净利润	0.998	0.995	0.705	1.003	0.545	1.056	0.922
总资产周转率	1.670	0.751	0.226	0.741	0.191	1.234	0.866
权益乘数	2.000	2.651	9.477	1.387	5.705	2.584	1.902

资料来源：根据Wind数据计算整理。

其中 $$\text{销售净利润}=\frac{\text{息税前利润}}{\text{营业总收入}}\times\frac{\text{利润总额}}{\text{息税前利润}}\times\frac{\text{净利润}}{\text{利润总额}}$$

从上式可以看出，影响归属母公司股东的ROE的因素有四个：销售净利率、归属母公司股东的净利润占公司净利润的比率、总资产周转率、权益乘数；其中销售净利率又受三个因素的影响，息税前利润/营业总收入反映了经营活动创造的利润的影响；利润总额/息税前利润反映了公司利息费用（举债）的影响；净利润/利润总额反映了税收效应的影响。

在七家公司中，伊利股份、格力电器的ROE分别排在前两位，作为食品饮料行业和家电行业的龙头企业，借助品牌优势，在价格竞争激烈的市场中为股东创造了较高的价值。在这两家公司中，伊利股份的销售净利率、息税前利润率均低于格力电器，但其总资产周转率远高于格力电器，从而创造了较高的ROE。尽管不同行业的总资产周转率不能比较，但资产周转率高也是伊利股份高ROE的重要因素。

万科作为房地产行业的龙头企业，其ROE位于七家公司的第三位。虽然万科的销售净利率、息税前利润率比较高（息税前利润率位于第二位），但较低的总资产周转率拉低了ROE。权益乘数、资产负债率在七家公司最高，这一方面表明地产行业的负债率较高，另一方面表明充分利用财务杠杆也是影响万科ROE的重要因素。

云南白药作为医药行业企业，ROE在七家公司中位于第四位，销售净利率位于第三位，总资产周转率相对较低，权益乘数在七家公司中最低，表明公司财务风险较低。

国投电力作为公用事业行业企业，ROE在七家公司中排在第五位，但息税前利润率排在第一位，总资产周转率排在最后，具有较强的行业特征。

苏宁易购的ROE位于第六位。作为批发零售行业企业，其行业特点是价格竞争激烈，销售净利率低，但资产周转速度较快，强劲的营销策略和品牌效应是影响ROE的重要因素。此外，公司使用了较高的财务杠杆，这也提升了其盈利能力。

宝钢股份的ROE在七家公司中最低，其他各种指标，如销售净利率、总资产周转率、权益乘数都比较低。ROE较低的外部原因在于全球经济弱势复苏，国内经济增速放缓，钢铁行业低迷，行业盈利下滑至工业行业的最低水平。

注意，上述分析是在不同的行业之间进行的，其分析结果的可比性较差。例如，不同行业的总资产周转率相差很大。因此，每种指标最好要与行业指标进行比较。

对一个公司的评价，除财务比率分析外，还要进行经济环境、战略分析。例如，根据PEST进行宏观环境分析，说明政治、经济、社会、技术等对格力电器经营业绩和财务状况的影响。根据SWOT分析，明确格力电器在竞争中的优势、劣势，面临的机会与挑战；明确格力电器的核心竞争力和未来的发展方向。

2.3.8 财务比率分析注意的问题

以上是根据公司财务报表提供的数据，采用不同的财务比率对公司的偿债能力、营运能力、盈利能力进行的分析和评价，这对于报表的阅读者了解和判断公司的财务状况和经营成果具有一定的意义和作用。但是这些方法也有一定的局限性，在使用时应注意以下几个问题：

第一，财务比率的有效性。财务报表中所反映的数据是公司过去会计事项影响的结果，根据这些历史数据计算得到的各种财务比率，对于预测公司未来的经济动态，只有参考价值，并非完全有效。

第二，财务比率的可比性。可比性一般是指不同公司，尤其是同一行业的不同公司之间，应使用类似的会计程序和方法，将不同公司财务报表的编制建立在相同的会计程序和会计方法上，便于报表使用者比较分析一个公司在不同时期，以及不同公司之间的盈利能力及财务状况的强弱和优劣。对于同一公司来说，虽然一致性会计原则的运用使其有可能进行不同期间的比较，但如果公司的会计环境和基本交易的性质发生变动，则同一公司不同时期财务比率的可比性大大减弱。因此，在采用比率法分析公司财务状况和经营成果时，必须充分注意公司重大会计事项（包括会计处理方法的变动情况、变动原因及其对本期财务状况的影响等）。

第三，财务比率的相关性。相关性是指财务信息要同经济决策相关联，以便报表使用者利用财务信息做出各种决策。在财务分析时，特别是运用比率分析时，有时会出现这样的情况，某一特定比率无法反映出正确的财务信息，即对财务信息使用者来说是不相关的。这是因为比率的高低既要受到两个或两个以上的财务数据的同时影响，又要受到某些综合财务数据的构成影响。例如，存货周转次数，此项比率一般认为升高是好的现象。但是，存货周转次数的增加，可能是因为销售成本增加，即公司维持一定的存货水平，完成了较多的销售任务；也可能是由于存货减少，这种现象虽然增加了周转次数，但也可能使公司因减少存货而丧失生产和销售等的获利机会。

第四，财务信息的可靠性。可靠性是指提供的财务信息应不偏不倚，以客观的事实为依据，不受主观意志的左右，力求准确可靠。事实上，编制财务报表所采用的各种核算资料的可靠性往往受到多方面的影响，使报表分析同样显得不够可靠。例如，在正常情况下，财务报表一般不反映物价水平的变动，各种资产在资产负债表中都是以原始成本列示反映的，与其现行价值必然存在差异。不仅如此，还会影响收入、费用和净利润的比较。

第五，财务比率的比较方式。为判断各种财务比率是否恰当，还需要将计算出的各种财务比率与标准比率进行比较。与此相关的标准有三种：一是历史标准，即以本公司历史上的经济情况较正常或相似时期的财务比率作为标准；二是行业标准，即以该公司所属的行业在同一时期的平均比率作为标准；三是预算标准，即以公司当期预算中的财务比率作为标准。为了解某一比率的变化情况，可将公司当年的财务比率同历年来的同一比率做比较，以便确定公司的发展趋势；也可将本公司的财务比率与同一时期同行业其他公司的财务比率做比较，以便对本公司在市场竞争中所处的地位有更深入的了解。

第六，财务比率极端值问题。在比率计算中，可能会遇到以下两个特殊的问题：负的分母和极端观察值。假设在分析某一行业的公司的盈利能力或某一公司连续若干年的盈利能力时，某公司某一年度的净资产为负值，那么，将这一观察值用作净资产收益率的分母，会得到没有明显的解释意义的比率。在这种情况下，需考察分母为负的原因，并做适当调整，如采用总资产利润率或销售利润率（这两个比率的分母为负的可能性是极小的）。此外，还要注意可能的计算机计算错误。例如，计算机打印出来的资料为：A公司的净资产收益率为12%，B公司的净资产收益率为10%。但是，在这些财务比率背后的具体数据是：A公司的净利润和净资产均为负数，B公司的净利润和净资产均为正数，则

$$\text{A公司净资产收益率} = -120/-1\,000 = 12\%$$

$$\text{B公司净资产收益率} = 100/1\,000 = 10\%$$

极端观察值是指一个显得与整个数据系列中的其余数据不一致的观察值（这种“显得不一致”在一定程度上是分析者所做的一种经验推断）。如何确定一个观察值是不是极端值？首先要确定该极端值是不是计算产生的，是不是记录错误导致的，是不是会计分类、会计方法的变化引起的。例如，一笔巨大的非常项目利得包含在净利润中，就可能会引起销售净利率的极端值；一个极端的利息保障倍数可能是由表外融资引起的，或者可能是由巨额的汇兑损益引起的。如果在分析中发现的极端值不是缘于记录错误，则予以剔除；如果极端值代表特定背景或特定事项的一种极端状况，则应该保留；如果极端值是由会计因素引起的，则需要做出调整。例如，将销售利润率、非常项目前销售利润率，以及销售净利润率这三个比率进行比较，如果只有销售净利润率显得极端，那

么，这种极端缘于会计分类的可能性就很大，可以在分析中进一步解释产生差异的原因。

2.4 现金流量与信用风险分析

2.4.1 现金流量分析

美国证券交易委员会前主席罗德·威廉斯说过：如果让我在拥有利润信息和现金流量信息之间做一个迫不得已的选择，那么，今天我选择现金流量。在日益崇尚“现金至上”的理财环境中，现金流量表分析对信息使用者来说显得更为重要。这是因为现金流量表可更为浅显地反映出公司创造现金净流量的能力，揭示公司资产的流动性和财务状况。因此，现金流量分析对信息使用者来说显得更为重要。

公司在一定时期创造的现金净流量是经营活动、投资活动和筹资活动现金净流量的总和。根据现金流量表和资产负债表的关系，现金流量的分析对象为：

分析对象＝期末现金和现金等价物－期初现金和现金等价物
＝现金和现金等价物净增加额(增量现金流量)　　(2-32)

比较资产负债表期末货币资金（包括现金等价物）与期初货币资金的差额，其目的在于分析公司一定时期现金净流量变动的动因。

根据资产负债表的平衡式分析影响现金净流量的因素：

资产＝负债＋股东权益

现金＋非现金流动资产＋非流动资产
＝非融资性流动负债(应付账款等)＋短期借款＋长期负债＋普通股股本＋留存收益

现金＝非融资性流动负债＋短期借款＋长期负债＋普通股股本＋留存收益－非现金流动资产－非流动资产

根据上述分析可以发现，影响公司现金的因素与资产负债表和利润表有关，非现金资产类项目变化与现金变化反方向；负债与股东权益类项目变化与现金变化同方向。在其他因素不变的条件下，股东权益的变化主要与留存收益有关，而后者主要取决于公司经营活动创造的净利润以及公司的股利政策。

为分析增量现金流量的影响因素，增量资产负债表的平衡式为：

Δ现金＋Δ非现金流动资产＋Δ非流动资产
＝Δ非融资性流动负债＋Δ短期借款＋Δ长期负债＋Δ普通股股本＋Δ留存收益

其中　Δ非流动资产＝资本支出－折旧

$$
\begin{aligned}
\Delta 留存收益 &= (息税前利润-利息)\times(1-所得税税率)-股利 \\
&= 息税前利润\times(1-所得税税率)-利息\times(1-所得税税率)-股利 \\
&= 净利润+税后利息费用-利息\times(1-所得税税率)-股利 \\
&= 税后净经营利润-利息\times(1-所得税税率)-股利
\end{aligned}
$$

整理上式各项，可以得到现金净流量的计算方式：

$$
\begin{aligned}
\Delta 现金 = &税后净经营利润+折旧-(\Delta 非现金流动资产-\Delta 非融资性流动负债) \\
&-资本支出+\Delta 短期借款+\Delta 长期负债-利息\times(1-所得税税率) \\
&+\Delta 普通股股本-股利
\end{aligned}
$$

以净利润为基础的现金净流量调整方式（间接法）如表2-2所示。

表2-2 现金净流量的调整方式

现金净流量（现金和现金等价物净增加额）的调整方式如下：	
净利润 税后利息费用 税后净经营利润 加：折旧 减：非现金流动资产增加（减少） 加：非融资性流动负债增加（减少）	经营活动现金净流量
减：资本支出	投资活动现金净流量
加：短期借款增加（减少） 加：长期负债增加（减少） 减：利息×(1－所得税税率) 加：普通股股本增加（减少） 减：股利	融资活动现金净流量
现金净流量	

表2-2描述了从净利润到现金净流量的调整过程。首先，在净利润的基础上，加上税后利息费用，加上不支付现金的费用，如计提的固定资产折旧、无形资产摊销、长期待摊费用摊销等，加上非现金流动资产减少，减去非现金流动资产增加；加上非融资性流动负债（如应付账款）增加，减去非融资性流动负债减少等，调整为经营活动现金净流量；其次，计算资本支出，如果当年提取的折旧用于当年的固定资产更新改造，也应视为当年的资本支出项目；再次，确定融资活动现金流量，减去主要的税后利息费用，加上短期、长期借款净增加额，加上普通股股本净增加额，减去支付的股利；最后确定现金净流量，将这一指标与资产负债表中各年现金和现金等价物净增加额相核对，如果相等，表明现金流量表编制基本正确。

在现金流量表分析中，结构百分比法可以更好地反映公司现金流量的生成与使用。这种方法是以现金流入总额作为100%，分别计算经营活动、投资活动和筹资活动现金流入量、流出量占现金流入总额的比重，反映公司现金的来源与用途，以便分析公司现金流入量与流出量的匹配程度。

根据现金流量表和其他报表，也可以计算以下各种比率。

(1) 经营活动现金流量比率。经营活动现金流是现金流量表的核心部分，在分析中可以主要关注以下三个比率。

销售商品、提供劳务收到的现金/营业收入：这一比率可以大致说明公司销售回收现金的情况及公司销售的质量。收现数所占比重大，说明销售收入实现后所增加的资产转换现金速度快、质量高。

销售商品、提供劳务收到的现金/购进商品、接受劳务付出的现金：在公司经营正常、购销平衡的情况下，二者比较是有意义的。这一比率大，说明公司的销售利润多，销售回款好，创现能力强。

经营活动现金净流量/净利润：这一比率若大于1或等于1，说明会计收益的收现能力较强，利润质量较好；若小于1，说明会计利润可能受到人为操纵或存在大量应收账款，利润质量较差。

(2) 偿付能力的比率。在市场经济条件下，公司现金流量在很大程度上决定着公司的生存和发展能力。即使公司有盈利能力，若现金周转不畅、调度不灵，也将严重影响公司正常的生产经营，偿债能力的弱化直接影响公司的信誉，最终影响公司的生存。以现金流量表计算偿债能力的指标主要有：

公司短期偿债能力的比率＝经营活动现金净流量/流动负债

偿付全部债务能力的比率＝经营活动现金净流量/债务总额

$$\text{现金股利、利息与现金比率}=\text{经营活动现金净流量}/\text{分配股利、偿付利息支付的现金}$$

上述三个比率越大，说明公司偿债能力和支付现金股利的能力越强。

(3) 现金流量资本支出比率。

现金流量资本支出比率＝经营活动现金净流量/资本支出总额

式中，资本支出总额是指公司为维持或扩大生产能力购置固定资产或无形资产所发生的支出。这一比率越大，说明公司支付资本支出的能力越强，资金自给率越高。若比率达到1，则说明公司可以靠自身经营来满足扩充所需的资金；若比率小于1，则说明公司需要靠外部融资来补充扩充所需的资金。

在现金流量分析中应注意以下几个问题：

第一，公司经营活动是否创造了正的现金净流量？负的现金净流量是公司经营亏损还是快速扩张引起的？公司能否通过经营活动现金流量偿还短期到期债务？

第二，公司投资活动现金流出量为多少？扩张所需要的资金来源于内部还是外部？投资活动是否符合公司整体的经营战略？是否为公司创造了长期的增长价值？

第三，公司外部筹资主要采取何种形式？是否符合公司风险管理策略？公司在支付现金股利时，运用的是内源资金还是外源资金？如果不得不采取外源资金支付股利，则这种股利政策是否能持续？

2.4.2 财务危机预警分析

财务危机预警分析最常用的方法是从多个财务比率中筛选出能提供违约信息的变量，建立判别函数，对公司的财务状况所属类别进行判别。判别函数的一般形式如下：

$$Z=\alpha+\sum_{j=1}^{k}\beta_j X_j \tag{2-33}$$

式中，Z 为判别分值；α 为常数项；X_j 为反映研究对象的财务比率；β_j 为各变量的判别系数。Z 值越大，财务危机就越小；反之，就越大。

利用财务比率进行财务危机预警分析有很多方法，美国学者爱德华·I. 奥特曼（Edward I. Altman，1968）[①] 根据行业和资产规模，选择 33 家破产公司和 33 家非破产公司作为研究样本，根据误判率最小的原则，确定了 5 种财务比率作为判别变量，采用计算机运算法则确定了每一种比率对公司破产的影响程度（即各种比率的系数），以此作为预测公司破产的基本模型，即所谓的 Z-Score 模型，其基本表达式为：

$$Z=1.2X_1+1.4X_2+3.3X_3+0.6X_4+1.0X_5 \tag{2-34}$$

式中，Z 为判别函数值；X_1＝净营运资本/资产总额；X_2＝留存收益/资产总额；X_3＝息税前利润/资产总额；X_4＝普通股和优先股市场价值总额/负债账面价值总额；X_5＝销售收入/资产总额。

在 Z-Score 模型中，奥特曼提出了判断公司破产的临界值（Z-Score），如果公司的 Z 值大于 2.675，则表明公司的财务状况良好，发生破产的可能性较小；如果公司的 Z 值小于 1.81，则表明公司存在较高破产的危险；如果 Z 值介于 1.81～2.675 之间，则称为灰色地带，这个区域是因原始样本存在错误分类或两类的重叠而产生的，对于 Z 值落在该区域的公司其财务状况需要通过其他方法来判断。奥特曼对该模型的有效性进行了检验，发现该模型可以提前 2～3 年较好地预测到公司的破产，破产前一年模型的预测准确率为 95%，破产前两年的预测准确率为 82%。

针对非上市公司与非制造企业，奥特曼修改了 Z-Score 模型，主要是在计算比率 X_4 时，用账面价值替代市场价值，于是得到如下的 Z'-Score 模型：

$$Z'=0.717X_1+0.847X_2+3.107X_3+0.420X_4+0.998X_5 \tag{2-35}$$

在 Z'-Score 模型中，Z'值大于 2.90 为安全区；Z'值小于 1.23 为危机区；Z'值介于 1.23～2.90 之间为灰色区。

Z-Score 模型是以走向破产的企业为基础建立的，因此，这一模型也可以用

---

① Edward I. Altman. Financial Ratios, Discriminant Analysis and the Prediction of Corporate Bankruptcy. Journal of Finance，1968，23 (4)：589-609.

来估计由债务或上述其他财务危机引起的违约。同样，这一模型也可以用于具有两种以上结果的情景。因此，债券评级模型（需要确定多个等级）也可以采用其他比率，如资产规模、利息保障倍数、收益稳定性等建立类似的财务危机预警模型。

2.4.3 财务比率与信用评级

利用财务比率进行信用评级是信用评级公司经常采用的一种方法，现以标准普尔为例加以说明。标准普尔利用财务比率进行公司信用评级时，首先根据各种财务比率和信用评级标准对公司进行风险信用等级分类，然后根据公司的商业风险调整财务风险，最后确定公司的信用级别。表2-3展示了制造行业不同债券等级与财务比率的平均水平的相互关系。

表2-3 债券等级与公司财务比率（制造业）

项目	AAA	AA	A	BBB	BB	B	CCC
EBIT/利息	21.4	10.1	6.1	3.7	2.1	0.8	0.1
EBITDA*/利息	26.6	12.9	9.1	5.8	3.4	1.8	1.3
(净利润+非现金费用)/有息债务（%）	84.2	25.2	15.0	8.5	2.6	−3.2	−12.9
公司自由现金流量/有息债务（%）	128.8	55.4	43.2	30.8	18.8	7.8	1.6
总资产收益率（%）	34.9	21.7	19.4	13.6	11.6	6.6	1.0
EBITDA/销售收入（%）	27.0	22.1	18.6	15.4	15.9	11.9	11.9
长期负债/长期资本（%）	13.3	28.2	33.9	42.5	57.2	69.7	68.8
有息债务/(有息债务+股东权益)（%）	22.9	37.7	42.5	48.2	62.6	74.8	87.7
公司数	8	29	136	218	273	281	22

* EBITDA指扣除折旧、摊销、利息、所得税前的利润。公司自由现金流量见本书第3章相关内容。

资料来源：Standard & Poor's Ratings Direct，Reproduced with Permission of Standard & Poor's，August 10，2001.

标准普尔指出这个信用指标只是宽泛地定义了一个公司目前的信用等级和位置，在使用这个评级标准对比不同公司的时候，应特别注意每个公司对于这些指标的计算方法各有不同，特别是在不同国家和地区，每个公司有着自己特定的财务运作方法及商业环境。

标准普尔在对公司进行信用评级时，还要结合公司商业风险对其财务风险评级进行调整。如果公司有很强的市场竞争优势、非常好的商业前景及可预测的现金流量，可以克服目前公司的财务危机，公司就可以保持它目前的信用等级，而不会因目前的财务状况而被降低信用等级。此外，还要与行业平均商业风险水平进行比较。如果公司的风险高于平均值，则信用等级应低于同等条件公司的信用等级，反之亦然。

信用评级的目的是在给定的风险评估水平下估计公司违约的概率，虽然所有的评级机构在其信用风险评估中都不可能是完美的，但总体上可以提供有关公司违约的估计数。表 2－4 展示了不同等级债券评级中平均的 Z-Score 值。

表 2－4 标准普尔债券评级的平均 Z-Score 值（1996—2001 年）

信用评级	平均每年公司数量	平均 Z-Score 值	标准离差
AAA	66	6.20	2.06
AA	194	4.73	2.36
A	519	3.74	2.29
BBB	530	2.81	1.48
BB	538	2.38	1.85
B	390	1.80	1.91
CCC	10	0.33	1.61
D	244	−0.20	无数据

资料来源：Altman E. I.，Hotchkiss E. Corporate Financial Distress and Bankruptcy：Predict and Avoid Bankruptcy，Analyze and Invest in Distressed Debt. John Wiley & Sons Inc，2006.

从表 2－4 可以看到，在 1996—2001 年，AAA 级债券的 Z-Score 平均值为 6.20，而 B 级债券的 Z-Score 平均值为 1.80，这恰好为 Z-Score 模型的危机区的上限值。

□ 本章小结

1. 经济环境分析的目的在于考察所有公司共同面临的环境以及对公司竞争能力的影响。行业分析的目的在于考察特定行业的经济特性、竞争状况、关键成功因素等，以便明确公司的竞争优势，正确制定公司战略。

2. 会计分析主要包括：确认关键因素的会计政策、评价会计政策的灵活性、评价会计信息披露策略、识别和评价危险信号、调整财务报表。

3. 反映公司盈利能力的指标主要有销售毛利率、销售利润率、息税折旧摊销前利润率、销售净利率、总资产收益率、投入资本收益率和净资产收益率；反映公司营运能力的指标主要有应收账款周转率、存货周转率、应付账款周转率、流动资产周转率、总资产周转率等。

4. 反映公司偿债能力的指标主要有流动性比率和财务杠杆比率，前者用于衡量公司短期偿债能力，后者用于衡量公司长期偿债能力。

5. 财务危机预警分析最常用的方法是运用财务指标判断公司处于何种状况（财务危机或财务健康）。既可以根据单一财务比率进行分析，也可以从多个财务比率中筛选出能提供较多信息的变量，建立判别函数，对公司的财务状况所属类别进行判别。

□ 基本训练

◆ 单项选择题

1. 对于由母公司和子公司组成的企业集团，财务分析的基础是（　　）。

A. 合并财务报表　　B. 母公司财务报表

C. 子公司财务报表　　D. 母公司或子公司财务报表均可

2. 公司现金变化与资产负债表和利润表有关，下列各项中，论述正确的是（　　）。

A. 非现金资产类项目变化与现金变化同方向

B. 负债类项目变化与现金变化同方向

C. 股东权益类项目变化与现金变化反方向

D. 净利润变化与现金变化反方向

3. 公司通过利润表与资产负债表之间的比率关系反映（　　）。

A. 收入与费用的对比关系　　B. 公司财务杠杆变动情况

C. 公司资产使用效率　　D. 公司的可持续增长能力

4. 下列关于财务比率的说法中，错误的是（　　）。

A. 速动比率很低的公司不可能到期偿还流动负债

B. 资产负债率揭示了公司全部负债在资产总额中所占的比例

C. 权益乘数反映了资产总额相当于股东权益的倍数

D. 权益乘数的倒数与资产负债率之和等于1

5. 标准普尔利用财务比率进行公司信用评级时，评估内容主要是（　　）

A. 根据各种财务比率和信用评级标准对公司进行风险信用等级分类

B. 根据公司的商业风险调整财务风险

C. 确定公司的信用级别

D. 以上三项均包括

◆ **多项选择题**

1. 根据我国现行的财务报告体系，下列各项中，属于财务报告的内容的有（　　）。

A. 资产负债表　　B. 利润表

C. 现金流量表　　D. 报表附注

E. 股东权益变动表

2. 会计分析是指根据公认的会计准则对财务报表的可靠性和相关性进行分析，主要包括（　　）。

A. 确认关键因素的会计政策　　B. 评价会计政策的灵活性

C. 评价会计信息披露策略　　D. 识别和评价危险信号

E. 调整财务报表

3. 投入资本收益率中的投入资本，一般是指（　　）。

A. 资产总额　　B. 负债和股东权益总额

C. 有息债务、普通股和优先股价值之和　　D. 普通股和优先股价值之和

E. 资产总额减去商业信用之后的余额

4. 下列关于市盈率的说法中，正确的有（　　）。

A. 股票市盈率越高，投资机会越大

B. 市盈率通常是投资收益率的倒数

C. 投资者在进行投资决策时往往应选择市盈率较高的公司

D. 如果公司未来各年的收益不变，市盈率也可作为回收最初投资的年数

E. 投资者可利用市盈率衡量某种股票是否被合理定价

5. 为判断财务比率是否恰当，需要注意的问题主要有（ ）。

A. 财务比率有效性　　B. 财务比率可比性

C. 财务比率相关性　　D. 财务信息可靠性

E. 财务比率极端值

◆ **判断题**

1. 市净率指标可以反映公司没有计入资产负债表的资产或负债，如商标、高新技术、品牌、良好的管理、未决诉讼、过时的生产线、低劣的管理等。（ ）

2. 公司一般会在报表附注中对财务报表的编制基础、依据、原则和方法做出说明，并对主要项目（如公司合并、分立，重大投资、筹资等）做出解释。（ ）

3. 结构百分比分析是指通过将两个有关的会计项目数据相除，得到各种财务比率，以揭示同一张财务报表中不同项目之间，或不同财务报表不同项目之间内在关系的一种分析方法。（ ）

4. 同一行业内的不同公司之间，无论所在地的所得税税率有多大差异，或者财务杠杆有多大差异，采用息税前利润可能更为准确地比较盈利能力。（ ）

5. 经营性营运资本为负数，表明有部分长期资产由流动负债提供资金来源。（ ）

◆ **讨论/思考题**

1. 财务报表分析可谓“三表”入手，由“表”及里。企业管理中最常用到的三张财务报表的功能各不相同，请说明利润表、资产负债表、现金流量表之间的相互关系。

2. 作为一名投资者，在阅读报表之前，需要做哪些基本功课？请采用思维导图的方式说明三张财务报表的主要财务比率。

3. 中国证券业协会《传导》2018年第49期发表文章《IPO企业财务造假手法及保荐业务风险防控措施研究》，选取保荐制实施以来中国证监会公告的行政处罚决定书涉及的10家IPO企业作为分析对象，结合COSO发布的《虚假财务报告》（Fraudulent Financial Reporting，1998—2007）中所列的常见财务造假手段，将这10家IPO企业涉及的财务造假手法总结为虚增收入，虚增资产，虚减成本、费用和负债，通过关联方实现自有资金体外循环，挪用资产等五大类型。请阅读该研究报告，选择一家公司，深入查询相关资料或数据，分析这家公司财务造假的方式和原因。

《传导》2018年第49期：IPO企业财务造假手法及保荐业务风险防控措施研究

4. 1975年10月，美国最大的商业企业之一W. T. Grant公司宣告破产，引起商界的广泛关注。令人不解的是，W. T. Grant公司在破产前一年，即1974年，营业净利润近1 000万美元，经营活动提供营运资金超过2 000万美元，银行扩大贷款总额达6亿美元。更令人不解的是在1973年末，公司股票仍按其收益20倍的价格出售。

要求：

请上网查询相关信息，并说明：为什么银行会为一个濒临破产的公司发放贷款？为什么投资者乐于购买其股票？这一案例给我们带来了哪些启发？

5. 大商股份等六家上市公司分别属于批发零售、银行、软件、酒类、医药和钢铁业，与净资产收益率（2014年）有关的指标如表2-5所示。

表 2-5　六家上市公司净资产收益率及其分解指标（2014 年度）

财务指标	大商股份	浦发银行	用友网络	青岛啤酒	同仁堂	宝钢股份
销售净利率	3.739%	41.200%	13.050%	6.961%	12.285%	3.184%
总资产周转率	2.246 7	0.027 2	0.603 0	1.032 8	0.731 9	0.836 8
权益乘数	2.727 0	17.762 0	2.150 1	1.972 4	1.520 0	1.887 9
资产负债率	63.33%	94.37%	53.49%	49.30%	34.21%	47.03%
净资产收益率	22.907%	19.886%	16.921%	14.181%	13.667%	5.030%

要求：

分析上述六家公司净资产收益率的影响因素。

◆ 计算分析题

1. 根据下列资料，填充资产负债表（见表 2-6），假设资产类平均占用额用期末数代替。

(1) 长期负债与股东权益的比例为 0.5∶1；

(2) 总资产周转率为 2.5 次；

(3) 应收账款平均收现期（假设全年为 360 天，且所有的销售均为赊销）为 18 天；

(4) 存货周转率为 9 次；

(5) 销售毛利率为 10%；

(6) 速动比率为 1。

表 2-6　简易资产负债表　　单位：万元

资产	金额	负债和股东权益	金额
现金	?	应付账款	100 000
应收账款	?	长期负债	?
存货	?	普通股	100 000
固定资产	?	留存收益	100 000
资产总计	?	负债和股东权益总计	?

2. ABC 公司 2016 年末的资产负债表如表 2-7 所示。该公司年末流动比率为 2，负债与股东权益的比率为 0.6，存货周转率为 10 次，年初该公司的存货金额为 2 万元，公司当年的销售收入为 100 万元，销售毛利率为 60%。

要求：

根据有关已知数据和资料完成表 2-7（该公司全部账户均已包括在表 2-7 中）。

表 2-7　ABC 公司 2016 年末的资产负债表　　单位：万元

资产	金额	负债和股东权益	金额
货币资金	5	短期借款	5
应收账款净额	?	应付账款	?
存货	?	长期负债	?
固定资产原值	60	股本	50
累计折旧	10	未分配利润	?
资产总计	85	负债和股东权益总计	?

3. 假设 XYZ 公司有关财务比率分析的资料如下。

(1) XYZ 公司 2020—2025 年预计利润表、资产负债表如表 2-8、表 2-9 所示。

表 2-8　XYZ 公司预计利润表（2020—2025 年）　　单位：万元

项目	2020 年	2021 年	2022 年	2023 年	2024 年	2025 年
销售收入	4 000	4 400	4 840	5 324	5 856	6 442
销售成本	3 000	3 300	3 630	3 993	4 392	4 832
毛利	1 000	1 100	1 210	1 331	1 464	1 610
管理费用	600	630	662	695	730	767
其中：折旧	300	330	363	399	439	483
息税前利润	400	470	548	636	734	843
利息（6%）	48	54	60	66	72	78
税前利润	352	416	488	570	662	765
所得税（25%）	88	104	122	143	166	191
净利润	264	312	366	427	496	574
股利（66.67%）	176	208	244	285	331	383
留存收益	88	104	122	142	165	191

表 2-9　XYZ 公司预计资产负债表（2020—2025 年）　　单位：万元

项目	2020 年	2021 年	2022 年	2023 年	2024 年	2025 年
资产						
现金	80	88	97	106	117	129
应收账款	320	352	387	426	468	516
存货	400	440	484	532	586	644
流动资产合计	800	880	968	1 064	1 171	1 289
固定资产净值	1 600	1 760	1 936	2 130	2 342	2 577
资产总计	2 400	2 640	2 904	3 194	3 513	3 866
负债和股东权益						
应付账款	400	440	484	532	586	644
长期负债	800	896	994	1 094	1 194	1 298
股本	1 100	1 100	1 100	1 100	1 100	1 100
累计留存收益	100	204	326	468	633	824
负债和股东权益总计	2 400	2 640	2 904	3 194	3 513	3 866

(2) XYZ 公司流通在外的普通股股数为 300 万股，在整个期间保持不变；当前股票价格为 12.5 元，假设在整个期间保持不变。

要求：

(1) 根据各年利润表和资产负债表编制各年现金流量表。

(2) 采用比率分析法，计算 XYZ 公司各年的盈利能力比率、偿债能力比率、营运能力比率、增长能力比率。

(3) 根据净资产收益率五因素分析法，分解各年度影响净资产收益率的五个因素。

(4) 根据 Z-Score 模型计算 XYZ 公司各年度的 Z-Score 值。

(5) 对 XYZ 公司经营成果和状况做出综合评价。

4. 表 2-10 列示了贵州茅台 2013—2018 年的营业收入与营业成本。

表 2-10 贵州茅台 2013—2018 年的营业收入与营业成本 单位：亿元

项目	2013 年	2014 年	2015 年	2016 年	2017 年	2018 年
营业收入	309.22	315.74	326.60	388.62	582.18	736.39
营业成本	21.94	23.39	25.38	34.10	59.40	65.23

要求：

(1) 计算贵州茅台营业收入同比增长率、在此期间的平均增长率以及复合增长率。查询贵州茅台产品类型，说明贵州茅台酒在全部产品收入中的比重。

(2) 分析贵州茅台产品毛利和毛利率及其变动趋势。

(3) 选择至少 5 家同行业公司，比较这些公司 2018 年的销售毛利率。

(4) 说明影响毛利率的主要因素。

5. 表 2-11 和表 2-12 列示了贵州茅台关于货币资金、财务杠杆的数据。

表 2-11 贵州茅台资产负债表主要项目（12 月 31 日） 单位：亿元

项目	2013 年	2014 年	2015 年	2016 年	2017 年	2018 年
货币资金	251.85	277.11	368.01	668.55	878.69	1 120.75
资产总计	554.54	658.73	863.01	1 129.35	1 346.10	1 598.47
流动负债	113.07	105.44	200.52	370.20	385.75	424.38
非流动负债	0.18	0.18	0.16	0.16	0.16	
所有者权益	441.29	553.12	662.34	758.99	960.20	1 174.08

表 2-12 贵州茅台现金流量表主项目 单位：亿元

项目	2013 年	2014 年	2015 年	2016 年	2017 年	2018 年
经营活动现金流入量	367.13	354.88	400.14	672.79	673.69	893.46
经营活动现金流出量	240.58	228.55	225.78	298.28	452.16	479.6
经营活动现金净流量	126.55	126.33	174.36	374.51	221.53	413.86
投资活动现金流入量	7.59	1.25	1.06	0.06	0.21	0.11
投资活动现金流出量	60.99	47.05	21.55	11.08	11.42	16.4
投资活动现金净流量	−53.4	−45.8	−20.49	−11.02	−11.21	−16.29
筹资活动现金流入量	0.06	1.02	0.22	0.16	0.06	0
筹资活动现金流出量	73.92	51.44	56.1	83.51	89.05	164.41
筹资活动现金净流量	−73.86	−50.42	−55.88	−83.35	−88.99	−164.41
现金净流量	−0.71	30.11	97.99	280.14	121.33	233.16
期初现金和现金等价物余额	220.62	219.92	249.97	347.8	627.95	749.28
期末现金和现金等价物余额	219.91	250.03	347.96	627.94	749.28	982.44

要求：

(1) 进行货币资金分析：货币资金时间序列分析；货币资金比率分析，包括货币资金/营业收入、货币资金/资产总额。

(2) 关注两类货币资金，即使用受限资金（例如存放中央银行法定存款准备金、存放中央银行超额存款准备金、不能随时支取的定期银行存款、银行承兑汇票保证金）、使用不受限资金（例如库存现金、银行存款和其他货币资金等）。

(3) 将资产负债表上的“货币资金”与现金流量表上的“现金和现金等价物余额”进行比较，说明现金和现金等价物净增额的来源。

(4) 分析贵州茅台资产负债情况，说明其财务风险。

◆ **案例分析**[①]

2020年1月31日，知名做空机构浑水调研公司（Muddy Waters Research）声称收到了一份长达89页的匿名做空报告，直指瑞幸咖啡有限公司（简称瑞幸咖啡）（Nasdaq：LK）数据造假。2020年4月2日，瑞幸咖啡发布公告，承认22亿元人民币的财务造假。一石惊起千层浪，瑞幸咖啡股价收盘重挫75.57%，收报每股6.4美元，市值蒸发49.5亿美元，约合350亿元人民币。[②]

本案例首先对瑞幸咖啡财务造假事件始末进行简要的回顾，然后讨论瑞幸咖啡财务造假的手段、造假动因，以及造假事件带来的警示。

根据时间线，瑞幸咖啡从成立到上市、退市始末如表2-13所示。

表2-13 瑞幸咖啡事项时间线（截至2020年9月22日）

时间	事项
2017年6月	瑞幸咖啡在开曼群岛注册成立，董事长为陆正耀，其同为神州优车董事长兼CEO、神州租车董事局主席。
2018年1月1日	瑞幸咖啡陆续在北京、上海、天津等13个城市试营业。期间，据说瑞幸咖啡累计完成订单约300万单，销售咖啡约500万杯，服务用户超过130万。
2018年5月8日	瑞幸咖啡宣布正式营业，此时已完成门店布局525家，开店规模快速扩大。
2018年7月11日	瑞幸咖啡宣布完成2亿美元A轮融资，投后估值10亿美元。
2018年12月12日	瑞幸咖啡宣布完成2亿美元B轮融资，投后估值22亿美元。
2019年4月18日	瑞幸咖啡获得1.5亿美元的新投资，估值29亿美元。
2019年5月17日	瑞幸咖啡在美国纳斯达克交易所上市交易，募集资金5.61亿美元，市值约42亿美元。从第一家门店试营业，到成功登陆美国纳斯达克交易所，仅用时18个月，创造了从创业到成功首次公开募股（IPO）的记录。
2019年11月13日	瑞幸咖啡公布财报：三季度营业收入为15.416亿元，同比增长540.2%，呈现巨大增长性——但后来证明，恰恰这段强增长是伪造出来的。
2020年1月	瑞幸咖啡宣布公司直营门店数达到4 507家，超越星巴克成为中国最大的咖啡连锁品牌。1月9日，瑞幸咖啡股价上涨12.44%，收盘市值突破百亿美元大关。瑞幸咖啡从2019年5月17日上市交易到2020年1月9日，股价涨幅为160%。

① 本案例源自对市场观点的梳理、归纳和总结，非原创。案例仅为满足教学需要。

② 东方财富网. 瑞幸咖啡股价盘前再度重挫 最大跌幅超过25%. [2020-04-03]. https://wap.eastmoney.com/a/202004031443405293.html.

续表

时间	事项
2020年2月1日	美国著名的做空公司浑水调研公司发布了一份对瑞幸咖啡股票长达89页的做空报告；
2020年2月3日	瑞幸咖啡做出回应，坚决否认报告中的所有指控。
2020年4月2日	瑞幸咖啡发布公告称，瑞幸咖啡首席运营官及部分下属存在伪造交易等不当行为，涉及金额约22亿元人民币。这一伪造金额相当于瑞幸咖啡2019年4—12月期间已公布销售额和预期销售额的近一半。
2020年4月3日	中国证监会发布声明，强烈谴责瑞幸咖啡财务造假行为。
2020年4月5日	瑞幸咖啡发布道歉声明，涉事高管及员工已被停职调查，董事会委托特别委员会及第三方独立机构进行全面彻底调查。
2020年4月7日	瑞幸咖啡宣布停牌，在完全满足纳斯达克交易所要求的补充信息之前，交易将继续暂停。
2020年4月27日	中国证监会已派驻调查组进驻瑞幸咖啡；美国多家律所对瑞幸咖啡提起集团诉讼，控告瑞幸咖啡做出虚假和误导性陈述，违反美国证券法。
2020年5月12日	瑞幸咖啡发布公告称，自4月2日公司发布存在虚假交易的公告后，董事会已免去钱治亚首席执行官（CEO）和刘剑首席运营官（COO）的职位。瑞幸咖啡宣布，暂时安排公司董事兼副总裁郭谨一为公司代理CEO。
2020年5月19日	瑞幸咖啡向美国证券交易委员会提交的文件显示，公司于5月15日收到了美国证券交易委员会上市资格部门的书面通知，纳斯达克交易所决定将公司摘牌。
2020年7月31日	财政部、国家市场监督管理总局、证监会三部委分别发布了对瑞幸咖啡财务造假一事的调查结果。财政部调查发现，自2019年4月起至2019年末，瑞幸咖啡通过虚构商品券业务增加交易额22.46亿元（人民币，下同），虚增收入21.19亿元（占对外披露收入51.5亿元的41.15%），虚增成本费用12.11亿元，虚增利润9.08亿元。
2020年9月22日	国家市场监督管理总局宣布对构成虚假宣传行为的瑞幸咖啡（中国）有限公司、瑞幸咖啡（北京）有限公司，以及在瑞幸咖啡事件中起到帮助虚假宣传作用的43家第三方公司做出行政处罚决定，处罚金额共计6 100万元。

除受到国家市场监督管理总局的处罚外，瑞幸咖啡还可能因财务造假事件面临财政部针对财务造假的处罚、税务局针对税务造假的处罚等。

根据《中华人民共和国会计法》第四十三条，伪造、变造会计凭证、会计账簿，编制虚假财务会计报告，构成犯罪的，将依法追究刑事责任。对其直接负责的主管人员和其他直接责任人员，可以处3 000元以上50 000元以下的罚款；其中的会计人员，5年内不得从事会计工作。根据《中华人民共和国税收征收管理法》第六十四条，纳税人、扣缴义务人编造虚假计税依据的，由税务机关责令限期改正，并处50 000元以下的罚款。税务人士指出："瑞幸的纳税信用等级还可能会被降级，并被税务列入重点监控对象，提高监督检查频次。税务会建议相关部门在经营、投融资、进出口、生产许可、资质审核等方面予以限制或禁止。"

此外，我国证监会也可能会根据《中华人民共和国证券法》对其进行处罚。国内处罚对于瑞幸咖啡财务造假案来说，只是很小一部分。瑞幸咖啡付出的更大代价会是来自海外的处罚，包括美国证券交易委员会和美国公众公司会计监督委员会(PCAOB) 的罚款，以及美国股东发起的诉讼、造假的刑事责任判决等。按照以往美股财务造假案例，瑞幸咖啡面对的海外赔偿和罚款可能导致“倾家荡产”。美国《萨班斯-奥克斯利法案》显示，故意进行证券欺诈的犯罪最高可判处 25 年监禁，对犯有欺诈罪的个人和公司的罚金最高分别可达 500 万美元和 2 500 万美元。公司首席执行官和财务总监必须对报送给美国证券交易委员会的财务报告的合法性和公允表达进行保证，违反此项规定，将处以 50 万美元以下的罚款，或判处 5 年监禁。

要求：

上网查阅做空机构浑水调研公司发布的关于瑞幸咖啡的做空报告 (Fraud＋Fundamentally Broken Business)，回答下列问题：

(1) 瑞幸咖啡财务造假的手段是什么?

(2) 瑞幸咖啡财务造假的动因是什么?

(3) 瑞幸咖啡财务造假的警示有哪些?

第 3 章

债券价值评估

爱因斯坦被誉为历史上最伟大的科学家，曾经有人问他：世界上最强大的力量是什么？他的回答不是核子爆炸的威力，而是复利。欧洲著名银行创立人梅尔称复利是世界第八大奇观，因为它揭示了财富快速增长的秘密。20 世纪 30 年代，西方正值大萧条时期，许多人认为未来世界繁荣将不会再现，但凯恩斯指出，萧条不过是两次繁荣周期中间的间歇，支撑西方经济发展的复利的力量并没有消失。凯恩斯在当时已经发现，近代社会的崛起是从 16 世纪的资本积累开始的，而这个崛起导致人类进入复利时代。凯恩斯认为，英国对外投资的始端可追溯到 1580 年德雷克从西班牙盗窃的大批财宝。只不过经过长年的复利累加，德雷克在 1580 年带回来的财宝中，每 1 英镑现在已变成 10 万英镑。货币的时间价值最早出自经济学家欧文·费雪（Irving Fisher，1930）的专著《利息理论》，通常与银行的存贷款利率、债券利率、通货膨胀率等联系在一起，成为各种资产定价的基础。

通过本章的学习，可以掌握现金流量现值与终值的计算方法；了解名义利率与有效利率、名义利率与真实利率的基本含义；熟悉 Excel 时间价值函数；掌握债券现值估价法和收益估价的基本原理；了解债券到期收益率与风险溢价的决定因素。

3.1 货币的时间价值

3.1.1 基本符号与含义

货币的时间价值是指随着时间的推移发生的价值增值。由于等额的现金在不同时点上的价值量是不相等的，因此必须将不同时点的现金流量按照利率或折现率调整为同一时点的现金流量，以便进行比较和分析。

计算现金流量的终值和现值时，如果现金流量序列是确定的，可采用无风险利率或折现率①进行调整；如果现金流量序列是不确定的，可采用风险调整折现率或资本成本进行调整。不同时点的现金流量既可以调整为现值，也可以调整为终值。为计算方便，本书有关的符号标示如表 3-1 所示。

表 3-1 计算符号与说明

符号	说明
PV	现值：一个或多个发生在未来的现金流量相当于现在时点的价值
FV	终值：一个或多个现金流量相当于未来时点的价值
CF_t	现金流量：第 t 期期末的现金流量
A(PMT)	年金：连续发生在一定周期内的等额现金流量
r(RATE)	利率或折现率
g	现金流量预期增长率
n(NPER)	收到或付出现金流量的期数

注：括号内的符号为 Excel 内置函数的符号。

为简化，假设现金流量均发生在每期期末；决策时点为 $t=0$，除非特别说明，“现在”即为 $t=0$；现金流量折现频数与收付款项频数相同。

3.1.2 一次现金流量终值与现值

复利终值是指某一现金流量按复利计算的一期或多期后的价值，其计算公式为：

$$FV=PV(1+r)^n \tag{3-1}$$

式中，$(1+r)^n$ 为 1 元复利终值系数，可直接查询复利终值系数表或根据 Excel 函数计算。

在其他条件一定的情况下，现金流量的终值与利率、时间呈同向变动，现金流量时间间隔越长，利率越高，终值越大。

[例 3-1] 假设你在银行存入 1 000 元，年利率为 8%，那么，9 年、30 年、75 年后你的账户余额分别计算如下：

$$FV_9=1\ 000\times(1+8\%)^9=1\ 999.00(\text{元})$$
$$FV_{30}=1\ 000\times(1+8\%)^{30}=10\ 062.66(\text{元})$$
$$FV_{75}=1\ 000\times(1+8\%)^{75}=321\ 204.53(\text{元})$$

上述计算表明，在年利率为 8%的条件下，9 年后你的存款将翻一番；30 年后的存款余额为当初存款额的 10.06 倍；75 年后的存款余额为当初存款额的 321.2 倍。在其他因素一定的情况下，期限越长，终值越大。

如果年利率由 8%上升到 10%，75 年后你的存款余额将为 1 271 895.37 元。这一结果表明，现在的 1 000 元按 10%复利计算，与 75 年后的 1 271 895.37 元

① 计算现金流量终值时，通常称 r 为利率；计算现值时，通常称 r 为折现率。

在价值量上是相等的。

折现是指将未来预期发生的现金流量按折现率调整为现值的过程，复利现值是复利终值的逆运算，其计算公式为：

$$PV=FV(1+r)^{-n} \tag{3-2}$$

式中，$(1+r)^{-n}$ 为1元复利现值系数，可直接查询复利现值系数表或根据 Excel 函数计算。

在其他条件不变的情况下，现金流量现值与折现率、时间呈反向变动，现金流量间隔时间越长，折现率越高，现值越小。

[例3-2] 假设某投资项目预计5年后可获得现金1 000万元，在折现率分别为5%，10%，20%时，这笔现金的现值分别计算如下：

$$PV_{5\%}=1\ 000\times(1+5\%)^{-5}=783.53(\text{万元})$$
$$PV_{10\%}=1\ 000\times(1+10\%)^{-5}=620.92(\text{万元})$$
$$PV_{20\%}=1\ 000\times(1+20\%)^{-5}=401.88(\text{万元})$$

上述计算表明，在折现率为5%的条件下，5年后的1 000万元与现在的783.53万元在价值量上是相等的。在其他因素一定的情况下，折现率越大，现值越低。在上例中，如果1 000万元收益是在10年后获得的，在折现率为5%的条件下，这笔收益的现值为：

$$PV_{5\%}=1\ 000\times(1+5\%)^{-10}=613.91(\text{万元})$$

图3-1描述了不同期限的复利终值（上面的曲线）、单利终值（中间的曲线），以及复利现值（下面的曲线）。以第10年末为例，按复利计算的终值为2 594万元（$1\ 000\times(1+10\%)^{10}$）；按单利计算的终值为2 000万元（$1\ 000+1\ 000\times10\%\times10$）；第10年末1 000元的复利现值为386万元（$1\ 000\times(1+10\%)^{-10}$）。

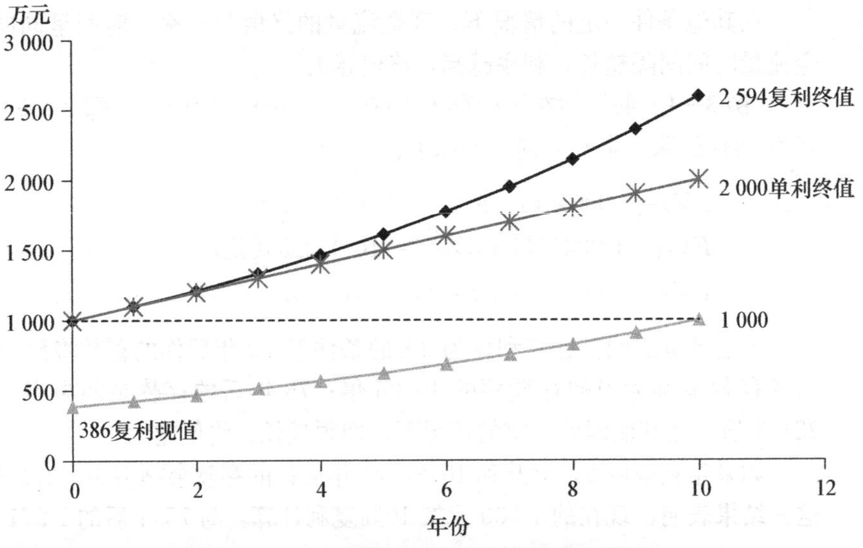

图3-1　不同期限（时间线）的终值和现值

3.1.3 系列现金流量终值与现值

系列现金流量中最主要的表现形式就是年金，即等额、定期的系列收付款项，例如，分期付款赊购、分期偿还贷款、发放养老金、分期支付工程款、每年相同的销售收入等。按照现金流量的时点和方式不同，可以将年金分为普通年金、预付年金、递延年金、永续年金、增长年金等形式。

1. 普通年金终值与现值

普通年金又称后付年金，是指一定时期每期期末等额的现金流量。

普通年金终值是一定时期内每期期末现金流量的复利终值之和，其计算公式为：

$$FV=A\left[\frac{(1+r)^n-1}{r}\right] \tag{3-3}$$

式中，$\frac{(1+r)^n-1}{r}$的数值称为年金终值系数，可直接查阅年金终值系数表或根据 Excel 函数计算。

[例 3-3] 假设你今年 35 岁，打算每年末向退休金账户存入 10 000 元，连续存至 65 岁（共 30 次），如果存款年利率为 6%，到 65 岁时，退休金账户的余额计算如下：

$$FV=10\ 000\times\left[\frac{(1+6\%)^{30}-1}{6\%}\right]=790\ 581.86(\text{元})$$

如果给定现金流量的终值和利率，就可以计算每年等额的现金流量 A。

$$A=FV\times\frac{r}{(1+r)^n-1} \tag{3-4}$$

在实际工作中，公司可根据要求在贷款期内建立偿债基金，以保证在期满时有足够的现金偿付贷款本金或兑现债券。例如，一家公司在 10 年后要偿还面值为 100 万元的债券，假设利率为 10%，那么公司每年末的偿债基金为：

$$\text{偿债基金}=1\ 000\ 000\times\left[\frac{10\%}{(1+10\%)^{10}-1}\right]=62\ 745(\text{元})$$

普通年金现值是指一定时期内每期期末现金流量的复利现值之和，普通年金现值的计算公式为：

$$PV=A\left[\frac{1-(1+r)^{-n}}{r}\right] \tag{3-5}$$

式中，$\frac{1-(1+r)^{-n}}{r}$的数值称为年金现值系数，可直接查阅年金现值系数表或根据 Excel 函数计算。

[例 3-4] 假设 ABC 公司以分期收款方式向 XYZ 公司出售一台大型设备，合同规定 XYZ 公司在 10 年内每年末支付 5 000 元设备款。ABC 公司为马上取

得现金，将合同向银行折现。假设银行同意以12%的利率对合同金额进行折现，这笔金额的现值为：

$$PV=5\ 000\times\left[\frac{1-(1+12\%)^{-10}}{12\%}\right]=28\ 251(\text{元})$$

在年金现值公式中，如果给定现金流量的现值和折现率，就可以计算每年等额的现金流量 A，即

$$A=PV\times\frac{r}{1-(1+r)^{-n}} \tag{3-6}$$

普通年金终值、现值公式推导

[例3-5] 假设你准备按揭贷款400 000元购买一套房子，贷款期限为20年，每月末偿还一次。如果贷款的年利率为6%，则每月贷款偿还额计算如下：

贷款月利率=6%/12=0.5%

复利计算期为240期，则

$$\text{按揭贷款月支付额}=400\ 000\times\left[\frac{0.5\%}{1-(1+0.5\%)^{-240}}\right]=2\ 866(\text{元})$$

上述计算表明，每月支付2 866元就能在20年内偿付400 000元，每期付款额由利息和本金两部分组成。

现值或终值也可以通过查询现值、终值系数表计算。扫描左侧的二维码可以查看现值、终值系数表。

现值、终值系数表

2. 预付年金终值与现值

预付年金又称先付年金，是指一定时期内每期期初等额的系列现金流量。预付年金与普通年金（后付年金）的差别仅在于现金流量的时间不同。预付年金终值和现值的计算公式如式（3-7）和式（3-8）所示：

$$FV=A\left[\frac{(1+r)^{n+1}-1}{r}-1\right]=A\left[\frac{(1+r)^{n}-1}{r}\right](1+r) \tag{3-7}$$

$$PV=A\left[\frac{1-(1+r)^{-(n-1)}}{r}+1\right]=A\left[\frac{1-(1+r)^{-n}}{r}\right](1+r) \tag{3-8}$$

上述计算公式表明，预付年金终值和现值比普通年金终值和现值多了一期的利息。

假设某公司每年初存入银行1 000元，年利率为10%，则10年后的本利和为：

$$FV=1\ 000\times\left[\frac{(1+10\%)^{10}-1}{10\%}\right](1+10\%)=17\ 531(\text{元})$$

假设你采取分期付款方式购物，每年初支付200元，连续支付6年，如果银行利率为10%，则该项分期付款的现值为：

$$PV=200\times\left[\frac{1-(1+10\%)^{-6}}{10\%}\right](1+10\%)=958(\text{元})$$

3. 递延年金终值和现值

递延年金是指第一次等额收付发生在第二期或第二期以后的普通年金。递延年金终值的计算方法与普通年金终值的计算相同，只是发生的期间 n 是发生递延年金的实际期限，也可以说递延年金终值与递延期限无关。

递延年金现值的计算一般分两步：先求出正常发生普通年金期间的递延期末的现值，再将该现值按单一支付款项的复利现值计算方法，折算为第一期期初的现值。

［**例 3－6**］假设某公司打算在年初存入一笔资金，从第三年起每年末取出 100 元，连续取 4 期，在折现率为 10％的情况下，该公司最初应该存入多少钱？

第一步，计算 4 期的年金现值，即采用式（3－5），计算年金现值：

$$PV_2=100\times\left[\frac{1-(1+10\%)^{-4}}{10\%}\right]=316.98(\text{元})$$

第二步，根据式（3－2），将年金现值从第 2 期末（或第 3 期初）调整到第 0 期，即

$$PV_0=316.98\times(1+10\%)^{-2}=261.97(\text{元})$$

上述计息结果表明，公司最初应该存入 261.97 元，计息方式也可参阅图 3－2。

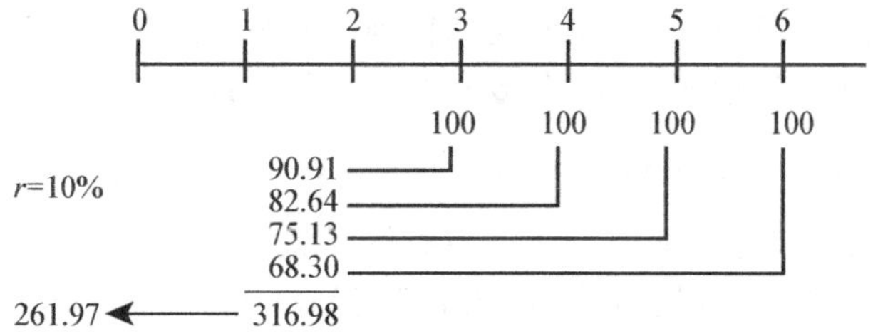

图 3－2 递延年金现值计算过程

4. 永续年金现值

永续年金是指无限期支付的年金，永续年金没有终止的时间，因此，永续年金只需计算现值。根据普通年金现值的公式可以导出永续年金现值的计算公式，当 $n\to\infty$时，$(1+r)^{-n}$ 的极限为零，普通年金现值公式（3－5）可写成：

$$PV=A\times\frac{1}{r} \tag{3-9}$$

在一项业务中，有时可能包含不同类型的现金流量（普通现金流量、年金），这时必须独立计算每一项现金流量的现值。如每期支付利息、到期一次还本的债券，就必须分别计算利息现值和到期本金现值。

5. 增长年金现值

增长年金是指按固定比率增长，在相等间隔期连续支付的现金流量。设 A_0 为

第0期的现金流量，g 表示预计增长率，第 $1\sim n$ 期的增长年金分别为：$A_0(1+g)$，$A_0(1+g)^2$，…，$A_0(1+g)^n$，n 期增长年金现值可表示为：

$$PV=\frac{A_0(1+g)}{1+r}+\frac{A_0(1+g)^2}{(1+r)^2}+\frac{A_0(1+g)^3}{(1+r)^3}+\cdots+\frac{A_0(1+g)^n}{(1+r)^n} \quad (3-10)$$

式（3-10）等式两边同乘 $\frac{1+r}{1+g}$，可以得到：

$$PV\left(\frac{1+r}{1+g}\right)=A_0+\frac{A_0(1+g)}{(1+r)}+\frac{A_0(1+g)^2}{(1+r)^2}+\cdots+\frac{A_0(1+g)^{n-1}}{(1+r)^{n-1}} \quad (3-11)$$

用式（3-11）减式（3-10），整理后可以得到增长年金现值公式：

$$PV=\frac{A_0(1+g)}{r-g}\times\left[1-\frac{(1+g)^n}{(1+r)^n}\right] \quad (3-12)$$

[例3-7] 假设你今年35岁，开始安排退休金储蓄计划。你打算下一年向自己的退休金账户存入10 000元（即 $A_1=A_0(1+g)=10\ 000$），以后每年增加3%，连续存至65岁，假设存款年利率为6%，到65岁时，退休金账户的余额为多少？

首先，计算增长年金现值：

$$PV=\frac{10\ 000}{6\%-3\%}\times\left[1-\frac{(1+3\%)^{30}}{(1+6\%)^{30}}\right]=192\ 463(\text{元})$$

然后，计算到65岁时你可以得到的金额，这一金额相当于你当前存入银行192 463元，期数 $n=30$，年复利率 $r=6\%$，即

$$FV=192\ 463\times(1+6\%)^{30}=1\ 105\ 409.57(\text{元})$$

在新的储蓄计划下，到65岁时你可得到1 105 409.57元，比每年等额存入10 000元的储蓄计划多了314 827.71元（1 105 409.57－790 581.86）。

增长年金公式（3-12）其实为一般表达式，可从这一公式导出其他公式。如果增长率 $g=0$，则式（3-12）适用于普通年金现值；如果 $g=0$，$n\to\infty$，式（3-12）适用于永续年金现值；如果 $n\to\infty$，且 $g<r$，那么

$$\frac{1+g}{1+r}<1$$

当 $n\to\infty$ 时，增长年金的现值公式就变为：

$$PV=\frac{A_0(1+g)}{r-g}\times\left[1-\frac{(1+g)^n}{(1+r)^n}\right]=\frac{A_0(1+g)}{r-g}=\frac{A_1}{r-g} \quad (3-13)$$

这就是增长型永续年金的现值公式，通常作为稳定增长模型用于股票估价。

3.1.4 名义利率与有效年利率

现值或终值是根据复利原理计算的，在运用上述公式时，时期必须是复利

计算期，利率或折现率必须是每个单一复利期对应的利率或折现率。

假设一家银行提供12%的年利率，且每半年复利计息，这意味着一笔100元的存款半年后变为106元（100×1.06），再过半年就变为112.36元（106×1.06），或者说，一年后的存款价值为：

$$100\times\left(1+\frac{12\%}{2}\right)^{2}=100\times1.06^{2}=112.36(\text{元})$$

相比而言，100元存款如果以年为单位复利计息，一年后的价值为112元（100×1.12）；如果100元投资按季复利计息，一年后的终值为112.55万元（100×1.03^4）。同理可知，一年中一项投资每年按复利计息m次的年末终值为：

$$FV=CF_0\times\left(1+\frac{r_{nom}}{m}\right)^{m} \tag{3-14}$$

式中，CF_0为初始现金流量；r_{nom}为名义利率（nominal annual rate）；m为一年复利次数。

名义利率是不考虑年内复利计息的，等于计算周期利率（r_{nom}/m）乘以一年内的计息次数（m）。银行或金融机构通常将名义利率称作年百分比利率（annual percent rate，APR）。金融机构在提供金融服务、报出APR的同时，必须明确复利次数。例如，对于12%的APR，如果按月复利计息，月利率为1%（12%/12）；如果按季复利计息，季利率为3%（12%/4）。如果名义利率为12%，且按月复利计息，则100元投资一年后的价值为：

$$100\times\left(1+\frac{12\%}{12}\right)^{12}=100\times1.01^{12}=112.68(\text{元})$$

上述结果表明，年投资收益率为12.68%（112.68/100−1）。这个收益率称为有效年利率（effective annual rate，EAR）或有效年收益率（effective annual yield，EAY）。将名义利率按不同计息期调整后的有效年利率可用下式表示：

$$EAR=\left(1+\frac{r_{nom}}{m}\right)^{m}-1 \tag{3-15}$$

如果名义利率为12%，每年复利一次，名义利率和有效年利率相等（均为12%）；如果每年复利计息两次（$m=2$），则有效年利率为：

$$EAR=\left(1+\frac{r_{nom}}{m}\right)^{m}-1=\left(1+\frac{12\%}{2}\right)^{2}-1=12.36\%$$

同理，复利次数越多，有效年利率越大。当$m=4$时，有效年利率为12.55%；当$m=12$时，有效年利率为12.68%。随着复利次数的增加，有效年利率逐渐趋于一个定值。从理论上说，复利次数可以为无限大的值，当复利间隔趋于零即为连续复利时，有效年利率并不趋近于无穷大，而是趋近于$e^{\text{名义利率}}-1$，即

$$EAR=\lim_{m\to\infty}\left[\left(1+\frac{r_{nom}}{m}\right)^{m}-1\right]=e^{r_{nom}}-1 \tag{3-16}$$

在上例中，如果每年复利无穷多次，有效年利率等于 12.75%（$e^{0.12}-1$），这里的 e 是自然对数底，约等于 2.718。

表面上看，式（3-16）用来转换有效年利率和名义利率，事实上它可以用来转换任何两个有效利率和名义利率，只要它们是基于同一时间段，且 m 度量了名义利率所在时间段的复利计算期数。假设某项投资的名义季利率为 6%，每月付息，将其转换为有效季利率，设 $m=3$，则

$$EAR_{季}=\left(1+\frac{6\%}{3}\right)^{3}-1=6.12\%$$

需要说明的是，名义利率只有在给出计息间隔期的情况下才有意义。例如，若 APR 为 12%，每半年按复利计息时，1 元投资一年后的终值为 1.123 6 元 $(1+12\%/2)^2$；按季复利计息时，1 元投资一年后的终值为 1.125 5 元。如果仅给出名义利率，没有给出计息间隔期，就不能计算终值。

与名义利率不同，有效年利率本身就有很明确的意义，其计算不需要给出复利计息的间隔期。例如，若有效年利率为 12.36%，意味着 1 元的投资在一年后可变成 1.123 6 元。你也可以认为这是名义利率为 12%，半年复利计息的情况下所得到的，或名义利率为 12.36%，年复利计息，或者其他的复利计息方式所得到的。

[例 3-8] 假设你打算购买一辆车，有两种付款方式：(1) 经销商可提供每月月末付款、5.9%APR 的 5 年贷款；(2) 购买时一次性付款。假设 5 年期银行存款利率为 6%，那么，你会一次性付款购车还是将现金存入银行然后使用车贷?

在本例中，银行存款利率（6%）是实际得到的有效年利率，而借款利率（5.9%APR）是由月利率乘以 12 得到的名义利率，将这两个利率标准化的最简单方法就是把 APR 转换成 EAR，即

$$EAR=\left(1+\frac{r_{nom}}{m}\right)^{m}-1=\left(1+\frac{5.9\%}{12}\right)^{12}-1=6.06\%$$

计算结果表明，如果将现金存入银行（EAR 为 6%），意味着你不得不以 6.06%的有效年利率贷款，因此，将现金存入银行是不值得的。

3.2 Excel 时间价值函数

3.2.1 终值、现值的基本模型

采用公式计算现值或终值时，每个公式都包含四个变量，例如，简单现金流量的四个变量是 PV，FV，r，n；系列现金流量的变量是 PV 或 FV，A，r，n。只要知道其中三个变量，就可以求出第四个变量。采用 Excel 计算时通常包含五个变量：PV，FV，PMT，RATE，NPER。这是因为计算机程序被设计成：如果输入 PMT（等额款项），PV 或 FV 的值中有一个为零，默认解决年金问题；如果输入的 PMT 值为零，处理的是简单现金流量问题。在这五个变量

中，只要输入四个变量值，就可以计算第五个变量。现以 Microsoft Excel™ 为例，各个变量在 Excel 电子表格中的输入方式如表 3-2 所示。

表 3-2 Excel 时间价值输入公式

求解变量	输入函数
终值（FV）	=FV(Rate，Nper，Pmt，PV，Type)
现值（PV）	=PV(Rate，Nper，Pmt，FV，Type)
每期等额现金流量（PMT）	=PMT(Rate，Nper，PV，FV，Type)
期数（NPER）	=NPER(Rate，Pmt，PV，FV，Type)
利率或折现率（RATE）	=RATE(Nper，Pmt，PV，FV，Type)

采用 Excel 内置函数计算现金流的现值、终值等任何一个变量值时，应注意以下三个问题：

第一，如果现金流量发生在每期期末，则输入函数中的“TYPE”项为 0 或忽略；如果现金流量发生在每期期初，则“TYPE”项为 1。

第二，在 Excel 内置函数中，PV 函数认定年金 PMT 和终值 FV 现金流量的方向与计算出的现金流量现值的方向相反，即如果年金 PMT 和终值 FV 是付款，则计算出的现值为收款；反之亦然。为了使计算出的现值显示为正数，应在输入 PMT 和 FV 参数时加上负号。FV 函数输入原理与 PV 函数相同。

第三，在输入函数中，如果某一变量值为零，可直接输入“0”或用“，”代替。

［**例 3-9**］根据 Excel 函数，计算现值、终值、年金、期数、利率/折现率。

(1) 计算终值：假设向银行存入 100 万元，年利率为 6%，期限为 5 年，5 年后你在银行账户的余额为多少？运用 Excel 函数，计算出 5 年后的终值为 133.82 元（见表 3-3）。

表 3-3 终值计算

	NPER	RATE	PV	PMT	FV	Excel 公式
已知	5	6%	-100	0		=FV(Rate，Nper，Pmt，PV，Type)
求终值					133.82	=FV(6%，5，，-100)

(2) 计算现值：假设 3 年后你有一笔到期需偿还的资金，价值 10 000 元，如果折现率为 10%，你今天应该向银行存多少钱？运用 Excel 函数，你需要存入 7 513.15 元（见表 3-4）。

表 3-4 现值计算

	NPER	RATE	PV	PMT	FV	Excel 公式
已知	3	10%		0	-10 000	=PV(Rate，Nper，Pmt，FV，Type)
求现值			7 513.15			=PV(10%，3，，-10 000)

(3) 计算期数：假设你持有现金 1 200 元，拟进行一项收益率为 8%的投资，那么，经过多少年可使资金增加一倍？运用 Excel 函数，资金增加一倍需要

9.01年（见表3-5）。

表3-5 期数计算

	NPER	RATE	PV	PMT	FV	Excel公式
已知		8%	−1 200	0	2 400	=NPER(Rate, Pmt, PV, FV, Type)
求期数	9.01					=NPER(8%,, −1 200, 2 400)

（4）计算期数：你正在为支付房屋的首付款而储蓄，已经存入20 000元，在以后的每年末存入5 000元，如果利率为6.25%，要得到60 000元存款余额，需要经过多少年？运用Excel函数，计算得到5.55年（见表3-6）。

表3-6 期数计算

	NPER	RATE	PV	PMT	FV	Excel公式
已知		6.25%	−20 000	−5 000	60 000	=NPER(Rate, Pmt, PV, FV, Type)
求期数	5.55					=NPER(6.25%, −5 000, −20 000, 60 000)

（5）计算普通年金：假设你需要在第4年末偿还一笔1 000元的到期债务，准备在未来的4年中每年等额储蓄一笔资金作为偿债资金。如果利率为10%，你现在每年末应向银行存入多少钱？运用Excel函数，每年末存入银行215.47元（见表3-7）。

表3-7 普通年金计算

	NPER	RATE	PV	PMT	FV	Excel公式
已知	4	10%	0		−1 000	=PMT(Rate, Nper, PV, FV, Type)
求年金				215.47		=PMT(10%, 4,, −1 000)

（6）计算预付年金：假设你年初从银行借入12 000元，期限为6年，银行要求你每年初等额支付银行借款本金和利息，如果利率为10%，每年初应该向银行支付多少钱？运用Excel函数，每年初向银行支付2 504.81元（见表3-8）。

表3-8 预付年金计算

	NPER	RATE	PV	PMT	FV	Excel公式
已知	6	10%	−12 000		0	=PMT(Rate, Nper, PV, FV, Type)
求年金				2 504.81		=PMT(10%, 6, −12 000,, 1)

（7）计算利率/折现率：假设你有一个投资机会，现在投资1 000元，6年后你将得到2 000元，这一投资机会隐含的预期收益率为多少？根据Excel函数，投资收益率为12.25%（见表3-9）。

表3-9 利率/折现率计算

	NPER	RATE	PV	PMT	FV	Excel公式
已知	6		−1 000	0	2 000	=RATE(Nper, Pmt, PV, FV, Type)
求折现率		12.25%				=RATE(6,, −1 000, 2 000)

3.2.2　不等现金流量的现值

如果各年现金流量不相等，但间隔期相同，采用 Excel 函数计算不等现金流量现值时，其输入方式为：

=NPV(rate，value1，value2，…)

式中，rate 为折现率；value1，value2…分别代表 1～29 笔支出或收入参数值，时间均匀分布并出现在每期期末。

需要说明的是，Excel 中 PV 和 NPV 函数都是计算现金流现值的函数，但两者是有区别的，NPV 函数可以计算任何现金流量序列的现值，而 PV 函数只能处理恒定的现金流量序列。

[例 3-10] 假设对一项投资进行估值，项目连续 5 年，每年末产生的现金流量均为 100 元，假设折现率为 10%，投资项目的价值如表 3-10 所示。

表 3-10　投资项目现值

	A	B	C	D
1	年	现金流（元）	现值（10%）（元）	
2	1	100.00	90.91	←=B2/(1+10%)^A2
3	2	100.00	82.64	←=B3/(1+10%)^A3
4	3	100.00	75.13	←=B4/(1+10%)^A4
5	4	100.00	68.30	←=B5/(1+10%)^A5
6	5	100.00	62.09	←=B6/(1+10%)^A6
7	现值计算			
8	求和 C2:C6	379.08	←=SUM(C2:C6)	
9	运用 PV 函数计算	379.08	←=PV(10%，5，−100)	
10	运用 NPV 函数计算	379.08	←=NPV(10%，B2:B6)	

在标准的财务术语中，一系列现金流的现值应为第 1～n 年现金流的现值；净现值（NPV）表示现金流现值减去初始投资（第 0 时刻的现金流）。在上例中，如果初始投资为 200 元，则项目投资的净现值为 179.08 元。

在 Excel 中，NPV 函数假定投资现金流量（初始投资）发生在第 1 期期末(value1)，也就是说 Excel 中的 NPV 函数只对第 1 期及以后各期的现金流量进行折现，因此，如果计算项目的净现值，需将项目未来现金流量用 NPV 函数求出的现值再减去该项目的初始投资的现值。

[例 3-11] 假设某投资项目在未来 4 年每年末分别产生现金流量 90 元、100 元、110 元、80 元，初始投资为 300 元，各期折现率均为 8%，该项目的净现值如表 3-11 所示。

表3-11　固定折现率净现值　　单位：元

	A	B	C	D	E	F
1	期数	0	1	2	3	4
2	各期现金流量	－300.00	90	100	110	80
3	各期固定折现率	0	8.00%	8.00%	8.00%	8.00%
4	各期现金流量现值	－300.00	83.33	85.73	87.32	58.80
5	项目现值	315.19	←＝SUM(C4:F4)，或：←＝NPV（8%，C2:F2)			
6	净现值（NPV)	15.19	←＝SUM（B4:B5)			

在表3-11的单元格B4中输入“＝B2/(1＋B3)^B1”，并以此类推，在C4:F4区域的单元格内输入对应的公式，即可得到各期现金流量现值；项目现值和净现值见表3-11的单元格C5和C6的输入方式。

在上例中，假设各期折现率均为8%，如果各期折现率从第1期的8%降至第4期的7%（见表3-12)，则应根据各期累计折现率计算现值，第t期累计折现率的计算公式为：

$$累计折现率_t=(1+累计折现率_{t-1})\times(1+折现率_t)-1 \quad (3-17)$$

表3-12　非固定折现率净现值　　单位：元

	A	B	C	D	E	F
1	期数	0	1	2	3	4
2	各期现金流量	－300.00	90	100	110	80
3	各期非固定折现率	0	8.00%	7.67%	7.33%	7.00%
4	累计折现率	0	8.00%	16.28%	24.80%	33.55%
5	各期现金流量现值	－300.00	83.33	86.00	88.14	59.90
6	净现值（NPV)	17.37	←＝SUM(B5:F5)			
7	内部收益率（IRR)	10.27%	←＝IRR(B2:F2)			

根据Excel函数，在表3-12的单元格C4中输入“＝(1＋B4)＊(1＋C3)－1”，按回车键后可得到第1期累计折现率为8.00%；以此类推，在D4:F4区域的单元格内输入对应的公式，即可得到第2～4期的累计折现率，根据各期累计折现率计算各期现值。

$$各期现金流量的现值=第\ t\ 期的现金流量/(1+第\ t\ 期的累计折现率) \quad (3-18)$$

在表3-12的单元格B5中输入“＝B2/(1＋B4)”，并以此类推，在C5:F5区域的单元格中输入相应的公式，即可得到各期现金流量现值。在单元格B6中输入“＝SUM(B5:F5)”，按回车键后即可到净现值17.37元。

3.2.3　不等现金流量内部收益率

当各期现金流量不相等时，可使用IRR函数计算收益率或折现率，IRR函数的功能是返回由数值代表的一组现金流量的内部收益率，这些现金流量不一定必须是均衡的，但它们必须按固定的间隔发生（按月或年），其输入方式为：

=IRR(values, guess)

式中，values 为数组或单元格，包含用来计算内部收益率的数字。values 必须包含至少一个正值和一个负值。IRR 函数根据数值的顺序解释现金流量的顺序，因此应按需要的顺序输入数值。guess 是对 IRR 函数计算结果的估计值，在大多数情况下，并不需要为 IRR 函数的计算提供 guess 值，如果省略 guess，假设为 0.1。

采用 Excel 函数计算投资内部收益率，可在表 3－12 的单元格 B7 中输入"=IRR(B2:F2)"，回车后得到 *IRR*=10.27%。

3.2.4 非固定间隔期现金流量净现值

前述各种现值或 IRR 的计算模型都假设是固定周期的现金流量，即发生在第 0，1，2，…，*n* 期的现金流量，这里的周期意味着年、半年、月、日或其他固定的期间。如果各期发生的现金流量间隔期不相等，且各期现金流量不相等，可采用 Excel 函数中的 XNPV，其输入方式为：

=XNPV(rate, values, dates)

式中，rate 为折现率。

values 是与 dates 中的支付时间相对应的一系列现金流转。首期支付是可选的，并与投资开始时的成本或支付有关。如果第一个值为成本或支付，则其必须是一个负数。所有后续支付都是基于 365 天/年折现率确定的。数值系列必须至少要包含一个正数和一个负数。

dates 是与现金流支付相对应的支付日期表。第一个支付日期代表支付表的开始，其他日期应迟于该日期，但可按任何顺序排列。

需要说明的是，XNPV 与 NPV 的语法不同，XNPV 需要全部的现金流，包括期初的现金流，而 NPV 假设第一笔现金流只发生在第 1 期。①

假设 2017 年 1 月 1 日至 2020 年 12 月 25 日发生的现金流量如表 3－13 所示，其净现值 B8 的输入方式见单元格 C8。

表 3－13 投资净现值与内部收益率

	A	B	C
1	日期	现金流（元）	
2	2017-01-01	−1 000	
3	2018-03-03	100	

① 采用 XNPV 内置函数时，需要激活 Excel，即点击菜单"工具"，然后点击"加载宏"，再点击"分析工具库"。

续表

	A	B	C
4	2018-08-04	195	
5	2019-10-12	350	
6	2020-12-25	800	
7	折现率	0.12	
8	净现值	15.30	←=XNPV(B7，B2:B6，A2:A6)
9	内部收益率	12.56%	←=XIRR(B2:B6，A2:A6)

3.2.5 非固定间隔期现金流量内部收益率

如果现金流量发生的间隔期是不均匀的，返回一组现金流的内部收益率，可采用 XIRR 计算，其输入方式为：

=XIRR(values，dates，guess)

式中，values 是与 dates 中的支付时间相对应的一系列现金流。首次支付与投资开始时的成本或支付有关，所有后续支付都是基于 365 天/年折现率确定的，系列中必须至少包含一个正值和一个负值。

dates 是与现金流支付相对应的支付日期表。第一个支付日期代表支付表的开始。其他日期应迟于该日期，但可按任何顺序排列。应使用 DATE 函数来输入日期，或者将日期作为其他公式或函数的结果输入。例如，使用 DATE (2018，5，23) 输入 2018 年 5 月 23 日。

guess 是对 XIRR 函数计算结果的估计值。

货币时间价值

需要说明的是，XIRR 函数输出的是按年计算的收益率，其工作原理是计算每日 IRR 并把它年度化，即

$$XIRR=(1+每日\ IRR)^{365}-1$$

表 3-13 中的数据表明，对于 2017 年 1 月 1 日一笔 1 000 元的投资的 IRR，其现金流入发生的间隔期各不相同，根据 XIRR 函数，内部收益率为 12.56%。

3.3 债券价值评估

3.3.1 现值估价模型

债券的内在价值等于其预期现金流量的现值，债券价值既可以用金额表示，也可以用发行者预先承诺的收益率描述。前者可采用现值模型，以市场利率或投资者要求的收益率作为折现率计算债券的价值；后者可采用收益率模型，根

据债券当前市场价格计算预期收益率。

在现值估价模型下，债券价值 P_d 的计算公式为：

$$P_d=\sum_{t=1}^{n}\frac{CF_t}{(1+r_d)^t} \tag{3-19}$$

式中，CF_t代表第 t 期债券现金流量，主要指利息（I）和到期本金（F）；r_d 代表投资者要求的收益率或市场利率。

假设债券投资者要求的收益率各期不变，债券现值或内在价值 P_d 的计算公式为：

$$P_d=\frac{I_1}{1+r_d}+\frac{I_2}{(1+r_d)^2}+\cdots+\frac{I_n}{(1+r_d)^n}+\frac{F}{(1+r_d)^n} \tag{3-20}$$

［例3-12］ 假设XYZ公司发行一种面值为100元的4年期债券，息票率为9%。同类债券目前到期收益率为7%。假设每年付息2次，每次利息4.5元（100×9%÷2），计息期数为8期（2×4）。由于到期收益率是指年收益率，在估价时应以半年到期收益率作为折现率，即

$$r_{半年}=(1+r_{年})^{1/2}-1=(1+7\%)^{1/2}-1=3.44\%$$

XYZ公司债券内在价值为：

$$P_d=\sum_{t=1}^{8}\frac{4.5}{(1+3.44\%)^t}+\frac{100}{(1+3.44\%)^8}=107.299(元)$$

除了采用公式计算债券价值外，还可以利用Excel中的PV函数计算债券价值，如表3-14所示。

表3-14　债券价值　　单位：元

	NPER	RATE	PV	PMT	FV	Excel输入方式
已知	8	3.44%		−4.5	−100	=PV(Rate, Nper, Pmt, FV, Type)
求现值			107.299			=PV(0.034 4, 8, −4.5, −100)

计算结果表明，该公司债券价值大于面值（107.299>100），原因是该债券半年息票率4.5%高于市场同类债券的收益率3.44%。

一般来说，债券内在价值既是发行者的发行价值，又是投资者的认购价值。如果市场是有效的，债券的内在价值与票面价值应该是一致的，即债券的票面价值可以公平地反映债券的真实价值。但债券价值不是一成不变的，债券发行后，虽然债券的面值、息票率和债券期限一般会依据债券契约保持不变，但投资者要求的收益率会随市场状况的变化而变化，由此导致债券的价值（未来现金流量序列的现值）也随之变化。

假设ABC公司为筹措资金拟发行面值为100元，息票率为10%，期限为20年的长期债券。契约规定债券每年付息一次，到期一次偿还本金。如果市场利率或投资者要求的收益率分别为8%，10%和12%，债券的现值分别为：

$$P_{r_d=8\%}=\sum_{t=1}^{20}\frac{100\times10\%}{(1+8\%)^t}+\frac{100}{(1+8\%)^{20}}=119.64(\text{元})$$

$$P_{r_d=10\%}=\sum_{t=1}^{20}\frac{100\times10\%}{(1+10\%)^t}+\frac{100}{(1+10\%)^{20}}=100.00(\text{元})$$

$$P_{r_d=12\%}=\sum_{t=1}^{20}\frac{100\times10\%}{(1+12\%)^t}+\frac{100}{(1+12\%)^{20}}=85.06(\text{元})$$

上述计算结果表明，在其他因素一定的情况下，市场利率越高，债券价值就越低。图3-3描述了息票率为10%，期限为20年，市场利率分别为0%～20%时的债券价值-收益率曲线。图3-3表明，债券价值是市场利率或投资者要求的收益率的单调减函数，不过这一关系并非为线性，而是向下凸（convexity）的。当市场利率上升时，未来预期现金流量的现值以递减的速度下降；当市场利率等于0时，债券的价值为300元（100+10×20）；当市场利率趋于无穷大时，未来现金流量的现值趋于0。

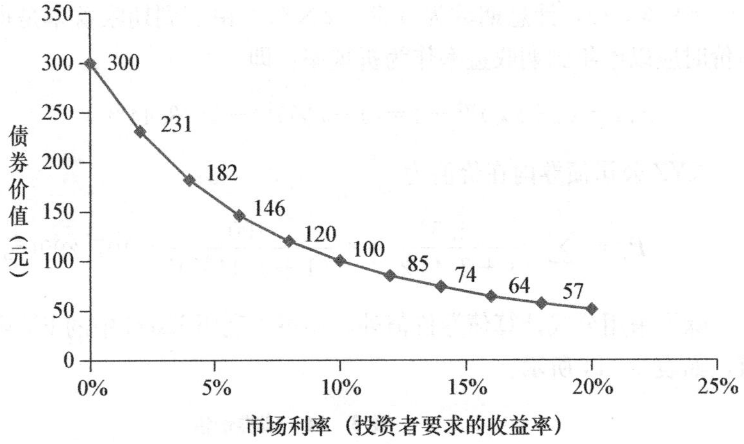

图3-3 债券价值-收益率曲线

在债券价值评估中，除了考虑债券价值与市场利率之间的关系外，还要考虑债券到期日与债券价值之间的关系。

假设某投资者在ABC债券发行两年后准备购买，当市场利率分别为8%，10%，12%时，该债券的现值分别为：

$$P_{r_d=8\%}=\sum_{t=1}^{18}\frac{100\times10\%}{(1+8\%)^t}+\frac{100}{(1+8\%)^{18}}=118.74(\text{元})$$

$$P_{r_d=10\%}=\sum_{t=1}^{18}\frac{100\times10\%}{(1+10\%)^t}+\frac{100}{(1+10\%)^{18}}=100.00(\text{元})$$

$$P_{r_d=12\%}=\sum_{t=1}^{18}\frac{100\times10\%}{(1+12\%)^t}+\frac{100}{(1+12\%)^{18}}=85.50(\text{元})$$

上述计算结果表明，只要债券的市场利率保持在10%的水平，两年后债券的价值仍然为100元。推而广之，在分期付息、到期一次还本的条件下，只要息票率等于市场利率，债券的价值就等于面值。如果市场利率低于息票率，债券溢价销售。随着债券到期日的接近，债券价值逐渐下降，直至到期日，债券价值等于其面值。如果市场利率高于息票率，债券折价销售。随着债券到期日的接近，债券价值逐渐上升，直至到期日，债券价值等于其面值。溢价、折价债券的价值运行轨迹如图3-4所示。

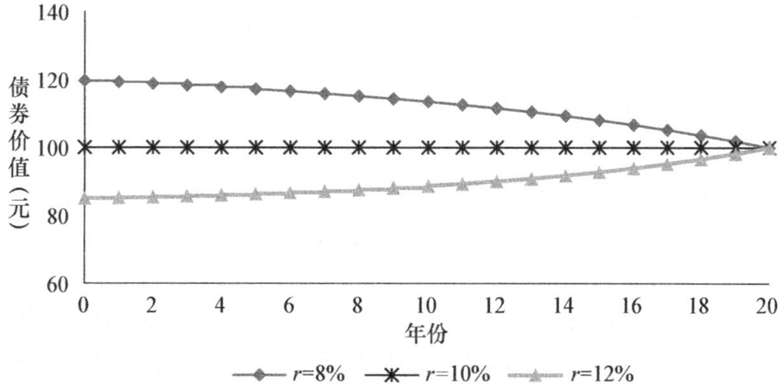

图3-4 债券价值运行轨迹

3.3.2 到期收益率模型

前面的分析是通过投资者要求的收益率对债券的现金流量资本化实现对债券价值评估的。在收益率模型中，假设用债券当前的市场价格代替式（3-19）中债券的内在价值（P_d）计算折现率或预期收益率。如果计算出来的收益率等于或高于投资者要求的收益率，则应购买该债券；反之，则应放弃。

债券到期收益率（yield to maturity，YTM）是指按当前市场价格购买债券并持有至到期日可获得的预期收益率。如果同时满足以下两个假设条件，债券到期收益率或预期收益率就等于投资者实现的收益率：第一，投资者持有债券直至到期日；第二，所有期间的现金流量（利息支付额）都以计算出的到期收益率进行再投资。具体来说，到期收益率是指债券预期利息和到期本金（面值）的现值与债券现行市场价格相等时的折现率。其计算公式为：

$$P_d=\sum_{t=1}^{n}\frac{CF_t}{(1+YTM)^t} \tag{3-21}$$

［**例3-13**］假设你可以1 050元的价格购进15年后到期、票面利率为12%、面值为1 000元、每年付息1次、到期一次还本的某公司债券。如果你购买后一直持有该债券至到期日，则债券到期收益率计算如下：

$$P_d=1\,050=\sum_{t=1}^{15}\frac{1\,000\times 12\%}{(1+YTM)^t}+\frac{1\,000}{(1+YTM)^{15}}$$

对于每年付息一次，到期一次还本的债券，其到期收益率可采用Excel内置函数RATE计算，如表3-15所示。

表 3-15　债券到期收益率

	NPER	RATE	PV	PMT	FV	Excel 公式
已知	15		−1 050	120	1 000	=RATE(Nper, Pmt, PV, FV, Type)
求收益率		11.29%				=RATE(15, 120, −1 050, 1 000)

在实务中，如果投资者按照当前市场价格购买已经发行的债券并持有至到期（不处于最后付息周期的固定利率债券），在此期限内的到期收益率由于各年现金流量不相等，且现金流量间隔期限不同，此时可采用 Excel 内置函数 XIRR 计算。

［**例 3-14**］大同煤矿集团有限责任公司公司债券（代码 124285.SH）2013 年 4 月 24 日发行上市，发行面值为 54 亿元，每张面值为人民币 100 元，期限为 15 年，债券票面利率为 5.2%，每年付息日为各年 4 月 24 日，到期日为 2028 年 4 月 24 日。假设现在是 2020 年 11 月 24 日，13 同煤债的市场价格为 102.1 元，剩余期限为 2 708 天。根据收盘价计算 13 同煤债的到期收益率，如表 3-16 所示。

表 3-16　13 同煤债（2020-11-24 至 2028-04-24）　　单位：元

	A	B	C
1	日期	现金流量	
2	2020-11-24	−102.1	←收盘价
3	2021-4-24	5.2	←=100*5.2%
4	2022-4-24	5.2	←=100*5.2%
5	2023-4-24	5.2	←=100*5.2%
6	2024-4-24	5.2	←=100*5.2%
7	2025-4-24	5.2	←=100*5.2%
8	2026-4-24	5.2	←=100*5.2%
9	2027-4-24	5.2	←=100*5.2%
10	2028-4-24	105.2	←=100*5.2%+100
11	到期收益率	5.35%	←=XIRR(B2:B10, A2:A10)

根据表 3-16 中的数据，采用 XIRR 函数可以得到 13 同煤债到期收益率 5.35%。这一收益率表明，如果在 2020 年 11 月 24 日以 102.1 元购入 13 同煤债并一直持有到 2028 年 4 月 24 日，在此期间的预期收益率为 5.35%。

3.3.3　零息债券价值评估

在实务中，除附息债券外，不附息的零息债券也是一种较为常见的金融产品。零息债券（STRIP bonds 或 zero coupon）是指以折现方式发行，不附息票，到期日按面值一次性支付给投资者的债券。零息债券的最大特点是避免了投资者的再投资风险。

零息债券的估价和到期收益率的计算方法与附息债券的原理是一样的。假设公司发行面值（FV）为 1 000 元，期限为 7 年的零息债券，如果投资者对同类债券要求的到期收益率（YTM）为 10%，则零息债券的发行价格为：

$$P_d=\frac{FV}{(1+YTM_n)^n}=\frac{1\ 000}{(1+10\%)^7}=513(\text{元})$$

如果知道零息债券当前市场价格，也可以按下式计算 n 年期零息债券的到期收益率：

$$YTM_n=\left(\frac{FV}{P_d}\right)^{1/n}-1 \qquad (3-22)$$

式中，YTM_n 是从今天起持有债券至到期日 n 的到期收益率。上例中的结果可以描述为：当前支付 513 元购买一张零息债券，7 年后可以收到 1 000 元，根据式（3－22），持有这张债券隐含的到期收益率为：

$$YTM=\left(\frac{1\ 000}{513}\right)^{1/7}-1=10\%$$

事实上，任何一只附息债券都可分解为几只不同期限零息债券的组合。例如，面值为 100 元，息票率为 10%，5 年期的附息国库券，可以看成 5 张零息债券：第一张到期时的面值为 10 元，1 年后到期；第二张到期时的面值为 10 元，2 年后到期……最后一张到期时的面值为 110 元，5 年后到期。

［**例 3－15**］假设不同期限零息债券面值、债券市场价格如表 3－17 的第二列、第三列所示，据此根据式（3－22）计算的不同期限零息债券的到期收益率如表 3－17 的第四列所示。

表 3－17　不同期限零息债券到期收益率及现值

零息债券期限（年）	面值（元）	债券价格（元）	到期收益率
1	10	9.61	4.06%
2	10	9.21	4.20%
3	10	8.76	4.51%
4	10	8.30	4.77%
5	110	85.86	5.08%
零息债券组合		121.74	4.98%

由于附息债券是由不同期限的零息债券组成的，附息债券价值应当等于零息债券价值，并以此计算附息债券的到期收益率。

假设债券面值为 100 元，息票率为 10%，期限为 5 年，债券市场价格为 121.74 元，根据式（3－22），附息债券的到期收益率可按下式计算：

$$\begin{aligned}P_d&=121.74\\&=\frac{10}{1+YTM}+\frac{10}{(1+YTM)^2}+\frac{10}{(1+YTM)^3}+\frac{10}{(1+YTM)^4}+\frac{110}{(1+YTM)^5}\end{aligned}$$

根据 Excel 函数求解附息债券到期收益率为 4.98%，这一收益率也可理解为附息债券各年平均收益率，这一结果可验证如下：

$$P_d = \frac{10}{1+4.98\%} + \frac{10}{(1+4.98\%)^2} + \frac{10}{(1+4.98\%)^3} + \frac{10}{(1+4.98\%)^4} + \frac{110}{(1+4.98\%)^5} = 121.74(\text{元})$$

债券价值评估

从理论上讲，附息债券的到期收益率与不同期限零息债券的到期收益率有关。本例中，由于附息债券的价值大部分来自第 5 年现金流现值，因此，其到期收益率最接近 5 年期零息债券的收益率 5.08%。

通过了解零息债券的收益率情况，投资者可以很清楚地了解市场，及时根据市场调节自己的投资策略。此外，零息债券收益率曲线也可以作为政府部门把握债券市场情况的参考和制定宏观调控决策的基础。

3.3.4 利率的决定因素

在债券的息票率、到期期限和票面价值一定的情况下，决定债券价值（价格）的唯一因素就是市场利率或债券投资者要求的收益率。在本章，市场利率、投资者要求的收益率、折现率都是指所讨论债券的当前到期收益率，它们是同一概念的不同说法。

市场利率反映了债券投资者要求的最低收益率，这一收益率主要由两部分构成：一是按投资者让渡资本使用时间长短要求的时间价值补偿；二是按投资者承担风险大小要求的风险价值补偿。影响利率的因素可用下式描述：

$$r = \text{纯利率} + \text{预期通货膨胀率} + \text{风险溢价} \tag{3-23}$$

（1）时间价值补偿。纯利率通常指无通货膨胀、无风险时的均衡利率，反映了投资者延期消费要求的补偿，或时间价值补偿。影响这一利率的客观因素是各种经济因素和资本市场发展水平等，如经济周期、国家货币政策和财政政策、国际关系、国家利率管制等对利率的变动均有不同程度的影响，这些因素中，有些也是通过影响资本供求来影响利率的。影响这一利率的主观因素是投资者个人对收入进行消费的时间偏好。任何人进行投资都是以牺牲当前消费来换取未来的消费，由于未来消费具有不确定性，因此，人们看重现在消费甚于未来消费。这种时间偏好越强，对推迟消费要求的补偿就越大，要求的收益率就越高；反之亦然。

（2）通货膨胀补偿。通货膨胀率是指预期未来的通货膨胀率而非过去已发生的实际通货膨胀率。通货膨胀的存在使货币购买力下降，从而影响投资者的真实收益率，因此，应将通货膨胀率视为风险溢价的一个因素。假设你对一项无风险投资要求 4%的真实收益率，但预期在投资期内通货膨胀率为 3%。在这种情况下，投资的必要收益率应达到 7%（(1.04×1.03)－1）左右的水平。如果不增加必要收益率，年末你只能获得 1%的真实收益率。名义无风险利率和真实无风险利率之间的关系为：

$$名义无风险利率=(1+真实无风险利率)\times(1+预期通货膨胀率)-1 \quad (3-24)$$

上例中的真实收益率为 3.88%（1.07/1.03－1），近似等于名义无风险利率减预期通货膨胀率 4%（7%－3%）。

（3）风险溢价。风险溢价主要指与公司债券特征有关的违约风险、流动性风险、到期期限风险以及外汇风险和国家风险等引起的风险补偿等。

1）违约风险是指借款人无法按时支付利息、偿还本金而给投资者带来的风险。在实务中，一般根据公司的信用等级确定违约风险，债券信用等级越低，违约风险溢价越高。通常以国债利率与公司债券利率之间的利差作为违约风险溢价，例如，5 年期国债利率为 5%，同期公司债券利率为 6.5%，则违约风险溢价为 1.5%。

2）流动性风险是指某项资产迅速转化为现金的可能性。衡量流动性的标准有两个：资产出售时可实现的价格和变现所需要的时间长短。其判断基础是，在价格没有明显损失的条件下在短期内大量出售的能力。资产的流动性越低，为吸引投资者所需要的收益率就越高。

3）期限风险是指因到期期间长短不同而形成的利率变化的风险。例如，在流动性和违约风险相同的情况下，5 年期国库券利率比 3 年期国库券利率要高，差别在于到期时间不同。一般来说，证券期限越长，其市场价值波动的风险越高。因此，为鼓励对长期证券的投资，必须给予投资者必要的风险补偿。只有在利率预期剧烈下降时，投资者才愿意投资长期证券，而不愿意投资中短期证券。

图 3－5 描绘了四种假设国库券收益率曲线的形状。

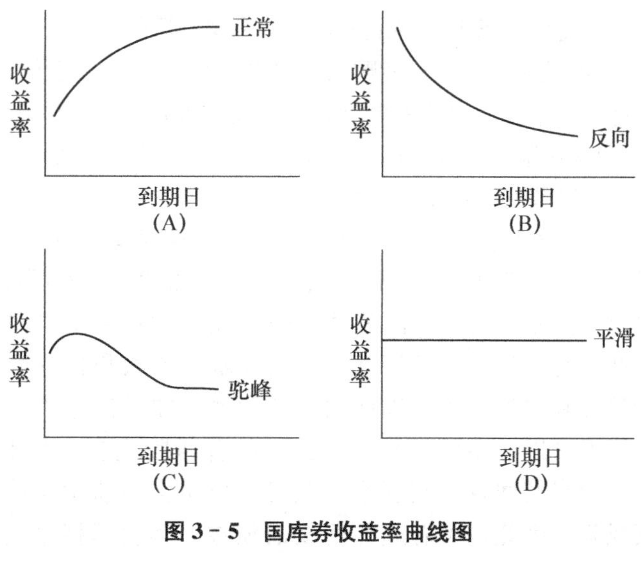

图 3－5　国库券收益率曲线图

图3-5（A）中的收益率曲线自左下方向右上方延伸，这种形状的债券收益率曲线称作正收益率曲线（positive yield curve）。债券的正收益率曲线是在整个经济运行正常、不存在通货膨胀压力和经济衰退的条件下出现的。它表示在其他条件一定的情况下，长期债券的即期利率高于短期债券的即期利率。或者说，未来债务合约的开始时间越远，远期利率越高。

图3-5（B）中的收益率曲线从左上方向右下方延伸，这种形状的收益率曲线称作反收益率曲线（inverse yield curve）。负斜率的收益率曲线意味着未来债务合约的开始日越远，远期利率越低。在市场供求关系支配下，当人们过多追求长期债券的高收益时，必然造成长期资本供大于求，引起长期债券利率下降而短期利率上升，最后导致短期利率高于长期利率的反收益率曲线现象。反收益率曲线通常不会仅仅靠资本的供求关系影响而自动调整为正收益率曲线。在投资者对长期债券的信心和兴趣恢复以前，中央银行必须首先采取有效的货币政策措施来消除利率混乱，修正收益率曲线。

当人们过分追求短期利率而把资本投入较短期限的债券时，短期利率因资本供应过多而下降，长期利率却因资本供应不足而上升，反收益率曲线恢复。在正反收益率曲线相互替代的利率变化过程中，经常出现一种长短期收益率趋于一致的过渡阶段。这时，债券的收益率曲线同坐标系中的横坐标趋于平行，这种形状的收益率曲线称作平收益率曲线（flat yield curve），如图3-5（D）所示。

收益率曲线还存在另一种形状，即在某期限之前债券的利率期限结构是正收益率曲线，而该期限之后变成了反收益率曲线，如图3-5（C）所示。这种形状的收益率曲线称作拱收益率曲线（humped yield curve），表示在某一时间限度内债券的期限越长，收益率越高，超过这一限度，期限越长，收益率越低。拱收益率曲线是短期利率急剧上升阶段所特有的利率期限结构现象。在欧美国家经济极不稳定，市场利率起伏剧烈的20世纪70年代，拱收益率曲线成为美国债券市场和货币市场上一种最为常见的利率期限结构。

4）外汇风险是指投资者购买不以本国货币标价的证券而产生的收益的不确定性。这种汇率波动导致的风险越大，投资者要求的汇率风险溢价越高。

5）国家风险也称政治风险，是指一个国家的政治或经济环境发生重大变化的可能性所导致的收益不确定性。

此外，税收和债券契约条款也会影响债券利率的高低。通常，政府对债券和银行存款投资获得的利息要征收一定的所得税，但对国库券利息则免征所得税。因此，国库券比其他由公司或银行发行的债务工具更优越。如果证券中包含某些契约条款，如抵押条款、偿债基金条款和含有期权特征的条款等都会影响债券利率的大小。以期权条款为例，如果债券中含有可转换权或认股权，投资者可以运用该权利获得公司的普通股股票，因此，其利率较低，但如果证券含有赎回权，当利率下跌时，公司会提前偿还债务，使投资者蒙受再投资风险，因此，含有此种期权的债券，其利率相对较高，以弥补投资者的损失。

附录：利率的期限结构

不同期限债券与利率之间的关系，称为利率的期限结构（the term structure of interest rate)。在市场均衡的情况下，借款者的利率与贷款者的收益率是一致的，因此，利率的期限结构也可以说是收益率的期限结构。[①]

1. 即期利率

给定期限的零息债券（zero coupon bond）的收益率即为该期限内的即期利率（spot rate)。由于一种期限的即期利率是单一的，即期利率可以准确地反映货币的时间价值。在任何一个时点，资本需求和资本供给共同决定了每个期限的即期利率，这个即期利率可以用来为各种未来现金流量定价。

理解这一问题的方法是把附息债券（国库券）看作一组零息债券[②]的组合，各期收到的利息就是到期价值与所付价值间的差额。对于每种附息债券，它的价值等于其组成的零息债券的价值之和。

把附息债券看作一个不同期限零息债券的组合，就可以利用零息债券的利率期限结构进行计算。例如，在某个时点 t，市场有市场价格为 P_{1t}，P_{2t}，…，P_{nt} 的零息债券，我们可以计算 r_{1t}，r_{2t}，…，r_{nt}，这就是一个时点 t 的利率期限结构。

$$YTM_n=\left(\frac{FV}{P_d}\right)^{1/n}-1$$

即期利率是定义期限结构的基本利率，即期利率 r_t 是指已设定到期日的零息债券的到期收益率，它表示的是从现在（$t=0$）到时间 t 的收益。

（1）假设债券市场上所有的参与者都相信未来 5 年的短期利率（short interest rate）如表 3-18 所示。

表 3-18 第 n 年的短期利率

	A	B	C	D
5	第 n 年	短期利率	累计折现率	
6	1	5.0%	5.00%	<-=B6
7	2	7.0%	12.35%	<-=(1+C6)*(1+B7)-1
8	3	8.5%	21.90%	<-=(1+C7)*(1+B8)-1
9	4	9.0%	32.87%	<-=(1+C8)*(1+B9)-1
10	5	9.2%	45.09%	<-=(1+C9)*(1+B10)-1

① 利率的期限结构有两个限制条件：一是它只同债务性证券有关，因为只有债务性证券才有固定的偿还期限范畴；二是利率的期限结构仅指其他条件（如风险、税收、变现力等）相同而只是期限不同的债务利率之间的关系。

② 零息债券是指一种不支付利息但以低于面值的价格折价出售给投资者的债券，它提供给持有者的报酬不是利息收入，而是资本增值。

（2）假设零息债券面值为100元，零息债券当前合理价格如表3－19所示。

表3－19　债券的合理价格　　单位：元

	A	B	C	D
16	到期日	累计折现率	当前合理价格	
17	1	0.050	95.238	←=100/(1+B17)
18	2	0.124	89.008	←=100/(1+B18)
19	3	0.219	82.035	←=100/(1+B19)
20	4	0.329	75.261	←=100/(1+B20)
21	5	0.451	68.921	←=100/(1+B21)

（3）零息债券到期收益率如表3－20所示。

表3－20　零息债券到期收益率

	A	B	C
24	到期日	到期收益率	
25	1	5.00%	←=(100/C17)^(1/A25)−1
26	2	6.00%	←=(100/C18)^(1/A26)−1
27	3	6.82%	←=(100/C19)^(1/A27)−1
28	4	7.36%	←=(100/C20)^(1/A28)−1
29	5	7.73%	←=(100/C21)^(1/A29)−1

债券即期利率与到期收益率如图3－6所示。

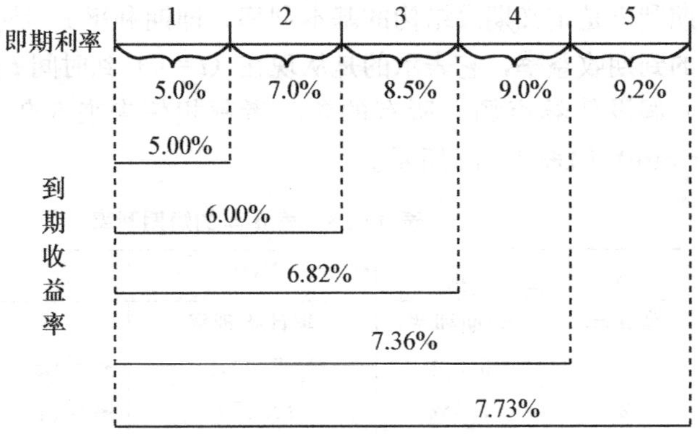

图3－6　债券即期利率与到期收益率

利率的期限结构用一条曲线来表示，如水平线、向上倾斜和向下倾斜的曲线，甚至还可能出现更复杂的收益率曲线，即债券收益率曲线是上述部分或全部收益率曲线的组合。收益率曲线的变化本质上体现了债券的到期收益率与期限之间的关系，即债券的短期利率与长期利率表现的差异性。

2. 远期利率

远期利率是指隐含在给定的即期利率中，从未来的某一时点到另一时点的利率。如果我们已经确定收益率曲线，所有的远期利率就可以根据收益率曲线上的即期利率求得。因此，远期利率并不是一组独立的利率，而是与收益率曲线紧密相连的。在成熟的市场中，一些远期利率也可以直接从市场上观察到，即根据利率远期或期货合约的市场价格推算出来。比如，一笔 2 年期的定期存款，比一笔存款在 1 年定期满后，取出来加上利息再存入银行 1 年之后所获得的总收益要多。这笔多出的收益就是远期利率。反过来，你放弃的 1 年后自由支配这笔资金的成本就是这部分收益。

远期利率与即期利率的区别在于计息日的起点不同，即期利率的起点在当期时刻，而远期利率的起点在未来的某一时刻。

即期利率与远期利率之间的关系如下式所示：

$$f_n=\frac{(1+r_n)^n}{(1+r_{n-1})^{n-1}}-1$$

式中，f_n表示 n 年后的远期利率；r_n表示 n 年的即期利率；r_{n-1} 表示 $n-1$ 年的即期利率。

假设投资者面临两种可选择的投资策略：

(1) 投资于一张面值为 100 元、年利率（折现率）为 10%的 2 年期零息债券；

(2) 投资于一张面值为 100 元、年利率为 8%的 1 年期债券，同时签订一个远期合约，以远期利率 f_1 在 1 年后再投资于一张 1 年期的零息债券。

对于第一种选择，面值为 100 元的 2 年期零息债券的现值为 82.64 元，也就是说，将 82.64 元投资 2 年，每年利率为 10%，2 年后可得到 100 元。事实上，一个 2 年期债券的支付可以看成以两个潜在的不同利率投资 2 年的结果。这样，在第二种选择中，开始投入的 82.64 元在第 1 年末为 $82.64\times(1+r_1)$，第 2 年末为 $82.64\times(1+r_1)(1+f_2)$。如果第 1 年的利率为 8%，2 年后的投资所得是 100 元，则远期利率 f_2 可计算如下：

$$82.64\times(1+0.08)\times(1+f_2)=100$$

或

$$(1+0.1)^2=(1+0.08)\times(1+f_2)$$

$$f_2=12.04\%$$

上式结果表明，1 年后再进行一项 1 年期的投资，其隐含的利率是 12.04%。如果这一利率高于 12.04%，投资者可以选择第二种方案；如果这一利率低于 12.04%，投资者可以借入 1 年期现金，同时卖出一个 1 年的远期利率合约，并以 2 年的即期利率进行投资，以获得无风险收益。

即期利率与远期利率的关系可用下式描述：

$$(1+r_n)^n=(1+f_1)(1+f_2)\cdots(1+f_n)$$

上式表明，即期利率是远期利率的几何平均数，而远期利率可以看成未来某一段时期借款或贷款的边际成本。根据表 3-18 至表 3-20 的数据，远期利率计算如表 3-21 所示，债券远期利率与到期收益率如图 3-7 所示。

表3-21 远期利率

	A	B	C
34	到期日	远期利率	
35	1	5.0%	←=B25
36	2	7.0%	←=((1+B26)^A36)/((1+B25)^A35)−1
37	3	8.5%	←=((1+B27)^A37)/((1+B26)^A36)−1
38	4	9.0%	←=((1+B28)^A38)/((1+B27)^A37)−1
38	5	9.2%	←=((1+B29)^A39)/((1+B28)^A38)−1

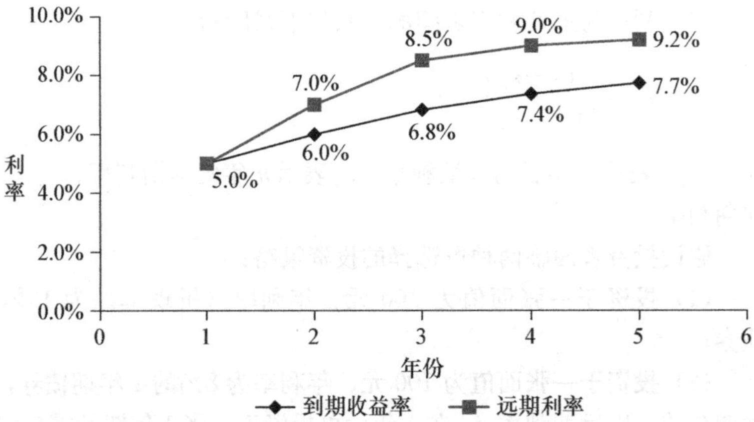

图3-7 债券远期利率与到期收益率

3. 利率期限结构理论

对于国债收益率曲线形状的解释一般有三种理论：预期理论、流动性偏好理论和市场分割理论。

预期理论（expectation theory）最初是由费希尔（Fisher，1896）提出的①，而后由费里德里克·A. 卢茨（Friedrich A. Lutz，1940）做了进一步的发展。这一理论假设远期利率代表市场对未来即期利率的预期。也就是说，正收益率曲线意味着投资者预期未来利率将上升；反收益率曲线意味着投资者预期未来利率将下降。这一理论认为：(1) 隐含远期利率是未来即期利率的无偏差估计值；(2) 长期债券的收益率等于当前短期债券收益率加短期债券展期后预期远期收益率的加权平均数，或者说，长期即期利率是当前短期利率和一系列远期利率或预期即期利率的几何平均数；(3) 无论采取何种债券投资策略，任意一个投资持有期限都只有一种期望收益率。

在上例中，对2年期债券，投资者可以选择投资策略（1），也可以选择连续进行两次1年期的投资策略（2）。预期理论认为在市场均衡的条件下，这两种投资均能获得同样的期望收益率，或者说，远期利率 f_2 必定等于第2年预计

① Fisher. Appreciation and Interest. Publication of American Economic Association, 1896 (11): 23-29, 91-92.

的即期利率$_1r_2$①，如图3-8所示。

(1) 对2年期债券投资后1元的未来价值：

时点0 ├──────────→时点2

$$(1+r_2)^2=(1+r_1)\times(1+f_2)$$

(2) 连续进行两次1年期债券投资后1元的未来价值：

时点0 ├─────→时点1─────→时点2

$$(1+r)^2=(1+r_1)(1+{}_1r_2)$$

图3-8　债券投资未来价值

如果以$_{t-1}f_t$表示第$t-1\sim t$期间的隐含的远期利率，r_n表示距离现在n期的即期利率（即零息票利率），则把零息票利率分解为一个隐含的远期利率的数列，即

$$1+r_n=\sqrt[n]{(1+{}_0f_1)(1+{}_1f_2)(1+{}_2f_3)\cdots(1+{}_{n-1}f_n)}$$

预期理论假设债券市场是高度有效的，如果远期利率与预期未来即期利率存在差别，市场中存在足够大的投机因素促使两种利率走向一致，这些市场参与者追求利润的行为将导致期限结构仅仅取决于对未来利率的预期。

流动性偏好理论（liquidity preference theory）认为每个远期利率等于该期限的即期利率的预期值加上一个期限风险溢价，这个风险溢价附加在当期平均短期利率和未来短期利率之上。因此，远期利率是对未来即期利率有偏差的估算。流动性偏好假设是纯粹预期假设的扩充，它认为投资者在投资决策时都偏好持有短期证券，为了吸引投资者持有期限较长的债券，必须向他们支付流动性补偿，其数额是市场为将期限延长到预定年限所需要的超额收益。即

$$1+r_n>\sqrt[n]{(1+{}_0f_1)(1+{}_1f_2)(1+{}_2f_3)\cdots(1+{}_{n-1}f_n)}$$

$$1+r_n=\sqrt[n]{(1+{}_0f_1)(1+{}_1f_2)(1+{}_2f_3)\cdots(1+{}_{n-1}f_n)}+\text{流动性溢价}$$

由于远期利率中包含期限溢价，收益率曲线会向上倾斜，即长期债券投资会产生更高的预期收益。

市场分割理论（market segmentation theory）认为贷款者和借款者分割的市场行为基本上决定了收益率曲线的形态。J. K. 卡伯特森（J. K. Culbertson，1957）② 认为，由于法律限制和行为方式限制，机构贷款者偏好他们所经营的期限范围。例如，商业银行受存款负债的性质以及传统上强调流动性的影响，通常偏好中短期贷款，拥有长期负债的保险公司和其他贷款者则偏好较长期限的贷款。同时，借款者的债务期限通常与资本需求期限相匹配，与该项借款投资

---

① 注意区别$_1r_2$和r_2：r_2为从时点0到时点2持有的2年期债券的即期利率，$_1r_2$则是在时点1确定的1年预期即期利率或隐含的远期利率。

② Culbertson，J. M. The Term Structure of Interest Rates. Quarterly Journal of Economics，1957（71）：489-504.

产生的预期现金流量相对应。市场分割理论认为，某种特定期限的利率完全取决于该期限的供求情况，与其他期限的供求状况不相关。

□ 本章小结

1. 计算现金流量的终值和现值时，如果现金流量序列是确定的，可采用无风险利率或折现率进行调整；如果现金流量序列是不确定的，可采用风险调整折现率或资本成本进行调整。

2. 当必要收益率（市场利率）低于息票率时，债券溢价销售；当必要收益率高于息票率时，债券折价销售；当必要收益率等于息票率时，债券平价销售。价格与收益率之间的关系不是呈直线的，而是向下凸的。当必要收益率下降时，债券价格以加速度上升，而当必要收益率上升时，债券价格以减速度下降。

3. 债券到期收益率是指债券按当前市场价格购买并持有至到期日所产生的预期收益率。

4. 零息债券是指以折现方式发行，不附息票，到期日按面值一次性支付给投资者的债券。零息债券的最大特点是避免了投资者的再投资风险。

5. 市场利率反映了债券投资者要求的最低收益率，这一收益率主要由两部分构成：一是按投资者让渡资本使用时间长短要求的时间价值补偿；二是按投资者承担风险大小要求的风险价值补偿。

□ 基本训练

◆ 单项选择题

1. 若债券每半年复利一次，其有效利率（　　）。

A. 大于名义利率　　B. 小于名义利率

C. 是名义利率的2倍　　D. 是名义利率的50%

2. 如果债券息票率和违约风险保持不变，期限越长，债券价格波动的幅度（　　）。

A. 不变　　B. 越大

C. 越小　　D. 与期限长短没有关系

3. 某公司发行面值为100元的10年期债券，债券票面利率为10%，市场利率始终保持在8%，在分期付息、到期一次还本的条件下，下列说法中，正确的是（　　）。

A. 债券折价发行，发行后债券价值随到期时间的缩短而逐渐上升，至到期日，债券价值等于面值

B. 债券平价发行，发行后债券的价值在两个付息日之间周期性波动

C. 债券溢价发行，发行后债券的价值在两个付息日之间周期性波动

D. 债券溢价发行，发行后债券价值随到期时间的缩短而逐渐下降，至到期日，债券价值等于面值

4. 在其他因素一定的情况下，折现率与现值的关系可描述为（　　）。

A. 折现率越大，现值越大　　B. 折现率越小，现值越小

C. 折现率越大，现值越小　　D. 折现率与现值变化无关

5. 下列关于名义利率的描述中，错误的是（　　）。

A. 名义利率是不考虑年内复利计息的

B. 名义利率等于计算周期利率（r_{nom}/m）乘以一年内的计息次数（m）

C. 名义利率称作年百分比利率

D. 名义利率等于真实无风险利率

◆ **多项选择题**

1. 零息债券是一种以折现方式发行的债券，其特征主要表现在（　　）。

A. 零息债券能够避免投资者再投资风险

B. 附息债券的价值可以看作不同期限零息债券组合的价值之和

C. 零息债券的内在价值与票面价值一致

D. 任何一只附息债券都可分解为几只不同期限零息债券的组合

E. 零息债券持有者获得的投资收益是资本增值

2. 满足债券到期收益率等于投资者实现的收益率的条件主要有（　　）。

A. 债券到期收益率等于预期收益率

B. 投资者持有债券直至到期日

C. 债券未来现金流量的现值等于债券现行市场价格

D. 债券持有者的风险偏好较为保守

E. 债券持有期间的现金都以计算的到期收益率进行再投资

3. 影响债券收益率的因素主要有（　　）。

A. 无风险利率　　B. 预期通货膨胀率

C. 违约风险补偿率　　D. 期限风险

E. 流动性风险

4. 在利率一定的条件下，随着预期使用年限的增加，下列表述中，不正确的有（　　）。

A. 复利现值系数变大　　B. 复利终值系数变小

C. 普通年金现值系数变小　　D. 普通年金终值系数变大

E. 复利现值系数变小

5. 下列各项中，既有现值又有终值的是（　　）。

A. 增长年金　　B. 普通年金　　C. 预付年金　　D. 永续年金

E. 递延年金

◆ **判断题**

1. 如果债券每年付息一次，到期一次还本，当溢价购买时，债券到期收益率大于票面利率。（　　）

2. 在通货膨胀条件下采用固定利率，可使债权人减少损失。（　　）

3. 在实务中，名义无风险利率就是与所分析的现金流期限相同的零息政府债券利率。（　　）

4. 如果债券中含有可转换权或认股权，投资者可以运用该权利获得公司的普通股股票，则利率较低；如果债券中含有赎回权，公司有权提前偿还债务，则其利率也相对较低。（　　）

5. 债券价值是市场利率或投资者要求的收益率的单调减函数，不过这一关系并非为线性，而是向下凸的。 （ ）

◆ 讨论/思考题

1. 在我国房屋按揭贷款中，采用最多的付款方法是等额本息法。一项调查表明，许多借款者认为等额本息法支付的利息多于等额本金法，因此，选择等额本金法有助于降低购房成本。假设你准备按揭贷款 400 000 元购买一套房子，贷款期限为 20 年，每月月末偿还一次。如果贷款的年利率为 6%，分别按两种方法计算每月还本付息额。根据计算结果回答以下问题：

(1) 两种还款方式发生差异的原因是什么？在什么条件下两种方式付款总额相等？

(2) 不同的还款方式有什么特点？主要适用于哪种收入人群？假设你正在申请银行按揭，你将选择哪一种还款方式？

2. 72 法则根据复利原理，是指一项投资增加一倍所需要的时间大约是 72/利率（百分比）。例如，连续复利为 9%的一项投资，大约需要 8 年的时间（72/9）总值翻一番；而连续复利为 6%时，则需要 12 年（72/6）。如果从现在开始 40 年内连续复利为 9%，那么一个现在 25 岁的人为了在他 65 岁退休时成为百万富翁而在这 40 年内不做任何储蓄，他现在需要投资多少钱呢？假设这个年轻人在未来 40 年内的收益率只能达到 6%左右的水平，那么，他在多大年纪时才能实现他成为百万富翁的愿望？

3. 1981 年 6 月，美国通用汽车承兑公司（GMAC）首次向公众发行 1 000 美元、期限为 10 年的零息票债券，每张债券发行价格为 252.5 美元。1982 年，美国百事可乐公司发行面值总额为 8.5 亿美元、期限为 30 年的零息票债券，每张面值为 1 000 美元，售价为 60 美元。两种债券发行均获得成功。这两种零息票债券的到期收益率是多少？你认为两种债券收益率不同的原因是什么？如果你是投资者，你会购买哪种债券？为什么？如果你是公司的 CFO，说明公司为什么要发行零息债券。

4. 假设一名喝酒爱好者面临两项选择：应该花多少钱买酒；花多少钱去买酒厂的股票。你认为影响其选择的因素是什么？

5. 20 世纪 50 年代第二次世界大战结束后，美国质量管理大师戴明应日本企业之邀，多次到日本松下、索尼、本田等企业讲学。戴明认为产品品质不仅要符合标准，而且要无止境地每天进步一点点。今天日本企业的产品在世界上取得了辉煌成就，它们将功劳归于戴明，甚至给先进企业颁发的奖项也称为戴明奖。当时，戴明传授的这个最简单的方法就是每天进步 1%。请根据货币时间价值的基本模型，计算每天进步 1%，或后退 1%，1 年后（按 365 天计算）1 元的价值。根据计算结果，说明每天进步一点点对你的启示。

◆ 计算分析题

1. 假设你打算每年末向银行账户存入 10 000 元，连续存 5 年，如果存款年利率为 6%，5 年后存款账户的余额为多少？

要求：

(1) 采用时间线（不同时点现金流量）计算年金终值。

(2) 利用公式计算年金终值。

(3) 利用 Excel 中的 FV 函数计算年金终值。

2. 假设ABC公司以分期收款方式向XYZ公司出售一台大型设备，合同规定XYZ公司在5年内每年末支付5 000元设备款。ABC公司为马上取得现金，将合同向银行折现。假设银行同意以12%的利率对合同金额进行折现，这笔金额的现值为多少？

要求：

(1) 采用时间线计算现值。

(2) 利用公式计算现值。

(3) 利用Excel中的PV函数计算现值。

3. 假设有一个投资项目，初始投资为600万元，该项目预期在未来的5年内每年末提供180万元的现金流量。

要求：

(1) 如果该项目的折现率（必要收益率）为8%，公司是否应该投资？请采用时间线和NPV函数计算项目的净现值。

(2) 这一投资项目的预期收益率是多少？请采用Excel中的IRR函数和RATE函数两种方法计算。

4. 假设有一个投资项目，初始投资为600万元，项目预期在未来5年内每年末的现金流量分别为180万元、200万元、210万元、150万元、130万元，第1～5期折现率分别为8%，7.6%，7.3%，7.0%，7.0%。

要求：

计算该项目的净现值和内部收益率。

5. 假设有一个投资项目，初始投资为600万元，项目预期在未来5年内每年末的现金流量分别为180万元、200万元、210万元、150万元、130万元，第1～5期真实折现率分别为5%，5.5%，6.0%，6.5%，6.5%，预期通货膨胀率由第1期的3%减至第5期的2.2%。

要求：

计算该项目的净现值和内部收益率。

6. 假设你准备按揭贷款300 000元购买一套房子，贷款期限为20年，每月末偿还一次，贷款的年利率为6%。

要求：

计算这笔贷款的每年还款额，并将每年偿还额分为利息和本金两部分。

7. 你希望购买一辆汽车，汽车经销商提供两种付款方式供你选择：

(1) 直接支付150 000元现金。

(2) 分期付款方式，即首付25 000元，在接下来的30个月，每个月支付5 200元。

作为经销商融资的一种替代方案，你可以去一家银行，该银行愿意以每月1.25%的利率贷给你125 000元用于购买汽车。

要求：

假设银行贷款利率1.25%是机会成本，计算采用经销商分期付款计划的所有还款现值。经销商收取的年利率是多少？你认为哪种方案更好？

8. 假设某种债券面值为100元，息票率为5%，期限为4年，每年付息2次，同类债券到期收益率（折现率）为9%。

要求：

(1) 请分别采用时间线、债券现值公式、PV函数、NPV函数计算债券价值。

(2) 图示债券价值与债券到期收益率之间的关系，假设债券到期收益率（折现率）从0～12%变化。

(3) 图示债券息票率与债券价值之间的关系，假设息票率从0～14%变化。

(4) 图示每年付息次数与债券价值之间的关系，假设每年付息从1～12次变化。

9. 假设有三种债券，面值均为100元，息票率均为5%，债券期限分别为1年、10年和30年。

要求：

计算到期收益率为1%，2%，…，10%时三种债券的价值和不同收益率下的债券价值波动率，图示债券价值与债券期限之间的关系。

10. 远洋控股集团（中国）有限公司2015年9月17日发行公司债券“15远洋03”(122401.SH)，债券条款和相关信息如表3-22所示。

表3-22 “15远洋03”(122401.SH) 债券条款和相关信息

当前余额（亿元）	15	债券类型	一般公司债
质押券代码	104401 15远质03	折合标准券（元）	89
上市日期	2015-09-17	摘牌日期	2025-08-18
交易市场	122401.SH（上海）	海外评级	无
最新债项评级	AAA（维持，2019-05-09）	评级机构	中诚信国际信用评级有限责任公司
票面利率（当期）	5	发行价格（元）/最新面值（元）	100/100
利率类型	固定利率	息票品种	附息
付息频率	每年付息1次	下一付息日	2020-08-19
利率说明	5.00%	距下一付息日（天）	326
计息基准	A/365F	票息类型	附息
剩余期限（年）	5.890 7	期限（年）	10
起息日期	2015-08-19	到期日期	2025-08-19
发行规模（亿元）	15	发行方式	公募
发行人	远洋控股集团（中国）有限公司	担保人	—
缴款日期	2015-08-21	主承销商	国信证券股份有限公司、瑞银证券有限责任公司、高盛高华证券有限责任公司

资料来源：Wind资讯.

要求：

假设现在是2019年9月28日，债券剩余年限为5.890 7年，当日债券市场价格（净价）为98.700 3元，全价为99.261 9元，应计利息为0.561 644元，你在2019年9月28日购买此债券，请分别按照净价和全价计算债券到期收益率。

第 4 章
股票价值评估

1938 年，一个在股市上相当成功的投资者威廉姆斯（Williams）出版了他尚未经过答辩的博士论文《投资价值理论》，多年后的历史证明威廉姆斯的这本书成为“投资学”这一学科的前驱经典著作。威廉姆斯是第一批挑战股票市场是赌场观点的经济学家之一。在此之前，以凯恩斯的选美理论为代表，很多经济学家认为股票市场就是赌场，股票的定价由交易双方对于投资收益率的预期以及对于这些预期的预期决定。威廉姆斯认为资产定价的关键要素表现为四个方面：第一，你必须把自己视为资产的所有者并且像你评估一个私有企业那样评估一家股份公司；第二，你必须对公司未来的盈利潜力进行估计；第三，你必须确定未来的盈利波动状况；第四，你必须用一定的折现率对未来现金流量进行调整。威廉姆斯最重要的贡献是他第一次将复利模型引入资产估价，提出了股利折现估价模型。他认为资产价值是由其内在价值决定的。对于股票来说，内在价值就是其未来现金流量（股利、股票出售价格）的现值。巴菲特认为现值估计法可以计算不同投资类型的价值，包括政府债券、公司债券、普通股票、住房建筑、油井以及农场。

通过本章的学习，可以熟悉影响股票价值的决定因素；掌握股权自由现金流量和公司自由现金流量的确定方法；熟悉稳定增长模型、两阶段模型估价方法；掌握乘数估价法的类型和估价的基本方法。

4.1 现金流量折现法

4.1.1 股票价值评估基本模型

根据现金流量折现法（discounted cash flow，DCF），股票价值等于股票未来现金流入量的现值，因此，股票价值评估的基本模型可描述为：

$$P_0=\sum_{t=1}^{\infty}\frac{CF_t}{(1+r_e)^t} \tag{4-1}$$

式中，P_0 为股票价值；CF_t 为第 t 期预计现金流量；r_e 为折现率或股权资本成本。

根据式（4－1），决定公司价值的因素主要有现金流量、资本成本以及由此派生的其他因素，前者主要指股利或股权自由现金流量，后者指股票投资者要求的收益率或股权资本成本。影响股票价值的因素如图 4－1 所示。①

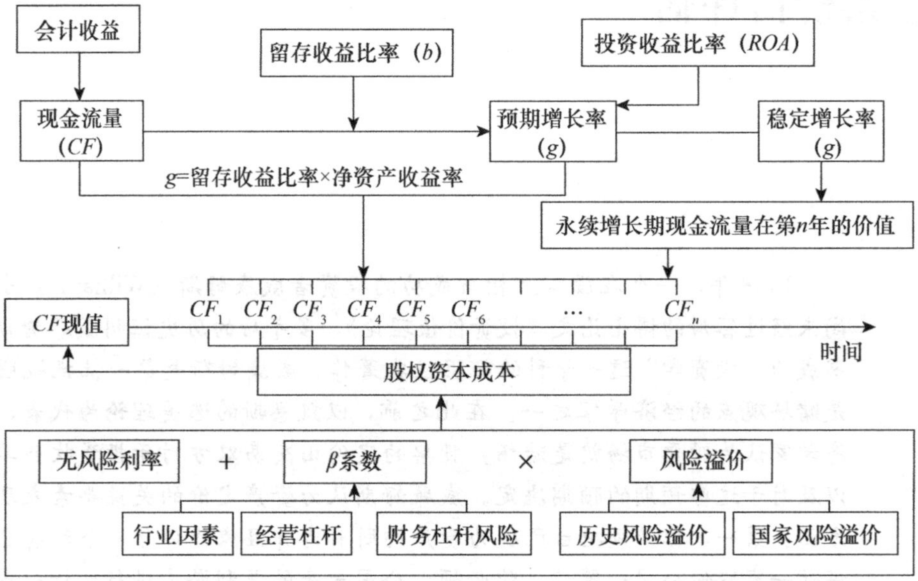

图 4－1　股票价值的决定因素

在图 4－1 中，股权资本成本或折现率主要取决于无风险利率和风险溢价，有关确定方法可参阅本书第 5 章有关内容。本章假设折现率是根据资本资产定价模型确定的。

4.1.2　股利折现模型

假设不考虑股票回购因素的影响，根据股利折现模型（dividend discount model，DDM），股东投资的现金流量包括：（1）每期预期股利；（2）股票出售时的预期价格。由于持有期期末股票的预计价格是由股票未来的股利决定的，因此股票当前价格应等于无限期股利的现值：

$$P_0=\frac{D_1}{(1+r_e)}+\frac{D_2}{(1+r_e)^2}+\cdots=\sum_{t=1}^{\infty}\frac{D_t}{(1+r_e)^t} \tag{4-2}$$

式中，D_t（$t=1，2，\cdots$）代表未来各期的股利；r_e 代表普通股投资的必要收

① Aswath Damodaran. Investment Valuation，Second Edition. Wiley，2002.

益率。

式（4－2）有两个基本输入变量：预期股利和投资必要收益率。在实务中，许多盈利公司很少支付现金股利，而是将所有的收益都用于再投资。股东虽然未得到股利，但可通过出售股票（股价上涨时）获得资本利得。当有利的投资机会缩小时，公司就会开始支付股利（或回购其股份）。通常，公司通过扩大投资获得的收益，至少与持股人接受股利所获得的收益相等。因此，在用式（4－2）评估股票价值时，通常假设公司会在未来某一时点支付股利，或者说，当公司清算或被并购时会支付清算性股利或回购股票而发生现金支付。

股利折现法主要适用于现金流量相对确定的公司（如公用事业），特别适用于当前处于早期发展阶段，并无明显盈利或现金流量，但具有可观增长前景的公司，通过一定期限的现金流量的折现，可确保日后的增长机会得以体现。这种方法的局限性是：估价结果取决于对未来现金流量的预测以及对与未来现金流量风险特性相匹配的折现率的估计，当实际情况与假设的前提条件有差距时，就会影响估价结果的可信度。

1. 股利零增长模型

假设未来股利增长率为零，即每期发放股利相等，均为固定值 D，这时 $D_t \equiv D$（$t=1, 2, 3, \cdots$），则式（4－2）可改写为：

$$P_0=\sum_{t=1}^{\infty}\frac{D_t}{(1+r_e)^t}=D\left[\sum_{t=1}^{\infty}\frac{1}{(1+r_e)^t}\right]$$

当 r_e 大于 0 时，$1/(1+r_e)$ 小于 1，则上式可简写为：

$$P_0=D/r_e \tag{4-3}$$

式（4－3）主要适用于评价优先股的价值。通常，优先股没有到期日，优先股股东只要不出让优先股股份，就可以永远持有股票并收取股利。如果未来股利预期不变，优先股可以看作一种永续年金，根据式（4－3），优先股价值是优先股未来股利按投资必要收益率折现的现值。

在式（4－3）中，如果以股票（优先股）的现行市价（P_0）代替内在价值，就可以直接求出股票（优先股）的预期收益率，即股利与其市场价值之比。其计算公式为：

$$E(r_e)=D/P_0 \tag{4-4}$$

式（4－4）中的 $E(r_e)$ 表示预期收益率，式（4－3）中的 r_e 代表的是必要收益率。如果市场是有效的，那么预期收益率与必要收益率相等。

2. 稳定增长模型

稳定增长模型又称 Gordon 模型，这一模型的假设条件是：（1）股利支付是永久性的，即式（4－2）中的 t 为无穷大；（2）股利增长率为常数（g），即 $g_t=g$；（3）模型中的折现率大于股利增长率，即 $r_e>g$。根据上述三个假设条件，式（4－2）可改写为：

$$P_0=\sum_{t=1}^{\infty}\frac{D_0(1+g)^t}{(1+r_e)^t}$$

当折现率 r_e 大于股利增长率 g 时，$\frac{1+g}{1+r_e}<1$，上式可简化为：

$$P_0=\frac{D_0(1+g)}{r_e-g}=\frac{D_1}{r_e-g} \tag{4-5}$$

上式中假设股利是按指数 g 预期增长的，年复一年出现偏差是可能的，但这些偏差的发生将围绕常数增长轨迹 g。尽管式（4-5）中假设 g 和 r_e 是常数（且 $r_e>g$），与现实不符，但它通常提供可用于价值预测的近似值。

在式（4-5）中，股票价值与预期股利、必要收益率和股利增长率三个因素的关系如下：预期股利越高，股票价值越大；必要收益率越小，股票价值越大；股利增长率越大，股票价值越大。

［例4-1］ 假设一投资者正考虑购买ACC公司的股票，预期下一年度每股收益为5元，留存收益率为40%，股利为3元/股，该股利预计在可预见的将来以每年8%的比例增长，投资者基于对该公司风险的评估，要求最低获得12%的投资收益率，那么ACC公司股票价值是多少？

例4-1 Excel操作

根据式（4-5），ACC公司股票价格为：

$$P_0=\frac{3}{12\%-8\%}=75(元)$$

如果市场是有效的，ACC公司股票的现时市场价格应该等于其预期价格（按模型估计）；股票投资的必要收益率（r_e）等于预期收益率（$E(r_e)$）。在例4-1中，假设ACC公司股票现时售价为75元，投资者预期在下一年收到现金股利3元，预期一年后股票出售价格为81元，那么股东的预期收益率为：

$$E(r_e)=\frac{3}{75}+\frac{81-75}{75}=12\%$$

在12%的预期收益率中，4%为股利收益率，8%为资本利得收益率。上述结果表明，在市场均衡条件下，如果股票价格为75元，那么投资者要求的收益率（$r_e=12\%$）等于股票的预期收益率（$E(r_e)=12\%$）。

如果已知股票市场价格、预期股利及股利增长率，也可以计算股票预期收益率：

$$E(r_e)=\frac{D_1}{P_0}+g=\frac{3}{75}+8\%=12\%$$

上述计算结果表明，股票预期收益率中的增长率与资本利得收益率相等，即

$$\frac{P_1-P_0}{P_0}=\frac{\frac{D_1(1+g)}{r-g}-\frac{D_1}{r-g}}{\frac{D_1}{r-g}}=g$$

上式表明在股利增长率为常数的情况下，股票价值和股利可以预期按相同比率增加。按两种方法计算的股票预期收益率均为 12%，且与投资者要求的收益率（12%）相等。因此，在市场有效的情况下，预期收益率是必要收益率的一个较好的估计。

采用稳定增长模型评估公司股票价值时，如果一家公司的收益增长率高于股利支付率，且将收益的一部分转化为新项目投资，此时，公司股票的价值可分解为两部分：公司现有资产预期创造的收益（EPS_1）的现值和公司未来投资机会收益的现值，后一种价值可称作增长机会现值（present value of growth opportunities，PVGO）。① 在这种情况下，公司股票价值可表示为：

$$P_0=\frac{EPS_1}{r_e}+PVGO \tag{4-6}$$

式（4－6）中的第一项表示现有资产创造收益的现值，即公司把所有的收益都分配给投资者时的股票价值；第二项表示增长机会现值，即公司留存收益用于再投资所带来的新增价值。

[例 4－2] 接例 4－1，分三种情况加以说明。

第一，如果 ACC 公司为增长型公司，现有资产创造的每股收益为 5 元，每年将收益的 40%用于再投资，再投资收益率为 20%，股利稳定增长率为 8%，投资者要求的收益率为 12%，各年再投资现金流量、再投资收益及现值、股利如表 4－1 所示。

表 4－1　ABC 公司股票增长机会价值　　单位：元

年份	1	2	3	4	5	…
现有资产创造的价值	5	5	5	5	5	…
未来投资机会创造的价值						
第 1 年末再投资现金流量	−2	0.4	0.4	0.4	0.4	…
第 2 年末再投资现金流量		−2.16	0.432	0.432	0.432	…
第 3 年末再投资现金流量			−2.333	0.466 6	0.466 6	…
第 4 年末再投资现金流量				−2.519 4	0.503 9	…
第 5 年末再投资现金流量					−2.721	…
…	…	…	…	…	…	…
各年再投资收益现值	3.333 3	3.6	3.888	4.199 04	4.535	…
各年再投资	−2	−2.16	−2.333	−2.519 4	−2.721	…
未来投资机会价值（股利）	1.333 3	1.44	1.555 2	1.679 6	1.814	…

① Myers，S. C. Determinants of Corporate Borrowing. Journal of Financial Economics. 1997，5（2）：147－175.

在表 4-1 中，第 1 年再投资额为 2 元（5×40%），如果再投资收益率为 20%，从第 2 年开始每年收益为 0.4 元（2×20%）。按永续年金计算，第 1 年再投资获得的收益现值为 3.333 3 元（0.4÷12%），归属于股东的增量现金流量（可视为股利）为 1.333 3 元（3.333 3－2）。第 2 年再投资额为 2.16 元（5×1.08×40%），从第 2 年开始每年再投资收益为 0.432 元，按永续年金计算，第 2 年再投资获得的收益现值为 3.6 元（0.432÷12%），归属于股东的增量现金流量为 1.44 元（3.6－2.16），比第 1 年的 1.333 3 元增长了 8%。第 3 年归属于股东的增量现金流量为 1.555 2 元（1.3333×1.08^2）……第 t 年归属于股东的增量现金流量为 $1.3333\times1.08^{t-1}$，以后各年以此类推。根据稳定增长模型，未来各年投资机会现值计算如下：

$$PVGO=\frac{1.3333}{12\%-8\%}=33.33(\text{元})$$

ACC 公司股票价值可分解为现有资产创造的价值（41.67 元）和未来投资机会的价值（33.33 元）之和，即

$$P_0=\frac{5}{12\%}+\frac{1.3333}{12\%-8\%}=41.67+33.33=75(\text{元})$$

第二，假设 ACC 公司为维持型公司，每年的投资仅用来更新已损耗的设备，即维持原有的生产能力不变，这样公司未来净投资为 0（公司将收益全部作为股利发放），未来增长机会的现值为 0。假设 ACC 公司各期每股收益均为 5 元，且全部用于股利发放，增长率为 0，如果投资必要收益率为 12%，则公司目前股票价值应为：

$$P_0=\frac{EPS_1}{r_e}=\frac{5}{12\%}=41.67(\text{元})$$

第三，假设 ACC 公司为收益型公司，虽然收益中的 40%用于再投资，但新投资的期望收益率与原来的公司必要收益率（12%）相同，其他因素与前述相同。按照稳定增长模型估价，ACC 公司的收益增长率（即股利增长率）为 4.8%（40%×12%），则股票价值为：

$$P_0=\frac{3}{12\%-4.8\%}=41.67(\text{元})$$

上述分析结果表明，增长型公司股票价值为 75 元，维持型公司与收益型公司股票价值为 41.67 元，其间的差异（33.33 元）即为未来增长机会的现值。在这里，股票价值提高的原因在于新增投资的预期收益率（20%）高于公司必要收益率（12%）8 个百分点，这是价值增值的真正源泉。

例 4-2 Excel 操作

根据上述分析可知：

如果 $PVGO=0$，$P_0=EPS_1/r_e$，则称为收益型或维持型股票；

如果 $PVGO>0$，$P_0>EPS_1/r_e$，则称为增长型股票；

如果 $PVGO<0$，$P_0<EPS_1/r_e$，则称为衰退型股票。

采用稳定增长模型进行股票估价，简单快捷，但它对增长率特别敏感，当增长率收敛于折现率时，计算出的价值会变得无穷大。如果增长率大于折现率，则股票价格变成负数。

采用稳定增长模型进行价值评估时应注意以下三个问题：(1) 稳定增长率意味着公司的股利将永久持续下去，且其他指标（如净利润）也要预期以同一速度增长。在这种情况下，以预期收益增长率代替预期股利增长率，可以得到同样的结论。(2) 股利增长率一般应小于宏观经济名义增长率，如果一家公司确实连续几年高速稳定增长，在这种情况下，可分阶段预测增长率，当公司真正处于稳定增长时再运用稳定增长模型。(3) 对于一家周期性公司，如果预期增长率发生周期性波动，只要其平均增长率接近稳定增长率，采用稳定增长模型对公司进行估价的误差就很小。因此，稳定增长模型主要适用于具有下列特征的公司：公司以与名义经济增长率相当或稍低的速度增长；公司拟在未来继续执行已确定的股利政策；公司的股利支付必须与稳定性的假设相一致。

3. 两阶段增长模型

这一模型将增长分为两个阶段：高速增长阶段和随后的稳定增长阶段。这类公司的股票价值由两部分构成：高速增长阶段（n）股利现值和稳定增长阶段股票价值的现值。其计算公式为：

$$P_0=\sum_{t=1}^{n}\frac{D_t}{(1+r_e)^t}+\frac{P_n}{(1+r_e)^n} \tag{4-7}$$

上式也可写为：

$$P_0=\sum_{t-1}^{n}\frac{D_t}{(1+r_e)^t}+\frac{D_{n+1}}{(r_{en}-g_n)(1+r_e)^n}$$

式中，P_n 为第 n 期期末股票价值；r_{en} 为第 n 期以后股票投资必要收益率；g_n 为第 n 期以后股利稳定增长率。

[**例 4-3**] 假设 ABC 公司 2020 年每股收益为 2.4 元，每股股利为 0.8 元；2021—2025 年公司收益年增长率为 12%，股利支付率为 30%；2026 年开始，公司增长率将保持在 6%，股利支付率将增至 60%。高速增长期投资者要求的必要收益率为 12.3%，稳定增长期投资者要求的必要收益率为 11.65%。现采取两阶段模型计算 ABC 公司股票价格。

根据上述资料，高速增长期股利现值预测如表 4-2 所示。

表 4-2 高速增长期股利现值

年份	收益增长率（%）	每股收益（元）	每股红利（元）	股利现值（12.3%）
2020		2.40	0.72	
2021	12	2.69	0.81	0.72
2022	12	3.01	0.90	0.72
2023	12	3.37	1.01	0.71

续表

年份	收益增长率（%）	每股收益（元）	每股红利（元）	股利现值（12.3%）
2024	12	3.78	1.13	0.71
2025	12	4.23	1.27	0.71
2026	6	4.48	2.69	

高速增长期股利现值加上稳定增长期股票价值现值，即可得到 ABC 公司股票价格：

$$P_0=\sum_{t=1}^{5}\frac{D_t}{1.123^t}+\frac{2.69}{11.65\%-6\%}\times\frac{1}{1.123^5}$$
$$=30.23(\text{元})$$

例 4-3 Excel 操作

采用两阶段增长模型评估股票价值时，稳定增长模型所要求的增长率约束条件同样适用于两阶段增长模型。此外，如何划分高速增长期和稳定增长期，这也是价值评估中的难点。特别是高速增长期股利增长率与稳定增长期股利增长率存在明显不同时，股东要求的收益率也不相同，能否合理地确定不同时期股东要求的收益率，对正确评估股票价值影响很大。

两阶段增长模型一般适用于具有下列特征的公司：（1）公司当前处于高速增长期，并预期今后一段时期内仍保持这一较高的增长率，在此之后，支持高速增长率的因素消失。例如，某公司拥有一种在未来几年内能够产生高利润的产品专利权，在这一时期，公司将实现超常增长；一旦专利到期，公司将无法保持超常增长率，从而进入稳定增长期。（2）一家公司处于一个超常增长的行业，而这个行业之所以能够超常增长，是因为存在很高的进入壁垒（法律或必要的基础设施所导致的），并且预计这一进入壁垒在今后几年内能够继续阻止新的进入者进入该行业。另外，采用两阶段增长模型时，两阶段的增长率不应相差太大。如果一家公司从高速增长期陡然下降到稳定增长期，按这一模型进行估价，其结果将不尽合理。

4. 三阶段增长模型

三阶段增长模型假设公司收益增长经历三个阶段：收益率高速增长的初始阶段、增长率下降的过渡阶段和永续低增长率的稳定阶段。这一概念与产品的生命周期相同，在高速增长阶段，由于新产品上市和市场份额不断增加，公司收益快速增长；在过渡阶段，公司收益增长率开始逐渐下降；在稳定增长阶段，公司进入成熟期，收益将以整个经济的增长率稳定增长。这一模型与其他股利折现模型不同，不存在许多人为的限制条件，但作为代价，它要求输入变量较多，如特定年份的股利支付率、增长率、β 系数等。对于在估计过程中存在大量噪音的公司而言，输入变量的错误将会超过该模型灵活性所带来的任何好处。

[**例 4-4**] 假设 ASS 公司股票估价的有关资料如下：

（1）2020 年公司每股收益为 4.000 元，每股股利为 1.200 元。

（2）预期 2021—2025 年为高速增长阶段，收益增长率为每年 13%，股利支付率为 30%，股权资本成本为 12.625%。

(3) 2026—2030 年为过渡阶段，收益增长率每年下降 2 个百分点，到 2030 年下降为 3%；股利支付率每年均匀上升，到 2030 年为 60%；股权资本成本从 12.300%降至 11.000%。

(4) 2031 年开始为稳定增长阶段性，收益稳定增长率为 3%，股权资本成本为 11.000%。

根据上述资料，采用三阶段增长模型计算 ASS 公司股票价值。ASS 公司高速增长阶段、过渡阶段的股利现值计算如表 4-3 所示。

表 4-3 ASS 公司高速增长阶段和过渡阶段股利现值

年份	增长率	每股收益（元）	股利支付率	股利（元）	股权资本	累计资本成本	股利现值
2020		4.000	30%	1.200			
2021	13%	4.520	30%	1.356	12.625%	12.625%	1.204
2022	13%	5.108	30%	1.532	12.625%	26.844%	1.208
2023	13%	5.772	30%	1.731	12.625%	42.858%	1.212
2024	13%	6.522	30%	1.957	12.625%	60.894%	1.216
2025	13%	7.370	30%	2.211	12.625%	81.207%	1.220
2026	11%	8.180	36%	2.945	12.300%	103.495%	1.447
2027	9%	8.917	42%	3.745	11.975%	127.864%	1.644
2028	7%	9.541	48%	4.580	11.650%	154.410%	1.800
2029	5%	10.018	54%	5.410	11.325%	183.222%	1.910
2030	3%	10.318	60%	6.191	11.000%	214.376%	1.969
2031	3%	10.628	60%	6.377	11.000%		

在表 4-3 中，各年股权资本成本（折现率）不同，可根据第 3 章式（3-16）计算各年累计折现率，然后计算各年股利现值。例如，2021 年的累计折现率为 12.625%，2022 年、2026 年、2030 年各年累计折现率计算方式如下：

$$累计折现率_{2022年}=(1+12.625\%)\times(1+12.625\%)-1=26.844\%$$

$$累计折现率_{2026年}=(1+81.207\%)\times(1+12.300\%)-1=103.495\%$$

$$累计折现率_{2030年}=(1+183.222\%)\times(1+11.000\%)-1=214.376\%$$

其他各年累计折现率计算方式以此类推。

各年股利现值计算方式如下：

$$P_{2021}=\frac{1.356}{1+12.625\%}=1.204(元)$$

$$P_{2022}=\frac{1.532}{1+26.844\%}=1.208(元)$$

$$P_{2026}=\frac{2.945}{1+103.495\%}=1.447(元)$$

根据表4-3，不同阶段的股利现值计算如下：

$$\text{高速增长阶段股利现值}=1.204+1.208+1.212+1.216+1.220=6.060(\text{元})$$

$$\text{过渡阶段股利现值}=1.447+1.644+1.800+1.910+1.969=8.770(\text{元})$$

稳定增长阶段股票价格计算如下：

$$P_{2031\text{年初}}=\frac{6.377}{11\%-3\%}=79.713(\text{元})$$

将稳定增长阶段股票价格调整到2020年末的价值。

$$P_{2020\text{年末}}=\frac{79.713}{1+214.376\%}=25.356(\text{元})$$

例4-4 Excel操作

根据高速增长阶段、过渡阶段股利现值和稳定增长阶段股价现值计算股票价值为40.186元（6.060+8.770+25.356）。

5. 股利增长率

在式（4-7）中，股票价格与股利支付率、股利增长率呈同方向变化，提高股利支付率或者股利增长率都可以提高股票价格。但股利支付率和股利增长率之间又存在此消彼长的关系。如果公司将收益全部用于支付股利，则留存收益比率为零，如果没有外来资本投入，公司的增长率为零；如果公司将收益留存用于再投资，可以按照再投资收益率获得报酬，从而提高公司的预期增长率。假设公司既不发行新股，也不回购股票，那么未来所有收益的增加，只能来自用留存收益进行的新投资，则

$$\text{净利润变动额}=\text{新增投资}\times\text{新增投资收益率}(ROE) \quad (4-8)$$

式中

$$\text{新增投资}=\text{净利润}\times\text{留存收益比率} \quad (4-9)$$

将式（4-9）代入式（4-8），然后将等式两边同时除以净利润，即可得到净利润增长率的表达式：

$$\text{预期增长率}=\text{留存收益比率}\times\text{新增投资收益率}(ROE) \quad (4-10)$$

在股利固定增长的情况下，股利增长率可分解为公司留存收益和由该留存收益带来的报酬的函数。对于公司的收益，公司可以将其用于投资，以预期获得比上一年更多的收益，进而预期可以支付更多的股利。如果公司将收益全部用于支付股利，即留存收益为零，或再投资等于零，在这种情况下，通常假设用金额等于折旧的一笔资本投资来维持公司的收益（公司收益不变）。

[例4-5] 假设ACC公司下一年度每股收益为5元，留存收益比率由40%提高到50%，其他因素保持不变，即新增投资预期收益率为20%，投资者要求的必要收益率为12%，则股利增长率为10%（50%×20%）。根据稳定增长模

型，股票当前价值为：

$$P_0=\frac{5\times 50\%}{12\%-10\%}=125(\text{元})$$

公司降低股利支付率后，股票价值大幅提高，其原因在于新增投资的预期收益率（20%）大于投资必要收益率（12%），这是价值增值的真正源泉。

在实务中，也可以将公司收益增长率等历史数据作为股利增长率的预测指标。采用历史数据时应注意以下几个问题：第一，增长率波动性的影响。历史增长率对于未来增长率预测的可靠性与增长率的波动性成反比关系。一般来说，历史增长率的波动性越大，两个时期增长率之间的平均相关系数就越小。因此，在预测公司未来增长率时，必须谨慎地使用历史增长率。第二，公司规模的影响。由于公司的增长率是以百分数表示的，所以公司规模越大，就越难保持较高的增长率，对于规模和利润都已经有惊人增长的公司而言，保持历史增长率是很难的。第三，经济周期性的影响。预测取样时段的经济处于周期中的哪一阶段，对历史增长率会有很大影响。对于周期性公司，如果使用萧条时期的历史增长率进行预测，则增长率很可能为负数；如果用作预测的历史增长率是在经济高峰时期出现的，则会有相反的结论。因此，预测周期性公司的未来增长率，跨越两个或更多经济周期的历史增长率将更有意义。第四，基本因素的改变。一般来说，历史增长率是公司在业务组合、项目选择、资本结构和股利政策等基本方面决策的结果。如果公司在某一方面或所有方面的决策发生改变，历史增长率对于预期增长率的可靠性就比较差。第五，公司所处行业变化的影响。行业基本情况的改变可能会导致该行业所有公司增长率的上升或下降，这些在预测时都必须仔细地考虑。第六，盈利的质量。不同类型的收益增长是有区别的。由会计政策的改变或非正常收入导致的收益增长，比增加产品销售收入引起的增长更不可靠，其在未来增长率的预测中应赋予较小的权重。

在预测未来增长率时，除了使用历史数据之外，还应利用对预测未来增长率有价值的其他信息调整历史增长率。这些信息主要有：(1) 在最近的财务报告之后已公开的公司特定的信息；(2) 影响未来增长率的宏观经济信息，如 GNP 增长率、利率和通货膨胀率等经济信息；(3) 竞争对手披露的有关前景的信息，如竞争对手在定价政策和未来增长方面所透露的信息等；(4) 公司未公开信息；(5) 收益以外的其他公共信息，如留存收益、边际利润率和资产周转率等。

4.1.3　股权自由现金流量模型

股权自由现金流量（free cash flow to equity，FCFE）是指公司在履行所有的财务责任（如债务的还本付息）、满足公司再投资需要之后的剩余现金流量。根据资产负债表和利润表，股权自由现金流量的计算公式为：

$$FCFE=\text{净利润}+\text{折旧}-\text{经营性营运资本追加支出}-\text{资本支出}+\text{债务净增加额}$$

如果有发行在外的优先股，上式应扣除优先股股利，则 *FCFE* 的计算公式为：

$$FCFE_t=NI_t+NCC_t-\Delta W_t-F_t-d_t+\Delta P_t+\Delta L_t \quad (4-11)$$

式中，*NI* 为净利润；*NCC* 为非现金支出净额；ΔW 为经营性营运资本追加支出；*F* 为资本支出；*d* 为优先股股利，ΔP 为优先股净增加额；ΔL 为债务净增加额（发行新债与偿还旧债之间的差额）。

股权自由现金流量公式推导

式（4-11）中的 *FCFE* 是以净利润（*NI*）为起点进行调整的，有关调整方式说明如下。

（1）调整非现金支出。非现金支出是指各种不引起现金流量变动的项目，在估价中，非现金支出主要有：

1）以折旧、摊销为主要内容的不引起当期经营现金流量变动的各种项目净额，应将其加回经营活动的现金流量中。

2）债券溢价（折价）摊销，通过减少（增加）财务费用影响净利润，但并未引起现金流量的变化，应从经营活动的现金流量中扣除（加回）。

3）长期资产处置的收益（损失）之所以要扣除（加回），是因为资产重组的现金流量属于投资活动，因此，当由净利润计算经营活动现金流量时，要进行一定的调整。

4）递延所得税，虽然从长期来看，应交所得税和所得税费用是一致的，但是由于税法和会计对所得税确认的时间、口径不同，可能会产生递延所得税，因此，在调整时，必须用递延所得税将所得税费用还原到公司本期实际应交税费。

（2）调整资本支出。资本支出是指当年发生的非流动资产投资，如固定资产投资、无形资产投资以及其他长期资产投资，如厂房的新建、改建和扩建，设备更新、购置和新产品试制、专利费用支出等。获得资本支出的信息主要来源于公司资产负债表和现金流量表中的投资现金净流量。此外，根据现金流量表计算资本支出时，对处置长期资产所得的现金流量要予以扣除；公司发生的研究开发费用和经营性租赁费用应进行资本化处理，以便正确衡量公司的资本支出。

（3）调整经营性营运资本追加支出。为了反映与经营活动有关的营运资本，需要从流动资产中剔除与经营活动无关的超额现金、交易性金融资产；从流动负债中剔除短期贷款等融资性负债，从而得到经营性营运资本：

$$\text{经营性营运资本}=\text{经营性流动资产}-\text{经营性流动负债} \quad (4-12)$$

其中

$$\text{经营性流动资产}=\text{流动资产}-\text{超额现金}-\text{交易性金融资产} \quad (4-13)$$

$$\text{经营性流动负债}=\text{流动负债}-\text{短期借款}-\text{一年内到期的长期负债} \quad (4-14)$$

在式（4－13）中，超额现金等于资产负债表中的“货币资金”减去“最低现金”（通常是根据销售收入的一定百分比或银行现金存款的最低要求确定的）。

$$经营性营运资本追加支出=经营性营运资本_t-经营性营运资本_{t-1} \quad (4-15)$$

为简化，可直接用营运资本（即流动资产－流动负债）支出代替经营性营运资本支出，或直接根据经营性营运资本占销售收入百分比的历史数据加以确定。

（4）调整其他项目。主要指派发优先股股利、偿还债务本金以及发行优先股和新债等引起的现金流量。

与股利折现法相同，按股权自由现金流量估价时，如果预期 FCFE 的增长率将一直保持稳定状态，或增长率等于或者稍低于名义经济增长率，可采用稳定增长模型计算股票价值：

$$P_0=\frac{FCFE_1}{r_e-g} \quad (4-16)$$

式中，g 表示 FCFE 稳定增长率。如果净利润、资本支出、经营性营运资本增加额以同一比率增长，则 FCFE 增长率可采用股利增长率的估算方法。

如果公司当前处于高速增长阶段，并且预期在今后一段时期内仍保持这一较高的增长率，随后支持高增长率的因素消失，增长率维持在与名义经济增长率持平的水平，可采用两阶段增长模型，则股权价值等于高增长阶段的 FCFE 现值加上稳定增长阶段 FCFE 的现值。即

$$P_0=\sum_{t=1}^{n}\frac{FCFE_t}{(1+r_e)^t}+\frac{P_n}{(1+r_e)^n}$$

其中

$$P_n=\frac{FCFE_{n+1}}{r_{en}-g_n} \quad (4-17)$$

式中，P_n 表示第 n 期股权资本价值。

如果被估价的公司预期经过以下三个阶段：高增长率的初始阶段、增长率下跌的过渡阶段和增长率稳定阶段，也可采用三阶段增长模型评估股票价格。采用 FCFE 估价时，需要注意两点：一是资本支出在第一阶段的高速增长中可能会远远大于折旧，经过第二、第三阶段，两者之间的差距应该逐渐减少，甚至为零；二是公司风险随着 FCFE 增长率的下降而减少，β 系数也逐渐降低。

4.1.4　公司自由现金流量模型

公司自由现金流量（free cash flow to firm，FCFF）是指公司在支付经营费用和所得税之后，向公司权利要求者（普通股股东、公司债权人和优先股股东）支付现金之前的全部现金流量。即

$$FCFF_t=(NI_t+NCC_t-\Delta W_t-F_t-d_t+\Delta P_t+\Delta L_t)+(d_t-\Delta P_t)$$
$$+[I_t(1-T_t)-\Delta L_t]$$
$$=NI_t+NCC_t-\Delta W_t-F_t+I_t(1-T) \quad (4-18)$$

式中，右方的第一项为归属于普通股股东的现金流量；第二项为归属于优先股股东的现金流量；第三项为归属于债权人的现金流量。整理后可以得到公司自由现金流量：

$$FCFF_t=EBIT_t(1-T)+NCC_t-\Delta W_t-F_t \quad (4-19)$$

整理式（4-18），可以反映 *FCFE* 与 *FCFF* 之间的转换关系，即

$$FCFF_t=FCFE_t+d_t-\Delta P_t+I_t(1-T_t)-\Delta L_t \quad (4-20)$$

在式（4-20）中，*FCFF* 是在 *FCFE* 的基础上，加上优先股股利，减去优先股净增加额，加上税后利息费用，减去债务净增加额计算得出的。*FCFF* 是对整个公司而不是股权进行估价，但股权价值可以用公司价值减去发行在外债务的市场价值得到。由于 *FCFF* 是债务偿还前的现金流量，使用公司估价方法的好处是不需要明确考虑与债务相关的现金流量，而估计 *FCFE* 时必须考虑这些与债务相关的现金流量。在财务杠杆预期将随时发生重大变化的情况下，这一特点有利于简化计算，但在确定折现率时需要结合负债比率和利率等信息来计算加权平均资本成本。

采用FCFF模型，公司价值（V_f）是指公司预期自由现金流量的现值，其基本表现形式为：

$$V_f=\sum_{t=1}^{\infty}\frac{FCFF_t}{(1+r_w)^t} \quad (4-21)$$

$$V_s=\sum_{t=1}^{\infty}\frac{FCFF_t}{(1+r_w)^t}-MV_b \quad (4-22)$$

式中，V_s 表示股权价值；$FCFF_t$ 表示第 t 期公司自由现金流量；r_w 表示加权平均资本成本；MV_b 表示公司负债的市场价值。

根据FCFF增长率的不同特点，FCFF模型也可采用稳定增长模型、两阶段增长模型和三阶段增长模型，其计算原理与FCFE估价原理相同。

［**例4-6**］2020年初，SRJ公司为了偿还债务，急切想要出售其分公司。为整体出售分公司进行估价的有关数据如下。

（1）基期数据：2020年的销售收入为108 450万元，息税前利润为7 980万元，资本支出为4 650万元，折旧、摊销费为3 105万元；经营性营运资本占销售收入的比例为25%，所得税税率为25%，债务价值为66 853万元，流通在外的普通股股数为2 000万股。

（2）高速增长阶段数据：高速增长阶段为5年，息税前利润、销售收入、资本支出、折旧都以8%的速度增长，加权平均资本成本为8.75%。

（3）稳定增长阶段数据：FCFF的预期增长率为5%，资本支出与折旧相互抵消，加权平均资本成本为8.4%。

为计算分公司的出售价格，首先预测高速增长阶段 FCFF 现值（见表 4-4），然后加上稳定增长阶段股票价值现值，最后确定股票价值。

表 4-4　高速增长阶段公司 FCFF 现值（预测）　　单位：万元

项目	2020 年	2021 年	2022 年	2023 年	2024 年	2025 年	2026 年
息税前利润（EBIT）	7 980	8 618	9 308	10 053	10 857	11 725	12 311
EBIT×所得税税率	1 995	2 155	2 327	2 513	2 714	2 931	3 078
资本支出－折旧	1 545	1 669	1 802	1 946	2 102	2 270	0
销售收入	108 450	117 126	126 496	136 616	147 545	159 349	167 316
经营性营运资本	27 113	29 282	31 624	34 154	36 886	39 837	41 829
经营性营运资本增加额		2 169	2 343	2 530	2 732	2 951	1 992
公司自由现金流量（FCFF）		2 626	2 836	3 063	3 308	3 573	7 242
FCFF 现值（8.75%）		2 415	2 398	2 382	2 365	2 349	

说明：2020 年为预测时点，2021—2026 年为预测期。

例 4-6 Excel 操作

根据表 4-4，高速增长阶段 FCFF 的现值为 11 909 万元（2 415＋2 398＋2 382＋2 365＋2 349），加上稳定增长阶段 FCFF 的现值，即可确定公司的内在价值，即

$$V_f = 11\,909 + \frac{7\,242}{8.4\% - 5\%} \times \frac{1}{(1+8.75\%)^5} = 151\,943(\text{万元})$$

股权价值＝公司价值－债权价值＝151 943－66 853＝85 090(万元)

每股价值＝85 090/2 000＝42.55(元)

采用自由现金流量（FCFE/FCFF）估价时应注意以下几个问题：

第一，预测自由现金流量。由于公司是一个持续经营的实体，其寿命一般是不可预知的。为了合理预测公司价值，一般将未来现金流量分为两部分：一是预测期内的现金流量；二是预测期后（存续期）的现金流量。对于预测期内的现金流量需要逐期预测，一般以 5～10 年作为预测期最为普遍。随着预测期的延长，不确定性因素越多，预测的难度越大，预测的可靠性就越低。因此，逐期预测必须在某一个最后期限停下来。这个最后期限是指当公司处于均衡状态时的年份或时点，即增量投资的预期收益率等于资本成本时的年份或时点。此时，公司无论采取何种盈余分配政策（追加投资或发放股利）均不会影响公司价值。也就是说，如果公司将盈余用于追加投资，只能取得相当于资本成本的报酬；如果将盈余用于支付股利，股东同样可以找到同等风险、同等收益的投资机会。因此，为了简化计算，可假设预测期之后，公司将当期盈余全部用于发放股利，公司仅维持简单再生产。这样，在其他条件不变的情况下，预测期后的各年盈余可视为永续年金，只要将其资本化，就可以计算预测期后公司现金流量的现值。

除了逐期预测现金流量外，也可根据现金流量的不同增长率分阶段预测自由现金流量。在每一个阶段，预期的现金流量按照某一模式增长。这样，每一

阶段各年的现金流量就可以描述为期初现金流量与增长率的函数。从增长率的变化模式来说，可以分为常态增长率和线性递减增长率，前者通常用在公司稳定增长阶段，后者通常用在从高速增长向低速增长转换阶段。

第二，增长率。通过财务报表计算出自由现金流量后，还要确定 FCFF 和 FCFE 各自的增长率。这两种现金流量的增长率通常是不相等的，原因在于 FCFF 是债务偿还前的现金流量（息税前利润），其增长不受财务杠杆比率的影响；FCFE 是债务偿还后的现金流量，财务杠杆可以通过净资产收益率对 FCFE 增长率施加影响。

第三，折现率。决定公司合适的资本成本或折现率是价值评估过程中较为复杂的环节。在确定折现率时，除了按一般的原理计算资本成本外，还应注意以下几个问题：(1) 折现率的选择应与现金流量相匹配。FCFE 按股权资本成本进行折现，FCFF 按加权平均资本成本进行折现。(2) 折现率的选择应与公司的风险相匹配。未来现金流量的不确定性越大，风险越大，所采用的折现率就越高。(3) 折现率的选择应该与公司的存续方式相匹配。例如，在并购中，评估目标公司价值时，不但要考虑并购后协同效应和重组效应所带来的增量现金流量，而且必须以并购后存续公司或新设公司预期的资本成本作为折现率。在不考虑并购双方的协同效应和重组带来的增量现金流量时，可将根据各自公司的资本结构和风险水平确定的资本成本作为折现率。在购买股权（控制权）的情况下，目标公司仍是一个独立法人和经济实体，并按照公司现有资源独立运作。现金流量是在目标公司现有资源和资本结构下经营所致，因此，应以目标公司的资本成本作为折现率。

4.2 乘数估价法

4.2.1 市盈率乘数

乘数估价法又称作相对估价法，主要是通过拟估价公司的某一变量乘以价格乘数来进行估价。在实务中，乘数估价法所用的乘数主要有市盈率乘数、公司价值乘数、销售收入乘数、账面价值乘数。

市盈率乘数（又称 P/E 乘数）是指股票价格与当前会计收益的比值。P/E 乘数的数学意义为每 1 元年税后利润对应的股票价格；经济意义为购买公司 1 元税后利润支付的价格，或者按市场价格购买公司股票回收投资需要的年份。P/E 乘数的投资意义是以一定的 P/E 乘数为基准，超过视为高估，低于视为低估。但这一投资意义并不明确，因为基准 P/E 乘数以及高估或低估的数值界限很难确定。采用 P/E 乘数进行估价的一般公式为：

$$P_0 = EPS_1 \cdot P/E \tag{4-23}$$

如何应用式 (4-23) 确定股票价值（格），主要取决于每股收益与 P/E 乘数两个因素。在确定每股收益时，应注意以下几个问题：(1) 对于那些偶发事件导致的非正常收益，在计算 EPS 时应予以剔除；(2) 对于受商业周期或行业周期影响较大的公司，应注意不同周期（如成长期和衰退期）对 EPS 的影响；(3) 对于会计处理方法变更引起的 EPS 的差异，应进行相应的调整；(4) 如果公司有发行在外的认股权证、股票期权、可转换优先股或可转换债券，应注意这些含有期权性的证券行权后对每股收益的影响，即 EPS 稀释（diluted EPS）。

市盈率乘数与稳定增长模型之间的关系可表示如下：

$$P_0=\frac{D_1}{r_e-g}=\frac{EPS_0(1-b)(1+g)}{r_e-g}$$

$$\frac{P_0}{EPS_0}=\frac{(1-b)(1+g)}{r_e-g}$$

$$\frac{P_0}{EPS_1}=\frac{1-b}{r_e-g}$$

假设 b 为留存收益比率，根据例 4-1 的数据，按市盈率乘数计算的 ACC 公司股票价格如下：

$$\frac{P_0}{EPS_1}=\frac{1-b}{r_e-g}=\frac{1-40\%}{12\%-8\%}=15$$

$$P_0=EPS_1\cdot P/E=5\times15=75(\text{元})$$

P/E 乘数在估价中得到广泛应用，其原因主要是：(1) P/E 乘数计算简单，资料易于取得；(2) P/E 乘数指标将公司当前股票价格与其盈利能力联系在一起；(3) P/E 乘数指标能够反映出公司风险性与成长性等重要特征。

采用 P/E 乘数的不足主要表现在以下三个方面：(1) 当 EPS 为负数时，无法使用 P/E 乘数评估价值；(2) 会计政策选择，包括盈余管理和职业判断可能扭曲 EPS，进而导致不同公司间 P/E 乘数缺乏可比性；(3) 在股票市场上，一个公司股票的 P/E 乘数可能会被非正常地抬高或压低，无法反映该公司的资产收益状况，从而很难正确地评估股票价值。

决定个股市盈率合理水平的重要指标就是公司的增长率。关于市盈率与增长率之间的关系，美国投资大师彼得·林奇有一个非常著名的论断，他认为，对于任何一家公司，如果它的股票定价合理，该公司的市盈率应该等于公司的增长率。也就是说，如果一家公司的年增长率大约是 15%，15 倍的市盈率是合理的。

4.2.2 公司价值乘数

公司价值乘数（EV/EBITDA）是指公司价值（enterprise value）与息税折旧摊销前利润（EBITDA）或息税前利润的比率，其计算公式为：

$$\frac{EV}{EBITDA}=\frac{\text{股权市场价值}+\text{债务市场价值}-\text{现金和短期投资}}{EBITDA} \tag{4-24}$$

$$\frac{EV}{EBIT}=\frac{\text{股权市场价值}+\text{债务市场价值}-\text{现金和短期投资}}{EBIT} \tag{4-25}$$

公式中的公司价值不包括现金和短期投资，主要原因在于 EBIT 中不包括现金和短期投资的利息收益。另一种解释是将现金和短期投资看作负债，从债务市场价值中扣除，得到公司负债净值。

公司价值乘数的优点主要表现在以下三个方面：(1) 应用范围大于 P/E 乘数估价法，无论公司是盈利还是亏损都可采用这一乘数评估公司价值，而 P/E 乘数估价法只限于评估收益大于零的公司；(2) EBITDA 没有扣除折旧和摊销，减少了折旧和摊销会计处理方法对净利润和经营收益的影响，有利于同行业比较分析；(3) 在跨国并购价值评估中，可消除不同国家税收政策的影响。

公司价值乘数的不足之处在于 EBITDA 是收益而不是现金流量，这一指标没有考虑营运资本和资本支出对收益的影响，因此，用 EBIT 或 EBITDA 衡量公司的收益不够准确。

4.2.3 销售收入乘数

销售收入乘数（又称 P/S 乘数）是指股权市场价值与销售收入总额之间的比率关系，其计算公式为：

$$P/S=\frac{\text{股权市场价值}}{\text{销售收入总额}} \tag{4-26}$$

采用销售收入乘数的优点主要是：(1) 适用范围较大，无论公司盈利还是亏损，都可采用这一乘数进行价值评估；(2) 与利润和账面价值不同，销售收入不受折旧、存货和非经常性支出所采用的会计政策的影响；(3) 在检验公司定价政策和其他一些战略决策变化所带来的影响方面，这一乘数优于其他乘数。这一乘数的缺点是采用销售收入做分母，可能因无法识别各个公司在成本控制、利润等方面的差别而导致错误的评价。

4.2.4 账面价值乘数

账面价值乘数（又称 P/B 乘数）也称为市净率，反映每股市价与股权资本每股账面价值之间的比率关系，其计算公式为：

$$P/B=\frac{\text{每股市价}}{\text{股权资本每股账面价值}} \tag{4-27}$$

式 (4-27) 中的股权资本一般是指普通股股权资本，在实务中也可以直接用股权资本市场价值与账面价值比率代表这一乘数。计算这一乘数时应注意剔除不同会计政策对账面价值的影响。

采用账面价值乘数进行估价可以反映市场对公司资产质量的评价。股权资本每股账面价值是用成本计量的，而每股市价是这些资产的现时价值，它是证券市场上交易的结果。市价高于账面价值时公司资产的质量较好，有发展潜力；反之，则资产质量较差，没有发展前景。一般来说，账面价值乘数为 3 时可以树立较好的公司形象。

采用账面价值乘数的优点主要有：(1) 账面价值提供了一个相对稳定且直观的衡量标准，投资者可以将其直接与市场价值进行比较；(2) 适用于亏损公司的价值评估；(3) 由于每股账面价值比 EPS 更稳定，当 EPS 过高、过低或变动较大时，P/B 乘数比 P/E 乘数更具有现实意义。

账面价值乘数的缺点主要是：(1) 由于会计计量等原因，一些对公司生产经营非常重要的资产没有确认入账，如商誉、人力资源等。(2) 根据会计制度，资产的账面净值等于原始购买价格减去折旧。通货膨胀和技术进步可能使账面价值与市场价值存在很大的背离，这将使各公司之间的 P/B 乘数缺少可比性。

除以上价格乘数外，对一些特殊行业，还可采用不同的价格乘数，如评估互联网和手机生产公司价值时经常使用价格/顾客数目乘数；评估水泥生产等公司价值时经常使用价格/产品生产数量乘数等。

4.2.5 乘数估价法步骤

采用乘数估价法时，通常采用比较分析法，其步骤如下：

第一，分析公司近期的收益状况。在分析时应特别注意支持这些收益的会计政策，如税收减免政策、折旧和摊销等。在并购估价中，为保持与并购方的政策相一致，也可适当调整目标公司已公布的收益，如目标公司将研发费转作资本从而加大公司的收益等。

第二，确认乘数变量。一般应选择与公司股票价格密切相关的变量，这些变量通常是可比公司的基本财务指标，如每股收益、EBIT、EBITDA、销售收入、账面价值或每股净资产、现金流量等。

第三，选择标准比率。标准比率的选择主要有以下几种：以公司的市场乘数作为标准比率；以具有可比性的公司的市场乘数作为标准比率；以公司所处行业的平均市场乘数作为标准比率。选择标准必须确保在行业、主营业务或主导产品、资本结构、公司规模、市场环境以及风险度等方面具有可比性。

第四，根据计算得出的乘数（如 P/E、P/B、$EV/EBITDA$ 等），结合公司的风险与成长的预期情况进行适当的调整，如决定市场乘数的各种因素、维持持续收益所追加的投资费用、出售不符合公司发展战略的资产、会计准则和税收政策变化的影响等，在此基础上确定公司的评估价值。

[例 4-7] 万华化学集团股份有限公司（简称万华化学，股票代码为 600309）是国内 MDI（二苯基甲烷二异氰酸酯）制造龙头企业，亚太地区最大的 MDI 制造企业。表 4-5 列示了 2013 年 12 月 31 日同行业 5 家上市公司的市盈率乘数（P/E）、公司价值乘数（$EV/EBITDA$）、销售收入乘数（P/S）、账面价值乘数（P/B），可用于分析万华化学的估值。

表 4-5 化工行业六家上市公司价值乘数（2013 年 12 月 31 日）

公司	P/E	EV/EBITDA	P/S	P/B
平均	36.07	3.57	1.51	2.09
沧州大化	22.07	2.69	0.88	1.69
万华化学	11.92	3.08	1.71	3.57
方大化工	−25.16	2.68	0.82	1.14
江山化工	54.11	9.58	1.12	1.37
红宝丽	73.71	3.88	1.46	2.89
双象股份	79.77	−0.49	2.74	1.90

资料来源：Choice 数据．

表 4-5 表明，2013 年 12 月 31 日万华化学的 P/E 乘数、$EV/EBITDA$ 乘数低于行业平均值；P/S 乘数、P/B 乘数高于行业平均值。根据万华化学 2013 年财务报表，该公司 2013 年每股收益为 1.34 元，每股净资产为 4.475 7 元。如果按万华化学的 P/E 乘数、行业平均 P/E 乘数计算，万华化学的股票价格在 15.97～48.33 元（1.34×11.92 或 1.34×36.07）；如果按万华化学的 P/B 乘数、行业平均 P/B 乘数计算，万华化学的股票价格在 9.35～15.98 元（4.475 7×2.09 或 4.4757×3.57）。按不同价值乘数计算会得出不同的结果，且价值波动范围较大。因此，按不同乘数确定的股票价格只是一种参考价格，实务中到底哪一种乘数确定的股票价格比较合理，需结合影响股票价格的其他因素分析确定。

对于非上市公司，按比率估价法评估其价值时，需要找出一个与该公司在经营规模、经营方式、财务政策等方面相类似的上市公司作为参照物，根据其相关资料推算该公司的估算价值。

4.3 价值评估案例分析

4.3.1 价值评估基础数据

现以虚拟的 ESP 公司为例，讨论价值评估方法。为简化，假设采用两阶段增长模型评估股票价值，高速增长期预计为 5 年（2020—2024 年），第 6 年（2025 年）起进入稳定增长期，假设稳定增长期增长率为 5%。

价值评估基础数据主要是预计财务报表和资本成本。预计财务报表是在财务业绩分析的基础上，以公司预测期的战略目标、经营目标和财务目标为导向，预计价值评估期间各期经营业绩和财务状况。根据预计财务报表可以得到股权自由现金流量和公司自由现金流量。

ESP 公司预计财务报表各项目主要通过销售百分比进行预测。表 4-6 至表 4-10 分别列示了 ESP 公司预计财务报表预测假设、预计利润表、预计资产负债表和预计现金流量表。

案例的 Excel 操作

表 4-6　ESP 公司预计利润表预测假设（%）

年份	基期	2020 年	2021 年	2022 年	2023 年	2024 年	2025 年
销售增长率	12.00	12.00	10.00	8.00	6.00	5.00	5.00
销售成本率	72.80	72.80	72.80	72.80	72.80	72.80	72.80
营业管理费用/销售收入	8.00	8.00	8.00	8.00	8.00	8.00	8.00
折旧/销售收入	6.00	6.00	6.00	6.00	6.00	6.00	6.00
短期债务利率	6.00	6.00	6.00	6.00	6.00	6.00	6.00
长期债务利率	7.00	7.00	7.00	7.00	7.00	7.00	7.00
平均所得税税率	30.00	30.00	30.00	30.00	30.00	30.00	30.00

表 4-7　ESP 公司预计利润表　　单位：亿元

利润表项目	基期	2020 年	2021 年	2022 年	2023 年	2024 年	2025 年
销售收入	400.00	448.00	492.80	532.22	564.16	592.37	621.98
减：销售成本	291.20	326.14	358.76	387.46	410.71	431.24	452.80
主营业务利润	108.80	121.86	134.04	144.76	153.45	161.12	169.18
加：其他业务利润	0.00	0.00	0.00	0.00	0.00	0.00	0.00
减：营业管理费用	32.00	35.84	39.42	42.58	45.13	47.39	49.76
折旧	24.00	26.88	29.57	31.93	33.85	35.54	37.32
短期借款利息	3.84	4.30	4.73	5.11	5.42	5.69	5.97
长期借款利息	2.24	2.51	2.76	2.98	3.16	3.32	3.48
财务费用合计	6.08	6.81	7.49	8.09	8.58	9.00	9.45
税前利润	46.72	52.33	57.56	62.16	65.89	69.19	72.65
减：所得税	14.02	15.70	17.27	18.65	19.77	20.76	21.79
净利润	32.70	36.63	40.29	43.51	46.13	48.43	50.85
加：年初未分配利润	20.00	24.00	50.88	75.97	98.05	115.93	131.73
可供分配的利润	52.70	60.63	91.18	119.49	144.17	164.36	182.58
减：普通股股利	28.70	9.75	15.20	21.44	28.24	32.64	34.27
留存收益	24.00	50.88	75.97	98.05	115.93	131.73	148.31

表 4-8　ESP 公司预计资产负债表预测假设

年份	基期	2020 年	2021 年	2022 年	2023 年	2024 年	2025 年
销售收入（亿元）	400.00	448.00	492.80	532.22	564.16	592.37	621.98
货币资金/销售收入	1.00%	1.00%	1.00%	1.00%	1.00%	1.00%	1.00%
应收账款/销售收入	20.00%	20.00%	20.00%	20.00%	20.00%	20.00%	20.00%
存货/销售收入	15.00%	15.00%	15.00%	15.00%	15.00%	15.00%	15.00%
其他流动资产/销售收入	4.00%	4.00%	4.00%	4.00%	4.00%	4.00%	4.00%
应付账款/销售收入	8.00%	8.00%	8.00%	8.00%	8.00%	8.00%	8.00%
其他流动负债/销售收入	2.00%	2.00%	2.00%	2.00%	2.00%	2.00%	2.00%

续表

年份	基期	2020年	2021年	2022年	2023年	2024年	2025年
固定资产净值/销售收入	50.00%	50.00%	50.00%	50.00%	50.00%	50.00%	50.00%
短期借款/投入资本	20.00%	20.00%	20.00%	20.00%	20.00%	20.00%	20.00%
长期借款/投入资本	10.00%	10.00%	10.00%	10.00%	10.00%	10.00%	10.00%

表4-9　ESP公司预计资产负债表　单位：亿元

资产负债表项目	基期	2020年	2021年	2022年	2023年	2024年	2025年
货币资金	4.00	4.48	4.93	5.32	5.64	5.92	6.22
应收账款	80.00	89.60	98.56	106.44	112.83	118.47	124.40
存货	60.00	67.20	73.92	79.83	84.62	88.85	93.30
其他流动资产	16.00	17.92	19.71	21.29	22.57	23.69	24.88
减：应付账款	32.00	35.84	39.42	42.58	45.13	47.39	49.76
其他流动负债	8.00	8.96	9.86	10.64	11.28	11.85	12.44
经营性营运资本	120.00	134.40	147.84	159.67	169.25	177.71	186.60
固定资产原值	300.00	350.88	402.85	454.49	504.31	553.96	606.08
提取折旧	24.00	26.88	29.57	31.93	33.85	35.54	37.32
减：累计折旧	100.00	126.88	156.45	188.38	222.23	257.77	295.09
固定资产净值	200.00	224.00	246.40	266.11	282.08	296.18	310.99
投入资本总计	320.00	358.40	394.24	425.78	451.33	473.89	497.59
短期借款	64.00	71.68	78.85	85.16	90.27	94.78	99.52
长期借款	32.00	35.84	39.42	42.58	45.13	47.39	49.76
有息负债合计	96.00	107.52	118.27	127.73	135.40	142.17	149.28
股本	200.00	200.00	200.00	200.00	200.00	200.00	200.00
累计留存收益	24.00	50.88	75.97	98.05	115.93	131.72	148.31
股东权益	224.00	250.88	275.97	298.05	315.93	331.72	348.31
有息负债及股东权益	320.00	358.40	394.24	425.78	451.33	473.89	497.59

表4-10　ESP公司现金流量表　单位：亿元

项目	2020年	2021年	2022年	2023年	2024年	2025年
经营活动现金流量						
净利润	36.63	40.29	43.51	46.13	48.43	50.85
折旧与摊销	26.88	29.57	31.93	33.85	35.54	37.32
财务费用	6.81	7.49	8.09	8.58	9.00	9.45
应收账款（增加）减少	−9.60	−8.96	−7.88	−6.39	−5.64	−5.92
存货（增加）减少	−7.20	−6.72	−5.91	−4.79	−4.23	−4.44
其他流动资产（增加）减少	−1.92	−1.79	−1.58	−1.28	−1.13	−1.18

续表

项目	2020 年	2021 年	2022 年	2023 年	2024 年	2025 年
应付账款增加（减少）	3.84	3.58	3.15	2.55	2.26	2.37
其他流动负债增加（减少）	0.96	0.90	0.79	0.64	0.56	0.59
经营活动现金净流量	56.40	64.36	72.10	79.29	84.80	89.04
投资活动现金流量						
固定资产净值增加	−24.00	−22.40	−19.71	−15.97	−14.10	−14.81
固定资产支出（折旧）	−26.88	−29.57	−31.93	−33.85	−35.54	−37.32
投资活动现金净流量	−50.88	−51.97	−51.65	−49.82	−49.65	−52.13
融资活动现金流量						
短期借款增加	7.68	7.17	6.31	5.11	4.51	4.74
长期借款增加	3.84	3.58	3.15	2.55	2.26	2.37
财务费用	−6.81	−7.49	−8.09	−8.58	−9.00	−9.45
支付股利	−9.75	−15.20	−21.44	−28.24	−32.64	−34.27
融资活动现金净流量	−5.04	−11.94	−20.07	−29.15	−34.87	−36.61
现金净流量	0.48	0.45	0.39	0.32	0.28	0.30

表 4－9 中的主要项目是根据各项目占销售收入百分比预测的。例如，货币资金占销售收入的 1%，则 2020 年预计货币资金为 4.48 亿元（448×1%），其他项目以此类推。

为了保持资产负债表的平衡关系，预测资产负债表时必须确定一个平衡变量，这个平衡变量是预测完成其他各项后的剩余项。本例以股利作为平衡变量，其调整方式如下：

资产负债表：各期股东权益＝投入资本－有息负债

利润表：预测期各年股利＝本年利润－(期末股东权益－期初股东权益)

资产负债表：累计留存收益＝上期累计留存收益＋本期净利润－本期股利

价值评估中的资本成本根据预测期间预计的无风险利率、长期借款利率、风险溢价以及该公司的 β 系数确定。假设所得税税率为 30%，与资本成本预测有关的估计数据如表 4－11 所示。

表 4－11　资本成本相关参数预计

项目	基期	2020 年	2021 年	2022 年	2023 年	2024 年	2025 年
无风险利率	5.00%	5.00%	5.00%	5.00%	5.00%	5.00%	5.00%
β 系数	1.05	1.05	1.05	1.05	1.05	1.05	1.00
风险溢价	7.00%	7.00%	7.00%	7.00%	7.00%	7.00%	6.00%
股权资本成本	12.35%	12.35%	12.35%	12.35%	12.35%	12.35%	11.00%
短期借款利率	6.00%	6.00%	6.00%	6.00%	6.00%	6.00%	6.00%
长期借款利率	7.00%	7.00%	7.00%	7.00%	7.00%	7.00%	7.00%
短期借款/有息债务	66.67%	66.67%	66.67%	66.67%	66.67%	66.67%	66.67%

续表

项目	基期	2020年	2021年	2022年	2023年	2024年	2025年
长期借款/有息债务	33.33%	33.33%	33.33%	33.33%	33.33%	33.33%	33.33%
借款平均利率	6.33%	6.33%	6.33%	6.33%	6.33%	6.33%	6.33%
税后债务成本	4.43%	4.43%	4.43%	4.43%	4.43%	4.43%	4.43%
有息债务/投入资本	30.00%	30.00%	30.00%	30.00%	30.00%	30.00%	30.00%
股东权益/投入资本	70.00%	70.00%	70.00%	70.00%	70.00%	70.00%	70.00%
加权平均资本成本	9.98%	9.98%	9.98%	9.98%	9.98%	9.98%	9.03%

4.3.2 现金流量折现法

在价值评估中，通常会用到两个价值概念：股权价值和公司价值，前者指股东拥有的价值，后者指公司所有投资者（股东和债权人）拥有的价值。在实务中，有的评估方法可得出股权价值，有的评估方法先计算公司价值，再扣除债务价值、少数股东权益价值得出股权价值。根据以上各项预测数据，采用两阶段估价模型，预计ESP公司的股票价值和公司价值。

1. FCFE模型预测股票价值

采用两阶段模型估值时，首先计算高速增长期股权自由现金流量（FCFE）现值，然后加上稳定增长期FCFE的现值，最后确定股票价值（见表4-12）。

表4-12 股权自由现金流量现值 单位：亿元

年份	预测时点	高速增长期					稳定增长期（2025年）
		2020年	2021年	2022年	2023年	2024年	
净利润		36.63	40.29	43.51	46.13	48.43	50.85
加：折旧与摊销		26.88	29.57	31.93	33.85	35.54	37.32
减：经营性营运资本增加额		14.40	13.44	11.83	9.58	8.46	8.89
减：资本支出		50.88	51.97	51.65	49.82	49.65	52.13
加：有息债务增加额		11.52	10.75	9.46	7.66	6.77	7.11
股权自由现金流量（FCFE）		9.75	15.20	21.44	28.24	32.64	34.27
股权资本成本（%）		12.35	12.35	12.35	12.35	12.35	11.00
高速增长期FCFE现值		8.68	12.04	15.12	17.73	18.23	
高速增长期FCFE现值合计	71.80						
稳定增长期FCFE现值	319.05					571.12	
股权价值	390.85						

在表4-12中，FCFE预测数主要来自预计资产负债表、预计利润表和预计现金流量表。根据资本成本、稳定增长期增长率（5%）等数据，按FCFE计算股票价值如下：

$$\begin{aligned}\text{高速增长期 FCFE 现值合计} &= 8.68+12.04+15.12+17.73+18.23\\ &=71.80(\text{亿元})\end{aligned}$$

计算稳定增长期 FCFE 现值，首先将稳定增长期股权价值调整到 2024 年末，即

$$V_{2024}=\frac{34.27}{11\%-5\%}=571.17(\text{亿元})$$

然后，将稳定增长期的股权价值从 2024 年调整到 2020 年初，即

$$V_{2020\text{年初}}=571.17\times(1+12.35\%)^{-5}=319.08(\text{亿元})$$

综上所述，ESP 公司股权价值为 390.88 亿元（71.80+319.08）。需要注意的是，表 4－12 是采用 Excel 计算的，股权价值为 390.85 亿元，与上式计算结果有些误差。

2. DDM 模型预测股票价值

假设 ESP 公司流通在外的普通股股数为 30 亿股，则各期每股股利以及按 DDM 法计算的每股价值如表 4－13 所示。

表 4－13 DDM 预测股票价值

指标	预测时点	高速增长期					稳定增长期（2025 年）
		2020 年	2021 年	2022 年	2023 年	2024 年	
普通股股利（亿元）		9.75	15.20	21.44	28.24	32.64	34.27
普通股股数（亿股）		30.00	30.00	30.00	30.00	30.00	30.00
每股股利（元）		0.32	0.51	0.71	0.94	1.09	1.14
股权资本成本（%）		12.35	12.35	12.35	12.35	12.35	11.00
高速增长期股利现值（元）		0.29	0.40	0.50	0.59	0.61	
高速增长期股利现值合计（元）	2.39						
稳定增长期股利现值（元）	10.64					19.04	
每股价值（元）	13.03						

根据 DDM 模型，在两阶段法下，股票价值计算如下：

$$\begin{aligned}\text{高速增长期股利现值合计}&=0.29+0.40+0.50+0.59+0.61\\&=2.39(\text{元})\end{aligned}$$

稳定增长期股利现值为：

$$\begin{aligned}V_{DIV}&=\frac{1.14}{11\%-5\%}\times\frac{1}{(1+12.35\%)^5}\\&=10.61(\text{元})\end{aligned}$$

在 DDM 模型下，每股价值为 13 元（2.39+10.61），这与采用 Excel 计算的结果（13.03 元）稍有偏差。

上述计算表明，采用 DDM 法和股权自由现金流量法计算的股权价值均约为 390.9 亿元（13.03×30）。其原因在于利润表中普通股股利的数据与估计的股权自由现金流量正好相等。

股权自由现金流量与现金股利都是归属于股东的现金流量，如果公司在预测期内增量股权资本等于0，则FCFE和现金股利是等价的。在实务中，公司并不会将归属于股东的剩余现金流量全部作为股利发放，而是保留一定的现金，其目的在于保证现金股利的稳定性，或满足未来投资的需要；其他因素如税收、股利的信号传递作用也促使公司保留一部分现金。

如果FCFE与股利不相等，对股票价值将产生不同的影响：（1）当FCFE大于股利时，按FCFE模型计算的价值高于按股利折现模型计算的价值；通过支付数额小于FCFE的股利降低公司的负债比率，导致公司财务杠杆比率过低，降低公司价值。（2）当股利大于FCFE时，公司需通过发行新债或新股筹集所需要的额外资金。在这种情况下，如果公司发行新债支付股利，提高财务杠杆比率，从而偏离公司的目标资本结构，有可能导致公司价值降低；如果公司支付过高的股利，公司有可能因缺乏足够的资金而放弃好的项目，从而使股东财富受到损失。

3. FCFF模型预计股票价值

根据公司自由现金流量（FCFF）和资本成本，即可计算各期FCFF的现值。采取两阶段估价模型时，首先计算高速增长期FCFF的现值；然后加上稳定增长期FCFF的现值，确定公司价值；最后从公司价值中扣除债务的市场价值，确定股票价值。

表4-14　公司自由现金流量现值　　单位：万元

项目	预测时点	高速增长期					稳定增长期（2025年）
		2020年	2021年	2022年	2023年	2024年	
净利润		36.63	40.29	43.51	46.13	48.43	50.85
加：利息×(1−所得税税率)		4.77	5.24	5.66	6.00	6.30	6.62
税后净经营利润		41.40	45.53	49.18	52.13	54.73	57.47
加：折旧与摊销		26.88	29.57	31.93	33.85	35.54	37.32
减：经营性营运资本增加额		14.40	13.44	11.83	9.58	8.46	8.89
减：追加资本支出		50.88	51.97	51.65	49.82	49.65	52.13
公司自由现金流量（FCFF）		3.00	9.69	17.64	26.58	32.17	33.78
加权平均资本成本（%）		9.98	9.98	9.98	9.98	9.98	9.03
高速增长期FCFF现值		2.72	8.02	13.26	18.17	20.00	
高速增长期FCFF现值合计	62.17						
稳定增长期FCFF现值	521.01					838.13	
公司价值	583.17						
减：债务价值	96.00						
股权价值	487.17						

根据表4-14的数据，采用FCFF计算的股权价值如下：

高速增长期FCFF的现值合计为62.17亿元。计算稳定增长期FCFF的现值时，首先按稳定增长模型，将稳定增长期 FCFF 调整到 2024 年；然后将 2024 年的价值（838.13 亿元）调整到 2020 年初的现值（521.01 亿元）。确定公司价值为 583.18 亿元（62.17+521.01）（注：与表 4－14 中用 Excel 计算的数据略有偏差）。

股票市场价值等于公司市场价值减去债务市场价值，由于公司债务很难全部都在公开市场进行交易，较难取得市场价值资料，因此通常以账面价值代替市场价值。

本例中，ESP 公司有息债务账面价值为 96.00 亿元，股票价值为 487.17 亿元。

相对而言，FCFF 计算较为简单，因此，可先计算 FCFF，然后根据 FCFF 与 FCFE 之间的关系计算股权自由现金流量。FCFF 与 FCFE 的关系如表 4－15 所示。

表 4－15　公司自由现金流量与股权自由现金流量的关系　　单位：亿元

年份	2020 年	2021 年	2022 年	2023 年	2024 年	2025 年
公司自由现金流量（FCFF）	3.00	9.69	17.64	26.58	32.17	33.78
减：利息×(1－T)	4.77	5.24	5.66	6.00	6.30	6.62
加：有息债务增加额	11.52	10.75	9.46	7.66	6.77	7.11
股权自由现金流量（FCFE）	9.75	15.20	21.44	28.24	32.64	34.27

不同估价模型评估结果与现行市场价格的比较如表 4－16 所示，根据债务价值和股票市场价值即可计算公司价值。

表 4－16　不同估价模型评估结果与现行市场价格的比较

指标	FCFF	FCFE	DDM
股票价值（亿元）	487.17	390.85	390.85
普通股股数（亿股）	30.00	30.00	30.00
股票价值（预测）（元）	16.24	13.03	13.03
股票市场价格（元）	12.50	12.50	12.50
债务账面价值（亿元）	96.00	96.00	96.00
公司价值（亿元）	583.17	486.85	486.85

在表 4－16 中，不同方法的估值结果均高于市场价格，其原因可能是市场价值被低估了，或者是本例中的各种假设不合理，从而高估了股票价值。从三种方法的结果看，公司自由现金流量模型估值结果高于其他两种方法的估值结果，其原因主要是公司自由现金流量采用加权平均资本成本计算，而其他两种方法均采用股权资本成本进行计算。由于加权平均资本成本低于股权资本成本，其计算结果与其他方法的偏差较大，这表明股票价值对资本成本较为敏感。

4.3.3　乘数估价法

假设以 2019 年 12 月 30 日的 ESP 公司股价（12.5 元）、普通股股数（30 亿股）为基础，根据 2020—2024 年的预测数据计算的各种乘数如表 4－17 所示。

表 4-17　ESP 股票估值乘数预测

指标	2020 年	2021 年	2022 年	2023 年	2024 年
销售收入	448.00	492.80	532.22	564.16	592.37
EBIT	45.52	50.07	54.07	57.32	60.18
EBITDA	72.40	79.64	86.01	91.17	95.73
有息债务	107.52	118.27	127.73	135.40	142.17
股东权益（账面）	250.88	275.97	298.05	315.93	331.72
股东权益（市价）	375.00	375.00	375.00	375.00	375.00
现金和现金等价物	4.48	4.93	5.32	5.64	5.92
公司价值（EV）	478.04	488.34	497.41	504.76	511.24
净利润	36.63	40.29	43.51	46.13	48.43
每股收益	1.22	1.34	1.45	1.54	1.61
P/E	10.24	9.31	8.62	8.13	7.74
$EV/EBITDA$	6.60	6.13	5.78	5.54	5.34
$EV/EBIT$	10.50	9.75	9.20	8.81	8.49
P/S	0.84	0.76	0.70	0.66	0.63
P/B	1.49	1.36	1.26	1.19	1.13

根据乘数估价法，按 P/E 乘数计算的股票当前价格为 12.5 元（10.24×1.22）；按公司价值乘数计算的股票价格为 15.93 元（6.6×72.4/30），其他以此类推。

采用乘数估价法估值时需要注意：（1）乘数估价法是一种相对估价法，即按照市场为可比资产支付的价格来确定目标资产的价值。其假设前提是资产按照某些特性具有可比性，可比资产的价格与特定的收益（或资产，或收入）之间存在线性关系。由于这一假设并不严谨，因此使用乘数估价法的前提是上述假设在所使用的范围内是合理的。（2）乘数估价法衡量的是相对价值，而不是内在固有价值，因此市场的情绪和看法也将反映在乘数估价法的结论中。当市场上可比公司的价值被高估时，利用乘数估价法评估的价值一般会偏高，反之亦然。（3）相比现金流量折现法，乘数估价法不需要完整的财务信息，不需要进行财务预测，估价方法简单，易于被估价者接受。但这也可能使分析人员忽略目标公司与可比公司在风险、成长性和潜在的现金流量等关键因素上的差异，这些差异也可能导致错误的价值评估结论。

各种价值评估模型是在许多假设条件下进行的，为了解各因素变动对股票价值的影响，还必须进行敏感性分析，即选择影响股价的关键因素，分析在不同假设条件下各因素变动对股票价值的影响。为了衡量不同估价模型的预测能力，可以采用绝对平均误差、均方差、平均百分比误差等指标，分析估价结果与市场价值的差异及原因；也可以比较不同估价模型的估价结果，分析产生差异的原因；还可以与行业同类公司的价值进行比较分析，研究公司战略和价值驱动因素与同类公司之间的差异。

□ 本章小结

1. 在股利按常数增长的情况下，股票价值和股利可以预期按相同比率增加。

2. 采用两阶段增长模型时，公司股票价值由高速增长阶段股利现值和期末股票价值的现值两部分组成；在三阶段增长模型中，公司股票价值是高速增长阶段、过渡阶段的股利现值和稳定增长阶段开始时股票价值的现值之和。

3. 股权自由现金流量既可以利润表中的净利润为起点进行调整，也可以现金流量表中的经营活动现金净流量为起点进行调整。

4. 股权自由现金流量与现金股利都是归属于股东的现金流量，由于现金股利稳定性偏好、未来投资的需要、税收因素的影响、信号传递作用等因素，两者有时并不相等。

5. 价格乘数是指以一种乘数形式计量的价格尺度，通过它可以为不同公司或不同股票之间的比较提供基准。常用的价格乘数主要是市盈率乘数、公司价值乘数、销售收入乘数和账面价值乘数等。

□ 基本训练

◆ 单项选择题

1. 某股票现时价格为25元，投资者预期1年后可获得每股2元的股利，预计1年后的价格为28元，则股东的预期收益率为（　　）。

A. 20%　　B. 18%　　C. 15%　　D. 8%

2. 关于股利稳定增长模型，下列各项中，表述错误的是（　　）。

A. 每股股票的预期股利越高，股票价值越大

B. 必要收益率越小，股票价值越小

C. 股利增长率越大，股票价值越大

D. 股利增长率为常数，且折现率大于股利增长率

3. 下列各项关于公司自由现金流量的论述中，正确的是（　　）。

A. 公司自由现金流量是归属于股东的剩余现金流量

B. 公司自由现金流量是归属于债权人的剩余现金流量

C. 公司自由现金流量是归属于股东和债权人的剩余现金流量

D. 公司自由现金流量是公司支付经营费用和财务费用后的剩余现金流量

4. 采用两阶段增长模型进行股票估价时，有关增长率的描述中，正确的是（　　）。

A. 高速增长期间的增长率为固定增长率

B. 高速增长期间的增长率为变动增长率

C. 稳定增长期间的增长率应高于名义经济增长率

D. 稳定增长期间的增长率应等于或低于名义经济增长率

5. 以净利润为基础调整股权自由现金流量时，需要注意的是（　　）。

A. 剔除折旧和无形资产摊销项目　　B. 剔除长期资产处置收益

C. 剔除资本支出和经营性营运资本　　D. 剔除长期资产处置损失

◆ 多项选择题

1. 下列关于股票估价与债券估价模型的表述中，正确的有（　　）。

A. 股票和债券的价值等于预期未来现金流量的现值

B. 普通股价值通常高于债券价值

C. 股票或债券估价可采用加权平均资本成本作为折现率

D. 股票股利与债券利息相同，在预测公司价值时均应使用税后值
E. 债券利息与股票股利不同的是债券利息可以税后支付
2. 乘数估价法中的乘数是指股价与某一指标的比值，常用的指标有（　　）。
A. 每股收益　　B. 息税折旧摊销前利润
C. 息税前利润　　D. 销售收入
E. 账面价值
3. 采用乘数估价法估计股票价格时，应注意的问题有（　　）。
A. 会计政策变化对乘数的影响
B. 选择与股票价格密切相关的变量作为乘数变量
C. 选择同行业的平均乘数作为标准比率
D. 选择的可比公司必须处于同一经营风险等级
E. 选择的可比公司必须处于同一增长阶段
4. 在折现现金流量法下，在确定折现率时应注意（　　）。
A. 折现率应与现金流量相匹配
B. 折现率应与公司的风险相匹配
C. 折现率应与公司的存续方式相匹配
D. 折现率应与增长率相匹配
E. 折现率应与股利支付率相匹配
5. 计算股权自由现金流量计算时，下列各项中，属于非现金调整项的有（　　）。
A. 折旧与无形资产摊销　　B. 债券折价摊销
C. 递延所得税调整　　D. 长期资产处置收益
E. 资产减值类重组费用

◆ 判断题

1. 股权自由现金流量是指公司在履行了所有的财务责任，并满足其自身再投资需要之后的剩余现金流量。（　　）
2. 在市场有效的情况下，预期收益率是必要收益率的一个较好的估计。（　　）
3. 根据稳定增长模型，股票价值增长率大于股利增长率。（　　）
4. 经营性营运资本等于流动资产与流动负债之间的差额。（　　）
5. 按 EBITDA 计算的公司价值乘数减少了折旧和摊销会计处理方法对净利润和经营收益的影响。（　　）

◆ 讨论/思考题

1. 假设公司 A 和公司 B 的有关估价数据如表 4-18 所示。

表 4-18　公司 A 和公司 B 的有关估价数据

项目	公司 A	公司 B		
		情况 1	情况 2	情况 3
股利（元）	120	90	90	90
股利增长率（%）	9	12.50	9	7.50
资本成本（%）	15	20	16.50	15

要求：

(1) 根据表中数据，采用稳定增长模型计算公司A和公司B的股票价格、股利收益率，以及两家公司股利收益率的差异。

(2) 说明两家公司股票价格发生差异的原因。

(3) 假设你是一名投资者，你会选择哪家公司进行投资？

(4) 你认为股票估价正确与否最重要的因素是什么？

2. 根据不同的评价基础，价值评估方法可分为以下五种（见表4-19）。在评估中，评估者常常以其中一种方法为主选择其他方法进行检验，或者同时选择多种方法并赋予其不同的权重。

表4-19 资产价值评估方法

以资产为基础	以收益为基础	以现金流量为基础	以价值创造动因为基础	以期权为基础
账面价值	价格/收益乘数	股利现金流量	经济增加值（EVA）	B-S期权定价模型
清算价值	销售收入乘数	股权自由现金流量	经济利润（EP）	实物期权估价模型
重置价值	EBITDA乘数	公司自由现金流量	剩余收益	

要求：

(1) 举例说明各种评价方法的优缺点。

(2) 查询不同估价方法的适用范围。

(3) 不同生命周期的公司分别适用哪种价值评估方法？

(4) 具有不同行业特征的公司分别适用哪种估值方法？

3. 根据摩根士丹利的分析报告，在欧洲公司价值评估中，采用最多的前五种方法为：价格/收益乘数法（PER）或市盈率法、公司价值乘数法（EV/EBITDA）、剩余收益法（residual income）、公司价值/收益增长率法（EV/EG）、现金流量折现法（DCF），采用不同方法评估股票价值所占的比例如图4-2所示。

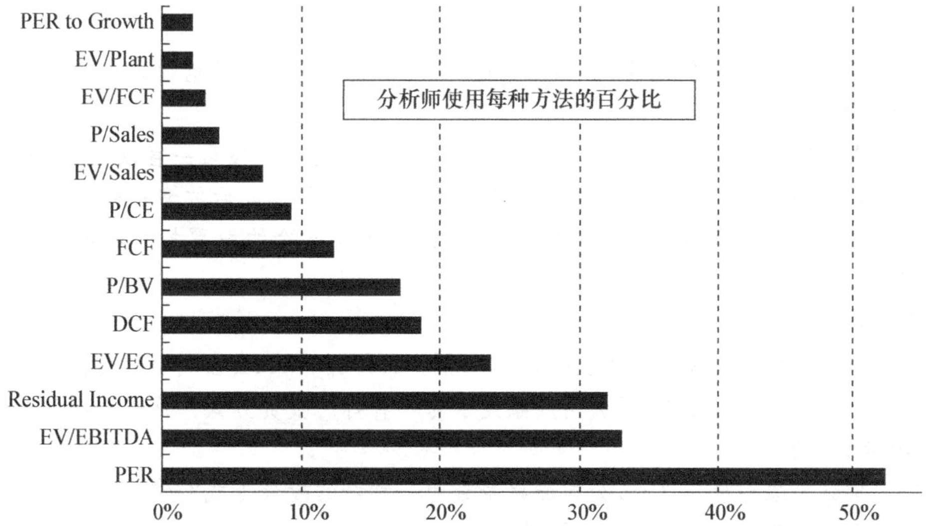

图4-2 不同估价方法百分比分析

资料来源：Fernández，Pablo. Valuation Using Multiples How do Analysts Reach Their Conclusions? SSRN Working Paper，2001.

要求：

说明实务界推崇市盈率法，而理论界更推崇现金流量折现法的原因。

4. 根据财务理论，净资产收益率应该与市净率（股票市场价值/账面价值）呈同方向变化。图4-3描述了IBM公司1983—2000年净资产收益率与市净率之间的关系。

要求：

请说明IBM公司净资产收益率与市净率之间的关系，以及对投资者的影响。

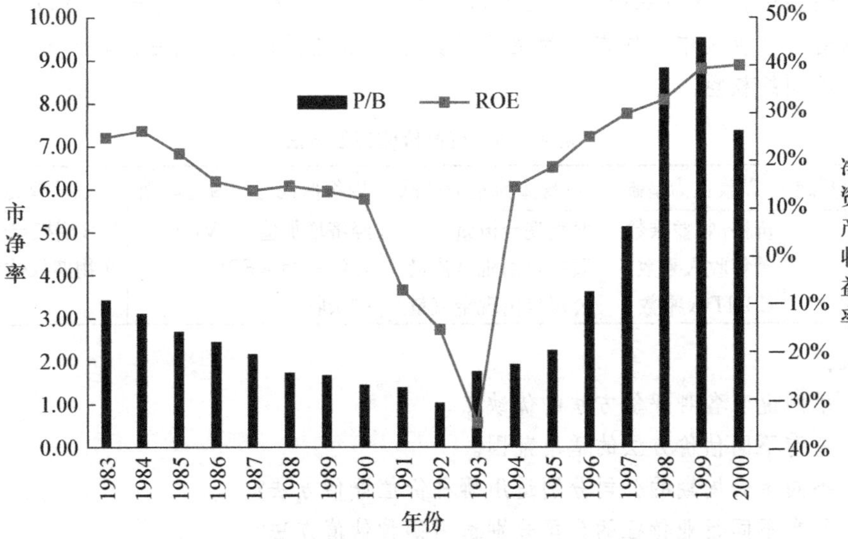

图4-3 IBM公司ROE与P/B之间的关系（1983—2000年）

资料来源：http://pages.stern.nyu.edu/~adamodar/?3e3ea140.

5. 巴菲特在购买一家公司的股票之前，要确保这只股票在长期至少获得15%的年复合收益率。也就是说，15%是巴菲特要求的最低收益率。

要求：

请上网查询巴菲特15%法则，并举例说明巴菲特15%法则的估值方法。

◆ 计算分析题

1. XYZ公司最近支付的每股股利是3.55元，最近几年公司一直以4%的稳定增长率增长，但分析人士认为公司今后的经营会更好，并预期以后的增长率为5%左右。股票的当前售价为每股75元，与XYZ公司具有相似风险的股票投资必要收益率在8%～10%之间。

要求：

(1) 分别以股票投资必要收益率8%，9%，10%计算XYZ公司股票价值。

(2) 你认为长期投资XYZ公司股票是否为一种好的投资方式？你是否愿意持有该股票10年以上？

(3) 你认为短期投资XYZ公司股票是否为一种好的投资方式？你是否会立即购买股票并在以后1年或更短的时间内再抛售出去？

(4) 分别以4%和3%两个增长率替换原预期的5%的增长率，重复计算(1)。

(5) 评述(1)和(4)中计算出的估值范围。

2. ABC 公司 2019 年的每股收益为 2.40 元，每股股利为 1.05 元。公司的收益在前 5 年内每年增长 7.5%，预计长期将每年增长 6%（从 2024 年开始）。股票必要收益率为 12.775%。

要求：

(1) 计算该公司的股票价值和市盈率。

(2) 假设目前该股票交易价格为每股收益的 10 倍，其他因素保持不变，试计算市盈率所隐含的稳定增长率。

3. ABB 公司 2020 年每股收益为 4 元，支付的每股股利为 2 元，每股账面价值为 40 元，预期收益和股利每年增长率为 6%，且长期保持不变。公司股票 β 系数为 0.85，国债利率为 7%，市场风险溢价为 5.5%。目前公司股票的市场交易价格为 60 元。

要求：

(1) 根据稳定增长模型估计股票价值，据此计算股票价值/账面价值。

(2) 如果股票的市场交易价格为 60 元，根据稳定增长模型，其隐含的增长率是多少？

(3) 假设股利支付率保持不变，公司未来的净资产收益率为多少才能达到这一增长率？你认为公司目前的股票价格是否合理？为什么？

4. 假设你到一家资产评估所实习，领导要求你对尚品公司进行估价，与价值评估有关的数据如下。

(1) 基期数据：2019 年的营业收入为 112 880 万元，息税前利润为 9 905 万元，资本支出为 3 560 万元，折旧和摊销费为 1 200 万元；营运资本占销售收入的比例为 25%；所得税税率为 25%；债务价值为 32 000 万元；流通在外的普通股为 1 000 万股。

(2) 高速增长阶段数据：高速增长阶段为 5 年，息税前利润、营业收入、资本支出、折旧都以 9% 的速度增长。公司股权资本成本为 15%，税后债务资本成本为 8.1%，资产负债率为 50%，加权平均资本成本为 11.55%。

(3) 稳定增长阶段数据：营业收入、息税前利润的预期增长率为 5%，资本支出与折旧相互抵消。公司股权资本成本为 13%，税后债务资本成本为 6.4%，资产负债率为 40%，加权平均资本成本为 10.36%。

要求：

预测高速增长阶段和稳定增长阶段的 FCFF 现值，并确定股票价值。

5. 假设你正考虑购买 ACC 公司的股票，预期下一年度每股收益为 5 元/股，留存收益比率为 40%，股利为 3 元/股，该股利预计在可预见的将来每年以 8% 的比率增长，再投资收益率等于净资产收益率，为 20%；根据对风险的评估，当前无风险利率为 4%，ACC 公司股票 β 系数为 1.231，市场风险溢价为 6.5%，投资者要求的最低收益率为 12%。

要求：

(1) 分析股利增长率从 0%～11% 变动对市盈率的影响，假设其他因素保持不变。

(2) 分析 β 系数从 1～1.6 变动对市盈率的影响。

(3) 分析股权资本成本从 9%～15% 变动对市盈率的影响，假设其他因素保持不变。

(4) 分析再投资收益率从 10%～28% 变动对市盈率的影响，假设其他因素保持不变。

6. 根据XYZ公司的预计利润表、预计资产负债表（见第2章计算分析题3），采用两阶段法评估XYZ公司的股票价格。假设高速增长期预计为5年（2021—2025年），第6年（2026年）起进入稳定增长期，假设稳定增长期增长率为3%。与价值评估有关的资本成本等相关参数如表4-20所示。

表4-20 资本成本相关参数

资本成本	高速增长期预测					稳定增长期预测（2026年）
	2021年	2022年	2023年	2024年	2025年	
无风险利率（%）	4.00	4.00	4.00	4.00	4.00	4.00
β系数	1.05	1.05	1.05	1.05	1.05	1.00
风险溢价（%）	7.00	7.00	7.00	7.00	7.00	6.00
股权资本成本（%）	11.35	11.35	11.35	11.35	11.35	10.00
所得税税率（%）	25	25	25	25	25	25
长期借款利率（%）	6.00	6.00	6.00	6.00	6.00	6.00
税后债务成本（%）	4.50	4.50	4.50	4.50	4.50	4.50
有息债务/投入资本（%）	40.73	41.07	41.10	40.79	40.29	40.29
股东权益/投入资本（%）	59.27	58.93	58.90	59.21	59.71	59.71
加权平均资本成本（%）	8.56	8.54	8.53	8.56	8.59	7.78

要求：

（1）预计XYZ公司在预测期内的股权自由现金流量、债权人现金流量、公司自由现金流量。

（2）按两阶段法，分别采用FCFE，DDM，FCFF模型计算股权价值和公司价值。

（3）计算预测期各年市盈率乘数、公司价值乘数、销售收入乘数、市净率乘数。

◆ 案例分析

2018年10月23日晚，美的集团发布公告，拟以发行A股方式，换股吸收合并小天鹅，即美的集团向小天鹅除美的集团及TITONI外的所有换股股东发行股票，交换该等股东所持有的小天鹅A股股票及小天鹅B股股票。交易作价合计143.83亿元，对应的小天鹅市值为303.85亿元。美的集团及TITONI所持有的小天鹅A股及B股股票不参与换股，该等股票将在本次换股吸收合并后予以注销。

本次换股吸收合并完成后，小天鹅将终止上市并注销法人资格，美的集团或其全资子公司将承继及承接小天鹅的全部资产、负债、业务、人员、合同及其他一切权利与义务。美的集团因本次换股吸收合并所增发的A股股票将申请在深圳证券交易所主板上市流通。本次合并不会导致实际控制人变更，不构成美的集团重大资产重组及关联交易，构成小天鹅重大资产重组及关联交易，不构成重组上市。

（1）美的集团收购小天鹅历程。始建于1958年的小天鹅最早是一家国有企业。1978年，我国第一台全自动洗衣机就在这里诞生。2008年，小天鹅经历了历史上的一次重大变革，美的电器（2013年更名为美的集团）以16.8亿元收购了该公司24.01%的股权，成为公司控股股东，小天鹅也由一家国有企业变为民营企业。经过2008年收购、2010年资产注入、2014年溢价收购，美的集团逐步将持股比例提升至52.67%。2018年，美的集团又开启了对小天鹅的全股份收购。美的集团收购小天鹅的历程如图4-4所示。

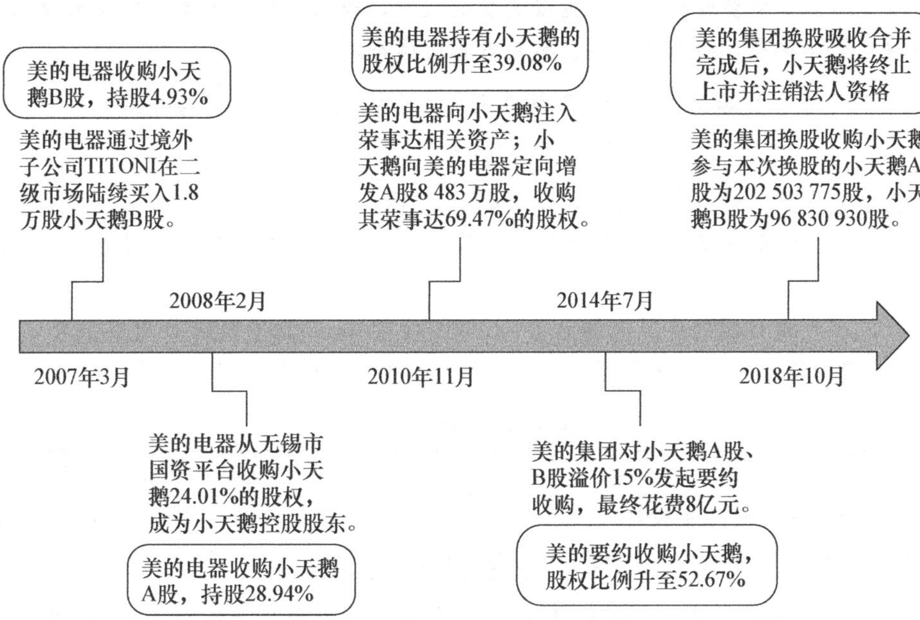

图4-4　美的集团收购小天鹅的历程

说明：根据网上数据整理。

(2) 美的集团换股吸收合并小天鹅方案要点。

1) 换股发行的对象。本次换股吸收合并的发行对象为合并实施股权登记日收市后在中国证券登记结算有限责任公司登记在册的除公司及TITONI之外的小天鹅的下列股东：未申报、部分申报、无权申报或无效申报行使现金选择权的小天鹅全体A，B股股东；向行使现金选择权的小天鹅股东支付现金的现金选择提供方。

2) 换股价格及换股比例。本次吸收合并中，美的集团定价基准日前20个交易日股票交易均价为42.04元/股；小天鹅A股定价基准日前20个交易日股票交易均价为46.28元/股，并在此基础上给予10%的溢价率，即50.91元/股；小天鹅B股定价基准日前20个交易日股票交易均价为37.24港元/股，并在此基础上给予30%的溢价率，即48.41港元/股，采用B股停牌前一交易日即2018年9月7日中国人民银行公布的人民币兑换港元的中间价（1港元=0.869 0元人民币）进行折算，折合人民币42.07元/股。换股价格如表4-21所示。

表4-21　换股价格

交易方	定价基准日前20个交易日股票交易均价	溢价率	换股价格
合并方			
美的集团	42.04元/股	0	42.04元/股
被合并方			
小天鹅A	46.28元/股	10%	50.91元/股
小天鹅B	37.24港元/股	30%	42.07元/股

若美的集团自定价基准日起至换股实施日发生派送现金股利、股票股利，资本公积金转增股本，配股等除权除息事项，则上述换股价格将做相应调整。同样，若小天鹅自定价基准日起至换股实施日发生派送现金股利、股票股利，资本公积金转增股本，配股等除权除息事项，则上述换股价格将做相应调整。[1]

小天鹅A股换股比例＝小天鹅A股换股价格/公司本次吸收合并的股票发行价格
＝50.91/42.04＝1.211 0

根据上述发行价格和换股价格，小天鹅A股换股比例为1∶1.211 0，即小天鹅A股股东所持有的每股小天鹅A股股票可以换得1.211 0股美的集团本次发行的A股股票。

同样，小天鹅B股的换股比例为1∶1.000 7，即每1股小天鹅B股股票可以换得1.000 7股美的集团股票。据此可以得到此次换股股数，如表4-22所示。

表4-22　换股股数　　单位：股

	小天鹅A股	小天鹅B股
截至本次董事会决议公告日的股数	441 451 892	191 035 872
除美的集团直接及间接持有的小天鹅股份外参与本次换股的股数	202 503 775	96 830 930

参照本次换股比例计算，美的集团为本次换股吸收合并发行的股份数量合计为342 130 783股（202 503 775×1.211 0＋96 830 930×1.000 7）。

交易价格计算方式如下：

交易价格＝小天鹅A股换股价格×小天鹅A股股数(除美的集团持有的股份)
＋小天鹅B股换股价格×小天鹅B股股数(除TITONI持有的股份)
＝50.91×2.025 037 75＋42.07×0.968 309 3
＝143.83(亿元)

在表4-21中，为何A股换股价格较基准日溢价10%，B股换股价格较基准日溢价30%？并购财务顾问给予的解释是：两者溢价存在差异的原因在于充分考虑B股市场的特殊性，缩小了两市估值差异。

由于历史原因，B股市场近年来交易冷淡，B股公司股价较A股价格普遍存在较大折价。截至2018年9月7日，上海证券交易所共计44家A＋B上市公司的A股股价较B股股价平均溢价64.25%，深圳证券交易所共计38家A＋B上市公司的A股股价较B股股价平均溢价87.14%，上海证券交易所及深圳证券交易所共计82家A＋B上市公司的A股股价较B股股价平均溢价74.86%。

2018年9月7日，小天鹅A股及B股的收盘价分别为46.50元/股、36.17港元/

[1] 2019年6月，美的集团发布公告，在小天鹅中期利润分配方案以及美的集团2018年度利润分配方案实施完毕后，本次换股吸收合并涉及的换股价格、换股比例等事项进行如下调整：(1) 小天鹅A股的换股价格由50.91元/股调整为46.91元/股，小天鹅B股的换股价格由42.07元/股调整为38.07元/股。(2) 美的集团的股票发行价格由42.04元/股调整为40.74元/股。(3) 小天鹅A股的换股比例调整为1∶1.151 448 21，即每1股小天鹅A股股票可换得1.151 448 21股美的集团股票。小天鹅B股的换股比例调整为1∶0.934 462 44，即每1股小天鹅B股股票可换得0.934 462 44股美的集团股票。

股，A 股收盘价较 B 股收盘价溢价 47.94%。本次交易中，小天鹅 A 股及 B 股的换股价格分别为 50.91 元/股、48.41 港元/股，分别较其定价基准日前 20 日股票交易均价溢价 10%，30%，小天鹅 A 股换股价格较 B 股换股价格虽仍有 21.01%的溢价，但相对价差较定价基准日前最后收盘价已有所缩小，充分考虑了市场和历史因素，兼顾了小天鹅 A 股及 B 股投资者利益。

3）异议股东收购请求权和现金选择权。本次换股吸收合并将由美的集团向公司异议股东提供收购请求权。公司异议股东收购请求权价格以定价基准日前一个交易日的收盘价 40.30 元/股的 90%确定，即 36.27 元/股，公司异议股东可以在收购请求权申报期内自行选择以其持有的公司股票按 36.27 元/股的价格全部或部分申报行使收购请求权。

本次换股吸收合并将由美的集团作为小天鹅 A 股异议股东现金选择权提供方。小天鹅 A 股异议股东的现金选择权价格以小天鹅 A 股定价基准日前一个交易日的收盘价 46.50 元/股的 90%确定，即 41.85 元/股；小天鹅 B 股异议股东的现金选择权价格以小天鹅 B 股定价基准日前一个交易日的收盘价 36.17 港元/股的 90%确定，即 32.55 港元/股。

异议股东收购请求权和现金选择权价格如表 4-23 所示。

表 4-23 异议股东收购请求权和现金选择权价格

美的集团	收购请求权	定价基准日前一个交易日的收盘价 40.30 元/股的 90%	36.27 元/股
小天鹅 A	现金选择权	定价基准日前一个交易日的收盘价 46.50 元/股的 90%	41. 85 元/股
小天鹅 B	现金选择权	定价基准日前一个交易日的收盘价 36.17 港元/股的 90%	32.55 港元/股（折合人民币 28.29 元/股）

说明：采用 B 股停牌前一个交易日即 2018 年 9 月 7 日中国人民银行公布的人民币兑换港元的中间价（1 港元=0.869 0 元人民币）进行折算。

若美的集团（包括其下属公司）作为现金选择权提供方，则其受让的小天鹅 A 股和小天鹅 B 股股票不参与换股，将在本次换股吸收合并后予以注销。若由无关联第三方作为现金选择权提供方，现金选择权提供方通过现金选择权受让的小天鹅 A 股和小天鹅 B 股股票将在本次换股吸收合并方案实施日全部按换股比例转换为美的集团为本次换股吸收合并所发行的 A 股股票。

根据《深圳证券交易所上市公司现金选择权业务指引》，现金选择权是指当上市公司拟实施资产重组、合并、分立等重大事项时，相关股东按照事先约定的价格在规定期限内将其所持有的上市公司股份出售给第三方或者上市公司的权利。因此，现金选择权的功能是为资产重组、合并、分立等事项中持异议的股东提供一个出售股份取得现金并退出公司的机会。《深圳证券交易所上市公司现金选择权业务指引》并未对现金选择权价格做出限定。在吸收合并交易中，异议股东有权通过行使现金选择权退出，其退出所得具有确定性，承担的风险相对较小，因此异议股东现金选择权价格通常低于换股价格。

美的集团发布重组预案后，深圳证券交易所随后发布问询函，要求美的集团对换股吸收合并小天鹅的定价机制进行说明：

(1) 美的集团要结合其2014年要约收购小天鹅、小天鹅近年来财务状况和经营成果等情况，广泛选取市场案例，说明以定价基准日前20个交易日股票交易均价为确定换股价格基础的合理性。

(2) 说明小天鹅A股换股价格溢价10%、B股换股价格溢价30%的合理性，并分别从美的集团、小天鹅角度论证定价机制是否充分保护了投资者的合法权益，即是否符合美的集团和小天鹅双方股东利益。

要求：

请上网查阅美的集团的回复函及相关资料，总结说明深圳证券交易所提出的问题。

第 5 章

风险与收益

从欧文·费雪（Irving Fisher）的时间价值到威廉姆斯（Williams）的股利估价模型，都推动了资产估价的发展。但同时给人们提出了一个问题：为什么不同的资产或证券有不同的收益？为什么有的人将钱存入银行或购买政府债券，而有的人投入股市或进行实业投资？根据威廉姆斯的模型，价值以资产的未来收益估价，而未来收益是不确定的，这种不确定性对投资者来说既可能是机会，也可能是损失。为获得机会投资者愿意承担风险，为规避损失投资者要求风险补偿，这种体现风险本身的价值称作“风险溢价”。从时间价值到风险溢价的理论演变，使资产估价理论得到了令人瞩目的发展。在此之前，我们主要讨论了证券价值的计算方法，而将价值评估采用的折现率视为给定的外生变量，本章将根据风险与收益的关系建立计算资产预期收益率的基本模型，为评价资产价值提供理论依据。根据风险与收益关系建立的资产定价模型，不仅反映了投资者要求的最低收益率，而且为公司进行投资决策、融资决策（融资成本）、业绩评价提供了理论依据。

通过本章的学习，可以理解预期收益率与必要收益率的关系；掌握风险与收益的衡量方法；熟悉投资组合收益与风险的衡量方法、投资组合风险分散效应；了解资本市场线、证券市场线、证券特征线的特点；熟悉资本资产定价模型的影响因素与确定方法。

5.1 历史收益与风险的衡量

5.1.1 风险的含义与分类

从财务学的角度来说，风险是指资产未来实际收益相对预期收益变动的可能性和变动幅度。在汉语中，风险可用“危机”一词来描述，风险有“危险”

和“机会”双重含义。机会使投资者和公司敢于承担风险，危险要求承担风险必须得到补偿。在风险管理中，一般是根据风险的不同特征进行分类。按风险能否分散，分为系统风险和非系统风险；按风险形成的来源，分为经营风险和财务风险。

系统风险（市场风险、不可分散风险）是指由于政治、经济及社会环境等公司外部因素的不确定性产生的风险，如通货膨胀、利率和汇率的波动、国家宏观经济政策变化、战争、政权更迭、所有制改造等。这些因素是个别公司或投资者无法通过多样化投资予以分散的。

非系统风险（公司特有风险、可分散风险）是指由于经营失误、劳资纠纷、新产品试制失败等因素影响所产生的个别公司的风险。非系统风险是由单个的特殊因素引起的，由于这些因素的发生是随机的，因此可以通过多样化投资来分散。

经营风险是指经营行为（生产经营和投资活动）给公司收益带来的不确定性。通常采用息税前利润的变动程度描述经营风险的大小。这种风险是公司商业活动中固有的风险，主要来自客观经济环境的不确定性，如经济形势和经营环境的变化、市场供求和价格的变化、税收政策和金融政策的调整等外部因素，以及公司自身技术装备、产品结构、成本水平、研发能力等因素的变化等。

财务风险一般是指举债经营给股东收益带来的不确定性。通常用净资产收益率或每股收益的变动描述财务风险的大小。这种风险主要来源于利率、汇率变化的不确定性以及公司负债比重的大小。如果公司的经营收入不足以偿付到期利息和本金，就会使公司陷入财务危机，甚至导致公司破产。

5.1.2 收益的含义与类型

收益一般是指初始投资的价值增量。为分析方便，应区分三种不同的收益率：必要收益率、预期收益率和实际收益率。

必要收益率是指投资者进行投资要求得到的最低收益率，通常由无风险利率和风险溢价两部分构成，前者取决于零息政府债券利率，后者取决于公司经营风险和财务风险的大小。

预期收益率是在不确定的条件下，投资者根据现有信息预测的某项资产未来可能实现的收益率。在证券估价中，如果将债券的现行市价代入式（3-20），求出的折现率即为债券预期收益率；如果将股票的现时市价作为股票的现值（P_0）代入式（4-2），求出的折现率就是股票投资的预期收益率。在一个完善的资本市场中，如果证券的价格为公平市价，则所有投资的净现值都为零。此时，预期收益率等于必要收益率。

必要收益率和预期收益率在时点上都面向未来，都具有不确定性，但必要收益率是投资者主观上对投资项目的风险进行评价确定的，预期收益率是由市场交易条件决定的，即在当前市场价格水平下投资者可获得的收益。如果投资者的主观评价与市场的客观交易不一致，就会形成两个收益率的差异。但在一个完善的市场中，市场套利行为很快会消除这种差异，使两者趋于一致，此时，投资的预期收益率等于必要收益率。

例如，某公司拟发行面值 100 元、息票率为 8%、期限为 1 年的公司债，预计发行价为 100 元，如果投资者以预定的发行价购买该债券，则 1 年后的预期收益率为 8%。如果投资者认为按 100 元的发行价格购买该债券，所提供的预期收益率（8%）不足以补偿持有该债券要求的收益率（时间价值和风险溢价），他们就会要求更高的收益率补偿。假设投资者要求的收益率为 12%，在这种条件下，该债券发行价只有低于 96.43 元（108/1.12）时，投资者才愿意购买，因为当发行价为 96.43 元，该债券所提供的预期收益率刚好等于 12%，与投资者要求的收益率相等。而任何高于 96.43 元的发行价均不能引起投资者的购买意愿。如果该债券的发行价格预定为 96.43 元以下，假设发行价为 94 元，此时该债券可以提供 14.89%（108/94－1）的预期收益率。这一收益率除了满足投资者要求的收益率 12%之外，还提供了 2.89%的超额收益率的套利机会，而这必然会引起投资者的抢购和追捧，促使债券价格即刻上涨，直至达到均衡价 96.43 元为止。这意味着公司应将债券发行价格定为 96.43 元，此时该债券所提供的预期收益率与投资者要求的收益率正好相等。也就是说，在完善的市场交易条件下，无套利的市场均衡价格使投资者要求的收益率与该投资提供的预期收益率在数值上是相等的。

实际收益率或历史收益率是在特定时期实际获得的收益率，它是已经发生的、不可能通过投资决策改变的收益率。由于存在风险，实际收益率很少与预期收益率相同，这两者之间的差异越大，风险就越大，反之亦然。基于同样的原因，实际收益率与必要收益率之间也没有必然的联系。

第 3 章、第 4 章介绍了如何通过市场价格和预期未来现金流量确定预期收益率，并以此推断必要收益率。本章将继续运用这些概念来确定证券的价值，首先根据风险衡量方式讨论资产的预期收益率，然后根据风险与收益的关系建立一个计算资产必要收益率的模型。

5.1.3 历史收益率的衡量

历史收益率或实际收益率是投资者在一定期间内实现的收益率。假设投资者在第 $t-1$ 期期末购买股票，在第 t 期期末出售该股票，假设第 t 期支付的股利为 D_t，则第 t 期股票投资收益率可按离散型与连续型两种方法计算。

离散型股票投资收益率可定义为：

$$r_t=\frac{D_t+(P_t-P_{t-1})}{P_{t-1}}=\frac{D_t}{P_{t-1}}+\frac{P_t-P_{t-1}}{P_{t-1}} \tag{5-1}$$

式中，r_t 表示第 t 期股票投资收益率；P_t 和 P_{t-1} 分别表示第 t 期和第 $t-1$ 期股票价格；D_t 表示第 t 期股利。式（5－1）等号右边第一项为股利收益率，第二项为资本利得率。

连续型股票投资收益率可定义为：

$$r_t=\ln\left(\frac{P_t+D_t}{P_{t-1}}\right) \tag{5-2}$$

连续型股票投资收益率①比离散型股票投资收益率要小，但一般差别不大。表5-1列示了这两种方法计算结果的差别。

式（5-1）计算单项投资在单一年份的持有期收益率（holding period return，HPR）。在一项多年期的个别投资中，还需要计算一个总体指标，集中反映该项投资的业绩。给定某单项投资各年度的持有期收益率，可以采用两个指标来衡量收益率：算术平均收益率和几何平均收益率，其计算公式分别为：

$$\bar{r}_{AM}=\sum_{i=1}^{n}r_i/n \tag{5-3}$$

$$\bar{r}_{GM}=[(1+r_1)(1+r_2)\cdots(1+r_n)]^{1/n}-1 \tag{5-4}$$

式中，$\bar{r}_{AM}$，$\bar{r}_{GM}$分别表示算术平均收益率和几何平均收益率；r_i代表收益率数据系列r_1，r_2，…，r_n（其中n是序列观测值的数目）。

假设股票X第1～4年的收益率分别为10%，-5%，20%，15%，持有4期的收益率为40%，按算术平均数计算的收益率为：

$$\bar{r}_{AM}=\frac{10\%-5\%+20\%+15\%}{4}=10\%$$

几何平均数是指n期观察值连乘积的n次方根。当比较不同投资工具时，几何平均数是一个相对较好的衡量长期收益率的指标。上例中，按几何平均数计算的持有期收益率和平均收益率如下：

$$\begin{aligned}HPR&=(1+r_1)\times(1+r_2)\times(1+r_3)\times(1+r_4)-1\\&=1.10\times0.95\times1.20\times1.15-1=44.21\%\end{aligned}$$

$$(1+\bar{r}_{GM})^4=(1+r_1)\times(1+r_2)\times(1+r_3)\times(1+r_4)$$

$$\bar{r}_{GM}=\sqrt[4]{1.10\times0.95\times1.20\times1.15}-1=9.584\,4\%$$

如果每年投资收益率为9.584 4%，则持有期收益率为44.21%，即

$$1.442\,1=1.095\,844^4$$

这一结果表明，如果以9.584 4%的复利计算，那么，投资者期初投资的1元在4年后的期末价值为1.442 1元。

采用算术平均数衡量一项资产的长期收益，其结果总是高于几何平均数。

---

① 一个比率取自然对数，其值近似于分子与分母的百分比差异，因此，式（5-2）可用来测试第$t-1$～t期的股票收益率。

对于波动性大的资产，这一点更为明显。例如，某证券价格第一年从50元上升到100元，第二年又跌回50元，按算术平均数计算，持有期间的收益率为：(100%−50%)÷2=25%。事实上，这项投资没有带来任何财富的变化，收益应当为0。如果按几何平均数计算，持有期的收益率为0，这个结果准确地反映了该项投资没有产生任何财富的事实。

$$\text{持有期收益率}=\sqrt{(1+100\%)\times(1-50\%)}-1=0$$

5.1.4 历史收益率的方差和标准差

收益率的方差和标准差是两种描述风险或不确定性的统计量。方差(variance)是收益率与其均值之差的平方的平均值，标准差(standard deviation)是方差的平方根。方差或标准差越大，表明收益率围绕其均值变化的幅度越大，收益率的风险越大。

如果数据来自总体，则总体收益率方差(*Varp*)和标准差(*Stdp*)的计算公式为：

$$Varp(r_1,\cdots,r_N)=\frac{1}{N}\sum_{i=1}^{N}[r_i-\bar{r}(r_1,\cdots,r_N)]^2 \tag{5-5}$$

$$Stdp(r_1,\cdots,r_N)=\sqrt{Varp(r_1,\cdots,r_N)} \tag{5-6}$$

如果数据来自分布中的一个样本，那么，样本收益率方差(*Var*)和标准差(*Std*)的计算公式为：

$$Var(r_1,\cdots,r_N)=\frac{1}{N-1}\sum_{i=1}^{N}[r_i-\bar{r}(r_1,\cdots,r_N)]^2 \tag{5-7}$$

$$Std(r_1,\cdots,r_N)=\sqrt{Var(r_1,\cdots,r_N)} \tag{5-8}$$

总体收益率方差和样本收益率方差的区别在于公式是除以N还是除以$N-1$。大多数教材认为除以$N-1$而非N可以得到无偏的方差和标准差。但是，如果根据历史数据推测未来收益的方差，历史数据就可以表达总体分布，这样采用式(5—5)就可以得到该收益分布的统计量。

[例5-1] 复星医药(600196.SH)2018年12月至2019年12月各月的股票收盘价、收益率如表5-1所示，据此计算复星医药股票在此期间的收益率、方差和标准差。①

表5-1中的数据是根据股票月末收盘价计算的月收益率，它是假设投资者在$t-1$月末购买股票又在下一个月末出售该股票所获得的收益，为简化，月收益率没有考虑在此期间公司派发的股利。

---

① 此处选取了12个月的数据，仅仅是为了计算方便，并不能充分反映该股票的收益和风险，也不能说明该股票是否值得投资。

表 5-1 复星医药股票收益率（2018 年 12 月至 2019 年 12 月）

日期	收盘价（元）	收益率（r_i）		$(r_i-\overline{r}_{AM})^2$
		离散型	连续型	
2018-12-28	23.27			
2019-1-31	23.23	−0.17%	−0.17%	0.02%
2019-2-28	28.78	23.89%	21.42%	4.12%
2019-3-29	29.78	3.47%	3.42%	0.05%
2019-4-30	29.10	−2.28%	−2.31%	0.12%
2019-5-31	24.74	−14.98%	−16.23%	3.01%
2019-6-28	25.30	2.26%	2.24%	0.01%
2019-7-31	26.30	3.95%	3.88%	0.08%
2019-8-30	27.65	5.13%	5.01%	0.15%
2019-9-30	25.27	−8.61%	−9.00%	1.02%
2019-10-31	25.46	0.75%	0.75%	0.00%
2019-11-29	25.15	−1.22%	−1.23%	0.05%
2019-12-31	26.60	5.77%	5.61%	0.20%
合计		17.97%	13.37%	8.84%

根据表 5-1 的数据，按离散型计算的收益率大于按连续型计算的收益率。现以连续型为例，计算复星医药在此期间收益率、方差、标准差如下：

$$\overline{r}_{AM}=13.37\%\div 12=1.11\%$$

$$Var(r_{月})=8.84\%\div(12-1)=0.8036\%$$

$$Var(r_{年})=0.8036\%\times 12=9.64\%$$

$$Std(r_{月})=\sqrt{0.8036\%}=8.964\%$$

$$Std(r_{年})=\sqrt{9.64\%}=31.05\%$$

表 5-1 中的收益率、方差和标准差可根据 Excel 内置函数计算。如果不熟悉可扫描二维码，查看 Excel 中关于基本统计的内置函数。

基本统计函数

分析一家公司的股票收益与风险状况，通常要与市场指数相比较。复星医药 1998 年 8 月 7 日上市，时隔 20 多年，股票价格随着股票市场的波动不断变化，2019 年 12 月 31 日收盘价为 26.60 元。上证综合指数是以 1990 年 12 月 19 日为基期，基期指数定为 100 点，以样本股的发行股本数为权数进行加权计算的，到 2019 年 12 月 31 日为 3 050.12 点。

如何获取股票数据

复星与上证收益和标准差

图5－1描绘了复星医药与上证综合指数在1998年8月至2019年12月期间各月收盘价的变化趋势。从图5－1中可以看出，复星医药股票价格与上证综合指数的变化趋势基本一致。从收益率和风险的角度看，在过去20年中，不考虑股利收益，仅按月收盘价均值计算，复星医药月均收益率为0.06%，年均收益率为0.75%；上证综合指数的月均收益率为0.38%，年均收益率为4.57%。从收益率的离散程度看，复星医药和上证综合指数的年标准差分别为44.05%和26.68%。

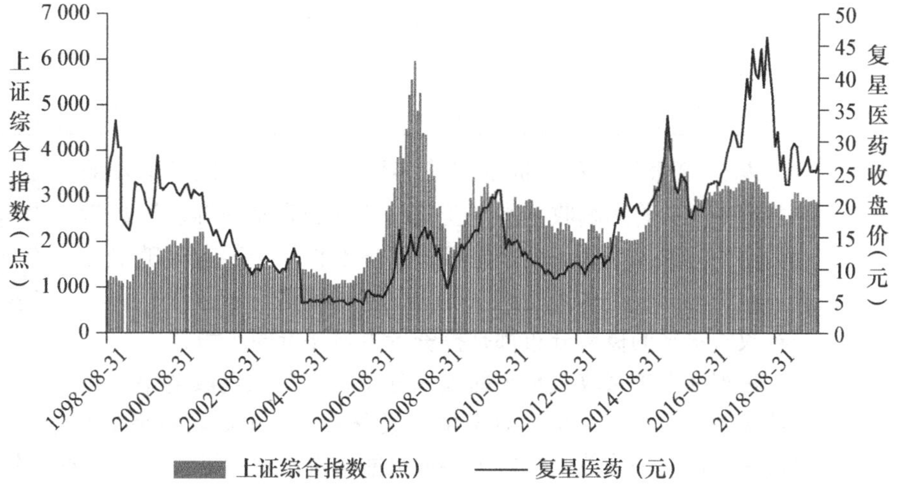

图5－1 复星医药与上证综合指数收盘价（1998年12月至2019年12月）

5.2 预期收益与风险的衡量

5.2.1 预期收益率

预期收益率是某种资产所有可能的未来收益的平均值。通常有两种方法估计预期收益率：一种是以某项资产收益率历史数据的样本均值作为估计数，这种方法假设该种资产未来收益的变化服从其历史上实际收益的大致概率分布；另一种是根据未来影响收益的各种可能结果及其概率分布大小估计预期收益率。

表5－2上半部分列出了四种概率分布，它们一一对应四种投资方案，其中政府债券的收益是确定的，即不论经济状况如何，它都有3%的收益，因此，政府债券具有零风险。① 与此不同，其他三种投资方案的收益不能在事先确切得

① 如果仅考虑市场风险，或许可以说政府债券零风险。然而事实上，政府本身也有信用风险。历史上俄罗斯、希腊都违约过，一旦政府没有意愿或能力偿付债券，政府债券的风险就很大。没有任何一种投资品种是零风险的。

知，因而被定为风险投资。

表 5-2 四种证券收益率的均值及标准差

经济环境	发生概率	投资收益率			
		政府债券	公司债券	股票 X	股票 Y
萧条	0.20	0.030 0	0.060 0	0.070 0	(0.020 0)
一般	0.50	0.030 0	0.080 0	0.120 0	0.150 0
繁荣	0.30	0.030 0	0.040 0	0.080 0	0.300 0
合计	1.00				
预期收益率		0.030 0	0.064 0	0.098 0	0.161 0
方差		0.000 0	0.000 3	0.000 5	0.012 4
标准差		0.000 0	0.017 4	0.022 3	0.111 4
标准离差率		0.000 0	0.272 4	0.227 3	0.691 9

表 5-2 根据三种不同的经济环境分别假设了四种证券的收益水平，并将影响收益水平变化的其他因素都舍弃。用数学上常用的方式来表达，就是把经济环境看作一个离散型随机变量，而证券的收益水平是这一随机变量的函数。在这里，每种证券收益水平的概率分布都是投资者主观评价的产物。

投资组合收益与风险

根据证券未来收益水平的概率分布确定其预期收益率，是一种最基本的衡量方法。对于单项投资来说，预期收益率就是各种可能情况下收益率的加权平均数，权数为各种可能结果出现的概率。计算公式为：

$$E(r)=\sum_{i=1}^{n}r_iP_i \tag{5-9}$$

式中，$E(r)$ 表示预期收益率；r_i 表示在第 i 种可能情况下的收益率；P_i 表示第 i 种可能情况出现的概率；n 表示可能情况的个数。

表 5-2 下半部分列示了各种证券的预期收益率和标准差等的计算结果，以股票 Y 为例，其预期收益率计算如下：

$$\begin{aligned}E(r)&=(-0.020\ 0)\times 20\%+0.150\ 0\times 50\%+0.300\ 0\times 30\%\\&=0.161\ 0\end{aligned}$$

5.2.2 预期收益率的方差和标准差

预期收益率的计算过程说明了投资风险的存在，但并没有说明这种风险有多大。从数学的角度分析，投资风险可以用未来可能收益的离散程度表示。或者说，风险量的大小可以直接表示为未来可能收益围绕预期收益率变化的区间大小，即采用方差和标准差衡量预期收益率的风险，其计算公式分别为：

$$Var(r)=\sum_{i=1}^{n}[r_i-E(r)]^2P_i \tag{5-10}$$

$$Std(r)=\sqrt{\sum_{i=1}^{n}[r_i-E(r)]^2P_i} \tag{5-11}$$

根据表 5-2 的资料，投资于股票 Y 的预期收益率方差和标准差计算如下：

$$Var(r)=(-0.0200-0.1610)^2\times 20\%+(0.1500-0.1610)^2\times 50\% \\ +(0.3000-0.1610)^2\times 30\%=0.012409$$

$$Std(r)=\sqrt{0.012409}=0.1113957$$

为了说明标准差在度量预期收益率不同的投资项目风险时的确切含义，应将标准差标准化，以度量单位收益的风险，这一目的可借助于标准离差率（CV）来实现。标准离差率是指标准差与预期收益率之比，其计算公式为：

$$CV=\frac{Std(r)}{E(r)} \tag{5-12}$$

表 5-2 中股票 Y 的标准离差率为：

$$CV=0.1113957\div 0.1610=0.6918988$$

表 5-2 中的四个备选方案基本上反映了证券投资风险与收益的关系，随着收益率的提高，反映收益风险的标准差也在提高。在这种情况下，选择何种证券进行投资还应当以投资者对风险的态度为标准，例如，股票 Y 的收益率较高，但风险大于其他三个方案，并且有发生亏损的可能性，如果投资者不愿出现任何亏损，股票 Y 就会被淘汰。除此之外，投资决策者还必须考虑收益率估计值的可靠程度，是否所有四个方案的概率分布都具有同等的可信度等。

5.3 投资组合收益与风险的衡量

5.3.1 投资组合预期收益率

在此之前，主要讨论单项资产的投资收益和风险。事实上，投资者很少把所有的资本都投入一种资产或单一项目，而是构建一个投资组合或投资于一系列项目，通过资产多样化效应降低投资风险。对于投资组合来说，预期收益率是投资组合中单项资产预期收益率的加权平均数，权数是单项资产在总投资价值中所占的比重。

$$E(r_p)=\sum_{i=1}^{n}w_iE(r_i) \tag{5-13}$$

式中，$E(r_p)$ 表示投资组合的预期收益率；w_i 表示第 i 种资产在投资组合总价值中所占的比重；$E(r_i)$ 表示第 i 种资产的预期收益率；n 表示投资组合中资产的个数。

5.3.2 两项投资组合收益率的方差与标准差

投资组合收益率的方差是各种资产收益率方差的加权平均数，加上各种资产收益率的协方差。两项资产投资组合收益率的方差可按下式计算：

$$Var(r_p)=w_1^2Var(r_1)+w_2^2Var(r_2)+2w_1w_2Cov(r_1,r_2) \tag{5-14}$$

式中，w_1，w_2 分别表示资产 1 和资产 2 在投资组合总体中所占的比重；$Var(r_1)$，$Var(r_2)$ 分别表示组合中两种资产各自的预期收益率的方差；$Cov(r_1, r_2)$ 表示两种资产预期收益率的协方差。

协方差是两个变量（资产收益率）离差之积的预期值，资产 1 和资产 2 收益率的协方差 $Cov(r_1, r_2)$ 可按下式计算：

$$Cov(r_1,r_2)=\sum_{i=1}^{n}[r_{1i}-E(r_1)][r_{2i}-E(r_2)]P_i \tag{5-15}$$

式中，$r_{1i}-E(r_1)$表示资产 1 的收益率在第 i 种经济状态下对其预期值的离差；$r_{2i}-E(r_2)$表示资产 2 的收益率在第 i 种经济状态下对其预期值的离差；P_i 表示第 i 种经济状态发生的概率。

在式（5-15）中，如果两个变量（资产 1 的收益率和资产 2 的收益率）的变化趋势一致，或者说如果其中一个大于（或小于）自身的期望值，另一个也大于（或小于）自身的期望值，那么两个变量之间的协方差为正值；如果两个变量的变化趋势相反，即一个大于自身的期望值，另一个却小于自身的期望值，那么两个变量之间的协方差为负值；如果两个变量在统计上是独立的，那么两者之间的协方差等于零。一般来说，两种资产的不确定性越大，其标准差和协方差也越大，反之亦然。

采用历史数据预测两项资产的协方差时，如果按总体计算方差，则协方差按下式计算：

$$Cov(r_1,r_2)=\frac{1}{N}\sum_{i=1}^{n}[r_{1i}-E(r_1)][r_{2i}-E(r_2)] \tag{5-16}$$

如果按样本计算方差，则协方差计算公式如下：

$$Cov(r_1,r_2)=\frac{1}{N-1}\sum_{i=1}^{n}[r_{1i}-E(r_1)][r_{2i}-E(r_2)] \tag{5-17}$$

根据表 5-2 中的各项资产收益率数据，四种证券预期收益率的协方差的计算如表 5-3 所示。

表5-3 四种证券预期收益率协方差

证券	政府债券	公司债券	股票X	股票Y
政府债券	0	0	0	0
公司债券	0	0.000 304 0	0.000 328 0	−0.000 944 0
股票X	0	0.000 328 0	0.000 496 0	0.000 142 0
股票Y	0	−0.000 944 0	0.000 142 0	0.012 409 0

表5-3中公司债券（B）与股票X的协方差如下：

$$\begin{aligned}Cov(r_B,r_X)=&(0.060\,0-0.064\,0)\times(0.070\,0-0.098\,0)\times0.20\\&+(0.080\,0-0.064\,0)\times(0.120\,0-0.098\,0)\times0.50\\&+(0.040\,0-0.064\,0)\times(0.080\,0-0.098\,0)\times0.30\\=&0.000\,328\,0\end{aligned}$$

从表5-3中可以发现：(1) 政府债券的收益率恒为3%，标准差为0，则它与其他任何证券之间的协方差必定为0，这表明无风险证券与风险证券之间的收益不存在线性关系，彼此独立。(2) 公司债券与股票X的协方差为正数，表示这两种证券的收益率变动方向相同；公司债券与股票Y的协方差为负数，表明这两种证券的收益率变动方向相反。(3) 股票X与股票Y的协方差为正数，表明它们之间的收益率变动方向相同。(4) 比较表5-2和表5-3可以发现，任一证券与自身的协方差等于这一证券收益率的方差。

衡量资产收益率相关程度的另一个指标是相关系数，通常以*Corr*表示。两项资产（资产1和资产2）收益率的相关系数可按下式计算：

$$Corr(r_1,r_2)=\frac{Cov(r_1,r_2)}{Std(r_1)Std(r_2)} \tag{5-18}$$

相关系数与协方差的关系可用下式描述：

$$Cov(r_1,r_2)=Corr(r_1,r_2)\times Std(r_1)\times Std(r_2) \tag{5-19}$$

根据表5-2和表5-3的资料，公司债券（B）和股票Y的相关系数计算如下：

$$Corr(r_B,r_Y)=\frac{-0.000\,944\,0}{0.017\,435\,6\times0.111\,395}=-0.486\,0$$

计算结果表明，公司债券与股票Y之间负相关，其收益回归线斜率为负值。表5-4列示了三种风险证券之间的相关系数矩阵。

表5-4 风险证券相关系数矩阵

证券	公司债券	股票X	股票Y
公司债券	1.000 000 0	0.844 687 8	−0.486 034 2
股票X	0.844 687 8	1.000 000 0	0.057 237 3
股票Y	−0.486 034 2	0.057 237 3	1.000 000 0

协方差给出的是两个变量相互关系的绝对值，而相关系数是度量两个变量相互关系的相对数。相关系数是标准化的协方差，其取值范围在±1之间。如果两种资产（如A和B）收益率的相关系数等于+1，表明它们之间完全正相关，即两种资产收益率的变动方向相同，如图5-2（a）中的正斜率直线所示。如果两种资产收益率的相关系数等于-1，表明它们之间完全负相关，即两种资产收益率的变动方向相反，如图5-2（b）中的负斜率直线所示。如果两种资产收益率的相关系数等于0，表明它们之间线性零相关或相互独立，如图5-2（c）中随机散落的点所示。

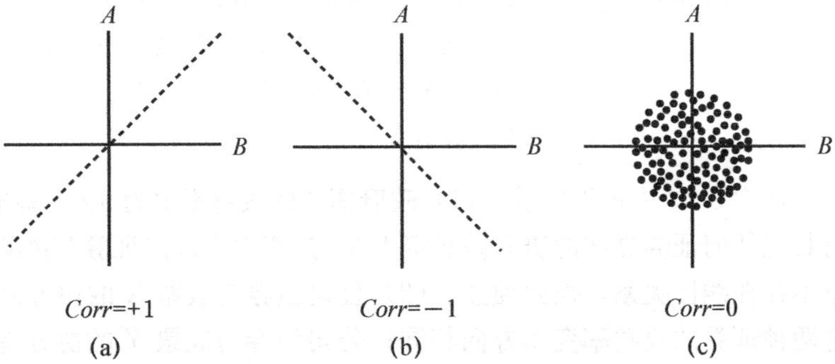

图5-2　证券A和证券B收益率的相关性

［例5-2］ 查询白云机场（600004）和万华化学（600309）两家公司股票在2016年1月至2016年12月的股票价格，根据各月末股票价格，计算月平均收益率、标准差、协方差、相关系数，如表5-5所示。

风险资产组合

表5-5　白云机场与万华化学收益率的协方差和相关系数

日期	白云机场（BJ）		万华化学（WH）		乘积
	收益率 (1)	收益率减均值 (2)	收益率 (3)	收益率减均值 (4)	(5)=(2)×(4)
2016-1-29	−13.17%	−13.21%	−14.35%	−15.67%	2.07%
2016-2-28	0.34%	0.30%	−13.43%	−14.75%	−0.04%
2016-3-29	−3.89%	−3.93%	6.83%	5.50%	−0.22%
2016-4-29	3.13%	3.09%	8.92%	7.59%	0.23%
2016-5-31	−1.77%	−1.82%	−3.82%	−5.15%	0.09%
2016-6-30	−0.22%	−0.26%	11.68%	10.35%	−0.03%
2016-7-29	7.24%	7.20%	5.79%	4.46%	0.32%
2016-8-31	3.83%	3.78%	7.83%	6.50%	0.25%
2016-9-30	3.23%	3.19%	2.18%	0.85%	0.03%
2016-10-31	1.62%	1.57%	5.03%	3.71%	0.06%
2016-11-30	4.77%	4.73%	−1.89%	−3.21%	−0.15%

续表

日期	白云机场（BJ）		万华化学（WH）		乘积 (5)=(2)×(4)
	收益率 (1)	收益率减均值 (2)	收益率 (3)	收益率减均值 (4)	
2016-12-30	−4.59%	−4.63%	1.15%	−0.18%	0.01%
合计					2.62%
收益率均值	0.04%		1.33%		
标准差	5.44%		8.38%		

资料来源：根据 Wind 资讯提供的各月股票价格等数据计算。表中的收益率标准差是采用 Excel 内置函数按样本标准差（STDEV）计算的。

$$Cov(r_{BJ},r_{WH})=\frac{2.62\%}{12-1}=0.002\ 38$$

根据式（5-17）和式（5-18），白云机场和万华化学股票的协方差、相关系数计算如下：

$$Corr(r_{BJ},r_{WH})=\frac{0.002\ 38}{5.44\%\times 8.38\%}=0.522\ 1$$

相关系数是一个无量纲数，该例中白云机场和万华化学收益率的相关系数为 0.522 1，表明这两只股票收益率正相关。

两项资产收益率的协方差和相关系数也可以根据 Excel 内置的数组函数计算。①

假设某投资组合由白云机场和万华化学两只股票构成，持股权重均为 50%，这一组合的收益率和标准差计算如下：

$$\begin{aligned}Var(r_p)&=50\%^2\times 5.44\%^2+50\%^2\times 8.38\%^2+2\times 50\%\times 50\%\times 0.002\ 38\\&=0.37\%\end{aligned}$$

$$Std(r_p)=\sqrt{0.37\%}=6.07\%$$

$$E(r_p)=50\%\times 0.04\%+50\%\times 1.33\%=0.69\%$$

5.3.3 N 项投资组合收益率方差与标准差

N 项资产投资组合预期收益率的方差可按下式计算：

$$Var(r_p)=\sum_{i=1}^{n}w_i^2Var(r_i)+\sum_{i=1}^{n}\sum_{j=1}^{n}w_iw_jCov(r_i,r_j),i\neq j \qquad (5-20)$$

① 需要注意的是，Excel 采用 VARP 表示总体方差（除以 N），采用 Var 表示样本方差（除以 $N-1$），以及总体和样本的标准差（分别为 STDEVP 和 STDEV），但 Excel 并没有对协方差函数（COVAR）做此区分，不论总体或样本，Excel 数组函数的程序设定都除以 N，而不是 $N-1$。如果 Excel 是完全合理的，它应该有两个函数：COVARP，它除以 N（对应 VARP 或 STDEVP），以及 COVAR，它除以 $N-1$（对应 VAR 或 STDEV）。在这种情况下，如果希望采用 Excel 数组函数计算协方差，可先根据 Excel 数组函数计算相关系数，然后根据协方差与相关系数的关系计算协方差。

式中，第一项为各项资产的方差，反映了它们各自的风险状况；第二项为各项资产之间的协方差，反映了两两资产收益的风险状况。

从式（5-20）可知，当投资组合由 N 项资产组成时，组合总体的方差是由 N 个方差和 $N(N-1)$ 个协方差组成的。例如，当投资组合包含 3 项资产时，组合总体的方差由 9 项构成：3 个方差和 6 个协方差；当投资组合包含 100 项资产时，组合总体的方差由 10 000 项组成：100 个方差和 9 900 个协方差。

表 5-6 列示了南方航空等 5 只股票的收益率与标准差等指标，表中各年收益率是假设投资者在第 $t-1$ 年按年末收盘价购买股票，在第 t 年末卖出股票获得的收益率。为简化，没有考虑投资者在股票持有期间收到的现金股利。表中的收益率标准差、方差是采用 Excel 内置函数按样本标准差（STDEV）和样本方差（VAR）计算的。

表 5-6　5 只股票的收益率与标准差

日期	南方航空	同仁堂	格力地产	复星医药	青岛啤酒
2007-12-28	192.15%	70.87%	140.91%	87.55%	103.60%
2008-12-31	−217.00%	−104.21%	−132.96%	−33.01%	−67.19%
2009-12-31	64.17%	53.55%	133.27%	61.22%	63.20%
2010-12-31	47.45%	48.86%	−56.58%	−37.35%	−8.11%
2011-12-30	−72.02%	−89.34%	−34.20%	−45.57%	−3.52%
2012-12-31	−19.25%	23.91%	29.15%	20.57%	−1.26%
2013-12-31	−35.19%	18.31%	18.45%	62.46%	39.25%
2014-12-31	62.93%	4.70%	96.64%	7.43%	−15.84%
2015-12-31	50.73%	68.76%	−3.52%	10.73%	−22.99%
2016-12-30	−19.95%	−35.18%	−129.63%	−1.50%	−12.02%
收益率均值	5.40%	6.02%	6.15%	13.25%	7.51%
标准差	1.074 0	0.629 4	0.981 1	0.456 0	0.485 6
方差	1.153 5	0.396 1	0.962 6	0.207 9	0.235 8

表 5-7 列示了 5 只股票收益率方差-协方差矩阵，从中可以看出，组合的总体方差由 5 个方差、20 个协方差构成。投资组合的方差或标准差可根据每只股票收益率的标准差、投资组合的方差-协方差矩阵、每只股票的投资权重，采用 Excel 数组函数进行计算。假设投资组合中每只股票的权重均为 20%，采用 Excel 数组函数计算可以得到投资组合的收益率为 7.67%，投资组合收益率标准差为 0.644 8。①

投资组合收益与风险

① 投资组合方差、标准差通常需要通过 Excel 数组函数完成，Excel 数组函数并不是本章的主要内容。要了解相关知识，可参阅任一本 Excel 财务建模的教材。

表5-7　5只股票的方差-协方差矩阵

公司	南方航空	同仁堂	格力地产	复星医药	青岛啤酒
南方航空	1.153 5	0.572 0	0.791 2	0.301 7	0.385 8
同仁堂	0.572 0	0.396 1	0.407 8	0.187 0	0.185 0
格力地产	0.791 2	0.407 8	0.962 6	0.337 4	0.365 2
复星医药	0.301 7	0.187 0	0.337 4	0.207 9	0.185 6
青岛啤酒	0.385 8	0.185 0	0.365 2	0.185 6	0.235 8

随着投资组合包含资产个数的增加，单项资产的方差对投资组合总体方差的影响会越来越小，而资产之间的协方差形成的影响将越来越大。当投资组合中包含的资产数目非常大时，单项资产的方差对投资组合总体方差的影响几乎可以忽略不计。

假设投资组合中包含 N 项资产，每项资产在投资组合总体中所占的份额都相等（$w_i=1/N$）。假设每种资产的方差都等于 $Var(r)$，并以 $Cov(r_i, r_j)$ 代表平均协方差，则式（5-20）可用下列简化公式表示：

$$\begin{aligned}Var(r_p)&=\sum_{i=1}^{n}\left(\frac{1}{N}\right)^2 Var(r)+\sum_{i=1}^{n}\sum_{j=1}^{n}\left(\frac{1}{N}\right)^2 Cov(r_i,r_j)(i\neq j)\\&=\left(\frac{1}{N^2}\right)N\cdot Var(r)+\left(\frac{1}{N^2}\right)N(N-1)Cov(r_i,r_j)\\&=\left(\frac{1}{N}\right)Var(r)+\left(1-\frac{1}{N}\right)Cov(r_i,r_j)\end{aligned}$$

当 $N\to\infty$，$(1/N)Var(r)\to 0$，这表明当投资组合中资产个数增加时，公式中的第一项将逐渐消失；而 $(1-1/N)Cov(r_i, r_j)$ 趋近于 $Cov(r_i, r_j)$，即协方差在投资资产个数增加时并不完全消失，而是趋于平均值，即投资组合风险将趋于各项资产之间的平均协方差。这个平均值是所有投资活动的共同运动趋势，反映了系统风险。

假设市场中的股票收益率方差平均为50%，任何两项资产的协方差平均为10%，则由 n 只等权重的公司股票构成的投资组合的标准差根据下式确定：

$$Var(r_p)=\frac{1}{n}\times 50\%+\left(1-\frac{1}{n}\right)\times 10\%$$

根据上述公式可以计算不同股票数量组成的投资组合的收益率标准差，随着投资组合数量的增加，组合的标准差逐渐下降，但下降的趋势是递减的，如图5-3所示。

在图5-3中，当资产数量从1种增加到2种时，投资组合的方差从50%降到30%。当资产数量增加到5种、10种、20种和30种时，投资组合的方差分别为18%，14%，12%，11.3%。事实上，当投资组合的数量增加到20种时，投资组合风险分散效应几乎很小，或者说，持有大约20种股票就可以获得几乎全部的风险分散效应，进一步增加资产数目只能分散很少的风险。而且，即使

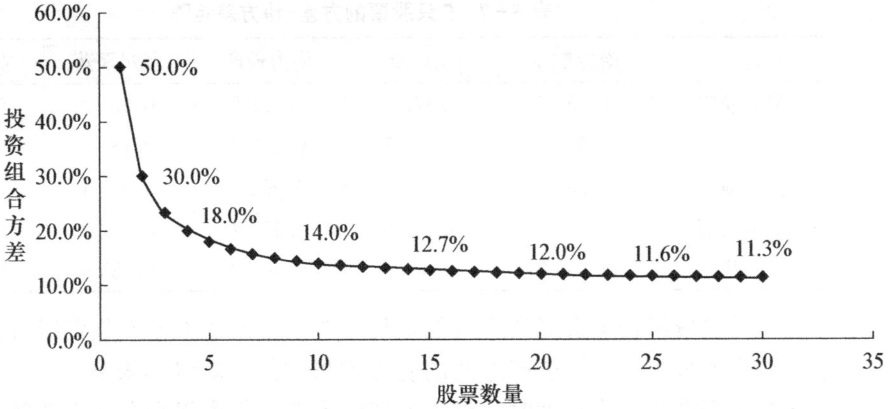

图 5-3　投资组合方差和投资组合中的样本数

对于非常大的投资组合，也无法消除所有的风险。随着投资组合数量的增加，上述投资组合的方差收敛于平均协方差10%。

5.3.4　风险资产有效边界

如果投资组合由风险资产X和风险资产Y组成，在预期收益率一定的情况下，最小风险的投资组合比例 w_X 可按下式计算：

$$w_X=\frac{Var(r_Y)-Cov(r_X,r_Y)}{Var(r_X)+Var(r_Y)-2Cov(r_X,r_Y)} \tag{5-21}$$

式（5-21）是使投资组合风险最小化的通式，公式的分子和分母中均含有协方差，而协方差与相关系数和风险资产的标准差有关。因此，w_X 的值会因相关系数不同而不同。

假设有由两项风险资产构成的投资组合，资产1的预期收益率为10%，标准差为15%；资产2的预期收益率为18%，标准差为25%；这两项资产收益率的相关系数为0.23。

据此计算的最小风险投资组合权重、投资组合的收益率、标准差如下：

$$w_1=\frac{0.25^2-0.23\times0.15\times0.25}{0.15^2+0.25^2-2\times0.23\times0.15\times0.25}=79.52\%$$

$$w_2=1-79.52\%=20.48\%$$

$$E(r_p)=79.52\%\times10\%+20.48\%\times18\%=11.64\%$$

$$\begin{aligned}Var(r_p)&=79.52\%^2\times15\%^2+20.48\%^2\times25\%^2\\&\quad+2\times79.52\%\times20.48\%\times0.23\times15\%\times25\%\\&=1.965\ 8\%\end{aligned}$$

$$Std(r_p)=\sqrt{1.965\ 8\%}=14.02\%$$

改变资产1的投资权重，可以描绘出两种资产不同投资权重的风险收益曲线。图5-4描述了资产1的权重从0%～100%时的收益率与标准差。曲线左下端表示投资者将资金全部投资于资产 1（资产 2 权重为 0），投资组合的预期收益率为 10%，标准差为 15%。如果投资者最初把所有资金全部投入资产 1，那么把部分资金转投于资产 2 会增加其投资组合的收益，其投资组合的风险也会因此而减少，直到投资组合标准差达到最小，此时资产 1 的权重为 79.52%，资产 2 的投资权重为 20.48%，投资组合的标准差 14.02%，这一风险小于两项风险资产各自的风险。如果继续增加资产 2 的投资，投资组合的风险和收益都在增加。如果投资者将全部资金均转投于资产 2，此时投资组合的预期收益率为 18%，标准差为 25%。为获得更高的收益，风险偏好的投资者可以减少对资产 1 的投资，增加对资产 2 的投资。

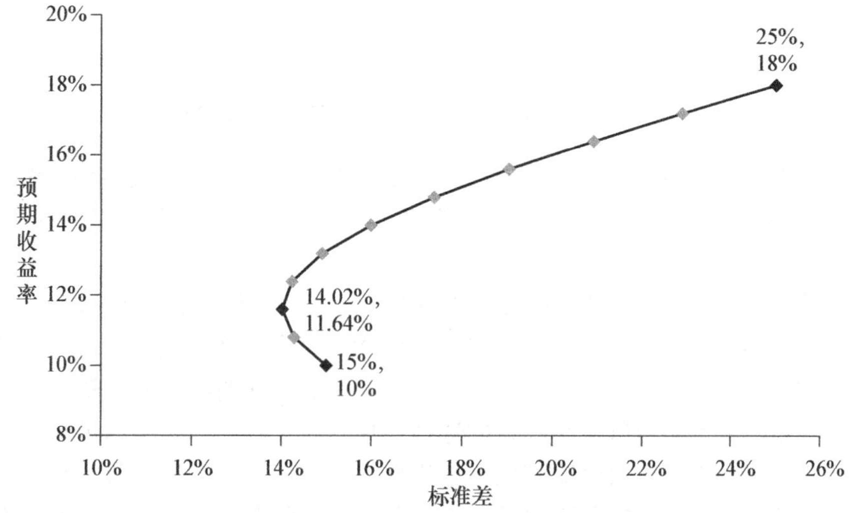

图 5-4　资产 1 和资产 2 投资组合可行集合

在图 5-4 中，风险资产投资组合的可行集合（feasible set）是可行投资组合的均值和标准差的集合。如果考察两个不同的资产组合，并描绘出所有可能的权数对应的曲线，就会得到一个类似于图 5-5 的图形。如果一个可行投资组合在给定的收益下有最小的方差，那么这个可行投资组合在该可行集合的曲线上。如果一个投资组合 x 在给定方差（标准差）下有最大收益，那么该投资组合是一个有效投资组合。也就是说，如果没有其他投资组合 y 使得 $E(r_y) > E(r_x)$ 和 $Var(r_y) \leqslant Var(r_x)$，那么 x 是有效的。因此，所有有效投资组合的集合构成了有效边界。

当资产种类增多时，可行集合在曲线右边的区域内。图5-5 是根据表 5-6、表 5-7 的数据构造的投资组合可行区域（南方航空等 5 只股票和 1 只假想的股票 N），曲线中 $E-F$ 线的各点为有效投资组合的集合，落在有效边界上的所有资产组合与该边界下面的资产组合相比，要么在风险水平相同的条件下有较高的预期收益率（E_2 相对于 N 点），要么在预期收益率相等的条件下具有较低的风险水平（E_1 相对于 N 点）。因此，

走近大家：马科维茨

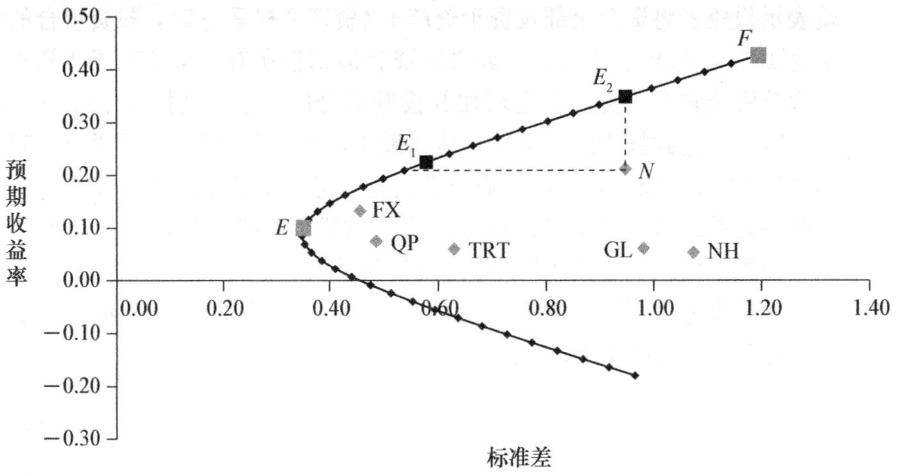

图 5-5　风险资产构成的投资组合集

通常将 E-F 曲线称为可行投资组合的有效边界，这一有效边界是由资产组合而不是单项资产构成的。从图中可以看出，南方航空（NH）、同仁堂（TRT）、格力地产（GL）、复兴医药（FX）、青岛啤酒（QP）5 种风险资产没有一种落在有效边界上，因此，把所有的资金都投资于单一资产不是有效的。

即使在 E-F 有效边界上也包括无数个可能的投资组合，其范围从最小风险和最小预期收益的投资组合到最大风险和最大预期收益的投资组合，每一点都代表一种不同的风险与收益的选择：预期收益越高，承担的风险也越大，没有一种投资组合显然地比其他组合优越。选择何种资产进行投资组合，不仅要考虑该项资产组合的预期收益水平、资产组合预期收益率的方差或标准差，还要考虑投资者的风险规避态度，以及他们对承担风险而要求获得的收益补偿水平。

5.4 资本资产定价模型

5.4.1 资本市场线

在上述投资组合中，假设所有资产均为风险资产。事实上，市场上可供选择的投资工具除风险资产外，还有大量的无风险资产，因此不能忽略无风险资产对投资组合收益的影响。

假设将无风险资产 f 与风险资产组合 i 进行组合，无风险资产 f 的预期收益率为 r_f，方差为 $Var(r_f)$；风险资产组合 i 的预期收益率为 r_i，方差为 $Var(r_i)$。投资权重分别为 w_f 和 w_i，且 $w_f+w_i=1$，则投资组合的预期收益率 $E(r_p)$ 为：

$$
\begin{aligned}
E(r_p) &= w_f r_f + w_i r_i \\
&= (1-w_i) r_f + w_i r_i \\
&= r_f + w_i (r_i - r_f)
\end{aligned}
\tag{5-22}
$$

根据式（5-22），投资组合的预期收益率等于无风险收益率与风险资产组合的预期收益率的加权平均数；或者说，投资组合的预期收益率等于无风险收益率加上按风险资产投资比重计算的风险溢价（$r_m - r_f$）。投资组合的风险 $Var(r_p)$ 为：

$$Var(r_p)=w_f^2Var(r_f)+w_i^2Var(r_i)+2w_fw_iCov(r_f,r_i)$$

由于证券 f 为无风险资产，因此 $Var(r_f)=0$，则 $Var(r_p)=w_i^2Var(r_i)$，所以

$$Std(r_p)=w_iStd(r_i) \tag{5-23}$$

式（5-23）表明，由无风险资产和风险资产构成的组合的标准差 $Std(r_p)$ 是风险资产组合 $Std(r_i)$ 的简单线性函数。因此，无论风险资产组合的风险有多大，由无风险资产和风险资产构成的组合，其风险收益对应的集合总会形成一条直线。

现分两种情形加以说明：(1) 一项无风险资产和一项风险资产构成的组合；(2) 一项无风险资产和一个风险资产组合构成的组合。

情形1：假设由两项资产构成的组合——资产0为无风险资产，预期收益率为5%，标准差等于0；资产1为风险资产，预期收益率为10%，标准差为15%。

图5-6描述了投资于资产1的比例从0%～100%变化所得到的风险收益线。投资者在这条直线上选择哪一点进行投资，取决于他的风险规避情况。

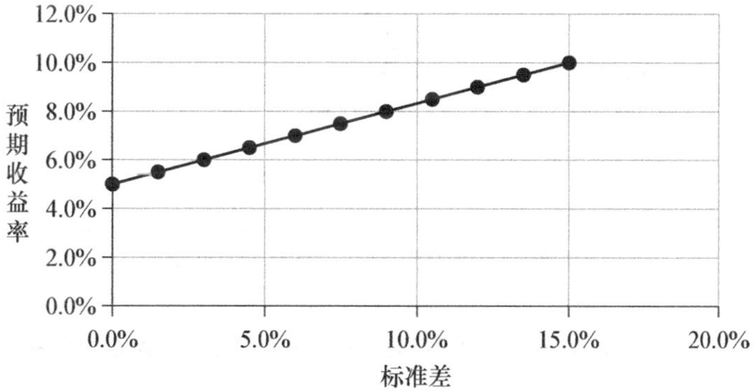

图5-6 一项无风险资产和一项风险资产的组合

情形2：假设投资组合是由一项无风险资产0和一个风险资产组合（资产1和资产2的组合）构成的，有关数据如表5-8所示。

表5-8 一项无风险资产和一个风险投资组合的组合

基础数据	预期收益率	标准差	预期收益率－无风险利率
资产0	5%	0	
资产1	10%	15%	5%
资产2	18%	25%	13%
资产1与资产2的相关系数		0.23	

无风险资产与风险资产组合有效边界相切时为最优投资组合。为计算切点处各资产的权重，需要计算超额收益率（即风险资产预期收益率超过无风险利率的收益率），分别定义为 $E(R_1)=E(r_1)-r_f$ 和 $E(R_2)=E(r_2)-r_f$，风险最小投资组合权重的计算公式为：

$$w_1=\frac{Var(r_2)E(R_1)-Cov(r_1,r_2)E(R_2)}{Var(r_2)E(R_1)+Var(r_1)E(R_2)-Cov(r_1,r_2)[E(R_1)+E(R_2)]}$$

$$=\frac{25\%^2\times5\%-0.23\times15\%\times25\%\times13\%}{25\%^2\times5\%+15\%^2\times13\%-0.23\times15\%\times25\%\times(5\%+13\%)}$$

$$=44.55\%$$

图 5-7 描绘了一项无风险资产和一个风险资产组合构成的投资组合的风险收益图，在图 5-7 中，边界线上的每个点都代表着资产 1 和资产 2 的某种组合。从无风险资产出发，连接有效边界上的投资组合，在直线与有效边界相切时，该切点就是最优投资组合，在这一切点上，无风险资产 0 的权重为 0，风险资产 1 的权重为 44.55%，风险资产 2 的权重为 55.45%，投资组合的收益率为 14.44%，投资组合的标准差为 16.72%。

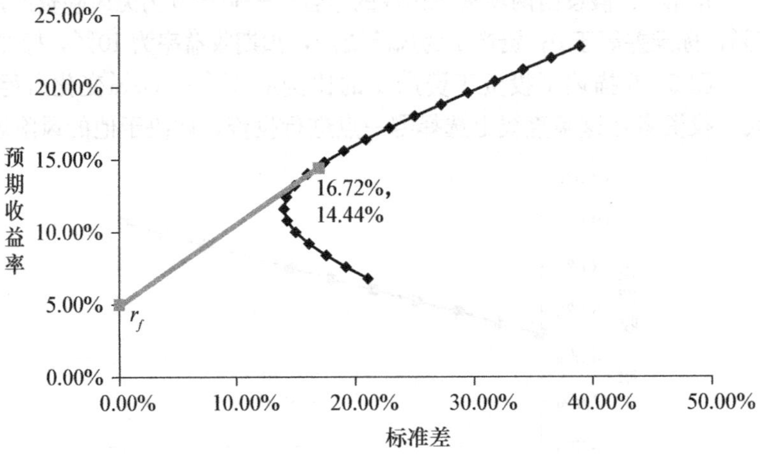

图 5-7 一项无风险资产和一个风险资产组合的投资组合

在图 5-7 中，假设投资者用自己的资金进行投资。如果市场是完善的，投资者可以无风险利率自由地借入或贷出资金（不考虑借贷交易成本）。在这种情况下，投资者可以无风险利率借入资金，再加上其自有的资金，增加对 M 点这个组合的投资。这时，所有可能投资组合的连线会超过 M，并以相同的斜率继续上升，如图 5-8 所示。

在图 5-8 中，r_f 和 r_m 分别代表无风险收益率和市场组合收益率，$Std(r_m)$ 代表市场投资组合的标准差。由 r_f 和 Z 构成的直线是图 5-7 中的 r_f-M 线向上延伸形成的。从左向右看，这条线是与有效边界相切的直线，r_f 点表示投资者将全部资本投入无风险资产，在切点 M，投资者将全部资金投入风险资产组合 M（44.55%资产 1 和 55.45%资产 2）。从图 5-8 可以看出，直线 r_f-Z 上的任一个投资组合都优于风险资产组合形成的曲线。

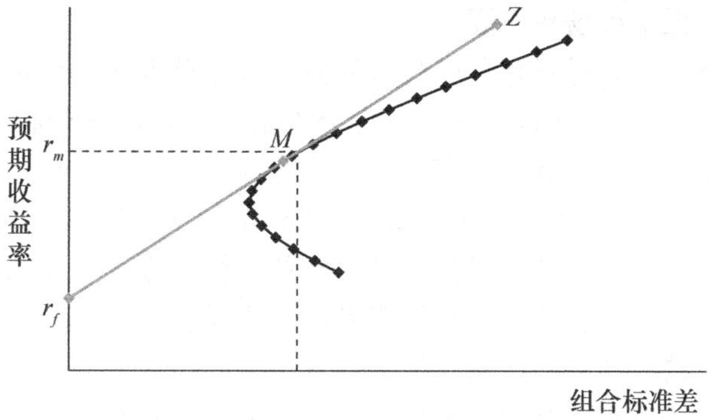

图 5-8　资本市场线

在直线 r_f-Z 上，通常用 M 点表示市场投资组合。这一市场组合有两个重要特征：第一，如果市场是有效的，M 点所代表的投资组合包含市场上存在的所有资产。第二，当市场均衡时，各种风险资产都不会有过度的需求和过度的供给。所有理性投资者所选择的风险资产的比例都与 M 点所代表的投资组合的权重相同。因此，各种风险资产的市场价值在全部风险资产的市场总价值中的比重应当与 M 点所代表的投资组合的比重相同。

投资者在直线 r_f-Z 上选择哪一点进行投资，取决于其风险规避态度。r_f 与 M 之间的组合称为贷出投资组合，表示风险回避程度较高的投资者通过资本市场将拥有的部分资金贷给风险回避程度较低者。M 与 Z 之间的组合称为借入投资组合，表示风险回避程度较低的投资者除将自己的全部资金投资于 M 外，还以成本 r_f 借入一定量的资金再投资于 M。实际上，直线 r_f-Z 上的任意一点都可以看成 r_f 与 M 的一种组合。

假设市场有关资料如下：无风险收益率为 10%，市场投资组合的收益率为 14%，市场投资组合的标准差为 20%。投资者 A 拥有的投资额为 1 000 元，假设他以无风险利率借入 200 元，与原有的 1 000 元一起（共计 1 200 元）投入市场投资组合，投资者 A 形成的投资组合的预期收益率和标准差计算如下：

$$E(r_p)=1.2\times0.14+(-0.2)\times0.10=0.148$$

或

$$E(r_p)=0.10+1.2\times(0.14-0.10)=0.148$$

$$Std(r_p)=1.2\times0.2=0.24$$

上述计算中，风险投资权重大于 1，无风险投资权重小于 1，表明投资者借钱增加对市场组合的投资。如果投资者 A 以无风险利率贷出 200 元，则用于购买市场投资组合的资金只剩下 800 元，由此形成的投资组合的预期收益率和标准差为：

$$E(r_p)=0.8\times0.14+0.2\times0.10=0.132$$

$$Std(r_p)=0.8\times0.2=0.16$$

上述计算表明，当投资者借入资金进行风险投资时，其预期收益率和标准差均高于市场平均值；当投资者贷出资金进行无风险投资时，其预期收益率和标准差均低于市场平均值。

如果投资者对所有资产收益的概率分布预期是一致的，那么投资者面临的有效组合就是一致的，他们都会试图持有由无风险资产和市场投资组合 M 构成的一个组合。或者说，任何一个投资者都会在直线 r_f-Z 上选点，这条直线 r_f-Z 称为资本市场线（capital market line，CML）。资本市场线描述了有效组合预期收益率与风险之间的一种简单的线性关系，资本市场线上的每一点都代表有效投资组合。任何一个投资者的最优投资组合都可以表示为无风险资产和风险资产的线性组合，只是他们在无风险投资和切点投资组合上有所不同。如果每位投资者都持有切点的投资组合，那么这一组合一定是股票市场上实际可以观察到的投资组合，每股的投资组合权重是股票市场价值的一部分，该组合即为市场组合。

资本市场线与纵轴的截距为无风险收益率 r_f，斜率为 $(r_m-r_f)/Std(r_m)$，可由下式表达：

$$E(r_p)=r_f+\frac{(r_m-r_f)}{Std(r_m)}\times Std(r_p) \tag{5-24}$$

式（5-24）表明，任意有效投资组合的预期收益率等于无风险收益率与风险溢价之和，该风险溢价等于斜率与该投资组合标准差的乘积。

现仍以表5-8的数据为例，假设你有10 000元，希望获得18%的预期收益率，你可以将10 000元全部投资于资产2，也可以构造一种投资组合：风险资产组合（资产1的权重为44.55%，资产2的权重为55.45%）与无风险资产构成的组合，在后一种情况下，需要确定各种资产的投资比重。设风险资产组合的投资比重为 w，则无风险资产比重为 $1-w$，即

$$18\%=5\%+w(14.44\%-5\%)$$

解得　$w=1.377\,1$

即投资于风险资产组合的比例为1.377 1，投资于无风险资产的比例为−0.377 1。也就是说，你需要借入3 771元，加上你原有的10 000元进行风险资产投资，其中投资于资产1的比重为61.35%（1.377 1×44.55%），投资于资产2的比重为76.36%（1.377 1×55.45%），依此组合进行投资，其预期收益率和标准差分别为：

$$E(r_p)=61.35\%\times10\%+76.36\%\times18\%-37.71\%\times5\%=18\%$$

$$Std(r_p)=1.377\,1\times16.72\%=23.03\%$$

投资组合的预期收益率也可以根据式（5-24）计算，即

$$E(r_p)=5\%+\frac{(14.44\%-5\%)}{16.72\%}\times23.03\%=18\%$$

上述结果表明，投资组合的预期收益率由两部分构成：无风险收益率（5%）加上风险溢价（13%）。从投资组合的风险看，在给定投资收益率（18%）的情况下，预期收益率的标准

风险资产与无风险资产组合

差为23.03%。而对于风险资产2，虽然预期收益率也为18%，但预期收益的标准差为25%，高于投资组合标准差1.97%。也就是说，组合投资降低了投资风险。

5.4.2 证券市场线

如果说资本市场线揭示了有效组合预期收益率与风险之间的线性关系，那么，有效投资组合中的单项风险资产与市场组合之间存在着什么关系呢？美国学者威廉·夏普等在20世纪60年代提出的资本资产定价模型（capital assets pricing model，CAPM），揭示了在市场均衡条件下，单项资产或资产组合（无论是否有效）与市场组合在预期收益率与风险方面存在的关系。

为简化，资本资产定价模型通常假设：(1) 所有的投资者都追求单期最终财富的效用最大化，他们根据投资组合预期收益率和标准差来选择优化投资组合；(2) 所有的投资者都能以给定的无风险利率借入或贷出资本，其数额不受任何限制，市场上对卖空行为无任何约束；(3) 所有的投资者对每一项资产收益的均值、方差的估计相同，即投资者对未来的展望相同；(4) 所有的资产都可完全细分，并可完全变现（即可按市价卖出，且不发生任何交易费用）；(5) 无任何税收；(6) 所有的投资者都是价格的接受者，即所有的投资者各自的买卖活动不影响市场价格。

根据假设条件，在投资者只持有无风险资产和市场投资组合的情况下，单项资产的风险将以市场组合为标准进行度量。任何一项资产的风险就是它使市场组合风险增加的部分，这一增加的风险通常用这项资产与市场组合之间的协方差加以衡量。

假设$Var(r_m)$是未加入该项新资产时的市场组合方差，即将加入市场组合的单项新资产的方差为$Var(r_j)$，该项资产占市场组合的比重为w_j，该项资产与市场组合的协方差为$Cov(r_j, r_m)$，则加入新资产（j）后的市场组合方差$Var(r_{m'})$为：

$$Var(r_{m'})=w_j^2Var(r_j)+(1-w_j)^2Var(r_m)+2w_j(1-w_j)Cov(r_j,r_m)$$

由于市场组合包含市场中所有交易的资产，任何单项资产在市场组合的市场价值中的比重是很小的，因此上式中的第一项接近零，第二项接近$Var(r_m)$，剩下的第三项（协方差）可用于度量因资产j而增加的风险。或者说，对单项资产风险的衡量应是该资产与市场组合的协方差$Cov(r_j, r_m)$。

单项资产和市场组合风险与收益的关系可用图5-9描述，图中的直线称为证券市场线（the security market line，SML），描述了第j种资产风险与收益的关系，其中协方差$Cov(r_j, r_m)$是风险的衡量值。

市场组合的收益率r_m应与其自身的风险相匹配，这个风险用市场组合本身的协方差来衡量。由于任何一项资产自身的协方差都等于其方差，即$Cov(r_j, r_j)=Var(r_j)$，因此，市场组合与自身的协方差等于市场组合收益率的方差：

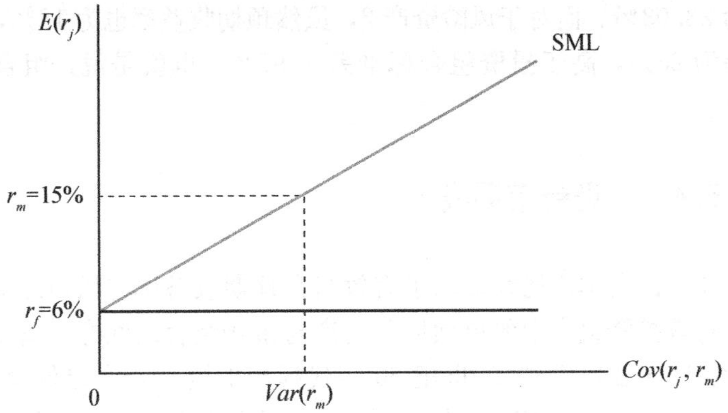

图 5-9　证券市场线

$Cov(r_m, r_m)=Var(r_m)$。所以图 5-9 中风险收益线的方程为：

$$E(r_j)=r_f+\frac{r_m-r_f}{Var(r_m)}[Cov(r_j,r_m)]$$
$$=r_f+\frac{Cov(r_j,r_m)}{Var(r_m)}(r_m-r_f)$$

由于协方差并不是市场风险的标准衡量指标，必须将其标准化。将单项资产与市场组合的协方差除以市场组合方差，就可得到市场风险的标准度量指标，通常用该项资产的 β 系数表示，从而导出资本资产定价模型，即

$$E(r_j)=r_f+\beta_j(r_m-r_f) \tag{5-25}$$

式中，$E(r_j)$ 表示第 j 种资产或组合的必要收益率或根据系统风险评估的预期收益率；r_f 表示无风险利率；β_j 表示第 j 种资产的 β 系数，用于衡量系统风险；r_m 表示市场投资组合收益率；r_m-r_f 表示市场风险溢价；$\beta_j(r_m-r_f)$ 表示第 j 种资产或投资组合的风险溢价。

根据相关系数和协方差的关系，式（5-25）中第 j 种证券的 β 系数也可以写成：

$$\beta_j=\frac{Cov(r_j,r_m)}{Var(r_m)}=\frac{Std(r_j)\times Corr(r_j,r_m)}{Std(r_m)} \tag{5-26}$$

在上式中，β 系数把单项资产和市场组合收益的协方差与市场组合的方差联系起来。据此可以得出市场组合的 β 系数等于 1，即

$$\beta_m=\frac{Std(r_m)\times Corr(r_m,r_m)}{Std(r_m)}=1$$

由于无风险投资的收益率是确定性收益，波动率等于 0，与市场组合不相关，根据式（5-26），无风险资产的 β 系数为 0，即

$$\beta_f=\frac{Std(r_f)\times Corr(r_f,r_m)}{Std(r_m)}=0$$

如果以β系数衡量某项资产的系统风险，则证券市场线（见图5-10）横轴可用β系数度量，注意：证券市场线的斜率不是β系数，而是市场风险溢价，即 r_m-r_f。

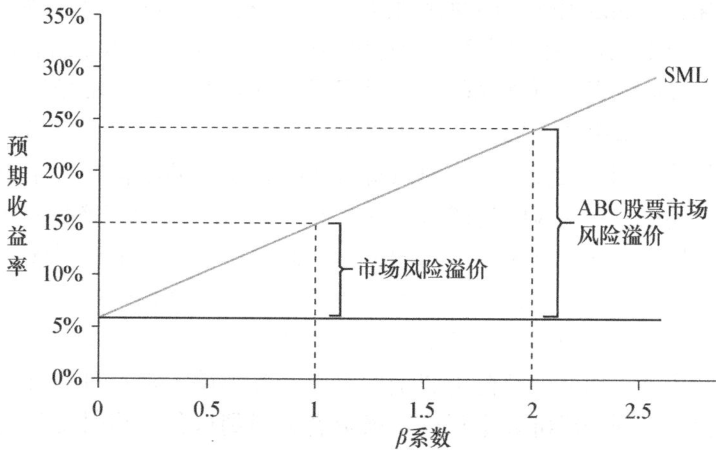

图5-10　股票预期收益率与β系数的关系

假设当前无风险收益率为6%，市场投资组合收益率为15%，市场投资组合收益的标准差为16%；ABC公司股票收益率的标准差为48%，ABC股票收益率与市场投资组合收益率的相关系数为0.665，则ABC股票的β系数和预期收益率计算如下：

$$\beta_{ABC}=\frac{Std(r_j)\times Corr(r_j,r_m)}{Std(r_m)}=\frac{48\%\times 0.665}{16\%}=2.0$$

$$r_{ABC}=6\%+2\times(15\%-6\%)=24\%$$

上述计算结果表明，市场投资组合的预期收益率每变动1%，ABC股票的收益率就会变动2%。由于ABC股票的系统风险大于市场风险，要求的收益率为24%，即无风险收益率6%加上股票的风险溢价18%（2×(15%−6%)）。图5-10描述了不同β系数条件下股票的预期收益率和风险溢价。

证券市场线是资本资产定价模型的图示形式，用以反映证券（资产）收益率与系统风险（β系数）之间的关系，说明相对于市场组合而言特定资产的系统风险是多少。证券市场线与单项证券在线上的位置，会随着利率、投资者的风险回避程度以及单项证券β系数等因素的改变而改变。如果预期通货膨胀增加2%，投资者所要求的无风险收益率就会增加，从而导致SML向上平移，如果投资者的风险厌恶感增强，就会引起SML的斜率增加。假设某公司发行大量债券从而增加了财务风险，该股票在SML上的位置将沿着SML上移至较高处。那么，投资者要求的收益率也会相应地提高。对于一项资产，影响其风险的任何变化都将导致该资产沿着SML移动。通常风险溢价会随SML斜率的变化而变化，并引起风险资产必要收益率的变化。

资本资产定价模型从本质上揭示了投资收益率的内涵。这一模型认为，市场投资组合的预期收益率减去无风险收益率（r_m-r_f）就是市场对投资者承担的每一单位的风险而支付给他的必要（额外）收益率。除市场补偿外，还要考虑某一特定投资机会（如证券 j）的风险因素，即 β_j 的影响。如果某项风险资产的 β 系数等于 0，说明该项资产的风险完全由非系统风险组成，其风险可通过分散化投资加以消除，因而此项投资只能获得无风险收益率。如果风险资产的 β 系数等于 1，说明在该项资产的总风险中，系统风险与市场组合风险在量上完全相等，此时投资者对该风险资产投资要求的收益率等于市场组合可以提供的预期收益率。如果风险资产的 β 系数大于 1，表明该项资产的系统风险大于市场组合的风险，因此投资者对该项风险资产投资要求的收益率大于市场组合提供的预期收益率。如果风险资产的 β 系数小于 0，表明在该资产的总风险中，相应的系统风险与市场组合风险呈反向变化，此时投资者要求该风险资产投资所提供的预期收益率小于无风险收益率。投资者之所以会投资于小于无风险收益率的风险资产，主要原因在于这类资产与市场组合预期收益率负相关，持有这类资产，投资者可以有效地降低投资组合的市场风险。从某种意义上说，可以将这类风险资产视为经济衰退保险，投资者为得到这种保险付出的代价是接受较低的收益率。

5.4.3 证券市场线参数估计

根据资本资产定价模型，影响股权资本成本（r_j）的因素主要是无风险收益率（r_f）、市场风险溢价（r_m-r_f），以及股票 β 系数，现简要说明各参数和确定方法。

1. 无风险收益率

无风险资产是指实际收益率等于预期收益率的资产，无风险投资必须满足以下两个条件：第一，不存在违约风险；第二，不存在再投资风险。从证券投资看，前者意味着该证券必须是政府债券；后者意味着该证券必须是零息债券。在短期投资分析中，可采用短期国债利率作为无风险收益率；在长期投资分析中，采用与分析期限相同的长期政府债券利率。从理论上讲，每一项现金流都应用一个到期日与其相近的政府债券利率来折现，例如，一项 10 年后产生的现金流应该根据 10 年期零息债券得到的收益率来折现。但在现实中，很少能够找到相匹配的收益率折现每一项现金流。为简单起见，在价值评估时会选择与整个要估价的现金流最为匹配的政府债券的到期收益率作为无风险利率。在实践中，如果为公司或长期项目估价，通常采用流动性较强的长期政府债券作为无风险收益率。

确定无风险收益率时需要注意两个问题：第一，以国债利率作为无风险收益率是假设政府没有违约风险，但在一些新兴的市场，曾经出现过政府无法偿付到期债务的现象，因此，需要根据实际情况进行调整。第二，如果存在以外币计量的投资或筹资活动，还需要计算外汇风险对一国国债利率的影响。

2. 市场风险溢价

风险溢价是指投资者将资本从无风险投资转移到风险投资时要求得到的额

外收益。由于市场中每个投资者对某种投资可接受的风险溢价有不同的估计，因此，这个风险溢价应是个别风险溢价的加权平均数，其权数取决于各个投资者在市场中投入资本的大小。在实务中，主要根据历史风险溢价、国家风险溢价和隐含风险溢价三个方面估计风险溢价大小。

（1）历史风险溢价。在资本资产定价模型中，预测风险溢价最常用的方法就是历史数据分析法，其基本步骤为：第一，确定代表市场指数的市场组合，如标准普尔500工业指数（S&P 500）、上证综合指数等；第二，确定抽样期间，实务中抽样期间往往为5年、10年或更长；第三，计算此期间市场组合或股票指数的平均收益率，以及无风险资产的平均收益率；第四，确定风险溢价，即市场组合收益率与无风险资产收益率之间的差额。[①] 美国市场不同时期的风险溢价如表5-9所示。

表5-9　美国市场风险溢价历史数据（%）

历史时期（年）	算术平均数		几何平均数	
	Stocks-T. Bills	Stocks-T. Bonds	Stocks-T. Bills	Stocks-T. Bonds
1928—2016	7.96	6.24	6.11	4.62
1967—2016	6.57	4.37	5.25	3.42
2007—2016	7.90	3.62	6.15	2.30

资料来源：http://www.stern.nyu.edu/~adamodar/New_Home_Page/AppldCF/appldCF.htm.

在表5-9中，Stocks采用的是S&P 500收益率，T. Bills采用的是3个月国库券收益率，T. Bonds采用的是10年期国债收益率；Stocks-T. Bills代表股票与短期国库券之间的风险溢价；Stocks-T. Bonds代表股票与长期国债之间的风险溢价。

根据表5-9的资料可知，风险溢价的历史数据会因所选择的方法（算术平均或几何平均）不同而不同，也会因时间起算点的不同而不同，还会因无风险收益率的选择（短期政府债券利率或长期政府债券利率）而变化。到底以哪一种为标准确定风险溢价，并没有统一答案。一种观点认为短期提供的风险溢价无法反映平均水平，应采用长期政府债券利率（按几何平均数计算）作为无风险收益率。[②] 另一种观点认为用长期平均的估计值会出现偏差，因为在计算过程中并没有给当前数据以更大的权重。由于价值评估是面向未来的，因此能够精确反映预期未来收益的平均数应该是在同样长的期间内同一种证券收益的算术平均数。实务中两种计算方法都存在，因此很难说哪一种方法的计算结果能够更准确地反映风险溢价。

在公司或项目估价过程中，如果无风险利率采用长期政府债券利率，与之

---

① 采用历史数据分析法，实际上假设：(1) 投资者的风险偏好在这一期间没有系统性变化（风险偏好可能会逐年变化，但始终没有偏离历史平均水平）。(2) 在这一期间，风险性市场投资组合的平均风险程度没有系统性变化。

② 爱德华斯·达莫德伦．公司财务——理论与实务．北京：中国人民大学出版社，2001：99.

相匹配的市场风险溢价应采用股票收益率与长期政府债券利率之差。

（2）国家风险溢价。在分析时，除了利用历史数据外，还需考虑其他一些因素，如宏观经济波动程度、一国的政治风险和市场结构等。表5-10列示了部分国家2016年的风险溢价，该数据每年都会发生一些变化。

表5-10　2016年部分国家风险溢价

国家	Moody's 评级	违约风险溢价	股票风险溢价	国家风险溢价
澳大利亚	Aaa	0.00%	5.69%	0.00%
巴西	Ba2	3.47%	9.96%	4.27%
中国	Aa3	0.70%	6.55%	0.86%
法国	Aa2	0.57%	6.40%	0.71%
德国	Aaa	0.00%	5.69%	0.00%
印度	Baa3	2.54%	8.82%	3.13%
意大利	Baa2	2.20%	8.40%	2.71%
日本	A1	0.81%	6.69%	1.00%
墨西哥	A3	1.39%	7.40%	1.71%
俄罗斯	Ba1	2.89%	9.24%	3.55%
英国	Aa1	0.46%	6.25%	0.56%
美国	Aaa	0.00%	5.69%	0.00%

资料来源：http://pages.stern.nyu.edu/～adamodar/，数据截止日：2017年1月5日。为简化，只列示了部分国家的风险溢价。

一般来说，国家风险溢价是与特定市场相联系的潜在的经济不稳定性和政治风险的函数。对国家风险溢价一般是以每一国家所发行的国家债券的违约风险溢价为基础进行估计。Standard & Poor's，Moody's Investors Service 等都对各国进行评级，这些评级主要用于衡量违约风险（而非股票风险），但它们同样受到许多驱动股票风险的因素的影响，例如，一国货币的稳定性、预算和贸易收支以及政治稳定性等。典型的风险溢价是通过观察某一国家在同一信用等级发行的债券的利率高于某一无风险利率（如美国国债或欧元利率）的差额进行估计的。

（3）隐含风险溢价。风险溢价是建立在市场正确定价的基础上，根据股票定价模型倒推出的风险溢价。在股票价值评估中，一个典型的估价公式为：

$$股票价值=\frac{下一期预期股利}{必要收益率-预期增长率}$$

上述公式有四个参数，其中三个参数可以从外部得到：目前股票价格、下一期预期股利和预期增长率。唯一未知的是必要收益率。如果这一参数确定了，就能够求出隐含的股票预期收益率，再从中扣除无风险收益率，就可以得到隐含的股票投资风险溢价。例如，股票现行市价为75元，下一期预期股利为3元，预期增长率为8%，则投资者要求的收益率为12%。如果目前的无风险收益率为5.5%，则风险溢价为6.5%。

3. β系数

在资本资产定价模型中，无风险利率和市场风险溢价对所有的公司都是相同的，只有 β_j 随公司不同而变化。β_j 一般根据第 j 只股票的收益率 r_j 和市场组合收益率 r_m 之间的线性关系确定，以反映第 j 只股票的市场风险。

(1) 历史 β 系数。在实务中，一般是根据第 j 只股票和市场组合收益的历史相关系数和标准差估计的，如果第 j 只股票的 β 系数在一段时间内相对稳定，这一方法就是合理的。采用历史数据计算 β_j 的模式为：

$$r_j=\alpha_j+\beta_j\times r_m+\varepsilon_j \tag{5-27}$$

式中，r_j 代表股票 j 的收益率；α_j 代表回归截距；β_j 代表回归线斜率；r_m 代表市场组合收益率；ε_j 代表随机误差，反映某给定期间实际收益率与回归预测收益率之间的差异，误差项的均值为零，在资本资产定价模型中，误差项对应的是可分散风险，与市场风险无关。

式（5-27）中的参数 α_j 和 β_j 可通过回归分析软件确定。如果误差项均值为0（$\varepsilon_j=0$），资本资产定价模型与回归方程的关系可描述如下：

证券市场线：$r_j=r_f+\beta(r_m-r_f)=r_f(1-\beta)+\beta r_m$

线性回归：$r_j=\alpha_j+\beta r_m$

上述分析表明，截距（α_j）与 $r_f(1-\beta)$ 的比较衡量的是股票的历史表现与根据资本资产定价模型（或证券市场线）估算的预期收益率之间的相对关系。

若 $\alpha_j>r_r(1-\beta)$，则表示在回归期间股票比预期表现要好；

若 $\alpha_j=r_r(1-\beta)$，则表示在回归期间股票与预期表现相同；

若 $\alpha_j<r_r(1-\beta)$，则表示在回归期间股票比预期表现要差。

回归过程的斜率为 β 系数，反映某只股票或投资组合的市场风险。投资组合的 β_p 系数是每只股票 β_j 系数的加权平均数，权数 w_j 为各种证券在投资组合中所占的比重，其计算公式为：

$$\beta_p=\sum_{j=1}^{n}w_j\beta_j \tag{5-28}$$

回归过程中输出的数据 R^2 测量了由一个或几个自变量解释的因变量的变异性比率，其统计意义在于它提供了回归适宜度的衡量指标，R^2 的财务意义就在于它提供了一家公司的风险（方差）中市场风险所占比例的估计，$1-R^2$ 则代表了公司特有风险。

[例5-3] 表5-11列示了浦发银行、上海机场、华能国际、中远海能、歌华有线、同仁堂6只股票在2012年11月至2017年10月，按月末收盘价作为当月价格，采用连续方法计算的月收益率；以上证综合指数代表市场组合，以同一时期上证综合指数收盘点位作为基础，采用Excel内置函数计算6只股票的截距、斜率（β 系数）、拟合系数 R^2。

表5-11　6只股票和上证综合指数各月收益率数据（2012年11月至2017年10月）

日期	浦发银行	上海机场	华能国际	中远海能	歌华有线	同仁堂	上证综合指数
2012-11-30	−0.67%	−1.67%	2.15%	−4.03%	−6.98%	−6.55%	−4.39%
2012-12-31	28.50%	10.22%	8.32%	11.64%	11.87%	3.95%	13.62%
2013-01-31	14.61%	6.52%	−5.32%	3.60%	2.51%	11.44%	5.00%
2013-02-28	−3.73%	−0.68%	−2.39%	−2.53%	2.02%	6.68%	−0.83%
2013-03-29	−8.78%	1.87%	4.29%	−6.84%	−9.42%	5.38%	−5.61%
2013-04-26	−2.50%	−6.36%	−7.99%	−3.48%	−2.22%	−0.44%	−2.66%
…	…	…	…	…	…	…	…
2017-05-31	−16.94%	9.84%	−0.13%	−6.66%	−7.01%	3.98%	−1.20%
2017-06-30	−1.49%	−1.28%	−5.95%	6.06%	1.59%	7.94%	2.39%
2017-07-31	5.46%	0.37%	0.00%	3.12%	−3.14%	−6.16%	2.49%
2017-08-31	−4.99%	4.18%	−2.62%	−2.67%	5.85%	−1.84%	2.65%
2017-09-29	1.25%	−2.78%	−2.98%	−4.77%	−1.35%	0.43%	−0.35%
2017-10-31	−2.04%	14.14%	−3.07%	1.56%	−1.85%	3.81%	1.32%
收益率均值	0.86%	2.24%	0.08%	0.68%	1.37%	1.02%	0.82%
截距	0.002 3	0.016 7	−0.007 0	−0.003 3	0.003 0	0.001 0	0.000 0
斜率	0.771 5	0.685 1	0.939 9	1.225 5	1.293 2	1.114 2	1.000 0
R^2	0.379 7	0.448 9	0.481 5	0.525 2	0.458 1	0.459 0	1.000 0

资料来源：按各月末收盘价计算收益率（为简化，中间部分数据未列示）。

在表5-11选择的6只股票中，仅从2012年11月至2017年10月这60个月的数据看，中远海能、歌华有线和同仁堂的股票β系数（斜率）大于1，表明公司风险大于市场风险；浦发银行、上海机场和华能国际的股票β系数均小于1，表明公司风险小于市场风险。在本例中，采用60个月的数据只是为了说明β系数的计算方法，其分析结果并不足以作为投资决策或评价某种股票收益与风险的依据。R^2是指模型的拟合程度，这个值越接近1，说明两个变量之间的相关性越强。

六只股票回归参数

一定时期单项资产与市场组合收益率分布点的回归线称为证券特征线（security characteristics line，SCL）。图5-11描述了同仁堂与上证综合指数月收益率拟合回归线。

根据表5-11和图5-11，同仁堂与市场组合收益率回归统计数据分析如下。

第一，假设在此期间无风险收益率为3.49%，则

$$r_f(1-\beta)=3.49\%\times(1-1.114\,2)=-0.004$$

回归线截距为0.001，大于$r_f(1-\beta)$，表明在此期间，同仁堂股票历史收益率高于按证券市场线估计的预期收益率。

第二，回归线斜率为1.114 2，这是同仁堂在此期间股票月收益率的β系数，它表明如果市场平均收益率上升1%，同仁堂收益率将上升1.114 2%；如果市

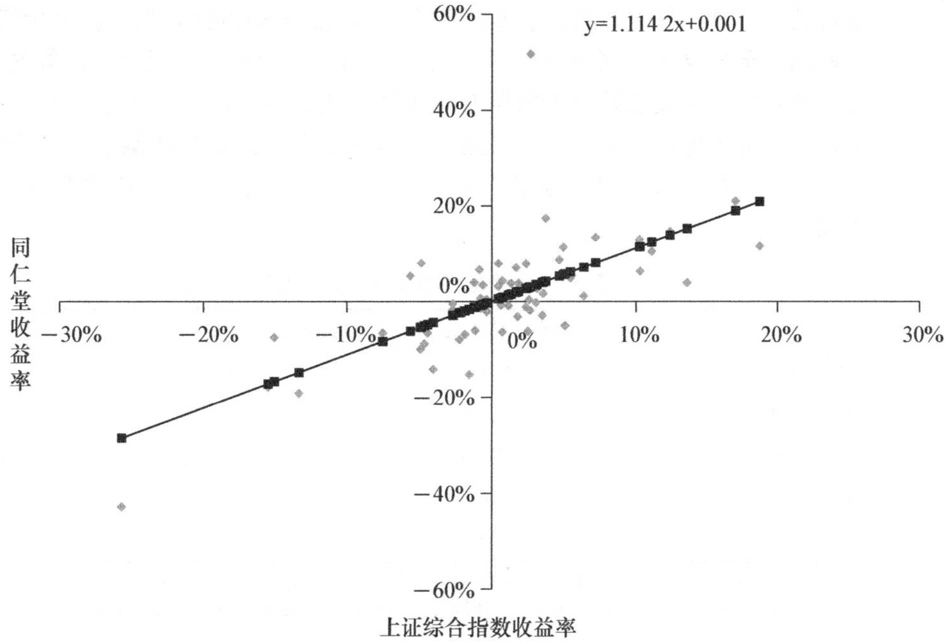

图5-11 同仁堂与上证综合指数月收益率回归线（2012年11月至2017年10月）

场平均收益率下降1%，同仁堂收益率将下降1.114 2%。

第三，根据回归输出的数据，回归拟合系数R^2=45.9%，这一指标表明同仁堂45.9%的风险来自市场风险（如利率、通货膨胀风险等），54.1%的风险来自公司特有风险，后一种风险是可分散风险，因此，在资本资产定价模型中是不能获得相应补偿的。

根据历史数据计算某一只股票的β系数时，分析人员要注意以下几个问题：

第一，估计期的期限。大部分数据提供商使用5年的数据估计β系数，也有的采用2年的数据。较长的估计期可以提供更多的数据，但公司的风险特征在这一期间也会发生变化。

第二，估计收益时间间隔期距。对不同时段的数据进行回归或对同一时段但以不同的间隔（每年、每月、每周或每天）进行回归，就会得到不同的β系数。例如，标准普尔（S&P）估计β系数时使用的是最近5年的月收益率，价值线投资服务公司（Value Line）使用最近5年的周收益率估计β系数，布隆博格（Bloomberg）根据最近2年的周收益率估计β系数，万德资讯（Wind）采用100周的收益率滚动估计β系数。

第三，估计中采用的市场指数。大多数β系数估计机构都使用该股票的市场指数估计该公司的β系数。例如，估计美国股票的β系数使用纽约证券交易所综合股价指数（NYSE composite）；估计英国股票的β系数使用伦敦金融时报100指数（FTSE）；估计日本股票的β系数使用日经指数；估计中国上市公司股票的β系数一般使用上海证券交易所股价指数或深圳证券交易所股价指数等。

表5-12反映了不同观察期、不同的间隔期距及不同市场代理变量计算的结论是不相同的。资本资产定价模型是一个单期模型，并不能告诉人们哪种标准

更合适。不过，基于美国资本市场特征和不同的经验测试，大多数分析者认为：原始回归至少要有60个数据点（例如，5年的月收益率），通过β系数的滚动变化轨迹可以检查股票风险中的所有系统性变化；原始的回归应基于月收益率数据，如果使用更短的期间，如日或周收益率，会导致系统性偏差；公司的股票收益率应该对经过价值加权平均的、充分分散化的组合（如标准普尔500等）做回归。

表5-12 β系数提供商β系数的估计方法

	布隆博格（Bloomberg）	价值线（Value Line）	标准普尔（S&P）
观测值数量	102	260	60
间隔期距	2年周收益率	5年周收益率	5年月收益率
市场指数代理变量	S&P500	NYSE综合指数	S&P500
样本β系数平均数	1.03	1.24	1.18
样本β系数中位数	1.0	1.2	1.21

资料来源：Bruner，R. F.，Eades，K. M.，Harris，R. S.，Higgins，R. C. Best Practices in Estimating the Cost of Capital：Survey and Synthesis. Financial Practice & Education，1998（23）：15-33.

（2）行业β系数与财务杠杆。对β系数的估计并不是一个精确的过程，通过历史回归估算出同仁堂原始的β系数为1.114 2，R^2为45.9%，从统计意义上解释，回归线的拟合度为45.9%。根据回归输出数据，β系数的标准差为0.158 8，如果以2倍的标准差作为基础，同仁堂真实的β系数应落在0.796 5～1.431 9这个区间，严格来说，这个区间有些大。

为了提高β系数估计的准确度，可以采用行业β系数，而非个别公司的β系数。同一行业的公司面临相似的经营风险，其β系数也应相近。只要各公司的估算误差是不相关的，对各个β系数的高估或低估就趋于消除，因此行业β系数的中位数（或均值）是一个比较好的估计值。

但是，简单地使用行业原始的β系数的中位数或均值忽略了一个重要的因素：各公司的负债水平可能不同。一家公司的β系数不但与经营风险有关，而且与公司的财务风险有关。负债较多的公司的股东相对来说承担着更大的风险，这种风险就体现在β系数上。因此，要比较经营风险相似的公司的β系数，必须先消除公司负债水平的影响。

如果公司的市场风险完全由股票持有人承担（债务β系数为0），且债务能给公司带来利息抵税效应，那么负债公司股票的β_L系数和无负债公司股票的β_U系数之间的关系可用下式表示：

$$\beta_L=\beta_U[1+(1-T)(D/E)] \quad (5-29)$$

式中，β_L，β_U分别表示负债公司和无负债公司股票的β系数；T表示公司所得税税率；D/E表示负债资本与股权资本的比率（或称财务杠杆）。

无负债公司股票的β系数是由公司经营的业务类型和经营风险水平决定的；负债公司的β系数是由经营风险和财务风险共同决定的。由于财务风险会增加潜在的行业风险，高风险行业的公司通常不愿意使用财务杠杆；同理，收入相对稳定的公司通常具有较高的财务杠杆。

以行业平均水平估算一家公司 β 系数的方法，主要分四步：第一，根据市场指数（例如，上证综合指数）对每一公司的股票收益率做回归，求出原始的 β 系数。第二，根据公司的财务杠杆把每家公司的 β 系数转化为无负债 β 系数，财务杠杆等于带息债务市场价值与股权市场价值之比。第三，计算行业内无负债 β 系数的中位数或平均数。第四，根据公司的目标财务杠杆（也可采用当前财务杠杆作为替代），把行业无负债 β 系数转换成各公司的负债 β 系数。

为简化，表 5－13 仅选择了 10 家医药行业的公司，计算该行业的无负债 β 系数。根据式（5－29）将负债 β 系数转换为无负债 β 系数，求出行业平均无负债 β 系数为 0.911 9。

表 5－13　医药行业无负债 β 系数（2012 年 11 月至 2017 年 10 月）

公司	负债 β 系数	带息债务/股权价值*	所得税税率	无负债 β 系数
同仁堂	1.114 2	0.030 1	25%	1.089 6
太极集团	1.408 6	0.777 0	25%	0.890 0
复星医药	0.758 6	0.124 7	25%	0.693 7
中新药业	0.925 8	0.039 1	25%	0.899 4
亚宝药业	0.805 2	0.166 0	25%	0.716 1
天药股份	1.144 2	0.072 8	25%	1.085 0
康美药业	0.910 7	0.125 2	25%	0.832 5
交大昂立	1.169 6	0.084 5	25%	1.099 9
康恩贝	1.174 8	0.157 2	25%	1.050 9
哈药股份	0.812 6	0.088 7	25%	0.761 9
平均数				0.911 9

* 带息债务/股东权益数据来自 Wind 资讯，为简化，假设所得税税率均为 25%。

表中各公司负债 β 系数是以各月末收盘价作为当月价格，采用连续方法计算 60 个月的收益率，以上证综合指数代表市场组合，以同一时期上证综合指数收盘点位作为基础计算出的。

在公司估价时，通常采用带息债务和股权价值估计财务杠杆，其中：

带息债务＝负债合计－无息流动负债－无息非流动负债

股权价值＝A 股收盘价×A 股合计＋B 股收盘价×人民币外汇牌价
　　　　×B 股合计＋海外流通股×海外流通股股价
　　　　＋(总股数－A 股－B 股－海外流通股)×每股净资产

由于大多数负债（特别是银行借款）并没有在市场中交易，在估价时，一般采用账面价值近似地代替市场价值。在表 5－13 中，同仁堂股票无负债 β_U 系数的计算如下：

$$\beta_U=\frac{\beta_L}{1+(1-T)(D/E)}=\frac{1.114\,2}{1+(1-25\%)\times 0.030\,1}=1.089\,6$$

其他各公司无负债 β_U 系数的计算方式相同，按算术平均法计算医药行业无负债

β_U 系数为0.911 9。假设以医药行业无负债 β_U 系数代替同仁堂公司无负债 β_U 系数，根据同仁堂公司的财务杠杆和所得税税率，同仁堂公司的负债 β_L 系数计算如下：

$$\beta_L = 0.9119 \times [1 + (1 - 25\%) \times 0.0301] = 0.9325$$

经过行业调整，同仁堂公司负债 β 系数由 1.114 2 变为 0.932 5，低于原始的 β 系数，其主要原因一是行业无负债 β 系数均值低于同仁堂股票无负债 β 系数，二是同仁堂公司的财务杠杆在所选择的 10 家公司中处于最低水平，或者说，同仁堂公司的财务风险低于同行业水平。

这种方法最主要的作用是可以用行业调整 β 系数估计非上市公司的 β 系数，也就是说，无须知道个别公司或资产的历史价格，就可以估计 β 系数。例如，你要估计一家未上市的医药公司的 β 系数，假设该公司的财务杠杆为 40%，所得税税率为 25%，该公司的 β 系数估计值为：

$$\beta_L = 0.9119 \times [1 + (1 - 25\%) \times 0.40] = 1.1855$$

计算结果表明，在其他因素一定的条件下，提高财务杠杆的同时提高了财务风险和公司的 β 系数。

(3) β 系数的平滑调整。由于 β 系数是采用历史收益率数据进行计算的，通常将这一结果称为历史 β 系数或基础 β 系数（fundamental β）。由于市场环境的变化，当前的 β 系数与历史 β 系数有一定的差别。为了得到更真实的 β 系数，一般会对基础 β 系数进行一定的平滑调整，调整后的 β 系数（adjusted β）应该能够更接近真实的 β 系数。

$$\text{调整}\beta\text{系数} = (1 - X)\text{基础}\beta\text{系数} + X$$

这里的 X 具体取值多少，根据不同的市场环境、不同的研究方法得出的结论不同。例如，布隆博格取值 1/3 进行调整，即

$$\text{调整}\beta\text{系数} = \text{基础}\beta\text{系数} \times 0.67 + 0.33$$

以同仁堂为例，采用回归方法计算的原始的 β 系数为 1.114 2，应用这个公式可以得到调整后的 β 系数 1.076 5（即 1.114 2×0.67+0.33）。采用一定的方法对回归分析得到的 β 系数进行调整，以反映估计误差的可能性和 β 系数向平均值（或者是行业的，或者是整个市场的）回归的趋势。

假设无风险收益率为 3.84%，市场收益率为 9.9%（上证综合指数同期月均收益率×12 个月，即 0.82%×12），同仁堂股票必要收益率的计算如下：

$$\text{调整前必要收益率} = 3.84\% + 1.1142 \times (9.9\% - 3.84\%) = 10.59\%$$

$$\text{调整后必要收益率} = 3.84\% + 1.0765 \times (9.9\% - 3.84\%) = 10.36\%$$

资本资产定价模型在理论上比较严密，但这一模型的假设条件与现实不完全符合。首先，该模型只考虑了股票市场的系统风险，相当于假设普通股的相关风险只有市场风险，从而低估了普通股资本成本；其次，将 β 系数定义为股市平均风险的倍数，并用它来计算个别股票风险补偿相对于股市平均风险补偿的倍数，实际上是假设风险与收益呈线性关系，而这是缺乏逻辑依据的；最后，

模型所需要的各种数据特别是 β 系数有时很难取得，如果在估计时误差较大，估算的结果可能毫无意义。

5.4.4　证券市场线定价功能

资本资产定价模型除了用以衡量系统风险外，在实务中主要广泛用于识别资产定价高低，确定股权资本成本，以及作为项目评价和业绩考核的标准。

在市场均衡状态下，所有资产和所有资产组合都应落在 SML 上，也就是说，所有资产都应被定价以使其估计的收益率（estimated rate of return）与其系统风险水平相一致。这一估计的收益率是在现行市场价格下投资者期望得到的收益率。任何估计的收益率落在 SML 上方的证券应被认为定价过低，因为它表明你估计得到的证券收益率高于根据系统风险计算的必要收益率。相反，估计的收益率分布在 SML 下方的证券则被认为定价过高，相对于 SML 来说，这种位置说明你估计的收益率低于系统风险要求的收益率。

假设证券分析师对 5 只股票进行跟踪分析，预测 5 只股票的价格和股利如表 5－14 所示，据此计算出分析师预测的持有期间收益率。

表 5－14　股票市场价格和估计收益率

股票	现价（P_t）	预期价格（P_{t+1}）	预期股利（D_{t+1}）	估计收益率
A	25	27	0.5	10.00%
B	40	42	0.5	6.25%
C	33	39	1	21.21%
D	64	65	1	3.13%
E	50	54		8.00%

为分析现行市场价格水平以及估计的收益率是否合理，可采用 SML 确定某一项特定资产的必要收益率，并进行比较，以便判定一项投资是否被恰当定价。假设无风险利率为 6%，市场投资组合收益率为 12%，5 只股票的 β 系数和预期的必要收益率，以及估计收益率如表 5－15 所示。

表 5－15　必要收益率与估计收益率比较

股票	β 系数	必要收益率	估计收益率	估计收益率－必要收益率	评价
A	0.70	10.20%	10.00%	−0.20%	定价合理
B	1.00	12.00%	6.25%	−5.75%	定价过高
C	1.15	12.90%	21.21%	8.31%	定价过低
D	1.40	14.40%	3.13%	−11.27%	定价过高
E	−0.30	4.20%	8.00%	3.80%	定价过低

表 5－15 中的必要收益率是根据每只股票的系统风险计算的，估计收益率是根据股票现行价格、预期价格和股利计算的。估计收益率与必要收益率之间的差异称为股票的超额收益率，这一指标可以为正（股票定价过低），也可以为负（股票定价过高），如果超额收益率为 0，则股票正好落在 SML 上，其定价正好与其系

统风险相当。股票 β 系数、必要收益率、估计收益率之间的关系如图 5－12 所示。

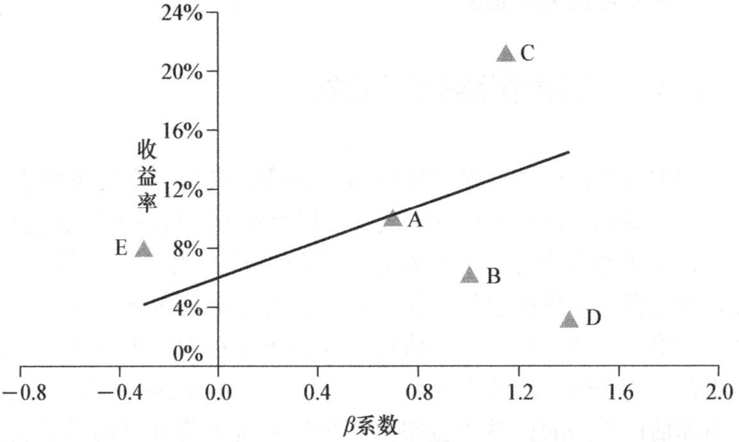

图 5－12　估计收益率在 SML 上的分布

在图 5－12 中，股票 A 几乎正好在 SML 上，表明股票 A 的定价基本合理，因为它的估计收益率几乎与必要收益率相等；股票 B 和股票 D 处于 SML 的下方，表明其定价过高，因为它们在持有期间的估计收益率低于投资者要求或预期得到的与风险相关的收益率；股票 C 和股票 E 都处于 SML 上方，估计收益率大于根据系统风险计算的必要收益率，因此，这表明它们是定价过低的股票。如果你相信分析师对估计收益率的预测，你会买入股票 C 和股票 E，卖出股票 B 和股票 D，而对股票 A 不采取任何行动。如果你是激进型的投资者，也可以卖空股票 B 和股票 D。

CAPM 定价功能

资本资产定价模型在使用过程中仍存在一些问题，例如，资本资产定价模型的假设与现实不完全符合，在实际中无风险资产与市场组合可能不存在，采用历史数据估价的 β 系数很难准确地衡量当前或未来的风险，选用的市场组合可能并不能代表真正的市场组合等。总之，由于资本资产定价模型的局限性，许多学者仍在不断探求比资本资产定价模型更为准确的资本市场理论。但到目前为止，尚无一种理论可与资本资产定价模型相匹敌。

5.4.5　资产定价多因素模型

在资本资产定价模型中，任何风险资产的预期收益率是该资产相对于市场系统风险的线性函数，即所有资产的收益率与一个共同的因素——市场组合风险线性相关。此后，一些学者发现 β 系数无法完全解释资产的预期收益。

1. 三因素模型

尤金・法马和肯尼思・弗伦奇（1992）① 研究了美国股市 1962—1989 年间

① Fama, E. F., French, K. R. The Cross-Section of Expected Stock Returns. Journal of Finance, 1992, 47(2): 427-465.

股票收益与市场β系数、规模、财务杠杆、账面市值比、盈余价格比、现金流价格比、历史销售增长、历史长期回报及历史短期回报等因素之间的关系。他们发现市场β系数、财务杠杆及盈余价格比对股票收益的解释力较弱，而规模及账面市值比两个因素的联合基本可以对股票收益进行解释。1996年，他们通过对美国股市1963—1993年间的数据的实证检验，认为股票收益可以由市场风险溢价、规模因素溢价及B/M因素溢价三因素来解释。他们认为股票收益可以由市场风险溢价（r_m-r_f）、公司规模因素溢价（SMB）以及账面市值比溢价（HML）三因素来解释，即

$$\begin{aligned} r_{j,t}-r_{f,t}=\alpha_j+\beta_{MKT,j}(r_{m,t}-r_f)+\beta_{SMB,j}(SMB_{j,t}) \\ +\beta_{HML_{j,t}}(HML_{j,t})+\varepsilon_{j,t} \end{aligned} \tag{5-30}$$

式中，$r_{j,t}$与$r_{m,t}$分别是证券j和市场投资组合在t期的收益率，$r_{f,t}$是无风险收益率；$SMB_{j,t}$是小股票组合和大股票组合收益率之差；$HML_{j,t}$是高账面市值比和低账面市值比的股票组合收益率之间的差额；$\varepsilon_{j,t}$是扰动项。

随后他们验证了在包括美国在内的12个主要证券市场中，价值型股票（high book to market equity）的收益率要高于成长型股票（low book to market equity）的收益率，在16个主要证券市场中，有11个市场中的小型公司股票的回报率高于大型公司，就1975—1995年的样本数据而言，二者的年均差额达到7.6%，这证明规模和账面市值比两个因素对股票横截面收益率的显著性很高。

1993年，法马和弗伦奇发表的论文Common Risk Factors in the Returns on Stocks and Bonds正式标志着三因素模型的建立。在这篇文章中，他们发现三因素可以很好地解释股票的平均收益，而且回归分析的截距接近0（Alpha接近0），这意味着市场因素、规模因素和账面市值比因素三者一起可以很好地解释股票市场中的收益。

在Fama-French三因素模型的基础上，Carhart（1997）[①]提出了动量因素（momentum），得到四因素模型。Fama-French（2015）[②]在三因素的基础上继续增加两个因素——盈利能力因素RMW和投资因素CMA，得到五因素模型。

2. 套利定价理论

美国学者史蒂芬·A. 罗斯（Stephen A. Ross，1976）[③]提出的套利定价理论（arbitrage pricing theory，APT），解释了风险资产预期收益率与有关共同因素的预期收益率的关系。他认为任何资产的预期收益率都是K个要素的线性函

---

① Carhart，Mark M. On Persistence in Mutual Fund Performance. Journal of Finance，1997，52 (1)：57-82.

② Fama，E. F.，K. R. French. A Five-Factor Asset Pricing Model. Journal of Financial Economics，2015，116 (1)：1-22.

③ Ross，S. A. The Arbitrage Theory of Capital Asset Pricing. Journal of Economic Theory，1976，13 (13)：341-360.

数。资产分析的目的就在于识别经济中的这些因素，以及资产对这些经济因素变动的不同敏感性。APT 将资本资产定价模型从单因素模式发展成为多因素模式，以期更加适应现实经济活动的复杂情况。按照 APT 模式，证券或资产 j 的预期收益率为：

$$E(r_j)=r_f+\beta_{j1}[E(r_{j1})-r_f]+\beta_{j2}[E(r_{j2})-r_f]+\cdots+\beta_{jk}[E(r_{jk})-r_f] \tag{5-31}$$

式中，k 是影响资产收益率的因素的数量；$E(r_{j_1})$，$E(r_{j_2})$，…，$E(r_{jk})$ 是证券 j 在因素为 1，2，…，k 时的预期收益率；β_{j1}，β_{j2}，…，β_{jK} 是证券 j 对于因素 1，2，…，k 的敏感系数。

假设 A，B，U 分别代表三个投资组合。其收益率受单一因素的影响，且均不存在可分散风险。$\beta_A=1.2$，$\beta_B=0.8$，$\beta_U=1$；$r_A=13.4\%$，$r_B=10.6\%$，$r_U=15\%$。A，B 组合的风险收益是相对应的，因而它们的价格定得适当。U 组合的收益较高，大于其承担的风险补偿，因而其价格被低估，它在三个组合中表现出获利机会，从而导致套利交易的形成。

为说明这一套利过程及其结果，先假设投资 1 000 元建立一个与 U 组合风险相同（$\beta_U=1$）的 F 组合，假设 F 组合的投资一半在 A 组合，一半在 B 组合。则 F 组合的风险或收益就是 A 和 B 两个组合风险或收益的加权平均数：

$$\beta_F=0.5\times1.2+0.5\times0.8=1.0$$
$$E(r_F)=0.5\times13.4\%+0.5\times10.6\%=12\%$$

A，B，U 三个组合的关系如图 5-13 所示，在图 5-13 中，F 和 U 组合的风险是相等的，均为 1.0，但 U 组合的收益率为 15%，比 F 组合的收益率 12% 要高。这时，投资者即可进行套利交易，即按 1 000 元把 F 组合卖空，所得的 1 000 元投资于 U 组合。在这笔交易中，投资者没有增付资本，也不多承担风险，但通过卖空套利 30 元，如表 5-16 所示。

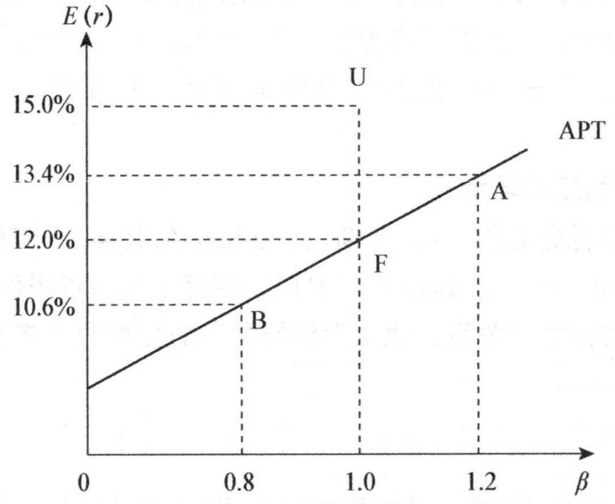

图 5-13 A，B，U 投资组合的关系

表 5-16 U 与 F 套利组合

投资组合	投资额（元）	收益（元）	风险
U 组合	1 000	150	1.0
F 组合	−1 000	−120	−1.0
套利组合	0	30	0

由于这种套利既不增加投资，又不增加风险，投资者将会继续进行。不过，从动态观点看，卖空 F 组合将会降低 A，B 组合的价格，从而提高它们的预期收益率，同时，买进 U 组合会提高它的价格，并降低其收益。这种过程将不断重复进行，直到 U 组合的收益与 F 组合持平，A，B，U 三个组合都位于这条直线上为止。在市场均衡的条件下，所有资产都必须落在套利定价线上，也就是说，套利交易使资产或投资组合的风险与收益保持 APT 线性关系。

需要说明的是，上例中的预期收益率仅受一个因素的影响，并假设只有市场这一因素。套利定价理论的最大优点是可以扩大到包含若干风险因素，但这一理论本身并没有指明影响证券收益的因素有哪些，以及如何衡量这些因素的敏感性。这一问题还没有得到肯定的回答，尚需理论界和实务界共同进一步探索。

走近大家：
威廉·夏普

多因素模型可以被认为是一种广义的资本资产定价模型，它为投资者提供了一种替代性的方法，来理解市场中的风险与收益率间的均衡关系。它与现代资产组合理论、资本资产定价模型、期权定价模型等共同构成了现代财务学的理论基础。

□ 本章小结

1. 投资风险与收益权衡的因素有三个：该项资产的预期收益水平；用资产收益率方差或标准差表示的该项资产的风险；投资者为承担风险而要求获得的收益补偿水平。

2. 投资组合的收益率是单项资产预期收益率的加权平均数，权数为投资组合价值中投资于每种资产的比重。投资组合的风险（收益率标准差）主要取决于任意两种资产收益率的协方差或相关系数，投资组合的风险并不是各种资产标准差的简单加权平均数。

3. 资本市场线是指一种有效组合预期收益率与风险之间简单的线性关系的一条射线。它是沿着投资组合的有效边界，由风险资产和无风险资产构成的投资组合，位于资本市场线上的每一点都代表有效投资组合。证券市场线是资本资产定价模型的图示形式，用以反映证券收益率与系统风险（β 系数）之间的关系，说明相对于市场组合而言特定资产的系统风险是多少。一定时期单项资产与市场组合收益率分布点的回归线称为证券特征线。

4. 资本资产定价模型从本质上揭示了投资收益率的内涵。这一模型认为，市场投资组合的预期收益率减去无风险收益率（$r_m - r_f$）就是市场因投资者承担的每一单位的风险而向其支付的必要（额外）收益率。

5. 资本资产定价模型认为，任何风险资产的收益是该资产相对于市场的系统风险的线性函数；多因素模型认为，风险资产的收益率不但受市场风险的影响，还与其他许多因素相关，任何资产的收益率是 K 个要素的线性函数。在实务中，资本资产定价模型或多因素模型可以为确定风险资产（如投资项目）的资本成本提供理论依据。

□ 基本训练

◆ 单项选择题

1. 假设市场隐含的风险溢价为5%，而你所使用的历史风险溢价为7.5%。如果你用历史风险溢价为股票定价，你可能（　　）。

A. 高估了股票的内在价值　　B. 低估了股票的内在价值

C. 获得更多的投资机会　　D. 放弃许多投资机会

2. 如果投资组合由20种资产组成，则构成组合总体方差和协方差的项目个数分别为（　　）。

A. 20和380　　B. 400和20

C. 20和20　　D. 420和20

3. 如果投资者预期未来的通货膨胀率将上升，并且投资者对风险更加厌恶，那么证券市场线将（　　）。

A. 向下移动，并且斜率增加　　B. 向下移动，并且斜率减少

C. 向上移动，并且斜率增加　　D. 向下移动，并且斜率减少

4. 假设你必须在两种投资中做出选择。它们有相等的预期收益率（15%）和相等的方差（25%）。然而，投资于A很有可能使你手中的钱增加4倍但实现的概率较小，投资于B则有很大可能获得60%的盈利。那么，你将（　　）。

A. 选择A或B，因为两项投资的风险和收益没有什么差别

B. 选择A，因为它有可能获得高收益

C. 选择B，因为它可能更安全

D. 选择A，因为它风险最小

5. 在资本资产定价模型中，最有效的方法是（　　）。

A. 购买一个由市场中风险最大的股票组成的均衡投资组合

B. 购买一个由市场中风险最小的股票组成的均衡投资组合

C. 购买价值被低估的股票

D. 借入资金，购买一个较好地分散化的投资组合

◆ 多项选择题

1. 下列风险中，不能通过组合投资予以分散的有（　　）。

A. 经济衰退　　B. 市场利率上升

C. 新产品试制失败　　D. 劳动纠纷

E. 国家政治形势变化

2. 关于投资组合的收益和风险，下列说法中，正确的有（　　）。

A. 投资组合收益率是各种资产收益率的加权平均数

B. 投资组合的风险不仅取决于各种资产收益率方差的加权平均数，还取决于各种资产收益率的协方差

C. 当风险资产有效边界线与一条无差异曲线相切时，该点表示投资者在既定条件下可选择的最佳投资组合

D. 投资组合的预期收益率等于无风险收益率与风险资产组合的预期收益率的加权平均数

E. 有效投资组合应该是在任何风险程度下获得最高可能的预期收益，或在任何预期收益下内含最低可能风险的一种投资组合

3. 资产定价三因素模型认为股票收益可以由三因素来解释，具体包括（　　）。

A. 市场风险溢价　　B. 公司规模因素溢价

C. 财务杠杆　　D. 账面市值比溢价

E. 经营风险

4. 在下列各项中，能够正确揭示证券市场线特征的表述有（　　）。

A. 证券市场线的斜率由β系数决定

B. 如果投资者对风险的厌恶程度减少，则证券市场线的斜率增加

C. 在市场均衡的情况下，所有证券都将落在证券市场线上

D. 证券市场线揭示了投资必要收益率与市场风险的关系，投资者不能控制证券市场线的斜率和截距

E. 若证券市场线的斜率为负，根据资本资产定价模型，证券投资的预期收益率将低于无风险收益率

5. 影响投资风险与收益权衡的因素主要是（　　）。

A. 该项资产组合的预期收益水平

B. 该项资产组合的风险

C. 投资者为承担风险而要求获得的收益补偿水平

D. 投资者市场分析能力

E. 公司资产风险水平

◆ **判断题**

1. 标准差可用来比较各种不同投资方案的系统风险程度。（　　）

2. 采用算术平均数衡量一项资产的长期收益，其结果总是高于几何平均数。（　　）

3. 根据投资组合理论，不同股票的投资组合可以降低风险，股票种类越多，风险越小，由市场全部股票构成的投资组合的风险为零。（　　）

4. 在资本资产定价模型中，如果资产的β系数小于零，表明这项投资收益率将小于无风险利率。（　　）

5. 资产市场线与证券市场线的斜率相同。（　　）

◆ **讨论/思考题**

1. 法马（1976）[①] 随机选择了50只在纽约证券交易所上市的证券，用1963年7月至1968年6月的月数据计算出它们的标准差。再从中随机选取一只证券，该证券收

① Fama，E. F. Foundations of Finance. Basic Books，New York，1976.

益率的标准差为11%。然后，将这只证券与另一只随机选取的证券按照相同的权重形成两种证券的组合。此时，标准差降为7.2%左右。之后，越来越多的证券逐步随机地添加到证券组合中，直到50种证券全部包括在内。实验结果表明，当随机选择10～15只证券之后，几乎所有的可分散风险均被分散。另外，证券组合的标准差很快就趋于一个极限值，这一数值大致等于所有证券的平均协方差。请结合投资组合理论解释这一实验结果及其应用价值。

2. 假设当前无风险收益率为8%，市场组合收益率为12%，如果投资者预计通货膨胀率将在现在国库券所反映的8%的基础上再涨2个百分点，这对SML及高风险、低风险债券各有什么影响？假设投资者的风险偏好发生变化，使得市场风险溢价由4%增至6%，这对SML及高风险、低风险证券的收益又有何影响？

3. 资本市场线与证券市场线是一组非常重要的概念，也是一对非常容易混淆的线，请说明它们之间的区别。

4. AAA房地产公司现有两个投资项目，即建一座大型学生公寓或投资一项生物制药工程，它们的投资规模都是5亿元，期望净现值都是1亿元。如果你是公司经理，你会选择哪一项目？请根据财务管理的相关理论解释你的选择（也可在某些假设条件下分析说明）。

5. 长期资本管理公司依据历史数据建立了复杂的定量模型，并认为新兴市场利率将降低，发达国家的利率走向相反，于是大量买入新兴市场债券，同时抛空美国国债。然而1998年8月，俄罗斯宣布卢布贬值，延迟3个月偿还外债，俄罗斯国债大幅贬值并完全丧失流动性。从5月俄罗斯金融风暴到9月全面溃败的短短150余天内，这家声名显赫的对冲基金的资产净值下降90%，出现43亿美元巨额亏损，仅剩5亿美元，濒临破产。为什么根据历史数据建立的定量模型无法预期所有潜在的灾难？

◆ 计算分析题

1. X股票近10年的历史收益率数据如表5-17所示。

表5-17　X股票近10年的历史收益率

年份	年收益率	年份	年收益率
2010	−2.20%	2015	10.30%
2011	10.20%	2016	12.50%
2012	11.40%	2017	20.40%
2013	−30.50%	2018	−10.90%
2014	36.00%	2019	30.00%

要求：

(1) 估计X股票的年平均收益率和标准差。

(2) 假设公司这10年来都没有支付股利，2009年末股票价格为30.6元，那么2019年末X股票的价格是多少？

(3) 这10年间X股票价格的年几何收益率是多少？这与(1)中得到的年平均收益率相等吗？

2. 现有A，B两种证券，相关参数如表5-18所示。

表5-18 A，B两种证券相关参数

参数	A	B	
预期收益率	12%	18%	
标准差	25%	30%	
A与B收益率的相关系数			0.60

要求：

(1) 假设两种证券的投资比重相等，计算投资组合的预期收益率和标准差。

(2) 你会选择以上的投资组合还是单一的证券（A或B)？为什么？

(3) 计算最小风险投资组合条件下A，B证券的投资比重、投资组合预期收益率和标准差；构造A证券从0%～100%变化的投资组合图。

3. X证券和Y证券的有关数据如表5-19所示。

表5-19 X证券和Y证券相关数据

证券	预期收益率	标准差	相关系数（与X证券）
X	10.00%	12.00%	1.00
Y_1	14.00%	18.00%	−1.00
Y_2	14.00%	18.00%	−0.25
Y_3	14.00%	18.00%	0.25
Y_4	14.00%	18.00%	1.00

要求：

(1) 计算两种证券在不同投资比重下（X证券的投资比重从0～100%）的预期收益率，以及不同相关系数下的投资组合标准差。

(2) 画出以上每种情况下的投资组合预期收益率和标准差的曲线（标准差为x轴，投资组合平均收益率为y轴)。

(3) 根据计算结果说明不同相关系数下投资组合风险与收益的关系。

4. 现有X，Y两种证券，相关参数如表5-20所示。

表5-20 X，Y两种证券相关参数

参数	X	Y	
预期收益率	12%	15%	
标准差	25%	40%	
A与B收益率的相关系数			−1.00

要求：

(1) 如何构造一个无风险投资组合？该无风险投资组合的预期收益率是多少？

(2) 假设你能从当地银行以8%的利率借入资金，如何从中套利？

5. 现有A，B两种证券，相关参数如表5-21所示。

表5-21 A，B两种证券相关参数

参数	A	B
预期收益率	15%	6%
标准差	40%	0%

要求：

(1) A与B之间的相关系数是多少？

(2) 如果你要建立一个标准差为20%的投资组合，A，B各应占多大比重？

(3) 这个投资组合的预期收益率是多少？

6. 假设A证券的预期收益率为10%，标准差是12%，证券B的预期收益率为15%，标准差是18%，A，B的投资比例分别为60%和40%。

要求：

(1) 计算该投资组合的预期收益率。

(2) 如果该投资组合的标准差为14%，计算A，B证券的相关系数。

(3) 如果A，B证券的相关系数为0.6，投资组合与整个证券市场的相关系数为0.8，整个证券市场的标准差为10%，计算该投资组合的β系数。

7. 假设目前无风险收益率为5.4%，利达公司股票的β系数为1.8，预期收益率为13.5%。

要求：

(1) 根据资本资产定价模型计算市场组合的风险溢价。

(2) 如果卡莱公司的股票β系数为0.8，计算卡莱公司的股票预期收益率。

(3) 如果某投资者打算将20 000元投资于利达公司和卡莱公司的股票，该投资组合的β系数为1.1，那么应该在各家公司分别投资多少？该投资组合的预期收益率是多少？

8. 假设市场无风险借贷利率均为6%，A股票预期收益率为15%，标准差为12%。

要求：

(1) 如果你将10 000元投资于A股票与无风险资产，其中6 000元投资于A股票，4 000元投资于无风险资产，计算该证券组合的预期收益率与标准差。

(2) 如果将拥有的10 000元全部投资于A股票，并另外借入5 000元投资于A股票，计算该证券组合的预期收益率和标准差。

(3) 如果希望获得12.3%的投资收益率，应如何进行股票和无风险资产的组合？请计算这一组合将承担的风险。

9. 甲公司持有A，B，C三种股票，各股票所占的投资比重分别为50%，20%和30%，其相应的β系数分别为1.8，1和0.5，市场收益率为12%，无风险收益率为7%，A股票当前每股市价为6.2元，甲公司刚收到上一年派发的每股0.5元的现金股利，预计以后每年股利将按6%的比例稳定增长。

要求：

(1) 根据资本资产定价模型计算以下指标：

1）甲公司证券组合的β系数；

2）甲公司证券组合的风险溢价；

3）甲公司证券组合的必要收益率；

4）投资于A股票的必要收益率。

（2）利用股票估价模型分析当前出售A股票是否对甲公司有利。

10. ABC公司的β系数为2，该公司正在考虑收购XYZ公司，XYZ公司的β系数为1.5。两家公司的规模相同。

要求：

（1）计算ABC公司收购后预期的β系数。

（2）若国库券收益率为8%，市场收益率为12%，分别计算ABC公司收购前和收购后的投资必要收益率。

（3）ABC公司最近一期刚支付每股2元的股利，如果收购失败，股利固定增长率为每年6%；如果收购成功，未来股利增长率为每年7%。分别计算该公司收购前和收购后的每股股票价值。

（4）根据（3）的计算结果，判断ABC公司是否应该收购XYZ公司。

11. 对一项包括4个待选方案的投资进行分析。各方案的投资期都是1年，对应3种不同经济状况的估计收益率如表5-22所示。

表5-22　待选方案估计收益率

经济状态	概率	A方案	B方案	C方案	D方案
衰退	0.2	15.00%	9.00%	33.00%	7.50%
一般	0.6	15.00%	16.50%	21.00%	22.50%
繁荣	0.2	15.00%	46.50%	−6.00%	37.50%

要求：

（1）计算各方案的预期收益率、方差、标准差。

（2）假设D方案代表市场组合投资，A方案代表无风险投资。计算各方案的β系数，然后应用SML评价B方案和C方案。

12. XYZ公司估计的β系数为1.5，无风险收益率为6%，预期市场收益率为12%，该公司预期下一年的股利为每股5元，以后每年按3%增长，目前，该公司的股票价格为45元。

要求：

（1）根据证券市场线计算投资者要求的必要收益率，并判断目前公司的股票价格是否为均衡价格。

（2）你认为合适的均衡价格是多少？如何才能达到均衡价格？

13. 你用过去5年的每月股票价格对MBS公司相对于上证综合指数价格进行回归，得出该公司估计的β系数为0.9。过去5年中，该公司的平均负债/股东权益为30%，但它刚刚借入1亿元，用于回购价值1亿元的股票。这个交易发生之前，该公司股票的市场价值为2.5亿元，而尚未偿付的债务为2 500万元。该公司所得税税率为25%。假设无风险收益率为4%，市场风险溢价为6.5%。

要求：

估计该公司的β系数和公司股权资本成本。

14. SUN公司是一家空调制造商，正在考虑收购MFE公司（一家为空调制造商提供融资的公司）。收购的时候，SUN公司尚未偿付的债务为1亿元，且有每股价格为40元的1 000万股股票，股票的β系数为1.18。

MFE公司尚未偿付的债务为1亿元，其500万股股票每股价格为10元，股票的β系数为0.9。

SUN公司打算采用股票互换的方式，用其股票中的100万股交换MFE公司所持有的发行在外的股票。公司所得税税率为25%。

要求：

估计收购后SUN公司的β系数。

15. 假设BIO是一家软件开发公司，按最近60个月收益率与同期上证综合指数收益率计算的β系数为0.98，目前这家公司没有负债。

要求：

(1) 如果国库券利率为5%，市场风险溢价为6.5%，估计BIO公司的股权资本成本。

(2) 如果长期国债利率上升到6.5%，这对BIO公司的股权资本成本有什么影响？

(3) BIO公司的β系数中有多少来自经营风险？

(4) 假设BIO公司目前股票市场价值为10亿元，发行债券4亿元回购股票，公司价值保持不变。假设所得税税率为25%，重新计算BIO公司的β系数，BIO公司的β系数中有多少来自经营风险？

◆ 案例分析

1. 假设你刚刚大学毕业，受聘于CFB理财公司。你的第一个任务是代理客户进行投资，金额为100 000元，期限为1年。1年后这笔资金另作他用。你的上司给你提供了下列投资备选方案，你需要填写表5-23中各方案的预期收益率、标准差、标准离差率、β系数。

表5-23 投资备选方案收益率

经济状态及指标	概率	估计收益率				
		国库券	A股票	B股票	C股票	市场组合
萧条	0.1	8.0%	−22.0%	28.0%	10.0%	−13.0%
复苏	0.2	8.0%	−2.0%	14.7%	−10.0%	1.0%
正常	0.4	8.0%	20.0%	0.0%	7.0%	15.0%
高涨	0.2	8.0%	35.0%	−10.0%	45.0%	29.0%
繁荣	0.1	8.0%	50.0%	−20.0%	30.0%	43.0%
预期收益率	—					
标准差	—					
标准离差率	—					
β系数	—					

在上述各项预期数据中，A股票的公司属于高科技产业，该公司经营电子产品；B股票的公司属于采矿业，该公司主要从事金矿开采；C股票的公司属于橡胶与塑料业，生产各种与此有关的产品；CFB理财公司持有一种指数基金，包含公开交易的所有股票，代表着市场的平均收益率。

要求：

根据上述资料，回答下列问题：

(1) 为什么国库券的收益率与经济状态无关？为什么A股票收益率的变动与经济状态变动同方向，而B股票的收益率变动与经济状态变动反方向？

(2) 计算不同投资方案的预期收益率，并填入表5-23中相应位置。

(3) 你知道仅仅依靠预期收益率指标进行投资选择是不够的，还必须进行风险分析，况且你的委托人是一名风险规避者。衡量投资风险的一个重要指标是收益率的标准差，计算不同投资方案的标准差，并填入表5-23中相应位置。

(4) 计算不同投资方案的标准离差率，并填入表5-23中相应位置。将标准离差率与标准差相比较，如果发生排序矛盾，你主张以哪种标准为主？为什么？

(5) 各方案之间收益率的协方差如表5-24所示。根据表中的数据，说明不同方案收益率协方差的特点。

表5-24 协方差矩阵

证券	国库券	A股票	B股票	C股票	市场组合
国库券	0.00%	0.00%	0.00%	0.00%	0.00%
A股票	0.00%	4.01%	−2.68%	2.63%	3.05%
B股票	0.00%	−2.68%	1.79%	−1.75%	−2.04%
C股票	0.00%	2.63%	−1.75%	3.54%	2.10%
市场组合	0.00%	3.05%	−2.04%	2.10%	2.35%

(6) 假设你设计一个投资组合，将100 000元分别投资于A股票和B股票，投资比重相同，计算投资组合的预期收益率、标准差，并比较投资组合风险与单独持有某一种股票的风险。

(7) 计算各方案的β系数，填入表5-23中相应位置，并说明不同证券β系数的特点。

2. 假设你是南方银行的一名分析员，最近要评估一些投资机会。请回答下列问题：

(1) 简要说明资本资产定价模型的起源和作用（可上网查询）。

(2) 银行向你提供了各种证券的预期收益率及β系数，如表5-25所示。

表5-25 各种证券的预期收益率及β系数

证券	预期收益率	β系数
PAR股票	18.0%	1.29
市场组合	15.0%	1.00

续表

证券	预期收益率	β系数
APE股票	12.5%	0.68
政府债券	8.0%	0.00
LUS股票	1.3%	−0.86

利用证券市场线计算各种证券的必要收益率，比较预期收益率与必要收益率之间的差异，并判断LUS股票的投资收益率是否比政府债券收益率更低。假设将PAR股票与LUS股票按1∶1的比例进行投资组合，请计算出这一投资组合的必要收益率和市场风险（β系数）。如果将PAR股票和APE股票进行组合投资，情况会发生什么变化？

(3) 写出关于总风险、市场风险及可分散风险的公式，并做适当的解释。

第 6 章

资本成本

自 20 世纪 60 年代威廉·夏普等学者提出资本资产定价模型以来，资本成本理论广泛应用于财务理论与实践的各个环节。从因筹资者使用资本付出代价到因投资者投入资本要求收益率而研究资本成本，不仅反映两种理念的变化和进步，也为正确定义资本成本，运用资本成本进行财务决策提供了依据。在投资决策中，资本成本是评价投资项目、决定投资项目取舍的重要标准。在筹资决策中，资本成本是选择资本来源、设置资本结构的重要依据。在经营活动中，资本成本是衡量公司经营成果的尺度，只有公司的经营利润率高于资本成本，才能为投资者创造更大的价值。本章可以看作第 5 章“风险与收益”的应用章，根据资本资产定价模型和股利折现模型估计预期收益率，并采用相同的方法估计股权资本成本；根据债券预期收益率、无风险收益率和违约率等参数评估债务资本成本；通过把债务资本成本和股权资本成本相联系，将公司风险与项目风险相比较，将投资项目要求的最低收益率转化为项目资本成本。

通过本章的学习，可以明确资本成本的经济含义；掌握债务资本成本的计算方法；掌握股权资本成本的影响因素和计算方法；熟悉公司资本成本与项目资本成本的关系；掌握项目决策的基本原则。

6.1 公司资本成本

6.1.1 资本成本基本定义

根据经济学理论，资本是指能够带来剩余价值的资金。在公司中，资本主要表现为资产负债表右方的债务资本和股权资本。如果将债务资本和股权资本视为可交换的风险性资产，并将整个公司看作这两类风险性资产的组合，那么，公司的资本成本就是投资者持有该组合所要求的收益率的加权平均数，权重等于他们各自投资于该资产的比例。

假设一项为期1年的投资，项目初始投资为100万元，其中40%来自债务资本，60%来自股权资本。根据项目风险，债权人要求的最低收益率为6%，股东要求的最低收益率为12%。为满足投资者的要求，1年后项目投资的预期现金流量至少为109.6万元，即

$$\begin{aligned}\text{项目预期现金流量} &= 100\times 40\%\times(1+6\%)+100\times 60\%\times(1+12\%)\\ &= 109.6(\text{万元})\end{aligned}$$

此时，项目投资的预期收益率为9.6%（109.6/100－1），这一收益率既是项目投资者要求的最低收益率，也是公司使用100万元进行项目投资的资本成本（40%×6%＋60%×12%）。如果预期收益率低于9.6%，公司就很难为项目筹措到足额的现金。

根据资本成本的定义，确定资本成本最直接的方法就是在证券市场上找到与公司资产风险相同的证券，估计这些证券的预期收益率，并将其作为资本成本。投资者因持有证券种类不同，承担的风险不同，对公司资产创造的现金流的要求权也不同。由于债权人对公司资产创造的现金流具有优先和固定要求权，他们承担的风险小于股东承担风险，因此，持有债券所要求的预期收益率低于持有股票的预期收益率，或者说，债务资本成本低于股权资本成本。

6.1.2 债务资本成本

债务资本成本是债权人贷放资金要求的最低收益率，通常采用公司长期无期权债券（纯债券）到期收益率来估算债务资本成本。从技术上说，到期收益率只能作为预期收益率的一个替代指标，因为到期收益率实际上是公司债券的承诺收益率（假设债权人能够按时收到利息，到期收回本金）。对于债券信用等级较高（债券信用等级为BBB以上）的公司来说，用到期收益率来替代预期收益率，并以此作为债务资本成本是合适的。对于债券信用等级较低的公司来说，采用到期收益率作为预期收益率或债务资本成本可能会导致较大的估价偏差。

根据第3章相关内容，债券到期收益率（YTM）可按下式计算：

$$P_d=\sum_{t=1}^{n}\frac{CF_t}{(1+YTM)^t} \tag{6-1}$$

从理论上讲，到期收益率应采用流动性强、无期权的长期债券来计算。如果债券在市场上交易匮乏，债券价格缺乏公允性，使用这种债券价格计算的到期收益率很难与实际情况相符。如果公司债券含有某些期权条款，例如可赎回、可售回、可转债等，那么由于期权会影响债券的价格，但并不改变承诺的现金流，计算出来的到期收益率将发生偏差。

[**例6-1**] 2016年7月，北京同仁堂科技发展股份有限公司（简称同仁堂）发行债券（代码136594.SH），每张面值为100元，期限为5年，前三年票面利率为2.95%（2016年7月31日至2019年7月30日），后两年债券票面利率可能调整为4.35%（2019年7月31日至2021年7月31日）。[①] 该债券采取无担保的方式发行，公司长期信用等级为AA＋级。假设现在是2017年12月4日，同仁堂公司债券的市场价格为97.431 7元，剩余年限为3.654 8年，采用Excel中的XIRR函数，按债券市价计算得到的到期收益率为4.77%。它表示投资者在2017年12月4日按97.431 7元购买此债券，一直持有至到期日可以得到的收益率。这一收益率既可以表示持有者的预期收益率，也可以用来代替债券的资本成本。

在本例中，为什么债券的资本成本是债券的到期收益率4.77%，而不是息票率2.95%或4.35%？其原因在于同仁堂的债务成本是假设公司现在发行债券所必须支付的利率，即债券市场的到期收益率4.77%。息票率2.95%是基于2016年发行债券时计算出的利率，如果同仁堂现在发行新的5年期债券，理论上其必须支付4.77%的利率。因此，不能用债券的息票率近似地代替到期收益率。息票率是公司在发行债券时设定的，只有当债券交易价格与面值比较接近时，才可以用息票率近似地代替到期收益率。

在实务中，也可以通过计算信用等级相同、期限相同的债券收益率，估计债务资本成本。在债券市场中，AA＋级不同期限债券的预期收益率如图6-1所示。在图6-1中，上方描述的是企业债券到期收益率曲线，下方描述的是国债到期收益率曲线。从图中可以看出，期限为3.65年的AA＋级企业债券收益率大约为5.554%，这可以看作AA＋级纯债券（无期权）的收益率或资本成本。同仁堂公司债券的到期收益率低于同等期限、同等信用等级债券的收益率。其中一个可能的原因是同仁堂公司债券附有可回售条款（这一条款规定投资者有权选择在本期债券的第3个计息年度付息日将持有的本期债券按票面金额全部或部分回售给发行人）。持有回售权的债权人要求的收益率低于同等风险的纯债券的收益率。因此，如果不含回售条款，同仁堂公司债券到期收益率约为5.554%。这一分析表明，相比直接计算到期收益率，用公司的债券信用等级来确定到期收益率是一个较好的替代方法。

公司债券的收益率应该是该公司违约风险的一个函数。这种违约风险通常根据信用等级来衡量，信用等级高的债券的收益率低于信用等级低的债券，这之间的差价称为违约差价，或违约风险溢价。图6-1不仅描绘了不同期限企业债券（AA＋）收益率曲线和国债收益率曲线，而且描绘了企业债券与国债收益率之间的信用利差或违约风险溢价。

---

① 同仁堂需于第3个计息年度付息日前的第30个交易日，在证监会指定的上市公司信息披露媒体上发布关于是否调整本期债券票面利率以及调整幅度的公告。若同仁堂未行使本期债券票面利率调整选择权，则本期债券后续期限票面利率仍维持原有票面利率不变。2019年7月31日，同仁堂发布公告，将利率从2.95%调整到4.35%。

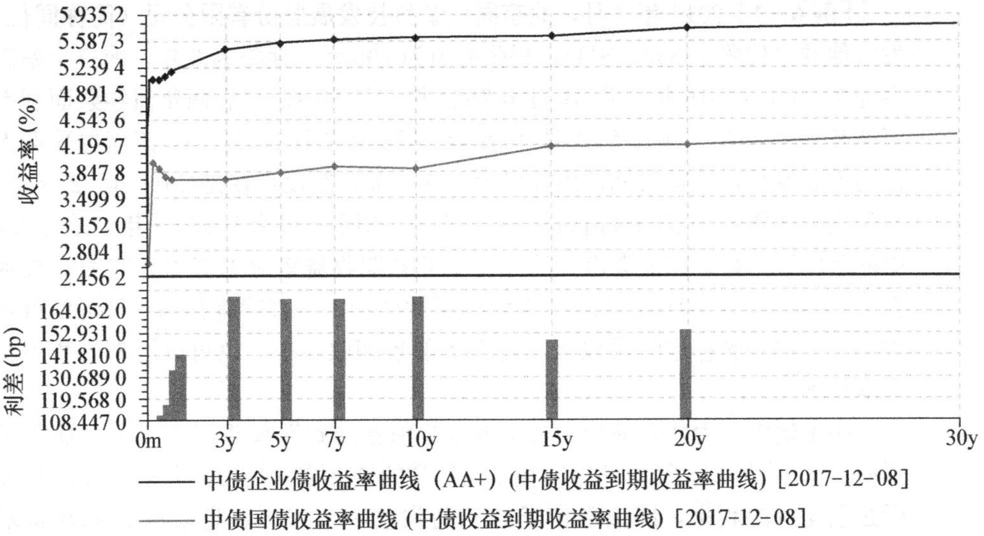

图6-1　不同期限国债与AA+级公司债券到期收益率

资料来源：Wind资讯.

由于债券到期收益率反映了无违约风险时债券的承诺收益率，一旦发生违约风险，债券持有者的预期收益率就会降低。假设要计算面值为100元的1年期零息债券价值，该债券的违约概率为30%。如果债券违约，债券持有者只能得到债券面值的50%。如果债券资本成本为6%（不是到期收益率），债券当前的市场价格为：

$$债券价格=\frac{100\times0.70+50\times0.30}{1+6\%}=80.19(元)$$

根据承诺的现金流（而不是预期现金流）计算债券到期收益率如下：

$$债券价格=\frac{100}{1+YTM}=80.19(元)$$

上式表明，如果你支付80.19元购买一只零息债券，到期时可收到100元，则到期收益率为24.70%，这一结果远远高于债务资本成本。债券违约率越高，债券价格越低，按承诺现金流（100元）计算的到期收益率就越高。在违约情况下，采用到期收益率作为债务资本成本就会发生较大的偏差。

如果公司没有发行在外的债券，对给定到期的债券资本成本可通过政府债券（相同的持有期）市场收益率与公司的信用利差或违约风险溢价相加求得，即

$$债务资本成本=政府债券收益率+违约风险溢价 \tag{6-2}$$

假设同等期限政府债券的市场收益率为3.839 6%，估计公司的违约风险溢价为1.724 2%，则该公司的债务资本成本为5.563 8%。

由于利息可以冲减公司应纳税所得，公司的税后负债成本低于税前负债成本。假设所得税税率为25%，根据公司债券信用等级确定的到期收益率为5.563 8%，

则同仁堂公司债券税后成本为4.17%（5.563 8%×(1−25%)），即

$$税后债务成本=税前债务成本\times(1-公司所得税税率) \tag{6-3}$$

式（6-3）成立的前提是：（1）公司的经营利润为正数，公司能充分利用利息支出冲减应纳税所得额；（2）虽然公司当前的利润较低，但税务机关允许公司用当前的利息支出来冲减公司过去和未来的利润，即后转列支和前转列支。

6.1.3 股权资本成本

股票是持有者拥有一定比例公司财产所有权的金融工具，它的标准形式是普通股。股权资本成本主要采用两种方法：一是资本资产定价模型；二是股利折现模型。

1. 资本资产定价模型

股权资本成本是投资者对一家公司进行股权投资所要求的最低收益率，通常可根据资本资产定价模型估计预期（或必要）收益率，代替股权资本成本。根据资本资产定价模型的假设条件，在一个充分分散的有效投资组合中，市场风险代表着经济中的不可分散风险。如果某一投资对市场风险的敏感度（β系数）与其他投资机会相同，那么这一投资机会与其他投资具有相同的风险，这些投资的预期收益率或资本成本相同。因此，具有相同β系数的资产或项目，其资本成本可表示为：

$$r_j=r_f+\beta_j(r_m-r_f) \tag{6-4}$$

根据资本资产定价模型，影响股权资本成本（r_j）的因素主要是无风险收益率（r_f）、市场风险溢价（r_m-r_f）、股票的β系数。

各参数的确定方法可参阅第5章的相关内容。以同仁堂为例，根据2012年11月至2017年10月这60个月的数据，确定同仁堂负债β_L系数为1.114 2。假设无风险收益率为3.84%，市场收益率为9.9%（上证综合指数同期月均收益率×12个月，即0.82%×12），同仁堂股票的必要收益率为：

$$\begin{aligned}同仁堂股票的必要收益率&=3.84\%+1.114\,2\times(9.9\%-3.84\%)\\&=10.59\%\end{aligned}$$

除资本资产定价模型外，也可采用多因素模型估计资本成本。美国学者E. L. 埃尔顿（E. L. Elton）、M. J. 格鲁伯（M. J. Gruber）和梅建平（J. Mei）[①]在对美国纽约9家公用事业公司的资本成本进行估算时，根据多因素模型确定预期收益率或资本成本的步骤如下：

---

① E. L. Elton, M. J. Gruber, J. Mei. Cost of Capital Using Arbitrage Pricing Theory: A Case Study of Nine New York Utilities. Financial Market, Institutions, and Instruments, 1994, 1 (3): 45-73. 转引自：朱叶，王伟. 公司财务学. 上海：上海人民出版社，2003：85-86.

第一步，确定宏观经济因素。他们选择了国库券收益率价差（长期政府债券收益率与30天国库券收益率之差）、利率（短期国库券收益率的变化率）、汇率（美元对“外汇一篮子货币”币值的变化率）、实际国内生产总值的变化率和预期通货膨胀率作为共同因子，并且将其他未被上述5项共同因子涵盖的市场影响因素全部归入第6项共同因子——剩余市场风险（residual market risk）。

第二步，估计各个共同因子的风险溢价（$r_{因素}-r_f$），估计各个因子的敏感系数。

第三步，根据当时的无风险利率（7%），计算有关的资本成本。对9家公司研究后的结果如表6-1所示。

表6-1　共同因子的风险溢价及预期收益率

共同因子	共同因子风险溢价（%）	共同因子的敏感系数	风险溢价（%）
国库券收益率价差	5.01	1.04	5.21
利率	−0.61	−2.25	1.37
汇率	−0.59	0.70	−0.41
实际国内生产总值的变化率	0.49	0.17	0.08
预期通货膨胀率	−0.83	−0.18	0.15
剩余市场风险	6.36	0.32	2.04
风险溢价合计			8.44
无风险收益率			7.00
股权资本成本			15.44

在市场均衡的条件下，按资本资产定价模型或多因素模型确定的风险资产预期收益率与投资者要求的收益率在数值上是相等的，由此我们可以根据资本市场上的历史价格数据，计算未来预期收益率的估计值，并以此作为投资者要求的收益率或资本成本，从而使其成为股票价值评估、资本预算、筹资决策以及业绩评价的基准。

2. 股利折现模型

估计股权资本成本的另一种方法是采用股利折现模型确定投资预期收益率，以此代替资本成本。一般来说，持有公司普通股的投资者拥有公司收益的剩余索取权，他们的预期收益主要指现金股利（D），假设不考虑股票回购，且公司每年股利的增长率（g）固定不变，根据稳定增长模型，普通股的预期收益率r_e为：

$$r_e=\frac{D_1}{P_0}+g \tag{6-5}$$

以同仁堂为例，根据公司公告和财务报表，同仁堂2016年每股股利为0.24元，留存收益比率为64.73%，净资产收益率为12.30%，则股利增长率为7.96%（12.30%×64.73%）；假设以2016年12月末股票市场价格（31.38元）作为当前股票价格（P_0），则普通股预期收益率为：

$$r_e=\frac{0.24\times1.0796}{31.38}+7.96\%=8.79\%$$

预期收益率（8.79%）也可以表示为公司股权资本成本的估计值。在上述计算中，同仁堂股利增长率是根据2016年相关数据计算的，且假设以后每年增长率均为7.96%。在实务中，对公司发放股利的不定期观察表明，股利既不可能保持恒定不变，也不可能永远按照恒定比率增长，甚至有的公司根本不发放股利，或者至少在一定时期内不发放股利。对于这些公司，不仅要预测公司股利支付额，还需要预测公司发放股利的时间。因此，式（6-5）只适用于定期发放股利、股利增长十分稳定的公司，如公用事业公司。

6.1.4 加权平均资本成本

加权平均资本成本（weighted average cost of capital，WACC）是以各种不同资本来源的资本成本为基数，以各种不同资本来源占资本总额的比重为权数计算的加权平均数，即

$$r_w=\sum_{j=1}^{n}w_jr_j \tag{6-6}$$

式中，r_w 代表加权平均资本成本；w_j 代表第 j 种资本来源在资本总额中所占比重；r_j 代表第 j 种资本来源的资本成本。

计算加权平均资本成本的方法有两种：一种是以账面价值为权数加权平均；一种是以市场价值为权数加权平均。账面价值反映公司发行证券时的原始出售价格，以此为权数，容易从资产负债表中取得这些资料，计算结果相对稳定；但若债券和股票的市场价值已脱离账面价值，据此计算的加权平均资本成本就不能正确地反映实际的资本成本水平。

以市场价值为权数，代表了公司目前实际的资本成本水平，有利于财务决策。但由于证券市场价值经常变动，因此需要采用一定的方法进行预测。通常股权市场价值是根据当前公司流通在外的普通股股数和每股市价进行预测，而不是以历史数据进行预测。如果公司存在尚未上市流通的普通股，或存在尚未执行的认股权证等，应预计其市场价值并加回股票市场价值中。估计债务的市场价值相对较难，这是因为很少有公司的债务全部以在市场中交易的债券的形式存在。在一般情况下，债务中有许多是不可交易的，一个将债务账面价值转化为市场价值的简单的方法就是将账面上的全部债务当作一个附息债券，根据公司债务的账面价值、债务利息费用、债务的平均到期期限（到期期限设定为现有全部债务以票面价值为权重的加权平均到期期限）和税前负债资本成本来估计负债的市场价值。

现仍以同仁堂为例，税后债务成本为4.17%，将采用资本资产定价模型计算的必要收益率（10.59%）作为股权资本成本。根据公司财务报表数据，2016年，按账面价值计算的有息负债比率为9.76%。2016年12月31日，同仁堂股

票市场价格为31.38元，流通在外股数为13.71亿股，股票市值为430.22亿元。投入资本为443.28亿元（其中有息债务为13.06亿元，股票市值为430.22亿元），按市场价值计算的有息负债比率为2.95%，采用不同权重计算的加权平均资本成本如表6-2所示。

表6-2 同仁堂资本成本

项目	资本成本	账面价值（亿元）	市场价值（亿元）	有息债务/投入资本*		加权平均资本成本	
				账面权重	市值权重	账面权重	市值权重
债务	4.17%	13.06	13.06	9.76%	2.95%	0.41%	0.12%
股票	10.59%	120.78	430.22	90.24%	97.05%	9.55%	10.28%
合计		133.84	443.28	100%	100%	9.96%	10.40%

* 本例中投入资本等于带息债务与股东权益之和，为简化，没有扣除超额现金和非经营性资产。

如果上市公司是由多家子公司组合的集团公司，资本成本可以看作各子公司资本成本的加权平均数。

［**例6-2**］SOF公司是一家软件提供商和服务商，公司主要由医疗健康互联、智能汽车互联、智慧城市、教育互联4家子公司组成。假设无风险利率为4%，债务利税率为5.25%，所得税税率为25%，税后债务成本为3.94%。根据历史数据，市场风险溢价估计为6.5%。有关资本成本的数据和计算方式如下。

（1）估计各子公司无负债β系数。估计未上市公司的β系数，通常是根据不同行业中可比公司的平均β系数和财务杠杆比率（负债/股权）的中位数或平均数。在表6-3中，以医疗健康互联为例，选择与医疗健康互联相关的15家公司作为可比公司，这15家公司的平均β系数为1.45，财务杠杆比率的中位数为46.46%，平均所得税税率为25%，根据第5章的式（5-29），将医疗健康互联负债β系数转换为无负债β系数，结果为1.075 3（即1.45/(1+(1−25%)×46.46%)），其他各子公司计算方法相同，如表6-3所示。

表6-3 SOF公司各子公司无负债β系数

子公司	可比公司数量	负债β系数（平均）	股权市场价值（亿元）	未清偿债务价值（亿元）	负债/股权（中位数）	行业无负债β系数
医疗健康互联	15	1.45	50	23.23	46.46%	1.075 3
智能汽车互联	10	1.32	30	12.94	43.13%	0.997 4
智慧城市	8	1.2	40	20.58	51.45%	0.865 9
教育互联	6	0.95	35	15.26	43.60%	0.715 9

（2）估计SOF公司无负债β系数。假设以各子公司2020年的销售收入为基础，采用乘数法计算各子公司价值，然后根据各子公司价值占公司总价值的比重，乘以各子公司无负债β系数，即可确定SOF公司无负债β系数为0.926 4，如表6-4所示。

表 6-4 SOF 公司无负债 β 系数 单位：亿元

子公司	营业收入	公司价值/营业收入	公司价值	价值权重	行业无负债β系数
医疗健康互联	25	3.35	83.75	35.21%	1.075 3
智能汽车互联	16	2.56	40.96	17.22%	0.997 4
智慧城市	14	4.03	56.42	23.72%	0.865 9
教育互联	15	3.78	56.70	23.84%	0.715 9
SOF 公司	70		237.83	100.00%	0.926 4

（3）估计 SOF 公司负债β系数。假设医疗健康互联、智能汽车互联、智慧城市、教育互联 4 家子公司未清偿债务价值如表 6-5 中第四列所示；将 SOF 公司无负债β系数转化为负债β系数 1.277 9，如表 6-5 所示。

表 6-5 SOF 公司负债 β 系数 单位：亿元

子公司	无负债β系数	公司价值	债务价值	负债/股权	负债β系数
医疗健康互联	1.075 3	83.75	25.56	43.93%	1.429 6
智能汽车互联	0.997 4	40.96	14.00	51.93%	1.385 8
智慧城市	0.865 9	56.42	24.32	75.76%	1.357 9
教育互联	0.715 9	56.70	16.00	39.31%	0.927 0
SOF 公司	0.926 4	237.83	79.88	50.57%	1.277 8

根据表 6-5 的数据，SOF 整个公司的β系数为 1.277 8，这个β系数一般与用 SOF 股票与市场指数的历史收益率进行回归得到的β系数不相等。采用历史收益率与市场收益率回归得到的β系数通常与计算采用的期间、每期间隔期、市场等有关参数有关，根据不同的期间、间隔期或市场参数会得出不同的结论。在表 6-5 的计算中，SOF 整个公司的β系数还受到各子公司价值权重的影响。

（4）根据无风险利率、风险溢价、β系数等计算股权资本成本，如表 6-6 所示。

表 6-6 SOF 公司股权资本成本

子公司	无风险利率	风险溢价	负债β系数	股权资本成本
医疗健康互联	4.00%	6.50%	1.429 6	13.29%
智能汽车互联	4.00%	6.50%	1.385 8	13.01%
智慧城市	4.00%	6.50%	1.357 9	12.83%
教育互联	4.00%	6.50%	0.927 0	10.03%
SOF 公司	4.00%	6.50%	1.277 8	12.31%

（5）根据债务成本和股权成本计算的公司加权平均资本成本为 9.50%，如表 6-7 所示。

表 6-7 SOF 公司资本成本

子公司	税后债务成本	股权资本成本	负债比率	加权平均资本成本
医疗健康互联	3.94%	13.29%	30.52%	10.44%
智能汽车互联	3.94%	13.01%	34.18%	9.91%
智慧城市	3.94%	12.83%	43.11%	8.99%
教育互联	3.94%	10.03%	28.22%	8.31%
SOF 公司	3.94%	12.31%	33.59%	9.50%

以公司资本成本作为折现率可用于评估 SOF 公司价值，如果 SOF 新投资项目的风险与公司资产风险相同，这一折现率也可以作为项目投资要求的最低收益率。

6.1.5 实务中资本成本的确定方法

在实务中，公司是如何确定股权资本成本的？格雷厄姆和哈维（Graham J. R.，Harvey C. R.，2001）[①] 在对 392 位美国公司的 CFO 进行问卷调查后发现，73.49%的公司使用资本资产定价模型计算资本成本，采用不同方法计算资本成本的调查结果如图 6-2 所示。

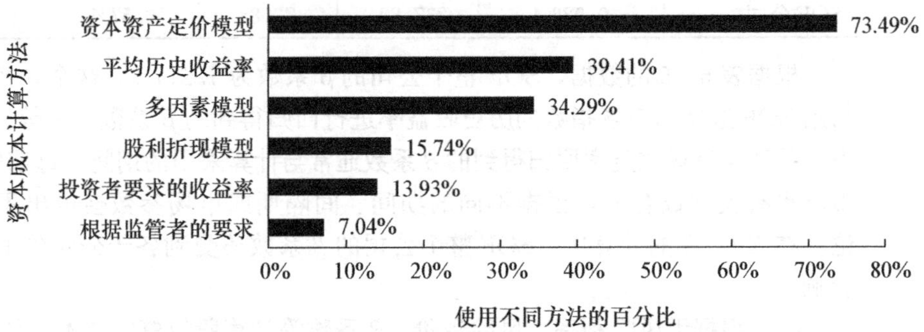

图 6-2 美国公司资本成本计算方法选择（按重要程度排序）

图 6-2 表明，被调查的 CFO 总是或几乎总是使用资本资产定价模型估计资本成本；排在第二、第三位的是根据平均历史收益率（39.41%）和多因素模型（34.29%）估计资本成本；采用股利折现模型的占 15.74%。

他们的研究发现：大公司比小公司更可能使用资本资产定价模型，而小公司更倾向于使用投资者所要求的资本成本；负债率高的公司更可能使用资本资产定价模型；管理层持股比例低的公司更可能使用资本资产定价模型；公众公司比私营公司更可能使用资本资产定价模型；有境外销售收入的公司更可能使用资本资产定价模型；《财富》500 强公司更倾向于使用资本资产定价模型。

---

① Graham J. R.，Harvey C. R. The Theory and Practice of Corporate Finance：Evidence from the Field. Journal of Financial Economics，2001，60（2）：187-243.

李悦、熊德华、张峥、刘力（2009）[①] 对中国上市公司财务总监（主管会计工作的负责人）进行了问卷调查，收回有效问卷167份（回收率为11.08%），对样本公司如何估算公司的资本成本进行的问卷调查结果如图6-3所示。

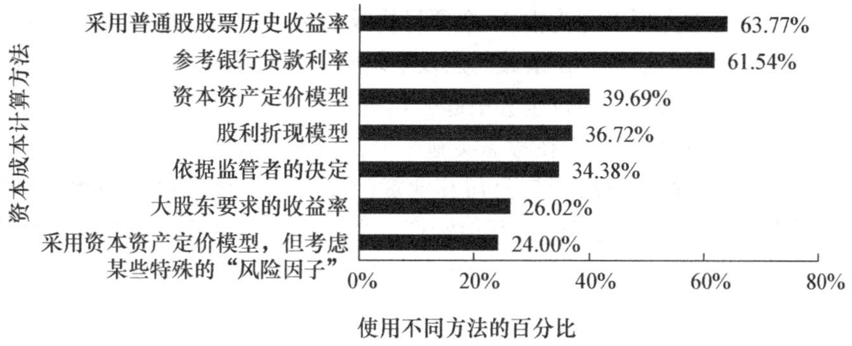

图6-3 中国上市公司如何估算资本成本（按重要程度排序）

将图6-2和图6-3对比发现，中美两国上市公司在估计资本成本时的差别较大。与格雷厄姆和哈维研究发现的广泛使用资本资产定价模型作为资本成本估计方法相比，中国上市公司更倾向于采用股票历史平均收益率和银行贷款利率估算资本成本。这一现象表明中国上市公司与成熟市场中的上市公司相比还有很大进步空间。

6.2 项目资本成本

6.2.1 项目资本成本与公司资本成本

在项目评估中，任何项目都应该用其自身的资本机会成本来估价。项目的资本成本通常与实施该项目的公司资本成本不相等，两者之间的差异在于风险不同。在投资项目评估中，可以将公司视为一个由不同风险资产或项目构成的组合，如果公司的所有项目与公司资产均具有相同的风险，公司加权平均资本成本就是项目的资本成本。

假设ABC公司股票的β系数为1.5，无风险利率为8%，市场投资组合收益率为12%，根据资本资产定价模型，ABC公司的股权资本成本可计算如下：

$$r_s = 8\% + 1.5 \times (12\% - 8\%) = 14\%$$

如果ABC公司负债利率为10%，且公司负债与股本比例为1∶1，公司所得税税率为25%，则ABC公司加权平均资本成本为10.75%，即

① 李悦，熊德华，张峥，刘力．中国上市公司如何制定投资决策．世界经济，2009（2）：66-76．

加权平均资本成本=0.5×10%×(1−25%)+0.5×14%=10.75%

上述结果表明，一个投资项目的收益高于10.75%时，投资者将愿意把资本交给ABC公司进行与公司现有资产的风险相类似的项目。

公司本身可以视为由N个项目构成的资产组合，而任何组合的β系数都是该组合内各单项资产β系数的加权平均数。如果实施一个项目会引起公司β系数的变化，那么这一项目也会引起公司资本成本的变化。

假设ABC公司正在考虑实施一个β系数为2.5的新投资项目，这一项目对公司风险的影响取决于与公司其他资产投资相比该项投资的相对规模。如果公司将80%的资本用于公司其他资产，平均β系数为1.5，将20%的资本用于新项目的投资，该项目β系数为2.5，那么公司新的β系数为：

β系数=0.8×1.5+0.2×2.5=1.7

如果ABC公司的β系数由1.5增至1.7，则公司股权资本成本也必须随之增至14.8%，即

股权资本成本=8%+1.7×(12%−8%)=14.8%

由此，ABC公司加权平均资本成本将从10.75%增至11.15%，假设新项目投资后负债率仍保持50%（即新项目投资额由股权和负债两部分构成，比率相同）：

加权平均资本成本=0.5×10%×(1−25%)+0.5×14.8%=11.15%

为了防止新项目投资降低公司的价值，公司资产的投资收益率必须由原来的10.75%提高到11.15%。如果公司其他资产的收益率为10.75%，那么新项目投资的收益为多少才能使公司的总收益率达到11.15%？如果公司将80%的资本投资于收益率为10.75%的资产，将20%的资本投资于收益率为X%的新项目，那么，公司总的收益率必须等于11.15%，即

0.8×10.75%+0.2X=11.15%

解得

X=12.75%

这意味着若ABC公司希望获得11.15%的投资收益率，那么新项目的预期收益率必须等于或大于12.75%，才能弥补项目风险要求的额外收益。总之，如果某一特定项目的β系数可以测定，则该项目的资本成本可按下列方式确定：

项目的股权资本成本=8%+2.5×(12%−8%)=18%

项目资本成本=0.5×10%×(1−25%)+0.5×18%=12.75%

需要注意的是，上述分析忽视了新项目对公司资本结构和债务成本的影响，即假定新项目的债务成本和融资结构与公司其他资产完全相同。如果项目融资的资本结构发生变化，还应采用一定的方法进行调整。

上述分析表明，如果项目的风险与该公司的风险不同，就不能以该公司的资本成本作为项目的资本成本，而需要根据项目风险估计其资本成本。上述关于股权资本成本或债务资本成本的估计是基于证券的历史风险进行的，但一个新项目本身并不是可以公开交易的证券，将这一方法用于估计项目的资本成本是不可行的。因此，估计项目风险（β 系数）最常见的方法是通过模拟项目风险，找出与该项目风险等价的可比公司，用可比公司的资本成本评估项目。

假设你希望开设一家咖啡店，需要估计这一投资项目的资本成本。假设当前无风险利率为 3%，市场风险溢价为 6%。通过对已上市的咖啡店（可比公司）进行风险评估，发现这些公司无负债 β 系数均值为 0.85，以此作为该项目的 β 系数，根据资本资产定价模型，估计可比公司的资本成本为 8.1%。如果你开设的咖啡店对市场风险的敏感度与可比公司相似，则该咖啡店投资合适的资本成本为 8.1%。或者说，你也可以简单地通过购买这些可比公司的股票进行投资，而不必投资于一家新的咖啡店。考虑这一选择，新投资的预期收益率至少应等于投资于可比公司股票的收益率（8.1%），这项投资才具有吸引力。

采用可比公司估计 β 系数时，可比公司至少要具备两个条件：一是可比公司与被评估的公司、资产或项目为相同行业；二是可比公司与被评估的公司、资产或项目的经营风险相同。如果可比公司有负债，首先将可比公司的 β_L 系数调整为无负债时的 β_U 系数，然后根据被评估公司、资产或项目的负债比率、所得税税率等确定其 β_L 系数。

6.2.2 项目资本成本估计的错误观点

从某种意义上说，每一个项目都有其自身的成本，公司的资本成本正是这些项目资本成本的加权平均数。在估计项目资本成本时有两个错误观点需要澄清。

错误观点 1：项目的资本成本与项目的资本来源有关，如果全部来自债务筹资，项目的资本成本等于债务的利率；如果全部来自股权筹资，项目的资本成本等于股权资本成本。

假设 ABC 公司拟进行新项目投资，计划以利率 10%发行新债券筹措项目所需要的资金。如果这一新项目的预期收益率是 11%，公司是否接受这一新项目投资？回答这一问题的关键在于评价项目的标准是借款利率还是项目资本成本。如果以借款利率（10%）作为评价标准，则接受这一新项目；如果以项目资本成本（12.75%）作为评价标准，则拒绝这一新项目。那么，到底哪一种评价标准更符合项目预期收益和风险？

采用借款利率作为项目资本成本，虽然表面上看投资项目预期收益率大于借款利率，但并不能补偿投资者承担项目风险所要求的全部收益。或者说，项目投资者以承担高风险的代价获得了一个低收益的项目。事实上，无论项目的资本来自债务还是股权，并不会改变项目本身的价值创造能力。一个好项目会吸引廉价的资本，但是廉价的资本却不能使一个坏项目变成好项目。事实上，公司之所以能够以10%的利率发行债券，不是由于项目而是因为公司有足够的股权资本或其他有价值的资产作担保，如果仅凭项目本身是很难按10%的利率筹措项目资本的。如果将项目作为一家独立的公司，当项目的资本全部来自债务筹资时，项目的风险将全部转移给债权人。此时，相当于债权人拥有这个项目，项目的预期收益率至少应等于与项目风险相似的资本成本（12.75%）才能补偿项目的风险。因此，应该以项目的资本成本，而不是项目的借款利率或股权资本成本作为项目决策的标准。

错误观点2：即使项目风险与公司风险不等价，公司加权平均资本成本也可以用作项目的资本成本，因为投资者通常不直接进行项目投资，而是将资本投入实施这一项目的公司。因此，投资者的收益是从公司创造的现金流中得到的，而不是从项目创造的现金流中得到的。

虽然股东或债权人的预期收益（股利或利息）来自公司创造的现金流，但这并不意味着公司承担的任何项目的资本成本必然等于公司的资本成本。事实上，不是公司的资本成本决定了项目的资本成本，而是公司不同项目的资本成本的加权平均数构成了公司的资本成本。从机会成本的观念出发，项目的资本成本等于放弃其他风险等价项目的预期收益，与它们当前从公司得到的收益是不相关的。

［**例6-3**］假设SST公司没有负债，股票β系数等于1；假设政府债券收益率为6%，市场风险溢价为7%，根据资本资产定价模型，SST公司股权资本预期收益率为13%，也可以说，SST公司股权资本成本或加权平均资本成本均为13%。此时，市场投资组合的预期收益率也是13%。假设SST公司目前有两个投资项目——低风险项目和高风险项目，两个投资项目各自的资本成本、预期收益率如表6-8所示。在上述两个备选项目中，是以公司加权平均资本成本还是以各自项目的资本成本作为项目评价的标准呢？

表6-8 投资方案预期收益率与资本成本

项目	公司	低风险项目	高风险项目
无风险利率（%）	6	6	6
市场风险溢价（%）	7	7	7
β系数	1	0.6	1.4
股权资本成本（加权平均资本成本）（%）	13.0	10.2	15.8
项目预期收益率（%）		12	15

图6-4中的SML为证券市场线，根据项目β系数给出了其要求的预期收益率，它以无风险利率（6%）为起点，经过M点，即市场收益率（13%）。如果SST公司根据项目的β系数而不是公司的β系数评价投资项目，它就会放弃任何处于SML下方的项目，接受任何处于SML上方的项目，因为SML代表了投资项目预期收益率与项目β系数（风险）之间的关系。如果以项目的资本成

本进行评价，就会接受低风险项目，放弃高风险项目，因为低风险项目的预期收益率（12%）高于项目资本成本（10.2%），高风险项目的预期收益率（15%）低于资本成本（15.8%）。如果 SST 公司以加权平均资本成本（13%）作为判断标准，就可能会错误地接受一些高风险的项目，放弃一些低风险的项目。虽然高风险项目的预期收益率高于公司加权平均资本成本，但本例中，高风险项目投资至少要求 15.8%的投资收益率，而项目本身只能提供 15%的预期收益率，显然应该拒绝高风险项目。低风险项目的预期收益率虽然低于公司加权平均资本成本，但其风险小，补偿同等风险项目要求的预期收益率为 10.2%，低于项目本身的预期收益率，因而应该接受低风险项目。

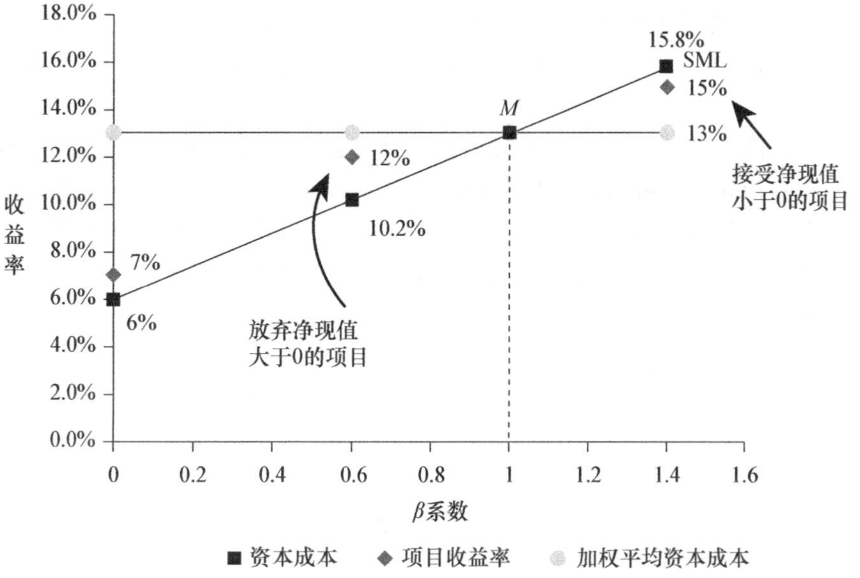

图 6-4　资本成本与项目预期收益率

6.2.3　资本成本与项目决策法则

如果以资产负债表左方表示公司价值，那么公司可表示为 N 项资产的投资组合。公司的投资决策可表现为：选择为其现有组合增加或减少某种资产。选择的依据是：每一种资产至少达到其必要收益率。据此，每项资产（或一组相关资产）的预期收益率高于项目的资本成本或必要收益率才能被包含在资产组合中。

与采用证券市场线评价证券一样，也可以创造出项目市场线（project market line，PML）进行项目评价。假设 AAA 公司目前有 5 个投资项目，接受任一项目都不排除或要求接受其他项目。为简化，假设每一项目的初始投资均为 100 万元，项目投产后各项目产生的现金流量不同，但均表现为永续年金形式，各项目的风险不同（β 系数不同），假设市场组合收益率为 15%，无风险收益率为 6%，则各项目的必要收益率、预期收益率及净现值如表 6-9 所示。

表6-9 AAA公司投资项目

项目	β系数	必要收益率	初始现金流量（元）	各年永续现金流量（元）	预期收益率	净现值（元）
A	1.30	17.70%	1 000 000	200 000	20%	129 944
B	1.75	21.75%	1 000 000	220 000	22%	11 494
C	0.95	14.55%	1 000 000	140 000	14%	−37 801
D	1.50	19.50%	1 000 000	170 000	17%	−128 205
E	0.60	11.40%	1 000 000	140 000	14%	228 070

表6-9中A项目必要收益率或资本成本为17.70%（6%+1.30×(15%−6%)）；根据永续年金公式，预期收益率为20%（200 000/1000 000）；投资项目的现值为1 129 944元（200 000/17.70%），净现值为129 944元（1 129 944−1 000 000）。其他项目计算以此类推。

图6-5描述了AAA公司各项目的必要收益率或资本成本、预期收益率及项目市场线。资本成本是根据项目市场线等式计算的，因此，资本成本各点落在了项目市场线上。和证券市场线一样，在项目市场线上方的投资有正的净现值，如A，B，E项目，在项目市场线下方的投资有负的净现值，如C项目和D项目。

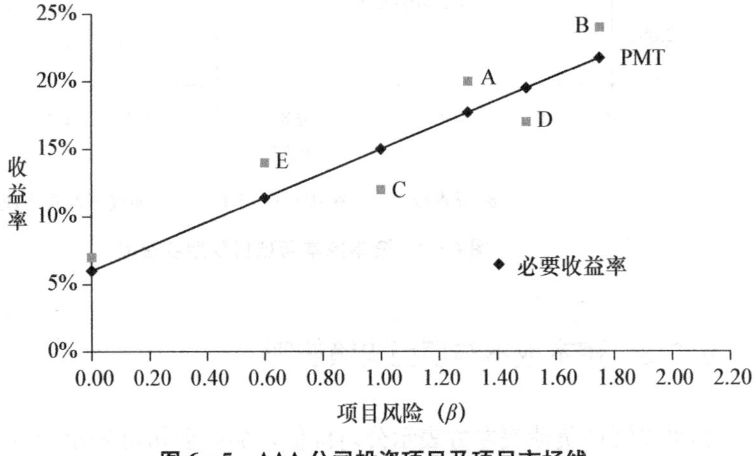

图6-5 AAA公司投资项目及项目市场线

根据以上分析，可以得出以下两条等价的投资决策法则：

- 净现值法则（net present value rule）：接受净现值大于0的投资项目；
- 收益率法则（rate-of-return rule）：接受预期收益率高于资本成本的投资项目。

上述分析表明，影响投资项目决策的因素主要有三个：项目现金流量、项目期限，以及将不同时点现金流量调整为现在价值的资本成本。

□ 本章小结

1. 如果将债务资本和股权资本视为可交换的风险性资产，并将整个公司看作这两类风险性资产的组合，公司的资本成本就是投资者持有该组合要求的预期收益率的加权平均数，权重等于他们各自投资于该资产的比例。

2. 投资者因持有证券种类不同，承担的风险不同，对公司资产创造的现金流的要求权也不同。通常，债权人对公司资产创造的现金流具有优先和固定要求权，他们承担的风险小于股东承担的风险，因此，持有债券要求的预期收益率低于持有股票的预期收益率，或者说，债务资本成本低于股权资本成本。

3. 在一个充分分散的有效投资组合中，市场风险代表着经济中的不可分散风险。如果某一投资对市场风险的敏感度（β 系数）与其他投资机会相同，那么这一投资机会与其他投资具有相同的风险，这些投资的预期收益率或资本成本相同。因此，具有相同 β 系数的资产或项目，其资本成本可采用资本资产定价模型进行估计。

4. 如果债券无违约风险，债务资本成本可采用公司长期无期权债券（纯债券）到期收益率来估算债务资本成本。对于信用等级较低的公司债券来说，采用到期收益率作为预期收益率或债务资本成本可能会导致较大的估价偏差。

5. 项目资本成本通常不等于该项目实施公司的资本成本，两者之间的差异在于风险不等价。在公司的项目评估中，可将公司视为一个由不同风险资产或项目构成的组合，如果公司的所有项目与公司整体均具有相同的风险，公司加权平均资本成本就是项目的资本成本。

□ 基本训练

◆ 单项选择题

1. 下列各项关于资本成本的论述中，正确的是（　　）。

A. 资本成本是公司收益和风险的增函数

B. 资本成本是公司使用资金付出的代价

C. 资本成本是投入资产创造的预期收益率

D. 资本成本是投资者要求的最低收益率

2. 采用稳定增长模型估计股权资本的基本条件是（　　）。

A. 股票股利零增长　　B. 股票市场价格大于账面价值

C. 股票收益率大于债券收益率　　D. 股权资本成本大于增长率

3. 采用到期收益率计算债券资本成本的假设条件是（　　）。

A. 债券收益率在到期日前保持不变　　B. 债券市场价值等于债券面值

C. 债券流动性强，无期权条款　　D. 债券含有可赎回或可售回条款

4. 某公司的资产负债率为62.5%，债务税前资本成本为8%，股权资本成本为20%，所得税税率为25%，则加权平均资本成本为（　　）。

A. 12.15%　　B. 11.25%　　C. 11.18%　　D. 10.47%

5. 公司本身可以视为由 N 个项目构成的资产组合，下列关于项目资本成本的论述中，正确的是（　　）。

A. 项目资本成本等于公司债务资本成本和股权资本成本的加权平均值

B. 项目资本成本一般小于公司加权平均资本成本

C. 如果项目的风险与公司风险相同，项目资本成本等于公司资本成本

D. 无论项目风险大小，项目资本成本都等于公司资本成本

◆ 多项选择题

1. 影响公司债务资本成本高低的因素主要有（　　）。

A. 市场利率　　B. 通货膨胀率

C. 股票风险　　D. 资产负债率

E. 违约风险

2. 在计算加权平均资本成本时，需要考虑的两个主要参数是（　　）。

A. 某一种资本要素的成本

B. 公司总资本结构中各要素的权重

C. 各种融资来源的手续费

D. 违约风险概率

E. 公司的所得税税率

3. 将负债β系数转换为无负债β系数时，需要考虑的主要参数包括（　　）。

A. 负债β系数　　B. 债务资本成本

C. 所得税税率　　D. 负债/股权比率

E. 股权资本成本

4. 债券到期收益率反映了无违约风险时债券的承诺收益率，以下表述中，正确的有（　　）。

A. 债券违约率越高，债券价格越低

B. 债券违约率越高，债券价格越高

C. 债券违约时按承诺现金流计算的到期收益率较高

D. 债券违约时采用到期收益率作为债务资本成本会发生较大的偏差

E. 不论债券是否违约，到期收益率都保持不变

5. 采用可比公司估计β系数时，可比公司至少要具备的两个条件是（　　）。

A. 可比公司与被评估的公司、资产或项目为相同行业

B. 可比公司与被评估的公司、资产或项目的经营风险相同

C. 可比公司与被评估的公司、资产或项目的财务风险相同

D. 可比公司与被评估的公司、资产或项目的所得税税率相同

E. 可比公司与被评估的公司、资产或项目的经营收入相同

◆ 判断题

1. 从投资者的角度看，资本成本是投资者持有股票和债券两项风险资产所要求的收益率的加权平均数。（　　）

2. 债券资本成本等于政府债券市场收益率加上公司的信用利差或违约风险溢价。（　　）

3. 特定项目资本成本与公司资本成本无关，但与公司资产收益相关。（　　）

4. 根据项目资本成本进行投资选择时，应采用公司加权平均资本作为决策的依据，而不是以项目特定资本来源的成本作为决策依据。（　　）

5. 采用资本资产定价模型和股利折现模型计算的股权资本成本存在差异时，应采用资本资产定价模型的计算结果。（　　）

◆ 讨论/思考题

1. 在我国，与资本成本相对应的一种提法是资金成本，其定义为资金使用费用与资金筹集净额之比。以股权资金成本为例，通常将股票分红、股票筹资费用、红利税收、发行股票的负动力成本①、信息不对称成本作为计算股权资金成本的项目。一种计算方法是直接将每年付出的利息或股利除以实际可使用的资金（筹资总额一筹资费用）。你认为“资金成本”和“资本成本”是同一个概念的两个提法还是两个不同的概念？

2. 英特尔公司是专业生产芯片的厂商，该公司在纳斯达克证券交易所上市，交易代码为：INTC。假设该公司的β系数为1.5，美国股市的市场组合收益率为8%，当前美国国债利率为3%。英特尔公司正在考虑在中国投资一座新的芯片厂。该工厂的总投资为25亿美元，预期在建成后的3年里，每年可以获得现金净流量10亿美元，那么英特尔公司是否应该在中国投资？英特尔公司中国芯片厂项目的预期收益率为多少？假设大通曼哈顿银行向英特尔公司提出：愿意向该公司中国芯片厂项目提供年利率为5%的优惠贷款，英特尔公司是否应该改变决策？②

3. YIE是一家乳制品公司，在资本成本分析中，公司的β系数估计为0.92，公司账面上有30亿元债务。前年债务的利息费用为1.95亿元，负债的平均到期时间为4年。该公司发行在外的股票为5亿股，每股市场价格为22元，账面上的股权价值为60亿元。公司的信用评级为AA，AA级公司债券的违约差价为0.7%。目前，长期国债利率为6%，市场风险溢价为6.5%。所得税税率为25%。按账面价值和市场价值计算的负债比率估计的资本成本分别为9.66%和10.50%。在什么条件下，第一种方法计算出的资本成本更高？

4. 假设你被要求为一家私人超市FW估计债务资本成本。该超市没有信用评级，但它提供了以下资料。(1) FW超市账面上的负债是3年前的，票面价值为500万元，初始借款利率为10%；(2) FW超市前一年息税前利润为300万元；(3) 企业所得税税率为25%；(4) 长期国债利率为6%，3年前为8%；(5) FW超市的利息保障倍数为6倍，信用评级为A2/A，违约率为1.1%，则FW超市当前债务资本成本为7.1%（6%+1.1%）。

请根据上述资料说明：(1) 为什么债务资本成本不等于债务利率？(2) 如果FW超市希望降低借款利率，你认为它应采取何种措施？其条件是什么？

5. 在我国，公司普遍把股权融资当作“免费的午餐”。由于债务资本的利率水平和还本付息明确，公司普遍能感受到债务资本成本的存在，但感受不到股权资本成本的压力。它们认为股权融资最大的好处是所募集的资金永远不用归还，公司效益好时就派送红股或象征性地派发一点股息；公司效益不好时就不派发股息。因此，公司从首次上市募集资金时起，就形成了一种所谓的“免费资本幻觉”。你是否同意这一观点？

---

① 发行股票的负动力成本是指增发股票会稀释原有股东的股权比重，从而影响股权激励的效应，但是因为目前公司不合理的治理结构，这种负动力成本基本上不存在。

② 周洛华．资产定价学．上海：上海财经大学出版社，2004：63-65.

◆ 计算分析题

1. 你用过去5年的复星医药股票月收益率数据对同期上证综合指数月收益率进行回归，得到：

$$r_{复星医药}=0.16\%+0.934\ 2r_{上证综合指数}$$
$$R^2=36.84\%$$

要求：

(1) 如果当前长期国债利率为5%，市场风险溢价为6.5%，估计复星医药股票的必要收益率或股权资本成本。

(2) 假设你有意购买复星医药股票，当前股票价格为26.34元/股，预期在5年内会涨到48元/股。假设该股票不发放股利，你认为复星股票是一个好的投资对象吗？

(3) 假设复星医药正在考虑一个与医药行业相关的新投资项目，项目预期净资产收益率为14.5%，复星医药应该进行这项投资吗？

(4) 如果过去5年中年无风险收益率为3.5%，根据回归结果评价这5年中复星医药收益率的表现。

(5) 如果你购买了复星医药的股票，你承担的风险中有多大比例是可以得到补偿的？

2. WAT集团拥有两家子公司，分别属于航空业和乳制品业。估计航空业子公司价值为200亿元，乳制品子公司价值为100亿元。该公司的负债对股东权益的比率为74%。现给你提供一些可比性公司的数据，如表6-10所示。

表6-10 可比性公司相关数据

行业	平均β系数	负债/股东权益（平均数）
航空业	1.25	80%
乳制品业	0.87	60%

假设所有公司的所得税税率为25%，如果目前长期国债利率为5%，市场风险溢价为6.5%。

要求：

估计WAT集团目前的股权资本成本。

3. AIR公司是一家大型航空公司，你用公司5年的股票月收益率对上证综合指数同期月收益率进行回归，得到：

$$r_{AIR}=0.38\%+1.4r_m$$
$$R^2=0.65$$

目前1年期国债利率为4.5%，市场风险溢价为6.5%，10年期政府长期债券利率为6.4%。公司发行在外的股票为3亿股，每股价格为30元。

要求：

(1) 计算下一年AIR股票的预期收益率。

(2) 如果要为一个10年期投资项目计算折现率，你的预期收益率会改变吗？

(3) 假设回归期间无风险收益率为4%，你认为AIR公司回归期间收益率的表现好于预期还是差于预期？公司投资者承担的不可分散风险是多少？

(4) 公司的负债/股东权益比率为 60%，所得税税率为 25%，公司打算发行 20 亿元新债以收购一家同样价值的新行业的公司，该行业的风险水平与公司现处行业的风险水平相同，计算收购后公司股票的 β 系数。

(5) 假设公司收购后又派发现金股利 10 亿元，计算派发股利后股票的 β 系数。

4. SOB 公司是一家软件和信息服务公司，2019 年将其业务扩展到文化娱乐业。2019 年公司软件信息业的 β 系数为 1.3，负债/股权比率为 60%。2019 年文化娱乐业预计占公司价值的 30%，具有可比性的文化娱乐业公司平均的 β 系数为 0.9，平均负债/股权比率为 50%，公司所得税税率为 25%。

要求：

(1) 假设 SOB 公司现在的负债/股权比率不变，估计 SOB 公司 2019 年的 β 系数。

(2) 假设公司打算用 50%的负债/股权比率为文化娱乐业融资，估计 SOB 公司的 β 系数。

(3) 假设无风险利率为 4%，市场风险溢价为 6.5%，根据 (2) 的结果计算 SOB 公司的股权资本成本。

5. 假设你正在估计 WHH 公司的资本成本，并得到公司如下资料：将 WHH 股票近 60 个月的收益率与上证综合指数同期收益率进行回归得到公司股票的 β 系数为 1.15；当前股票价格为 30 元/股，流通在外的股数为 4.5 亿股；公司未偿还的债务为 50 亿元（账面和市场价值相等），公司的信用评级为 AAA 级，AAA 级的违约差价率为 0.2%；长期国债利率为 6%，市场风险溢价为 6.5%；所得税税率为 25%。

要求：

(1) 估计 WHH 公司的股权资本成本。

(2) 估计 WHH 公司的加权平均资本成本。

(3) 假设公司发行债券回购股票 1 亿股，重新估计 WHH 公司的股权资本成本。

6. MBN 公司的有关资料如下：上年息税前利润为 600 万元，所得税税率为 25%；当前长期负债账面余额为 400 万元，平均利率为 10%；已发行普通股 60 万股，当前每股账面价值为 10 元（尚未进行利润分配），当前每股市价为 32.5 元；该公司的股利支付率为 40%，假定股票价格与其内在价值相等。

要求：

(1) 假设每股股利固定增长率为 6%，计算公司上年每股收益及当前普通股资本成本。

(2) 按照账面价值权数计算公司进行利润分配之后的加权平均资本成本。

(3) 假设公司发行债券 400 万元，以现行价格回购股票。发行新债后公司负债平均利率升至 11.5%，普通股成本提高至 22%，息税前利润保持不变。如果以股价高低判别，试问该公司是否应改变其资本结构（每股股利固定增长率为 6%）?

(4) 计算公司发行债券回购股票前后的利息保障倍数，并进行简要分析。

7. 假设 VOA 公司目前的资本结构为：长期债券 1 000 万元、股东权益 3 000 万元。其他有关信息如下：公司债券面值为 100 元/张，票面利率为 5.25%，期限为 10 年，每年付息一次，到期还本，发行价格为 101 元/张；公司股票月收益率与上证综合指数同期月收益率的相关系数为0.5，上证综合指数收益率的标准差为3.0，公司股票收益率的标准差为3.9；国库券利率为5%，股票市场的风险溢价为7%；企业所得税税率为25%；由于股东比债权人承担更大的风险，股东要求的风险溢价为5%。

要求：

(1) 计算债券的税后资本成本。

(2) 根据资本资产定价模型计算股权资本成本。

(3) 根据债券收益率和风险溢价法计算股权资本成本。

(4) 计算公司的加权平均资本成本。

◆ 案例分析

你刚刚应聘一家投资公司，你的上司让你解释与公司资本成本有关的问题。表6-11是从4个行业中选出的一些公司股票的β系数。

表6-11　4个行业部分上市公司的β系数（2018—2019年，共100周）

公用事业（电力）		医疗保健		白酒业		航空业	
证券简称	β系数	证券简称	β系数	证券简称	β系数	证券简称	β系数
中位数	0.52	中位数	1.05	中位数	1.175	中位数	1.21
长江电力	0.17	恒瑞医药	1.08	贵州茅台	0.95	中国国航	1.62
中国广核	−0.67	迈瑞医疗	0.36	五粮液	1.26	东方航空	1.53
华能国际	0.27	药明康德	1.12	洋河股份	0.94	南方航空	1.44
中国核电	0.71	爱尔眼科	0.85	泸州老窖	1.22	春秋航空	0.95
华能水电	0.96	云南白药	0.54	山西汾酒	1.33	吉祥航空	1.21
国投电力	0.51	长春高新	1.08	古井贡酒	1.14	海航控股	0.68
浙能电力	0.43	智飞生物	1.16	今世缘	1.22	华夏航空	1.61
国电电力	0.53	复星医药	1.17	顺鑫农业	1.21	中信海直	1.20
大唐发电	0.59	片仔癀	0.96	口子窖	1.11	山航B	0.81
川投能源	0.54	乐普医疗	1.02	古井贡B	1.08		

资料来源：Wind.（数据提取日为2019年12月26日。）

要求：

(1) 根据表6-11的数据，以β系数的行业中位数为依据，说明公用事业（电力行业）的β系数小于其他三个行业的原因是什么。影响股票β系数的主要因素是什么？

(2) 假设无风险收益率为3.5%，市场风险溢价为6.5%，计算中国核电、复星医药、贵州茅台、南方航空的股权资本成本，并对计算的结果进行评价。你认为影响股权资本成本的因素主要有哪些？

(3) 资本资产定价模型可以用来计算公司项目投资决策的折现率或项目资本成本。假设XYZ集团是一家充分多元化的公司，其组织结构如图6-6所示。

1) 设XYZ集团没有未清偿债务，拥有所有子公司的全部股权，且集团为公众公司，股票在上海证券交易所上市交易。假设集团的股票β系数等于1，集团的股权资本成本是多少？假设将集团看作三家子公司的投资组合，你认为集团股票β系数如何确定？影响各子公司β系数大小的因素主要是什么？假设集团的子公司进行项目投资，

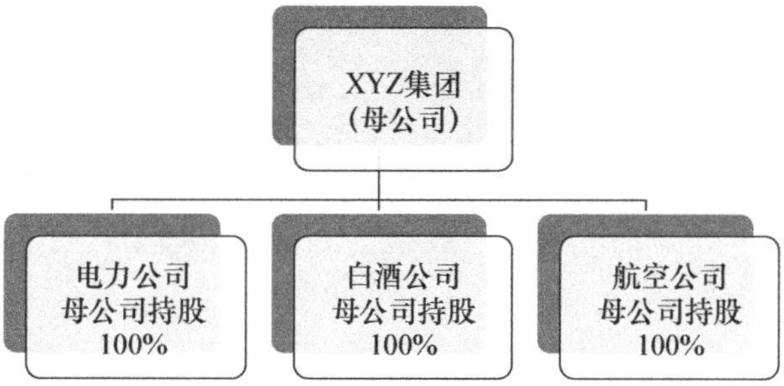

图 6-6　XYZ 集团组织结构

资本全部来自公司的留存收益。在项目评估时，是根据集团的 β 系数计算子项目的股权资本成本，还是分别计算各子公司的 β 系数？

2）如果子公司并未上市，没有历史数据计算其 β 系数，在这种情况下如何确定子公司的 β 系数？假设你的上司为你提供了医药行业 10 家公司的相关数据，如表 6-12 所示。假设以这 10 家公司代表医药行业，以公司价值为权重，计算行业加权平均无负债 β 系数。假设 10 家公司的所得税税率均为 25%。如果 XYZ 集团要成立一家子公司，投资一个与医疗保健相关的项目，假设项目的资本中 50%来自债务融资，50%来自股权融资，估计新项目或子公司的 β 系数，假设所得税税率保持不变。

表 6-12　医药行业 10 家公司企业价值和资产负债率

证券简称	公司价值（万元）	资产负债率（%）
恒瑞医药	36 877 425	10.39
迈瑞医疗	21 390 088	27.99
药明康德	15 277 878	36.75
爱尔眼科	12 268 161	40.78
云南白药	11 400 614	24.03
长春高新	8 537 142	30.86
智飞生物	8 252 469	52.76
复星医药	8 839 380	51.70
片仔癀	6 712 973	21.69
乐普医疗	6 592 438	51.40

资料来源：Wind 资讯.（数据提取日为 2019 年 12 月 26 日。）

(4) 当前复星医药的长期借款利率为 4.75%，5 年期债券利率为 4.68%，假设以 4.7%作为复星医药的债务资本成本，请估计复星医药的加权平均资本成本。

(5) 2018 年复星医药的固定资产和无形资产等资本支出大约为 32 亿元，该公司在 2009—2018 年间固定资产投资的年均增长率为 33%。2019 年和 2020 年公司会继续加大医药生物投资，假设按年 30%的增长率计算，预计 2020 年固定资产等投资支出增至 54 亿元。假设新投资的生物制药产品的风险较高，新项目的 β 系数为 1.4，预计新项目价值占公司总价值的 20%。假设资产负债率保持不变，试重新评估复星医药的资本成本。

第 7 章

投资决策

资本预算作为长期投资决策的价值分析工具，旨在选择创造公司价值的投资项目。从财务学的角度分析，价值创造等于收益与资源投入之间的差额，即扣除所有生产要素成本后的剩余收益。古典经济学家通常认为资源本身没有任何价值，只有当它被投入使用并在多个用途之间进行比较时才能够予以估价。从债券、股票等金融资产估价到投资项目等实物资产估价，虽然基本原理相同，但参数估计相差很大。项目投资主要是厂房的新建、扩建、改建；设备的购置和更新；资源的开发和利用；现有产品的改造；新产品的研制与开发等。项目投资具有投资额大、周期长、风险大等特点。许多人将投资决策比作"黑箱作业"，处理的信息对象是"可知的未知信息"和"不可知的未知信息"。在项目决策中，通常是根据项目评价方法，设计"黑箱"中"输入""输出"的变量，分析"黑箱"中隐含的不确定因素对项目产生的影响，从不同的角度分析项目投资的可行性。其中，实物期权被广泛应用于投资项目不确定性分析。摩西·鲁曼在《哈佛商业评论》发表过两篇文章——《视投资机会为实物期权：从数字出发》①《实物期权投资组合战略》②，在后一篇文章中，摩西·鲁曼写道，用金融观点来看，公司投资更似一系列的期权，而不是稳定的现金流。实物期权所要探讨的是在不确定的状态下如何进行资源配置和项目评估，特别是对项目投资决策中的灵活性和战略性进行估价。

通过本章的学习，可以理解附加效应、沉没成本、机会成本的基本含义；掌握净现值、内部收益率、获利指数、投资回收期的计算与评价方法；了解项目风险敏感性分析和盈亏平衡点分析方法；熟悉风险调整的基本方法；熟悉实物期权的类型和分析方式；熟悉实物期权价值评估的基本理论与方法。

---

① Luehrman, T. A. Investment Opportunities as Real Options: Getting Started on the Numbers. Harvard Business Review, 1998, 76 (4): 51-67.

② Luehrman, T. A. Strategy as a Portfolio of Real Options. Harvard Business Review, 1998, 76 (5): 89.

7.1 投资项目现金流量

7.1.1 现金流量预测的原则

现金流量是指投资项目所涉及的在一定时期内的现金流出与现金流入数量的总称。凡是因该项投资而增加的现金收入或现金支出的节约额都称为现金流入；凡是该项投资引起的现金支出都称为现金流出；一定时期的现金流入量减去现金流出量的差额为现金净流量。

1. 实际现金流量原则

实际现金流量原则是指预测投资项目的成本和收益时，采用现金流量而不是会计收益。由于会计收益的计算中包含一些非现金因素，如折旧和无形资产摊销在会计上作为一种费用抵减了当期的收益，但这种费用并没有发生实际的现金支出，只是账面记录而已，因此在现金流量分析中，折旧应加回收益中。如果将折旧作为现金支出，就会出现固定资产投资支出的重复计算，一次是在期初购买固定资产时，一次是在每期计提折旧计入成本时。

实际现金流量原则的另一个含义是项目未来的现金流量必须用预计未来的价格和成本计算，而不是用现在的价格和成本计算，如在通货膨胀时期应注意调整通货膨胀对现金流量的影响。

2. 增量现金流量原则

项目现金流量通常是根据增量或边际的原则进行预测的，因为只有增量现金流量才是与项目相关的现金流量。所谓增量现金流量，是根据“有无”的原则（with-versus-without），确认有这项投资与没有这项投资发生的现金流量之间的差额。判断增量现金流量，决策者会面临以下四个问题。

（1）附加效应。公司投资一个新的项目可能对其原来的项目或业务产生影响，这种影响可能是积极的，即新项目与原有项目之间存在互补关系，项目实施后将增加原有项目的收入；这种影响也可能是消极的，即新项目与原有项目之间存在替代关系，新项目实施后会冲击原有项目的收入或获利水平。例如，苹果 iPhone 11 问世后，客户对苹果 iPhone 10 的需求可能会转向苹果 iPhone 11，假设苹果 iPhone 11 可以创造的现金净流量为 2 000 万元，但由于同时失去了苹果 iPhone 10 的部分市场份额（假设为 500 万元），新产品苹果 iPhone 11 的增量现金流量为 1 500 万元。

又如，某航空公司在 A，B 两城市间有一条航空线，公司希望开通 AC 新航线，如果单看这一新项目，AC 航线是亏损的，但是 AC 航线的开通可能会增加 AB 航线的客流量或现金流量。如果增加的客流量所带来的收益大于亏损，开通 AC 航线就是可行的。那么，AC 航线的现金流量就应该包括给 AB 航线带来的增量现金流量。

（2）沉没成本。沉没成本是指过去已经发生、无法由现在或将来的任何决策改变的成本。在投资决策中，沉没成本属于决策无关成本。例如，某投资项目前期工程投资50万元，要使工程全部完工，需追加50万元。如果工程完工后的收益现值为60万元，则应追加投资，完成这一项目，因为公司面临的不是投资100万元、收回60万元的问题，而是投资50万元、收回60万元的问题。此时，工程前期发生的50万元投资属于决策无关的沉没成本。如果决策者将沉没成本纳入投资成本总额，则会使一个有利的项目变得无利可图，从而造成决策失误。

一般来说，大多数沉没成本是与研究开发以及投资决策前进行市场调查有关的成本。[①] 在传统的项目评估中，沉没成本不能作为投资决策考虑的因素，但一家公司必须在较长的时间内收回它所支付的沉没成本，才能为自身创造增量价值。因此，公司所有的成功项目累积的净现值必须超过所有成功或不成功项目的累积市场调研费。事实上，从实物期权的角度，沉没成本相当于期权费。

(3) 机会成本。经济资源往往具有多种用途，选择了一种用途，必然要丧失另一种用途的机会，后者可能带来的最大收益就成了前者的机会成本。假设有一笔资金，可以把它存在银行，也可以把它投入公司运营。如果将其投入运营，这笔资金存储的银行利息就是把资金投入公司运营的机会成本。虽然机会成本并未发生现金实体的交割或转让行为，但作为一种潜在的成本，必须认真对待，以便为既定资源寻求最佳使用途径。机会成本与投资选择的多样性和资源的稀缺性相联系，当存在多种投资机会，而可供使用的资源又有限的时候，机会成本就一定存在。

(4) 制造费用。在确定项目现金流量时，对于制造费用，要做进一步分析，只有那些确因本项目投资而引起的费用（如增加的管理人员、租金和动力支出等），才能计入投资的现金流量；与公司投资进行与否无关的费用，则不应计入投资的现金流量。

7.1.2 项目现金流量预测

投资项目的现金流量一般包括初始现金流量、经营现金流量和终结现金流量三部分。

1. 初始现金流量

初始现金流量是项目建设过程中发生的现金流量，主要包括以下四项。

第一，项目初始投资，指形成固定资产、无形资产和其他资产的投资。项目投资时直接形成固定资产的建设投资，如建筑工程费、设备购置费、安装工程费以及建设期利息等。与项目相关的无形资产支出主要指技术转让费或技术使用费、商标权和商誉等；其他资产的费用主要指生产准备费、开办费、培训

① 事实上，项目投资前发生的成本也可能会部分收回，例如产品市场调研费。如果公司放弃项目，则可以一个合理的价格将产品调研结果出售给其他企业。在这种情况下，可能会改变对市场调研费的分析。

费、样品样机购置费等。

需要说明的是，对于土地使用权，按规定，在尚未开发或建造自用项目前，土地使用权作为无形资产核算，房地产开发公司开发商品房时，将其账面价值转入开发成本；公司建造自用项目时将其账面价值转入在建工程成本。为了与以后折旧和摊销相协调，在项目投资估算时通常将土地使用权直接列入固定资产其他费用。

第二，经营性营运资本，指经营性流动资产与经营性流动负债之间的差额。在项目经营期中，各期处于周转使用的经营性营运资本增加额可按下式计算：

$$\Delta W_t = W_t - W_{t-1} \tag{7-1}$$

在项目经营期末，满足项目需要的流动资产不再需要，如无须购买新的存货，应收账款将被收回且不会产生新的应收账款，因而投放在项目上的经营性营运资本在项目经营期末被逐渐收回。

假设SST公司投资项目预计经营性营运资本增加额如表7-1所示，在表中，经营性营运资本投资额随着销售收入的变化而变化，在项目生产期的第三年（2022年），前两期投入的经营性营运资本逐渐被收回。

表7-1 SST公司投资项目预计经营性营运资本增加额 单位：万元

年份	基期	2020	2021	2022	2023	2024
销售收入	4 000	4 400	4 840	3 800	1 800	1 000
最低现金（销售收入的2%）	80	88	97	76	36	20
应收账款（销售收入的8%）	320	352	387	304	144	80
存货（销售收入的10%）	400	440	484	380	180	100
应付账款（销售收入的7%）	280	308	339	266	126	70
经营性营运资本	520	572	629	494	234	130
经营性营运资本增加额		52	57	−135	−260	−104

第三，原有固定资产的变价收入，指固定资产重置、旧设备出售时的现金净流量。

第四，所得税效应，指固定资产重置时变价收入的税负损益。按规定，出售资产（如旧设备）时，如果出售价高于原价或账面净值，应缴纳所得税，多缴的所得税构成现金流出量；出售资产时发生的损失（出售价低于账面净值）可以抵减当年所得税支出，少缴的所得税构成现金流入量。诸如此类由投资引起的税负变化，应在计算项目现金流量时加以考虑。

2. 经营现金流量

经营现金流量是指项目建成后，生产经营过程中发生的现金流量，这种现金流量一般是按年计算的。现金流量一般与项目周期内发生的收入、成本有关。项目收入是指在项目投产后增加的税后现金收入（或成本费用节约额）；项目有关的成本费用是指以现金支付的各种税后成本费用（不包括固定资产折旧费以及无形资产摊销费等，也称经营成本）以及各种税金支出。其计算公式为：

$$\begin{aligned}净利润&=(销售收入-经营成本-折旧)\times(1-所得税税率)\\&=息税前利润\times(1-所得税税率)\end{aligned}\tag{7-2}$$

按式（7－2）计算的净利润称作无负债净利润或无杠杆净利润（unlevered net income），不考虑任何与负债相关的利息费用，其原因在于任何增加的利息费用都被视为与项目融资决策有关，或者说，项目评价独立于融资决策。例如，某项目初始投资为200 000元，每年产生的息税前利润为32 000元，不论项目资本来自股权还是债务，均不影响项目每年创造息税前利润。

按式（7－2）计算的净利润是公司会计业绩的一种评价标准，在此基础上，加上折旧费用（非现金费用），就可以将净利润转化为经营现金净流量，即

$$\begin{aligned}经营现金净流量&=息税前利润\times(1-所得税税率)+折旧\\&=EBIT\times(1-T)+DEP\end{aligned}\tag{7-3}$$

式（7－3）可改写为：

$$\begin{aligned}净利润&=(销售收入-经营成本-折旧)\times(1-所得税税率)+折旧\\&=(销售收入-经营成本)\times(1-所得税税率)-折旧\\&\quad+折旧\times所得税税率+折旧\\&=(销售收入-经营成本)\times(1-所得税税率)+折旧\times所得税税率\end{aligned}$$

上式中的经营成本一般指支付现金的成本，“折旧×所得税税率”表示折旧的抵税作用，由于折旧计入成本，冲减利润而少缴所得税，这部分少缴的所得税形成了投资项目的现金流入量。

在按上述公式估计经营现金流量时，如果项目在持续期内追加营运资本（ΔW）和资本支出（F），可将式（7－3）改写为项目现金净流量（NCF）：

$$NCF=EBIT\times(1-T)+DEP-F-\Delta W\tag{7-4}$$

如果回顾第4章公司自由现金流量的计算方式，就可以发现它与项目现金流量公式基本一致。

3. 终结现金流量

终结现金流量是指项目经营期末发生的现金流量，主要包括两部分：经营期项目现金流量和经营期终结现金流量。其中，经营期终结现金流量主要包括：

第一，固定资产残值变价收入以及出售时的税负损益。如果预计固定资产报废时残值收入大于税法规定的数额，就应支付所得税，形成现金流出量；反之则可抵减所得税，形成现金流入量。

第二，垫支经营性营运资本的收回。这部分资本不受税收因素的影响，税法把它视为资本的内部转移，如同把存货和应收账款换成现金，因此，收回的经营性营运资本仅仅是现金流量的增加。

[**例7-1**] APT公司是一家玩具制造公司，该公司计划用一台新设备转换一台旧设备。新设备的有关资料如下：(1) 计划新设备的购买价格为500万元，按直线法折旧，10年后设备残值为50万元，设备安装费为60万元，其中50万元与设备购置成本一样资本化，剩余的10万元可立即费用化。(2) 采用新设备后每年增加经营性流动资产3万元，增加经营性流动负债1万元。(3) 公司预测10年后新设备的账面净值为50万元，但只能以30万元转让出去，届时还要支付搬运和清理费用4万元。(4) 新设备比旧设备每年可节约150万元的税前经营成本。

旧设备的相关资料如下：(1) 公司目前正在使用的旧设备账面净值为100万元，并在今后的5年中继续以直线法计提折旧直到账面价值为0。(2) 假设旧设备尚可继续使用10年。(3) 如果现在出售，旧设备当前价格为25万元。APT公司所得税税率为25%。新设备取代旧设备的初始投资、经营现金流量、终结现金流量计算分别如表7-2、表7-3、表7-4所示；图7-1描述了APT公司新设备增量现金流量时间线。

表7-2　新设备取代旧设备初始投资

项目	金额（元）	说明
新设备购买价格	5 000 000	
安装费	500 000	
投资额（可折旧投资）	5 500 000	←=5 000 000+500 000
净营运资本追加投资	20 000	←=30 000−10 000
其他费用（税后）	75 000	←=100 000×(1−25%)
旧设备出售	250 000	
旧设备净值	1 000 000	
旧设备出售所得税	−187 500	←=(250 000−1 000 000)×25%
旧设备出售税后收入	437 500	←=250 000−(−187 500)
初始投资	5 157 500	←=5 500 000+20 000+75 000−437 500

表7-3　新设备取代旧设备各年经营现金流量

项目	第1～5年	第6～10年
(1) 新旧设备增量收入	0	0
(2) 新设备每年经营成本节约额	−1 500 000	−1 500 000
(3) 新设备每年折旧 (5 500 000−500 000)/10	500 000	500 000
(4) 旧设备前5年折旧 (1 000 000/5)*	200 000	0
(5) 增量折旧 (3)−(4)	300 000	500 000
(6) 经营现金净流量 [(1)−(2)−(5)]×(1−25%)+(5)	1 200 000	1 250 000

*旧设备的折旧期限剩余5年，因此前5年每年提折旧200 000元，后5年折旧为0。

表 7-4　新设备取代旧设备终结现金流量

	金额（元）	
第10年末新设备净值（残值）	500 000	
第10年末新设备转让价值	300 000	
第10年末设备清理等税后费用	30 000	←=40 000×(1−25%)
第10年末新设备出售所得税	−50 000	←=(300 000−500 000)×25%
第10年末收回净营运资本	20 000	
第10年末现金净流量	340 000	←=300 000−30 000−(−50 000)+20 000

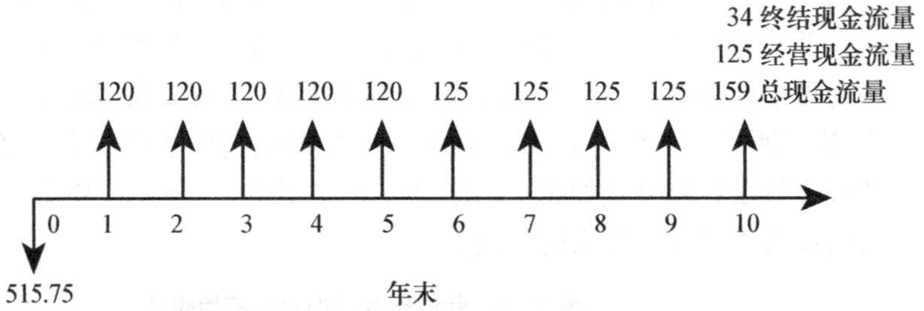

图 7-1　APT公司新设备取代旧设备相关现金流量时间线（单位：万元）

在表7-2中，旧设备的原始购置成本并没有参与计算，因为它发生在过去，属于沉没成本，对设备重置决策没有影响。

7.1.3　项目现金流量预测中应注意的问题

1. 折旧模式的影响

项目现金流量及评价

在不考虑所得税的情况下，折旧额变化对现金流量没有影响，因为不论公司采取什么样的折旧方式，所改变的只是会计利润的大小。折旧额增加（减少）与利润减少（增加）的数额是相等的，因此，折旧变化不影响投资价值。但引入所得税后，折旧抵税作用会直接影响投资现金流量的大小，从而影响项目的价值。

估计项目现金流量的目的是计算项目现金流量的现值，由于不同折旧模式下各年折旧额不同，折旧抵税额也不同，因此，不同折旧模式下抵税额现值也不同。

假设某项固定资产原始价值为30 000元，使用年限为5年，无残值。假设所得税税率为25%，折现率为10%，采用年数总和法和直线法计提的折旧、折旧抵税额、折旧抵税额现值的计算如表7-5所示。

表 7-5　不同折旧方法折旧抵税现值　　单位：元

年份	1	2	3	4	5
年数总和法					
折旧率	33.33%	26.67%	20.00%	13.33%	6.67%

续表

年份	1	2	3	4	5
折旧额	10 000	8 000	6 000	4 000	2 000
折旧抵税额	2 500	2 000	1 500	1 000	500
折旧抵税额现值	2 273	1 653	1 127	683	310
直线法					
折旧额	6 000	6 000	6 000	6 000	6 000
折旧抵税额	1 500	1 500	1 500	1 500	1 500
折旧抵税额现值	1 364	1 240	1 127	1 025	931

表 7-5 表明，采用年数总和法计提折旧的抵税额现值大于直线法下的折旧抵税额现值。

2. 利息费用

在投资项目评估时，现金流量预测中既不包括利息支出，也不包括利息抵税额。这是因为一个投资项目的价值就在于它在经济（或经营）上是否能获得收益，而这一经济收益与融资方式无关（这与第 8 章介绍的 M-M 理论相一致）。融资方式对项目的影响主要体现在项目的资本成本中，或者说，投资项目的债务资本成本及其利息抵税的效应将以调整项目资本成本的方式体现。

假设某投资项目初始现金流出量为 1 000 元，1 年后产生的现金流入量为 1 100 元；假设项目的投资额全部为借入资本，借款利率均为 6%，期限为 1 年。与投资、融资有关的现金流量及净现值（假设投资者要求的最低收益率等于借款利率）如表 7-6 所示。

表 7-6 项目现金流量及净现值 单位：元

现金流量	初始现金流量	终结现金流量	净现值
与投资相关的现金流量	−1 000	1 100	38
与融资相关的现金流量	1 000	−1 060	0
现金流量合计	0	40	38

从表 7-6 中可知，与融资有关的现金流量的净现值等于 0。这表明即使不考虑项目融资量（仅考虑投资现金流量），也可以得出相同的净现值。如果从项目未来的现金流入量（1 100 元）中减去利息费用（60 元），再将其差额以 6% 的资本成本进行折现，就会出现重复计算的问题。

7.2 投资项目评价标准

7.2.1 净现值

净现值（net present value，NPV）是指项目在整个建设和生产服务年限内各年现金净流量按项目资本成本折算的现值之和。其计算公式为：

$$NPV=\sum_{t=0}^{n}\frac{NCF_t}{(1+r)^t} \tag{7-5}$$

式中，NCF_t 为第 t 期现金净流量；r 为项目资本成本；n 为项目周期。

假设有 A，B 两个投资项目，各期现金流量均发生在每期期末，项目的折现率均为 8%，有关数据和计算结果如表 7-7 所示。

表 7-7　A，B 投资项目净现值与内部收益率　　单位：万元

项目	NCF_0	NCF_1	NCF_2	NCF_3	NPV (8%)	IRR	PI
A	−10 000	8 000	4 000	960	1 599	20%	1.16
B	−10 000	1 000	4 544	9 676	2 503	18%	1.25

根据表 7-7 的数据，A 项目的净现值计算如下：

$$\begin{aligned}NPV_A&=-10\ 000+\frac{8\ 000}{1+8\%}+\frac{4\ 000}{(1+8\%)^2}+\frac{960}{(1+8\%)^3}\\&=1\ 599(\text{万元})\end{aligned}$$

采用净现值标准进行项目决策的标准是：接受净现值大于等于零的项目，放弃净现值小于零的项目。当一个投资项目有多种方案可供选择时，选择净现值最大的方案，或者按净现值大小进行项目排序，对净现值大的项目优先考虑。从价值创造的角度分析，净现值衡量投资项目对公司增量价值的贡献大小。在上例中，选择 B 项目可以为投资者（股东）带来更多的价值。

在项目评价中，如果项目的净现值大于零，表明该项目产生的现金流量可以向投资者提供超过其要求的收益，这个收益的现值就是项目的净现值。此时，进行项目投资可以提高公司当前的市场价值。如果项目的净现值等于零，表明该项目产生的现金流量刚好满足投资者要求的收益率，项目投资不会改变公司当前的市场价值。如果项目的净现值小于零，意味着项目实施后会降低公司当前的市场价值。采用净现值标准进行项目评价具有以下特点。

第一，净现值具有可加性。假设表 7-7 中的 A，B 项目是相互独立的，对它们评价既可以将两个项目合并在一起，也可以分别评价这两个项目。根据价值可加性原则，合并或分别计算所得到的结果是一致的。

第二，净现值标准假定一个项目各期的现金流量（即发生在项目初始和终止之间的现金流量）能够以最低可接受的收益率（通常指资本成本）进行再投资。例如，A 项目的净现值也可写作：

$$NPV_A=-10\ 000+\frac{8\ 000\times1.08^2+4\ 000\times1.08+960}{(1+8\%)^3}=1\ 559(\text{万元})$$

第三，净现值的计算考虑了预期期限结构和利率的变化。令 r_t 代表 $t-1\sim t$ 期之间不变的折现率，在这种情况下，式（7-5）可以很容易地推广得到各期折现率不相等时净现值的计算公式：

$$NPV=IC_0+\frac{NCF_1}{1+r_1}+\frac{NCF_2}{(1+r_1)(1+r_2)}+\cdots+\frac{NCF_n}{\prod_{j=1}^{n}(1+r_j)} \tag{7-6}$$

式中，IC_0 为项目初始投资，$\prod$ 为连乘号。

假设某投资项目第0～4年的现金流量分别为－1 000万元、300万元、400万元、500万元、600万元；各年折现率分别为：$t_1=10\%$，$t_2=11\%$，$t_3=12\%$，$t_4=13\%$。则项目的净现值计算如下：

$$NPV=-1\,000+\frac{300}{1.1}+\frac{400}{1.1\times1.11}+\frac{500}{1.1\times1.11\times1.12}+\frac{600}{1.1\times1.11\times1.12\times1.13}$$
$$=-10\,000+272.73+327.60+365.63+388.27$$
$$=354.23(万元)$$

在上例中，也可以将各期的折现率调整为各期平均折现率计算净现值。表7-8、表7-9分别列示了根据各年累计折现率和各年平均折现率计算的净现值。

表7-8 净现值（各年累计折现率） 单位：万元

项目	第0年	第1年	第2年	第3年	第4年
现金流	－1 000	300	400	500	600
各年折现率		10%	11%	12%	13%
累计折现率	0	10%	22%	37%	55%
现金流现值	－1 000	272.73	327.60	365.63	388.27
净现值	354.23				

表7-9 净现值（各年平均折现率） 单位：万元

项目	第0年	第1年	第2年	第3年	第4年
现金流	－1 000	300	400	500	600
年平均折现率		10.000%	10.499%	10.997%	11.494%
现金流现值	－1 000	272.727	327.600	365.625	388.275
净现值	354.23				

净现值标准考虑了项目周期内各年现金流量的现时价值，反映了投资项目的收益，在理论上较为完善。但是，采用净现值标准进行投资决策隐含的假设是：以当前预测的现金流量和折现率进行项目投资与否的决策，无论是现在就投资(如果净现值大于0)，还是永远不投资(如果净现值小于0)，都是一种当期的决策，而与决策后可能出现的新信息无关，从而忽略了随着时间的流逝和更多信息的获得导致项目发生变化的各种因素，否认了决策的灵活性。

7.2.2 内部收益率

内部收益率（internal rate of return，IRR）是指项目净现值为零时的折现率或现金流入量现值与现金流出量现值相等时的折现率。内部收益率满足下式：

$$NPV=\sum_{t=0}^{n}NCF_t(1+IRR)^{-t}=0 \tag{7-7}$$

根据表7-7的数据，A项目的内部收益率可按下式计算：

$$NPV_A=-10\,000+\frac{8\,000}{1+IRR}+\frac{4\,000}{(1+IRR)^2}+\frac{960}{(1+IRR)^3}=0$$

公式（7-7）是一个n次方程，采用Excel内置函数求解，可以得到内部收益率为20%。

利用内部收益率标准评价投资项目的标准是：如果内部收益率大于或等于项目资本成本或投资最低收益率，则接受该项目；反之，则放弃。采用内部收益率标准可直接根据投资项目本身的参数（现金流量）计算其投资收益率，从而能够正确地反映项目本身的获利能力。需要注意的是，投资项目的内部收益率与资本成本不同，内部收益率是根据项目本身的现金流量计算的，反映项目投资的预期收益率；资本成本是投资者进行项目投资要求的最低收益率。因此，一个项目内部收益率的大小与项目资本成本无关，仅与项目预期现金流量的大小相关；但在项目决策中，需要比较项目的预期收益率和资本成本，做出接受或拒绝项目的决策。

如果投资项目的现金流量为传统型，即在投资有效期内只改变一次符号，例如，－＋＋＋…＋＋；同时项目各期采用相同的折现率，且以资本成本作为比较基础，那么采用内部收益率标准和净现值标准，对项目投资评价的结论是一致的。图7-2描述了A项目净现值与内部收益率之间的函数关系。

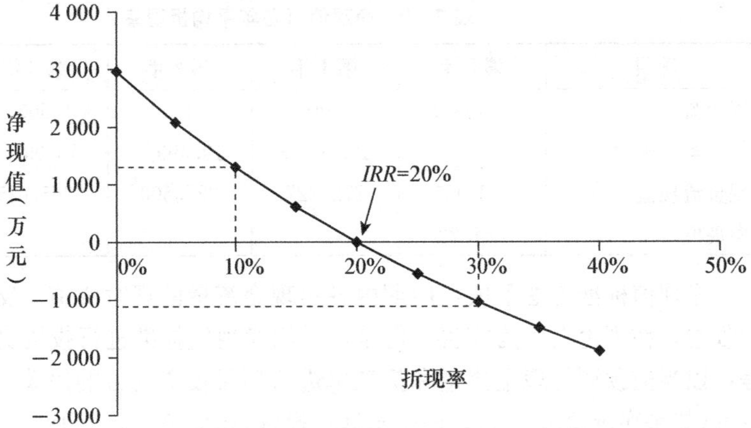

图7-2　A项目的净现值与内部收益率的关系

在图7-2中，净现值曲线与横轴的交点是内部收益率（$IRR=20\%$），如果折现率或资本成本（10%）小于20%，则净现值大于0，按内部收益率和净现值两种标准判断，均应接受该投资项目。如果折现率或资本成本（30%）大于20%，则净现值小于0，按两种标准判断，均应放弃该项投资。显然，在内部收益率点左边的净现值均为正数，在内部收益率点右边的净现值均为负数。这表明，如果净现值大于0，则内部收益率必然大于资本成本；如果净现值小于0，则内部收益率必然小于资本成本。由此可知，如果净现值标准得到满足，内部收益率标准也必然得到满足，反之亦然。不论采取哪种决策标准，其结论是一致的。

与净现值标准相比，内部收益率标准存在某些缺陷，具体表现在以下三个方面。

第一，项目可能存在多个内部收益率或无内部收益率。采用内部收益率进行项目评价时，如果一个投资项目的现金流量是交错型的，如现金流量为－－＋＋＋…－＋＋，即非传统型现金流量，则该投资项目可能会有几个内部收益率，其个数要视现金流量序列中正负号变动的次数而定，在这种情况下，很难选择哪一个用于评价最合适。假设某投资项目在第0～4年的现金流量分别为－1 000万元，800万元，1 000万元，1 300万元，－2 200万元，其内部收益率分别为6.6%和36.6%，如图7－3所示。

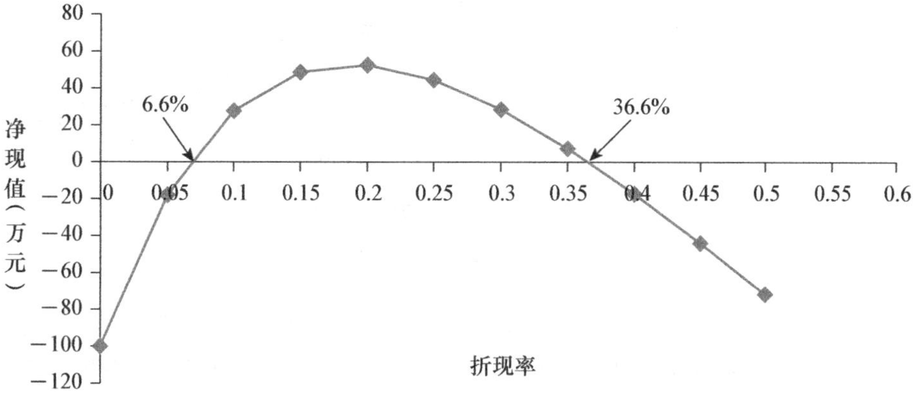

图7－3　多个内部收益率项目的净现值曲线

如果采用内部收益率标准，就要确定使用哪一个内部收益率进行比较。假设项目投资要求的最低收益率为12%，以6.6%作为内部收益率，项目是不可行的；以36.6%作为内部收益率，项目是可行的。如果采用净现值标准，在折现率为12%的条件下，只要项目的净现值大于0，就可以简单地判断这个项目是可行的。

与多个内部收益率不同，也可能会出现没有任何折现率能满足定义 $NPV=0$，即内部收益率无解（如某项目的现金流量为－1，3，－2.5）的情况，这时无法找到评价投资项目的标准。

第二，互斥项目排序矛盾。在互斥项目的比较分析中，如果两个项目的投资规模不同，或两个项目的现金流量时间分布不同，采用净现值标准或内部收益率标准进行项目排序，有时会得出相反的结论。表7－10描述了两个规模不同的项目的净现值和内部收益率。

表7－10　S和L投资项目的现金流量　　单位：万元

项目	NCF_0	NCF_1	NCF_2	NCF_3	NCF_4	NPV (12%)	IRR	PI
S	－26 900	10 000	10 000	10 000	10 000	3 473	18%	1.13
L	－55 960	20 000	20 000	20 000	20 000	4 787	16%	1.09
L－S	－29 060	10 000	10 000	10 000	10 000	1 313	14.13%	1.05

根据表中数据，S 和 L 两个投资项目的内部收益率均大于资本成本（12%），净现值均大于 0，如果可能两者都应接受。如果两个项目只能选取一个，按内部收益率标准应选择 S 项目，而按净现值标准应选择 L 项目。两个项目净现值曲线如图 7-4 所示。

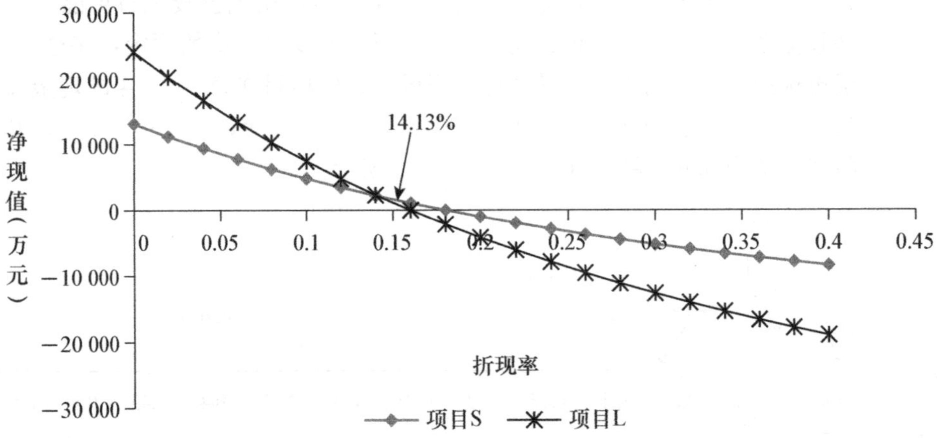

图 7-4　S，L 项目净现值曲线

在图 7-4 中，两个项目净现值曲线与横轴的交点分别代表各自的内部收益率，与纵轴的交点则表示 $r=0$ 时各自的净现值。从图中可以看出，不论投资者要求的收益率或资本成本（r）为多少，按内部收益率排序，S 项目总是优于 L 项目。按净现值排序，结果与所选择的折现率有关，如果 $r<14.13\%$，则 L 项目优于 S 项目；如果 $r>14.13\%$，则 S 项目优于 L 项目；如果 $r=14.13\%$，则两个项目的净现值相等，或者说 14.13%代表了两个项目净现值相等时的收益率。如果投资者要求的收益率或资本成本等于或大于这一交点，则按净现值或内部收益率两种标准排序的结论相一致；如果投资者要求的收益率或资本成本小于这一交点，则按净现值排序与按内部收益率排序的结论会发生冲突。

此外，如果两个项目投资额相同，但现金流量时间分布不同，也会引起两种标准在互斥项目选择上的不一致。在表 7-7 中，按内部收益率排序，A 项目大于 B 项目；按净现值排序，在折现率为 8%的条件下，B 项目大于 A 项目。造成这一差异的原因是两个投资项目现金流量时间分布不同，A 项目的现金流量随着时间递减，而 B 项目的现金流量随着时间递增。

当两种标准下排序出现冲突时，可进一步考虑增量现金流量，在表 7-10 中，L−S 项目相当于追加投资，这一增量项目的内部收益率为 14.13%，大于资本成本（12%），净现值大于 0，不论按哪种标准，追加投资项目都应接受。① 因此，在条件许可的情况下，投资者在接受 S 项目后，也可接受 L−S 项目，即选择 S+(L−S)=L 项目。这样在资本成本一定的情况下，投资规模大的项目可以获得较多的净现值。如果按内部收益率选择 S 项目，则追加投资 L−S 项目就

① 如果增量投资的内部收益率小于资本成本，或增量投资的净现值小于 0，则应选择 S 项目。

会被舍弃，这显然有违项目评价的基本原则。因此，当两种标准下排序发生矛盾时，应以净现值标准为准。

净现值与内部收益率标准产生矛盾的原因是这两种标准隐含的再投资利率不同。① 净现值假设投资项目在第 t 期流入的现金以资本成本或投资者要求的收益率进行再投资；内部收益率假设再投资利率等于项目本身的内部收益率。在项目评价中，无论存在投资规模差异还是时间差异，公司都将有数量不等的资本进行不等年限的投资，这一点取决于公司到底选择互斥项目中的哪一个。如果选择初始投资较少的项目，那么在 $t=0$ 时，公司将有更多的资本投资到其他方面。同样，对具有相同规模的投资项目来说，具有较多早期现金流入量的项目就能提供较多的资本再投资于早期年度。因此，项目再投资利率的设定和选择是非常重要的。回答这一问题的关键在于：在投资规模一定的情况下，产生于早期而不是晚期的现金流量的价值如何计算？或者说，我们能够以多大的机会成本将早期的现金流量进行再投资？

如果净现值和内部收益率两种指标都采取共同的再投资利率进行计算，则排序矛盾会消失。按同一再投资利率计算的内部收益率称为调整或修正内部收益率（modified internal rate of return，MIRR）。在对表 7－7 中 A，B 两个项目进行比较时，假设再投资利率与资本成本（$r=8\%$）相等，则 A 和 B 两项目的修正内部收益率计算如下：

$$-10\,000+\frac{8\,000\times1.08^2+4\,000\times1.08+960}{(1+MIRR_A)^3}=0$$

解得　　$MIRR_A=13.47\%$

$$-10\,000+\frac{1\,000\times1.08^2+4\,544\times1.08+9\,676}{(1+MIRR_B)^3}=0$$

解得　　$MIRR_B=16.35\%$

上述计算表明，按再投资利率 $r=8\%$ 计算，$MIRR_B>MIRR_A$，这与按净现值排序的结论相同。

以项目的资本成本作为投资利率，这与项目评估的假设相一致。这些假设是：(1) 预期资本成本为 r，所有投资项目都按 r 进行评估；(2) 资本市场较为完善，投资者能够按照 r 的成本筹到项目（现在或未来）所需要的全部资本；(3) 所有的潜在项目都与当前项目有相同的风险；(4) 来源于已投资项目的早期现金流量可用于支付给那些要求平均收益率为 r 的证券投资者和债权人，或看作一笔利率为 r 的存款。

根据上述假设，正确的再投资利率应该是资本成本 r，在市场均衡的条件下，它代表项目投资者投入资本要求获得的最低收益。而这种设想隐含在净现值中，且对所有的投资项目（现在或未来）来说，再投资利率都是相同的。在

---

① 分析 NPV 和 IRR 之间的争论，可参阅：Plath，D. A.，Kennedy，W. F. Teaching Return-Based Measures of Project Evaluation. Financial Practice & Education，1994：76-86。

没有其他更确切的信息时，净现值关于再投资利率的假设是一种较为客观、合理的预期。内部收益率假设的再投资利率以所要考虑的各个项目的现金流量为转移，投资项目的内部收益率高，假设的再投资利率也高，反之亦然，这对未来的项目投资来说是不现实的。由于各项目的内部收益率不同，各项目的再投资利率也不同，这不仅影响评价标准的客观性，也不利于各项目间的比较。由于内部收益率不能代表期间现金流量适宜的再投资利率，而净现值隐含的再投资利率是投资者要求的收益率，能够较准确地测定投资机会，因此，从理论上讲，净现值标准优于内部收益率标准。根据表 7－10 的数据，在资本成本为12%的条件下，L 项目可以为公司创造更多的价值。

此外，采用哪种标准作为项目评价标准，还要考虑公司是否存在融资约束。如果公司有能力获得足够的资本进行项目投资，净现值标准提供了正确的答案；如果公司存在资本限额，内部收益率是一种较好的标准。

7.2.3 获利指数

获利指数（profitability index，PI）又称现值指数，是指投资项目未来现金净流量（NCF）的现值与初始投资额（I_0）的比率。其计算公式为：

$$PI=\frac{PV(NCF)}{I_0} \tag{7-8}$$

根据表 7－7 的资料，A 项目的现值指数如下：

$$PI=\frac{11\ 599}{10\ 000}=1.16$$

根据获利指数标准进行项目选择的标准是：接受获利指数大于或等于 1 的项目；放弃获利指数小于 1 的项目。由于净现值与获利指数使用相同的信息评价投资项目，得出的结论常常是一致的，但在投资规模不同的互斥项目的选择中，则有可能得出不同的结论。如在表 7－10 中，按净现值标准，L 项目优于 S 项目；按获利指数标准，S 项目优于 L 项目。在这种情况下，项目选择的标准取决于公司是否存在资本约束，如果公司有能力获得足够的资本进行项目投资，净现值标准提供了正确的答案；如果公司存在资本限额，获利指数是一种较好的选择标准。

7.2.4 投资回收期

投资回收期（payback period，PP）是指通过项目投产后的现金净流量收回初始投资所需要的时间。假设 T 为项目各年累计现金净流量首次出现正值的年份，投资回收期可按下式计算：

$$PP=T-1+\frac{\text{第 } T-1 \text{ 年累计现金净流量的绝对值}}{\text{第 } T \text{ 年的现金净流量}} \tag{7-9}$$

根据表7-7的数据，A项目累计现金净流量如表7-11所示，投资回收期计算如下：

$$PP=(2-1)+\frac{2\ 000}{4\ 000}=1.5(\text{年})$$

表7-11 A项目累计现金净流量 单位：万元

年份	0	1	2	3
现金净流量	−10 000	8 000	4 000	960
累计现金净流量	−10 000	−2 000	2 000	2 960

采用投资回收期标准进行项目决策的标准是：如果投资回收期小于基准回收期（公司自行确定或根据行业标准确定），则接受该项目；反之，则放弃该项目。在比较分析互斥项目时，应以回收期最短的方案作为中选方案。

投资回收期以收回初始投资所需时间长短作为判断是否接受某项投资的标准，方法简明易懂，广泛用于项目评估。但这种方法也存在一定的缺陷，主要表现在：

第一，投资回收期标准没有考虑货币的时间价值和投资的风险价值。在应用这个指标时，实际上是认定 $r=0$，也就是假设在计算期内任何时点现金流量的价值都与其现时价值相等，这显然是不科学的。

第二，投资回收期标准只考虑回收期以前各期现金流量的贡献，而将回收以后的现金流量截断，完全忽略了回收以后现金流量的经济效益，这样就忽略了不同方案的实际差异。例如在表7-12中，如果按净现值标准，则应选择D项目，拒绝C项目；如果按回收期标准，则与净现值标准的结论相反。从公司价值的角度分析，实施D项目可以增加公司财富，而实施C项目将减少公司的财富。

表7-12 投资项目净现值与回收期 单位：万元

年份	0	1	2	3	4	5	*NPV*（15%）	*PP*
C项目	−1 000	500	500	150	80	50	−17.92	2
D项目	−1 000	500	300	400	300	150	170.73	2.5

为了弥补投资回收期标准未考虑货币时间价值和投资风险价值这一缺陷，可采用折现投资回收期，即将未来各期现金流量用该项目的折现率进行折现，求得累计净现值与初始投资现值相等时所需的时间。但折现投资回收期仍未考虑投资项目回收以后各期现金流量的影响。

尽管投资回收期在项目评价中存在一些缺陷，但它确实告诉人们投入资本被项目占用了多长时间。在其他因素不变的情况下，项目回收期越短，项目的流动性就越大。而且由于远期现金流量的风险大于近期现金流量的风险，因此，投资回收期通常作为衡量项目风险的指标。

7.2.5 会计收益率

会计收益率（accounting rate of return，ARR）是指投资项目年平均净利润与该项目年平均投资总额的比率，其计算公式为：

$$会计收益率=\frac{年平均净利润}{年平均投资总额}\times 100\% \tag{7-10}$$

式中，年平均净利润是指项目投产后各年净利润合计的算术平均数；年平均投资总额是指固定资产投资账面价值的算术平均数。

利用会计收益率标准衡量投资项目的标准是：如果会计收益率大于基准会计收益率（通常由公司自行确定或根据行业标准确定），则应接受该项目；反之则放弃该项目。在有多个方案的互斥选择中，应选择会计收益率最高的项目。会计收益率指标的优点是简明、易懂、易算，但存在明显的缺陷，主要表现为：

第一，会计收益率标准没有考虑货币的时间价值和投资的风险价值，第一年的会计收益与最后一年的会计收益被看作具有同等的价值。

第二，会计收益率没有考虑投资的机会成本，其结果与净现值等标准差异很大，有时甚至得出相反的结论，影响投资决策的正确性。因此，会计收益率只能作为一种辅助标准衡量投资项目的优劣。

[例7-2] XYZ公司正在对某项目做投资决策分析，目前公司研发出一种保健产品，其销售市场前景看好。为了解保健产品的潜在市场，公司支付了50 000元，聘请咨询机构进行市场调查，调查结果表明这一产品市场大约有10%～15%的市场份额有待开发。公司决定对该保健产品投资进行成本效益分析。

第一步：预测项目现金流量。

(1) 市场调研费50 000元为沉没成本，属于项目投资决策的无关成本。

(2) 保健品生产设备购置费为110 000元，使用年限为5年，设备残值为5 500元，按直线法计提折旧，每年折旧费为20 900元；预计5年后不再生产该产品后可将设备出售，其售价为30 000元。

(3) 公司购买了一处可以满足项目需要的厂房，价款为70 000元，根据税法规定厂房按20年计提折旧，假设5年后该厂房的市场价值为60 000元。

(4) 预计保健品各年的销售量（单位：件）如表7-13所示；保健品市场销售价格第1年为每件200元，由于通货膨胀和竞争因素，售价将以每年2%的幅度上涨；保健品单位经营成本第1年为100元，以后随着原材料价格的大幅上涨，单位经营成本将以每年10%的比率增长。

(5) 生产保健品需要垫支的经营性营运资本，假设各期按下期销售收入的10%估计。第1年初经营性营运资本为10 000元，第5年末经营性营运资本为0。

(6) 公司所得税税率为25%，假设在整个经营期内保持不变。

根据上述(1)～(6)的相关数据，首先编制经营收入与经营成本预测表，然后编制项目现金流量预测表，如表7-13和表7-14所示。

表 7－13 经营收入与经营成本预测 金额单位：元

年份	销售量	单价	销售收入	单位经营成本	经营成本总额
1	500	200.00	100 000	100.00	50 000
2	800	204.00	163 200	110.00	88 000
3	1 200	208.08	249 696	121.00	145 200
4	1 000	212.24	212 242	133.10	133 100
5	600	216.49	129 892	146.41	87 846

表 7－14 现金流量预测 单位：元

项目	第 0 年	第 1 年	第 2 年	第 3 年	第 4 年	第 5 年
项目经营期现金流量：						
销售收入		100 000	163 200	249 696	212 242	129 892
销售成本（经营成本）		50 000	88 000	145 200	133 100	87 846
设备折旧		20 900	20 900	20 900	20 900	20 900
厂房折旧		3 500	3 500	3 500	3 500	3 500
息税前利润		25 600	50 800	80 096	54 742	17 646
所得税（25%）		6 400	12 700	20 024	13 685	4 411
净利润（无负债）		19 200	38 100	60 072	41 056	13 234
折旧		24 400	24 400	24 400	24 400	24 400
经营现金流量		43 600	62 500	84 472	65 456	37 634
固定资产投资：						
设备投资	－110 000					23 875*
厂房	－70 000					58 125**
经营性营运资本：						
经营性营运资本（年末）	10 000	16 320	24 970	21 224	12 989	0
经营性营运资本增加值	－10 000	－6 320	－8 650	3 745	8 235	12 989
投资与经营性营运资本增加值	－190 000	－6 320	－8 650	3 745	8 235	94 989
现金净流量	－190 000	37 280	53 850	88 217	73 691	132 624
累计现金净流量	－190 000	－152 720	－98 870	－10 652	63 039	195 663

* 设备投资中第 5 年为设备残值出售时的资本利得，根据预测设备 5 年后的出售价为 30 000 元，而账面价值仅为 5 500 元，出售价超过账面价值的差额应缴纳所得税 6 125 元（(30 000－5 500)×0.25），出售设备税后净收入为 23 875 元（30 000－6 125）。

** 根据预测第 5 年项目结束时，厂房的市场价值为 60 000 元，账面价值为 52 500 元，出售厂房税后收入为 58 125 元，计算方法与设备相同。

说明：表中数据是利用 Excel 电子表格完成的，与手工计算结果有一定的尾数差异。

第二步：确定项目资本成本。假设该项目风险与公司风险相同，那么，可以采用公司加权平均资本成本作为折现率。预计公司真实资本成本（不考虑通货膨胀因素）第 1 年等于公司当前资本成本 10%，以后各年逐年上升，到第 5 年上升至 12.15%，预计通货膨胀率第 1 年为 2%，到第 5 年上升至 4%。投资项目资本成本、现金流量计算如表 7－15 所示。

表7-15　项目资本成本、现金流量　　单位：元

项目	第0年	第1年	第2年	第3年	第4年	第5年
资本成本						
真实资本成本（%）		10.00	10.50	11.05	11.60	12.15
预计通货膨胀率（%）		2.00	2.50	3.00	3.50	4.00
名义资本成本（%）		12.20	13.26	14.38	15.51	16.64
累计折现因子（%）		12.20	27.08	45.36	67.90	95.83
现金净流量	−190 000	37 280	53 850	88 217	73 691	132 624
现金净流量现值	−190 000	33 226	42 375	60 690	43 891	67 725

表7-15中有关项目说明如下：

(1) 由于项目的现金流量是按名义现金流量计算的，因此需将真实资本成本调整为名义资本成本，其调整公式为：

$$名义利率=(1+真实利率)\times(1+预期通货膨胀率)-1 \quad (7-11)$$

$$第1年名义资本成本=(1+10.00\%)\times(1+2.00\%)-1=12.20\%$$

其他各期计算方式以此类推。

(2) 由于项目资本成本各年不相同，需计算各年累计资本成本。例如，第2年累计资本成本为：

$$第2年累计资本成本=(1+12.20\%)\times(1+13.26\%)-1=27.08\%$$

其他各期计算方式以此类推。

第三步：进行项目评价。根据上述各项数据，投资项目净现值计算如下。

$$NPV=-190\ 000+\frac{37\ 280}{1+12.20\%}+\frac{53\ 850}{1+27.08\%}+\frac{88\ 217}{1+45.36\%}+\frac{73\ 691}{1+67.90\%}+\frac{132\ 624}{1+95.83\%}=57\ 908(元)$$

$$0=-190\ 000+\frac{37\ 280}{1+IRR}+\frac{53\ 850}{(1+IRR)^2}+\frac{88\ 217}{(1+IRR)^3}+\frac{73\ 691}{(1+IRR)^4}+\frac{132\ 624}{(1+IRR)^5}$$

采用Excel函数计算的项目的内部收益率为23.53%。

获利指数（PI）、投资回收期（PP）、会计收益（ARR）计算如下：

$$PI=\frac{247\ 908}{190\ 000}=1.3$$

$$PP=3+\frac{10\ 653}{73\ 691}=3.15(年)$$

$$ARR=\frac{(19\ 200+38\ 100+60\ 072+41\ 056+13\ 234)\div 5}{180\ 000/2}\times 100\%=38.1\%$$

保健品项目、盈亏临界点、风险调整

在本例中，净现值大于0，获利指数大于1，内部收益率大于资本成本，会计收益率比较高，但投资回收期比较长。根据现有假设条件和预测数据，这个项目是可行的。但是，项目各种评价标准在本质上都是一个预期值，它与项目最终的结果可能存在很大的差别。根据当前信息确定的一个好项目，不一定意味着最终一定是一个好项目；或者说一个坏项目也并不预示着该项目无法成功。这不仅因为上述评价的各种参数都是预期值，与未来可能相差很大，而且因为项目估价仅仅具有技术层面的参考价值，而最终的决定与实施取决于其他因素和决策层判断。

7.3 投资项目风险分析

7.3.1 项目风险来源

项目风险是指某一投资项目本身特有的风险，即不考虑与公司其他项目的组合风险效应，单纯反映特定项目未来收益（净现值或内部收益率）的可能结果相对于预期值的离散程度。通常采用概率的方法，用项目标准差衡量。

投资项目风险一方面来源于项目特有因素或估计误差带来的风险，另一方面来自各种外部因素引起的风险，其中具有普遍性且比较重要的因素如下：

（1）项目收益的风险，是指影响项目收入的不确定性因素，如产品价格波动、市场状况、消费者偏好、意外事故等。项目收入比其他任何经济分析所采用的参数都具有更大的不确定性，这种不确定性将给公司带来更大的投资风险。

（2）投资与经营成本风险，是指对各项费用估计不足的风险。例如，对厂房及机器设备的类型与数量、土地征用和拆迁安置费、机械使用费等建设投资估计不足，对材料费、工资费、各种管理费等经营成本估计不足，以及对建设期延长等对费用的影响估计不足等。

（3）融资风险，是指项目资本来源、供应量与供应时间、利率、汇率变化对资本成本的影响。

（4）其他风险，主要指社会、政治、经济的稳定程度，项目施工与经营管理的水平，技术进步与经济发展的状况，国家的投资及产业政策，投资决策部门的预测能力，项目设计质量和可靠性，通货膨胀和汇率等。

在研究投资项目风险时，还应考虑项目与公司风险、市场风险的关系。如果将公司资产看作多个投资项目的组合，那么公司风险是多个投资项目的组合风险，通常采用公司资产收益率的标准差进行衡量，即可参照投资组合风险分析方法衡量公司风险。在这种情况下，公司风险由三个要素构成：每种资产（或项目）所占的比重、每种资产的风险以及公司资产收益间的相关系数或协方差。某一项目可能具有高度的不确定性，但如果该项目在整个公司资产中所占的比重相对较小，而且该项目收益与公司其他资产的收益并不密切相关，该投资项目的风险就可以在与公司其他资产的组合中被分散，公司规模越大，这种风险分散效应就越大。

市场风险是站在拥有高度多元化投资组合的公司股票持有者的角度来衡量投资项目风险的。或者说，在投资项目风险中，无法由多元化投资加以消除的那部分，就是该项目的市场风险，通常用投资项目的β系数来表示。

如果一个高风险项目的收益与社会经济范围内的大部分资产密切相关，那么该项投资将同时具有很高的公司风险和市场风险。例如，公司计划扩建太阳能汽车生产线，如果在目前的技术水平下，公司无法确定是否可以采用流水线方式大量生产太阳能汽车，这一扩充型投资就具有相当大的项目风险和公司风险。如果公司预计经济长期繁荣，则该项投资成功的可能性较大；如果经济长期萧条，则该项投资失败的可能性较大。这意味着该项目与社会上其他公司的经营状况有关，因此这一项目具有较高的市场风险。

在上述三种风险中，由于项目的市场风险不能通过多元化投资加以分散，因此它对项目的影响非常重要。但公司风险和项目特有风险也不容忽视，这是因为：

第一，单一股票持有者，包括小型公司的所有者，对公司风险的关心要胜于市场风险。特别是由于交易成本和信息投资成本的影响，大多数投资者很难持有多种股票进行分散投资。因此，公司管理者应更加重视公司风险的影响。

第二，公司经营的稳定程度对公司的所有股东、管理者、员工、客户、供应商、债权人以及公司所处的社区同样重要。如果公司经营状况差，获利能力低甚至面临破产，那么供应商或客户将拒绝与其合作，债权人将提高贷款利率或终止贷款，公司优秀的管理者或普通员工将会离去。所有这些因素都将使公司的利润下降，从而降低其股票价值。因此，即使对那些实行多元化投资的股东而言，公司风险也是很重要的。

第三，对于公司的管理者和普通员工来说，他们投资于公司的是人力资本，这种投资风险与公司风险密切相关且不可分散。因此，他们更多关注的是公司风险，而不是市场风险。

7.3.2 敏感性分析

敏感性分析是指衡量不确定因素变化对项目评价标准（如净现值或内部收益率）的影响程度。如果某一因素在较小范围内发生变动，就会影响原定项目的盈利能力，则表明该因素的敏感性强；如果某一因素在较大范围内变动，才会影响原定项目的盈利能力，则表明该因素的敏感性弱。敏感性分析的目的是找出投资机会的盈利能力对哪些因素最敏感，从而为决策者提供重要的决策信息。

投资项目敏感性分析的具体步骤如下：

第一，确定敏感性分析对象。在进行敏感性分析时，可根据不同投资项目的特点，挑选出最能反映项目效益的指标作为分析对象，如净现值、内部收益率等，并根据投资项目现金流量中的收入、成本等基本数据，分别计算出项目或几个对比项目的净现值、内部收益率等评价指标。

第二，选择不确定因素。投资项目不确定因素的内容，依据项目的规模、类型的不同而不同。例如，对于一家工厂改建的评估，必须估计与总改建费用（包括机器）、劳动力成本、广告费用、原材料成本和销售收入有关的现金流量。此外，还需要有关折现率和项目寿命期的信息。显然，这一过程中产生的各种评估数据都会受到不确定因素的影响。在评估中，通常不需要对全部可能出现的不确定因素逐个分析，只需分析那些在成本收益构成中占比较大、对盈利能力有重大影响并在经济寿命周期中最有可能发生的因素。一般共同的不确定因素主要包括：市场规模、销售价格、市场增长率、市场份额、项目投资额、变动成本、固定成本、项目周期等。对选取的不确定因素，可按其发生变化时增加（减少）一定的百分比（±10%、±15%、±20%），分别计算出这些因素变化对项目的净现值、内部收益率等评价指标的影响。

第三，调整现金流量。进行敏感性分析时，有可能一个敏感性因素的变化会使其他条件发生相应的变化。因此，在调整现金流量时，需注意以下几个问题：(1) 销售价格的变化直接影响销售收入的变化，在调整时不要忽略与销售收入有关的税金的变化。(2) 原材料、燃料价格的变化，要调整变动成本。(3) 项目投产后，产量发生了变化，在相关范围内，只调整变动成本，固定成本不变。

在分析计算的过程中，先假定一个因素变化而其他因素不变，算出项目效益对这个变化的敏感程度，再假定第二个因素变化，算出项目效益对这个变化的敏感程度，这样一个个地往下进行，直到把对投资项目的经济效益有影响的主要因素和它们相应的敏感度都算完为止。

当完成了上述各项步骤之后，即将得到的数据按不同项目列入表内，彼此相互对照，并据以进行项目的取舍。现以保健品投资项目为例加以说明，假设影响该项目收益变动的因素主要是销售量、单位经营成本以及资本成本，现以该项目的净现值（57 908元）为基数值，计算上述各因素围绕基数值分别增减10%，15%（每次只有一个因素变化）时新的净现值。表7-16和图7-5描述了销售量、单位经营成本和资本成本单独变动对净现值的影响程度。

表7-16 各项因素变化对净现值的影响 金额单位：元

因素变化百分比（%）	销售量	单位经营成本	资本成本
115	84 136	19 901	43 788
110	75 393	32 570	48 356
100	57 908	57 908	57 908
90	40 423	83 246	68 052
85	31 680	95 915	73 360

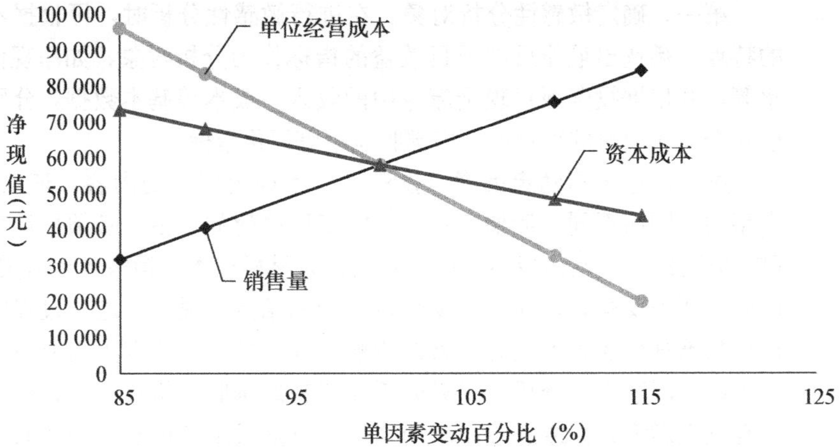

图 7-5　项目净现值对销售量、单位经营成本和资本成本的敏感度

从图 7-5 可以看出，项目净现值对单位经营成本最为敏感（斜率比较大），其次为销售量，相对而言，资本成本变动对净现值的影响较为平缓。

［**例 7-3**］假设某公司投资一条电子产品生产线，投资项目初始投资额为 10 000 万元，项目期限为 10 年，残值率为 10%，采用直线折旧法。预计每年销售量为 100 万件，预计第 1 年单位产品价格为 200 元，预计收入每年增长 5%，销售利润率（*EBIT*/销售收入）为 10%，营运资本占销售收入的百分比为 15%；所得税税率为 25%，项目资本成本为 12%。

根据以上数据预测的电子产品生产线的现金流量如表 7-17 所示。

表 7-17　电子产品生产线的现金流量　　单位：万元

年	投资额	销售收入	*EBIT*(1−*T*)	折旧	营运资本	营运资本变动	现金净流量
0	−10 000				−3 000	−3 000	−13 000
1		20 000	1 500	900	−3 150	−150	2 250
2		21 000	1 575	900	−3 308	−158	2 318
3		22 050	1 654	900	−3 473	−165	2 388
4		23 153	1 736	900	−3 647	−174	2 463
5		24 310	1 823	900	−3 829	−182	2 541
6		25 526	1 914	900	−4 020	−191	2 623
7		26 802	2 010	900	−4 221	−201	2 709
8		28 142	2 111	900	−4 432	−211	2 800
9		29 549	2 216	900	−4 654	−222	2 895
10	1 000	31 027	2 327	900	0	4 654	8 881

根据表 7-17，计算出项目净现值为 3 152 万元，内部收益率为 16.74%，根据项目评价标准，电子生产线项目是可行的。

为分析净现值、内部收益率对关键因素的敏感性，重新考虑以下四种情况进行分析：(1) 产品单价变化；(2) 预期收入增长率变化；(3) 销售利润率变化；(4) 营运资本占销售收入的百分比变化。在分析过程中，某一因素变化时，假设其他因素保持不变。

(1) 产品单价变化。在基础状态下，产品单价为 200 元。假设产品单价在 50 元（经济状态最差的情况）和 325 元（经济状态最好的情况）之间变化，不同价格下的净现值和内部收益率如图 7-6 所示。当产品价格低于 125 元时，净现值为负数；当产品价格高于 175 元时，净现值将以较快的速度上升。同样，内部收益率指标得到了相同的结论。

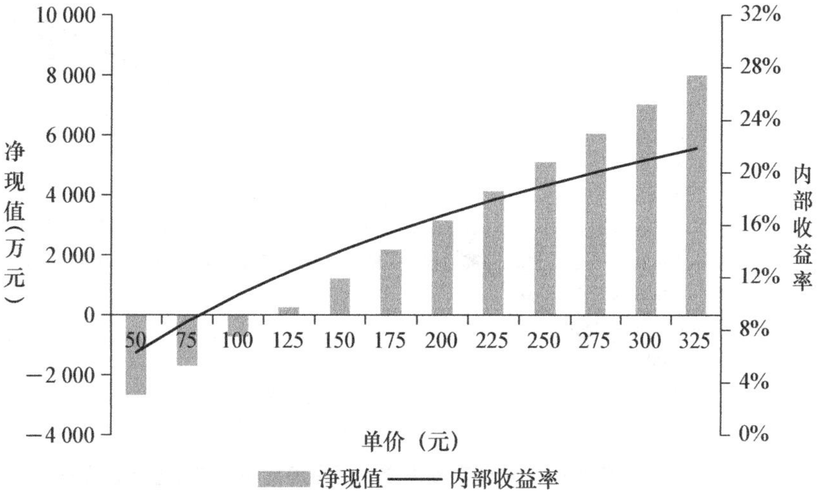

图 7-6　产品单价变化对净现值和内部收益率的影响

(2) 预期收入增长率变化。在基础状态中，收入每年以 5%的比率增长。图 7-7 描述了收入增长率在 0～10%之间变化对项目净现值和内部收益率的影响。从图中可以看出，项目的净现值和内部收益率对收入增长率的变化不敏感，即使收入增长率为 0，净现值也大于 0，而内部收益率在此区间均大于资本成本 12%。

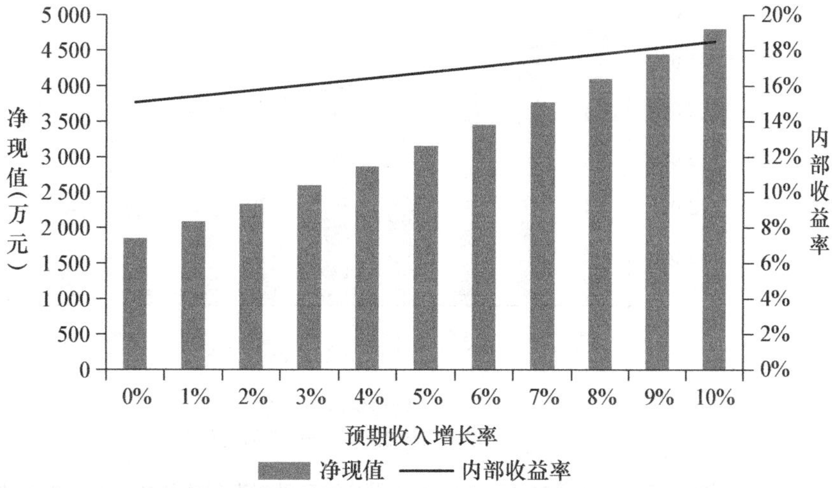

图 7-7　预期收入增长率变化对净现值和内部收益率的影响

（3）销售利润率变化。在基础状态中，假设销售利润率为10%。在未来的10年中，如果销售利润率在0～20%之间变动，对项目净现值和内部收益率的影响如图7-8所示。从图中可以看出，项目的净现值和内部收益率对销售利润率比较敏感，如果销售利润率等于和低于6%，净现值为负数，内部收益率低于资本成本。

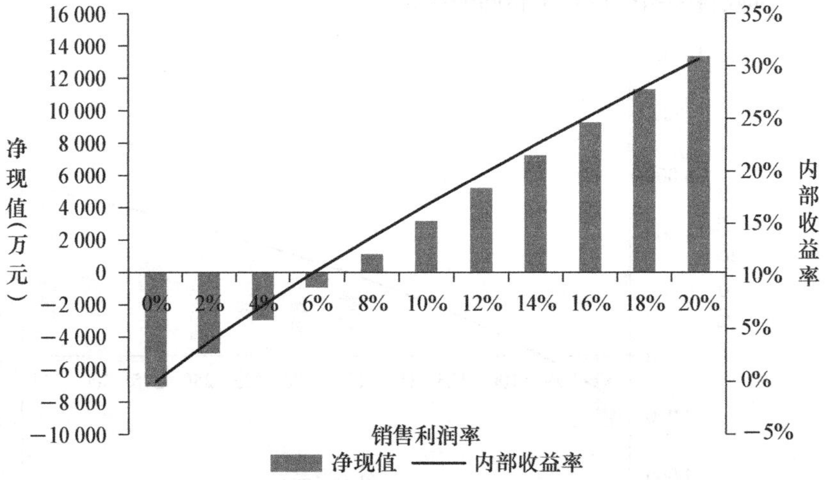

图7-8 销售利润率变化对净现值和内部收益率的影响

（4）营运资本占销售收入的百分比变化。在基础状态分析中，假设营运资本占销售收入的15%，在每年初投入，即项目初始投入营运资本3 000万元，以后追加投资1 654万元，所有营运资本4 654万元将在第10年末全部回收。但考虑时间因素的影响，净现值将会降低。在图7-9中，净现值作为营运资本投资的一个函数来计算，随着营运资本占销售收入的百分比每降低（上升）2.5%，净现值将相应地上升（下降）大约408万元。

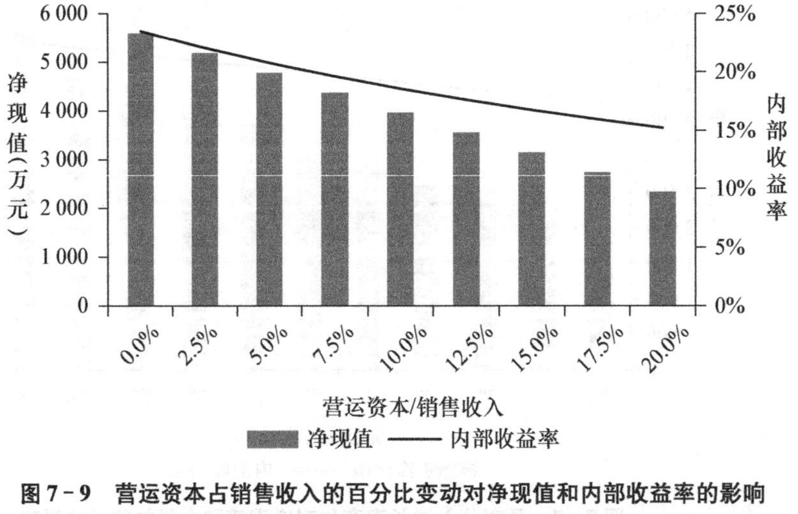

图7-9 营运资本占销售收入的百分比变动对净现值和内部收益率的影响

敏感性分析主要解决一系列“如果……就会……”的问题。例如，如果销售量比预期值下降 10%会怎样？如果投资额增加 20%会怎样？这种方法在一定程度上就多种不确定因素的变化对项目评价标准的影响进行定量分析，有助于决策者了解项目决策时需重点分析与控制的因素。但敏感性分析也存在一定的局限性，如它没有考虑各种不确定因素在未来发生变动的概率分布状况，因而影响风险分析的正确性。在实际中可能会出现这样的情况，通过敏感性分析找出的某一敏感因素未来发生不利变化的概率很小，所引起的风险也很小。而另一个相对不太敏感的因素未来发生不利变化的概率很大，实际所带来的风险比敏感因素更大。另外，敏感性分析采取固定其他变量、改变某一变量的方法，往往与实际情况相脱离。事实上，许多变量都是相互联系的，孤立地考察每一变量的影响往往不能得出正确的结论。

7.3.3　盈亏临界点分析

盈亏临界点（break-even point）又称保本点、盈亏平衡点。从会计分析的角度，盈亏临界点是会计利润等于零时的销售量或销售收入，即全部销售收入等于全部成本时（销售收入线与总成本线的交点）的销售量。以盈亏临界点为界，销售收入高于盈亏临界点，公司盈利，反之则亏损。由于会计利润等于零时的销售量忽略了与货币时间价值和风险价值相联系的机会成本，因此在项目分析过程中，还需要引入资本成本，估计投资项目盈亏临界点，确定净现值等于零时的销售量或销售收入。

[例 7-4] 假设某公司正在考虑一项投资，初始投资额为 20 000 元，第 1～5 年每年的销售量为 15 000 件，单位售价为 5 元，单位变动成本为 3 元，固定成本总额为 20 000 元，其中折旧为 4 000 元。假设所得税税率为 25%，折现率为 22.106%。

为比较净现值盈亏临界点与会计利润盈亏临界点的区别，首先，计算会计利润盈亏临界点。表 7-18 给出了不同销售量下的税后利润，得到的盈亏临界点的销售量为 10 000 件，在这一点销售收入等于成本费用，利润等于 0。

表 7-18　不同销售量下的税后利润　　单位：元

销售量	销售收入	销售成本		所得税	税后利润
		变动成本	固定成本		
0	0	0	20 000	−5 000	−15 000
1 000	5 000	3 000	20 000	−4 500	−13 500
9 000	45 000	27 000	20 000	−500	−1 500
10 000	50 000	30 000	20 000	0	0
11 000	55 000	33 000	20 000	500	1 500
12 000	60 000	36 000	20 000	1 000	3 000

续表

销售量	销售收入	销售成本		所得税	税后利润
		变动成本	固定成本		
13 000	65 000	39 000	20 000	1 500	4 500
14 000	70 000	42 000	20 000	2 000	6 000
15 000	75 000	45 000	20 000	2 500	7 500

说明：项目如果出现亏损，亏损额可以用于抵扣公司其他业务的应税收入，在这种情况下，项目会带来减税收益，即所得税支出为负数。例如，销售量为1 000件时，应纳所得税为−4 500元（(5 000−3 000−20 000)×25%）。

其次，计算净现值盈亏临界点。根据给出的数据，该项投资各年经营现金净流量和净现值计算如下：

$$NCF_{1\sim5}=[15\ 000\times(5-3)-20\ 000]\times(1-25\%)+4\ 000=11\ 500(\text{元})$$

$$NPV=-20\ 000+11\ 500\times\left[\frac{1-(1+22.106\%)^{-5}}{22.106\%}\right]=12\ 857(\text{元})$$

从净现值评价指标看，这个项目在财务上是可行的。问题在于计算净现值所用数据仅仅是预计值，而实际现金流量可能与预计值大不相同。假设销售量是影响净现值的重要因素，通过盈亏临界点分析，可以确定项目的销售量下降到多少时，项目开始出现亏损。表7-19列示了不同销售量假设条件下投资项目的净现值。

表7-19　不同销售量假设条件下投资项目的净现值　　单位：元

销售量	税后利润	折旧	投资额	经营现金净流量	净现值
0	−15 000	4 000	20 000	−11 000	−51 429
1 000	−13 500	4 000	20 000	−9 500	−47 143
2 000	−12 000	4 000	20 000	−8 000	−42 857
3 000	−10 500	4 000	20 000	−6 500	−38 572
4 000	−9 000	4 000	20 000	−5 000	−34 286
5 000	−7 500	4 000	20 000	−3 500	−30 000
6 000	−6 000	4 000	20 000	−2 000	−25 714
7 000	−4 500	4 000	20 000	−500	−21 429
8 000	−3 000	4 000	20 000	1 000	−17 143
9 000	−1 500	4 000	20 000	2 500	−12 857
10 000	0	4 000	20 000	4 000	−8 571
11 000	1 500	4 000	20 000	5 500	−4 286
12 000	3 000	4 000	20 000	7 000	0
13 000	4 500	4 000	20 000	8 500	4 286
14 000	6 000	4 000	20 000	10 000	8 572
15 000	7 500	4 000	20 000	11 500	12 857

表7－19中的数据表明，在销售量为12 000件时，项目的净现值为0，或者说，销售量为12 000件是项目净现值等于0时的盈亏临界点，当销售量超过12 000件时，净现值大于0，否则小于0。净现值盈亏临界点如图7－10所示。

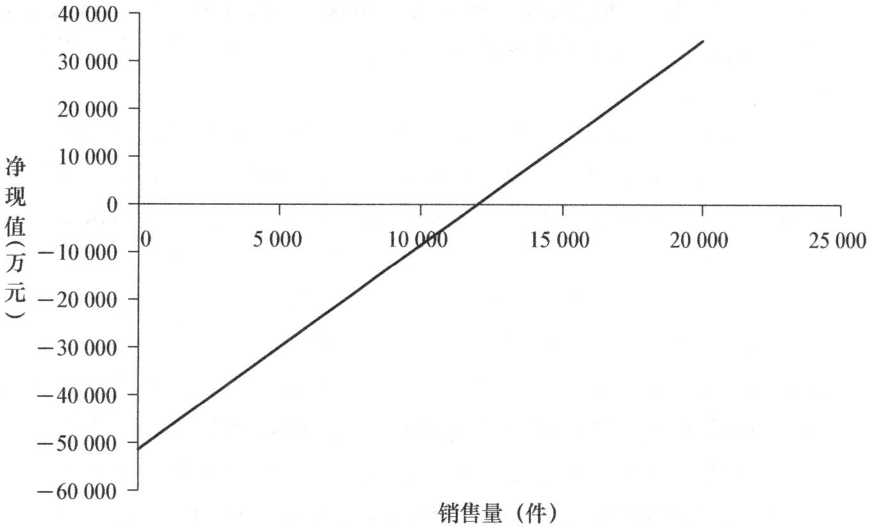

图7－10　净现值盈亏临界点

为什么会计利润盈亏临界点的销售量为10 000件，净现值盈亏临界点的销售量为12 000件？当采用会计利润估计盈亏临界点时，每年提取折旧4 000元，经过5年刚好弥补项目的初始投资20 000元。如果公司每年销售10 000件产品，销售收入足以弥补经营成本并归还最初的投资额，但不足以弥补20 000元的资本机会成本，假设将20 000元投资于其他业务，获得22.106％的利润，年度投资回收成本就不是4 000元，而是7 000元①，即

$$年度回收成本=20\,000\times\frac{22.106\%}{1-(1+22.106\%)^{-5}}=7\,000(元)$$

上述计算表明，当年销售量为12 000件时，项目的年度销售收入不仅可以弥补变动成本、固定成本和税金，而且每年有7 000元来弥补20 000元的初始投资，保证初始投资获得22.106％的投资收益。

以会计利润计算的盈亏临界点，实际上是处于亏损状态的，它丧失了投资资本的机会成本。莱因哈特（Reinhardt）曾就此类错误给出过一个经典的案例。1971年，洛克希德·马丁公司（Lockheed Martin）向美国议会递交L-1011型三星商用飞机的投资项目可行性报告，经理们看好项目的商业前景，认为L-1011型三星商用飞机最终会超过200架飞机的盈亏临界点，但是在这个盈亏临界点的计算中，公司忽略了投入资本的机会成本，如果考虑这一成本，盈亏临界点就可能接近500架飞机。

① 这一结果是根据第3章的式（3－6）计算得到的，相当于已知现值（初始投资），估计每年年金（等价回收额）。

在项目评估中，通常可采用概率分析和模拟分析软件进行项目风险分析。

概率分析又称概率树分析，是指利用图形或列表的方式组织一个投资项目产生的现金流序列，同时对各种可能发生的情况估计出其发生的概率，在此基础上进行均值-标准差分析。概率分析不仅可以度量在不同经营状态下净现值的变动幅度，也可以说明净现值为负数的概率是多少，因此它可以为项目决策提供更好的评价标准。

戴维·赫兹（David Hertz）① 第一次提出在资本预算中采用蒙特卡罗模拟法，麦肯锡咨询管理公司也将这种方法广泛应用于项目评估。模拟分析是指将敏感性分析和不确定因素的概率分布结合起来衡量投资项目风险。模拟分析的优点主要表现在以下方面：第一，用该方法得到的结果不只是一个净现值，而且是净现值的概率分布。这样决策者就能够找到某些特殊问题的答案。例如，项目净现值小于零的概率是多少。第二，模拟计算有助于理解项目现金流量出现各种可能结果的概率。第三，这种方法不仅可以计算平均值，而且能得到概率分布的标准差，从而更详细地进行风险-收益比较分析。第四，通过模拟分析，可以具体考察不同变量之间的相互关系。模拟分析的缺点主要表现在收集相关信息并把数据输入模型的过程需要花费大量的时间，成本比较高；每个变量的概率分布很难获得，尤其在遇到新的、一次性的项目时更是如此；此外，还可能出现变量之间的多重相关，从而使构建模型的过程更为复杂。例如，销售收入可能在一定程度上受到广告费的影响，那么理想的模型应该能反映二者之间的相互关系。尽管存在这些不足之处，模拟分析仍然是投资额较大时进行投资决策的一种很好的方法。但是，决策者必须考虑模型的运行成本以及模型对高质量输入信息的要求。由于模拟分析需要借助计算机软件完成，实务中可编制模拟分析软件完成风险分析。

7.3.4 项目风险调整

根据项目风险来源和影响程度进行风险调整，主要有风险调整折现率法和确定等值法。前者调整净现值公式的分母，后者调整净现值公式的分子。

1. 风险调整折现率法

在风险调整折现率法下，净现值公式可写成：

$$NPV=\sum_{t=0}^{n}\frac{NCF_t}{(1+r)^t}=\sum_{t=0}^{n}\frac{NCF_t}{(1+i+\theta)^t} \tag{7-12}$$

式中，i 表示无风险利率；θ 表示风险溢价。

投资项目的风险调整折现率一般是在项目风险分析的基础上，确定项目的风险溢价。如果无法直接确定项目的风险溢价，可根据同类项目的风险收益系数与反映特定项目风险程度的标准离差率估计风险溢价，再加上无风险利率，

① Hertz，D. B. Investment Policies That Pay Off. Harvard Business Review，1968，46.

即为该项目的风险调整折现率。其计算公式为：

$$\text{风险调整折现率}=\text{无风险利率}+\text{同类项目风险收益系数}\times\text{特定项目的标准离差率} \quad (7-13)$$

采用式（7－13）的难点是如何找到同类项目且能够确定其风险收益系数。在实务中，如果能找到同类项目，或构造一个从事同类项目的公司的资产组合，以此作为合适的可比公司，则可以估计同类项目或可比公司的风险（β系数），并根据项目的负债比率和税率将此转化为特定项目风险，见第5章的相关内容。

［**例7－5**］SRR公司现有A，B两个投资方案，各年的现金流量如表7－20所示。为简化，假设各年的现金流量相互独立。无风险利率为8%，两个方案的风险收益系数为0.2。据此计算两个投资方案的风险调整折现率及净现值。

表7－20 投资方案现金流量及其概率 单位：元

年份	A方案		B方案	
	概率	年现金净流量	概率	年现金净流量
0	1.00	−900	1.00	−500
	0.25	780	0.30	430
1	0.50	600	0.40	380
	0.25	400	0.30	260
	0.20	720	0.10	310
2	0.60	500	0.80	250
	0.20	300	0.10	190
	0.30	560	0.20	220
3	0.40	200	0.60	160
	0.30	100	0.20	100

根据表7－20中的资料，首先，计算各投资方案各年现金流量期望值和标准差，然后计算各方案无风险条件下的现金流量现值和各方案总体标准差，如表7－21所示。

表7－21 投资方案现金流量期望值、标准差与净现值 单位：元

A方案			B方案		
年份	现金流量期望值	标准差	年份	现金流量期望值	标准差
1	595	134.44	1	359	68.04
2	504	132.91	2	250	26.83
3	278	189.20	3	160	37.95
计算结果					
现金流量现值（8%）		1 203.71	现金流量现值（8%）		673.76
总体标准差		225.91	总体标准差		73.52
标准离差率		18.77%	标准离差率		10.91%
风险调整后折现率		11.75%	风险调整后折现率		10.18%
净现值		235.17	净现值		151.37

以A方案为例，表7-21中有关指标计算如下：

(1) 根据无风险利率计算A方案各年现金流量现值：

$$PV_A=\frac{595}{1+8\%}+\frac{504}{(1+8\%)^2}+\frac{278}{(1+8\%)^3}=1\,203.71(\text{元})$$

(2) 根据A方案各年现金流量标准差，计算项目现金流量总体标准差：

$$Std=\sqrt{\sum_{t=1}^{n}\frac{Std_t^2}{(1+i)^{2t}}} \tag{7-14}$$

$$Std=\sqrt{\frac{134.44^2}{(1+8\%)^2}+\frac{132.91^2}{(1+8\%)^4}+\frac{189.20^2}{(1+8\%)^6}}=225.91(\text{元})$$

(3) A方案标准离差率计算如下：

$$CV=\frac{Std}{PV_A}=\frac{225.91}{1\,203.71}=18.77\%$$

(4) 计算风险调整折现率：

风险调整折现率=8%+0.2×18.77%=11.75%

(5) 按风险调整折现率计算A项目净现值：

$$NPV_A=-900+\frac{595}{1+11.75\%}+\frac{504}{(1+11.75\%)^2}+\frac{278}{(1+11.75\%)^3}$$
$$=235.17(\text{元})$$

从上述计算结果可以看出，A，B两个方案现金流量的分布不同，因而风险也不同。A方案的标准离差率大于B方案，风险调整折现率也高于B方案，因此计算净现值时采用相对较高的折现率，才能体现其高风险的特点。

在实务中，有些公司为经常发生的某些类型的风险项目，预先根据经验按风险大小规定了高低不等的折现率，以供决策分析之需。例如，某公司对不同类型项目的折现率规定如表7-22所示。

表7-22　不同类型项目的风险调整折现率

投资项目	风险调整折现率
重置型项目	8%+2%=10%
改造或扩充现有产品生产线项目	8%+5%=13%
增加新生产线项目	8%+8%=16%
研究开发项目	8%+15%=23%

实际上，公司对风险溢价的确定在很大程度上取决于项目决策者对风险的态度。比较敢于承担风险的公司往往把θ值定得低些，反之，比较稳健的公司则常常把θ值定得高些。

采用风险调整折现率法时，对风险大的项目采用较高的折现率，对风险小的项目采用较低的折现率。这种方法简单明了，符合逻辑，在实际中运用较为普遍。

但是这种方法把风险收益与时间价值混在一起，并依此进行现金流量的折现，不论第 t 年为哪一年，第 $t+1$ 年的复利现值系数总是小于第 t 年的复利现值系数，这意味着风险必然随着时间的推移而被人为地逐年扩大。这样处理常常与实际情况相反，有的投资项目往往对前几年的现金流量没有把握，而对以后的现金流量较有把握，如果按风险调整折现率法，则不能正确地反映项目的风险程度。

2. 确定等值法

确定等值法又称肯定当量法，这一方法要求项目决策者首先确定与风险现金流量同等效用的无风险现金流量，然后用无风险利率折现，计算项目的净现值，以此作为决策的基础。在确定等值法下，风险项目的净现值可按下式计算：

$$\mathrm{NPV}=\sum_{t=0}^{n}\frac{\alpha_t \mathrm{NCF}_t}{(1+i)^t} \qquad (7-15)$$

式中，各年的 α_t 表示无风险现金流量和风险现金流量之间的确定等值系数，其计算公式为：

$$\alpha_t=\frac{\text{确定现金流量}}{\text{风险现金流量}}(0\leqslant\alpha_t\leqslant1) \qquad (7-16)$$

式中，各年的 α_t 值反映了管理层对风险的态度，管理层的风险规避程度越高，确定等值系数就越小。对公司而言，如果项目的风险处于正常水平，且资本成本和无风险利率已知，则可以估计确定等值系数。

假设你正面临两种选择：(1) 抛一枚硬币，如果正面向上，你将得到 10 000 元，如果反面向上，你将一无所获，抛硬币的期望现金流量为 5 000 元；(2) 不抛硬币，你将直接得到 3 000 元。在这两个选择中，(1) 的收益期望值和风险均大于 (2)，究竟选择哪一种，在很大程度上取决于决策者的经验、胆略、判断能力、风险厌恶程度等诸多因素。如果你认为抛硬币与否是无差别的，那么 3 000 元就是这一期望值为 5 000 元的风险现金流量的确定等值。或者说，无风险或确定性的 3 000 元为你提供了与 5 000 元风险性预期收益完全相等的效用，确定等值系数为 0.6 (3 000/5 000)。

在实践中，α_t 可由经验丰富的分析人员凭主观判断确定，也可以根据各年现金流量不同的离散程度，即现金流量标准离差率确定。如将标准离差率划分为若干档次，并为每一档次规定一个相应的 α_t 值，标准离差率越低，风险越小，α_t 值就越大；反之，则 α_t 值越小。标准离差率与确定等值系数之间并没有一致公认的客观标准。因此，标准离差率如何分档，各档的确定等值系数如何规定，均取决于投资决策者对风险的规避程度。

仍以例 7－5 的数据为例，假设 SRR 公司根据投资项目的历史资料估计的标准离差率与确定等值系数之间的关系如表 7－23 所示。

表 7－23　标准离差率与确定等值系数之间的关系

标准离差率	0.00～0.07	0.08～0.23	0.24～0.42	0.43～0.73
确定等值系数	1.00	0.85	0.60	0.40

根据表7-20、表7-21等资料，采用确定等值法计算的两个方案各年现金流量期望值、标准差、项目的净现值，如表7-24所示。

表7-24 投资方案净现值（确定等值法） 单位：元

A方案净现值					
年份	0	1	2	3	净现值（8%）
现金流量期望值	−900	595	504	278	
标准差		134.44	132.91	189.20	
标准离差率		0.23	0.26	0.68	
确定等值系数	1.00	0.85	0.60	0.40	
确定等值	−900	505.75	302.40	111.20	−84.18
B方案净现值					
年份	0	1	2	3	净现值（8%）
现金流量期望值	−500	359	250	160	
标准差		68.04	26.83	37.95	
标准离差率		0.19	0.11	0.24	
确定等值系数	1.00	0.85	0.85	0.60	
确定等值	−500	305.15	212.50	96.00	40.94

上述计算结果表明，A方案各年现金流量的标准离差率较高，其确定的现金流量较低，从而导致方案的净现值小于0，方案变得不可行。而B方案在排除风险因素之后，其期望净现值为正值，可以考虑接受该项目。

确定等值法通过对现金流量的调整反映各年的投资风险，并将风险因素与时间因素分开讨论，这在理论上是成立的。但是，确定等值系数 α_t 很难确定，每个人都会有不同的估算，数值差别很大。在更为复杂的情况下，确定等值系数反映的是股票持有者对风险的偏好，而不是公司管理层的风险观。因此，确定等值法在决策中较少采用。

大多数公司在投资分析中都进行风险分析，但采用的分析方法有很大的差别。格雷厄姆和哈维①在1999年向1998年《财富》500强公司的CFO发出调查问卷，392家公司的CFO回复了问卷。有关项目风险调整的反馈情况如表7-25所示。

表7-25 项目风险调整反馈表（%）

风险来源	调整折现率	调整现金流量	两者同时调整	两者都不调整
预期通货膨胀风险	11.9	14.45	11.9	61.75
利率风险	15.3	8.78	24.65	51.27

① Graham, J. R., Harvey, C. R. The Theory and Practice of Corporate Finance: Evidence From the Field. Journal of Financial Economics, 2001, 60 (2): 187-243.

续表

风险来源	调整折现率	调整现金流量	两者同时调整	两者都不调整
利率期限风险（长期与短期利率变动）	8.57	3.71	12.57	75.14
国内生产总值或商业周期风险	6.84	18.8	18.8	55.56
商品价格风险	2.86	18.86	10.86	67.43
外汇风险	10.8	15.34	18.75	55.11
财务危机（破产概率）	7.41	6.27	4.84	81.84
公司规模	15	6	13.43	66
市场-账面比率	3.98	1.99	7.1	86.93
成长趋势（近期股票价格走势）	3.43	2.86	4.86	88.85

表7-25列示了除市场风险以外的风险来源，反馈者在项目评估时对风险的调整方式主要有：调整折现率、调整现金流量、两者同时调整、两者都不调整。总的来说，对公司而言，最重要的风险因素是利率风险、外汇风险、商业周期风险和预期通货膨胀风险。在计算折现率时，最重要的因素是利率风险、公司规模、预期通货膨胀风险和外汇风险。在计算现金流量时，最重要的风险是商品价格风险、国内生产总值风险、预期通货膨胀风险和外汇风险。很少有公司因为市场-账面比率、财务危机或者成长趋势（momentum）风险而调整折现率或现金流量。只有13.1%的反馈者考虑会因为账面价值和市场价值的不同而调整现金流量或折现率。11.15%的反馈者认为成长趋势是非常重要的。

附录：实物期权法

1. 实物期权法与折现现金流量法的关系

项目投资评价是一种优化资源配置、提高竞争优势的经济活动，其目的在于提高公司价值的长期增长潜力。根据折现现金流量法，公司应选择净现值大于零的投资项目，这一法则与市场增加值最大化的目标相一致。这种方法的优点是对所有项目都具有清晰、一致的决策标准，只要项目的净现值大于零，项目就是可行的。因此，该方法广泛应用于投资项目的价值评价。但是，这种方法隐含着对未来机会的预先假定，即投资决策是现在投资或永远不投资；没有考虑不确定环境下，公司等等再看的决策价值；没有考虑公司不仅有权决定是否投资于一个新项目，还有权决定在何时扩大或放弃这个新项目的价值。

事实上，项目投资价值，特别是专利、品牌等无形资产的价值不是来自直接的现金流，而是来自未来增长投资的期权。迈尔斯（Myers，1977）认为一个项目的初始投资不仅给公司直接带来现金流量，而且赋予公司对有价值的增长机会进一步投资的权利，即未来以一定价格取得或出售一项实物资产或投资项目，所以实物资产的投资可以采用类似评估一般期权的方式进行评估。同时，由于其标的物为实物资产，此性质的期权称为实物期权。

在项目投资分析中，战略规划经常会包括的一些净现值小于零的投资，现时投资虽然不能获得，但这些先行投资可为公司奠定后续投资的前提和战略地位。例如，研发中的先行投资可以看作未来增加投资的增长期权，如果研发成功，且具有商业价值，公司可以选择进入下一个投资阶段。研发投资、试验项目或进入新领域的市场都有附加战略价值，因为它们都可能创造未来投资的机会。

［**例7-6**］假设有客户向ITT公司订购价值3 000万元的特殊电脑系统，而ITT公司目前尚无现成的能力提供全套解决方案。该公司的技术中心提出：需要150万元的研究经费，以便设计出一套生产方案。但是，技术中心不能保证其设计的方案最终在经济上是否可行，技术中心设计出的特殊电脑系统有可能需追加投资1 000万元（经济上可行），有可能需追加5 000万元（经济上不可行），概率均为50%。那么，是否要给技术中心拨款150万元？采用两种方法计算项目的净现值如表7-26所示。

表7-26　不同方法下的项目决策　　单位：万元

项目	折现现金流量法	实物期权法
预期订单收益	3 000	1 500=3 000×50%
预期成本现值	3 150=150+(1 000×50%+5 000×50%)	1 150=150+1 000
净现值	−150	350
项目决策（是否拨款）	不拨款	拨款

在表7-26中，采用不同方法的结论完全不同。从期权角度分析，对于ITT公司而言，给技术中心拨款进行研发，就等于花费150万元购买了一项期权，这项期权对于ITT公司而言，其价值为350万元。在这个例子中，ITT公司把一个订单的完成分成研发和生产两个阶段，使之在完成研发阶段工作，收到新信息之后，才决定是否要进入生产阶段，在图7-11中，只有技术中心设计的特殊电脑系统的追加支出为1 000万元时才接受订单，反之，则取消订单。而在折现现金流量法（以下称DCF法）下，不论设计成本为多少都接受订单，忽略了项目决策的灵活性。

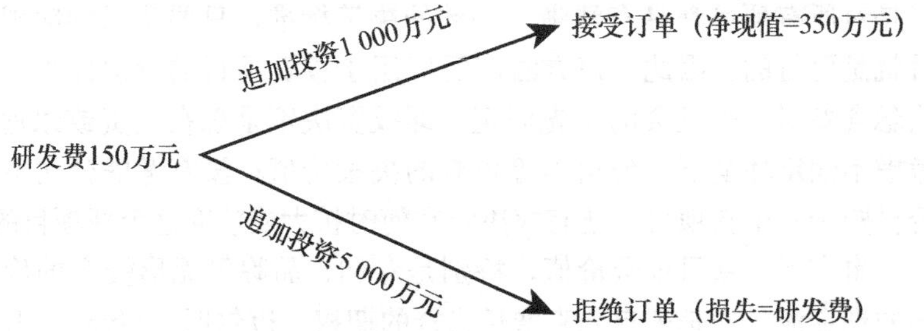

图7-11　ITT公司接受订单与否的决策

上述分析表明，实物期权分析（real option analysis，ROA）有利于管理者在高度不确定的情况下更睿智地做出投资决策。这一分析技术与传统的DCF法的区别主要表现在以下两方面。

第一，不确定性与投资价值的关系。在项目投资分析中，DCF法隐含了一个假设：未来以现金流量度量的收益是可以预测的，或者说，未来收益是确定的。如果出现不确定性，则会降低这项投资的价值。不确定性越大，投资的价值就越小。ROA法认为投资项目的不确定性具有两种含义：一方面意味着以现金流量度量的未来收益仅仅是一个粗略的估计，因此，不足以准确反映投资项目的真实价值；另一方面认为许多投资决策的机会往往取决于项目的发展状况，未来投资的不确定性越大，期权就越有价值，原因在于盈亏不平衡（这与期权买卖双方的不对等合约相似）。如果项目顺向发展，盈利的可能性为无限大；如果项目逆向发展，净现值为负数，期权不行使从而限制了亏损，即亏损不会随着风险的加大而增加。例如，外国航空公司即使亏损经营也要维持飞往中国的航线，因为航线也是一种权利，一旦停飞，就会被取消航权。外国航空公司虽然经营亏损，但获得了一个买方期权，等待未来飞往中国航线的需求上升而获利。

第二，DCF法否认项目的“灵活性”价值，把项目决策看作一种当期的决策，而与决策后可能出现的新信息无关。但ROA法假设，即使接受某些投资项目，这些项目也不一定一成不变。随着时间的推移，有关项目商业价值的信息逐渐明朗，管理者可以根据新的信息做出某种改变（扩大、收缩、放弃等）来影响后续的现金流量或项目寿命期。在投资分析中，可用“如果发生某种情况，则将有机会做某事”等诸如此类的语言来描述这种选择权。

虽然DCF法受到越来越多的批评，但ROA法并不是替代传统方法的全新框架。DCF法与ROA法应视为具有互补性质的决策工具。DCF法更适合分析确定决策环境中并不复杂的项目，其预测在相对稳定的环境中更为可靠。ROA法更适合分析不确定环境中的复杂项目，管理者可利用新信息，积极管理项目。林特和彭宁斯（2001）① 以ROA法与DCF法具有互补性为基础，提出了四象限分析法。他们根据收益和风险的不同将项目分为四个象限，如图7-12所示。

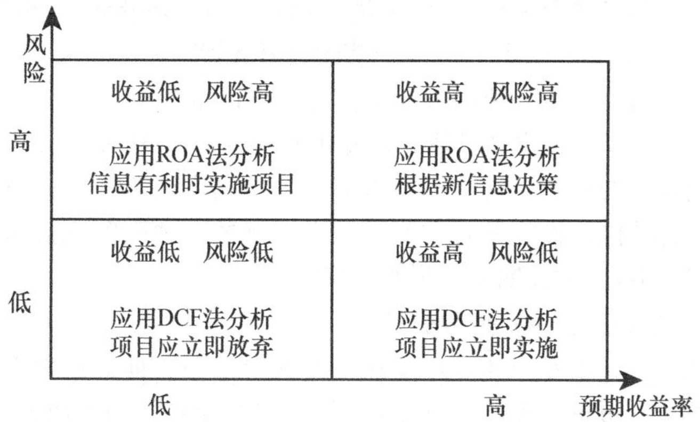

图7-12　项目分类与适用技术

---

① Lint, O., Pennings, E. An Options Approach to the New Product Development Process: A Case Study at Philips Electronics. R&D Management. 2001, 31 (2): 163-172.

在图7-12中，根据项目投资收益与风险的关系采用不同的分析技术和投资策略。如果项目的风险较低，可根据DCF法进行决策，或立即实施该项目，或放弃该项目；如果项目的风险较高，可采用ROA法进行决策，或根据新信息重新进行项目决策，或在有利信息来临时实施项目。

2. 实物期权的类型

实物期权是一种处理一些具有不确定性投资结果的非金融资产的投资决策工具，是将现代金融领域中的金融期权定价理论应用于实物投资决策的分析方法和技术。目前，实物期权理论已广泛地运用于自然资源投资、海上石油租赁、柔性制造系统等涉及资本预算的研究领域。

夏普（1991）将实物期权分为递增期权（incremental option）和柔性期权（flexibility option）。他认为递增期权为公司提供有利可图的逐渐增加投资的机会。面对不确定的环境，公司首先做出小额试探性投资，当不确定性消除且呈现增长潜力时，公司利用先动优势全面投资。柔性期权是指公司多阶段投资以后，根据不同情景选择不同行为的灵活性期权。夏普认为，递增期权需要额外投资，而柔性期权可以充分利用已有投资。递增期权一般仅需要小额的初始投资，在获得信息之后决定是否进一步投资；柔性期权常需要比较大的初始投资以覆盖可能的或有情景。

柔性生产一直是工业界积极追求的重要目标之一，其原因主要在于客户的需求很难预测，因而产品的需求也存在一定程度的不确定性。实现柔性生产和经营之后，公司就能够灵活地应对不断变化的客户需求。例如，一家公司在进行购买工业锅炉的投资决策，面临三种选择：燃油锅炉A，燃气锅炉B，可以使用油、气两种燃料的锅炉C。如果公司购买了锅炉C，则无论将来柴油和天然气的价格如何变化，公司总能拥有权利选择使用最便宜的那种燃料（忽略燃料变更成本）。这种选择的权利就是一个柔性期权，如果这个期权的价值超过锅炉C与锅炉A或B的价格差，则投资购买锅炉C是正确的选择。

美国学者尤金·F. 布里格姆（Eugene F. Brigham）和路易斯·C. 加彭斯基（Louis C. Gapenski）在其合著的《财务管理》一书中，将与实物期权有关的项目投资机会分为五种：（1）开发后续产品的机会；（2）扩大产品市场份额的机会；（3）扩大或更新厂房、设备的机会；（4）延缓投资项目的机会；（5）放弃项目投资的机会。这些投资机会对某些具有战略性的投资项目，诸如研究开发、商标或网络投资具有重要的意义。上述五种投资机会选择也可归纳为扩张（缩小）期权、放弃期权、延期期权三类。

3. 扩张（缩小）期权分析

假设公司正在评估一种新药，管理层认为这种新药完全开发后，可以作为口服药物，也可以直接注射进入血液，效果更佳。由于研发新药存在不确定性，公司决定现在开发口服药剂，几年之后再决定是否追加投资研发注射剂形式的药物。这样，公司就创造了一个扩张期权。也就是说，从现在到几年后的任何时候，可以选择（而不是必须）研发注射剂形式的新药。利用这种投资决策的灵活性，公司降低了最初研发口服形式和注射剂形式药剂的风险。从实物期权的角度分析，口服形式的新药可以为研发注射剂形式新药提供一种增长期权。口服药剂的研发费可视为期权价格，注射剂形式的新药投资可视为行权价格，公司是否投资取决于口服药剂的结果，而不承担必须履约的义务。如果口服形式的新药失败或没有商业价值（如产品价格或市场发生逆向变动等），公司会放弃投资，最大损失是支付的研发费、试制费和市场调研费；反之则行使期权，扩大投资。由于期权费是一种收不回来的成本，投资者必须在期权实现取得利润时加以补偿，这使期权的购买价格成为一种风险投资。

又如，一个现时投资净现值为负数的项目之所以有价值，就在于这个项目能够给投资者未来继续投资提供一种决策的弹性。设想一家公司决定购买一片尚未开发但储藏大量石油的荒地，但在此时开采石油的成本远远高于其现行的市场价格。那么石油公司为什么愿意支付一大笔资金购买这片看起来无利可图的荒地呢？答案就在于它给予投资者一种看涨期权，公司并不负有必须开采石油的义务。如果石油价格一直低于其开采成本，公司将不会开发这片荒地，此时期权无价；如果未来油价上升且超过开采成本，则荒地投资者会获利丰厚，此时期权有价。根据期权理论，荒地投资者的上方收益是无限的，而下方风险是锁定的（最大损失为购买荒地的支出）。

扩张期权的特点是，如果投资项目出现有利机会，则采取扩大投资策略；如果投资项目出现不利情况，则终止项目。一般来说，扩张项目期权对于处于变化剧烈、收益较高行业的项目（如生物技术或者计算机软件），要比所处行业较稳定且收益率较低的项目（如器具、汽车制造）明显更有价值。

[例7-7] 假设ACC公司正计划建立一家工厂，两年后该项目产生的现金流量及其概率如图7-13所示。项目初始投资1.4亿元（A点）。如果前两年项目运行情况良好，则现金流量为2亿元（D点）；如果前两年项目运行情况一年好，一年不好，则现金流量为1.5亿元（E点）；如果前两年项目运行情况不好，则现金流量为1亿元（F点）。

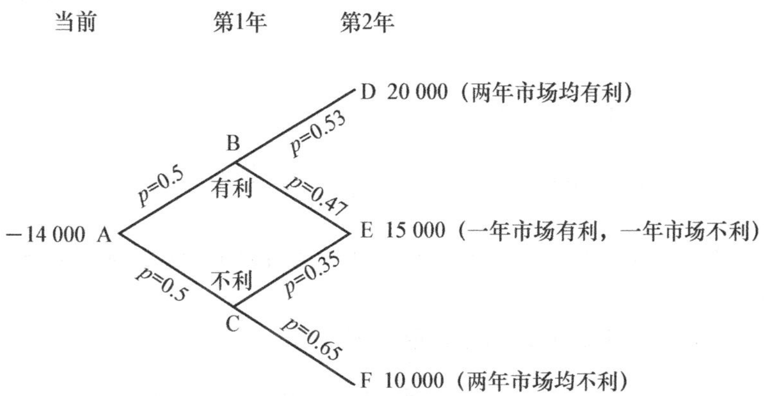

图7-13 生产能力不变时的现金流量（万元）

项目运营一年后，如果经营情况良好，则公司再投资1.4亿元，使生产能力扩大一倍，期末现金流量也增加一倍。各种情况出现的概率与前面相同，如图7-14所示。

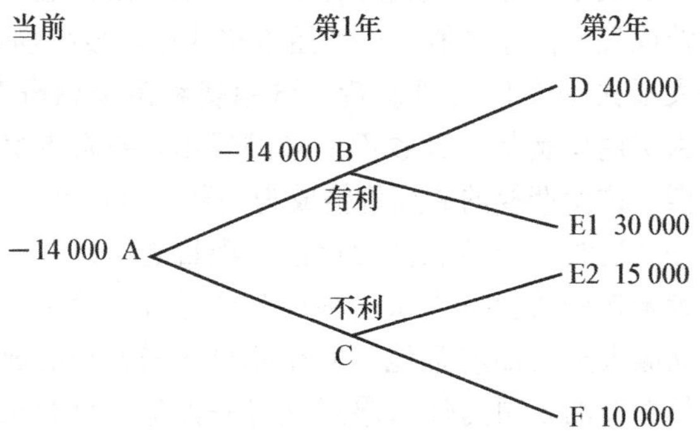

图7-14 生产能力扩大一倍时的现金流量（万元）

假设折现率为6%，计算两种情况下项目的价值：第一种情况，忽略项目可能扩大生产能力的期权；第二种情况，考虑项目可能扩大生产能力的期权。

第一种情况：

图7-13中B点（经营情况良好）项目价值如下。

$$\frac{0.53\times 20\ 000+0.47\times 15\ 000}{1.06}=16\ 651(\text{万元})$$

图7-13中C点（经营情况不好）项目价值如下。

$$\frac{0.35\times 15\ 000+0.65\times 10\ 000}{1.06}=11\ 085(\text{万元})$$

图7-13中A点项目净现值如下。

$$NPV_1=-14\ 000+\frac{0.5\times 16\ 651+0.5\times 11\ 085}{1.06}=-917(\text{万元})$$

第二种情况：

图7-14中B点（经营情况良好）项目价值如下。

$$-14\ 000+\frac{0.53\times 40\ 000+0.47\times 30\ 000}{1.06}=19\ 302(\text{万元})$$

图7-14中C点（经营情况不好）项目价值与第一种情况相同，为11 085万元。

图7-14中A点项目净现值如下。

$$NPV_2=-14\ 000+\frac{0.5\times 19\ 302+0.5\times 11\ 085}{1.06}=333(\text{万元})$$

以上计算结果表明，在第一种情况下，即不考虑增加项目生产能力的期权，投资项目的净现值为负数，根据传统的资本预算方法，应放弃净现值小于 0 的项目。但如果考虑项目价值未来的增长机会，则应进行投资。实际上，公司现在要做的决策就是：是否投资第一个 1.4 亿元。至于是否投资第二个 1.4 亿元，要取决于一年后的实际情况。如果现在进行投资，一年后就有机会进行第二次投资；否则，公司将失去第二次投资的机会。或者说，一年后如果机会看好（$NPV>0$），而公司现在没有进行投资，那么，公司将会坐失良机。在本例中，当考虑公司拥有可灵活增加产量的期权时，项目的价值增长了 1 250 万元，足以使净现值由负变正。

4. 放弃期权分析

如果说扩大投资期权是一种看涨期权，旨在扩大上方投资收益，那么放弃投资期权是一种看跌期权，意在规避下方投资风险。例如，公司支付的财产保险费就相当于一种看跌期权，期权的行权价格就是保险合同规定的偿付额。如果财产未受损坏，就不需要履行保险契约；如果发生意外灾害（如火灾或地震等），使财产遭受损失，其价值低于保险赔款，公司将放弃财产并按照保险合同收取赔款。又如，当租赁资产的价值已低于租赁费价值时，承租人就会取消租赁，而将资产归还给出租人。这类似于股票降到某种价值后，持有者就会行使卖权。某投资项目是继续进行还是中途放弃，主要取决于继续进行是否具有经济价值。如果该项目不能提供正的净现值，就应放弃这一项目，或将项目资产出售，或将项目资产另作他用。一般来说，当发生以下两种情况时，投资项目应该被放弃：(1) 其放弃价值（项目资产出售时的市场价值）大于项目后继现金流量的现值；(2) 现在放弃该项目比未来某个时刻放弃更好。当放弃的可能性存在时，投资项目的价值就会增加。同其他实物期权一样，放弃期权可以使公司在有利条件下获得收益，在不利条件下减少损失。

放弃期权相当于公司持有一个投资项目的卖权，如果市场情况恶化或公司生产出现其他情况导致当前投资项目出现巨额亏损，管理者可以根据未来投资项目的现金流量大小与放弃目前投资项目的价值来考虑是否要结束此投资项目。放弃期权主要应用于资本密集型产业，如航空、铁路、金融服务、新产品开发等领域。

[例 7-8] 假设 RIC 公司正在考虑为电视机生产厂家生产工业用机器人，这一项目的投资支出可分为三个阶段，(1) 市场调研，即对电视机装配线上使用机器人的潜在市场进行市场调查研究，调研费 50 万元在项目初始（$t=0$）时一次支付。(2) 如果该产品未来市场潜力较大，则在 $t=1$ 时支付 100 万元设计和装配不同型号的机器人模型，并交由电视机厂家进行评价，RIC 公司将根据反馈意见决定是否继续实施该项目。(3) 如果对机器人的模型评价良好，那么，在 $t=2$ 时再投资 1 000 万元建造厂房，购置设备。在此基础上，项目分析人员预计该项目在以后 4 年内每年的现金净流量及其概率分布如图 7-15 所示。

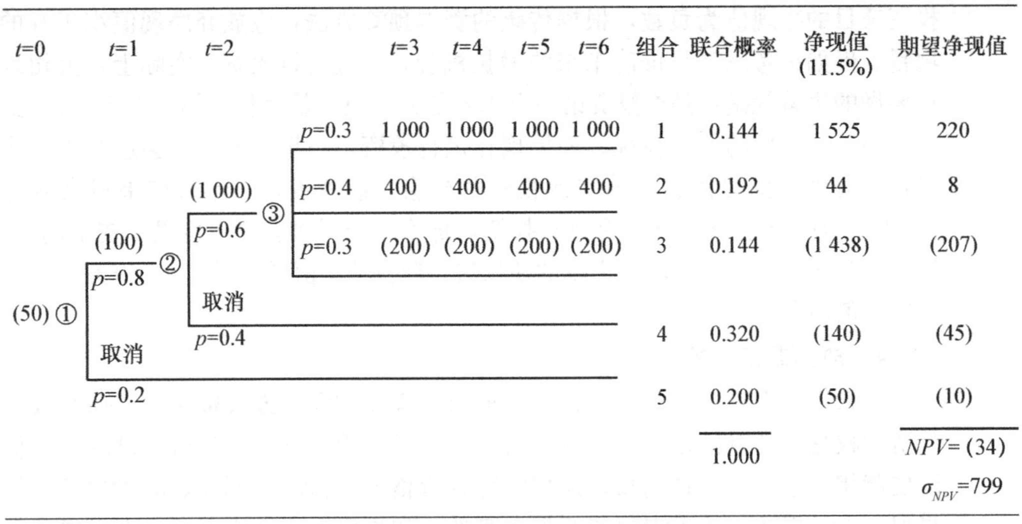

图7-15　机器人项目（不考虑放弃期权价值）

在图7-15中，假设项目决策期间隔一年，每个圆圈代表一个决策点或阶段，决策点左边的金额表示进入这一阶段所需要的投资，如果项目被实施，则在$t=3$至$t=6$时会产生现金流入量。每条横线代表决策树的一个分支，每个分支都标有预计的概率。例如，如果该公司决定进入这个项目的决策点①，就要支付50万元的市场调研费。市场调查结果为可行的概率是0.8，这表示项目可进入第二阶段；市场调查结果不可行的概率为0.2，这表示项目进行到第一阶段后即应予以取消。如果项目就此停止，公司的损失为50万元的市场调研费。

如果市场潜力较大，RIC公司将进入决策点②，支付100万元用于机器人模型的设计和装配。管理者在此时（甚至早在做出市场调查之前）预计电视机厂家愿意使用机器人的概率为0.6，不愿意使用的概率为0.4。如果电视机厂家接受机器人，RIC公司将进入决策点③，再投资1 000万元，如果机器人不受欢迎，这个项目就放弃。最后，如果RIC公司投入生产，各年经营现金流量的多少取决于届时的经济形势和市场情况。预计项目的生产期为4年（$t=3$至$t=6$），每年现金净流量为1 000万元的概率为0.3，每年现金净流量为400万元的概率为0.4，每年损失200万元的概率为0.3。注意：在生产期内，RIC公司也可根据情况停止机器人的生产。

假设项目资本成本为11.5%，图7-15中组合1有关指标计算如下：

$$NPV=-50-\frac{100}{1.115}-\frac{1\ 000}{1.115^2}+\sum_{t=1}^{4}\frac{1\ 000}{1.115^t}\times\frac{1}{1.115^2}$$
$$=1\ 525(万元)$$

联合概率$=0.8\times0.6\times0.3=0.144$

期望净现值$=0.144\times1\ 525=220$(万元)

这是其中的一种可能结果，用同样的方法对其他各种组合依次进行计算，然后汇总，最后得到期望净现值-34万元。

根据图 7－15 可知，项目期望净现值为负数，净现值标准差为 799 万元，其亏损的概率为 0.664（即 0.144＋0.320＋0.200），这表明该项目本身的风险比较大，从一般的决策规则看，应放弃该项投资。

但在项目决策时，特别是阶段性项目决策，往往还要考虑决策当时的经济形势或市场情况，如果经济形势比较好，则继续投资或生产，反之则放弃。即使公司在决策点③时投资了 1 000 万元，第 3 年投产后现金净流量为－200 万元，公司也可在第 4 年放弃项目。假设公司在第 4 年不再生产亏损产品，并将与项目有关的厂房或设备出售，获得现金净流量 300 万元，则修正后的现金流量、净现值、净现值标准差如图 7－16 所示。

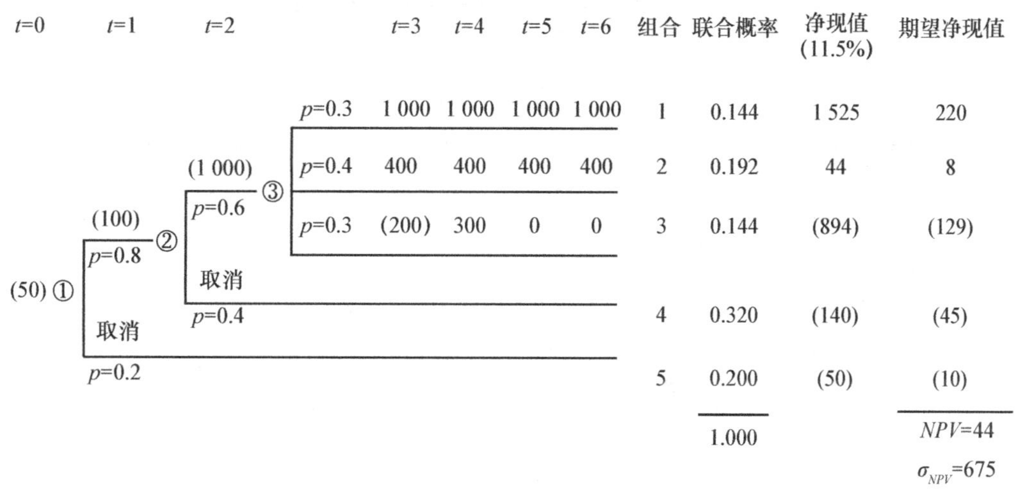

图 7－16　机器人项目（考虑放弃期权价值）

如果在第 4～6 年停止机器人产品生产，且出售与项目有关的设备，则项目期望净现值将由－34 万元变为 44 万元，净现值标准差则由 799 万元降为 675 万元。因此，根据情况变化，放弃投资项目可能会使一个净现值为负数的项目变为有利可图的项目，减少损失或风险。当然，公司也可将该项目的资产用于生产其他产品，例如 RIC 公司可将用于生产电视机装配线机器人的设备改为生产其他产品装配线机器人。由于项目投资的收益和风险都是不确定的，因此，投资决策不应该也不可能是一次性的，公司可根据不同的情况做出扩大投资、减少投资或取消投资等不同选择。

5. 延期期权分析

对于某些投资项目，有时存在等待期权，也就是说，不必立即实行该项目，等待不但可使公司获得更多的相关信息，而且在某些情况下，等待（即持有期权而不急于行使）具有更高的价值。例如，某项新技术用以生产一种新产品，立即投产，净现值为负数，此项投资应被否定。但这并不等于该项技术没有价值，持有该技术可能给公司带来新的机会，如果未来情况发生变化，如材料价格下跌、市场需求突然变化以及相应生产工艺改善等，则这项新技术所带来的新产品项目有可能成为正净现值项目。由于未来是不确定的，等待或推迟项目可使项目决策者有更多时间研究未来的发展变化，避免不利情况发生所引发的损失。但等待也可能减少或延缓项目的现金流量，或引起更多的竞争者进入同一市场。因此，在项目决策时，应权衡立即行使期权或等待的利弊得失。

［**例7-9**］ADD公司正计划投资建立一座工厂，投资总额为200万元，项目周期为5年，项目出现最差的情景、正常的情景、最好的情景的概率分别为20%，50%和30%，不同情景下各年现金净流量如表7-27所示。假设项目投资要求的最低收益率为20%，根据折现现金流量法，项目立即投资的净现值为-18.04万元。

表7-27　投资开发时间与现金流量　　单位：万元

A. 最差的情景	概率20%						
年份		0	1	2	3	4	5
现金净流量		-200	15	18	35	40	55
净现值（20%）		-113.35					
B. 正常的情景	概率50%						
年份		0	1	2	3	4	5
现金净流量		-200	30	36	70	80	110
净现值（20%）		-26.70					
C. 最好的情景	概率30%						
年份		0	1	2	3	4	5
现金净流量		-200	45	54	105	120	165
净现值（20%）		59.94					
项目净现值	-18.04	←=20%×(-113.35)+50%×(-26.70)+30%×59.94					

ADD公司管理者有权决定是立刻投资200万元，还是推迟一年，等到第二年初再决定是否投资。图7-17上半部分描绘了推迟一年的情形，如果一年后项目出现最好的情景，可在第一年末进行投资，各年现金流量顺序后移。采用被动等待和观察战略，项目的净现值为49.95万元。假设公司支付5万元进行市场调研，可以观察到项目出现最好的情景在半年后，公司可以于半年后进行项目投资，扣除调研费后，项目的净现值为49.72万元，如图7-17下半部分所示。

延迟一年、延迟半年的投资净现值大于立即投资的净现值，因此，推迟开发项目是有利的。但是，管理层需要找出愿意支付的市场调查的最大值，以减少在做出明智决策前必须等待的时间，即市场调查的价格是多少时，第一个等待期权与第二个等待期权相等。把49.95万元与49.72万元之间的差额（0.23万元）定为市场调查成本的减少，成本就从5万元减少到4.77万元。企业支付市场调研费的最大值不能超过4.77万元，否则，绝对明智的是跟随被动战略并且等待一年。在本例中，项目投资的最大后悔值是折现现金流量法下的-113.35万元；在实物期权法下，最大损失为市场调研费4.77万元。

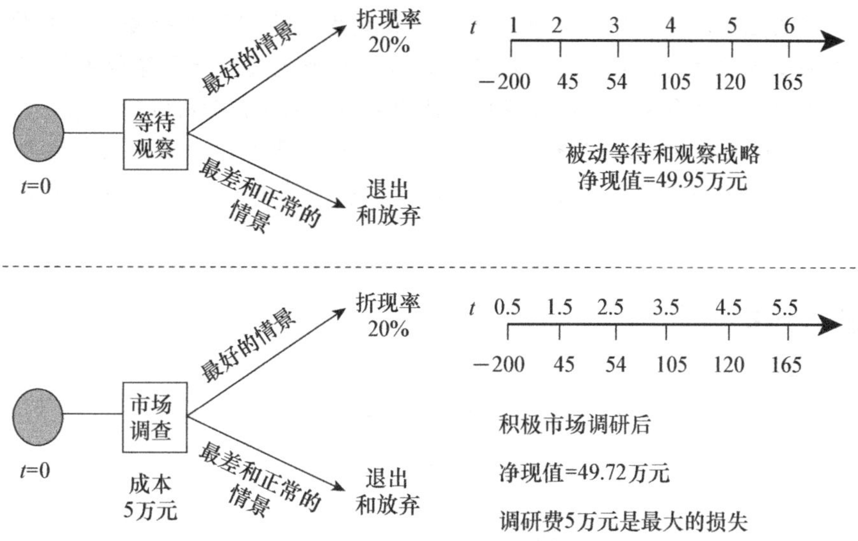

图7-17 延期期权

延期期权实质上相当于公司获得了一个以该投资项目的未来现金流量现值为标的资产的美式看涨期权。根据期权定价理论，提前执行不付股利的美式看涨期权是不明智的，投资者持有它将会获得更高的价值，也就是说，在某些情况下，不必立即实施该项目，等待可使公司获得更多的相关信息，使项目决策者有更多的时间研究未来的发展变化，从而避免不利情况发生所引发的损失。但等待意味着公司将放弃项目早期的现金流量，而且可能失去先发优势。也就是说，项目早期的现金流量类似于美式买入期权的股利，如果有足够大的股利，美式买入期权提前执行也许是最佳的选择。因此，公司管理者对一个新项目进行决策时，他们就拥有现在实施该项目或者推迟到将来实施该项目的延期期权。延期期权是否提前执行，取决于项目早期产生的现金流量的延期期权内含价值的大小。延期期权主要应用于自然资源开采、房地产开发等领域。

□ 本章小结

1. 所谓增量现金流量，是根据"有无"的原则（with-versus-without），确认有这项投资与没有这项投资的现金流量之间的差额。判断增量现金流量，决策者会面临四个问题：附加效应、沉没成本、机会成本、制造费用等。

2. 采用净现值标准进行项目决策的原则是：接受净现值大于等于零的项目，放弃净现值小于零的项目；利用内部收益率标准选择投资项目的基本原则是：若内部收益率大于或等于项目资本成本则接受该项目，反之则放弃。

3. 投资项目风险一方面来源于项目特有因素或估计误差，另一方面来自各种外部因素，其中具有普遍性且比较重要的因素有项目的销售量、价格变动风险、项目投资成本与经营成本、融资风险以及与经济环境等有关的风险。一般可采用敏感性分析、盈亏临界点分析等方法。

4. 风险调整折现率法就是调整净现值公式的分母，项目的风险越大，折现率就越高，项目收益的现值就越小。确定等值法是效用理论在风险投资决策中的直接应用。这一方法要求项目决策者首先确定与其风险性现金流量带来同等效用的无风险现金流量，然后用无风险利率折现，计算项目的净现值，以此作为决策的基础。

5. DCF 法与 ROA 法应视为具有互补性质的决策工具。DCF 法更适合分析确定决策环境中并不复杂的项目，其预测在相对稳定的环境中更为可靠。ROA 法更适合分析不确定环境中的复杂项目，管理者可利用新信息，积极管理项目。

□ 基本训练

◆ 单项选择题

1. 折旧具有抵减税负的作用，由于计提折旧而减少的所得税税额的计算公式为（　　）。

A. 折旧额×所得税税率

B. 折旧额×(1－所得税税率)

C. (经营付现成本＋折旧额)×所得税税率

D. (净利润＋折旧额)×所得税税率

2. 在计算项目的现金流量时，若某年取得的净残值收入为 20 000 元，按税法规定预计的净残值为 15 000 元，所得税税率为 25%，则下列处理方法中，正确的是（　　）。

A. 将公司取得的实际净残值收入 20 000 元作为现金流量

B. 将税法预计的净残值 15 000 元作为现金流量

C. 将实际净残值减去资本利得后的 18 750 元作为现金流量

D. 将实际净残值加上资本利得税后的 21 250 元作为现金流量

3. 采用风险调整现金流量法进行投资项目风险分析时，需要调整的项目是（　　）。

A. 无风险的折现率　　B. 有风险的折现率

C. 无风险的现金净流量　　D. 有风险的现金净流量

4. 在确定等值法下，通常现金流量的标准离差率与确定等值系数之间的关系是（　　）。

A. 标准离差率越小，确定等值系数越小

B. 标准离差率越大，确定等值系数越小

C. 标准离差率等于 1，确定等值系数也等于 1

D. 标准离差率等于 0，确定等值系数趋近于无穷大

5. 下列关于净现值盈亏临界点与会计利润盈亏临界点的论述中，错误的是（　　）

A. 净现值盈亏临界点考虑了投资的机会成本

B. 净现值盈亏临界点是指净现值等于 0 时的销售量

C. 会计利润盈亏临界点考虑了投资的机会成本

D. 会计利润盈亏临界点没有考虑投资的机会成本

◆ 多项选择题

1. 如果一个投资方案的净现值大于 0，则下列说法中，正确的有（　　）。

A. 该方案未来现金流入量现值之和大于未来现金流出量现值之和
B. 该方案的内部收益率大于投资者要求的必要收益率
C. 该方案的投资回收期一定小于投资者预期的回收期
D. 该方案的净资产收益率大于投资者要求的必要收益率
E. 该项目的获利指数一定大于1

2. 影响项目投资回收期长短的因素有（　　）。
A. 投资项目的使用期限
B. 投资项目的初始投资额
C. 投资项目产生的年平均经营收入
D. 投资项目投产后前若干年每年的现金净流量
E. 初始投资回收后投资项目各年产生的现金净流量

3. 某公司拟投资生产一种新型产品，与该项投资有关的现金流量有（　　）。
A. 公司购置价值为280万元的生产流水线，同时垫支25万元的营运资本
B. 公司曾支付8万元的咨询费，聘请相关专家对项目进行可行性论证
C. 利用公司现有的库存材料，其当前市价为15万元
D. 利用公司现有的闲置厂房，如将其出租可获租金收入50万元
E. 公司拟采用借款方式对本项目筹集资金，每年借款的利息支出为20万元

4. 影响投资项目净现值大小的因素有（　　）。
A. 投资项目各年的现金净流量　　B. 投资项目的有效年限
C. 投资者要求的最低收益率　　D. 投资项目的回收期限
E. 现行银行贷款利率

5. 在互斥项目的决策分析中，采用净现值或内部收益率标准有时会得出相反的结论，产生这种现象的基本条件有（　　）。
A. 项目的投资期限不同　　B. 项目的年均成本不同
C. 项目本身的获利能力不同　　D. 项目的现金流量时间分布不同
E. 项目的投资规模不同

◆ 判断题

1. 考虑所得税影响时，项目采用加速折旧法计提折旧计算出来的净现值比采用直线折旧法计提折旧计算出来的净现值大。（　　）

2. 内部收益率是根据项目本身的现金流量计算的，反映项目的资本成本。（　　）

3. 对某一独立项目进行评价时，采用净现值、内部收益率法可能会得出不同的结论。（　　）

4. 在公司众多的投资项目中，如果其中一个项目的收益具有高度的不确定性，那么这个公司的总风险必定很高。（　　）

5. 在敏感性分析中，如果某一因素在较大范围内发生变动，才会影响原定项目的盈利能力，那么该因素的敏感性较强。（　　）

◆ 讨论/思考题

1. BIO公司是一家生物技术公司，研究开发了一种新药，并取得该药的专利权，期限为10年。有关新药投入市场的财务可行性研究已完成，营销和财务部门正在向董

事会撰写一份联合计划书，他们希望董事会能够批准新的投资项目。计划书中的资本预算部分只包括估计的未来费用和收入。负责该项目的主管坚持认为项目资本预算应该包括过去几年花费在研发上的资金。他说忽略或省去那些项目研发费不仅低估了项目的费用，而且是对董事会的一种欺骗行为。试评论这位项目主管的观点。如果你不同意，你将如何向他解释并让他接受你的观点？

2. ABC公司正在考虑一项新投资，公司可从当地一家银行取得贷款。该公司的财务部门根据预测的现金流量、项目的净现值和内部收益率，认为这个项目是可行的。但银行的贷款主管对这项分析不满意，他坚持认为现金流量中应包含利息因素，即将利息作为项目的一项成本。他认为一个业务计划与预计财务报表应该一同完成。试根据资本预算理论向这位银行主管进行解释。

3. 假设有两个1年期的互斥项目，A项目初始投资为100万元，1年后现金净流量为130万元，内部收益率为30%；B项目初始投资为20万元，1年后现金净流量为30万元，内部收益率为50%。你认为应选择内部收益率较大的B项目吗？假设项目的折现率均为10%，你认为应采用何种方法进行项目决策？进行决策的假设条件是什么？

4. 许多项目在投资决策时通常采用内部收益率（美国，1977）、净现值（新西兰，1995）、投资回收期（中国，1977）作为主要的决策指标（见表7-28）。

表7-28 不同国家不同时期项目投资决策标准选择排序（%）

评价标准	美国（1977）	新西兰（1995）	中国（1997）
内部收益率	53.60	30.20	5.30
净现值	9.80	29.50	19.40
获利指数	2.70	—	18.20
投资回收期	8.90	21.30	26.50
会计收益率	25.00	—	4.20
其他指标	—	19.00	26.40
合计	100.00	100.00	100.00

根据表中的数据，说明为什么美国和新西兰的项目经理倾向于内部收益率和净现值，而我国的项目经理倾向于投资回收期。如果你是一名项目经理，项目决策只能选择一个指标，你会选择哪个指标？为什么？

5. 在投资项目风险分析中，你认为项目现金流量、项目资本成本最重要的风险因素是什么？在项目风险调整中，风险调整折现率法和确定等值法各有哪些优缺点？

◆ **计算分析题**

1. ASS公司计划购置一台新机床以扩充生产能力，现有A，B两种类型的机床可供选择。

(1) 购置A型机床需一次性投资60 000元，使用寿命为5年，5年后设备无残值，5年内每年销售收入为68 000元，支付的现金成本为50 000元。

(2) B型机床需一次性投资81 000元，使用寿命也为5年，预计第5年末净残值为1 000元，5年内每年销售收入为80 000元，支付的现金成本第一年为54 000元，以后随着设备陈旧，逐年将增加设备的维修费用1 000元，另需垫支营运资本

5 000 元。

(3) 假设两种类型的机床均按直线法计提折旧，所得税税率为 25%，投资要求的收益率为 8%。

要求：

(1) 分别计算 A，B 两种类型机床的现金净流量。

(2) 计算购置两类机床的净现值，并判断公司应购置哪种机床。

2. ACC 公司通过半年多的市场考察，花费了 100 000 元的调研费，公司生产部经理提出：为提高公司的生产能力，可引进一台先进的电脑生产系统来取代繁杂的人工程序，降低人工成本，提高产品质量。

现有人工生产系统原值为 500 万元，已使用 4 年，预计还可使用 6 年，目前账面价值为 310 万元，若现在变卖可获得收入 280 万元，使用该系统每年付现成本为 70 万元。

生产部经理预计购入新系统需花费 420 万元，预计可使用 6 年。新系统的使用不会增加现有的销售收入，但会使人工成本大大降低，导致每年的经营付现成本降至 32 万元。按税法规定，无论是现有人工生产系统还是新的电脑生产系统均采用直线法计提折旧，且残值率均为 5%。

假设 ACC 公司的所得税税率为 30%，要求的投资必要收益率为 10%。

要求：

(1) 公司总经理要求你对是否应该引进电脑生产系统以更换现有人工生产系统的投资决策撰写一份分析报告。

(2) 完成上述分析报告后，你便把报告呈报给公司总经理。他仔细阅读了你的建议，赞许你没有将市场调研费列入项目支出，而是将其列入沉没成本。如果项目评估后，公司放弃购置新生产系统以取代旧生产系统，前期的市场调研结果是否可以出售给其他公司？项目的市场调研费最终由谁负担？

(3) 公司总经理提出，如果 ACC 公司的投资必要收益率在现有的基础上提高 4 个百分点，公司应如何做出投资决策？

3. 某书店正考虑是否在大堂内开设一家咖啡店。有关资料如下：购置咖啡制作设备等的投资额为 300 000 元，期限为 5 年，采用直线法折旧，残值为 50 000 元。

(1) 预计咖啡店第一年营业收入为 80 000 元，此后 4 年每年递增 5%；营运费用 (付现成本) 为营业收入的 40%。

(2) 咖啡店开张后，增加了书店的收入，预计第一年增加营业收入 100 000 元，此后 4 年，营业收入每年递增 15%；税前营业利润率为 40%。

(3) 假设所得税税率为 25%，折现率为 12%。

要求：

(1) 单独计算咖啡店的净现值。

(2) 计算书店销售收入增量的现值。

(3) 你会开设这家咖啡店吗？

4. 假设你正在考虑建立一家软件开发公司，有关的数据如下：预计购买的计算机硬件价值约为 200 000 元，硬件的折旧期为 5 年，使用直线折旧法；另外，需要租赁一间办公室，一年的费用为 120 000 元；估计软件工程师等人工费用每年为 300 000 元；

市场营销费用为每年100 000元。根据分析，预计开发的软件为每套90元，第一年预计出售10 000套，以后4年每年增长10%；生产所用原料的成本为每套35元；预计每年通货膨胀率为3%。假设每年经营所需要的营运资本占营业收入的10%（假设营运资本投资于每年初进行）；假设所得税税率为25%。

(1) 假设资本成本为12%，估计软件开发公司每年的现金流量、净现值和内部收益率，并判断你是否会建立这一软件开发公司。

(2) 假设软件业真实资本成本（不考虑通货膨胀因素）第一年为10%，以后各年逐年上升，到第五年上升至12.25%，预计通货膨胀率第一年为2%，到第五年上升至4%。假设其他因素不变，重新计算净现值和内部收益率。

(3) 比较(1)和(2)的内部收益率，试说明为什么内部收益率的计算与所选择的资本成本无关。

5. 假设某公司是一家无负债公司，目前正在评估投资一条新的产品生产线。根据项目评估，预计产品生产线的设备投资为5 000 000元，使用年限为10年，采用直线折旧法。同时预计在项目存续期，每年产品销售量为600 000件，每件4元；单位产品付现成本为2元；所得税税率为25%。假设营运资本占销售收入的比例为20%，在第一年初支出，项目结束后收回。

如果公司接受这个项目，项目将使用该公司原有的废弃仓库。该仓库的账面价值为300 000元。你的上司正在计划以每年75 000元的租金把这个仓库租给另一家公司，折现率为12%，项目存续期为10年。根据会计准则，租赁资产的折旧由承租人承担。

假设项目的资本全部来自股权融资，并且项目的风险与公司的风险相同。为了估计该项目的折现率，你发现具有可比性的上市公司的β系数如表7-29所示。

表7-29 可比公司β系数

公司名称	负债/股东权益比率	税率	β系数
ASS	0.5	40%	1.3
BBC	1.0	50%	1.5

当前长期国债利率为5%，市场风险溢价为6.5%。

要求：

(1) 估计项目合适的折现率。

(2) 计算项目使用废弃仓库的机会成本。

(3) 计算项目存续期内每年的税后经营现金流量。

(4) 计算项目的净现值。

6. 假设你是公司财务经理，现有A，B两个投资项目，初始投资额均为100万元，资本成本均为12%，各项目预计现金净流量如表7-30所示。

表7-30 投资项目现金净流量表 单位：万元

年份	0	1	2	3	4	5
A项目	−100	32	32	32	32	32
B项目	−100	60	35	20	20	10

要求：

(1) 分别计算两个项目的净现值、获利指数、内部收益率、投资回收期。

(2) 如果这两个项目是互相独立的，哪个项目会被接受？请说明理由。

(3) 如果这两个项目是互相排斥的，按净现值和内部收益率分别评价两个项目会出现什么现象，此时应如何决策？请说明理由。

(4) 分别计算A，B项目的修正内部收益率，据此做出决策。

(5) 如果资本成本为10%，是否还会出现上述排序矛盾？说明理由，并分析出现这种现象的基本原因。

7. BBA公司的资本全部来自股权投资，它有三个分部，具有不同的风险水平，如表7-31所示。

表7-31 各分部风险水平

项目	电子品分部	保健品分部	出版分部
β系数	1.2	0.8	1
各分部占公司投资总额的比例	45%	35%	20%
无风险收益率	6%	6%	6%
市场风险溢价	7%	7%	7%

目前，公司各分部的投资项目及其预期收益率如表7-32所示。

表7-32 各分部项目及预期收益率

电子品分部	保健品分部	出版分部
A项目 *IRR*=15%	C项目 *IRR*=12%	E项目 *IRR*=13%
B项目 *IRR*=13.50%	D项目 *IRR*=10%	F项目 *IRR*=15%

要求：

(1) 计算公司的β系数和资本成本。

(2) 根据公司资本成本进行投资项目分析，公司应接受哪些项目？

(3) 根据项目的风险水平进行投资项目分析，公司应接受哪些项目？如果结论与(2)发生矛盾，请提出你的观点。

8. FU公司面临一个投资机会，在最初的投资项目评估中没有考虑该项目风险的条件下，预计的现金净流量如表7-33所示，假设FU公司要求的投资必要收益率为12%。

表7-33 FU公司项目现金流量 单位：万元

年份	0	1	2	3	4	5	6
固定资产投资	−100						
垫支营运资本	−24						
经营现金流量：							
销售量（台）		5 000	5 000	5 000	5 000	5 000	5 000
销售单价（元）		360	360	360	360	360	360
销售收入		180	180	180	180	180	180

续表

年份	0	1	2	3	4	5	6
单位变动成本		220	220	220	220	220	220
变动成本总额		110	110	110	110	110	110
固定成本（不含折旧）		15	15	15	15	15	15
折旧		15	15	15	15	15	15
息税前利润		40	40	40	40	40	40
所得税（税率为25%）		10	10	10	10	10	10
税后利润		30	30	30	30	30	30
残值回收额							10
垫支营运资本回收额							24
现金净流量	−124	45	45	45	45	45	79

要求：

（1）计算该项目的净现值。

（2）对该项目的销售量、销售单价、单位变动成本、固定成本（不含折旧）以及项目资本成本进行敏感性分析，即计算上述各因素围绕基数值分别增加和减少5%，10%和15%（每次只有一个因素变化）时新的净现值，画出敏感性分析图并进行分析。

9. 假设某公司正在考虑一项投资，初始投资额为150万元，使用年限为10年，无残值。第1～10年每年的销售量为100万件，单位售价为3.75元，单位变动成本为3元，固定成本总额为30万元。假设所得税税率为50%，折现率为10%。

要求：

（1）计算会计利润为0时的盈亏临界点的销售量。

（2）计算净现值为0时的盈亏临界点的销售量。

（3）说明净现值盈亏临界点与会计利润盈亏临界点的区别。

10. 某公司有三个方案可供选择，相关资料如表7-34所示。

表7-34　投资方案现金净流量及其概率分布　　单位：万元

年限	方案A		方案B		方案C	
	现金净流量	概率	现金净流量	概率	现金净流量	概率
0	−2 000	1.00	−500	1.00	−500	1.00
1	1 200	0.20				
	900	0.50				
	600	0.30				
2	1 000	0.30				
	800	0.40				
	600	0.30				
3	900	0.20	1 200	0.30	1 500	0.20
	800	0.40	850	0.40	800	0.60
	700	0.40	600	0.30	500	0.20

假设无风险收益率为5%。

要求：

(1) 分别计算三个方案的标准离差率。

(2) 若同类项目风险收益系数为0.2，按风险调整折现率法计算每个方案的净现值并进行评价。

(3) 如果公司财务分析人员根据以往经验确定的标准离差率与确定等值系数之间的关系如表7-35所示，采用风险调整现金流量法分别计算三个方案的净现值，并做出三个方案互斥条件下的决策。

表7-35　标准离差率与确定等值系数之间的关系

标准离差率	确定等值系数
0～7%	1.00
8%～20%	0.90
21%～35%	0.80
36%～50%	0.75
51%～66%	0.60
67%～80%	0.45

◆ 案例分析

1. 2021年4月7日上午，XYZ家具公司召开会议，讨论新产品生产线开发及其资本支出预算等有关问题。参加会议的有公司董事长、总经理、项目部经理、销售部经理、研发部经理、财务部经理等有关人员。会上，项目部经理先介绍了新产品的特点、作用、研发费及现金流量等。项目部经理指出，为了解家具的市场状况，公司在相关地区进行了市场调研，支付调研费10万元；为生产该产品购置专用设备、包装用品设备等需投资200万元，预计设备使用年限为5年，采用直线法计提折旧，残值率为10%。

项目部经理与一家市场调研公司合作，预期客户对家具的兴趣可能出现高、中、低三种情况，每种情况下的销量、单位售价、单位变动成本如表7-36所示。

表7-36　客户对家具的兴趣

客户兴趣	销量（件）	单位售价（元）	单位变动成本（元）
低	5 000	200	110
中	10 000	260	130
高	15 000	320	160

为简化，假设已知客户兴趣的某种状态后，其在销售产品的5年内保持不变。例如，如果在项目的第1年客户的兴趣为低，那么第2～5年客户的兴趣仍然会比较低，以此类推。

预期项目的固定成本（不包括折旧）为每年50万元，每年初需要的经营性营运资本为当年营业收入的15%，公司所得税税率为25%。

项目部经理预测以客户兴趣为中的状态下的项目现金流量如表7-37所示。

表7-37 项目现金净流量预测 单位：万元

项目	0	1	2	3	4	5
项目初始投资	-200					
经营现金净流量						
销量（万件）		1	1	1	1	1
单位售价（元）		260	260	260	260	260
营业收入		260	260	260	260	260
单位变动成本（元）		130	130	130	130	130
变动成本总额		130	130	130	130	130
固定成本总额		50	50	50	50	50
折旧		36	36	36	36	36
息税前利润		44	44	44	44	44
所得税		11	11	11	11	11
净利润		33	33	33	33	33
经营现金净流量		69	69	69	69	69
经营性营运资本	39	39	39	39	39	0
经营性营运资本变动额	-39	0	0	0	0	39
收回固定资产残值						20
现金净流量	-239	69	69	69	69	128

项目部经理介绍完毕，大家展开了讨论，在分析市场状况、投资机会及同行业发展水平的基础上，确定公司投资机会成本为10%。

会议主要提出了以下问题需要项目部经理进一步解释：

(1) 公司销售部经理提出，新生产线开发项目投资额中，为什么没有包括产品市场调研费？

(2) 公司财务部经理提出，项目经营现金流量中，是否包括与融资相关的现金流量，例如利息、股息等？为什么？

(3) 在预计项目现金流量时，假设该生产线所使用的厂房能够以每年25 000元的价格租赁给另一家公司使用，这会影响分析结果吗？如果有影响，试确定对项目现金流量的影响。

(4) 假设该项目投产后每年会减少公司其他产品的销售收入50 000元，这对各年的现金流量有什么影响？

(5) 假设项目不是一个新的或扩展的项目，而是一个重置项目，对它的分析将会有所不同吗？

(6) 假设不考虑问题 (3) 和 (4) 中的假设，试计算项目的净现值、内部收益率和投资回收期，并根据其他因素，做出最终的选择——是接受项目还是放弃项目。

2021年5月15日上午，XYZ家具公司再次召开会议，讨论新产品生产线的资本支出等问题。会上，项目部经理首先对上次会议提出的问题进行了解答，根据预计的现金流量和资本成本，项目的净现值为59.2万元，大于0；项目的内部收益率为18.43%，大于资本成本；项目投资回收期为3.46年，虽然回收期大于项目周期的一半，但考虑到项目的周期只有 5 年，且投资回收期是项目决策的辅助指标，因此，总体上项目在财务上是可行的。

在会上，公司总经理认为项目部提供的评估报告仅根据项目的平均状态（客户对新产品的兴趣）进行评价，没有充分考虑项目的风险水平，因此，他提出对项目进行风险评估。为此，公司总经理提出了下列问题需要项目部经理解答：

(1) 说明项目风险的主要来源，以及项目风险、公司风险和市场风险之间的关系。

(2) 简要说明敏感性分析法的特点。根据表 7-37 的数据，以销量、单位售价、单位变动成本、固定成本总额 4 个变量为例，进行敏感性分析，假设以表 7-37 的净现值为基础状态，分析 4 个变量上下变动 10%，20%，30%对净现值的影响。

(3) 根据市场调研，项目销售收入可能出现低、中、高三种状态，销售收入分别为 150 万元、260 万元、460 万元，对应的概率分别是 0.2，0.5，0.3。假设其他因素保持不变，试计算不同状态下项目的净现值、净现值标准差、标准离差率。

(4) 假设公司资产标准离差系数平均值为 0.4～0.7，如何评价新产品生产线项目的风险？公司接受这一新项目对公司资产总体的风险有什么影响？

(5) 如果资本成本下降或上升 3 个百分点，这一项目是否可行？

(6) 如果项目初始投资在当前预测的基础上增加 1%～10%，则对项目的净现值和内部收益率有什么影响？

(7) 假设公司目标负债率为 50%，债务资本成本为 10%，无风险利率为 8%，市场风险溢价为 6%，所得税税率为 25%，新项目的 β 系数为 1.2，这一项目的市场风险溢价是多少？根据资本资产定价模型计算项目股权资本成本、加权平均资本成本。根据新的资本成本重新计算项目的净现值。假设项目的负债率与公司的负债率相同。

要求：

假设你是该公司项目部经理，请回答上述问题。

2. TRS 灯具公司正在考虑生产一种特殊的照明灯具。新产品生产线需要投资 1 000 万元购买新设备，设备安装费为 50 万元，安装费计入设备购置费，转化为资本后计提折旧。

2021 年，TRS 灯具公司花费 5 万元请咨询公司做了一次论证。咨询公司认为，TRS 灯具公司现有的零件储存仓库适合作为新产品生产线的厂房，目前，仓库的折旧已全部提完。此外，公司经理认为，如果不建新产品生产线，那么这座仓库连同其地皮在缴纳各种佣金、清理费和税金后，出售净价为 20 万元。由于公司不能发挥该仓库在其他方面的作用，如果公司不投资这个特殊照明灯具项目，将出售该仓库。

新设备被纳入特别制造设备类，可采用加速折旧法，假设使用年限为 5 年，各年可按年数总和法计提折旧。

该项目要求公司增加经营性营运资本，增加部分主要用于原材料及备用零部件储存。但是，预计的原材料采购额的增加也增加了公司的应付账款，最终结果是要求经营性营运资本增加 5 万元。

新产品生产线投资后于 2022 年 1 月 1 日安装完成并投入生产，2021—2026 年各年经营现金发生在每年末。投产后不包括折旧的固定成本为每年 100 万元，变动成本为销售收入的 65%，所得税税率为 25%，根据同类项目风险评估的资本成本为 10%。

项目的5年经济寿命期结束后，工厂将关闭。公司计划拆除生产线、拆毁厂房，将这块地皮捐给本市作为公园的园址，捐赠作为公益事项可免征一部分税款，免税额与清理厂址费用大致相等。如果不捐献，那么该生产线可按其估计残值出售，售价要取决于经济状况。工程部所做的最乐观的估计是：最低为50万元，最高为200万元。如果经济不景气，对二手设备的需求很小，那么税前残值只有50万元；如果经济状况一般，那么税前残值估计为100万元；如果经济繁荣，对二手设备需求很大，那么设备将在转卖市场上售价高达200万元。

工程技术人员和成本分析专家在考察了投资支出情况后，认为以上数据基本准确，固定成本、变动成本的数据也是可靠的，但销量或营业收入取决于照明灯具业总体经营水平，而后者取决于经济状况。如果经济保持目前的增长水平，则该项目2021年的营业收入可达1000万元（销量为1000套，单价为10000元）。在该项目的5年经济寿命期内，预计销量稳定不变。但相应的单位售价预计随着通货膨胀而提升，预计未来5年每年通货膨胀率为5%。如果2021年经济不景气，则销量只有900套；相反，如果经济高涨，则可达到1100套。

在编制项目资本预算时，不论经济状况出现何种情况，5年内各年销量均可依据第一年销量水平进行估计，而同单位销售单价相对的营业收入则按通货膨胀率同步增长。然而公司的经济管理专家预计经济状况的概率为：保持一般的可能性为50%，不景气的可能性为25%，高涨的可能性为25%。

要求：

根据公司项目部对该项目的现金流量预测等相关资料回答下列问题：

(1) 在投资项目分析时，存在两种风险：总风险和市场风险（用β系数表示）。请说明本例中评估的是哪一种风险，并讨论两种风险及它们与投资决策的相关性。

(2) 假设经济不景气，项目可于2022年末终止。因设备的磨损程度不严重，可出售800万元。建筑物（包括厂房）及地皮不捐献给市政府而是在市场中出售，其税后价值为15万元。此外，可收回经营性营运资本5万元。计算该情况下项目的净现值。

(3) 假设各年销量为1000套，单位售价按通货膨胀率调整，其他数据保持不变。首先，计算在销量为1000套的情况下项目的净现值；然后，选择销量和残值两个变量进行敏感性分析。假设销量和残值在±10%，±20%，±30%之间变动。当销量变化时，残值不变，反之亦然。请说明分析结果。

第 8 章

资本结构

《美国经济评论》于 2011 年第 1 期出版了百年纪念特刊，在该刊 100 年来刊登的数千篇文章中，甄选出对经济学发展与实践产生深远影响，且富有创造性的 20 篇最佳论文。所选论文代表了每一时期经济学的最高学术水平，反映了百年来美国主流经济学的基本走向。

阅读这 20 篇名篇佳作，其中对公司财务理论具有革命性突破的当属 F. 莫迪利安尼和 M. H. 米勒（F. Modigliani and M. H. Miller，1958）的资本结构理论（简称 M-M 理论），这篇文献采用无套利分析方法，阐述了资本结构、资本成本与公司价值三者之间的关系。瑞典皇家科学院（1990）在诺贝尔经济学奖的致辞中称，M. H. 米勒革命性地改变了公司财务的理论与实务，将公司财务从一个松散的工作程序及规则，改变为追求股东价值最大化的精细巧妙法则。M-M 理论是公司资本结构理论的奠基石。继 F. 莫迪利安尼和 M. H. 米勒（1958）、S. A. 罗斯（S. A. Ross，1973）之后，詹森和梅克林（Jensen and Meckling，1976）、迈尔斯和迈基勒夫（Myers and Majluf，1984）分别从代理成本、信息不对称理论解释公司资本结构选择与投资行为，由此形成了不同的理论和流派，但到目前为止，公司的最佳资本结构仍然是一个不解之谜。仍然没有统一的理论体系对公司资本结构进行完整的解释。

通过本章的学习，可以掌握经营杠杆、财务杠杆和总杠杆之间的关系；熟悉资本结构、资本成本与公司价值的关系；掌握税收优惠与财务危机成本对公司价值的影响；了解代理成本、不对称信息对资本结构的影响；熟悉目标资本结构设置与调整方式。

8.1 杠杆分析

8.1.1 经营风险与经营杠杆（Q→EBIT）

经营风险是指由于商品经营上的原因给公司的收益（息税前利润）或收益

率带来的不确定性。影响经营风险的因素主要有产品需求变动、产品价格变动、产品成本变动等。衡量这一风险的方法很多，通过经营杠杆系数来衡量是最常用的一种。

经营杠杆反映销售量与息税前利润之间的关系，主要用于衡量销售量变动对息税前利润的影响。为分析方便，假设公司仅销售一种产品，且价格不变；经营成本中的单位变动成本和固定成本总额在相关范围内保持不变。在这种条件下，息税前利润可用下式表示：

$$EBIT=Q(P-V)-F=Q\cdot MC-F \tag{8-1}$$

式中，Q 为产品销售数量；P 为单位产品价格；V 为单位变动成本；F 为固定成本总额；$MC=(P-V)$，为单位边际贡献；$EBIT$ 为息税前利润。

式（8-1）表明，在其他因素不变的条件下，边际贡献总额随着销售量的变动而变动，固定成本总额则为一常数，与销售量变动无关。因此，当销售量变动时，虽然不会改变固定成本总额，但会降低或提高单位产品的固定成本，从而提高或降低单位产品收益，使息税前利润变动率大于销售量变动率。固定成本的存在使销售量变动1个百分点产生了大于1个百分点的息税前利润变动率。这种将固定成本作为杠杆，通过扩大销售量所取得的利益，称作经营杠杆利益。当然，杠杆效应是一把双刃剑，不仅可能会放大公司的息税前利润，也可能会放大公司的亏损。

反映经营杠杆的作用程度，估计经营杠杆利益的大小，评价经营风险的高低，一般可采用经营杠杆系数。经营杠杆系数（degree of operating leverage, DOL）是指息税前利润变动率相当于销售量变动率的倍数，其计算公式为：

$$DOL=\frac{\Delta EBIT/EBIT}{\Delta Q/Q} \tag{8-2}$$

式中，DOL 表示销售量为 Q 时的经营杠杆系数，用于反映公司息税前利润对销售量的敏感程度。根据式（8-2）可推导出经营杠杆系数的简化计算公式：

$$DOL=\frac{Q(P-V)}{Q(P-V)-F}=\frac{Q(P-V)}{EBIT} \tag{8-3}$$

式（8-3）的优点是可以清晰地表明是在哪一销售水平（一般指基期的销售水平）的经营杠杆系数，不同销售水平上的 DOL 是不相同的，这一点在计算 DOL 时应特别注意。

[例8-1] ACC公司生产A产品，现行销售量为20 000件，销售单价（已扣除税金）为5元，单位变动成本为3元，固定成本总额为20 000元，息税前利润为20 000元。假设销售单价及成本水平保持不变，当销售量为20 000件时，A产品经营杠杆系数为：

$$DOL=\frac{20\ 000\times(5-3)}{20\ 000\times(5-3)-20\ 000}=\frac{40\ 000}{20\ 000}=2$$

计算结果表明，在销售量为20 000件的基础上，销售量每增加1个百分点，息税前利润就增加 2 个百分点。如果销售量增长 10%，息税前利润将增长 20%（销售量增长百分比×*DOL*＝10%×2）；或者说，当销售量增长 10%时，息税前利润就由 20 000 元上升到 24 000 元（20 000×(1＋10%×2)）。

表 8－1 列出了在不同销售量下的息税前利润和经营杠杆系数。假设单价为 50 元，单位变动成本为 25 元，固定成本总额为 100 000 元。从表 8－1 可以看出，销售量相对于盈亏平衡点销售量（4 000 件）越远，公司的息税前利润或亏损的绝对值就越大，用经营杠杆系数衡量的息税前利润对销售量的敏感程度就越低。当销售量超过盈亏平衡点时，经营杠杆系数趋于 1（大于 1），这意味着当销售量超过盈亏平衡点时，固定成本的存在对息税前利润带来的放大效应逐渐减小。

表 8－1 不同销售量下的经营杠杆系数

销售量（件）(*Q*)	息税前利润（元）(*EBIT*)	经营杠杆系数（*DOL*）
0	－100 000	0
1 000	－75 000	－0.33
2 000	－50 000	－1
3 000	－25 000	－3
4 000	0	无穷大
5 000	25 000	5
6 000	50 000	3
7 000	75 000	2.33
8 000	100 000	2
10 000	150 000	1.67

比较式（8－1）和式（8－3）可以发现，影响经营杠杆系数的四个因素（销售量、单位价格、单位变动成本、固定成本总额）恰恰就是影响息税前利润的基本因素，不过这四个因素对经营杠杆系数和息税前利润的影响刚好相反。前两个因素与经营杠杆系数呈反方向变化，与 EBIT 呈同方向变化，在其他因素一定的情况下，销售量越高或价格越高，经营杠杆系数就越小，息税前利润就越大；后两个因素与经营杠杆系数呈同方向变化，与息税前利润呈反方向变化，在其他因素一定的情况下，单位变动成本越高或固定成本总额越大，经营杠杆系数就越大，公司的经营风险就越大，息税前利润就越小。需要指出的是，经营杠杆系数本身并不是经营风险变化的来源，如果公司保持固定的销售水平和成本水平，再高的经营杠杆系数也是没有意义的。事实上，是销售和成本水平的变动，引起了息税前利润的变化，而经营杠杆系数只不过是放大了息税前利润的变化，也就是放大了公司的经营风险。因此，经营杠杆系数应当仅被看作对潜在风险的衡量，这种潜在风险只有在销售和成本水平变动的条件下才会被激活。

8.1.2 财务风险与财务杠杆（EBIT→EPS）

财务风险是指举债经营给公司未来收益带来的不确定性。影响财务风险的因素主要有资本供求变化、利率水平变化、获利能力变化、资本结构变化等。财务风险通常用财务杠杆系数来衡量。

财务杠杆主要反映息税前利润与普通股每股收益之间的关系，用于衡量息税前利润变动对普通股每股收益变动的影响程度。两者之间的关系如下：

$$EPS=\frac{(EBIT-I)(1-T)-Div}{N} \tag{8-4}$$

如前所述，经营杠杆是由于固定经营成本的存在而产生的，财务杠杆则来自固定的融资成本。如果一个公司的融资成本包含固定的债务资本成本（如从银行借款、签订长期融资租赁合同、发行公司债券）以及股权资本成本（优先股），从而使普通股每股收益的变化大于息税前利润的变化，就认为其在使用财务杠杆。也就是说，在公司资本结构一定的条件下，公司从息税前利润中支付的固定融资成本是相对固定的，当息税前利润发生增减变动时，每1元息税前利润所负担的固定融资成本就会相应地减少或增加，从而给普通股股东带来一定的财务杠杆利益或损失。事实上，财务杠杆是两步收益放大过程的第二步，第一步是经营杠杆放大了销售量变动对息税前利润的影响；第二步是利用财务杠杆将前一步导致的息税前利润变动对每股收益变动的影响进一步放大。

财务杠杆作用的大小可通过财务杠杆系数来衡量。财务杠杆系数（DFL）是指普通股每股收益变动率相当于息税前利润变动率的倍数，其计算公式为：

$$DFL=\frac{\Delta EPS/EPS}{\Delta EBIT/EBIT} \tag{8-5}$$

根据式（8-5），可推导出财务杠杆系数的简化计算公式：

$$DFL=\frac{EBIT}{EBIT-I-Div/(1-T)} \tag{8-6}$$

假设在例8-1中，ACC公司的资本来源为：债券100 000元，年利率为5%；优先股500股，每股面值为100元，年股利率为7%；普通股500股，每股收益为8元，ACC公司所得税税率为50%。财务杠杆系数计算如下：

$$DFL=\frac{20\,000}{20\,000-5\,000-3\,500/(1-50\%)}=2.5$$

计算结果表明，ACC公司在息税前利润为20 000元的基础上，息税前利润每变动1个百分点，普通股每股收益就变动2.5个百分点。如果息税前利润增长20%，每股收益就增长50%（20%×2.5）；每股收益将由8元变为12元（8×(1+20%×2.5)）。

从式（8-6）可知，财务风险主要取决于财务杠杆的大小，当公司在资本结构中增加负债或优先股融资比例时，固定的现金流出量就会增加，从而加大了公司财务杠杆系数和财务风险。一般来说，财务杠杆系数越大，每股收益因息税前利润变动而变动的幅度就越大；反之，则越小。较大的财务杠杆可以为公司带来较强的每股收益扩张能力，但固定融资费用越多，按期支付的可能性就越小，由此引发的财务风险就越大。如果公司全部资产收益率低于固定融资费率，普通股收益率就会低于公司投资收益率或出现资本亏损的情况。

［**例 8－2**］某公司拟融资 1 000 万元，现有三个方案。A 方案：全部发行普通股融资；B 方案：发行普通股融资 500 万元，发行债券融资 500 万元；C 方案：发行普通股融资 200 万元，发行债券融资 800 万元。假设该公司当前普通股每股市价为 50 元，不考虑证券融资费用；该项目预计息税前利润为 200 万元，利率为 8%，所得税税率为 30%。不同方案财务杠杆系数、普通股每股收益如表 8－2 所示。

表 8－2　不同融资方案财务杠杆系数

项目	A 方案	B 方案	C 方案
资本总额（万元）	1 000	1 000	1 000
其中：普通股（万元）	1 000	500	200
公司债券（万元）	0	500	800
息税前利润（万元）	200	200	200
利息（8%）	0	40	64
税前利润（万元）	200	160	136
所得税（30%）	60	48	41
税后利润（万元）	140	112	95
普通股股数（万股）	20	10	4
每股收益（元/股）	7	11.2	23.75
财务杠杆系数	1	1.25	1.47

如果息税前利润从 200 万元降到 150 万元，即降低 25%，三个方案的每股收益分别如下。

A：每股收益＝7×(1－25%×1)＝5.25(元/股)，降低率为 25%。

B：每股收益＝11.2×(1－25%×1.25)＝7.7(元/股)，降低率为 31.25%。

C：每股收益＝23.75×(1－25%×1.47)＝15.02(元/股)，降低率为 36.76%。

不同负债水平下 *EBIT-EPS* 之间的关系如图 8－1 所示。在图中，负债水平越高，*EBIT-EPS* 斜线的斜率越大，表明公司的财务风险越高。

8.1.3　公司总风险与总杠杆（Q→EPS）

公司总风险是指经营风险与财务风险之和，总杠杆主要用于反映销售量与

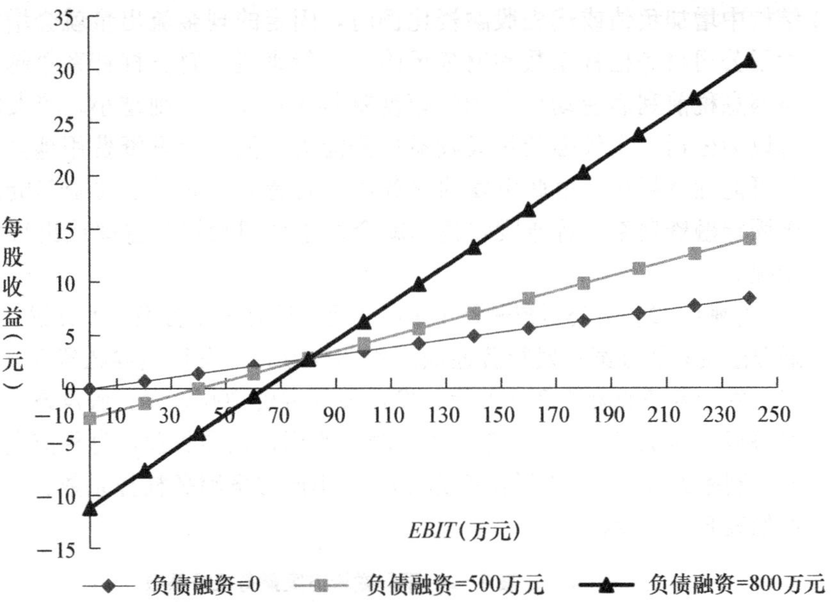

图 8-1　不同负债水平下 *EBIT-EPS* 之间的关系

每股收益之间的关系，两者之间的关系如下式所示：

$$EPS=\frac{[Q(P-V)-F-I](1-T)-Div}{N} \tag{8-7}$$

在经营杠杆的计算中，销售量是自变量；在财务杠杆的计算中，息税前利润是自变量；而在总杠杆中，息税前利润不再作为一个独立的变量，它被分解为销售量×单位边际贡献－固定成本总额，其中销售量又变成了自变量。总杠杆系数是指每股收益变动率相当于销售量变动率的倍数，其计算公式为：

$$DTL=\frac{\Delta EPS/EPS}{\Delta Q/Q} \tag{8-8}$$

根据式（8－8），可推导出总杠杆系数的简化计算公式：

$$DTL=\frac{Q(P-V)}{EBIT-I-Div/(1-T)} \tag{8-9}$$

根据例 8－1 等的资料，当销售量为 20 000 件时，ACC 公司的总杠杆系数为：

$$DTL=\frac{20\ 000\times(5-3)}{20\ 000-5\ 000-3\ 500/(1-50\%)}=5$$

当然，上述计算结果也可直接根据 *DOL* 和 *DFL* 计算得到，即

$$DTL=DOL\times DFL=2\times2.5=5$$

这一结果表明，在销售量为 20 000 件的基础上，销售量每变动 1 个百分点，普通股每股收益就变动 5 个百分点。或者说，如果销售量增长 10%，普通股每

股收益就增长50%（销售量变动率×总杠杆系数＝10%×5）；普通股每股收益将由8元变为12元（8×(1＋10%×5)）。当然，如果销售量下降10%，普通股每股收益就会下降50%，即从8元降为4元。

公司经营风险与财务风险的总和构成了公司的总风险。一般来说，公司总杠杆系数越大，每股收益随销售量增长而扩张的能力就越强，但风险也随之越大。公司的风险越大，债权人和投资者要求的贷款利率和预期的投资收益率就越高。或者说，过多使用总杠杆的公司将不得不为此付出较高的固定成本；而较高的固定成本支出反过来又在一定程度上抵消了普通股股东因公司发挥财务杠杆和经营杠杆的作用而获得的收益。除此之外，公司总风险的增大还会引起公司股票市价下跌。

在公司风险中，经营风险是由其资产组合中各资产的特性决定的，组合中各资产的风险系数共同决定了公司整体的经营风险。与此不同的是，财务风险不是由单项资产而是由公司整体决定的。如果公司完全通过股权资本融资，则它只存在经营风险，没有财务风险。由于财务杠杆决定了财务风险，因此对财务风险的影响进行调整的行为一定发生在那些有债务的公司中。

杠杆系数推导

一般来说，公司对财务风险的控制程度相对大于对经营风险的控制程度。公司可以通过财务政策的选择（资本结构的选择及债务到期日的选择），在合理的范围内（通常以合理的成本）控制其财务风险。相对而言，公司经营风险的控制难度较大。尽管公司可以在对投资项目或资产的选择中通过经营杠杆来影响其经营风险，但对项目或资产的选择通常会受到一些限制，技术方面的某些问题会迫使公司使用一些固定费用或变动费用占较大比例的生产工艺（有些产品只有一种生产方法，别无选择）。

杠杆分析

在实际工作中，公司对经营杠杆和财务杠杆的运用可以有各种不同的组合。例如，某公司较多地使用了财务杠杆，为了达到或维持某种适度的总杠杆系数，就可用较低的经营杠杆系数来抵消财务杠杆系数较高的影响；反之，假如公司过多地发挥了经营杠杆的作用，就可通过减少使用财务杠杆加以平衡。假设某公司正在考虑一项资本支出，为了抵消较高经营杠杆的影响，公司可在其资本结构中减少债务或优先股的比重，即采取降低财务杠杆系数的做法来实现一个适宜的总杠杆系数。

8.2 资本结构理论

8.2.1 M-M资本结构理论

资本结构是指公司长期资本（负债、优先股、普通股）的构成及其比例关系。注意这里不包括短期负债，如果考虑短期负债，也就是将整个资产负债表的右方考虑进去，则称为财务结构，在实务中用资产负债率表示。资本结构有两种表示方法：一是负债比率，表示长期负债与公司资产之间的比例关系；二是杠杆比率，表示长期负债与股东权益之间的比例关系。

1958年，莫迪利安尼和米勒（以下简称M-M）① 共同发表《资本成本、公司融资和投资理论》，提出了著名的M-M理论，不仅被公认为现代公司资本结构理论的基石，也成为后续资本结构理论研究的逻辑起点。M-M理论研究的核心内容是资本结构与公司价值、资本结构与资本成本的关系。

为方便讨论，通常假设：(1) 无摩擦市场。市场无交易费用、无公司所得税和个人所得税。投资者可以自由地进入或退出交易，市场对卖空行为没有任何约束。(2) 公司和个人都能以同一无风险利率自由地借入资金，即所有投资者的负债是没有风险的。(3) 公司的经营风险是可以衡量的，经营风险相同的公司处于同一风险等级（公司经营风险的高低由息税前利润的标准差来衡量）。(4) 所有的市场参与者对未来的预期是一致的。市场参与者可以无偿地获得有关资产价值的相关信息，他们对每项资产收益的均值、方差估计相同，并能够理性地运用这些信息来确定资产的价值。(5) 公司预期的息税前利润为一常数，即预期息税前利润在未来任何一年都相等。(6) 公司的增长率为零，且全部收入均以现金股利形式发放。(7) 公司只有长期负债和普通股两项长期资本，公司的资产总额不变，资本结构变化可通过发行债券回购股票或相反方式得以实现。

1. M-M无公司税模型

M-M模型应用套利机制② 证明公司资本结构和公司价值、资本成本、投资决策之间的关系，据此提出了与资本结构相关的两个命题。

命题Ⅰ（总价值命题）：公司价值只与公司资产预期收益和所对应的资本成本有关，而与资本结构无关。或者说，在息税前利润相等的条件下，处于同一经营风险等级的负债公司价值与无负债公司价值相等。

根据上述假设，公司价值可按下列方式计算：

$$V_U=V_L=EBIT/r_w \tag{8-10}$$

其中

$$V_U=\frac{EBIT}{r_{eU}}$$

$$V_L=\frac{EBIT-I}{r_{eL}}+\frac{I}{r_d}$$

式中，V_U 表示无负债公司价值；V_L 表示负债公司价值；r_w 表示加权平均资本成本；r_{eU} 表示无负债公司股权资本成本或无负债公司股东要求的收益率；r_{eL} 表示

---

① Modigliani, F., Miller, M. H. The Cost of Capital, Corporation Finance and the Theory of Investment. The American Economic Review, 1958, 48 (3): 261-297.

② 套利是指在一个市场上（无风险的、即时的）以低价购买一种货物，然后在另外一个市场上以较高的价格将其转卖出去的过程。套利可以获得收益，并且保证在完善市场内同一价格定律（相同货物在两个不同市场上出售的价格之差不能超过其交易费用）得以维持。

负债公司股权资本成本或负债公司股东要求的收益率；r_d 表示债务资本成本。

式（8－10）表明：(1) 公司价值不受资本结构的影响；(2) 负债公司加权平均资本成本等于同一风险等级无负债公司的股权资本成本；(3) r_{eU} 和 r_W 的高低视公司的经营风险而定。

命题Ⅰ实际上是价值可加性原理的应用，在资本结构问题上，价值可加性原理可表述为：公司价值是由公司未来现金流量的现值决定的，无论如何划分该项现金流量，都不影响该现金流量的价值。例如，现金流量（A＋B）的现值就等于现金流量 A 的现值与现金流量 B 的现值之和。在其他条件一定的情况下，无负债公司的现金流量完全归股东所有，公司价值等于其股票的市场价值（E），即 $V_U=E_U$。举债为 D 的公司，其现金净流量 CF 分为两项：一项是进入债权人手中的利息（$I=r_dD$,）；另一项是进入股东手中的现金流，即息税前利润扣除利息后的剩余部分（$EBIT-r_dD$）。公司价值等于股票价值与债券价值之和，即 $V=E+D$。

如果两个公司规模相同且能产生相同的现金流量，负债经营所影响的只是现金流量的流向，而不是现金流量的总额。也就是说，不论这笔现金流量在股东和债权人之间如何分配，总是存在一个恒定的投资价值，即公司现金流量的组合方式并不影响公司的价值。根据 M-M 理论，公司价值和资本成本在均衡条件下独立于资本结构。也就是说，公司价值取决于公司未来经营现金流量的大小和资本成本的高低，而不取决于这些现金流量如何在债权人和股东之间进行分配，即不取决于它怎样获得经营所需的资本及其形成的比例关系。

［**例 8－3**］假设 ABC 公司决定以负债融资代替股权融资，即发行 5 000 万元债券回购相同数额股票。为简化，以 U_{ABC} 代表无负债融资；L_{ABC} 代表有负债融资。在其他因素一定的情况下，不同资本结构条件下的公司价值均为 10 000 万元，如表 8－3 所示。

表 8－3　资本结构与公司价值的关系（无所得税）　　单位：万元

项目	U_{ABC}（负债＝0）	L_{ABC}（负债＝5 000）
股权资本（E）	10 000	5 000
股权资本成本（r_e）	15%	20%
负债资本（D）	0	5 000
负债资本成本（r_d）	—	10%
息税前利润（$EBIT$）	1 500	1 500
减：利息费用（I）	0	500
股东收入（DIV）	1 500	1 000
证券持有者收入（$DIV+I$）	1 500	1 500
公司价值（V）	10 000	10 000

根据表 8－3 中的资料，ABC 公司负债为 0 和负债为 5 000 万元时的价值可计算如下：

$$V_U=\frac{EBIT}{r_{eU}}=\frac{1\,500}{15\%}=10\,000(\text{万元})$$

$$V_L=\frac{EBIT}{r_w}=\frac{EBIT-I}{r_{eL}}+\frac{I}{r_d}$$

$$=\frac{1\ 500-500}{20\%}+\frac{500}{10\%}=10\ 000(\text{万元})$$

走近大家：
默顿·米勒

上述计算结果表明，在不考虑所得税的条件下，ABC公司资本结构变化不影响公司价值的大小。

命题Ⅱ（资本成本命题）：负债公司的股权资本成本等于无负债公司的股权资本成本加上风险溢价，风险溢价的多少取决于杠杆比率（debt-to-equity ratio，D/E）的大小。

M-M理论、
权衡理论

如果不考虑所得税和财务危机成本，无负债公司股东要求的预期收益率就是公司资产的预期收益率。对于无负债公司来说，只有股东对公司资产创造的现金流量享有要求权。在市场均衡的条件下，股东要求的预期收益率就是公司股权资本成本或是公司全部资本成本。无负债公司股权资本成本 r_{eU} 或加权平均资本成本 r_w 可按下式计算：

$$r_{eU}=r_w=\frac{EBIT}{E_U} \tag{8-11}$$

如果公司决定用负债替换部分股权资本，债权人对公司资产创造的现金流量也拥有要求权，这时公司资产预期收益率被分为两部分：股东要求的预期收益率和债权人要求的预期收益率，他们对公司预期收益率的要求权与他们对公司资产贡献的大小成比例。如果说投资者要求的收益率就是融资者的资本成本，负债公司的资本成本就是以各种不同资本成本为基数，以它们在资本总额中所占的比重为权数的加权平均数，即

$$r_W=r_d\left(\frac{D}{D+E}\right)+r_{eL}\left(\frac{E}{D+E}\right) \tag{8-12}$$

假设公司负债成本保持不变，那么式（8-12）说明负债和股东权益比率的任何变化都必须被股权资本成本 r_{eL} 补偿，因为公司资产预期收益率或资本成本不受股东和债权人之间利益分配的影响。为了说明这一问题，可将式（8-12）重新整理，把 r_{eL} 表示成 r_w，r_d 和负债比率的函数，即

$$r_{eL}=r_w+(r_w-r_d)(D/E) \tag{8-13}$$

在无税条件下，负债公司的股权资本成本 r_{eL} 和无负债公司股权资本成本 r_{eU} 之间的关系如下所示：

$$r_{eL}=r_{eU}+(r_{eU}-r_d)(D/E) \tag{8-14}$$

根据式（8-14），负债公司股权资本成本等于无负债公司股权资本成本加上风险溢价，公司杠杆比率越高，风险溢价就越大，股权资本成本越高。

假设在正常经济环境下，ABC公司预期总资产收益率（$EBIT$/资产总额）为15%，负债资本成本为10%，当ABC公司的杠杆比率（D/E）为0.25（即

20%负债资本，80%股权资本）时，股东必要收益率或股权资本成本为：

$$r_{eL}=15\%+(15\%-10\%)\times\frac{20\%}{80\%}=16.25\%$$

同理，当杠杆比率（D/E）为 1（即 50%负债资本，50%股权资本）时，股东必要收益率或股权资本成本将上升至 20%（15% +(15%−10%)×1)，以弥补财务杠杆加大后所承担的财务风险。但无论负债和股权资本的比例如何变化，公司加权平均资本成本都为 15%，或者说总资产预期收益率（15%）不会发生变化。

$$r_w=10\%\times20\%+16.25\%\times80\%=15\%$$

或

$$r_w=10\%\times50\%+20\%\times50\%=15\%$$

在本例计算中，假设债务资本成本保持不变，事实上，随着负债比率的提高，股权和债务融资的风险都会随之增加，从而提高股权和债务资本成本。但是，由于低成本债务权重的增加，加权平均资本成本保持不变。需要注意的是，当公司 100%举债时，债权人承担的风险与公司资产的风险相同，其债务资本成本应该与无负债股权资本成本相同。不同负债比率下的加权平均资本成本如图 8-2 所示。结合假设（5）和假设（6），在无税负条件下，公司资本结构不会影响公司价值和资本成本。

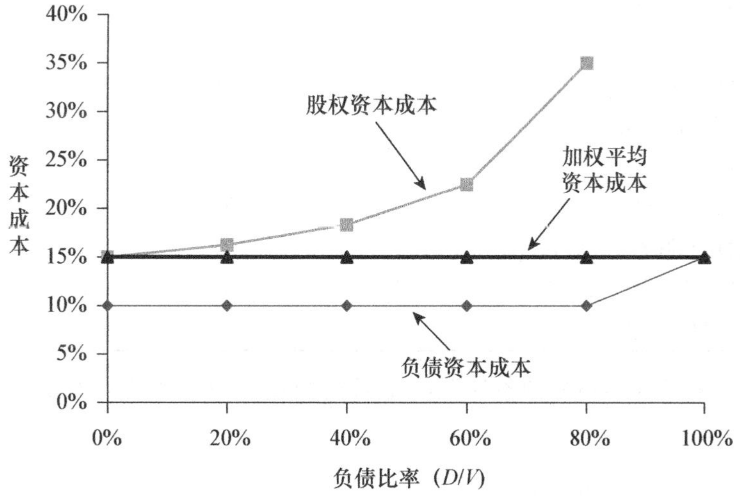

图 8-2　资本成本（无公司税）

M-M 模型推导

2. M-M 含公司税模型

1963 年，M-M 放松了“不存在公司所得税”的假设，提出了含税条件下的 M-M 模型。① 这一模型主要包括总价值命题和资本成本命题。

---

① Modigliani，F.，Miller，M. H. Corporate Income Taxes and the Cost of Capital：A Correction. The American Economic Review，1963，53 (3)：433-443.

命题Ⅰ（总价值命题）：M-M认为，在考虑公司所得税的情况下，由于利息可以抵税，从而增加了公司税后现金流量，公司价值会随着负债比率的提高而增加，即负债公司价值等于相同风险等级的无负债公司价值加上税负节约的现值。假设所得税税率为 T，则

$$V_L=V_U+PV(r_dDT) \tag{8-15}$$

式中，$PV(r_dDT)$ 表示利息抵税现值，其中，利息抵税的计算方式为：

$$\text{利息抵税}=\text{负债成本}\times\text{负债总额}\times\text{所得税税率}=r_dDT \tag{8-16}$$

式（8－15）表明，考虑公司所得税后，负债公司价值会超过无负债公司价值，且负债越高，这个差额就会越大。当负债达到100%时，公司价值最大。

现仍以例8－3的资料为基础，如果ABC公司所得税税率为50%，那么以负债融资代替股权融资会降低公司的税金支出，从而增加公司税后现金流量，提高公司资产的价值和股票价格，如表8－4所示。

表8－4　资本结构与公司价值的关系（含所得税）　　单位：万元

项目	U_{ABC}（负债=0）	L_{ABC}（负债=5 000）
股权资本（E）	10 000	5 000
股权资本成本（r_e,%）	15	20
负债资本（D）	—	5 000
负债资本成本（r_d,%）	—	10
息税前利润（$EBIT$）	1 500	1 500
减：利息费用（I）	—	500
税前利润（EBT）	1 500	1 000
减：所得税（T）	750	500
税后利润或股东收入（DIV）	750	500
证券持有者收入（$DIV+I$）	750	1 000
公司价值（V）	5 000	7 500

在考虑所得税的条件下，ABC公司负债为0和负债为5 000万元时的价值计算如下：

$$V_U=\frac{EBIT(1-T)}{r_{eU}}=\frac{1\,500\times(1-50\%)}{15\%}=5\,000(\text{万元})$$

$$V_L=\frac{(EBIT-I)(1-T)}{r_{eL}}+\frac{I}{r_d}$$

$$=\frac{(1\,500-500)\times(1-50\%)}{20\%}+\frac{500}{10\%}=7\,500(\text{万元})$$

上述计算表明，公司采用负债融资时的价值比无负债时多了2 500万元，这2 500万元是由于利息减税引起的。当ABC公司以负债融资代替股权融资时，每年可节约税金250万元（750－500），公司每年税后现金流量就会增加同等数额。由于利息支付恰好减少了公司应纳税所得额，因此可直接通过利息乘以税

率得出每年抵税额，在本例中为 250 万元（500×50%）。假设利息抵税额的风险与负债风险等价，并且利息抵税额表现为永续年金形式，那么它的现值就等于永续年金（每年 250 万元）的现值，折现率为负债的利息率，因此公司未来利息抵税的现值为：

$$\text{利息抵税现值}=\frac{r_d DT}{r_d}=DT=5\ 000\times 50\%=2\ 500(\text{万元})$$

$$V_L=V_U+DT=5\ 000+5\ 000\times 50\%=7\ 500(\text{万元})$$

需要注意的是，负债经营的 ABC 公司价值比无负债经营的 ABC 公司价值增加了 2 500 万元，并不是因为它们产生的风险更高或有更低的税前现金流量（预期息税前利润均为 1 500 万元），或者说，负债并没有使公司创造出更多的税前现金流量，而是因为调整资本结构减少了这些现金流量应缴纳的税金。通过借债重新构筑的 ABC 公司的资本结构，是一个可以创造价值的融资决策，但这个决策为公司带来的收益远比不上选择一个更优的投资项目带来的收益，因为公司一旦已经达到最优资本结构，它就不可能再通过这一途径增加公司的价值。

如果放松永续年金的假设，债务利息抵税引起公司价值的增加，需要预测公司的债务以及各期支付的利息，根据所得税税率，以及与其风险相适应的折现率将其折成现值。表 8－5 列示了债务利息抵税现值的计算方式。

表 8－5　利息抵税现值　　单位：万元

项目	2018 年	2019 年	2020 年	2021 年	2022 年
息税前利润	470	548	636	734	843
利息（6%）	54	60	66	72	78
税前利润	416	488	570	662	765
所得税（25%）	104	122	143	166	191
净利润	312	366	427	496	574
利息抵税（利息×税率）	13.5	15	16.5	18	19.5
利息抵税现值（折现率=6%）	12.74	13.35	13.85	14.26	14.57

［例 8－4］ 假设 WT 公司预计下一年度公司自由现金流量为 348 万元，此后每年按 3%的比率增长。公司股权资本成本为 10%，债务资本成本为 6%，公司所得税税率为 25%，如果公司维持目前的资本结构，资产负债率（有息债务/投入资本）为 40.76%，那么，公司利息抵税的价值计算方式如下。

第一，计算无税时的加权平均资本成本和公司价值：

$$r_W=6\%\times 40.76\%+10\%\times(1-40.76\%)=8.37\%$$

根据稳定增长模型，无税时的公司价值为：

$$V_{\text{无税}}=\frac{348}{8.37\%-3\%}=6\ 480(\text{万元})$$

第二，计算含税时的加权平均资本成本和公司价值：

$$r_W=6\%\times(1-25\%)\times40.76\%+10\%\times(1-40.76\%)=7.76\%$$

$$V_{含税}=\frac{348}{7.76\%-3\%}=7\ 311(万元)$$

第三，计算利息抵税价值：

$$PV(利息抵税)=7\ 311-6\ 480=831(万元)$$

命题Ⅱ（资本成本命题）：在考虑公司所得税的情况下，负债公司股权资本成本等于无负债公司股权资本成本加上风险溢价，而风险溢价的大小与杠杆比率和所得税税率高低有关。

对于无负债公司来说，股东要求的收益率等于公司总资产收益率，或者说无负债公司股权资本成本等于公司全部资本成本。其计算公式为：

$$r_{eU}=r_w=\frac{EBIT(1-T)}{E_U} \tag{8-17}$$

考虑所得税后，股权资本成本可按下式计算：

$$r_{eL}=r_{eU}+(r_{eU}-r_d)(1-T)(D/E) \tag{8-18}$$

式（8－18）中的$1-T$小于1，因此，考虑公司所得税后，虽然股权资本成本会随着负债比率的提高而上升，但其上升的速度低于无税时上升的速度。据此可以得到负债公司加权平均资本成本为：

$$r_w=r_d(D/V)(1-T)+r_{eL}(E/V) \tag{8-19}$$

如将式（8－18）中的r_{eL}值代入式（8－19），可得

$$r_w=r_{eU}[1-(D/V)T] \tag{8-20}$$

从式（8－20）可看出，负债公司加权平均资本成本等于无负债公司股权资本成本减去由政府提供的税收补贴（tax subsidy）。式（8－20）表明公司负债越多，或所得税税率越高，公司加权平均资本成本就越小。

假设在正常经济环境下，ABC公司预期总资产收益率为15%，负债资本成本为10%，所得税税率为50%，当ABC公司的负债为2 000万元时，公司价值为6 000万元（5 000＋2 000×50%），股权资本为4 000万元，股权资本成本为16.25%，加权平均资本成本为12.5%，其计算过程如下：

$$\begin{aligned}r_{eL}&=15\%+(15\%-10\%)\times(1-50\%)\times(2\ 000\div4\ 000)=16.25\%\\ r_w&=10\%\times(2\ 000\div6\ 000)\times(1-50\%)+16.25\%\times(4\ 000\div6\ 000)\\ &=12.5\%\end{aligned}$$

或

$$r_w=15\%\times[1-(2\ 000\div6\ 000)\times50\%]=12.5\%$$

同理，当ABC公司的负债为5 000万元时，公司价值为7 500万元，加权平均资本成本为10%。上述分析表明，在存在所得税的情况下，当公司负债增

加时，公司资产价值会随之增加，加权平均资本成本会随之下降。当公司 100% 负债经营时，公司价值最大，资本成本最低。不同负债比率下的加权平均资本成本如图 8-3 所示。当公司 100%举债时，税后债务成本为 7.5% (15%×(1−50%))，此时加权平均资本成本最低，公司价值最大。

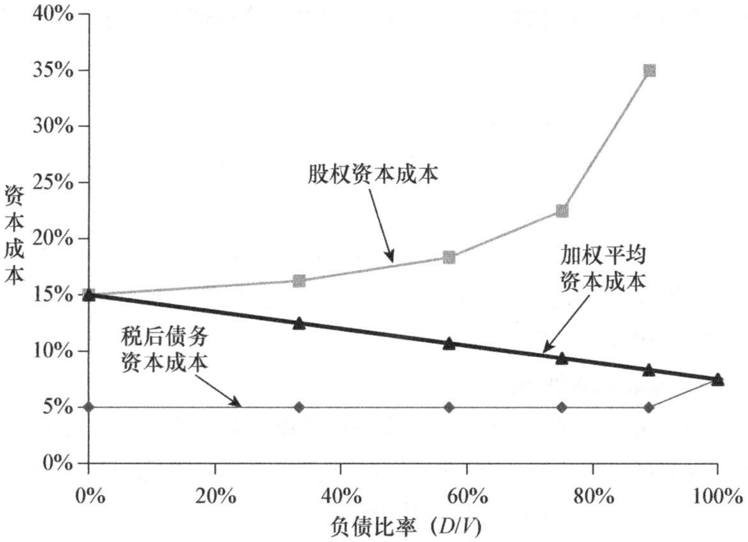

图 8-3 资本成本（含公司税）

3. M-M 模型与 CAPM 模型

罗伯特·哈曼达 (Robert Hamada，1969)① 将 M-M 含公司所得税模型与资本资产定价模型相结合，得到负债公司的股权资本成本，即

$$
\begin{aligned}
r_{eL} &= r_f + \beta_U(r_m - r_f) + \beta_U(r_m - r_f)(1-T)(D/E) \\
&= \text{无风险利率} + \text{经营风险溢价} + \text{财务风险溢价} \qquad (8-21)
\end{aligned}
$$

假设 U 公司为无负债公司，当前股票市场价值为 1 000 万元；假设无负债 β_U 系数为 1.13，无风险利率为 10%，市场收益率为 15%，所得税税率为 25%，则 U 公司的股权资本成本为：

$$r_{eL} = 10\% + 1.13 \times (15\% - 10\%) = 15.65\%$$

如果该公司期望通过举债 200 万元改变资本结构（发行债券回购本公司相同数额的股票），根据上述有关模型，举债后公司价值和股权资本成本分别计算如下：

$$V_L = V_U + DT = 1\,000 + 200 \times 25\% = 1\,050(\text{万元})$$

$$
\begin{aligned}
r_{eL} &= 10\% + 1.13 \times (15\% - 10\%) + 1.13 \times (15\% - 10\%) \\
&\quad \times (1 - 25\%) \times (200 \div 850)
\end{aligned}
$$

① Hamada, R.S. Portfolio Analysis, Market Equilibrium and Corporation Finance. Journal of Finance, 1969, 24 (1): 13-31.

$=10\%+5.65\%+0.997\%=16.65\%$

上述计算结果表明，当公司举债 200 万元时，公司的经营风险溢价为 5.65%，财务风险溢价为 0.997%。

假设无风险利率等于负债成本，罗伯特·哈曼达推导出了负债公司 β_L 系数与无负债公司 β_U 系数之间的关系，首先计算负债公司的 β_L，然后计算股权资本成本。

$$\beta_L=\beta_U[1+(1-T)(D/E)]$$
$$=1.13\times[1+(1-25\%)\times(200\div850)]=1.33$$
$$r_{eL}=10\%+1.33\times(15\%-10\%)=16.65\%$$

由于 M-M 模型和 CAPM 模型所建立的假设与实际不完全相符，因此，上述各种计算结果只是一个近似值，但这些模型可以给公司提供一些有益的参考。

CAPM 模型与 M-M 模型推导

4. 米勒税收理论

1977 年，米勒提出了一个将公司所得税和个人所得税都包括在内的模型①，估计负债对公司价值的影响。假设 EBT 和 EAT 分别代表税前利润和税后利润；T_c，T_e，T_d 分别代表公司所得税税率、个人股票所得税税率和债券所得税税率。注意：股票收益包括股利收益和资本利得，当股利收益与资本利得的所得税税率不同时，T_e 意指两种税率的加权平均税率；所有债券收入都表现为利息，对利息按投资者最高税率课税。图 8-4 表明，在公司创造的息税前利润中，归属于债权人的部分为"利息$\times(1-T_d)$"，归属于股东的部分为"税前利润$\times(1-T_c)\times(1-T_e)$"，即税前利润双重纳税后的剩余部分。

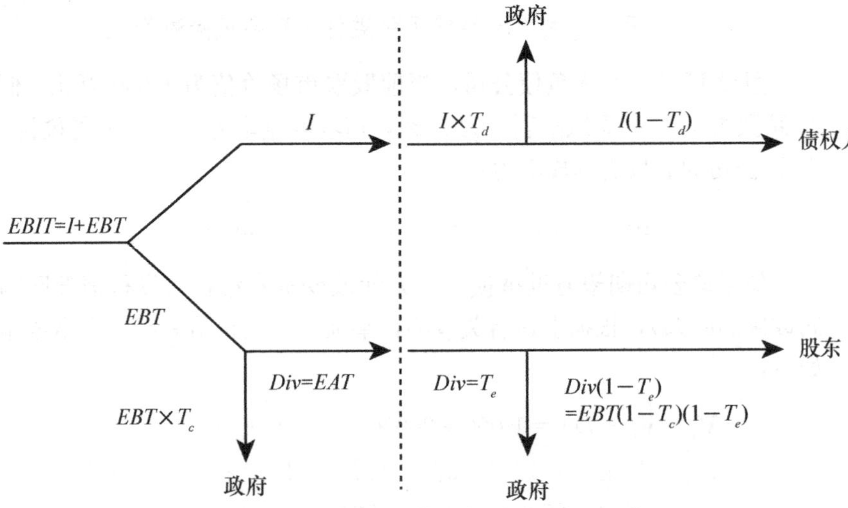

图 8-4 税收对股东和债权人收益的影响

① Miller, M. H. Debt and Taxes. Journal of Finance, 1977, 32 (2): 261-275.

为方便分析，M-M 理论的所有假设保持不变，当考虑个人所得税时，负债公司价值的米勒模型为：

$$V_L=V_U+\left[1-\frac{(1-T_c)(1-T_e)}{(1-T_d)}\right]D \tag{8-22}$$

公式等号右侧第二项代表了利息抵税的现值；当公司处于无税环境下，即 $T_c=T_e=T_d=0$ 时，$V_L=V_U$，这与 M-M 无公司税模型相同；当只考虑公司所得税，即 $T_e=T_d=0$ 时，$V_L=V_U+PV(r_dDT)$，这与 M-M 含公司所得税模型相同；当股票和债券收益的个人所得税相等，即 $T_e=T_d$ 时，股票和债券收益的个人所得税对负债企业的市场价值的影响相互抵消，则 $V_L=V_U+PV(r_dDT)$；如果 $(1-T_c)(1-T_e)=(1-T_d)$，那么括号内的项目等于零，这意味着税负节约也为零，也就是说，公司负债减税的好处正好被个人所得税抵消，则 $V_L=V_U$。因此，资本结构对公司价值或资本成本无任何影响，此时又回到了 M-M 无公司所得税模型。

从某种意义上说，M-M 的结论很像厂商在完全竞争市场上追求最大利润的模型，尽管这个模型不完全真实，但它为分析研究有关问题提供了一个有用的起点和框架。虽然 M-M 理论不能解决实际财务问题，但它为推动资本结构理论的发展奠定了坚实的理论基础。

8.2.2 财务危机权衡理论

M-M 理论及米勒税收理论只考虑了负债给企业带来的减税收益，没有考虑负债可能给企业带来的预期财务危机成本和损失。

1. 财务危机成本

财务危机是指公司不能支付到期债务或费用所造成的风险，主要表现为财务困境和破产两种情况。对于财务危机一般可以采取一定的措施加以补救，如通过协商，求得债权人让步，延长偿债期限或通过资产抵押等借新债还旧债。这样做虽然可以避免破产，但公司将会为此付出极高的代价。破产是财务危机的一种极端形式，当公司资本匮乏和信用崩溃两种情况同时出现时，公司破产便无可挽回。随着负债比率提高而增加的财务危机成本会在相当大的程度上抵消由税负创造的财务杠杆利益，减少公司资产创造的现金流量，降低投资者（股东和债权人）收益的分配份额以及公司价值和股票价格。财务危机成本是指公司因无力支付到期债务所需要付出的成本，表现为直接成本和间接成本。

财务危机直接成本主要指破产成本，如公司破产时为所需经历的各项法律程序及其他有关工作支付的费用，如律师费、法庭收费和行政开支、清算或重组成本等。据报道，安然公司开始进入破产程序时，每月支付的法律和会计费用为 3 000 万美元，总成本最终超过了 7.5 亿美元。破产费用最终降低了投资者的价值，在安然公司的案例中，重组成本约占公司资产价值的 10%。沃纳（Warner，1977）等的研究表明，公司平均直接破产成本大约占破产前公司资产市值的3%～4%。[①] 此外，破产还会引发公司无形资产价值遭受损失，即与公司相联系的技术优势、发展机会和为实现这种发展的人才价值会随着公司破产而丧失。

破产的可能性和伴随的费用降低了债权人的索偿价值，贷款人把预计破产费用计入他们的必要利率，这就降低了股东的索偿价值。假设ABC公司想借入为期1年的100万元，这一贷款得以完全偿付的概率为90%，公司1年后破产的概率为10%，如果公司破产，则其资产的出售价为60万元，假设处理ABC公司破产的法律费用为6万元。如果贷款无风险，银行要求的预期收益率为10%，即年末银行需要收到110万元。如果ABC公司破产，银行年末只能得到54万元。假设公司不破产时银行获得的现金流为X，则

$$100\times(1+10\%)=10\%\times 54+90\% X$$
$$X=116.22$$

上述计算表明，为得到110万元，银行对这笔贷款要收取16.22%的利率。如果不考虑破产费用6万元，银行在破产时可以收到60万元，这样它只需要对此贷款收取15.56%的利率。

本例表明，债权人通过提高贷款利率来反映债务人违约时他们必须承担的预期成本，或者说，破产直接成本的预期现值被包含在公司的借款成本中。由于借款成本的提高降低了公司价值，因此，股东间接地承担了预期破产成本。

财务危机间接成本主要包括两个方面：

第一，公司发生财务危机但尚未破产时在经营管理方面遇到的各种困难。由于公司负债过多，公司不得不放弃有价值的投资机会，减少研究开发费用，缩减市场开支以积累现金避免破产；消费者可能会因此对公司长期生产能力和服务能力产生质疑，最终决定消费其他公司的产品；供应商可能会因此拒绝向该公司提供商业信用；优秀员工可能会因此离开公司。负债过多，公司可能会丧失利息抵税的杠杆利益。

第二，在财务危机时，股东与债权人之间的利益冲突引起的非效率投资对公司价值的影响。由于债券持有者有优先权，一旦公司破产，债权人就可以从公司实物资产清算中获得一定的补偿，而股票所有者只能获得剩余补偿。当公司破产概率上升时，管理者为保护股票持有者的利益，采取非最优的投资策略，侵蚀债权人的利益。产生这种现象的原因在于利益分配、风险分担不均衡。一般来说，债权人对公司资产具有优先但固定的索偿权，股东对公司债务承担有限责任，对公司剩余资产具有无限的索偿权。有限责任给予股东将公司资产交给债权人（发生破产时）而不必偿付全部债务的权利，无限索偿权给予股东获得潜在收益的最大好处。或者说，有限责任使借款人对极端不利事态（如破产）的损失享有最低保证（借款人的收入不可能小于零），而对极端有利事态所获得的收益没有最高限制。这种损益不对等分配使股东具有强烈的动机去从事那些

① Warner, J. B. Bankruptcy Costs: Some Evidence. Journal of Finance, 1977, 32 (2): 337—347.

尽管成功机会甚微，但一旦成功即获利颇丰的投资活动。如果投资成功，股东将受益可观；如果投资失败，债权人将承担大部分损失，其结果是财富从债权人手中转移给了股东，而投资产生的风险则转移给了债权人。

［**例8-5**］XYZ公司资产和权益的账面价值、市场价值如表8-6和表8-7所示。根据表中数据，XYZ公司负债的账面价值超过公司资产的市场价值，如果债务现在到期，债权人可得到100万元，股东将一无所有。在这种情况下，股东将如何选择投资项目呢?

表8-6 XYZ公司资产负债表（简易） 单位：万元

项目	金额	项目	金额
现金	100	长期负债	150
固定资产	200	股东权益	150
资产总计	300	负债与股东权益总计	300

表8-7 XYZ公司简易资产负债表（市场价值） 单位：万元

项目	金额	项目	金额
现金	100	长期负债	100
固定资产	0	股东权益	0
资产总计	100	负债与股东权益总计	100

当公司处于财务危机状态时，股东可能进行各种非效率投资，如过度投资或投资不足，将财富从债权人手中转移给股东，其结果是公司总价值下降。

首先，说明过度投资（over investment）与投资效率。假设XYZ公司债务1年后到期，公司尚有100万元支持其运转，那么公司可以利用其经营权进行最后一搏。如果此时该公司有一项目，投资额为100万元，预测1年后项目投资现金流或为200万元（概率为0.1），或为50万元（概率为0.9），则期望投资现金流量为65万元。假设折现率为20%，则期望投资净现值为－46万元（－100＋65/1.2）。

在正常情况下，公司绝不会投资净现值小于0的项目。但此时公司资产总额小于负债总额，公司资产实际上已完全归债权人所有，债权人成了公司投资风险的实际承担者。在这种情况下，股东有可能把可以动用的资本（事实上属于债权人的资本）投入高风险项目，做孤注一掷的“赌博”，股东进行风险投资的结果如表8-8所示。

表8-8 风险投资后的债务与股东价值 单位：万元

项目	现在破产	风险投资（100）			
		项目成功（0.1）	项目失败（0.9）	期望值	现值（20%）
公司价值	100	200	50	65	54.17
债务价值	100	150	50	60	50
股东价值	0	50	0	5	4.17

从表8-8可知，如果项目成功，债权人将收到150万元，债务得到完全偿

付；如果项目失败，债权人只能收到50万元；债权人得到偿付的期望值为60万元，如果折现率为20%，则债权人得到偿付的现值为50万元，与债务当前可以得到的价值100万元相比，损失了50万元。在债权人损失的50万元中，4.17万元转移给了股东，剩余的45.83万元是风险投资的预期损失。事实上，股东是在用债权人的钱进行“赌博”，如果成功，公司获得200万元，则可摆脱困境；如果失败，则至多不过加重财务危机的程度，由于股东只承担有限责任，这一加重的财务危机都转嫁给了债权人。这个例子表明，当公司发生财务危机时，即使投资项目的净现值为负数，股东仍可从公司的高风险投资中获利。因此，股东有动机进行高风险投资或过度投资，这一行为的结果是损害了公司的整体价值。

其次，说明投资不足（under investment）与投资效率。与第一种情况恰好相反，身处财务危机的公司可能会拒绝提供股权资本，投入具有正的净现值的项目。这种情况之所以会发生，是因为公司价值的任何增长都必须由股东和债权人分享。如果股东进行项目投资的结果仅仅改善了债权人的利益，他们就有可能放弃一些有利可图但自己得不到相应收益的投资机会。

假设XYZ公司有一投资项目，投资额为150万元，1年后投资现金流量为190万元，如果折现率为20%，则投资项目净现值为8万元。如果现在投资，股东需要出资50万元（在财务危机条件下，公司很难对外筹措资本），在这种情况下，XYZ公司有无新项目时的债务价值和股东价值如表8-9所示。

表8-9 有无新项目时的债务与股东价值 单位：万元

项目	无新项目	项目投资		
		投资额*	1年后现金流量	现值（20%）
公司资产	100	−100	190	158
债务价值	100	0	150	125
股东价值	0	−50	40	33

*项目投资额指公司现有资产（100万元）加上股东追加投资（50万元）。

在表8-9中，一年后的现金流量（190万元），首先归还债权人150万元，折现现值为125万元（150/1.2），与无新项目相比，项目投资的结果改善了债权人的状况，债务价值从100万元增加到125万元。股东预期现金流量为40万元（190−150），现值为33万元，项目投资的结果表明，股东投资50万元，一年后仅收到40万元，折成现值为33万元（40/1.2），股东投资的净现值为−17万元。由于债权人得到该项目的大部分收益，因此尽管该项目能为公司带来正的净现值8万元（158−150），但对股东来说是一个净现值为负的投资机会。本例表明，公司面临财务危机时，为防止财富从股东转移给债权人，股东可能会放弃净现值为正的新项目融资，这一行为通常称为投资不足。股东放弃投资净现值为正的项目，从长远看降低了公司的价值。

最后，说明抽逃资金与投资效率。在身处财务危机、面临破产威胁的情况下，公司股东不但不愿将新的资本注入公司，反而会想方设法将资本转移出去，以保护自己的利益。如公司试图以发放股利的方式将公司的现金分掉，减少公司资产。股利发放引起的公司资产价值下降使债权人索偿价值随之下降，这种行为的结果是使公司陷入更深的财务危机。假设 XYZ 公司在破产前发放股利 60 万元，到公司破产时，债权人偿付价值只剩下 40 万元，抽逃资金的行为将财富从债权人转移给了股东。

为防止股东通过非效率投资或资金抽逃将风险从股东转移给债权人，将财富从债权人转移给股东，债权人在签订借贷合约时，通常会设置各种保护性条款或限制性条款。前者主要指债务人必须满足各种财务比率，如保持最低的净营运资本需求量、最小的利息保障倍数、最小的有形资产与总债务比率等。当公司不能达到这些财务比率的要求时，从技术上讲，它也已经违约，即使公司已向债权人支付承诺的款项。贷款合约中的限制性条款，如借款公司在债务本息未偿还前，不允许发放股利、不允许出售资产、不允许进行风险项目的投资等，虽然这些条款有利于保护债权人的利益，但也可能会束缚公司管理的灵活性，放弃净现值为正的投资机会，降低公司的整体价值。

2. 财务危机成本与公司价值

假设以 FPV 代表财务危机成本现值，则公司负债、财务危机与公司价值的关系可表示为

$$V_L = V_U + PV(r_d DT) - FPV \tag{8-23}$$

式（8－23）右边的前两项代表了 M-M 理论的思想，即负债越多，由此带来的减税收益也越多，公司的价值就越大。但考虑了财务危机成本之后，随着负债减税收益的增加，财务危机成本的现值也会增加，当减税的边际收益大于边际成本现值之和时，表明公司可以增加负债以趋近最优的资本结构；当运用负债的减税边际收益小于边际成本现值之和时，表明公司债务规模过大；当减税边际收益等于边际成本现值之和时，表明公司确立了最佳资本结构。有的学者认为，如果交易成本为零，不停地借债、不停地还债是公司的最优选择，因为以这种方式融资，公司既可以享受负债的税收收益，又可以避免破产成本。式（8－23）中的公司负债与公司价值之间的关系也可以用图 8－5 表示。

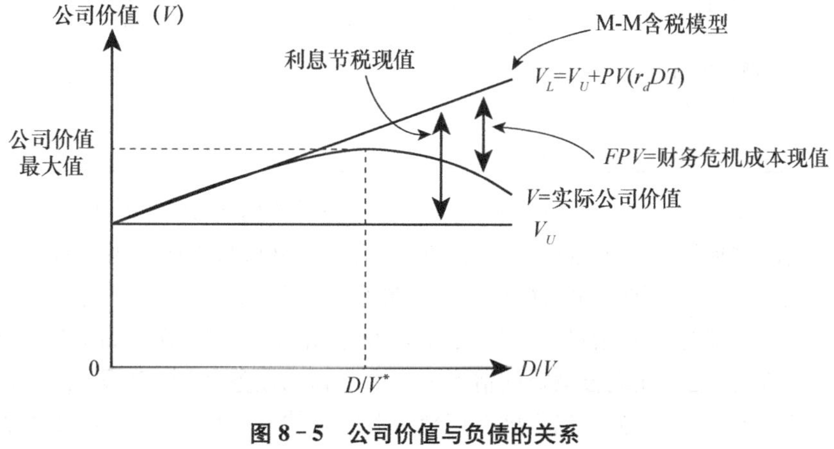

图 8－5 公司价值与负债的关系

在图8-5中，负债额为D/V^*时的资本结构可使公司价值达到最大。在实际工作中，负债减税收益是可以估算的，但如何确定财务危机成本现值，至今尚无统一的定论。在实务中，一般是以预计破产成本的现值来计算这一指标，即

$$预计破产成本现值=破产概率\times破产成本 \tag{8-24}$$

破产概率是指公司现金流量不足以满足公司的债务支出（本金和利息）要求的可能性。破产概率的主要影响因素如下：一是经营现金流量的规模；二是公司现金流量的波动性。在其他因素不变的情况下，相对于债务支付要求的现金流量规模来说，经营现金流量的规模越大，破产的可能性就越小。相应地，对于债务规模逐渐扩大的公司来说，无论它的经营现金流量规模有多么大、多么稳定，其破产概率都会随着负债的增多而相应增加。对于相同的债务支付而言，公司的经营现金流量越不稳定且越不可预期，该公司的破产概率就越大。

式（8-24）中的破产概率和破产成本都无法直接确定。通常有两种方法预测破产概率：一种是根据不同的债务水平确定不同的信用等级，利用经验数据确定不同信用等级的破产概率；另一种是利用统计方法，在不同债务水平上利用公司可观测的特征来估计破产发生的可能性。破产成本主要指前述的财务危机直接成本和间接成本。

［**例8-6**］假设SSM公司拟将研究开发的新产品投入市场，但是否得到市场认可仍是个未知数。管理层预测，如果新产品成功，公司的收入和利润都将增长，一年后公司价值为15 000万元；如果新产品失败，公司价值将只有8 000万元。假设公司的融资方式有两种：(1) 股权融资；(2) 混合融资，一年后需偿还到期债务10 000万元。假设破产成本为破产前公司价值的20%，破产成本对公司价值的影响分析如下。

第一，不考虑财务危机成本，计算一年后新产品成功与否对股东和债权人的影响，如表8-10所示。

表8-10　股权价值与债务价值（不考虑财务危机成本）　　单位：万元

项目	股权融资（无负债）		混合融资（股权+债务融资）	
	成功	失败	成功	失败
债务价值	—	—	10 000	8 000
股权价值	15 000	8 000	5 000	0
公司价值	15 000	8 000	15 000	8 000

在表8-10中，如果新产品成功，公司价值为15 000万元。在全部股权融资的情形下，股东拥有全部的公司价值。如果项目失败，虽然股东会遭受损失，但公司不必立即承担法律后果。在混合融资的情形下，公司必须支付10 000万元到期债务，剩余的5 000万元归股东所有。如果新产品失败，公司价值为8 000万元。在混合融资的情形下，由于到期债务（10 000万元）大于公司价值（8 000万元），公司陷入破产境地。此时，债权人得到了价值8 000万元的资产，

股东一无所得。

假设 SSM 公司新产品成功与失败的概率相等，且资产创造的现金流与经济状况无关，新产品的系统风险等于零，因此，资本成本等于无风险利率。如果无风险利率为 6%，一年后公司价值的现值计算如下：

$$\text{无负债股权价值}=\frac{15\,000\times 0.5+8\,000\times 0.5}{1+6\%}=10\,849(\text{万元})$$

$$\text{负债公司股权价值}=\frac{5\,000\times 0.5+0\times 0.5}{1+6\%}=2\,358(\text{万元})$$

$$\text{负债公司债务价值}=\frac{10\,000\times 0.5+8\,000\times 0.5}{1+6\%}=8\,491(\text{万元})$$

上述计算结果表明，无负债公司价值等于无负债股权价值 10 849 万元，负债公司价值等于 10 849 万元（2 358+8 491），这表明在不考虑所得税、财务危机成本的条件下，负债公司价值与无负债公司价值相等。

第二，考虑财务危机成本时新产品对股权价值和债务价值的影响。如果新产品失败，公司价值小于到期债务价值，公司将被迫破产。在这种情况下，由于存在破产和财务危机成本，公司将损失一部分资产价值，债权人得到的价值将低于 8 000 万元，假设 SSM 公司财务危机成本等于破产前公司价值的 20%，则公司财务危机成本为 1 600 万元。考虑财务危机成本时新产品对股权价值和债务价值的影响如表 8 - 11 所示。

表 8 - 11 股权价值与债务价值（考虑财务危机成本） 单位：万元

项目	股权融资（无负债）		混合融资（股权+债务融资）	
	成功	失败	成功	失败
债务价值	—	—	10 000	6 400
股权价值	15 000	8 000	5 000	0
公司价值	15 000	8 000	15 000	6 400

在表 8 - 11 中，如果新产品失败，财务危机成本的存在使混合融资下的公司价值低于股权融资时的公司价值。

第三，计算财务危机成本对公司价值的影响。表 8 - 11 与表 8 - 10 的区别就在于最后一栏考虑了财务危机成本。根据表 8 - 10 中的数据计算得到，无负债公司价值或股权价值为 10 849 万元，负债公司股权价值为 2 358 万元；考虑财务危机成本时，负债公司债务价值为：

$$\text{负债公司债务价值}=\frac{10\,000\times 0.5+6\,400\times 0.5}{1+6\%}=7\,736(\text{万元})$$

在混合融资的情形下，负债公司价值等于 10 094 万元（2 358+7 736），比股权融资情形下的公司价值降低了 755 万元（10 849−10 094）。这一损失等于新产品失败时公司付出的 1 600 万元的财务危机成本现值，即

$$PV(\text{财务危机成本})=\frac{0\times 0.5+1\,600\times 0.5}{1+6\%}=755(\text{万元})$$

8.2.3 代理成本权衡理论

詹森和梅克林（Jensen and Meckling，1976）① 认为，不同融资契约与不同的代理成本相联系，最佳资本结构就是当债务的边际代理成本与股权的边际代理成本相等，即债务代理成本和股权代理成本之和最小时的负债结构。

1. 债务代理成本

当股东向债权人借入资本后，两者便形成了一种委托代理关系。资本一旦进入公司，债权人基本上就失去了控制权，股东也就可能通过管理者为使自身利益达到最大化而损害债权人的利益。除财务危机时股东与债权人之间矛盾与冲突引起的非效率投资产生的破产成本外，债务代理成本还表现为资产替代和债权侵蚀两个方面。

(1) 资产替代问题。资产替代问题（asset-substitution）指公司负债融资时可能导致的股东与债权人之间的利益冲突引起的投资选择问题，即公司将贷款投资于一个较高风险（相对于获得贷款时的投资风险）的项目，使贷款的实际风险增大，从而降低了这笔贷款的价值，或者说公司用高风险投资替代低风险投资项目，从而侵蚀债权人利益的行为。

[例8-7] 假设XYZ公司投资7 000万元建立一家工厂，现有两种设计方案，预期现金流量及期望值如表8-12所示。假设项目的资本来源有两种方式：(1) 全部发行股票融资；(2) 混合融资：发行零息债券4 000万元，所得税税率为25%；留存收益为3 000万元。

在不同的融资条件下，投资方案对股东与债权人的财富有什么影响？如果你是公司的股东，你会选择何种方案？如果你是公司的债权人，你会选择哪种方案？

表8-12 XYZ公司项目投资方案 单位：万元

方案	现金流量		期望值
	不利（$p=0.5$）	有利（$p=0.5$）	
A	5 000	10 000	7 500
B	2 500	11 500	7 000

第一，从股东的角度分析，如果发行股票融资，选择A方案可使股东价值增加500万元（7 500－7 000）；选择B方案对股东价值无影响；在这种情况下，股东会选择A方案。如果采取混合融资，不同投资方案现金流量期望值如表8-13所示。尽管B方案的风险大于A方案，但期望值也大于A方案，如果不考虑其他因素，股东会选择B方案。

① Jensen，M.C.，Meckling，W.H. Theory of the Firm：Managerial Behavior，Agency Costs and Ownership Structure. Journal of Financial Economics，1976，3 (4)：305-360.

表8-13　XYZ公司混合融资股东现金流量期望值　　单位：万元

方案	股东现金流量		期望值
	不利（$p=0.5$）	有利（$p=0.5$）	
A	1 000（5 000－4 000）	6 000（10 000－4 000）	3 500
B	0	7 500（11 500－4 000）	3 750

第二，从债权人的角度分析，债权人将选择A方案。因为不论未来的经济状况如何，债权人都可收回债务到期值4 000万元。如果选择B方案，债权人在经济不利的条件下只能得到2 500万元，贷款的期望值为3 250万元（0.5×2 500＋0.5×4 000）。因此，债权人不可能选择“现在出资4 000万元，1年后期望值为3 250万元”的B方案。

在混合融资条件下，股东与债权人对投资项目的选择发生了矛盾，债权人希望选择A方案，股东希望选择B方案。由于债权人很难监督公司投资，股东可能通过先许诺选择风险较小的A方案以发行债券（以较低的利率获得债务资金），而后却选择风险较大的B方案，将财富从债权人手里转移到股权持有者手中。对于这种资产替代效应，理性债权人不但知道而且可以根据公司负债状况予以预期，为防止股东获得贷款后进行风险投资，债权人只能同意现在提供3 250万元，未来要求获得4 000万元。这样，公司股东将不得不提供3 750万元为项目融资。在表8-13中，如果选择A方案，股东只能得到3 500万元；选择B方案为股东提供了3 750万元，刚好等于他们的成本。这样，XYZ公司的股东无法从任一方案中获利。如果债权人能够预期股东的风险替代动机，即股东用B方案代替A方案，为降低资产替代带来的风险，要求的贷款利率将高达23.08%（(4 000－3 250)/3 250）。

(2) 债权侵蚀问题。债权人在贷款时，通常假定债务人（公司）事后不会发行或借贷具有同一次序或更优次序的债券或贷款，如果公司债务人（或股东）事后违约，发行新债券，以便通过增加财务杠杆提高利润，原来风险较低的公司债券就会变成风险较高的债券，从而导致旧债券的价值降低。假设发行新债券前，债券投资者要求的收益率为10%，发行新债后，风险加大，投资者要求的收益率提高到12%，旧债券按12%折现后的价值随折现率的提高而降低。

为防止股东侵蚀债权人的各种行为，理性的债券持有者也不是被动的，一旦意识到公司股东会牺牲债权人的利益而最大化股东的利益，便会采取相应的措施预防机会主义行为的发生。这主要表现在：第一，在签订债务契约时，债券持有者要对契约条款反复推敲，对借款公司的行为进行种种限制。契约签订后还要进行必要的监督、审查，所有这些都将增加债务成本（如提高贷款利率）。第二，为了防止公司股东滥用权力，转嫁危机，债权人要对公司的投资行为做出种种限制，以防止债务人趁机转移资产，损害债权人的利益，这些限制条款会给公司的资金运行带来一定的困难。第三，如果债权人认为公司发生财务危机的概率较大，就会通过提高贷款利率予以补偿，从而降低股东或公司价值。

2. 股权代理成本

股权融资的代理成本产生于股东与管理者的代理冲突。詹森和史密斯（Jensen and Smith，1985）① 指出，股东与管理者之间的冲突主要表现在直接侵蚀股东财富和间接侵蚀股东财富两个方面，前者如高薪与在职消费；后者表现为由管理者帝国建造（empire builder）引起的过度投资、由管理者的风险态度和任期观念引起的投资不足等投资行为对股东财富的影响。

（1）直接代理成本——高薪与在职消费。詹森和麦克林（1976）首次对股东和管理者直接侵蚀股东财富进行了理论描述。他们认为只要管理者拥有的公司股份少于100%，其就有可能在两种行为上做出权衡：第一，提高公司价值，从而相应地提升自己股票的价值，例如投资一些产生正现金流的项目，降低运营成本；第二，获取非货币收益，如在职消费、过度津贴、偷懒行为等。当管理者选择前一种行为的边际收益等于放弃后一种行为的边际（机会）成本时，他的效用可以达到最大化。如果市场上理性的投资者预期到管理者的第二种行为，就会自动降低对公司的价值评估，降低的价值也可视为代理成本。

（2）间接代理成本——非效率投资。股东-管理者代理冲突对股东财富的间接影响主要集中在投资行为上，主要表现为管理者帝国建造偏好、风险偏好以及任期观念产生的非效率投资行为，其结果都可能损害股东利益。

第一，管理者帝国建造偏好。管理者之所以会偏好个人帝国的建造，是因为他们所追求的地位、权力、薪酬、特权、升迁等均与公司的规模成正比。这样，管理者就有动机去扩大公司规模，而不管规模扩大是否符合股东财富最大化原则。例如，管理者可以通过过度的内部扩张、降低或停止发放现金股利、并购等一味为扩大规模而扩大规模。这种规模扩大可能与股东利益最大化相矛盾。

第二，管理者风险规避偏好。对公司的投资者来说，由于他们持有证券组合从而分散了大部分公司特有风险，因此，外部投资者更关心市场风险。对于管理者来说，由于他们的财富大部分用于特定公司的人力资本投资，其风险是不可分散的。由于公司经营不善、破产会使管理者失去工作，因此，公司的管理者比股东更加厌恶风险。所以，在进行投资决策时，管理者会更倾向于相对安全的计划，从而在一定程度上失去增加公司价值的机会。例如，管理者可能做出有助于公司多元化经营的投资决策，但这未必符合股东的最大利益。

第三，管理者的任期观念。相对于公司无限存续期而言，管理者在位期是有限的，这一冲突可能导致管理者投资水平低于最优水平，即投资不足。由于管理者的权力仅限于他的任期，从自身利益最大化的角度考虑，管理者会更倾向于关注短期利益，从而导致短期行为。例如，研究与开发等从长期来看可以

① Jensen, M. C., Jr. Clifford Smith. Stockholder, Manager and Creditor Interests: Applications of Agency Theory. Recent Advances in Corporate Finance. E. I. Altman and M. G. Subrahmanyam. Homewood, Illinois, Irwin: 1985, 93-131.

给公司带来可观的收益，增加公司价值，但如果这种效益在管理者预见的任期内无法实现，管理者就会降低研发支出，减少对机器设备维修的投入，减少对品牌忠诚度和职工培训等无形资产等方面的投入，从而将资金用于对公司价值贡献较小，但在短期内易于实现的支出，造成公司价值的潜在损失。理性的投资者认识到管理者面临逃避责任、分散化投资和投资不足的动机，他们会预测这些决策所产生的巨大影响并将其纳入股票价值。这样，公司因这些决策所遭受的损失等于外部股权融资的代理成本，提高了公司股权融资成本。

在实务中，解决股东与管理者之间代理冲突的方式表现为激励与监督。前者主要指对管理者进行适当的激励（工资、奖金、认股权证和额外津贴），后者主要指通过契约对管理者进行约束、审计财务报表和直接对管理者的决策进行限制等。不论是激励措施还是监督措施都需要支付一定费用，表现为一定的代理成本。

3. 代理成本与资本结构

在确定公司资本结构时应充分考虑债务与股权代理成本的存在。不过，债务融资也可能会减少公司的代理成本，这主要表现在：

第一，减少股东监督经营者的成本。只要公司发行新债，潜在的债权人就会仔细分析公司的情况以确定该债务的公平价格，于是每发行一次新债，现有债权人和股东就免费享受一次对公司的外部审计。这种外部审计降低了为确保代理人（经营者）尽职尽责而花费的监督成本。

第二，举债并用借款回购股票会在两方面减少股权融资的代理成本。(1) 用债券回购股票一方面减少了公司股份，另一方面也减少了公司现金流量中归属于股东的部分。由于经营者必须用大量的现金偿还债务，因此，归属于债权人的份额增加了，这意味着能被经营者用来在职消费或支配的现金流量减少了。(2) 如果经营者已经持有部分股权，那么公司增加负债后，经营者持股的份额就会相对增加，即使他们拥有股权资产的量没有改变。这样会促使经营者为股东的利益而工作，因为负债融资将经营者和股东的利益紧密地联系在一起，使它成为一个减少代理成本的工具。

第三，举债引起的破产机制会减少代理成本。如果公司发行债券融资，由于偿债压力和破产风险，经营者必须努力工作，如果公司经营不好，或破产倒闭，或成为兼并的目标公司，其结果是经营者被解职或被驱出经理人市场。因此，从某种意义上说，举债融资可以说是一种无退路的融资方式，经营者为了保证在职好处会努力追求公司价值最大化。

负债融资与股权融资的代理成本对公司价值的影响主要表现在，当一个公司增加负债时，它的债务代理成本就会随之增加，公司价值和股票价值有时会随之下降（额外的负债成本是很昂贵的），但与此同时，公司股权融资代理成本会降低，这又会引起公司价值和股票价值的上升。至于最后的结果，则取决于两种作用哪个更大。

为分析代理成本对公司资本结构的影响，詹森和梅克林（Jensen and Meckling，1976）将公司资本分成三类：由管理者持有的内部股权、由公司外部股东持有的股权和由公司债权人持有的债务。与此相对应，公司代理成本分为两类：与外部股权资本有关的代理成本 $AC(E_0)$ 和与债务资本有关的代理成本$AC(D)$。图 8-6 描述了资本结构与代理成本之间的关系。

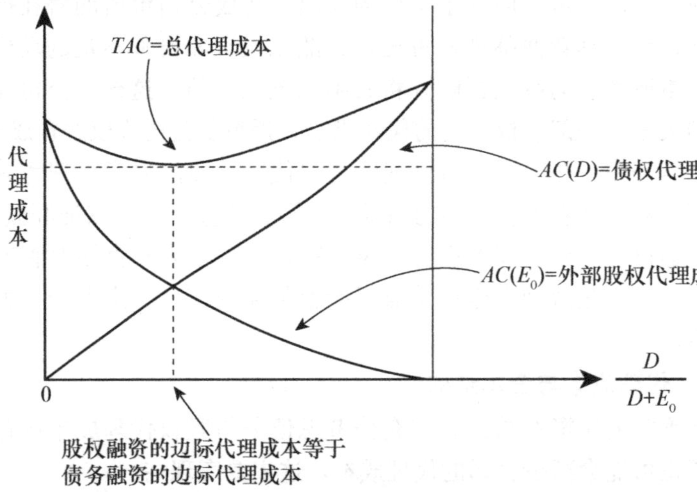

图 8-6 资本结构与代理成本的关系

在图 8-6 中，外部股权资本的代理成本是负债比率的减函数，债务资本的代理成本是负债比率的增函数。总代理成本 TAC 曲线代表外部股权和负债融资各种组合的代理成本，在给定公司规模和外部融资额的条件下，股权融资的边际代理成本等于债务融资的边际代理成本时，总代理成本最低，此时的资本结构为最优资本结构。

8.2.4 信息不对称理论

从信息经济学的角度来说，代理理论研究的是事后的道德风险（moral hazard）问题，信息不对称理论研究的则是事前的逆向选择（adverse selection）问题。代理理论讨论的是减少道德风险的激励问题，信息不对称理论则讨论资本结构对投资者的信号作用。

1. 信号传递理论

在 M-M 理论中，假设投资者和管理者在获得公司信息的能力和可能性上都是均等的。事实上，公司管理者总是更了解公司的内部经营情况，总是掌握着投资者所无法知道的信息，这就是所谓的信息不对称性。

在资本结构理论中，罗斯（1977）① 完全保留了 M-M 理论的全部假设，仅仅放松了关于充分信息的假设。他假设公司管理者对公司的未来收益和投资风险有充分的信息，而投资者没有这些信息，只知道对管理者采取激励和监督措

① Ross，S. A. The Determination of Financial Structure：The Incentive-signalling Approach. Bell Journal of Economics，1977，8 (1)：23-40.

施。投资者只能通过管理者传递出来的信息间接评价市场价值。

假设某公司拥有一项新的投资计划，项目成功后公司价值预计增长 30%。由于商业秘密或证券法等原因无法向投资者说明项目的具体细节，外部投资者只能根据他们传递的信息进行投资决策。管理层应如何向市场传递有关公司前景的好消息呢？解决这一问题的策略之一就是使公司承担未来大量的债务偿付义务。如果公司管理层传递的信息是正确的，公司未来就能够偿付债务；如果公司管理层发布虚假信息，夸大未来增长前景，最终将导致公司无法偿付债务，一旦公司破产，最先遭受损失的就是公司的管理层，他们有可能失去工作。因此，罗斯认为在任何债务水平上，低质量公司都拥有更高的边际预期破产成本，所以低质量公司的管理者不会仿效高质量公司进行过多的债务融资。认识到一点，投资者相信除非公司管理层确信公司未来有较大的成长机会，否则不会举债经营。投资者将财务杠杆水平的提高视为一个显示管理层信心的可靠信号，可以凭借公司债务融资比率来判断公司预期市场价值的高低或公司质量的高低，从而确定自己的投资组合。

此外，公司债务期限也可以起到信号传递作用。弗兰纳里（Flannery，1986）认为，当公司具有关于其前景的私有信息时，其所有的证券将被错误定价。相比短期债务，长期债务对公司价值变动更敏感，也就是说，长期债务被错误定价的程度大于短期债务。如果债务市场不能辨别公司质量的优劣，价值低估（高质量）的公司就会选择定价偏离程度较小的短期债务，而价值高估（低质量）的公司就会选择定价偏离程度较大的长期债务。理性投资者在对风险性债务估价时将意识到这种现象，并根据公司债务期限结构来判断公司质量的优劣。信号传递假说认为，高质量公司偏好选择短期债务，向市场传递其质量类型的信号。因此，公司质量应与债务期限负相关。

此外，利兰和派尔（Leland and Pyle，1977）① 提出了在存在不对称信息的情况下，为了使投资项目的融资能够顺利进行，借贷双方就必须交流信息。他们认为，这种交流可以通过信号的传递来进行。例如，如果掌握内部信息的经理也对项目进行投资，这本身就向贷方传递了一个信号，即项目本身包含着好消息，也就是说，经理进行投资的意愿本身就可以作为一个投资项目质量好的信号。通常，市场上的投资者认为项目质量是经理拥有股份的函数，经理拥有股份越高，预示着投资项目的价值越高。不仅如此，公司举债越高，经理持股比例越高，预示着公司的质量就越好，因为经理大多数都是风险规避者，只有投资项目的真实收益大于其承担的风险，他们才会进行投资。因此，举债融资给市场传递的信号一般是一个好消息。

迈尔斯和麦基勒夫（Myers and Majluf，1984）② 在罗斯的理论的基础上，进一步考察了不对称信息对公司投资活动及融资方式的影响。他们认为在不对

① Leland，H. E.，Pyle，D. H. Informational Asymmetries，Financial Structure，and Financial Intermediation. Journal of Finance，1977，32（2）：371-387.

② Myers，S. C.，Majluf，N. S. Corporate Financing and Investment Decisions When Firms Have Information That Investors Do Not Have. Journal of Financial Economics，1984，13（2）：187-221.

称信息下，管理者（内部人）比投资者（外部人）更为了解公司收益和投资的真实情况。外部人只能根据内部人所传递的信号来重新评价他们的投资决策。公司的融资结构、股利政策等都是内部人传递信号的手段。假设公司为投资新项目必须寻找新的融资方式，为简化只考虑举债融资或股票融资两种情况，由于管理者比潜在的投资者更了解投资项目的实际价值，如果项目的净现值为正数，说明项目具有较好的获利能力，这时，代表老股东利益的管理者不愿意发行新股，以免把新项目的投资收益转让给新股东。投资者在知道管理者这种行为模式后，自然会把发行新股当成一种坏消息，在有效市场假设下，投资者会根据项目价值重新进行正确估价，从而影响到投资者对新股的出价。

根据上述各种理论，可进一步考察不对称信息对公司投资的影响。假设某公司流通在外的普通股为10 000股，股票市场价值为20万元，即每股市价为20元。但公司的经理比股东掌握着更多、更准确的有关公司前途的信息，认为公司现有资产的实际价值为25万元，此时，股东与经营者存在着信息不对称。再假设该公司需要融资10万元新建一项目，预计净现值为5 000元（项目的净现值增加股东价值）。因为投资者对这个项目没有预期到，所以5 000元的净现值还没有计入公司10万元的股票市价。公司是否应接受新项目？现分以下几种情况加以说明。

第一，发行股票时信息是对称的，即所有的投资者对现存资产的情况与经营者有同样的信息，股票市价应为每股25元，因此，公司应发行4 000股（100 000/25）新股为项目融资。接受该项目投资会使股价升到每股25.36元，并使新老股东同时受益。

$$\text{新股价}=\frac{\text{原股票实际价值}+\text{新增资金}+\text{项目净现值}}{\text{原股数}+\text{新股数}}$$

$$=\frac{250\,000+100\,000+5\,000}{10\,000+4\,000}=25.36(\text{元/股})$$

第二，发行股票时信息是不对称的，即投资者并不了解公司的实际情况，而公司经理由于某种原因（如为了保持公司的竞争能力或证券委员会不允许公司在股票发行前向外透露风声以推销股票）不能告诉投资者股票的实际价值，这时股价仍为20元，公司不得不发行5 000股（100 000/20）新股融资10万元。如果接受新项目，就会产生新的股票价格，那么当不对称信息的情况得以改变后，公司的股票价格为：

$$\text{新股价}=\frac{250\,000+100\,000+5\,000}{10\,000+5\,000}=23.67(\text{元/股})$$

在这种情况下，公司不可能通过发行新股融资实施该项目，因为当信息不对称的情况改变后，股价会上升到每股25元，而按每股20元发行股票后的每股市价为23.67元，则公司老股东每股损失了1.33元，新股东每股得益3.67元。

第三，与此相反，如果股东认为公司价值为20万元，而公司经理认为外部投资者对公司增长前景的估计过于乐观，公司股票的市场价值仅为 18 万元，这可能是因为公司为执行政府有关污染控制的法规，需投入巨额资金购买没有任何收益的污染处理设备，或公司需要投入巨额资金进行新产品的研究开发。这一切都会减少公司的边际利润和现金流量，严重时会导致公司股价大幅下跌，再想筹措公司生存所必需的资金将会万分困难。在这种情况下，若经理决定以每股 20 元发行新股 10 000 股，筹措资金 20 万元，并用这些资金支撑本年度的资本预算或偿还债务，这样从表面上看，股票价格仍为每股 20 元，但其实际价值则为每股 19 元。

$$\text{新股价(实际价值)}=\frac{180\ 000+200\ 000}{10\ 000+10\ 000}=19(\text{元/股})$$

如果公司经理的预测得以证实，公司的股东就会遭受损失，但公司发行新股会减少损失，这是因为新股东将承担部分风险。

如果公司举债 100 000 元为项目融资，那么信息不对称状况也会改变，新的股价为：

$$\text{新股价}=\frac{250\ 000+5\ 000}{10\ 000}=25.5(\text{元/股})$$

如果举债融资，新项目的剩余价值都应归于老股东。如果债券有抵押担保且有保护性条款，那么信息不对称对负债价值没有影响，因此一些经济学家把负债融资称为“安全”融资。

在一个信息不完备的债务市场中，由于项目的风险水平不可观测，债权人无法区分债务人的好坏，因此会设定一个相对较高的利率水平来弥补这种风险。随着利率的提高，品质较好的公司将被挤出市场，这会提高贷款的违约概率，降低贷款人的预期利润。最终的结果是，贷款人会设定一个促使贷款需求明显高于供给的利率水平，从而限制公司在债务市场上的融资能力。相比股权融资，以商业银行为主要代表的债权人通常具有较高的专业技术水平，有能力向公司要求更多的融资信息，从而降低信息不对称的程度。这样，债务融资中的逆向选择问题相对较小。按照额外风险必须有额外收益作为补偿的原则，投资者有权向融资者要求逆向选择的风险溢价，因此，对股权投资要求的收益率会高于债权投资的收益率。这样，公司在股权市场融资的成本会高于债权市场融资的成本。

2. 优序融资理论

迈尔斯和麦基勒夫（1984）放宽 M-M 理论完全信息的假定，以不对称信息理论为基础，考察不对称信息对融资成本的影响。他们认为股权融资会传递公司经营的负面信息，因为在投资者看来，公司发行新股可能是因为股价被高估了，或公司前景黯淡，出于保护自身利益的考虑，他们会抛售股票，造成股价下跌，使股票融资的成本较高。相对来说，发行债券融资时，债券价值被错估的可能性较小，但是发行债券又会使公司受到财务危机的约束。在这种情况下，迈尔斯和麦基勒夫（1984）指出，如果公司利用留存收益为新项目融资，不需要发行新股融资，就不存在信息不对称的问题，所有净现值为正的项目都会被公司采纳。在此基础上，迈尔斯（1984）[①] 提出了不对称信息条件下优序融资理论（pecking order theory）。根据这一理论，公司融资一般会遵循内源融资、债务融资、股权融资的先后顺序。也就是说，公司需要融资时，首先采用内部融资（主要指留存收益），然后是外部融资。在外部融资中，公司将从安全的债务到有风险的债务，比如从有抵押的高级债务到可转换债券或优先股，股权融资是最后的选择。如果公司内部产生的现金流超过其投资需求，多余现金将用于偿还债务而不是回购股票。这个结论与美国 1965—1982 年公司融资的结构基本相符，这一期间公司内部积累资本占总资本的 61%，债务融资占 23%，新发行股票平均每年仅占 2.7%。

将留存收益作为公司融资的首选方式，其原因如下：一是公司管理层十分注重财务的灵活性（负债融资会降低财务灵活性）和控制权的稀释（债券附有限制条款，而增发新股会降低内部持股在股权总额中的比例），因此，管理层将留存收益视为资本的最佳来源；二是留存收益的发行成本几乎为零，而使用外部资本的成本较高。

作为可选择的外部融资方式，债务融资优于股权融资。从信息效应看，股票发行的信息不对称程度高于债券发行，导致股票发行的负面效应高于债券发行。相对而言，发行债券，特别是不含转换、赎回条款的纯债券，其信息不对称程度较小，市场反应的负面程度较低。

优序融资理论认为，经营好的公司负债率低，不是因为这些公司的目标负债率低，而是因为高收益的公司有足够的内部融资资源，而低收益的公司只能依靠外部融资，且不断积累负债。优序融资理论认为不存在明确的目标负债率，当实际的现金流量、股利和实际的投资机会出现不平衡时负债率就会发生变化。而债务的税收收益、财务危机成本、代理成本等因素在融资排序中并不重要。

8.3 目标资本结构调整

8.3.1 资本成本法

目标资本结构是指资本成本最低或公司价值最大时的资本结构。假设以资产负债率代表资本结构，目标资本结构分析最常用的方法是估计不同负债水平的资本成本，以便寻找最低负债水平下的资本结构。

[例 8-8] 假设你被 ABE 公司聘请为财务顾问，并对公司债务水平是否合适进行评估，目前收集到的公司有关信息如下。[②]

（1）公司当前股票价格为 32.25 元，流通在外的普通股有 10.10 亿股，股

① Myers，S.C. The Capital Structure Puzzle. Journal of Finance，1984，39（3）：574-592.

② 根据 http://pages.stern.nyu.edu/～adamodar/中的案例改编。

票β系数为1.02；未清偿债务账面价值为75.35亿元，债务平均到期期限为10年；短期国债利率为4.5%，长期政府债券利率为5%，股票市场风险溢价为6.5%。

(2) 公司当前EBITDA为34亿元，折旧和摊销费为15亿元，资本支出为15.84亿元，未清偿债务利息为每年4.84亿元；信用等级为AA，根据评级确定的利率为5.5%，公司所得税税率为35%。

(3) 其他有关数据计算如下。在估计债务的市场价值时，通常将公司所有的债务（银行借款和公司债券）视为一张债券，根据债务的面值、利率、期限计算债务价值（现值）如下：

$$债务价值=4.84\times\frac{1-(1+5.5\%)^{-10}}{5.5\%}+\frac{75.35}{(1+5.5\%)^{10}}$$
$$=80.59(亿元)$$

股票市场价值=32.25×10.10=325.73(亿元)

公司市场价值=325.73+80.59=406.32(亿元)

资产负债率=80.59/406.32=19.83%

股权资本成本=5%+1.02×6.5%=11.63%

税后债务成本=5.5%×(1−35%)=3.575%

加权平均资本成本=3.575%×19.83%+11.63%×(1−19.83%)
=10.03%

(4) 计算不同负债水平下的股权资本成本。假设根据资本资产定价模型计算股权资本成本，无风险利率采用长期政府债券利率（5%），风险溢价为6.5%。当前负债β系数为1.02，为计算不同负债水平下的β系数，首先将负债β系数调整为无负债β系数（$D/E=0$），然后以无负债β系数为基础，根据不同负债水平和有效税率（见表8-17第5列）调整β系数。不同负债水平下的股权资本成本如表8-14所示。

表8-14 不同负债水平下的股权资本成本

资产负债率	负债/股东权益	负债（百万元）	有效税率	负债β系数	股权资本成本
0.0%	0.00%	0.00	35.00%	0.878 7	10.71%
10.0%	11.11%	4 063.19	35.00%	0.942 1	11.12%
20.0%	25.00%	8 126.39	35.00%	1.021 5	11.64%
30.0%	42.86%	12 189.58	35.00%	1.123 5	12.30%
40.0%	66.67%	16 252.77	35.00%	1.259 4	13.19%
50.0%	100.00%	20 315.97	32.73%	1.469 7	14.55%
60.0%	150.00%	24 379.16	21.82%	1.909 1	17.41%
70.0%	233.33%	28 442.35	18.70%	2.545 4	21.55%
80.0%	400.00%	32 505.54	16.37%	3.818 2	29.82%
90.0%	900.00%	36 568.74	14.55%	7.636 3	54.64%

表8-14中，不同负债水平的β系数计算如下：

$$\beta_{D/E=0.00\%}=\frac{1.02}{1+(1-0.35)\times 80.59/325.73}\times[1+(1-0.35)\times 0.00\%]$$
$$=0.8787$$
$$\beta_{D/E=11.11\%}=0.8787\times[1+(1-0.35)\times 11.11\%]$$
$$=0.9422$$
$$\beta_{D/E=100.00\%}=0.8787\times[1+(1-0.3273)\times 100.00\%]$$
$$=1.4698$$

其他各项的β系数计算方法以此类推。注意：表中数据采用Excel计算，与手工计算有误差。

（5）计算不同负债水平下的债务资本成本。公司债务成本主要与信用等级有关，信用等级越低，公司违约或破产的可能性越大，债务成本就越高。债券信用等级与许多财务指标有关，通常是建立一套复杂的模型来预测债券的信用等级。由标准普尔评级的美国和欧洲公司（金融机构除外）的样本统计结果表明，45%以上的评级差异可以用利息保障倍数单独加以解释。在实务中，财务经理一般根据利息保障倍数调整公司的资本结构。由于利息保障倍数不需要进行任何预期估值，只涉及利息和EBIT（或EBITDA），可以较为准确地衡量信用质量。表8-15表示了公司不同利息保障倍数、信用等级、利率、违约率和违约风险溢价之间的关系，其中违约风险溢价等于利率减去长期政府债券利率。

表8-15 信用等级、利率和违约率

利息保障倍数		信用等级	利率	违约率*	违约风险溢价
低	高				
-100 000	0.199 999	D	15.00%	100.00%	10.00%
0.20	0.649 999	C	12.50%	80.00%	7.50%
0.65	0.799 999	CC	11.00%	65.00%	6.00%
0.80	1.249 999	CCC	10.00%	50.00%	5.00%
1.25	1.499 999	B-	9.25%	32.50%	4.25%
1.50	1.749 999	B	8.25%	26.36%	3.25%
1.75	1.999 999	B+	7.50%	19.28%	2.50%
2.00	2.499 999	BB	7.00%	12.20%	2.00%
2.50	2.999 999	BBB	6.50%	2.30%	1.50%
3.00	4.249 999	A-	6.25%	1.41%	1.25%
4.25	5.499 999	A	6.00%	0.53%	1.00%
5.50	6.499 999	A+	5.80%	0.40%	0.80%
6.50	8.499 999	AA	5.50%	0.28%	0.50%
8.50	100 000	AAA	5.20%	0.01%	0.20%

*资料来源：爱斯华斯·达莫德伦．公司财务——理论与实务．北京：中国人民大学出版社，2001：456.

根据（2）中的数据，公司当前的利息保障倍数计算如下：

$$利息保障倍数=\frac{息税前利润}{利息}=\frac{34-15}{4.84}=3.93$$

根据（2）中的数据，ABE 公司的信用等级为 AA，与此不同，如果仅以利息保障倍数计算，信用等级为 A－，确定的利率为 6.25%。为计算不同负债水平下的利息保障倍数，需要重新评估不同负债水平下的利润水平，如表 8－16 所示。

表 8－16　不同负债水平下的利润水平　　单位：百万元

资产负债率	EBITDA	折旧	利息	税前利润
0%	3 400	1 500	0	1 900
10%	3 400	1 500	211	1 689
20%	3 400	1 500	508	1 392
30%	3 400	1 500	853	1 047
40%	3 400	1 500	1 625	275
50%	3 400	1 500	2 032	－132
60%	3 400	1 500	3 047	－1 147
70%	3 400	1 500	3 555	－1 655
80%	3 400	1 500	4 063	－2 163
90%	3 400	1 500	4 571	－2 671

根据表 8－16，确定不同负债水平下的利息保障倍数、信用等级、利率和税后债务成本，如表 8－17 所示。

表 8－17　不同负债水平下的债务成本

资产负债率	利息保障倍数	信用等级	利率	有效税率	税后债务成本
0%	—	—	—	35.00%	—
10%	8.99	AAA	5.20%	35.00%	3.38%
20%	3.74	A－	6.25%	35.00%	4.06%
30%	2.23	BB	7.00%	35.00%	4.55%
40%	1.17	CCC	10.00%	35.00%	6.50%
50%	0.94	CCC	10.00%	32.73%	6.73%
60%	0.62	C	12.50%	21.82%	9.77%
70%	0.53	C	12.50%	18.70%	10.16%
80%	0.47	C	12.50%	16.37%	10.45%
90%	0.42	C	12.50%	14.55%	10.68%

在不同的负债水平下（10%～90%），如果利息费用超过了息税前利润，那么用来计算负债的税后成本的税率应做如下调整：

$$有效税率=名义税率\times \min[1, EBIT/I] \tag{8-25}$$

（6）计算加权平均资本成本。综合上述计算，可以确定ABE公司不同负债水平下的加权平均资本成本、公司价值和股票价格，如表8-18所示。

表8-18　不同负债水平下的加权平均资本成本、公司价值和股票价格

资产负债率	信用等级	负债成本	股权成本	加权平均资本成本	公司价值（百万元）	股票价格（元）
0%	—	—	10.71%	10.71%	38 056	29.70
10%	AAA	3.38%	11.12%	10.35%	39 386	31.02
20%	A—	4.06%	11.64%	10.12%	40 263	31.88
30%	BB	4.55%	12.30%	9.98%	40 858	32.47
40%	CCC	6.50%	13.19%	10.51%	38 778	30.41
50%	CCC	6.73%	14.55%	10.64%	38 311	29.95
60%	C	9.77%	17.41%	12.83%	31 779	23.48
70%	C	10.16%	21.55%	13.58%	30 024	21.75
80%	C	10.45%	29.82%	14.33%	28 452	20.19
90%	C	10.68%	54.64%	15.08%	27 037	18.79

不同负债水平下的公司价值是指当前公司价值加上改变资本结构对公司价值的影响。假设不考虑增长率，表8-18中的公司价值的计算方式如下：

$$公司价值=当前公司价值+(WACC_{当前}-WACC_{变化后})\times\frac{当前公司价值}{WACC_{变化后}}$$

不同负债水平下的股票价格是指当前股票价格加上改变资本结构对股票价格的影响。假设不考虑增长率，表8-18中的股票价格的计算方式如下：

$$股票价格=当前股票价格+\frac{公司价值_{改变后}-公司价值_{当前}}{流通在外股数}$$

根据表8-18和表8-19，ABE公司最佳资本结构是在负债率为30%时，此时资本成本最小，公司价值最大。将公司负债率从当前的19.84%提高到30%时，资本成本由10.03%下降到9.98%；公司价值由406.32亿元上升到408.58亿元；预计股票价格由32.25元上升到32.47元。但是公司的信用等级由AA降为BB，这意味着公司的风险加大了。公司是否要提高负债水平，还需要在风险和收益之间进行平衡。因为在30%的最佳负债率下，ABE公司债券已低于投资级债券。多数经理都不愿意看到公司的信用等级下降、违约风险上升，这将会增加公司再融资的难度和成本。

表8-19　分析结果比较

项目	当前	最佳	变化
资产负债率	19.84%	30.00%	10.16%
股票 β 系数	1.02	1.12	0.10
股权资本成本	11.63%	12.30%	0.67%

续表

项目	当前	最佳	变化
税前利率	5.5%	7%	1.5%
加权平均资本成本	10.03%	9.98%	−0.06%
信用等级	AA	BB	—
公司价值（百万元）	40 632	40 858	226
股票价格（元）	32.25	32.47	0.22

当采用上述方法估计ABE公司不同负债水平下的资本成本和公司价值时，还需要注意以下因素的影响。

第一，在上述计算中，假设以利息保障倍数作为评估公司信用等级的标准，可能会遗漏影响公司信用等级的其他因素，例如，公司管理的水平、履约情况、发展能力与潜力等定量和定性指标。如果将这些因素纳入分析，就要对通过财务变量分析获得的信用等级进行修正，以反映评级机构的主观要求。

第二，在计算不同负债水平下的债务利息时，假设现存的债务都会以资本结构变动后的新利率被重新借入。例如，ABE公司现存未清偿债务（价值80.59亿元）的信用等级为AA，利率为5.5%。如果将公司负债率提到最佳负债率30%，信用等级为BB，利率为7%，在这一假设条件下，ABE公司将以7%的利率计算现存的全部债务利息。采用这一假设的原因如下：一是债券持有者可以通过行使债券中的保护性合约条款将他们的债券出售给公司并获得票面价值；二是它能够从价值计算中消除财富转移效应（当债务增加时，股东会从债券持有者手中谋取财富），通过利用当前的利率计算债务，可以将这种财富转移因素纳入公司的最佳资本结构。

在实务中，不同负债水平下的利息可以分为两部分：现存债务利息；新增的债务按新利率计算的利息。例如，当负债率为30%时，债务的利息计算如下：

$$债务的利息=484+7\%\times(12\ 189.53-8\ 059)=773(百万元)$$

WACC，APV

第三，上述计算假设扣除折旧、摊销、利息、所得税前的利润（EBITDA）不受债券信用等级的影响。如果随着债券信用等级的降低，公司的EBITDA会因此受到负面影响，那么，当加权平均资本成本最低时，公司价值或许不会达到最大。因此，有必要将EBITDA看作债务信用等级的函数，从而确定不同负债水平下的公司价值。

8.3.2　调整现值法（APV）

调整现值法是依据权衡理论，以无负债公司价值为基础，估计不同负债水平下的节税效应和破产成本对公司价值的影响，从而确定最佳资本结构。

［**例8-9**］假设ABE公司要求你采用调整现值法估计不同负债水平下的公司价值和最佳资本结构。

（1）确定无负债公司价值。目前，ABE公司市场价值为406.32亿元

(325.73＋80.59)，所得税税率为35%，估计公司破产的概率为0.28%，破产成本为无负债公司价值的30%。

负债利息抵税价值可以看作公司税率的函数，并且用特定的折现率进行折现以反映公司现金流量的风险。如果公司负债利息抵税价值是永久存在的，那么它的价值可以根据式（8－16）计算。本例中，ABE公司当前债务利息抵税价值计算如下：

负债利息抵税价值＝负债×所得税税率＝80.59×35%＝28.21(亿元)

公司的破产成本现值一般与破产概率和破产成本有关，根据式（8－24），ABE公司破产成本现值为：

破产成本现值＝0.28%×30%×(406.32－28.21)＝0.32(亿元)

根据式（8－23），无负债公司价值计算如下：

BOE无负债公司价值＝406.32－28.21＋0.32＝378.43(亿元)

(2) 估计不同负债水平下的利息抵税价值，如表8－20所示。其中，负债保留至整数位。假设采用永续年金法估计利息抵税价值的现值，如果公司的利息费用超过了息税前利润，则会采用降低的所得税税率。

表8－20 负债的利息抵税价值 单位：百万元

资产负债率	负债	税率	无负债公司价值	利息抵税价值
0%	0	35.00%	37 843	0
10%	4 063	35.00%	37 843	1 422
20%	8 126	35.00%	37 843	2 844
30%	12 190	35.00%	37 843	4 266
40%	16 253	35.00%	37 843	5 688
50%	20 316	32.73%	37 843	6 650
60%	24 379	21.82%	37 843	5 320
70%	28 442	18.70%	37 843	5 320
80%	32 506	16.37%	37 843	5 320
90%	36 569	14.55%	37 843	5 320

(3) 计算不同负债水平下的破产成本，如表8－21所示。

表8－21 不同负债水平下的预计破产成本

资产负债率	信用等级	利息保障倍数	违约率	预期破产成本（百万元）
0%	—	—	—	—
10%	AAA	8.992 5	0.01%	1.14
20%	A－	3.740 9	1.41%	160.08

续表

资产负债率	信用等级	利息保障倍数	违约率	预期破产成本（百万元）
30%	BB	2.226 7	12.20%	1 385.05
40%	CCC	1.169 0	46.61%	5 291.57
50%	CCC	0.935 2	46.61%	5 291.57
60%	C	0.623 5	80.00%	9 082.29
70%	C	0.534 4	80.00%	9 082.29
80%	C	0.467 6	80.00%	9 082.29
90%	C	0.415 7	80.00%	9 082.29

表8-21中的信用等级、利息保障倍数取自表8-17中的数据，违约率取自表8-15中的数据。表中数据表明，信用等级越低，违约概率越大，破产成本越高。

(4) 综合负债的利息抵税价值和破产成本，就可以估计负债公司价值，如表8-22所示。其中，预期破产成本保留至整数位。

表8-22 负债公司价值 单位：百万元

资产负债率	无负债公司价值	利息抵税价值	预期破产成本	负债公司价值
0%	37 843	0		37 843
10%	37 843	1 422	1	39 264
20%	37 843	2 844	160	40 527
30%	37 843	4 266	1 385	40 724
40%	37 843	5 688	5 292	38 240
50%	37 843	6 650	5 292	39 201
60%	37 843	5 320	9 082	34 081
70%	37 843	5 320	9 082	34 081
80%	37 843	5 320	9 082	34 081
90%	37 843	5 320	9 082	34 081

计算结果表明，ABE公司负债率为30%时公司价值最大，这与资本成本分析法的结果相一致。但这一方法对破产成本占公司价值比例、破产概率的变动都十分敏感。

在实践中，也可以将公司的资产负债率与同行业公司负债率的平均值或中位数进行比较。这一方法的基本假设是：同一行业中的公司具有可比性，并且这些公司都处于或接近最佳的经营状态。然而这两个假设在现实中并不完全正确。处于同一行业的公司有着不同的产品组合、不同程度的经营风险、不同的税率、不同的项目投资收益，虽然存在行业的平均水平，但整个行业的平均负债率也许并不处于或接近最佳水平。当然在研究中也可与相似公司进行比较，相似公司的传统定义是指与研究中所分析的公司处于同一行业并具有相同规模的公司，公司的其他特征（例如风险、成长性、现金流量模式）最好能够相互匹配。

8.3.3 资本结构调整方式

假设以负债率（负债/资产总额）代表资本结构，当实际负债率偏离目标负债率时，公司是快速调整还是在未来一段时间内逐步调整其负债率？快速调整负债率虽然可以即时获得目标（最佳）负债率带来的财务杠杆利益，从而降低资本成本，提高公司价值，但是，突然改变负债率，也可能会影响公司的经营策略。不仅如此，如果公司目标负债率被错误估计，也会给公司带来风险。因此，在实践中，一般是根据目标负债率（TL^*），确定偏离目标负债率的上限（TL_U）和下限（TL_L），只有当负债率偏离上下限时才进行调整。在图8-7中，公司的负债率在B点和C点时，公司会向下或向上调整负债率，而负债率在A点时不调整，允许公司在一定范围内暂时偏离目标负债率。实践表明，公司会积极地管理资本结构，并将负债率保持在一定的范围之内，当实际负债率偏离目标值的上下限时，会采取一定的方式进行调整。实证研究表明，公司按目标负债率调整有1～2年的时滞，因为股价的波动性和交易成本会使即时调整并不现实且成本高昂。①

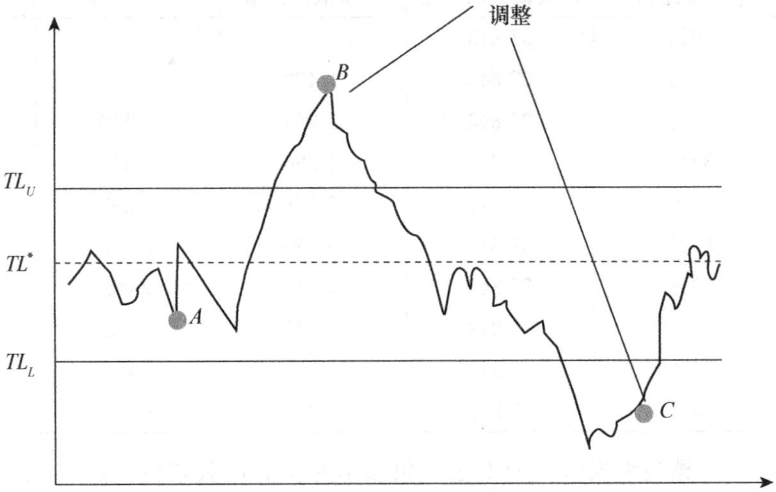

图8-7 资本结构调整界限

资本结构设置是公司财务决策中一项比较复杂的工作，虽然在理论上存在一种最佳资本结构，但在实践中并没有公认的答案。一种通用的方法是使资本结构达到某种标准，如特定的信用等级、利息保障倍数或其他显示每年的现金流入相对于利息等固定支出保持着安全缓冲的指标。如果负债率偏离目标负债率上下限，或某种特定的标准（例如利息保障倍数、信用等级），公司可通过调整财务政策和经营政策使其趋近目标值，调整方式如图8-8所示。

① Martynova，M.，Renneboog，L. What Determines the Financing Decision in Corporate Takeovers：Cost of Capital，Agency Problems，or the Means of Payment? Journal of Corporate Finance，2009，15（3）：290-315.

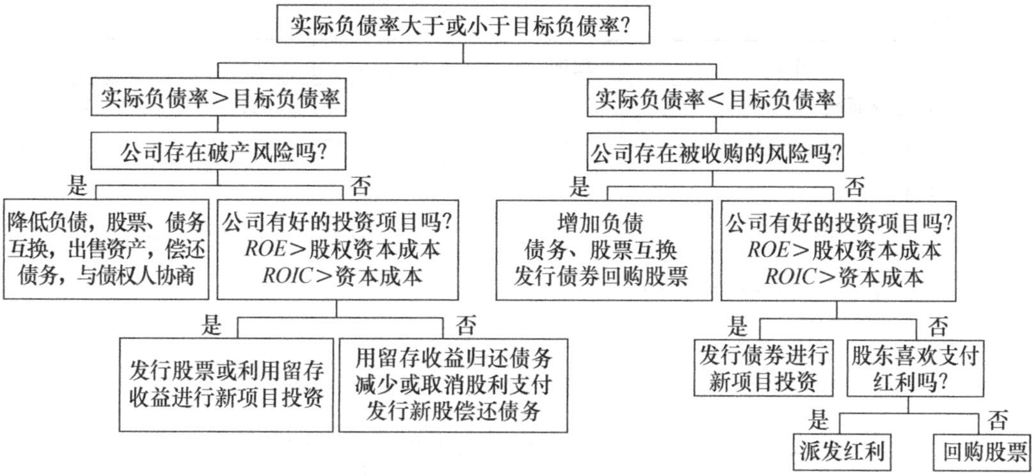

图8-8 资本结构调整方式

[**例8-10**] MMS公司当前资产负债率分别为14.29%（市场价值）和29.41%（账面价值）。为估计未来5年的资产负债率，做如下假设。

(1) 公司当前营业收入、净利润、资本支出、折旧如表8-23所示，预期每年按5%增长，公司经营性营运资本占营业收入的2%；

(2) 公司税前债务资本成本为5.75%，所得税税率为25%，股利支付率为22.07%；

(3) 公司无负债β系数为0.923 9，无风险利率为3.5%，市场风险溢价为5.5%。

根据上述数据，结合表8-23中“当前”栏的数据，预期未来每年的资产负债率。

表8-23 MMS公司资产负债率预测基础数据 单位：万元

年份	当前	1	2	3	4	5
股东权益（账面价值）	48 000	52 910	58 052	63 437	69 076	74 981
股东权益（市场价值）	120 000	129 626	140 027	151 269	163 420	176 557
负债	20 000	20 385	20 803	21 256	21 746	22 277
资产负债率（市场价值）(%)	14.29	13.59	12.93	12.32	11.74	11.20
资产负债率（账面价值）(%)	29.41	27.81	26.38	25.10	23.94	22.91
营业收入	45 000	47 250	49 613	52 093	54 698	57 433
经营性营运资本	900	945	992	1 042	1 094	1 149
资本支出	7 000	7 350	7 718	8 103	8 509	8 934
+经营性营运资本变化		45	47	50	52	55
-折旧	2 000	2 100	2 205	2 315	2 431	2 553
-净利润	6 000	6 300	6 598	6 910	7 236	7 577
+股利	1 324	1 390	1 456	1 525	1 597	1 672
=新债务	324	385	418	453	490	531

续表

年份	当前	1	2	3	4	5
负债β系数	0.901 1	1.032 8	1.026 8	1.021 3	1.016 1	1.011 3
股权资本成本(%)	8.46	9.18	9.15	9.12	9.09	9.06
增长率(%)		5.00	5.00	5.00	5.00	5.00
股利支付率(%)	22.07	22.07	22.07	22.07	22.07	22.07

表中有关数据计算方式如下：

$$股东权益(账面价值)_t=股东权益_{t-1}+净利润_t-股利_t$$

$$股东权益(市场价值)_t=股东权益_{t-1}\times(1+股权资本成本_t)-股利_t-股票回购_t$$

采用上式计算的原因在于股权资本成本也可用来衡量股票的预期收益，而股利支付和股票回购降低了公司流通在外的股票价值。

$$负债价值_t=未清偿债务_{t-1}+新增债务_t$$

按市场价值计算资产负债率时，由于公司负债很少上市交易，也可以采用负债的账面价值代替其市场价值。

营业收入、资本支出、折旧每年按增长率5%计算；经营性营运资本按营业收入的2%计算。

$$净利润_t=净利润_{t-1}\times(1+增长率)-利率\times(1-所得税税率)\times(债务_t-债务_{t-1})$$

各年股利按照股利支付率22.07%计算；各年负债β系数根据无负债β系数、债务与股权比率和所得税税率计算；股权资本成本根据资本资产定价模型计算。

预测期资本支出、经营性营运资本等资金需求，首先采用内部资金（留存收益、折旧），不足部分采用债务融资。从表8-23可以看出，在整个预测期内，按市场价值计算的资产负债率在13.59%～11.20%之间变化，按账面价值计算的资产负债率在27.81%～22.91%之间变化，总体来看，资产负债率呈下降趋势，其原因主要在于预测期转化为股东权益的留存收益（净利润扣除股利）大于新增的债务。假设MMS公司估计的按账面价值计算的目标资产负债率为40%，公司将采取什么方式进行调整？

(1) 提高股利支付率。股利增加会在两个方面提高公司的负债率：一是它增加了每年债务融资需求；二是它减少了股权预期价格的增值。假设预测期股利支付率由当前的22.07%增至60.00%，在其他因素不变的情况下，预测期按账面价值计算的资产负债率在31.07%～36.88%之间变动，基本上接近目标负债率40%，预测期有关数据如表8-24所示。

表8-24　MMS公司资产负债率（股利支付率=60%）　　单位：万元

年份	当前	1	2	3	4	5
股东权益（账面价值）	48 000	50 520	53 118	55 795	58 551	61 387
股东权益（市场价值）	120 000	127 335	135 289	143 918	153 289	163 471

续表

年份	当前	1	2	3	4	5
负债	20 000	22 775	25 737	28 897	32 271	35 871
资产负债率（市场价值）(%)	14.29	15.17	15.98	16.72	17.39	17.99
资产负债率（账面价值）(%)	29.41	31.07	32.64	34.12	35.53	36.88
营业收入	45 000	47 250	49 613	52 093	54 698	57 433
资本支出	7 000	7 350	7 718	8 103	8 509	8 934
＋经营性营运资本变化	0	45	47	50	52	55
－折旧	2 000	2 100	2 205	2 315	2 431	2 553
－净利润	6 000	6 300	6 495	6 692	6 891	7 090
＋股利	1 324	3 780	3 897	4 015	4 134	4 254
＝新债务	324	2 775	2 962	3 161	3 373	3 600
负债β系数	0.901 1	1.047 8	1.055 7	1.063 0	1.069 8	1.076 0
股权资本成本（%）	8.46	9.26	9.31	9.35	9.38	9.42
增长率（%）		5.00	5.00	5.00	5.00	5.00
股利支付率（%）	22.07	60.00	60.00	60.00	60.00	60.00

（2）回购股票。与股利增加相同，回购股票增加了对债务的需求，同时减少了股东权益，从而提高了公司的负债率。在表8-25中，假设MMS公司每年回购3.5%流通在外的股票，那么到第3年，公司的资产负债率就超过40%，到第5年负债率高达50.35%。这表明，股票回购可能更快地提高公司的负债率。

表8-25　MMS公司资产负债率（每年回购股票＝3.5%）　　单位：万元

年份	当前	1	2	3	4	5
股东权益（账面价值）	48 000	48 366	48 606	48 693	48 600	48 293
股东权益（市场价值）	120 000	125 272	130 960	137 101	143 735	150 907
负债	20 000	24 929	30 249	35 999	42 222	48 965
资产负债率（市场价值）(%)	14.29	16.60	18.76	20.80	22.71	24.50
资产负债率（账面价值）(%)	29.41	34.01	38.36	42.51	46.49	50.35
营业收入	45 000	47 250	49 613	52 093	54 698	57 433
资本支出	7 000	7 350	7 718	8 103	8 509	8 934
＋经营性营运资本变化	0	45	47	50	52	55
－折旧	2 000	2 100	2 205	2 315	2 431	2 553
－净利润	6 000	6 300	6 402	6 493	6 570	6 630
＋股利	1 324	1 390	1 413	1 433	1 450	1 463
＋股票回购		4 544	4 750	4 973	5 213	5 473
＝新债务	324	4 929	5 320	5 750	6 223	6 743
负债β系数	0.901 1	1.061 5	1.083 7	1.105 5	1.127 1	1.148 3
股权资本成本（%）	8.46	9.34	9.46	9.58	9.70	9.82
增长率（%）		5.00	5.00	5.00	5.00	5.00
股利支付率（%）	22.07	22.07	22.07	22.07	22.07	22.07

说明：第t期股票回购＝回购率×[第$t-1$期股东权益×(1＋第t期股权资本成本)－第t期股利]，式中，股东权益是按市场价值计算的。

(3) 增加资本支出。除通过增加股利或回购股票提高负债率外，也通过举债项目投资、收购其他公司等扩大公司规模以提高负债率。假设MMS公司通过新项目投资、并购活动每年资本支出从5%增至65%，相应的折旧增至10%。在这种情况下，MMS公司负债率在第5年时达到39.89%，如表8-26所示。

通过增加资本支出提高负债率，其假设条件是公司必须有足够好的投资项目或并购项目，否则过度投资也可能会遭受风险。

表8-26 MMS公司资产负债率（资本支出增长率=65%） 单位：万元

年份	当前	1	2	3	4	5
股东权益（账面价值）	48 000	52 910	57 895	62 948	68 062	73 229
股东权益（市场价值）	120 000	129 790	140 589	152 499	165 631	180 107
负债	20 000	25 063	30 439	36 144	42 192	48 600
资产负债率（市场价值）(%)	14.29	16.18	17.80	19.16	20.30	21.25
资产负债率（账面价值）(%)	29.41	32.14	34.46	36.48	38.27	39.89
营业收入	45 000	47 250	49 613	52 093	54 698	57 433
资本支出	7 000	12 128	12 734	13 371	14 039	14 741
+经营性营运资本变化	0	45	47	50	52	55
-折旧	2 000	2 200	2 420	2 662	2 928	3 221
-净利润	6 000	6 300	6 397	6 485	6 563	6 630
+股利	1 324	1 390	1 412	1 431	1 448	1 463
+股票回购		0	0	0	0	0
=新债务	324	5 063	5 376	5 705	6 049	6 408
负债β系数	0.901 1	1.057 7	1.073 9	1.088 1	1.100 4	1.110 9
股权资本成本（%）	8.46	9.32	9.41	9.48	9.55	9.61
增长率（%）		5.00	5.00	5.00	5.00	5.00
股利支付率（%）	22.07	22.07	22.07	22.07	22.07	22.07

相对于提高负债率来说，降低负债率的难度会更大，因为负债率越高，违约风险越大，再融资的可能性或难度就越大。假设MMS公司估计的目标负债率为20%（按账面价值计算），则该公司可以采用降低股利支付率；也可以用留存收益、发行新股为新项目融资，支付收购资金，偿还债务；当然还可以出售部分资产偿还债务，或者发行股票回购债券等以降低负债率。表8-27表明，当股利支付率由20.07%降至5.00%时，公司可以有留存收益偿还债务，使资产负债率逐年下降，第3年基本达到目标负债率，但随之降至16.31%。如果公司希望保持20%的负债率，公司在后两年应该调高股利支付率，而不是预期保持不变。

表8-27 MMS公司资产负债率（股利支付率=5%） 单位：万元

年份	当前	1	2	3	4	5
股东权益（账面价值）	48 000	53 985	60 298	66 957	73 982	81 396
股东权益（市场价值）	120 000	130 658	142 186	154 659	168 152	182 745

续表

年份	当前	1	2	3	4	5
负债	20 000	19 310	18 557	17 736	16 840	15 863
资产负债率（市场价值）(%)	14.29	12.88	11.54	10.29	9.10	7.99
资产负债率（账面价值）(%)	29.41	26.35	23.53	20.94	18.54	16.31
营业收入	45 000	47 250	49 613	52 093	54 698	57 433
资本支出	7 000	7 350	7 718	8 103	8 509	8 934
＋经营性营运资本变化	0	45	47	50	52	55
－折旧	2 000	2 100	2 205	2 315	2 431	2 553
－净利润	6 000	6 300	6 645	7 009	7 395	7 804
＋股利	1 324	315	332	350	370	390
＝新债务	324	－690	－753	－821	－896	－977
负债β系数	0.901 1	1.026 3	1.014 3	1.003 4	0.993 3	0.984 0
股权资本成本（%）	8.46	9.14	9.08	9.02	8.96	8.91
增长率（%）		5.00	5.00	5.00	5.00	5.00
股利支付率（%）	22.07	5.00	5.00	5.00	5.00	5.00

资本结构调整

目标负债率既可以根据账面价值确定，也可以根据市场价值计算。在本例中，由于MMS公司股票市场价值远远大于账面价值，因此按市场价值计算的负债率低于按账面价值计算的负债率，在调整中，公司也应充分考虑市场价值变化对负债率的影响，确定一个可行的目标负债率。

需要注意的是，不论是提高或降低股利支付，还是发行债券回购股票或发行股票回购债券等，都会向市场传递有关公司信息。

降低股利支付通常会释放出用于项目投资的资金，但股市通常会将降低股利支付解读为未来现金流下降的信号。其结果如下：首先，公司宣告降低股利支付或停发股利当天会引发股票价格下跌。其次，一些机构投资者可能预期公司每年都会发放股利，一旦停发股利就会迫使它们将资产组合中的一部分变现，导致不必要的交易成本。除非管理层有非常令人信服的理由说明股利将用于未来的投资机会（$NPV>0$），否则投资者很可能会对降低股利支付做出负面反应。最后，降低股利支付虽然降低了负债率，但同时会降低财务杠杆，降低利息减税收益；降低股利提高留存收益也可能导致经营者的无效投资。

与降低股利支付不同，投资者通常将增加股利解读为有关公司未来收益和现金流长期前景的利好消息，一般来说，对股票市场具有正的效应。但股利增加也可能意味着公司未来的投资机会较少，有可能导致股价下跌。

根据资本结构信号理论，不同的融资方式传递的信号也是不同的，发行股票一般会向市场传递股票被高估的信号，因此，在宣布股票发行后的短期内股价会下跌，即使股票的实际价值并没有下降。与发行股票不同，投资者对发行债券的解读要正面得多。实证研究表明，价格反应基本上是持平的。

与股票发行的信号效应不同，投资者一般把股票回购视为正的信号，其原因在于：第一，股票回购通常暗示管理层认为股票价格被低估了。如果股票价格被高估，那么管理层应当偿还债务。第二，股票回购表明管理层确信未来的现金流足以支持未来的投资或偿还债务。第三，股票回购意味着公司不可能将超额现金用于非效率投资。因此，当公司宣告股票回购时，一般会提高公司的股票价格。

不论这些信号传递的是正面信息还是负面信息，都会导致短期的价格反应，这些信号效应所带来的一个结果是，公司很难立即将其资本结构调整至它所期望的目标水平。事实上，公司资本结构是动态的不断调整的过程，很难维持一个严格的目标资本结构。例如，宏观经济、商业周期、资本市场，特别是利率、汇率、通货膨胀率等变化不仅会影响公司股票或债券的发行时机、发行规模、融资方式等，也会影响公司的资本成本、现金流量，从而使公司的资本结构偏离目标值。由于不同的调整方式所带来的交易成本和信号效应，公司不可能立刻将其资本结构调整到目标值，而是以推迟和渐进方式进行调整。

8.3.4 实践中资本结构的设置

1. 资本结构决策的影响因素

在实务中，公司财务经理进行资本结构设置所需考虑的几个因素可用其首字母缩略词FRICTO来描述：FRICTO分别代表灵活性（flexibility），即公司后续发展中的融资弹性；风险性（risk），即财务杠杆对公司破产和股东收益变动的影响；收益性（income），即举债融资对每股收益或股东收益水平的影响；控制权（control），即公司融资与决策权在新旧股东、债权人和经营者之间分配的相互作用；时间性（timing），即公司发行证券的时机选择；其他因素（other），即上述有关因素以外的因素。

格雷厄姆和哈维（2002）① 调查了美国392位公司CFO，了解他们如何进行资本预算和融资决策。请CFO对在资本结构决策中，决定公司债务比率的最重要的变量进行排序，调查结果（见图8－9）可能有助于理解这样一个问题：到底是权衡理论还是优序融资理论对公司的债务决策产生影响？根据权衡理论，举债可以获得利息节税效应。调查结果表明，大约44.9%的CFO认为举债的节税效应是融资决策的重要因素，这些CFO所在公司一般是大型、高杠杆、低风险、规范化、支付股利的制造业企业，或者说，应缴所得税高的公司可能因降低税负的考虑而采取债务融资。但是只有4.5%的公司表示个人利息所得税是影

---

① Graham，J. R.，Harvey，C. R. How Do CFOs Make Capital Budgeting and Capital Structure Decisions? Journal of Applied Corporate Finance，2002，15（1）：8-23.

响债务政策的重要或非常重要的因素。

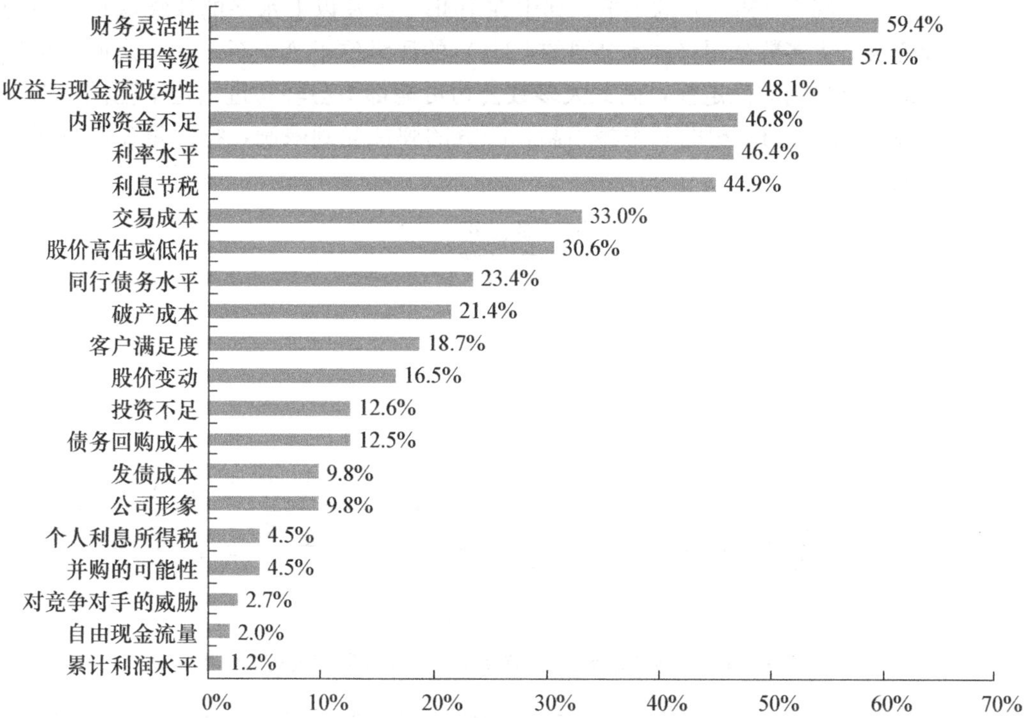

图8-9 债务政策决定因素的问卷调查结果

关于破产成本对债务政策的影响，受访者中仅有21.4%的CFO认为潜在的财务危机成本（破产成本）是重要的或非常重要的因素。但是，实际上有59.4%和57.1%的CFO认为财务灵活性和信用等级是影响债务政策的重要或非常重要的因素。这一点表明，避免财务危机是公司债务政策决策时最重要的因素。为保持财务灵活性，大部分公司保留了没有使用的举债能力，对于拥有投资级债券（占样本50%以上）的公司，信用等级是决定债务政策的一个非常重要的因素。最后，48.1%的CFO认为收入稳定性是制定债务政策时的重要或非常重要的考虑因素。调查结果基本上符合权衡理论，即当公司破产的可能性较高时要保持较少的负债。

格雷厄姆和哈维也向CFO调查了其公司是否存在一个最优的或者目标性的目标负债比率。受访者中，大约19%的CFO所在公司不设置目标资本结构或债务比率区间；大约37%的CFO所在公司设置较灵活的目标资本结构；34%的CFO所在公司设置稍严格的目标资本结构；仅有10%的CFO所在公司设置严格的目标资本结构。在上述调查中，1/3以上的公司设置了目标资本结构，这意味着如果实际资本结构偏离目标资本结构，公司可能会采取一定的方式向目标资本结构调整。

2. 信用等级与资本结构

在实务中，为了保持债务市场融资能力，大多数公司的信用等级通常保持在BBB级以上。图8-10列示了标准普尔对所有资本市值超过10亿美元的美国和欧洲公司的信用等级的分布。该信用等级将公司的信用质量分为从 AAA（最高水平）到 C（违约）的水平，其中在 BBB－级及以上水平的评级就是所谓的投资级。大多数公司（样本公司的 72%）的评级位于 A＋至 BBB－之间，信用等级具有长期的稳定性，因此大多数公司可能都不会轻易进出这个范围。低于 BBB－级的公司承担的利率相当高，融资的弹性受到限制，特别是在信贷紧缩时期。

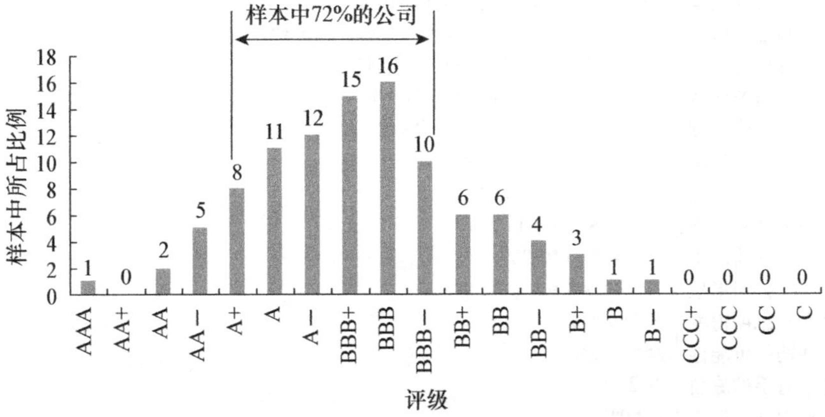

图 8-10　资本市值超过 10 亿美元的美国和欧洲公司的信用等级

资料来源：蒂姆·科勒，等. 价值评估：公司价值的衡量与管理：第4版. 北京：电子工业出版社，2007：415.

公司信用等级的高低不仅会影响债券发行规模，还会影响银行贷款、商业信用的获得，因此，信用等级在很大程度上决定了公司利用债务市场融资的能力。如果信用等级低于投资级 BBB－，则公司进行债务融资的机会非常小，因为很多投资者会拒绝购买非投资级债券，银行也会拒绝向违约风险高的公司发放贷款，因此，高信用等级的公司会提高负债比率。

信用等级不仅是评价债券投资性的指标，也是一个公司与股东沟通的重要因素。自 20 世纪 90 年代，评级已成为股票投资者用以衡量公司健康状况的重要指标。因此，管理者需要向投资者解释是否可以或如何保持目前的信用等级。

3. 产品生命周期与资本结构

20 世纪 80 年代中后期之前，在研究资本结构决策因素时，通常把产品市场上的产量、定价、行业特点等均视为外生变量，并假设这些变量不会对公司的资本结构产生任何影响。随着产业组织理论的发展，人们又将产业组织理论的研究成果应用于资本结构的研究。其中，将行业特征、产品生命周期与资本结构相联系成为研究的方向之一。本德和沃德（Bender and Ward，2002）认为，在整个产品生命周期延续的过程中，公司经营风险在下降，而财务风险在上升。通过将经营风险和财务风险反向搭配，公司可以制定产品生命周期各个阶段的融资战略。据此，他提出了企业不同生命周期的资本结构策略，如图 8-11 所示。

成长期	引入期
● 经营风险高 ● 财务风险低 ● 股权融资（增长型投资者） ● 股利支付较低 ● 增长率高 ● 市盈率（P/E）高 ● 股价增长高且呈一定的波动率	● 经营风险很高 ● 财务风险很低 ● 股权融资（风险投资） ● 股利支付为零 ● 增长率很高 ● 市盈率（P/E）很高 ● 股价增长高且波动率高
成熟期	**衰退期**
● 经营风险中等 ● 财务风险中等 ● 债务和股权融资（留存收益） ● 股利支付高 ● 增长率中等/低 ● 市盈率（P/E）中等 ● 股价稳定且波动率较低	● 经营风险低 ● 财务风险高 ● 债务融资 ● 股权支付为 100% ● 增长率为负数 ● 市盈率（P/E）中等 ● 股价下跌且具有波动率

图 8－11　企业不同生命周期的财务政策

资料来源：Ruth Bender，Keith Ward. Corporate Financial Strategy. 2nd ed. Oxford：Elsevier Butterworth-Heinemann，2002：292.

迈尔斯（1977）① 把公司资产分为当前业务和增长机会，当前业务附属担保价值高，增长机会附属担保价值低。债权人通常在合约中严格约束公司投资高风险的项目，从而与股东产生利益冲突。因此，负债比率高不利于公司对增长机会的投资，或者说公司增长机会与负债比率负相关。一些实证研究也证明增长机会（以市值/账面值的比值衡量）与负债比率具有显著的负相关关系，即企业的增长机会越多，负债比率越低，而且短期债务多，长期债务少。霍瓦基米安、奥普勒和蒂特曼（Hovakimian，Opler and Titman，2001）② 认为，公司应当以更多的债务融资支持当前业务，以股权融资支持增长机会。

资本结构决策是公司财务决策中一项比较复杂的工作，虽然在理论上存在一种最佳资本结构，但在实践中很难找到。人们通过公司运作的现实情况，得出一些经验数据，如西方国家一般认为，公司负债率不应超过 50%，否则将使公司潜在的投资者对其投资的安全性产生顾虑，也使实际债权人产生债权难以保证的危机感。因此，50%的资产负债率被视为公司负债过度与否的标准线。

□ 本章小结

1. 财务杠杆是两步收益放大过程中的第二步，第一步是经营杠杆放大了销售量变动对息税前利润的影响；第二步是利用财务杠杆将前一步导致的息税前利润变动对每股收益变动的影响进一步放大。

---

① Myers，S. C. Determinants of Corporate Borrowing. Journal of Financial Economics，1977，5（2）：147－175.

② Hovakimian，A.，Opler，T.，Titman，S. The Debt-Equity Choice. Journal of Financial and Quantitative Analysis，2001，36（1）：1－24.

2. M-M理论认为，如果不存在公司所得税和破产风险，公司总价值和资本成本与资本结构无关；如果考虑公司所得税，负债公司价值等于无负债公司价值加上税收收益价值的现值。

3. 财务危机成本包括直接成本和间接成本，前者是指破产时对公司价值的负面影响，后者一般指公司发生财务危机但尚未破产，为防止股东通过非效率投资或资金抽逃将风险从股东转移给债权人，将财富从债权人转移给股东的成本。

4. 外部股权资本的代理成本是财务杠杆比率的减函数，债务资本的代理成本是财务杠杆比率的增函数。总代理成本曲线代表外部股权和负债融资各种组合的代理成本，在给定公司规模和外部融资量时，总代理成本最低所对应的财务杠杆比率为最优资本结构，且股权融资的边际代理成本等于债务融资的边际代理成本。

5. 根据优序融资理论，公司应按照下列顺序融资：首先是内部积累资金，如果需要外部融资，公司将首先进行债务融资，直到债务增加引起公司陷入财务危机概率达到危险区时，才发行股票融资。

6. 公司会积极地管理资本结构，并将负债率保持在一定的范围之内，当实际负债率偏离目标值的上下限时，会采取一定的方式进行调整。实证研究表明，公司按目标负债率调整有1～2年的时滞，因为股价的波动性和交易成本会使即时调整并不现实且成本高昂。

□ 基本训练

◆ 单项选择题

1. WT公司全部资本为200万元（无优先股），负债比率为40%，负债利率为10%，当销售额为100万元时，息税前利润为18万元，则该公司的财务杠杆系数为（　　）倍。

A. 0.8　　B. 1.25　　C. 1.8　　D. 2.25

2. 在M-M公司税模型下，某公司无负债时公司价值为5 000万元，所得税税率为50%，公司负债资本与股权资本相等，则公司价值为（　　）万元。

A. 5 000　　B. 7 500　　C. 10 000　　D. 12 000

3. 如果将考虑公司所得税的M-M模型和资本资产定价模型组合起来，可以得到负债公司的股权资本成本，其计算公式为（　　）。

A. 无风险利率＋经营风险溢价

B. 货币时间价值＋经营风险溢价

C. 无风险利率＋经营风险溢价＋财务风险溢价

D. 无风险利率＋经营风险溢价＋财务风险溢价＋总风险溢价

4. 根据代理成本权衡理论，最优的资本结构表现为（　　）。

A. 股权代理成本最低

B. 债务代理成本最低

C. 股权融资代理成本等于债务融资代理成本

D. 股权融资的边际代理成本等于债务融资的边际代理成本

5. 本德和沃德认为企业在不同产品生命周期，其融资方式应该是（　　）。

A. 公司引入期时应以负债融资为主
B. 公司成长期时应以负债融资为主
C. 公司成熟期时应以负债融资为主
D. 公司衰退期时应以负债融资为主

◆ **多项选择题**

1. 如果一家公司正在考虑一项资本支出，为了降低经营杠杆，以确保一个适宜的总杠杆系数，则公司可以采取的措施有（　　）。

A. 提前偿债　　B. 股票回购
C. 债权换股权　　D. 股权换债权
E. 发行新的债务用于回购公司股票

2. 在委托代理关系下，股东可能损害债权人利益的行为主要指（　　）。

A. 资产替代　　B. 资产出售
C. 债权侵蚀　　D. 债权转让
E. 股权置换

3. 下列各项中，属于负债融资有利因素的有（　　）。

A. 利息减税作用　　B. 保持控制权
C. 提高财务弹性　　D. 融资成本相对较低
E. 债务融资给市场传递的消息好于股票融资

4. 在信息不对称的情况下，管理层向市场传递有关公司前景的好消息的方法主要有（　　）。

A. 公司可承担未来大量的债务偿付义务
B. 掌握内部信息的经理对项目进行增量投资
C. 发行长期债务优于短期债务
D. 发行股票融资优于债务融资
E. 可转换债券融资优于纯债券融资

5. 迈尔斯把公司资产分为当前业务和增长机会，在下列各项表述中，正确的有（　　）.

A. 当前业务附属担保价值高　　B. 增长机会附属担保价值低
C. 债务融资支持当前业务　　D. 股票融资支持增长机会
E. 债务融资支持增长机会

◆ **判断题**

1. 公司经营杠杆用于衡量经营风险，经营杠杆系数恒大于1。（　　）

2. 破产直接成本的预期现值包含在公司的借款成本中，破产成本最终由债权人承担。（　　）

3. 从控制权的角度出发，对债务契约而言，如果公司经营者能按期还本付息，则经营者拥有公司的控制权，如果公司到期不能还本付息，则债权人可以行使控制权接管公司。（　　）

4. 在信息不对称的条件下，发行新股后的公司价值比信息对称条件下发行新股后的公司价值要高。（　　）

5. 与股票发行的信号效应不同，投资者一般把股票回购视为正的信号。（　　）

◆ 讨论/思考题

1. 格雷厄姆（2000）[1] 通过案例和大样本考察债务对公司价值的影响，研究发现：(1) 一般公司利息抵税价值为公司市场价值的9.7%；(2) 大型、盈利良好、流动性好、处于稳定行业、面临更小的破产成本的公司债务政策较为保守，大约有44%的公司即使将其抵税利息支出提高1倍，也不会导致边际税率下降，仍能获得利息的抵税功能。你认为美国公司为什么采取如此保守的债务政策？是因为公司宁愿支付更多的税费，也不愿意获得更多的利息抵税价值，还是因为资本结构还存在许多到目前为止的不解之谜？

2. M-M采用无套利分析方法，阐述了资本结构、资本成本与公司价值三者之间的关系，这一理论的假设（资本市场是完美的）与现实世界不相符，为什么人们仍认为M-M理论对公司财务理论具有革命性突破？

关于M-M理论，米勒在一次访谈中曾经这样描述：人们常常问，你能总结一下你的理论吗？我说，如果你能理解下面我要讲的事情为什么是一个玩笑，你就能理解M-M理论。比萨送货员在约吉·贝拉（美国著名的棒球运动员）比赛结束后来到他面前，问道："约吉，你想怎样切比萨饼，是切成4份还是8份？"约吉回答道："还是切成8份吧，我今晚太饿了。"大家都知道这是一个玩笑，显然，比萨份额的多少和形状不会影响比萨的大小。请你根据"比萨分割"这一比喻说明股票、债券对公司价值的影响。

3. 在讨论/思考题2中，米勒曾用比萨的比喻来描述完美资本市场中的M-M理论：不管怎样分割比萨，你拥有的比萨总量都相同。现将这种类比扩展到考虑公司所得税的情形，你认为结论会发生什么变化？假设比萨店投资额为100万元，投入资本收益率为30%。现分两种情况进行说明：(1) 比萨店投资额的100%来自股东；(2) 比萨店投资额的50%来自股东，50%来自债权人，利率为10%。假设所得税税率为0，说明不同融资方式对比萨店收益分配的影响。假设所得税税率为50%，重新计算说明不同融资方式对比萨店收益分配的影响。

4. 2001年2月27日，宜昌市中级人民法院裁定猴王集团公司破产。至此，负债高达23.96亿元，涉案标的为14亿元的猴王集团公司宣布破产还债。猴王集团公司2000年资产负债表显示，截至2000年11月底，资产为24.26亿元，负债为22.45亿元，净资产为1.81亿元，但到12月底资产骤减至3.71亿元，负债增至23.96亿元。一个月内资产缩水近21亿元。请查询相关资料，说明猴王集团公司破产清算中的问题以及对投资人的影响。

5. 假设ABC公司为无负债公司，一年后基于公司新策略的成功与否，公司的市值将为1 000万或500万元。目前，投资者认为公司新策略成功与失败的概率相等，但CEO知道新策略成功的概率较大。那么，公司发行债券250万元或550万元，会向市场传递何种信号？

◆ 计算分析题

1. XYZ公司年销售额为600万元，变动成本率为68%，全部固定成本和费用为

---

① Graham, John R. How Big Are the Tax Benefits of Debt? Journal of Finance, 2000, 55: 1901-1941.

120万元，总资产为500万元，资产负债率为40%，负债的平均成本为8%，公司所得税税率为25%。该公司拟改变经营计划，追加投资200万元，使得每年固定成本增加20万元，并使销售额增加20%，变动成本率降至60%。

要求：

(1) 如果投资所需资本通过追加股权资本取得，计算净资产收益率、经营杠杆系数、财务杠杆系数和总杠杆系数。

(2) 如果投资所需资本以10%的利率借款取得，计算净资产收益率、经营杠杆系数、财务杠杆系数和总杠杆系数。

2. ABC公司的有关资料如表8-28所示。

表8-28 财务数据 单位：万元

项目	金额	项目	金额
收入	6 000	债务	1 200
成本	4 500	股东权益	8 800
息税前利润	1 500	总计	10 000

ABC公司正在考虑将资本结构中的债务比率增至60%（假设通过发行债券回购股票改变资本结构，资本总额保持不变）。目前股票以账面价值每股25元交易，发行债券前后的利率均为9%，公司所得税税率为25%。

要求：

(1) 如果债务比率提高到60%，公司需发行多少新债回购股票？

(2) 计算发行新债回购股票前后的普通股股数。

(3) 计算资本结构改变前后的每股收益。

(4) 计算资本结构改变前后的财务杠杆系数。

(5) 如果息税前利润下降5%，计算资本结构改变前后的每股收益。

3. NFA航空公司刚刚被兼并组成新公司，其新董事会正尽力解决最佳资本结构问题。新公司计划在本地区和周围的小城市之间提供通勤飞行服务。目前，NFA航空公司所得税税率为25%。NFA航空公司的业主认为，如果不借债的话，公司股票总账面和市场价值将为1 000万元。

CNA航空公司刚刚成立几年，该公司与NFA航空公司的经营风险大体相同。CNA航空公司股票β系数为2.2，公司市场价值的债务比率（总负债/总资产）是50%，所得税税率为40%。

假设本题满足M-M理论的假设条件。

要求：

(1) 根据CNA航空公司确定的股票β系数，评估一家不举债公司股票的β系数。

(2) 假设$r_f=8\%$，$r_m=12\%$，计算一家不举债的航空公司要求的必要收益率，以及这类公司的经营风险溢价。

(3) NFA航空公司正在考虑三种资本结构方案：A.举债200万元；B.举债400万元；C.举债600万元。计算这三种不同债务水平下的财务风险溢价、公司股权资本成本。

（4）假设NFA航空公司的所得税税率改为40%，计算公司在举债600万元时的股权资本成本和财务风险溢价，并将所得结果与（3）中的结果进行比较（假设税率的提高使V_U降至800万元）。

4. MMB公司是一家没有债务，市值为1亿元的制造公司，它正在考虑从银行借入4 000万元进行股票回购。假设债务的利率为7%，公司所得税税率为25%。

要求：

（1）估算债务融资每年的利息抵税额。

（2）假设这一债务变化是永久性的，估算利息抵税额的现值。

（3）假设这一债务仅存在10年，估算利息抵税额的现值。

（4）如果明天利率降至5%，而债务本身是固定利息，则利息抵税的现值会发生什么变化？假设期限为10年。

（5）假设MMB公司预计下一年产生的公司自由现金流量（FCFF）为400万元，此后FCFF预计每年按5%的比率增长。假设MMB公司的股权资本成本为10%。如果公司维持50%的目标债务/股权比率，公司利息抵税的现值为多少？

5. NAD公司是一家无负债公司，其每年的息税前利润为200万元，公司所得税税率为30%；市场价值（$V+E$）为1 200万元，股票β系数为1，无风险利率为6%，市场风险溢价为6.5%；管理层正在考虑发行债务回购股票，公司规模依然保持不变，债务无违约时的利率为8%。因为利息可以抵税（假设债务抵税符合M-M理论），所以发行债务回购股票会增加公司价值，但也会发生破产成本。公司的分析师估算得出任何破产成本的现值为800万元。在表8-29中，破产的可能性还会随着杠杆的增加而增加。

表8-29 NAD公司破产概率

债务（万元）	破产的可能性（%）
250	0.00
500	8.00
750	20.50
800	30.00
900	45.00
1 000	52.50
1 250	70.00

要求：

（1）计算无负债股权资本成本和公司资本成本。

（2）计算考虑破产成本时最优资本结构的负债规模。

（3）计算最优资本结构时的公司价值。

6. ABM公司当前的财务状况如表8-30所示。

表 8-30　ABM 公司当前财务状况　　单位：元

债务价值（账面价值=市场价值）	1 000 000
股东权益的市场价值	5 257 143
销售额（过去 12 个月）	12 000 000
变动经营成本（销售额的 50%）	6 000 000
固定经营成本	5 000 000
所得税税率	40%

在当前的债务水平下，债务成本为 8%，股权资本成本为 10.5%。管理层认为公司目前的负债率过低，要求财务经理考虑是否增加 100 万元债务回购股票。经估算，负债增至 200 万元，利率将增至 9%，股权资本成本将增至 11.5%。原来的债务利率（8%）仍保持不变并优先于新债，旧债尚未偿还，市场价值为 100 万元。公司为零增长公司，收益全部作为股利分配。

要求：

(1) 分析公司是否应增加债务至 200 万元。

(2) 如果公司决定将债务增至 300 万元，新增 200 万元债务的成本是 12%，股东权益资本成本将增至 15%，原有利率 8% 的债务继续持有，其市场价值仍是 100 万元。公司将选择何种债务水平：100 万元、200 万元还是 300 万元？

(3) 公司股票的市场价值最初是每股 20 元，计算在债务水平分别是 200 万元和 300 万元时新的均衡股票价格。提高债务水平而回购股票后的新的均衡股票价格按下式计算：

$$P_1=\frac{\text{公司价值(股票回购后)}-\text{债务的初始值(回购前)}}{\text{初始普通股股数(回购前)}}$$

(4) 计算公司在债务水平分别是 100 万元、200 万元、300 万元时的每股收益。假设公司将收益全部用于股利分配，如果你发现每股收益随着债务的增多而升高，这是否意味着公司应选择 300 万元或更高的债务水平？

(5) 如果公司利用更多的负债，且旧债券并不优于新债券，旧债券的价值将发生什么变化？

7. MST 公司是一家生物制药公司，拟将研究开发的新产品投入市场。管理层预测，如果新产品成功，一年后公司价值为 200 亿元；如果新产品失败，公司价值将只有 120 亿元。假设公司的融资方式有两种：(1) 股权融资；(2) 混合融资，一年后需偿还到期债务 140 亿元，如表 8-31 所示。

表 8-31　新产品价值预测　　单位：亿元

项目	股权融资（无负债）		混合融资（股权+债务融资）	
	成功	失败	成功	失败
债务价值			140	120
股权价值	200	120	60	0
公司价值	200	120	200	120

假设新产品成功与失败的概率相等，并且资产创造的现金流与经济状况无关，新产品的系统风险等于0，因此，资本成本等于无风险利率，假设无风险利率为6%。

要求：

(1) 计算不考虑破产成本时不同融资方式的公司价值。

(2) 假设破产成本为破产前公司价值的20%，计算考虑破产成本时的公司价值。

(3) 计算破产成本或财务危机成本现值。

8. TCK公司目前的简易资产负债表、简易利润表如8-32和表8-33所示。

表8-32 TCK公司简易资产负债表 单位：万元

资产		负债和股东权益	
固定资产	1 700	长期债券	1 000
流动资产	300	股东权益	1 000
合计	2 000	合计	2 000

表8-33 TCK公司简易利润表 单位：万元

销售收入	1 000
销售成本	400
折旧	100
息税前利润	500
长期债券利息	80
税前利润	420
税收	105
税后利润	315

公司的债券为20年的长期债券，息票率为8%，以90%面值的价格出售（这些债券的到期收益率为9%），公司的市盈率为9，β系数为1.15，国债利率为6%，市场风险溢价为6.5%，所得税税率为25%。

要求：

(1) 计算公司目前的加权平均资本成本。

(2) 假设TCK公司的经营者比较保守，正在考虑发行200万元的新股，回购200万元的债务。该行为使公司的债务到期收益率下降1个百分点。

1) 计算公司新的加权平均资本成本。

2) 计算发行股票回购债券后的资本成本和公司价值。

9. 英特尔公司息税前利润为34亿元，所得税税率为25%。目前公司未清偿债务为150亿元，股权市场价值为510亿元。股票β系数为1.25，债务税前资本成本为6.8%。国债利率为5%，市场风险溢价为6.5%。假设公司正在考虑将负债率快速增至60%，在此水平上债务等级为C，税前利率为12%。

要求：

(1) 估计目前的资本成本。

(2) 假设所有债务按照新的市场利率重新融资，计算在60%的债务水平上的利息支出。说明能否获得全部税收优惠及原因。

(3) 估计在60%的债务水平上的资本成本。

(4) 如果公司达到60%的债务比率，计算公司的价值及其变化。

10. 你被ABF公司聘请为财务顾问，并对公司债务水平是否合适进行评估，目前收集到的公司有关信息如下：

(1) 发行股票100 000股，每股价格为20元，股票的β系数为1.15。

(2) 公司未清偿债务为500 000元，目前信用等级为BBB；BBB级债券利率为7%，国债利率为5%。

(3) 公司的边际税率为25%。

你进一步收集了债务增加对公司信用等级影响的数据，如表8-34所示。

表8-34 债务信用等级与利率

债务的增加（除现有的500 000元外）	新的等级	利率
500 000	BB	7.5%
1 000 000	B	8.5%
1 500 000	B−	10.5%
2 000 000	C	11.0%

要求：

(1) 计算公司应当承担的额外债务。

(2) 计算债务增加前后的加权平均资本成本。

(3) 计算公司承担新的债务之后的每股价格。

(4) 假设你正在考虑一个投资项目，每年可以产生下列收益（持续到永久），项目的风险与目前公司资产风险相近，如表8-35所示。如果该项目需要450万元的投资，它的净现值为多少？

表8-35 利润表 单位：元

销售收入（每年）	1 000 000
销售成本	400 000
其中：折旧	100 000
息税前利润	600 000
利息	35 000
税前利润	565 000
所得税	141 250
税后利润	423 750

11. NBS公司最近为一系列的问题所困扰，陷入了财务危机的困境，能否支付其发行的债券也很成问题，如果公司现在破产，公司的普通股股东会一无所得。虽然公司的财源有限，但其现金流量（主要来自折旧）足以承担两个互斥项目中的一项投资，这两个项目的投资额各为1.5亿元，预期寿命为10年。这些项目的市场风险相同，但由收益的离散程度衡量的总风险不同。各项目每年的税后现金流量如表8-36所示。

表 8-36　投资项目现金流量　单位：万元

概率	A项目	B项目
0.5	3 000	1 000
0.5	3 500	5 000

假设两个项目的风险等于公司所有项目的平均值，公司的加权平均资本成本为15%。

要求：

(1) 计算各项目的预期年现金流入量。

(2) 计算两个项目的现金流量标准差，说明哪一个项目的总风险较大。

(3) 分别计算两个项目在不同概率条件下的净现值，以及加权平均的净现值。

(4) 如果你是公司的股东，会选择哪个项目？为什么？

(5) 债券持有者希望经理选择哪个项目？为什么？

(6) 如果决策引起利益冲突，为了防止公司做出不利于债券持有者的决策，债券持有者有何保护措施？

(7) 谁来承担保护措施的成本？这与公司负债和最优资本结构有什么关系？

12. XYZ公司无负债，其财务状况如表8-37所示。

表 8-37　XYZ公司财务状况

资产（账面价值=市场价值）(元)	3 000 000
息税前利润（元）	500 000
股权资本成本（%）	10
股票价格（P_0）(元)	15
流通股数（n）(股)	200 000
税率（%）	25

公司正考虑发行债券的同时回购部分股票。如果公司负债为900 000元，与风险相对应，股东要求的收益率即股权资本成本将增加至10.66%。债券可以按7%的利率发行。XYZ公司是零增长公司，其全部收益用于股利分配，并且假设收益在各期保持不变。

要求：

(1) 分析采用这一财务杠杆会对公司价值产生的影响。

(2) 发行债券回购股票后公司的股价将是多少？股票回购后价格按下式计算：

$$P_1=\frac{\text{公司价值(股票回购后)}-\text{债务的初始值(回购前)}}{\text{初始普通股股数(回购前)}}$$

(3) 根据(2)计算回购股数，分析资本结构调整会对公司每股收益产生的影响。

(4) 假设最初给出的500 000元息税前利润是下列概率分布的期望值，如表8-38所示。在债务为0、债务为900 000元的水平下，公司每股收益的概率分布各是多少？哪一种分布风险更高？确定每种负债水平下利息保障倍数的概率分布，并说明在哪一个概率下900 000元债务的利息可能得不到补偿。

表 8-38 XYZ公司息税前利润概率分布

概率	息税前利润（元）
0.1	−100 000
0.2	200 000
0.4	500 000
0.2	800 000
0.1	1 100 000

◆ 案例分析

1. XYZ公司上年的息税前利润为500万元，假设息税前利润每年保持不变。由于公司没有资本扩张计划，公司的收益全部用于股利分配。公司管理层持有50%的公司股票，公司股票目前在场外市场进行交易。目前管理层正在考虑是否进行负债经营，并让你拟定一个计划。

你在"公司理财"课程中学过一些有关资本结构、资本成本和公司价值的理论，于是向你的上司解释举债经营可以带来杠杆利益和抵税效应，为股东带来更多的财富。如果公司没有资本扩张需求，可以通过发行债券回购股票的方式改变资本结构。你的上司听到你的想法后，让你拟定一个发行新债回购股票的计划，并将这个计划呈报公司董事会。为此，你从投资银行收集了不同债务水平下的债务资本成本和股权资本成本，有关数据如表8-39所示。

表 8-39 不同债务水平下的债务资本成本和股权资本成本

债务（万元）	债务资本成本	股权资本成本
0		13.00%
250	7.00%	13.50%
500	8.00%	14.50%
750	9.00%	16.00%
1 000	12.00%	18.00%

假设公司发行新债回购股票，公司价值保持不变；假设公司所得税税率为25%。

要求：

(1) 你将运用什么理论或模型调整XYZ公司的资本结构？M-M资本结构理论是否适用于XYZ公司的资本结构调整？

(2) 假设在零负债的基础上，公司发行债券回购股票的数额分别为250万元、500万元、750万元，其股票价格分别为多少？在每种负债水平下流通在外的股票有多少？公司最佳资本结构是什么？

(3) 假设XYZ公司当前的债务总额（D）为250万元，公司发行新债250万元回购股票，则公司的股价是多少？发行新债后，对旧债券价值有什么影响？

(4) 计算不同债务水平（D=0万元/250万元/500万元/750万元）下的每股收益，假设公司的初始债务等于0，并通过单一步骤进行资本结构调整以达到每一债务水平。股票价格最高时的债务水平是否也是使每股收益达到最大的债务水平？

(5) 公司在每一债务水平下的加权平均资本成本与股票价格有什么关系？

(6) 假设你发现XYZ公司的经营风险高于你的预期，这会影响前面关于资本结构调整的分析吗？如果XYZ公司的经营风险低于你的预期，将如何影响资本结构调整？

(7) 在上述分析的基础上，你还收集了XYZ公司与同行业竞争者的相关数据，如表8-40所示。

表8-40　XYZ公司与行业竞争者的相关数据

比率（%）	XYZ公司	其他竞争者
债务/股权比率	0	15
EBIT波动率	20	30
EBIT/公司市场价值	28	20
税率	25	15

在考虑每个变量的基础上，直观地解释你是否预期公司与其他竞争者相比有更多或更少的债务，为什么？

与此同时，你对在股票交易所上市的公司的债务/股权比率和这些变量进行回归，结果如下：

$$\text{债务/股权比率}=0.10-2.8\times EBIT\text{的方差}+2.0\times EBIT/\text{市场价值}+0.3\times\text{税率}$$

根据回归模型，你预期公司的债务/股权比率是多少？负债率是多少？

(8) 根据公司当前的股价，发行债务回购股票是一个好的调整方式吗？为什么？公司的主管可能会提出哪些问题？在你的分析中有没有考虑这些问题？影响资本结构的因素有哪些？

2. 反映中国A股上市公司偿债能力的时间序列指标如表8-41所示。2000—2018年，上市公司资产负债率在45.96%～89.89%的范围内波动，平均值为76.85%，这表明中国上市公司资产负债率偏高，偿债能力较弱。在资产构成中，流动资产与总资产的比率在22.83%～53.56%之间波动，平均值为40.02%。在负债构成中，流动负债与总负债的比率在48.94%～73.59%之间波动，平均值为65.83%，这表明中国上市公司的负债主要由短期负债构成。从反映短期偿债能力的指标看，流动比率在0.98～1.37之间波动，平均值为1.12%；速动比率在0.61～1.06之间波动，平均值为0.75。

表8-41　上市公司偿债能力时间序列指标（%）

年份	资产负债率	流动资产/总资产	流动负债/总负债合计
2000	45.96	35.21	59.05
2001	48.96	30.35	63.60
2002	48.77	28.03	61.42
2003	68.18	26.80	61.72
2004	69.32	26.87	60.83
2005	71.26	25.65	60.29
2006	89.89	22.83	58.36

续表

年份	资产负债率	流动资产/总资产	流动负债/总负债合计
2007	83.49	40.85	73.59
2008	84.16	41.88	73.03
2009	85.11	44.85	70.71
2010	85.81	47.99	71.20
2011	85.77	49.79	72.51
2012	85.80	46.50	65.72
2013	85.76	46.51	65.57
2014	85.23	37.77	48.94
2015	84.63	49.93	70.08
2016	84.63	51.75	70.08
2017	83.86	53.27	71.68
2018	83.56	53.56	72.37
平均值	76.85	40.02	65.83
最大值	89.89	53.56	73.59
最小值	45.96	22.83	48.94

资料来源：Wind 资讯（按整体法计算）.

为说明上市公司有息债务情况，图 8－12 描述了负债与归属母公司股东权益的比率时间序列，如果将企业的债务分为带息债务和无息债务（主要指商业信用），可以发现，在 2000—2018 年间，带息债务占归属母公司股东权益的比率明显低于全部债务（带息债务加无息债务）占归属母公司股东权益的比率，这表明公司债务中大部分由商业信用等无息债务构成。从变化走势看，带息债务占归属母公司股东权益的比率在各期间较平衡，债务总额占归属母公司股东权益的比率在 2005 年后有较大幅度提高，之后这一比率较为稳定。

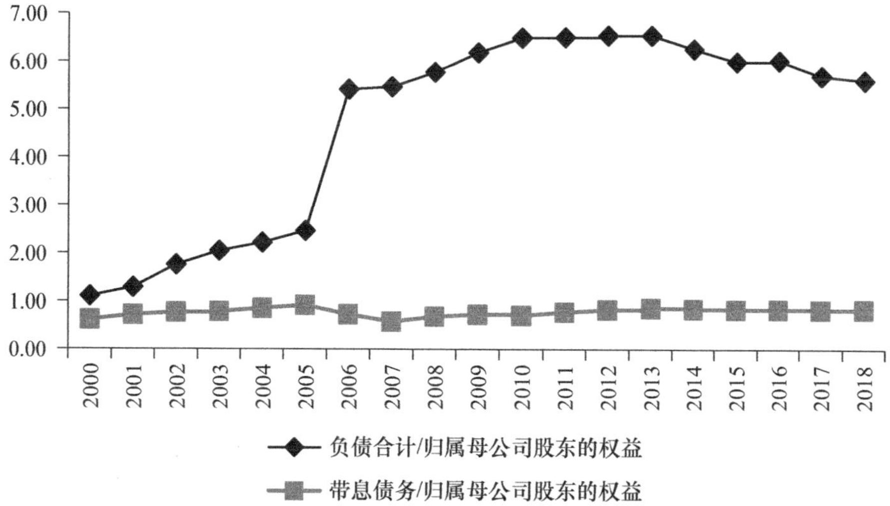

图 8－12　负债与归属母公司股东权益的比率时间序列（2001—2018 年）

资料来源：Wind 资讯（按整体法计算）.

范博宏、谢里登·蒂特曼和加里·推特（Joseph P. H. Fan，Sheridan Titman and Garry Twite，2012）在对39个国家1991—2006年公司资本结构的研究中发现，在此期间这些国家的公司资产负债率（即负债总额÷公司市场价值，其中，公司市场价值=股票市场价值+负债账面价值+优先股账面价值）的平均值为29%，中位数为0.22；这39个国家的公司长期负债率（即长期负债÷负债总额）的平均值为53%，中位数为0.34。

要求：

(1) 根据表8-41和图8-12描述的中国A股上市公司长短期偿债能力情况，从成本与风险的角度分析A股上市公司负债期限结构、有息债务与全部债务等指标的特点。

(2) 说明中国与其他国家上市公司债务结构的区别。

第 9 章

股利政策

从 1976 年布莱克提出“股利之谜”，到 2001 年法马和弗伦奇提出“消失的现金股利之谜”，经济学家做出了种种解释，迄今仍未达成共识。观察股利政策的实践，可以发现公司收益的分配方式各不相同。美国通用汽车公司多年来一直奉行稳定的股利政策，1982 年对其股票进行分割，并把股利从每股 5 元上升到每股 6 元，这一决定的宣布使公司的股价上涨了 5%。微软公司 1986 年上市，直到 2003 年才开始分红，2004 年 7 月公司宣布向在册股东一次性派发现金股利 320 亿美元，同时计划在以后的 4 年内回购股票，价值 300 亿美元。但许多公司不断降低股利支付率，甚至很少支付现金股利。据投资银行 Morgan 估计，美国 500 家最大公司的股利支付率已从 1990 年的 50%以上降至 30%左右，即所谓的“股利消失”现象。作为现金股利的替代方式，股票回购起源于 20 世纪 50 年代的美国，在 1970 年后快速发展。20 世纪 70 年代，美国政府为扭转经济下行态势，限制上市公司发放现金股利，使得股票回购增加，回购成为发放股利的主要形式。在 2018 年，美股标准普尔 500 指数成分股回购规模与其走势趋同，刷新历史高位。2018 年上半年，美国上市公司宣布了约 6 800 亿美元的股票回购，超过 2017 年 5 300 亿美元的纪录。与此相同，中国 A 股公司回购规模近年逐渐扩大，2018 年全年 A 股回购规模达 617.02 亿元，远超 2017 年全年水平。商业贸易板块回购规模领先，美的集团、永辉超市等个股回购额居前。美股和 A 股股票回购公司均表现出较高盈利能力且相对估值水平较低，股票回购公司营业收入增速、净利润增速高于整体水平。

通过本章的学习，可以掌握现金股利与股票股利的动机；熟悉股票回购与股票分割对公司价值和投资者收益的影响；了解股利政策无关论和税收差别理论的基本思想；理解股利政策与公司价值、税收、代理成本、交易成本等基本思想；掌握股利政策的决定因素和实务中的基本做法。

9.1 股利支付方式

9.1.1 现金股利

股利作为股东的一种财产权利，是股东获取投资报酬的重要形式之一。现金是公司最常采用的股利支付形式。一旦公司宣布发放股利，股利就会成为公司一项不可撤销的负债。

根据珠海格力电器股份有限公司（简称格力电器）2020 年 11 月 6 日发布的 2020 半年度 A 股权益分派实施公告，公司将以 592 154.621 6 万股为基数，每股派发现金股利人民币 1 元（含税），共计派发现金红利约人民币 592 154.621 6 万元（含税）。本次分红的股权登记日为 2020 年 11 月 11 日，股权除权日为 2020 年 11 月 12 日，股利派发日为 2020 年 11 月 12 日。

（1）股利宣告日（declaration date），是指董事会宣告发放股利的日期。格力电器的股利宣告日为 2020 年 11 月 6 日。

（2）股权登记日（holder-of-record date），是指确定股东是否有资格领取股利的截止日期。只有在股权登记日之前登记注册的股东才有权分享股利。在本例中，如果格力电器的股东将其股票卖给另一位投资者，而且在股权登记日 2020 年 11 月 11 日下午 5：00 之前办妥所有权转移手续，这位新股东就可以得到股利。但是如果股票所有权转移手续是在 2020 年 11 月 12 日当天或以后才办好，则卖出股票的股东将收到股利。

（3）除息日（ex-dividend date），是指领取股利的权利与股票彼此分开的那一日。由于股票的买卖过户需要一段时间，按照国际惯例，如果股票的所有权转移发生在股权登记日往前算起的第二个工作日之后，则卖方仍为股票持有人，有权享有股利；只有股票所有权的转移手续在股权登记日的前两个工作日以前办好，买方才能成为股票持有人并有权享有股利。与国际惯例不同，在我国，通常直接将股权登记日后的第一天作为除息日，这一天或以后购入该公司股票的股东不再享有该公司此次分红配股。

（4）股利支付日（payment date），是指公司向股东发放股利的日期。本例中，格力电器只有在 2020 年 11 月 12 日才会将股利划给名字已列入股权登记日股东名册的股东账户。股利支付日可以与除息日为同一天，也可以是除息日之后的某一天。

公司宣告发放现金股利后，股票价格通常在除息日下跌，如图 9－1 所示。

在既无税收又无交易成本的理想世界里，股票价格下跌额应等于股利额。如果除息日之前股票价格等于 $P+Div$，那么除息日或除息日之后股票价格等于 P。实证研究表明，由于个人所得税的影响，股票价格的下跌额将小于股利额。

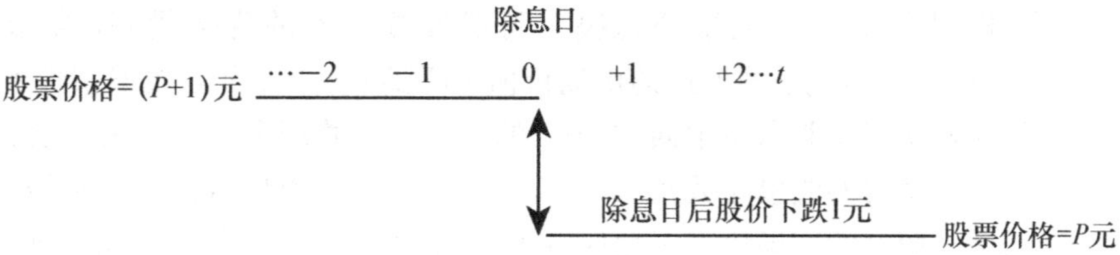

图 9-1　除息日前后股票价格（理想世界）

9.1.2　股票回购

向投资者支付现金股利的替代方式是股票回购，即上市公司利用现金等方式，从市场上购回本公司发行在外的一定数量的股票的行为。一般情况下，公司在回购完成后会将所回购的股票注销。其他情况下，公司将回购的股票作为库存股保留。在我国，库存股可以用于发行可转债、实施员工持股计划或者股权激励等，也可以在需要的时候出售以增加公司的资金。

［**例 9-1**］假设 ABC 公司流通在外的普通股股数为 100 000 股，每股市价为 10 元。假设有两种股利分配方式：（1）每股发放 1 元的现金股利；（2）以每股 10 元的价格回购 10%的股票。在无税收、无交易成本的理想世界里，发放现金股利、股票回购前后的资产负债表如表 9-1 所示。

表 9-1　ABC 公司发放现金股利与股票回购　　单位：元

资产		负债和股东权益	
A. 股利分配前资产负债表			
库存现金	150 000	负债	0
其他资产	850 000	股东权益	1 000 000
合计	1 000 000	合计	1 000 000
流通在外普通股股数	100 000		
每股市价	10		
B. 发放现金股利后资产负债表			
库存现金	50 000	负债	0
其他资产	850 000	股东权益	900 000
合计	900 000	合计	900 000
流通在外普通股股数	100 000		
每股市价	9		
C. 股票回购后资产负债表			
库存现金	50 000	负债	0
其他资产	850 000	股东权益	900 000
合计	900 000	合计	900 000
流通在外普通股股数	90 000		
每股市价	10		

根据表 9－1，如果公司决定每股发放 1 元的现金股利，需要支付现金 100 000 元，由此公司资产的市场价值下降到 900 000 元，每股市价下降到 9 元。如果公司从现有股东手中回购 10%的股票，随着现金支出和公司资产市值的减少，公司持有的股票股数减少为 90 000 股，资产市值减少与流通股股数减少相互抵消，股票的市场价格仍然保持 10 元的水平。上述分析表明，现金股利政策和股票回购政策是相同的。在这两种方式下，公司都需要支付一定数额的现金给股票的持有者，不论是以现金的形式发放股利，还是以现金的形式回购股票，其结果都使公司总资产减少了 100 000 元。

对投资者来说，无论是收到现金股利，还是出售股票获得现金，其财富价值都没有发生变化。假设投资者 A 在股利分配前持有 1 000 股价值 10 000 元的 ABC 公司的股票，发放现金股利后，他可以得到 1 000 元的现金（股利）和 1 000 股价值 9 000 元的股票。如果公司采取股票回购方式，投资者 A 在股票回购前持有 1 000 股该公司的股票，占公司股票总数的 1%。如果他将手中 10%的股票 100 股出售给该公司，其所占的股数仍然为 1%，这时该投资者的收入包括 1 000 元的现金收入和 900 股价值 9 000 元的该公司股票。

假设不考虑税收因素（股票回购收益缴纳资本利得税，其税率通常不等于股利所得税税率），现金股利和股票回购并不影响投资者财富价值的大小，如表 9－2 所示。

表 9－2　现金股利与股票回购对投资者财富的影响　　单位：元

项目	发放股利	股票回购
股利分配前价值	10×1 000=10 000	10×1 000=10 000
股利分配后价值		
现金（股利或股票回购）	1×1 000=1 000	10×100=1 000
股票市场价值	9×1 000=9 000	10×900=9 000

在实务中，采用现金回购流通在外的股票主要有三种方式：

（1）公司像普通投资者一样按照公司股票当前市场价格购买自己的股票。在这种公开市场回购中，公司无须披露其购买身份，因此，股票卖方根本无法判断其股票是回售给公司还是其他投资者。

（2）要约回购。公司向所有股东宣布将以某一价格回购一定数量的股票，这个价格一般比目前市场价格高出 20%，以吸引股东卖出他们的股票，股东可以选择是否接受。例如，假设 ABC 公司发出要约，将以每股 12 元的价格回购 10 000 股流通在外的股票。实际上，如果要约价格足够高，股东打算卖出的股票数量就会多于 10 000 股。在极端情况下，所有流通在外的股票都接受要约，此时 ABC 公司将按 10∶1 的比例回购股票。另一种情况是，如果公司并未收购足够的股份，那么要约可以撤销。与要约收购有关的另一种方法就是荷兰式拍卖（Dutch auction），此时，公司将公布一系列准备回购股票的价格，股东则投标宣布在每一个价格下愿意卖出股票的数量，公司进而选择能够实现既定目标的最低价格。

(3) 目标回购。在这种情况下，公司向特定股东回购一定数量的股票。采用这种方法可能出于以下原因：向个别大股东回购股票的价格通常要低于要约回购的价格，法律费用较低；另外，回购大股东的股票还可以避免对管理层不利的收购兼并。

从管理层而言，公司采取股票回购的方式主要有以下目的或动机。

第一，用于公司兼并或收购。在收购或兼并的场合，产权交换的支付方式无非为现金购买或以股票换股票两种。如果公司有库存股票，即可使用公司本身的库存股票来交换被并购公司的股票，由此可以减少公司的现金支出。

第二，满足可转换条款和有助于认股权的行使。在公司发行可转换证券或附认股权证的情况下，公司通过回购股票，即可使用库存股票来满足认股权证持有人以特定的价格认购股票，以及可转换证券持有人将其转换成普通股的要求，而不必另行发行新股。

第三，建立企业职工持股制度的需要。公司以回购的股票作为奖励优秀经营管理人员、以优惠的价格转让给职工的股票储备。

第四，改善公司的资本结构。如果公司认为其股东权益所占的比例过大、负债对股权的比例失衡，就有可能对外举债，并用举债获得的现金回购自己的股票，由此实现资本结构的合理化。

第五，分配公司的超额现金。如果公司的现金超过其投资机会所需要的现金，但又没有足够的盈利性投资机会可以使用这笔现金，就有可能采取股票回购的方式，将现金分配给股东。这样，流通在外的普通股股数就会减少，在其他条件不变的情况下，可使每股收益和每股市价提高。

第六，稳定公司股价。股价过低会使人们对公司的信心下降，削弱公司出售产品、开拓市场的能力。在这种情况下，通过回购股票支撑公司股价，有利于改善公司形象，在股价上涨过程中，投资者又重新关注公司的运营情况，公司也有了进一步配股融资的可能。

9.1.3 股票股利

股票股利是指公司将应分给投资者的股利以股票的形式发放。从会计的角度看，股票股利只是资本在股东权益账户之间的转移，而不是资本的运用，即它只不过是将资本从留存收益账户转移到其他股东权益账户，并未改变每位股东的股权比例，也不增加公司资产。

假设 ABC 公司宣布发放 10%的股票股利，股票的市价为每股 10 元，即公司要增发 100 000 股的普通股，现有股东每持有 10 股可收到 1 股增发的普通股。随着股票股利的发放，留存收益中有 1 000 000 元（1 000 000×10%×10）的资本要转移到普通股和资本公积账户。由于面额（1 元）不变，因此，增发 100 000 股普通股，普通股账户仅增加 100 000 元，其余 900 000 元超面额部分则转移到资本公积账户，而该公司股东权益总额不变。发放股票股利前后的股东权益如表 9-3 所示。

表9-3　发放股票股利前后的股东权益　　单位：万元

发放股票股利前的股东权益		发放股票股利后的股东权益	
普通股（1 000 000股，每股1元）	100	普通股（1 100 000股，每股1元）	110
资本公积	100	资本公积	190
留存收益	500	留存收益	400
股东权益合计	700	股东权益合计	700
负债和股东权益总计	1 000	负债和股东权益总计	1 000

就股东而言，股票股利除了使其所持股票增加外，几乎没有任何价值。由于公司的收益不变，其所持股份的比例不变，因此，每位股东所持有股票的市场价值总额也保持不变。如果公司在发放股票股利之后，还能发放现金股利，且能维持每股现金股利不变，则股东因所持股数的增加而能得到更多的现金股利。

对管理层而言，发放股票股利可能出于下列动机和目的：第一，在盈利和现金股利预期不会增加的情况下，股票股利的发放可以有效地降低每股价格，由此可提高投资者的投资兴趣；第二，股票股利的发放是让股东分享公司的收益而无须分配现金，由此可以将更多的现金留存下来，用于再投资，有利于公司长期健康、稳定地发展。

9.1.4　股票分割

股票股利的替代方式是股票分割（stock spilt），是指将面额较高的股票交换成数股面额较低的股票的行为。从会计的角度分析，股票分割对公司的财务结构不会产生任何影响，一般只会使发行在外的股数增加、每股面值降低，并由此使每股市价下跌，而资产负债表中股东权益各账户的余额都保持不变，股东权益合计数也维持不变。

假设ABC公司决定实施股票分割计划，股东每拥有1股，就会收到额外的1股，股票面值从每股1元降到每股0.5元。股票分割前后的股东权益如表9-4所示。

表9-4　股票分割前后的股东权益　　单位：万元

股票分割前		股票分割后	
普通股（1 000 000股，每股1元）	100	普通股（2 000 000股，每股0.5元）	100
资本公积	100	资本公积	100
留存收益	500	留存收益	500
股东权益合计	700	股东权益合计	700

股票股利和股票分割，除了会计处理不同之外，两者基本上相同：（1）两者都没有增加股东的现金流量；（2）都使流通在外的普通股股数增加，且使股票市场价格下降；（3）都没有改变股东权益总额，但前者使股东权益内部发生

了变化，并且必须以当期或留存收益进行股利支付，而股票分割不受此限制，即使公司过去或现在没有留存收益。

就公司管理层而言，实行股票分割的主要目的和动机是：第一，降低股票市价。一般来说，股票价格过高，不利于股票交易活动。通过股票分割降低股价，可以使公司股票更广泛地分散到投资者手中。第二，为新股发行做准备。股票价格过高使许多潜在投资者力不从心而不敢轻易对公司股票进行投资。在新股发行之前，利用股票分割降低股票价格，有利于提高股票的可转让性和促进市场交易活动，由此增加投资者对股票的兴趣，促进新发行股票的销售。第三，有助于公司兼并、合并政策的实施。当一个公司兼并或合并另一个公司时，首先将自己的股票加以分割，可提高对被兼并方股东的吸引力。假设A公司准备通过股票交易实施对B公司的兼并，甲、乙两公司目前股票市场价格分别为50元和5元，根据对对方公司价值的分析，A公司管理层认为以1∶10的交换比率（即10股乙股票换1股甲股票），对于双方都是合理的。但1∶10可能会使B公司的股东心理上难以承受。为此，A公司决定先按1股变5股对本公司的股票进行分割，然后再按1∶2的交换比率实施对B公司的兼并。尽管实质并未改变，但1∶2的交换比率更易于为B公司的股东所接受。

现金股利与股票股利

9.2 股利政策的争论

9.2.1 股利政策无关论

股利政策无关论是由米勒和莫迪利安尼（1961）① 首次提出的，M-M理论认为在完善的资本市场条件下，股利政策不会影响公司的价值。即公司价值由公司投资决策所确定的获利能力和风险组合决定，而不是由公司盈余的分割方式（即股利分配政策）决定的。

M-M理论的基本假设是：（1）公司所有的股东均能准确地掌握公司的情况，对于将来的投资机会，投资者与管理者拥有相同的信息。（2）不存在个人或公司所得税，对投资者来说，无论收到股利还是资本利得都是无差别的。（3）不存在任何股票发行或交易费用。（4）公司的投资决策独立于其股利政策。M-M理论认为，在不改变投资决策和目标资本结构的条件下，无论用剩余现金流量支付的股利是多少，都不会影响股东的财富。在此主要从三个方面进行分析：

第一，如果公司在满足项目投资需要之后，尚有剩余现金 N 元支付股利，股利支付前，股东对公司资产具有 N 元的要求权，股利支付后，一方面公司

① Miller, M. H., Modigliani, F. Dividend Policy, Growth, and the Valuation of Shares. Journal of Business, 1961, 34 (4): 411-433.

“库存现金”账户与“股东权益”账户金额等额减少，另一方面股东在得到 N 元现金后，也丧失了对公司资产相应的要求权。

第二，如果公司没有足够的现金支付股利，股利支付前，它必须增发与股利支付额等同的新股，这可以暂时地增加公司价值，股利支付后，公司价值又回到发行新股前的价值。

第三，如果公司不支付股利，但现有股东希望获取现金股利，那么他们可以通过寻找并出售部分股票给新的投资者换取现金。现有股东在换取现金的过程中，将自己的一部分股权让渡给新的投资者。在完善的市场条件下，新股东购买股票的愿付价格必须与公司股票价值一致。因此，这一活动的结果是新老股东间的价值转移——老股东将自己拥有的一部分资产转让给新股东，新股东则把同等价值的现金交付给老股东，公司的价值保持不变。这种直接交易（股东通过出售股票换取现金）称作自制股利（homemade dividend）。

[例9-2] 假设AS公司预期每年净利润均为1 600万元；公司下一年度资本支出为1 600万元，流通在外的普通股股数为320万股，投资者要求的收益率为20%。假设投资者A拥有该公司股票3 000股，不同股利支付政策对投资者财富的影响分析如下：

（1）公司股利支付率为0，净利润全部用于项目投资，项目投资后公司每年预期现金流量为2 000万元（假设持续经营），公司价值为10 000万元（2 000/20%），新项目公告后每股价格为31.25元（10 000/320），投资者A预期财富价值为93 750元（31.25×3 000）。

（2）公司净利润全部用于股利发放，每股股利为5元（1 600/320），投资者A收到股利15 000元（5×3 000）。为满足项目投资需求，公司需发行新股融资1 600万元。此时，新股东权益占公司价值的比重为16%（1 600/10 000），原股东权益占公司价值的比重为84%。假设新股发行后普通股股数为 N，那么，新股发行数和发行价格计算如下：

$$0.84\times N=3\ 200\ 000(\text{股})$$
$$N=3\ 809\ 524(\text{股})$$
$$\text{新股发行数}=3\ 809\ 524-3\ 200\ 000=609\ 524(\text{股})$$
$$\text{新股发行价}=100\ 000\ 000/3\ 809\ 524=26.25(\text{元})$$

如果AS公司每股股利为5元，且发行新股为项目融资，则投资者A的财富总值为93 750元，其中现金股利为15 000元（3 000×5），股票市场价值为78 750元（3 000×26.25）。

假设市场是完善的，投资者A也可以在资本市场上按每股26.25元出售给购买者（新股东），通过“自制股利”满足其现金需求。公司股利政策对股东财富的影响如表9-5所示。

表9-5 股利支付与股东财富

项目	股利支付率=0	股利支付率=100%
公司现金流量（万元）	2 000	2 000
投资者要求的收益率（%）	20	20
公司价值（万元）	10 000	10 000
流通在外股数（万股）	320	320+60.952 4
每股价格（元）	31.25	26.25
投资者A的财富（3 000股）		
现金股利	0	15 000
股票市场价值	93 750	78 750
合计	93 750	93 750

M-M理论关于股利政策无关的结论是以多种假设为前提的，在现实生活中，这些假设并不存在，因为股票的交易要付出交易成本，发行股票要支付发行费用，管理层通常比外界投资者拥有更多的信息，政府对公司和个人都要征收所得税等。因此，关于股利政策无关的结论在现实条件下并不一定有效。

9.2.2 差别税收理论

差别税收理论是由利曾伯格和拉马斯瓦米（Litzenberger and Ramaswamy，1979）① 提出的。这种观点认为，由于股利收入所得税税率高于资本利得所得税税率，因此，公司留存收益而不是支付股利对投资者更有利。或者说，对这两种所得均需纳税的股东会倾向于选择资本利得而非现金股利。此外，资本利得税要递延到股票真正售出的时候才发生（即当资本利得实现的时候），考虑到货币的时间价值，将来支付1元钱的价值要比现在支付1元钱的价值小，这种税收延期的特点给资本利得提供了另一种优惠。另外，即使股利与资本利得征收的税率相同，实际的资本利得税（以现值为形式）也比股利收益税率要低。这意味着支付股利的股票必须比具有同等风险但不支付股利的股票提供一个更高的预期税前收益率，才能补偿纳税义务给股东造成的价值损失。

［例9-3］ 假设股利所得税税率为20%，资本利得的所得税税率为0。现有A，B两家公司，有关资料如下：A公司当前股票价格为100元，不支付股利，投资者预期一年后股票价格为112.5元。因此股东预期的资本利得为每股12.5元。则股东税前、税后预期收益率均为12.5%。

$$预期收益率=\frac{112.5-100}{100}\times 100\%=12.5\%$$

B公司除在当年年末支付10元的现金股利外，其他情况与A公司相同。扣

① Litzenberger，R. H.，Ramaswamy，K. The Effect of Personal Taxes and Dividends on Capital Asset Prices：Theory and Empirical Evidence. Journal of Financial Economics，1979，7 (2)：163-195.

除股利后的价格为102.5元（112.5－10）。由于B公司股票与A公司股票风险相同，B公司的股票也应当或能够提供12.5%的税后收益率。由于股利需缴纳所得税，因此，为提供与A公司股票相同的税后收益率，必须提高B公司股票税前收益率。在股利纳税、资本利得不纳税的情况下，B公司的股票价格应为多少？

股利所得税税率为20%，股利税后所得为8元（10×80%），B公司股东每股拥有的价值为110.5元（102.5+8）。为了提供12.5%的收益率，B公司现在的每股价值应为预期未来价值的现值，即

$$每股价格=\frac{110.5}{1+12.5\%}=98.22(元)$$

B公司股票的税前收益率为：

$$税前收益率=\frac{112.5-98.22}{98.22}\times100\%=14.54\%$$

上述计算结果表明，B公司股票必须提供比A公司更高的期望税前收益率（14.54%对12.5%）。这一较高的收益率用于补偿纳税义务给股东造成的损失。

表9-6列示了税率差别对两个公司股东收益率的影响。支付现金股利的B公司的税前收益率高于A公司，但由于股利所得税税率高于资本利得税税率，在其他因素（风险）一定的情况下，投资者不论持有A公司股票还是B公司股票，其税后投资收益率都为12.5%。

表9-6 股东投资收益率 单位：元

项目	A公司	B公司
预计明年股价	112.5	102.5
股利	0	10
税前收益	112.5	112.5
当前股价	100	98.22
资本利得	12.5	4.28
税前收益率	12.5%（112.5/100－1）	14.54%（112.5/98.22－1）
股利所得税（20%）	0	2
资本利得税（0）	0	0
税后收益	12.5	12.28
税后收益率	12.5%（12.5/100）	12.5%（12.28/98.22）

除股利所得税税率与资本利得税税率之间的差异外，有关学者还研究了关于投资、股利和税收之间的关系，分析了不同税收等级的投资者对股利支付率的不同要求。为分析方便，假设：(1) 公司支付的有效边际税率 $T_c=40\%$；(2) 个人对股利收益支付不同的个人所得税，承担较高税率的股东的个人所得税税率 $T_{ph}=50\%$，而承担较低税率的股东的个人所得税税率 $T_{pl}=20\%$；(3) 资本利得税税率 $T_g=0$；(4) 国税局以向股利支付征税的相同方式对定期

的公司股票回购征税；(5) 没有债务；(6) 对实物资产的投资获得 $r=18\%$ 的税前利润。

在上述假设条件下，对于承担较高税率的股东而言，收到的股利的税后收益率为：

$$r(1-T_c)(1-T_{ph})=18\%\times(1-40\%)\times(1-50\%)=5.4\%$$

如果这笔资本由公司留存，要获得相同的税后收益率所要求的税前收益率为：

$$r(1-T_c)=5.4\%$$
$$r=9\%$$

对于承担较低税率的股东而言，收到的股利的税后收益率为：

$$r(1-T_c)(1-T_{pl})=18\%\times(1-40\%)\times(1-20\%)=8.64\%$$

如果这笔资本由公司留存，要获得相同的税后收益率所要求的税前收益率为：

$$r(1-T_c)=8.64\%$$
$$r=14.4\%$$

上述分析表明，对于承担较高税率的股东而言，要想获得5.4%的税后收益率，用留存收益进行投资所要求的税前收益率为9%，而当这笔收益支付给股东，既要缴纳公司税又要缴纳个人所得税时，要求的税前收益率为18%。同样，当股东仅仅支付20%的个人所得税时，要求的税前收益率为14.4%。低纳税等级的股东所得到的股利税后收益率高于高纳税等级的股东所能得到的收益率，因此，对股利有较大的偏好。而高纳税等级的股东愿意将税后利润留存于公司进行再投资，直至税前利润下降到9%为止。

在其他因素一定的情况下，留存收益是股东对公司的追加投资，股东所要求的税后收益率就是公司使用这部分资本的成本或代价。对于股票由承担高税率的股东持有的公司而言，留存收益的税前成本为9%，如果低于外部融资成本，公司将不会支付股利，而是将其资本留存用于投资需要；如果股东处于低税率等级，则公司会支付等于它的内部资本的股利，而扩大投资所需资本主要依靠外部融资筹得。由此看来，所得税税率的高低对公司股利支付率的高低具有一定的影响，并由此影响公司扩大投资所需资本的筹措方式。

9.2.3 交易成本与代理成本

代理理论认为，股利的发放将减少因控制权和所有权分离而产生的代理成本。一方面，高股利的发放减少了管理者可支配的自由现金流量，从而降低了管理者能够带给股东损失的道德风险；另一方面，股利发放增加了公司更多地发行社会公众股的可能性，从而使公司更频繁地受到来自资本市场的监管，减轻了代理冲突。但是，较高的股利支付率隐含着较高的外部融资成本，又降低公司价值。因此，罗泽夫（Rozeff，1982）[①] 认为公司的最佳股利支付率是提高股利支付引起的外部融资成本增加与代理成本减少相互权衡的结果。在图 9－2 中，股利支付率（*PAY*）越高，外部融资的发行成本相对越高，但与股利相关的代理成本相对越低，两者总成本最低时为最佳股利支付率（PAY^*）。这一理论也可以解释为什么有的公司在宣布发放股利的同时对外发行新股融资。

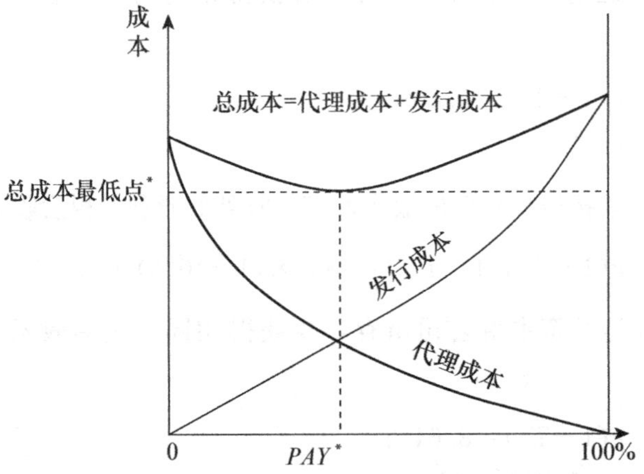

图 9－2 股利支付率与代理成本、发行成本的关系

9.2.4 客户效应

客户效应概念的提出者认为，正如设计产品往往针对某一特定目标市场一样，公司在制定股利政策时同样遵循市场营销中的市场细分原理，“每个公司都会试图以其特定的股利支付率来吸引一些喜好它的追随者”。布莱克和斯科尔斯（Black and Scholes，1974）[②] 认为，投资者按照某种潜在标准权衡收到股利的成本效益后，一些投资者会偏好高股利，而另一些希望获得低股利。他们将投资者归纳为三种类型的追随者群体，即股利偏好型、股利厌恶型、股利中性型；每一种股票都会吸引一批偏好该公司股利支付水平的投资者。一些学者研究发现富裕或年轻的投资者、股利所得税税率和资本利得税税率差异较大的投资者、资产组合的系统风险较高的投资者，常常偏好低股利的股票，而年龄较大、收入较低的投资者偏好高股利的股票。表 9－7 列示了股利收益率与不同投资者特征之间的关系。这项研究表明，在公司股东中，年龄大和低收入的人群对现金股利的偏好大于年轻人和收入高的人群；股利收益率随着股利税收的增加而下降。

① Rozeff, M. S. Growth, Beta and Agency Costs as Determinants of Dividend Payout Ratios. Journal of Financial Research，1982，5（3）：249-259.

② Black，F.，M. Scholes. The Effects of Dividend Yield and Dividend Policy on Common Stock Prices and Returns. Journal of Financial Economics，1974，1（1）：1-22.

表 9-7　股利收益率与投资者特征

变量	相关系数	含义
常数	0.042 2	
β 系数	−2 145	β 系数越高，股利支付水平越低
年龄/100	3.131	投资者年龄越大，支付的股利越多
收入/1 000	−3.726	投资者收入越高，支付的股利越少
差别税率	−2.849	如果普通收入的税率高于资本利得，公司支付的股利更少

资料来源：根据 http://pages. stern. nyu. edu/～adamodar/中的资料整理。

9.2.5　信号传递理论

信号传递理论认为股利是管理层向外界传递其掌握的内部信息的一种手段，如果他们预计公司的发展前景良好，未来业绩有大幅增长，就会通过增加股利的方式将这一信息及时告诉股东和潜在的投资者；如果预计公司的发展前景不太好，未来盈利将持续性不理想，他们往往维持甚至降低现有股利水平，这等于向股东和潜在投资者发出了利空的信号。外部投资者通常会根据公司的股利政策所传递出的信号进行证券估价，确定股票的投资策略。图 9-3 描述了公司股利政策变动与其累计超额收益率（CAR）之间的关系。

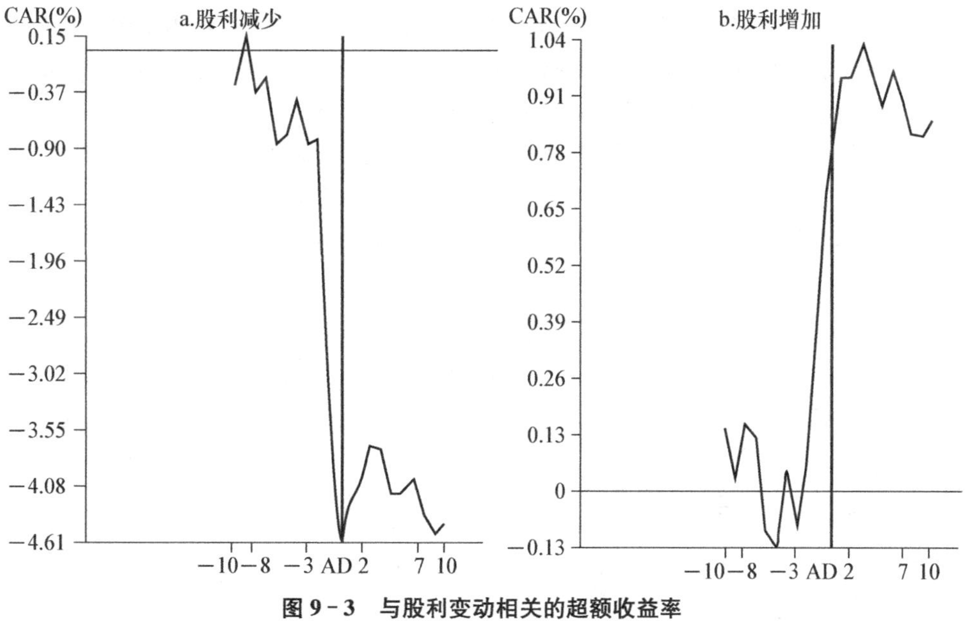

图 9-3　与股利变动相关的超额收益率

资料来源：根据 http://pages. stern. nyu. edu/～adamodar/中的资料整理。

阿哈罗尼和斯沃瑞（Aharony and Swary，1980）[①] 对 1963—1976 年 149 家公司的资料进行股利宣告与盈余宣告时间的关系研究，结果发现，市场对股利

① Aharony，J.，Swary，I. Quarterly Dividend and Earnings Announcements and Stockholders' Returns：An Empirical Analysis. Journal of Finance，1980，35 (1)：1-12.

宣告的反应比盈余宣告显著，他们认为股利和盈余数字对管理层而言，是可以用来传递公司未来发展信息的重要工具。

与股利增发传递积极信号相反，股利增发也会向市场传递负面信号。一些公司的经理认为支付股利就等于向股东承认公司没有更好的事情可做，向市场传递公司未来的投资机会较少的信号，从而引起股价下跌。

2004年1月21日，英特尔公司宣布将季度现金红利增加一倍，达到每股红利4美分。从1992年起开始支付红利的英特尔公司表示，将于3月1日开始向股东支付季度红利。这次增加红利使英特尔公司的年红利达到每股分红16美分，基于英特尔1月21日的收盘价为每股32.20美元，分红率为0.5%。英特尔公司发言人表示：增加红利是一个向股东返还利润的好办法，尤其考虑到目前公司强劲的财务和现金环境更是如此。另一个原因是纳税人当前就红利支付的税率在下降。截至2003年12月27日，英特尔公司现金储备为160亿美元。消息公布后，在纳斯达克股市上，英特尔公司的股价下跌了41美分，跌幅为1.3%，以每股32.20美元收盘。在1月21日的交易中，英特尔公司的股价一度跌至31.82美元的低点。

与英特尔公司现金分红的信号传递不同，2018年4月25日晚间，格力电器发布了2017年度报告，年报披露格力电器不发现金红利，不分红股，不以公积金转增股本。这是格力电器11年来首次不分红，不分红方案公告的第二天，即4月26日，格力电器股价大跌近10%，如图9-4所示。格力电器市值仅一天就蒸发200亿元，深圳证券交易所午间发出关注函询问未分红的具体原因。对此，格力电器表示，企业转型多元化的全球工业集团，研发投入增加。格力电器已经从单一的专业空调企业转为多元化的全球工业集团，如公告所言，智能装备、智能家电、集成电路等新产业需要大量研发资金，同时，留存资金也将用于生产基地建设、智慧工厂升级，“这是为了企业的长远发展和股东的长期利益”。

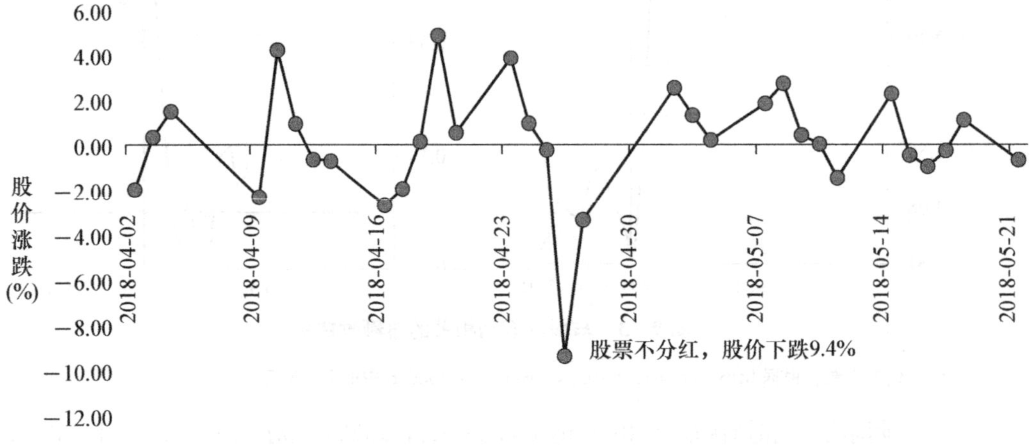

图9-4 格力电器不分红公告前后收盘价涨跌走势

为了应对市场反应，格力电器火速回函称，考虑投资者诉求，拟2018年度中期分红。2018年8月31日，格力电器披露的半年报宣布上半年拟向全体股东每10股派发现金红利6元（含税）。以格力电器股份为基数，向股东分红总额将超过36亿元。

因此，对于股利信号的解释要十分谨慎，公司增发股利不一定是好消息，也可能是没有更好的投资机会而将剩余现金返还给股东。反过来说，公司减发现金股利也不一定是坏消息，可能是公司未来有较好的投资机会，从长远看，留存现金，满足未来投资需有利于股东的长期利益。

支付股利的替代方式是用现金回购公司股票，这种方式也会向市场传递管理者掌握的信息。根据市场择时理论，当公司股票价值被低估时，公司可能会回购公司的股票。实践中也确实如此，2004年的一项调查表明，87%的CFO认为当股价低于其真实价值时，公司应该回购股票。① 这意味着，股票回购可以成为管理者认为其股票被低估的信号。在这种条件下，投资者对于股票回购消息会产生积极有利的反应，从而引起股票价格上升。一项研究表明，公开市场宣布股票回购计划时，股票的平均价格大约上升了3%（随着回购的流通股比例的增加，股价的反应更强烈）。②

2020年4月13日，格力电器公布的回购公告称：拟使用不低于人民币30亿元（含）且不超过人民币60亿元（含）的自有资金回购公司股份，回购价格不超过70元/股，预计可回购股份占公司目前总股本的0.71%～1.42%。作为2020年拟回购金额最大的一次回购，这次回购公告发布对于股价的影响并不显著，虽然13日当天格力电器涨幅达5.03%，但后面几天就显得疲软，连续两天下跌，如图9-5所示。

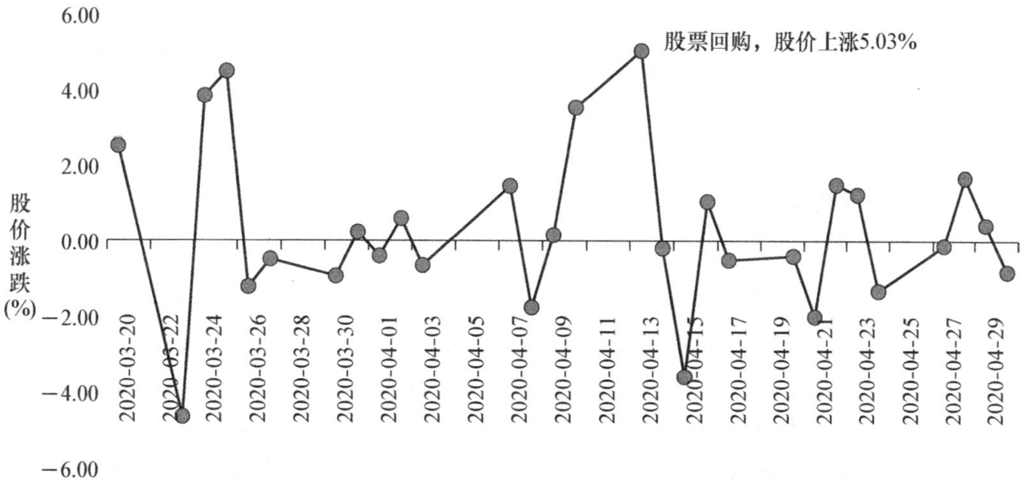

图9-5 格力电器股票回购公告前后股价涨跌百分比

① Brav, A., Grahamj, R., Harvey, C.R., et al. Payout Policy in the 21st Century. Journal of Financial Economics, 2005, 77 (3): 483-527.

② Ikenberry, D., Lakonishok, J., Vermaelen, T. Market Underreaction to Open Market Share Repurchases. Journal of Financial Economics, 1995, 39 (39): 181-208.

9.3 实践中的股利政策

9.3.1 股利政策与投资、融资决策

股利政策涉及的主要是公司对其收益进行分配或留存用于再投资的决策问题，在投资决策既定的情况下，这种选择就归结为，公司是否用留存收益（内部融资）或以出售新股票（外部融资）来融通投资所需要的股权资本。从财务的角度分析，公司未来财务活动主要是三大财务政策（投资、融资、股利政策）的决策和调整。如果公司存在较多的投资机会，其经营现金又不足以满足投资需要，向股东派发的股利越多，需要筹措的外部资本（发行债券、优先股、普通股）也越多。因此，在投资既定的情况下，公司股利政策的选择可以看作融资决策的一个组成部分。如果公司已确定投资方案和目标资本结构，这意味着公司资金需要量和负债比率是确定的，这时公司或者改变现存的股利政策，或者增发新股，或者减少资本支出，或者从外部筹措资金。

假设某公司当前的政策是：负债比率（负债/资产总额）为50%，总资产收益率为15%，股利支付率（每股股利/每股收益）为33%。公司未来有一个投资机会，需要增加资本25万元。现有四个调整方案，如表9-8所示，各方案调整方式如图9-6所示。

表9-8 投资、融资、股利政策调整方案

方案	投资规模（万元）	负债/资产总额	股利支付率	发行新股融资（万元）
A. 改变股利政策	25	50%	16.7%	0
B. 改变资本结构	25	52%	33%	0
C. 改变投资规模	20	50%	33%	0
D. 发行新股融资	25	50%	33%	2.5

在图9-6中，根据方案A，将股利支付率从原来的33%下降为16.7%，以满足投资需要且保持当前的资本结构。根据方案B，将原来负债与股权资本的比率从50%提高到52%，以满足投资需要且保持当前的股利政策。根据方案C，将投资额减少到20万元，以保持当前的目标资本结构和股利政策。根据方案D，增发新的普通股2.5万元以满足投资需要，且保持当前的目标资本结构和股利政策。

9.3.2 影响股利政策的因素

公司在确定股利分配政策时，通常要考虑法律等有关因素，现简要说明如下。

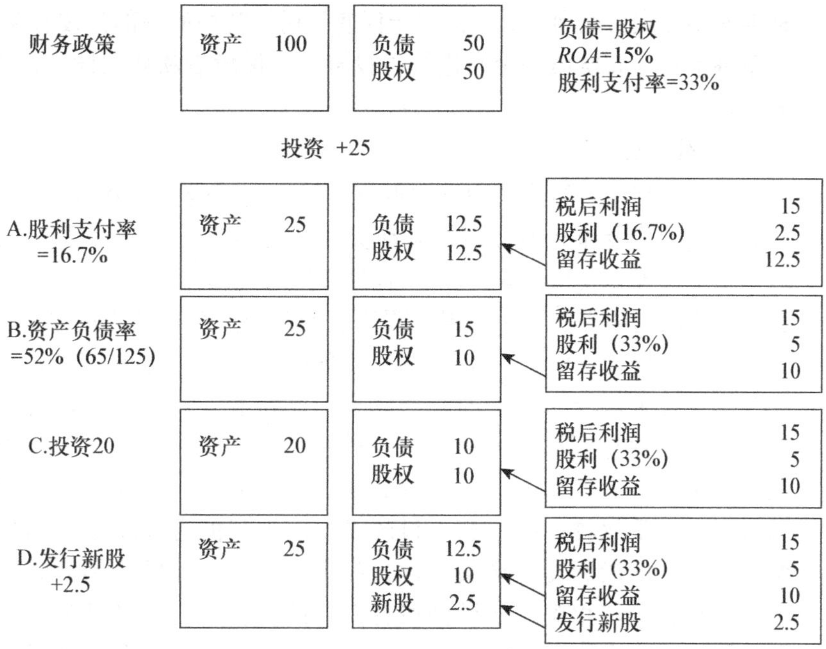

图 9-6　投资、融资与股利政策（万元）

1. 法律因素

为了保护公司债权人和股东的利益，《中华人民共和国公司法》《中华人民共和国证券法》等有关法规对公司股利的分配进行了一定的限制，主要包括：（1）资本保全。公司不能用筹集的经营资本发放股利，至于“资本”一词，是指公司普通股的面值还是公司普通股面值与超过面值缴入的资本之和，应视具体法规而定。公司的溢缴资本也不能用于发放股利。实行这一限制的目的是保证公司具有完整的产权基础，以充分维护债权人的利益。（2）公司积累。公司股利只能从当期的利润和过去累积的留存收益中支付。也就是说，公司股利的支付不能超过当期与过去的留存收益之和。（3）净利润。公司账面累计税后利润必须是正数时才可以发放股利，以前年度的亏损必须足额弥补。（4）偿债能力。公司如要发放股利，就必须保有充分的偿债能力。也就是说，如果公司无力偿付到期债务或因支付股利而失去偿债能力，则公司不能支付现金股利，以保障债权人的利益。（5）超额累计利润。如果公司的留存收益超过法律认可的合理水平，将被加征额外的税收。这是因为股东所获得的收益包括股利和资本利得，前者的税率一般高于后者，公司通过少发股利，累积利润使股价上涨以帮助股东避税。我国的法律对公司累积利润未做限制性规定。

2. 契约性约束

当公司以长期借款协议、债券契约、优先股协议、租赁合约等形式向公司外部融资时，常常应对方的要求，接受一些关于股利支付的限制性条款。这种限制常常包括：未来股利只能用协议签订以后新的收益支付（即限制动用以前的留存收益）；营运资本低于一定标准时不得支付股利；利息保障倍数低于一定标准时不得支付股利。其目的在于促使公司把利润的一部分按有关条款的要求，以某种形式（如偿债基金）进行再投资，以保障借款如期偿还，维护债权人的利益。

3. 公司因素

影响股利政策的公司因素主要有：(1) 变现能力。公司资产的变现能力即保有一定的现金和其他适当的流动资产，是维持其正常商品经营的重要条件。较多地支付现金股利会减少公司的现金持有量，降低公司资产的流动性。因此，公司现金股利的支付能力在很大程度上受其资产变现能力的限制。(2) 举债能力。不同的公司在资本市场上举借债务的能力有一定的差别，举债能力较强的公司往往采取较为宽松的股利政策；举债能力较弱的公司为维持正常的经营就不得不留存利润，因而常采取较紧的股利政策。(3) 盈利能力。公司的股利政策在很大程度上会受其盈利能力的限制。一般而言，盈利能力比较强的公司通常采取较高的股利支付政策，而盈利能力较弱或不够稳定的公司通常采取较低的股利支付政策。(4) 投资机会。公司的股利政策与其所面临的新投资机会密切相关。如果公司有良好的投资机会，必然需要大量的资本支持，因而往往会将大部分盈余用于投资，而少发放股利；如果公司暂时缺乏良好的投资机会，则倾向于先向股东支付股利，以防止保留大量现金造成资本浪费。正因为如此，许多成长中的公司往往采取较低的股利支付率，而许多处于经营收缩期的公司往往采取较高的股利支付率。(5) 资本成本。与发行新股和举债融资相比，采用留存收益作为内部融资的方式，不需要支付发行费用，其资本成本较低。当公司筹措大量资本时，应选择比较经济的融资渠道，以降低资本成本。在这种情况下，公司通常采取较低的股利支付政策。同时，以留存收益进行融资，还会增加股东权益资本的比重，进而提高公司的借贷能力。

4. 股东因素

股东要求也会对公司的股利政策产生影响，主要表现在：(1) 稳定收入。公司股东的收益包括两部分，即股利收入和资本利得。永久性持有股票的股东往往要求较为稳定的股利收入，如果公司留存较多的收益，将首先遭到这部分股东的反对。而且，公司留存收益带来的新收益或股票交易价格产生的资本利得具有很大的不确定性，因此，与其获得不确定的未来收益，不如得到现实的确定的股利。(2) 股权稀释。公司举借新债，除要付出一定的代价外，还会增加公司的财务风险。如果通过增募股本的方式筹集资本，现有股东的控制权就有可能被稀释，当他们没有足够的现金认购新股时，为防止自己的控制权降低，宁可不分配股利也要反对募集新股。另外，随着新股的发行，流通在外的普通股的股数必将增加，最终将导致普通股的每股收益和每股市价下跌，从而对现有的股东产生不利的影响。(3) 税负。主要是指股利所得税税率和资本利得税税率之间的差异，不同收入阶层所得税税率之间的差异在一定程度上也会影响公司的股利政策。

9.3.3　实践中的股利政策

1956 年，约翰·林特纳[①]对公司怎样决定股利政策进行了广泛深入的分析，并得出结论，认为公司在决定股利政策时要考虑三个重要的因素：第一，确定目标股利支付率，据此决定公司愿意长期作为股利发放的收益比例。第二，根据收益长期可持续的变动调整股利，但只有在确认能够维持更高股利的条件下才提高股利。由于担心在将来不得不削减股利，股利的增长落后于收益并且平滑得多。第三，经营管理者更加关心的是股利的变动，而不是股利发放水平。图 9-7 描述了标准普尔 1960—2013 年收益和股利的变动情况，从图 9-7 可以看出两种趋势：一是股利随着收益的变化而变化；二是股利变动要比收益变动更平缓。

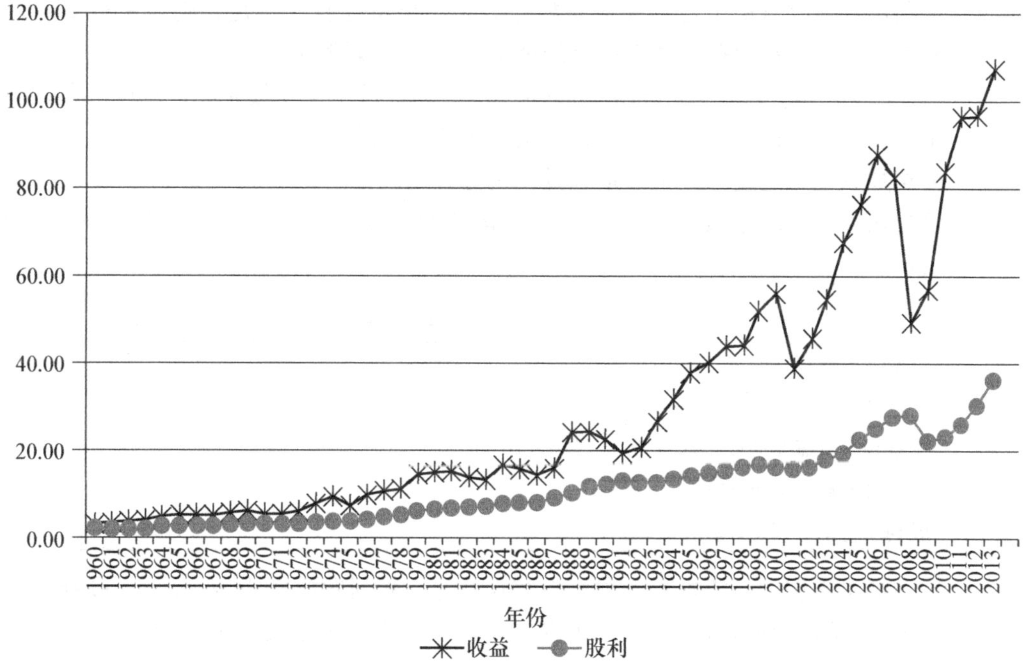

图 9-7　标准普尔 500 收益与股利（1960—2013 年）

资料来源：根据 http://pages.stern.nyu.edu/~adamodar/中的资料整理。

法马和巴比亚克（Fama and Babiak，1968）[②]通过对股利和收益在当期和前期的回归，发现股利明显地滞后于收益。他们也证实了林特纳关于股利随收益变动的结论。这种股利的稳定性可通过两个有关的测定数据加以证实和支持。第一，历史上股利的变动程度远远低于收益的变动程度。例如，根据 1960—

① Lintner, J. Distribution of Income Among Dividends, Retained Earnings, and Taxes. American Economic Review, 1956, 45 (2).

② Eugene, F., Fama, Babiak, H. Dividend Policy: An Empirical Analysis. Journal of the American Statistical Association, 1968, 63 (324): 1132-1161.

1994年每年的总收益和股利的数据，得出股利的标准差是5.13%，而收益的标准差是14.09%。第二，不同公司收益率的标准差是18.57%，要比股利的标准差大得多，换句话说，收益率的变动比股利收益率的变动大得多。

实务中股利政策主要有剩余股利政策、固定股利或稳定增长股利政策、固定股利支付率政策等。

1. 剩余股利政策

剩余股利政策主张，公司的收益应当首先用于满足盈利性投资项目资本的需要，在满足了盈利性投资项目的资本需要之后，若有剩余，则公司可将剩余部分作为股利发放给股东。

采用这一政策，应遵循以下几个步骤：(1) 根据资本投资计划和加权平均资本成本确定最佳资本支出水平。(2) 设定目标资本结构，即确定股东权益资本和债务资本的比率，并以此确定所需达到的股东权益的数额。(3) 最大限度地利用留存收益来满足这一股东权益数，如果留存收益不足，则需发行新股弥补不足。(4) 在留存收益有剩余的情况下才可发放股利。

［**例9-4**］ASS公司现有利润为150万元，可用于发放股利，也可留存，用于再投资。假设该公司的最佳资本结构为30%的负债和70%的股东权益。根据公司加权平均的边际资本成本和投资机会计划决定的最佳资本支出为120万元。该公司拟采取剩余股利政策，则该公司的股利发放额和股利支付率如表9-9所示。

表9-9 剩余股利政策 金额单位：万元

资本支出预算	120
留存收益	150
资本预算所需要的股东权益资本（120×70%）	84
股利发放额（150－84）	66
股利支付率（66÷150×100%）	44%

如果本例中，资本支出预算为200万元，股利发放额为10万元，股利支付率为6.67%；如果资本支出预算为300万元，股东权益资本需要额为210万元，由于现存的收益满足不了资本预算对股权资本的需要量，因此，不仅不能发放股利，反而要发行新普通股60万元（210－150），以弥补股权资本的不足。

从上述分析可知，按照剩余股利政策，将使股利发放额每年随投资机会和盈利水平的变动而变动。即使在盈利水平不变的情况下，股利将与投资机会的多少呈反方向变动，投资机会越多，股利发放越少；反之，投资机会越少，股利发放越多。而在投资机会不变的情况下，股利的多少又随着每年收益的多少而变动。在这种政策下，股利变动较大，因此很少有人会机械地照搬剩余股利理论，但许多公司运用这种理论来建立长期目标发放率。

2. 固定股利或稳定增长股利政策

在实务中，国际上大多数成熟公司每年发放的现金股利都固定在某一特定的水平上，然后在一段时期内维持不变，只有当公司认为未来收益的增加足以使它能够将股利维持到一个更高水平时，公司才会提高股利的发放额。通常公司既不愿意大幅提高股利支付额，也不愿意削减现金股利的绝对额，这两个因素使股利的变化落后于公司盈余的变化。图9-8描述了万华化学2001—2015年每股收益与每股股利的变化趋势，从图9-8中可以看出，公司的每股股利随着每股收益水平的变化而变化，从总体趋势看，万华化学的股利支付呈稳定增长变化，基本上符合约翰·林特纳的研究结论。

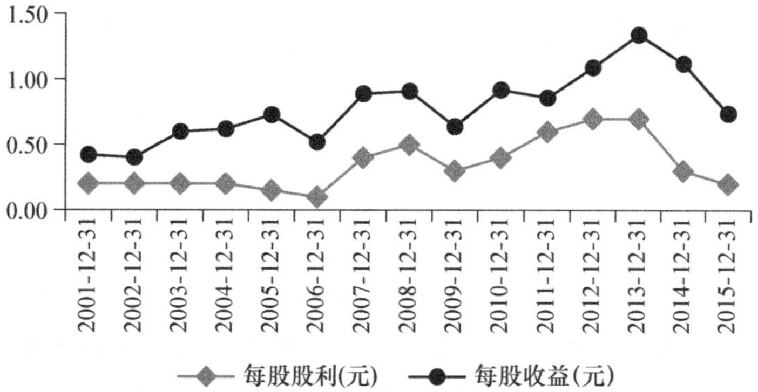

图9-8 万华化学稳定增长股利政策（2001—2015年）

3. 固定股利支付率政策

这一政策是指公司从其收益中提取固定的百分比，作为股利发放给股东。在这种情况下，公司每年发放的股利会随着公司收益的变动而变动，从而使公司的股利支付极不稳定，由此导致股票市价上下波动，很难使公司的价值达到最大。

4. 低正常股利加额外股利政策

这一政策是指公司每年只支付数额较低的正常股利，只有在公司繁荣时期才向股东发放额外股利。额外股利的运用既可以使公司保持固定股利的稳定记录，又可以使股东分享公司繁荣的好处。如果公司经常连续支付额外股利，那么就失去了原有的目的，额外股利就变成了一种期望回报。但如能以适当的方式表明这是额外股利，额外股利或者特别股利仍然能向市场传递有关公司目前与未来经营业绩的积极信号。

9.3.4 中国上市公司股利行为分析

从理论上说，公司赚取利润后可以对股东分红或者留存公司用于再投资。按照公司价值最大化的原则，公司分红与否的根本依据是资本的使用效率。当公司有好的投资机会时，公司不但不应该分红，还应该继续融资，以促进股东价值最大化。而当资金在公司中没有更高效率的使用途径时，应将剩余资金返还给股东。在股价高估时以现金分红方式返还，而当股价低估时采用回购股票的方式返还。图9-9描述了上市公司在1993—2017年间现金分红、净利润、股利支付率的时间序列情况。

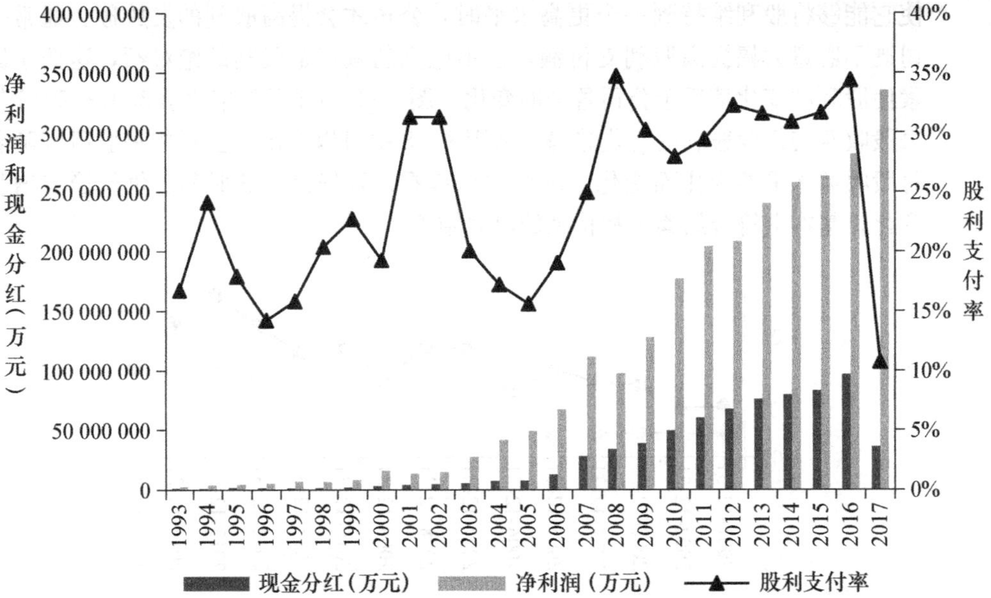

图 9-9　上市公司股利支付率（1993—2017 年）

资料来源：Wind 资讯.

在 1993—2017 年间，随着净利润逐年上升，分红额也在逐年上升，各年分红额与净利润基本上同步变化，但股利支付率各年变动幅度较大，2017 年的净利润可能会在 2018 年派发股利，从而使 2017 年的股利支付率较低。

图 9-10 列示了上市公司（A 股）自上市以来的股利支付率分布情况（各上市公司自上市至 2018 年 5 月累计现金分红占累计实现净利润的比例）。从图中可以看出，上市公司股利支付率主要分布在 10%～40%的区间，上市以来从未支付现金股利的公司为 223 家，股利支付率超过 100%的公司有 7 家。

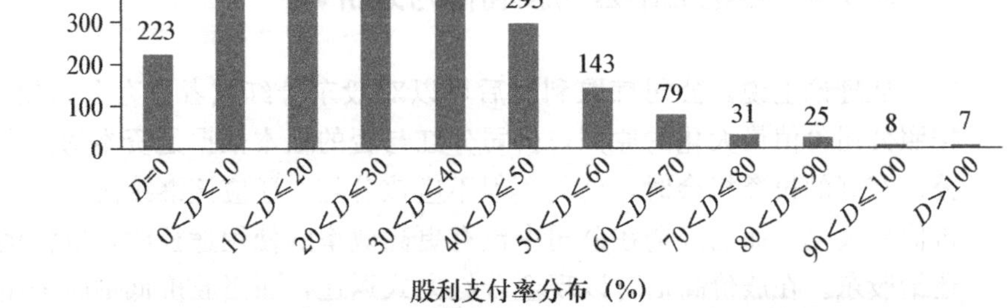

图 9-10　上市公司（A 股）股利支付率分布（自上市至 2018 年 5 月）

资料来源：根据 Wind 资讯整理.

在图 9-9 中，上市公司各年股利支付率呈稳步上升趋势，特别是 2005 年股权分置改革以后，上市公司的派现水平有较大幅度提高。其原因之一可能与证监会出台的一系列与再融资资格相挂钩的股利分配政策有关。为了鼓励上市公司的股利分配行为，证监会自 2000 年起规定，只有发放股利的公司才有资格利用公开资本市场再融资。2006 年 5 月 6 日，证监会颁布的《上市公司证券发行管理办法》规定，上市公司公开发行证券，应符合最近三年以现金或股票方式累计分配的利润不少于最近三年实现的年均可分配利润的百分之二十的条件。2008 年 10 月 9 日，证监会颁布的《关于修改上市公司现金分红若干规定的决定》将此项规定修改为“最近三年以现金方式累计分配的利润不少于最近三年实现的年均可分配利润的百分之三十”。这些规定的颁布和实施旨在运用外部融资约束来影响上市公司股利分配的决策。对于具有再融资意愿的公司来说，也可能会根据该政策来调整自身的股利发放政策。图 9-11 描述了上市公司三年（2015—2017 年）累计分红占比情况①，从图中可以看出，在 2015—2017 年间，大部分公司三年累计分红比率低于 30%；从满足再融资条件看，符合再融资条件的上市公司为 673 家，占上市公司的 19.10%，不符合再融资条件的上市公司为 2 851 家，占上市公司的 80.90%。

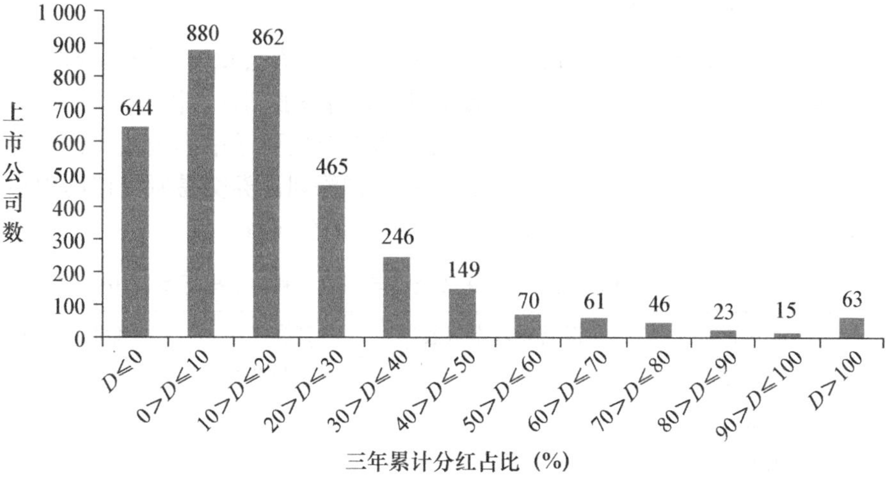

图 9-11 上市公司（A 股）三年累计分红占比分布（2015—2017 年）

资料来源：根据 Wind 资讯整理.

图 9-12 描述了上市公司（A 股）2017 年度每股股利分布情况，从图中可以看出，2017 年度，不发放现金股利的上市公司有 1 981 家，占全部上市公司的 56.21%；每股股利小于等于 0.2 元的上市公司有 1 109 家（701+408）；每股股利大于 0.2 元的上市公司仅为 434 家；每股股利大于 0.5 元的上市公司仅为 103 家。

① 最近三年年报分红总额（年度累计分红总额）/最近三年年报未分配利润的算术平均。

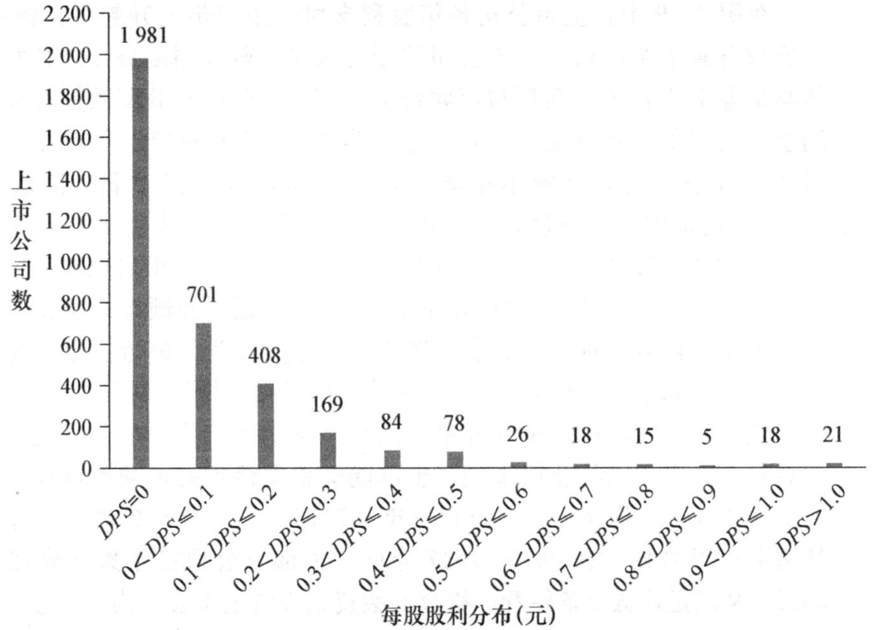

图 9-12　上市公司（A股）每股股利分布（2017年）

资料来源：根据Wind资讯整理.

除现金股利外，上市公司还通过送股、资本公积转增资本等形式派发股利。表9-10描述了上市公司每股转增股本、每股股利排行榜前十名（2017年），从表中可以看出，每股转增股本排行榜前十家主要是中小企业和创业板的上市公司；在每股股利排行榜前十家公司中，在深圳证券交易所上市的中小企业和创业板公司有4家，在上海证券交易所上市的公司有6家。

表 9-10　上市公司每股转增与每股股利前十排行榜（2017年）

证券简称	每股转增股本（股）	证券简称	每股股利（税前）（元）
梅泰诺	1.800	贵州茅台	10.999
美联新材	1.500	养元饮品	2.600
花园生物	1.500	吉比特	2.600
塞力斯	1.500	国光股份	2.000
岭南股份	1.300	方大炭素	1.900
新天科技	1.200	方大特钢	1.600
瑞丰光电	1.002	亿联网络	1.600
建研集团	1.000	飞科电器	1.500
创新股份	1.000	三钢闽光	1.500
风语筑	1.000	兆丰股份	1.500

资料来源：Wind资讯.

中国上市公司股利政策的另一个特点是一手派发股利，一手再融资。根据Wind资讯数据，随机选择和整理的10家上市公司股利支付与股权融资情况如

表9－11所示。其中，股权融资包括IPO融资、配股、定向增发、公开增发募集的资金。这10家公司上市以来，股利支付率最高的为用友网络，最低的为浦发银行；中国神华和浦发银行的累计分红和再融资规模均高于其他8家公司。

表9－11　10家上市公司股利支付与股权融资情况

证券简称	成立日期	分红次数	累计净利润（万元）	累计分红（万元）	股利支付率	上市以来股权融资总额（万元）
用友网络	2001	15	432 276.41	278 611.81	64.45%	256 700.00
中视传媒	1997	16	93 269.37	39 200.40	42.03%	51 030.00
伊利股份	1996	16	2 159 808.46	838 641.17	38.83%	641 405.50
贵州茅台	2001	16	10 712 107.14	3 512 336.15	32.79%	231 176.76
万华化学	2001	16	2 657 300.63	864 543.74	32.53%	400 120.00
中国神华	2007	9	38 627 800.00	11 436 531.76	29.61%	13 658 200.00
同仁堂	1997	19	1 057 572.45	261 199.50	24.70%	210 553.48
大商股份	1993	16	723 582.60	175 664.18	24.28%	92 303.79
上汽集团	1997	16	26 066 821.18	6 114 133.58	23.46%	7 194 543.14
浦发银行	1999	16	30 640 837.55	6 132 554.76	20.01%	11 334 625.55

资料来源：根据Wind资讯数据整理，数据时间截至2016年12月。

与国际成熟公司稳定股利支付政策不同，在我国上市公司的股利分配方案中常常出现“转增”“配股”等概念，也有人将其视同股利分配的形式，但从严格意义上讲，它们都不属于股利的范畴。

转增是指将公积金转化为股本，并按股东原有股份比例派送新股或者增加每股面值的形式。转增虽然增加了股本规模，但并没有改变股东权益，其客观结果与送股（股票股利）相似。转增与送股的本质区别在于资金来源不同，送股来自公司年度税后利润，只有在公司有盈余的情况下，才能向股东送股；而转增股本来自公积金，它可以不受公司本年度可分配收益多少及时间限制，只需将转增数从公司的公积金账户转入注册资本即可。从严格意义上讲，转增并不属于对股东的分红回报。

配股是指上市公司为扩大再生产，向原有股东按一定比例配售新股的行为。它是上市公司股权融资的主要形式之一。虽然配股与送股在某些方面有相似性，但其性质不同，两者主要区别在于：第一，送股是股东向公司投资的一种报酬，是股东参与公司税后利润分配的一种形式；而配股仅是公司增资扩股的一种形式，属于发行新股的范畴。第二，送股的资金来源为公司税后利润中用于分红的部分，是将本应派发给股东的现金转为股本，并具体到每个股东名下，股东无须额外追加投资；配股的资金来自公司以外，是股东对公司的追加投入。第三，送股和配股都使公司总股本增加，但前者并不增加股东权益，因为送股的资金本来就是公司股东权益的一部分；而后者增加股本的同时，股东权益也相应增大，因为股东追加了投资。第四，送股是无偿的，且非股东不能享有；而配股是有偿的，股东可以接受，也可以放弃，在配股权证流通的情况下，还可以转让，投资者只要购买配股权证就可获得配股的权利。

□ 本章小结

1. 从投资者的角度分析，股票价格在除息日会下跌。在既无税收又无交易成本的理想世界里，股票价格下跌额应等于股利额。股票股利和股票分割对投资者的影响是一样的，两者都使股票市场价格下降。为改善公司资本结构或分配超额现金，公司通常会采取股票回购的方式向股东分配现金。

2. M-M理论认为在完善的资本市场条件下，公司价值由公司投资决策所确定的本身获利能力和风险组合决定，而不是由公司盈余的分割方式所决定的。差别税收理论认为，由于股利收入所得税税率高于资本利得所得税税率，这样，公司留存收益而不支付股利对投资者更有利。交易成本与代理成本理论认为公司最佳股利支付率是提高股利支付引起的外部融资成本增加与代理成本减少相互权衡的结果。

3. 公司管理层在确定股利政策时，要考虑法律规定、公司资本需求、经营风险、流动性、举债能力、价值信息评价、控制权以及债务合同限制等问题。

4. 剩余股利政策主张，公司的收益应当首先用于满足盈利性投资项目资本的需要，在满足了盈利性投资项目的资本需要之后，若有剩余，则公司可将剩余部分作为股利发放给股东。

5. 许多人认为固定股利政策对股票的市场价格有积极的影响，而固定股利支付率政策会引起股票价格上下波动；低正常股利加额外股利政策可使一个收益周期性波动的公司保持固定股利的稳定纪录。

□ 基本训练

◆ 单项选择题

1. 下列各项关于股利支付方式的描述中，正确的是（　　）。

A. 股票回购是现金股利的替代方式　　B. 股票分割是现金股利的替代方式

C. 股票分割是股票回购的替代方式　　D. 股票股利是股票回购的替代方式

2. 公司派发的股利随着公司收益的变动而变动，这种股利政策是（　　）。

A. 剩余股利政策　　B. 低正常股利加额外股利政策

C. 固定股利支付率政策　　D. 固定股利或稳定增长股利政策

3. 下列各项中，不能用于分配股利的是（　　）。

A. 净收益　　B. 资本公积

C. 盈余公积　　D. 上年度未分配利润

4. 公司股票分割一般不会引起（　　）。

A. 每股收益变化　　B. 发行在外的股数变化

C. 每股市价变化　　D. 公司财务结构变化

5. 根据差别税收理论，公司留存收益而不支付股利的主要原因是（　　）。

A. 股利收入所得税税率低于资本利得所得税税率

B. 资本利得税要递延到股票真正售出的时候才发生

C. 在风险相同的条件下，支付股利的股票要求的预期税前收益率比较低

D. 在风险相同的条件下，支付股利的股票要求的预期税前收益率等于不支付股利的股票要求的预期收益率

◆ **多项选择题**

1. 公司将回购的股票作为库存股，在我国库存股主要用于（　　）

A. 公司发行的可转债转换股票　　B. 员工持股和股权激励

C. 出售增加公司现金　　D. 使股票价格变化

E. 以股票对价进行并购

2. 如果某公司认为目前的股票市价过高，希望降低公司股票价格，可以采用的方式有（　　）。

A. 发放股票股利　　B. 发放现金股利

C. 进行股票分割　　D. 进行股票合并

E. 回购股票

3. 信号传递理论认为股利是管理层向外界传递其掌握的内部信息的一种手段，下列各项中，说法正确的有（　　）。

A. 外部投资者通常会根据公司的股利政策所传递出的信号进行证券估价

B. 公司增发现金股利可能向市场传递没有更好的投资机会的信号

C. 公司减发现金股利可能向市场传递公司未来没有更好的投资机会的信号

D. 公司增发股利可能向市场传递公司经营业绩比较好的信号

E. 公司减发股利可能预示留存收益创造收益可能高于股东进行股利再投资的收益

4. 下列利润分配方式中，不改变股东权益总额的有（　　）。

A. 股票股利　　B. 现金股利　　C. 股票分割　　D. 股票回购

E. 固定股利

5. 确定公司利润分配政策时，需要考虑的法律因素主要包括（　　）。

A. 资本保全限制　　B. 公司积累限制

C. 超额累积利润限制　　D. 稳定股价限制

E. 满足可转换条款

◆ **判断题**

1. 股票分割不仅有利于促进股票流通和交易，而且有助于公司并购政策的实施。（　　）

2. 公司发放股票股利引起每股收益的下降，使每股市价有可能下跌，因而每位股东所持股票的市场价值总额也将随之下降。（　　）

3. 实证研究发现资产组合的系统风险较高的投资者，常常偏好低股利的股票，而年龄较大、收入较低的投资者偏好高股利的股票。（　　）

4. 在固定股利支付率政策下，公司每年发放的股利会与公司收益的变动保持一致，从而导致股票市价保持基本稳定。（　　）

5. 剩余股利政策是指当公司有良好的投资机会时，公司的盈余应该首先满足投资机会的需要。（　　）

◆ 讨论/思考题

1. 2004年1月21日，英特尔公司宣布将季度现金红利增加一倍，达到每股红利4美分。消息公布后，英特尔的股价一度跌至31.82美元的低点。2018年4月25日，格力电器宣布不发现金红利，不分红股，不以公积金转增股本，4月26日，格力电器股价大跌近10%。请根据财务理论说明为什么不同的股利政策均引起股票价格下跌。

2. 假设一家公司决定实施但尚未宣布一个重要的资本预算项目，该项目的投入支出为1 000万元，项目净现值为2 000万元。公司有足够的现金进行项目投资。目前公司发行在外的普通股股数为1 000万股，每股价值为24元，负债为0。公司总价值为24 000万元，在宣布该项目后公司价值为26 000万元（24 000+2 000）。假设公司有两个备选方案：

（1）不支付现金股利，保存现金以满足项目投资需要。

（2）每股支付1元现金股利，然后从外部筹集资金1 000万元。

为便于比较两个方案，公司必须通过发行1 000万新股筹措资金支付股利，否则就会产生除股利政策差异之外的其他差异。通过发行新股，将公司为发放股利的1 000万元现金替换为1 000万元普通股权益，从而达到替换项目融资的目的。根据M-M理论分析两种不同方案对股东财富的影响。

3. XYZ公司的产品正处于产品生命周期的成熟期，其每股收益稳定地以3%的低速增长。公司的股利政策是：每年税后利润的75%用于发放股利。由于公司的增长率很低，其股票价格主要受股利水平的影响。公司经理向董事会提交了一个新项目：在迅速发展的华北市场投资5 000万元建造一个新厂。预计此项投资的年收益率高达32%以上，是公司当前平均收益率的两倍多。此项目的融资方案有如下三种：

（1）全部发行普通股融资。

（2）所需资金的一半以留存收益的方式解决，另一半以发行新股的方式筹集，此方案将仅使当年的股利减少。

（3）以现有资本结构中的负债比例发行一部分债券，不减少应发的股利，所需股本以发行普通股的方式融资。

请根据财务管理的相关理论评价不同方案对公司股利政策及股票价格的影响。

4. 1989年以前，IBM公司的股利以每年7%的速度增长。1989—1991年间，IBM公司的每股股利稳定在每年4.89美元/股，即平均每季度1.22美元/股。1992年1月26日上午9：02，《财务新闻直线》公布了IBM公司新的股利政策，季度每股股利从1.21美元调整为0.54美元，下降超过50%。维持多年的稳定的股利政策终于发生了变化。请查阅IBM公司有关资料，分析IBM公司股利政策变化的原因。

5. BBC公司当前税后利润为6 000万元，流通在外的普通股为1 000万股，当前每股市价为50元。公司计划向现有股东分配4 000万元的收益，分配方案有两种：以现金股利方式，或以股票回购方式。BBC公司的主要股东希望采取股票回购方式，并建议以每股54元的价格回购740 741股。如果发放现金股利4 000万元，股利发放后，每股市价将为50元。

（1）假设不考虑所得税因素，分析两种方案对BBC公司股东财富的影响。

（2）如果大多数股东的边际税率比较高，判断哪种方案更有利。

(3) 除了税收因素外，说明公司采取股票回购方式的目的或动机。

◆ **计算分析题**

1. 某公司正在决定是以现金股利还是以股票回购的方式向股东发放多余的现金500万元。该公司目前每股收益为1.5元，每股市价为20元。在支付500万元之前公司市场价值的资产负债表如表9-12所示。

表9-12　简易资产负债表　　单位：万元

资产		负债与股东权益	
现金	500	负债	1 000
其他资产	2 500	股东权益	2 000
合计	3 000	合计	3 000

要求：

(1) 评价两种方案对股价、每股收益和市盈率的影响。

(2) 如果采用股票回购方案，公司希望通过市场回购股票使每股收益上升至2.5元，计算公司应回购的股票数量。

2. MBC公司拥有20万股面值为2元的流通在外普通股。由于金融危机，人们估计经济将进入一个持续低增长时期，其吸引的投资必定很少。此前，MBC公司认为有必要将其收益的大部分再投资，以保持其平均每年12%的增长率。现在看来，5%的增长率比较切合实际，但这会要求增加其股利分配。此外，MBC公司的股东要求收益率至少为14%，2020年的投资项目总额为80万元。预计2020年公司净利润为200万元，公司目前的股利支付率为20%。

要求：

(1) 假定2020年投资项目的资本全部来自留存收益，满足投资需求后的利润全部向股东派发股利，试计算2020年每股股利和股利支付率。

(2) 假设MBC公司保持5%的固定增长的股利支付率，根据(1)的计算结果确定普通股的内在价值。

(3) 如果公司继续保持20%的股利支付率，增长率为12%，计算普通股的内在价值，并结合(3)的计算结果评价提高股利支付率对股东财富的影响。

3. PAT公司2020年末资产总额为5 000万元，资产负债率为40%，其股权资本包括普通股和留存收益，每股净资产为10元，负债的年平均利率为8%。公司2021年初未分配利润为—270万元（超过税法规定的税前弥补期限），当年实现经营收入6 000万元，变动成本率为60%，固定经营成本为1 000万元，公司所得税税率为25%，该公司按10%提取盈余公积金。

要求：

(1) 计算公司2020年末的股权资本和普通股股数。

(2) 假设负债总额和普通股股数保持2020年的水平不变，计算公司2021年的税后利润和每股收益。

(3) 结合(2)，如果公司2021年采取固定股利政策（每股股利为0.5元），计算公司本年度提取的盈余公积金和发放的股利额。

(4) 如果公司2021年采取剩余股利政策，计划下年度追加投资2 000万元，继续保持2020年的资本结构不变，计算公司2021年可以给股东派发的股利。

(5) 结合(4)，如果下年度追加投资所需的股权资本通过增发优先股来解决，优先股的股息率为12%，仍保持2020年的资本结构不变，追加投资后假设负债的平均利率上升至10%，预计下年度实现的息税前利润与2021年度相同，计算追加融资后的财务杠杆系数。

4. BEC股份有限公司2020年实现的净利润为3 000万元，可以用于发放股利，也可以用于留存，假设公司目前不存在有息负债。公司2021年预计有3个可以考虑的追加投资机会，需要追加的投资资本（有息长期负债和股权资本）分别为：A：2 400万元；B：3 600万元；C：4 800万元。公司所得税税率为25%。

要求：

根据以下3种不同的股利分配政策完成表9-13、表9-14、表9-15中的空白部分。

(1) 如果BEC股份有限公司采用剩余股利政策，最优资本结构为30%的负债和70%的股权。有息长期负债均为平价债券，债券票面年利率为8%。无风险收益率为5%，公司股票的β系数为1.2，市场组合的收益率为10%。

表9-13 BEC股份有限公司的股利政策与资本支出计划（剩余股利政策） 单位：万元

项目	投资机会		
	A	B	C
资本支出预算额	2 400	3 600	4 800
净利润	3 000	3 000	3 000
资本支出所需的股权资本			
股利发放额			
股利支付率			
增发的普通股			
增发的长期债券			
新增资本的加权平均资本成本			

(2) 如果BEC股份有限公司采用固定股利政策，固定的股利支付额为900万元。假设有息长期负债全部为平价债券，债券的票面年利率为8%。目前该公司股票的总市价为5 000万元。外部融资时发行债券融资优先于增发普通股融资，但长期债券融资额不得高于追加投资资本的45%。

表9-14 BEC股份有限公司的股利政策与资本支出计划（固定股利政策） 单位：万元

项目	投资机会		
	A	B	C
资本支出预算额	2 400	3 600	4 800
净利润	3 000	3 000	3 000
留存收益满足资本支出数额			

续表

项目	投资机会		
	A	B	C
股利发放额			
股利支付率			
增发的普通股			
增发的长期债券			
股权资本成本			

(3) 如果 BEC 股份有限公司采用固定股利支付率政策，股利支付率为 35%，固定增长率为 6%。假设有息长期负债全部为平价债券，债券的票面年利率为 8%。目前该公司股票的总市价为 8 000 万元。外部融资时发行债券融资优先于增发普通股融资，但长期债券融资额不得高于追加投资资本的 40%。

表 9-15 BEC 股份有限公司的股利政策与资本支出计划（固定股利支付率政策）

单位：万元

项目	投资机会		
	A	B	C
资本支出预算额	2 400	3 600	4 800
净利润	3 000	3 000	3 000
留存收益满足资本支出数额			
股利发放额			
股利支付率			
增发的普通股			
增发的长期债券			
股权资本成本			

5. SAT 公司是一家上市公司，有关资料如下。

资料 1：2020 年 3 月 31 日，SAT 公司股票每股市价为 25 元，每股收益为 2 元；股东权益项目构成如下：普通股为 4 000 万股，每股面值为 1 元，共计 4 000 万元；资本公积为 500 万元；留存收益为 9 500 万元。公司实行稳定增长的股利政策，股利年增长率为 5%。目前 1 年期国债利率为 4%，市场组合风险溢价为 6%。

资料 2：2020 年 4 月 1 日，SAT 公司公布的 2019 年度分红方案为：凡在 2020 年 4 月 15 日前登记在册的本公司股东，有权享有每股 1.15 元的现金股利，除息日是 2020 年 4 月 16 日，享有本次股利的股东可于 5 月 16 日领取股息。

要求：

(1) 根据资料 1，完成以下问题。

1) 计算 SAT 公司股票的市盈率。

2) 若 SAT 公司股票所含系统风险与市场组合的风险一致，确定 SAT 公司股票 β 系数。

3) 若 SAT 公司股票 β 系数为 1.05，运用资本资产定价模型计算其必要收益率。

(2) 假定目前普通股每股市价为 23 元，根据资料 1 和资料 2，运用股利折现模型计算股权资本成本。

(3) 假定SAT公司发放10%的股票股利替代现金股利，并于2020年4月16日完成该分配方案，结合资料1计算完成分红方案后的下列指标。

1) 普通股股数。

2) 股东权益各项目的数额。

(4) 假定2020年3月31日SAT公司准备用现金按照每股市价25元回购800万股股票，且公司净利润与市盈率保持不变。计算净利润、股票回购之后的每股收益、股票回购之后的每股市价。

6. 你是一名机构投资者，收集到5家医药公司的有关信息（如表9-16所示），并对其股利政策进行评估。假设这期间平均无风险利率为5%，市场风险溢价为6.5%。

表9-16 医药公司收益、成本与股利分配数据 单位：万元

公司	FCFE	股利	ROE	β系数	资本成本	比较（3）和（5）	股利/FCFE
	(1)	(2)	(3)	(4)	(5)	(6)	(7)
A	500	300	8.0%	0.85			
B	600	120	14.5%	1.32			
C	−150	50	4.0%	1.25			
D	200	100	1.5%	0.90			
E	−50	80	14.0%	1.05			

要求：

(1) 计算表9-16中第（5）栏、第（7）栏的数据，比较ROE与资本成本，在第（6）栏填列“是”或“否”。

(2) 你认为这5家公司中，哪些公司应提高股利支付率？哪些公司应降低股利支付率？

(3) 如果未来医药业有较大的发展机会，在什么条件下，你会修改在（2）中得出的某些结论？

7. INT软件公司正考虑是否应该支付股利。目前，公司未清偿债务为1亿元，流通在外的普通股为3 000万股，每股售价为10元。公司目前的净利润为9 000万元，折旧费为1 000万元。公司的股权资本成本为12%，债务资本成本为7%，所得税税率为25%。公司预计的投资项目如表9-17所示。

表9-17 INT软件公司投资项目 单位：万元

项目	初始投资	EBIT	年折旧	项目期限	残值
1	1 000	100	50	5	250
2	4 000	500	100	10	1 000
3	5 000	500	100	10	1 000

公司计划对其将来资本投资所需的25%的资金通过债务融资。

要求：

(1) 公司应选择哪一个投资项目？假设一个项目的风险与公司风险相同。

(2) 公司应支付（如果有）多少股利？

8. ASD公司目前流通在外普通股为5 000万股，每年股利为2元。公司负债率为30%，公司所得税税率为25%，公司当前和未来收益相关数据如表9-18所示。随着公司投资机会的变化，公司将考虑扩大幅度调整股利政策。

表9-18　ASD公司利润表相关数据　　单位：百万元

项目	当前	未来预期
息税、折旧和摊销前利润（EBITDA）	1 000	1 200
折旧	200	220
息税前利润（EBIT）	800	980
利息	200	211
税前利润（EBT）	600	769
所得税	150	192
净利润	450	577

公司目前资本支出为5亿元，在下一年度，公司预计将有如下5个投资项目，如表9-19所示。

表9-19　ASD公司预计投资项目数据

项目	投资额（百万元）	IRR	β系数
A	100	9.5%	0.8
B	200	11.0%	1.0
C	300	12.0%	1.4
D	400	14.0%	2.0
E	500	16.0%	2.4

公司当前的β系数为1.0，国债利率为5%，市场风险溢价为6.5%。公司估计今年和明年营运资本追加支出分别为5 000万元和6 000万元。公司计划将其净资本支出和营运资本追加支出所需的30%资金用债务融资，假设债务利率为8%。

要求：

(1) 计算公司目前的股利支付率；计算发放的股利占股权自由现金流量的比率。

(2) 计算各项目和公司加权平均资本成本。如果按项目资本成本与按公司资本成本进行项目决策发生矛盾，你会以哪种标准进行项目决策？为什么？明年预计的资本支出是多少？即你会接受5个投资项目中的哪几个项目？

(3) 公司明年可用于发放股利的现金有多少？即公司发放股利的最大数量是多少？

(4) 公司会支付最大数量的股利吗？为什么？股利分配决策要考虑其他哪些因素？

(5) 公司目前有1亿元的现金余额（支付当年的股利之后），如果明年支付的股利为1.25亿元，明年底现金余额预计为多少？

9. 假设你被邀请对CNN公司今后5年内可用于回购股票和支付股利的现金流量进行预测。在预测之前，假设2020年有关基础数据和增长情况如下：(1) 2020年净利润为450亿元，预计每年增长10%。(2) 资本支出为490亿元，折旧为290亿元，预计每年增长8%。(3) 2020年收入为3 750亿美元，预计每年增长5%；2020年营运资本为370亿元，营运资本占收入的比例将保持在2020年的水平。(4) 通过债务融资的净资本支出和营运资本追加支出的比例为30%。

要求：

(1) 估计公司今后5年可用于支付股利和回购股票的现金。

(2) 现金流量不确定性如何影响你的股利决策和股票回购决策？

10. CNB公司正在考虑重新修订公司的股利政策。2020年，公司宣布的净利润为7 000万元，同年的资本支出为1.5亿元，折旧为6 000万元。2020年的营运资本为8 000万元，营业收入为80 000万元。公司预期：(1) 净利润在今后5年每年增长15%；(2) 资本支出和折旧预计今后5年每年增长10%。(3) 营运资本占收入的比例保持在2020年的水平，收入预计每年增长12%。公司目前的净资本支出和经营性营运资本的资本需求全部来自股权融资。

要求：

(1) 估计今后5年公司各年支付现金股利的最大值。

(2) 如果公司打算对净资本支出和经营性营运资本所需资本的25%的资金通过债务融资，(1) 的答案会发生怎样的变化？

◆ 案例分析

1. SSR公司是由两位软件工程师创办的合伙企业。随着企业的发展，两位创始人希望引入其他股东，将企业改组成公司形式，并在合适的时机上市筹资。到目前为止，企业创造的盈余全部用于再投资，因此不存在股利分配问题。当引入其他投资者或成为上市公司，两位创始人需要了解有关股利政策的问题。假设你最近被一家咨询公司聘用，其要求你为SSR公司的股利政策提供帮助。为此，你被要求给公司的两位创始人提供一份书面材料，在这份材料中，你需要对股利政策的相关理论和实务问题向两位创始人进行解释。

(1) 由沃伦·巴菲特 (Warren Buffett) 创建于1956年的伯克希尔·哈撒韦公司，是一家世界著名的保险和多元化投资集团，总部在美国。该公司主要通过国民保障公司和GEICO及再保险巨头通用科隆再保险公司等附属机构从事财产/伤亡保险、再保险业务。伯克希尔·哈撒韦公司在珠宝经销连锁店 Helzberb Diamonds、糖果公司 See's Candies、从事飞行培训业务的 Flight Safety 等拥有股份；公司还持有美国运通、可口可乐、吉列等公司的股份。查阅巴菲特传记等资料，发现巴菲特很少向投资者派发现金红利。请向SSR公司两位创始人解释巴菲特的思想，说明公司在什么时候应该向投资者派发现金股利。

(2) 假设某公司有关资料如下：股票账面价值＝初始价值，P_0＝30元/股，净资产收益率 (*ROE*)＝15%，每股收益 (*EPS*)＝4.5元 (30×15%)，每股股利＝每股收益×股利支付率，股利增长率 (g)＝(1－股利支付率)×净资产收益率，股权资本成本 (r_e)＝股利收益率＋股利增长率。假设公司无论采取何种股利政策，公司投资机会均保持不变。如果提高股利支付率，则公司资本预算所需要的股权资本可通过发行新股筹得；如果公司留存收益超过资本预算所需要的股权资本，则公司可通过回购股票减少股本。为简化，假设没有交易费用。请根据M-M股利无关论说明股利支付率对股权资本成本的影响。

(3) 根据 (2) 中的数据，假设当股利支付率分别为 0，50%，100%时，股票价格分别为 30 元/股、25 元/股、20 元/股。请根据税收差别理论说明不同股利支付率对股权资本成本的影响。

(4) 举例说明公司如何根据股东偏好确定股利政策。

(5) 你认为股利增加或减少会向市场传递什么信号？请根据信号传递理论解释下列现象。

1) 一家制造公司在过去 5 年以每年 5%的增长率向股东派发现金股利。2020 年 4 月，公司年报宣布对 2019 年的收益进行股利分配，股利支付从每股 1.0 元提高至每股 1.02 元，你认为股价对此公告会做何反应？为什么？

2) 一家软件公司上市后近年来高速增长，创造的利润全部留存以满足日益增长的投资机会，因此公司从未派发股利。但该公司宣布下季度将开始派发股利，你认为股价会做何反应？为什么？

3) 一家小制造厂商在过去 5 年内每年都支付每股 1 元的股利。其宣布明年股利将增加至每股 1.25 元，你认为股价会有何变动？为什么？

4) 一家服装零售商宣布由于收入和盈利迅速下滑，下年将削减股利，你认为股价将有何反应？为什么？

5) 某公司迫于股东压力，宣布通过出售部分资产的形式大大提高对股东的股利支付，你认为股价将会有何变动？为什么？

(6) 一家资本投资支出少、股利支付水平高的公司，正在进军一个资本支出较大的新行业。公司应采取何种股利政策？在实际中可能遇到什么问题？

(7) 假如你正在比较 3 家公司不同的股利支付政策。在除息日，3 家公司的信息如表 9－20 所示。

表 9－20 3 家公司股利发放前后的信息 单位：元

项目	A 公司	B 公司	C 公司
股利发放前每股价格	50	70	100
股利发放后每股价格	48	67	95
每股股利	4	4	5

如果你是一个免税投资者，你会利用哪家公司的股利套利获得收益？具体应怎么做？

(8) 一家有超额现金的公司要决定支付定期股利，还是支付额外股利，抑或进行股票回购，在做出决定时应考虑哪些因素？

(9) 一家从事培训教育的上市公司 2018 年、2019 年现金分红分别为 14.19 亿元、14.8 亿元，分别占当期归属上市公司股东净利润的 123%，82%，分别占当期可供分配利润的 99%，97%。你认为该公司派发股利的现金从何而来？这种分配方案是否造成现金短缺？是否影响公司正常经营及资本支出？

2. 佛山照明股利政策分析。曾被媒体誉为“现金奶牛”的佛山电器照明股份有限公司（简称佛山照明），从 1993 年上市至 2015 年，累计发放现金股利超过 365 005 万元，上市以来股利支付率为 70.13%。图 9－13 描述了佛山照明自上市以来至 2015 年各年的股利支付率和留存收益比率。从图中可以看出，除 1993 年和 2015 年外，其余各年的股利支付率均大于留存收益比率，这表明佛山照明将各年创造的利润大部分返还给了投资者。

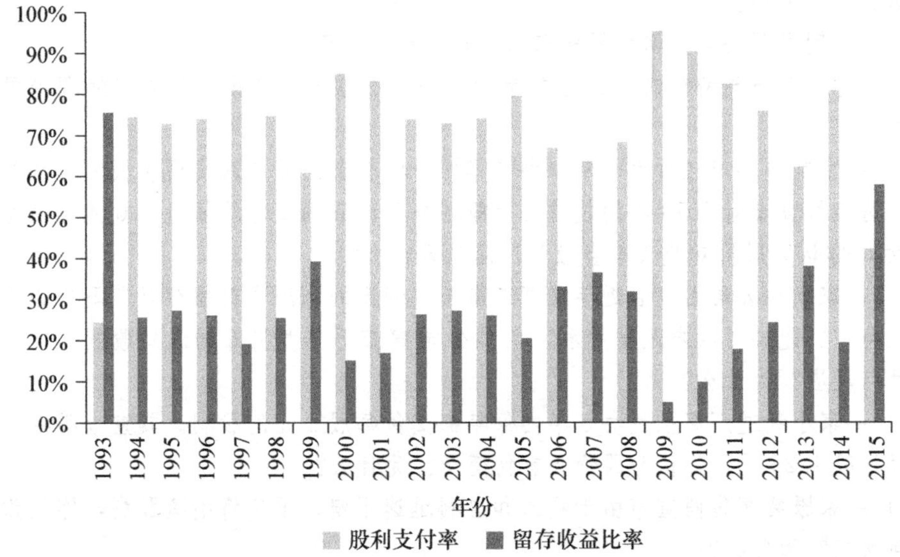

图9-13　佛山照明上市以来的分红统计

资料来源：Wind资讯.

图9-14描述了投资收益率与股利支付率的关系，从图中可以看出，两者的变化趋势不完全一致，甚至在有的年份相背离，从而导致两者的相关系数仅为0.45，这可能与佛山照明在特定年份的投资机会、现金流状况有关。例如，2007年投资收益率上升至15.72%，股利支付率下降至63.55%；在2009年，投资收益率下降至8.06%，股利支付率上升至95.16%。

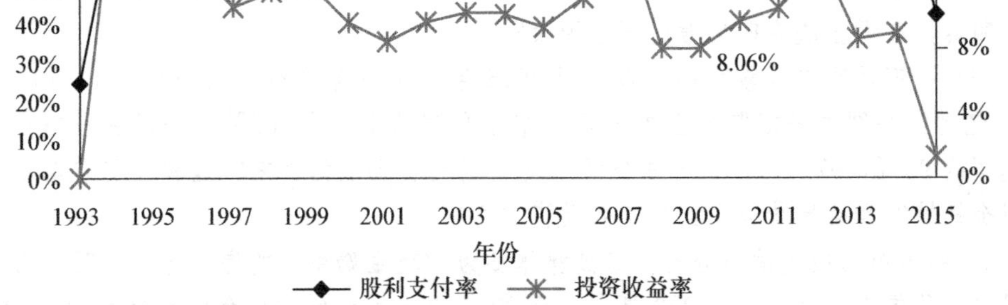

图9-14　佛山照明上市以来的投资收益率和股利支付率

资料来源：Wind资讯.

佛山照明在高比例支付股利的同时，在IPO以后进行再融资，总额约为84 097.43万元，如表9-21所示。据表中数据，可以发现佛山照明的外部资金全部来自股权融资，其中再融资占80.99%。通过查看佛山照明各年银行借款情况发现，该公司仅在1994—1996年存在短期或1年期银行借款（2015年资产负债率为16.38%，负债主要是应付账款等商业信用）。这表明公司运营资金主要来自股权融资和内部留存收益，佛山照明的融资政策和资本结构设置较为保守。

表9-21 佛山照明上市以来累计募集资金

融资方式	金额（万元）	占比（%）	融资年份
直接融资			
首发IPO	19 743.90	19.01	1993
股权再融资	84 097.43	80.99	
其中：配股	14 522.43	13.99	1994
定向增发	0.00		
公开增发	69 575.00	67.00	2000
优先股	0.00		
发行债券融资	0.00		
直接融资合计	103 841.33	100.00	
间接融资（按增量银行借款计算）	0.00	0.00	

资料来源：Wind资讯，数据截止日为2017年2月17日。

要求：

(1) 请查询并分析佛山照明上市以来的股利支付率、投资收益率，以及IPO和股权再融资等情况，评价佛山照明的股利政策及其对公司财务状况和经营成果的影响。

(2) 2016年4月23日，佛山电器发布关于2015年度分红派息的方案，以公司现有总股数（1 272 132 868股）为基数，向全体股东每10股派现金人民币0.125元（含税）。在公告发布后第一个工作日（2016年4月25日），佛山照明的股票价格由前一个交易日的9.15元下跌至9.03元，下跌1.31%，4月26日股票价格上升至9.16元，上升1.44%。请查询并分析分红派息公告前后5个交易日的股票收盘价变化，并与同期上证综合指数的变化进行比较分析，解释佛山照明股价波动的因素。

第 10 章

长期融资

任何一个成功的公司都应拥有两种产品：商品产品和金融产品。前者为产品购买者提供各种消费品；后者为产品购买者提供各种投资工具。与公司其他高级主管不同，财务主管的主要工作是为公司的现在经营和未来增长提供资本。他们所出售的产品对公司的未来现金流量具有索取权，这种索取权必须进行包装和出售才能为公司带来现金流。作为一种交换，金融产品的购买者在获得对公司未来现金流索取权（债券或股票）的同时，也将资本的使用权让渡给了公司。为了既满足公司需要，又能吸引潜在的投资者，财务主管必须针对投资者的偏好设计和提供不同的金融品种。这就要求他们必须熟知资本市场运作规律，精通各种融资工具或金融产品的特点、价格、包装、发行等融资选择的基本理论与技术。本章以资本市场融资功能为主线，主要讨论股权融资、债务融资的类型与方法；采用时间序列和横截面相结合的方法，描述上市公司融资等现状及变化趋势。

通过本章的学习，可以了解 IPO 的发行程序及销售方式、新股发行的定价方法；了解私募股权融资、IPO、股权再融资的发行条件；了解长期借款保护性条款的类型和内容；了解债券的种类和创新、公司债券契约条款；熟悉租赁对税收和资产负债表的影响。

10.1 股票融资

10.1.1 股票分类

股票是股份公司为筹集股权资本而发行的有价证券，是持股人拥有公司股份的凭证。它与留存收益等一起构成股东在公司中的全部资产，即股东权益。按股东享有的权利不同，股票可分为普通股和优先股两大类。

1. 普通股

普通股（ordinary share）是构成股份公司最基本的股份，普通股股东的权利主要表现在以下四个方面：

（1）投票权。普通股股东有权参加股东大会，并有选举权、被选举权、查账权和表决权，有权就公司重大问题进行发言和投票表决。如果股东不能亲自参加股东大会，也可以委托他人代表其行使股东权利。

（2）收益权。普通股股东有按股份参加公司收益分配的权利，但必须在公司向债权人及优先股股东分别支付利息和股利之后才享受收益分配权。因此，普通股的股利通常是不固定的，由公司的盈利状况及其分配政策决定。

（3）优先认股权。如果公司增发普通股股票，现有普通股股东有权按其持股比例，以低于市价的某一特定价格优先购买一定数量新发行的股票，从而保持其对公司所有权的原有比例。

（4）剩余财产分配权。当公司破产或清算时，如果公司的财产在偿还债务后还有剩余，则普通股股东有权按持股比例对剩余部分进行分配，但其受偿顺序列于优先股股东之后。

当然，权利与义务是对等的，股东在享受权利的同时还具有遵守公司章程、缴纳认股款、对公司负有限责任、不得退股等义务。

2. 优先股

优先股（preferred share）是一种兼具普通股股票和债券特点的混合性有价证券，它属于股权性资本，但兼具债券的性质。相对于普通股而言，优先股的权利主要表现在以下几个方面：

（1）投票权。在正常情况下，优先股股东没有参与公司经营管理的权利，不参加股东大会，没有选举和被选举的权利，不能对公司重大经营决策进行表决。

（2）收益权。当公司进行股利分配时，优先股股东先于普通股股东领取股利。为了保障优先股股东的利益，优先股通常要附加一些保护条款，如股利累计分派或参与分派。前者是指任何年度未支付的股利都可以递延到以后年度一起发放。也就是说，当公司的税后收益不足以支付优先股股利时，未支付的股利可以累积到下年度支付。参与分派是指优先股股东在获得定额股利后，还有权与普通股股东一起参加公司剩余利润的分配，即优先股股东可以获得双重分红权。

（3）优先分派剩余财产。当公司破产、清算时，优先股股东对公司剩余财产的求偿权位于债权人之后，但先于普通股股东。

（4）转换权。优先股持有者可以根据优先股发行时的规定，在将来某一时期内按预先规定的转换比率或转换价格，将优先股转换为普通股或其他类型的优先股。优先股股东拥有转换的权利，但没有转换的责任。只有当普通股价格上涨，通过转换，优先股股东可以从中获利时，才行使这一权利。

此外，按发行对象和上市地区的不同，可将股票分为 A 股、B 股、H 股、N 股等。A 股是供我国大陆地区个人或法人买卖，以人民币标明票面金额并以人民币认购和交易的股票。B股、H股、N股和S股是专供外国和我国香港、澳门、台湾地区投资者买卖，以人民币标明票面金额但以外币认购和交易的股票。其中，B股在我国上海、深圳上市；H股在我国香港上市；N股在美国纽约上市；S股在新加坡上市。

10.1.2 首次公开发行股票

公开发行是指股份公司公开向社会发行股票募集资本的发行方式。公开发行按照发行股票募集资本的次数，分为首次公开发行和股权再融资。

1. 首次公开发行中的行为主体

首次公开发行股票（initial public offering，IPO）是指企业公开向社会公众发行股票并上市的过程。在我国，IPO涉及的行为主体包括证监会、发行人、投资银行和投资者，如图10－1所示。

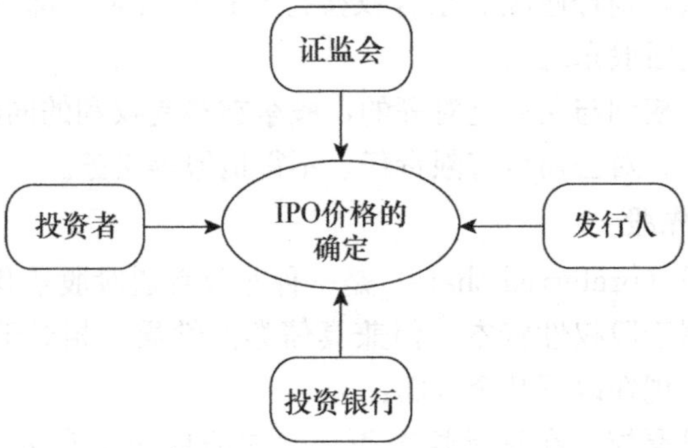

图10－1 IPO涉及的行为主体

证监会作为监管机构分别通过尽职调查、禁售条款、负债比率、信息披露要求等措施对IPO进行监督和管理。当前世界上主要的IPO审核机制有审批制、核准制和注册制。审批制完全由政府主导，从发行额度到发行价格都由政府制定，监管机关要对发行公司的各项条件进行严格审查，对股票发行规模和发行企业数量进行双重控制，能否发行完全取决于主管机关。注册制完全由市场主导，证券监管机构只需对发行公司依法提供的申报文件的全面性、准确性、真实性和及时性进行审查，并不能决定公司能否发行。核准制则介于审批制与注册制之间，政府不仅管理股票发行实质性内容的审核，还管理发行过程中的实际操作，如确定发行方式、发行价。

IPO的发行人与投资银行、投资银行与投资者均通过签订发行股票契约成为IPO的行为主体。投资银行作为证券发行承销商，一方面为发行人提供金融中介服务，包括发行人上市融资辅导、发行公司融资工具和发行方案设计，根据发行人的发行规模、行业特征和公司业绩，结合投资者的购买预期确定新股定价区间等；另一方面为投资者提供尽职的投资价值分析服务。投资银行家或资本市场专家通过分析报告影响投资者的投资策略，如果投资者认购发行股票则成为发行人的股东。

2. 新股发行定价

股票发行价是公司发行股票时所采用的价格，也是投资者认购股票时所必须支付的价格。自 2000 年我国股票发行体制由审批制转向核准制，我国 A 股新股发行先后采用过市盈率定价法、固定价格方式、累计投标询价方式和竞价方式等。

(1) 市盈率定价法。市盈率定价法是一种根据拟发行上市公司的每股净利润和所确定的发行市盈率来决定发行价格的新股定价方法。其计算公式为：

$$发行价格=每股净利润\times发行市盈率$$

式中，每股净利润可以按发行时的每股税后利润计算，也可以根据发行前的历史数据进行计算；发行市盈率可以根据同行业已上市公司的市盈率和本身的各种财务指标加以估计。发行公司应考虑所属行业的发展前景、同行业公司在股市上的表现以及近期二级市场的规模、供求关系和总体走势等因素，以便确定一个较为准确的发行市盈率。采用这种方法确定发行价格的程序相对简单、成本较低。

(2) 固定价格方式。固定价格方式 (fixed price offer) 又称为公开发售方式 (public offer)，是指承销商根据对发行公司的价格评估，在估价结果范围内与发行公司协商确定一个固定的发行价格，并根据该价格向投资者公开发售。由于在固定价格方式下发行价格的形成过程缺乏承销商与投资者的互动博弈，因此一般认为这一方法与累计投标询价方式和竞价方式相比市场化程度不足。固定价格方式虽然存在市场化程度不足的问题，但可以避免累计投标询价方式中高昂的路演 (road show) 成本，对于发行量较小的 IPO 是一种节约成本的有效机制。

(3) 累计投标询价方式。累计投标询价方式 (book-building) 是目前国际证券市场中最为常用的股票发行方式之一。通常这一发行方式包括确定价格区间、累计投标询价和价格支持三个步骤。在发行时，承销商通过路演等方式向潜在的投资者推介发行公司的情况，并根据法律规定披露公司的相关信息。与此同时，承销商与一些可能有购买意向的机构投资者接触，并要求申报认购价格和数量，这一时期即累计投标询价期。累计投标询价期结束后，承销商将所有投资者在同一价格的申购量累计计算，得出一系列在不同价格之上的总申购量。最后，按照总申购金额超过发行融资额的一定倍数 (即超额认购倍数) 确定发行价格并对投资者配发股份。因此，累计投标制度可提供较佳的价格探索功能。

在累计投标询价方式下，发行价格由市场供求决定，更贴近上市价格。此外，发行人有权选择理想的股东结构，有助于上市公司改善治理结构，提高公司质量。特别地，赋予承销商选择客户的权利，有助于大型投资银行的培育。

(4) 竞价方式。竞价方式 (auction) 是指股票发行人将发行股票的有关资料向投资者进行公告，由各股票承销商或者投资者以投标方式相互竞争确定股票发行价格。由于竞价法是一种直接的市场化定价方式，因此更能够直接反映出投资主体对新股价格的接受程度，最终确定的价格更接近新股未来上市后的市场价格。但在不成熟的证券市场中，有可能造成新股发行定价过高、上市公司融资额过大、市场资本使用效率低下等现象。

竞价方式先由投资者表达对股票的需求，再根据需求情况确定最终的发行价格，因此，该方式也可有效地发挥价格发现的功能，缩小发行价格与上市价格之间的差距。但相比累计投标询价方式，竞价方式缺乏选择理想股东结构方面的功能。

[例10-1] 华宝香精股份有限公司2018年3月1日发布上市公告书，宣告公司将于2018年3月1日在深圳证券交易所创业板上市，首次公开发行6 159万股人民币普通股（A股）。发行市盈率、发行价格、发行费用等相关资料如表10-1所示。

表10-1 华宝股份（300741.SZ）新股发行资料

上市地	深圳	上市板	创业板
主承销商	浙商证券股份有限公司	承销方式	余额包销
发行价格（元）	38.6	发行方式	网下询价，上网定价
发行市盈率	22.99	行业市盈率	41.47
新股发行数量（万股）	6 159.00	实际原股东转让数量（万股）	—
发行前总股数（万股）	55 429.00	发行后总股数（万股）	61 588.00
预计募资（万元）	237 737.40	实际募资合计（万元）	237 737.40
募集资金净额（万元）	231 184.21	发行费用（万元）	6 553.19
发行公告日	2018-02-12	上市日期	2018-03-01

3. 公开发行股票的销售方式

股份公司公开向社会发行股票，从推销方式上有两种选择，即自销和委托承销。自销方式是指股份公司自行将股票出售给投资者，而不经过证券经营机构承销。这种方式可以节约股票发行成本，但发行风险完全由发行公司自行承担。这一方式仅适用于发行风险较小、手续较为简单、数额不多的股票发行。

委托承销方式是指发行公司将股票销售业务委托给证券经营机构代理。按照我国《公司法》的相关规定，当公司采用募集设立方式向社会公开发行新股时，必须由证券经营机构承销，承销期最长不得超过90天。承销方式又含包销和代销两种。包销是由发行公司与证券经营机构签订承销协议，全权委托证券经营机构代理股票的发售业务。这一方法下，证券经营机构会买进股份公司公开发行的全部股票，然后将所购股票转售给投资者。在规定的募股期限内，若实际招募股份数达不到预定发行股份数，剩余部分由证券经营机构全部承购。代销是指由承销机构代理发行股票，承销机构不负责承购剩余额，而将未售完部分全部归还发行公司的销售方式。这种销售方式下，承销机构不需要买入证券，仅从每一只售出的股票中收取佣金，股票的发行风险全部由发行公司承担，因而发行风险大，且融资时间较长，但其融资成本较低。

4. 公开上市的优缺点

公开上市意味着将公司股票的一部分发售给外部投资者，并在公开市场上进行交易。公开上市的优点主要表现为：第一，发起人能够进行多元化投资。随着公司的成长及价值的提升，发起人通常已经将其大部分资本投入公司。公开上市后，发起人能够通过证券交易市场出售部分股票，使得个人投资组合多元化，从而降低风险水平。第二，提高股票的流动性。公开上市公司的股票在证券交易所内挂牌交易，公开交易市场使得投资者及潜在投资者及时了解股票的信息，大大加大了股票的流动性。第三，有利于公司筹集新资本。一方面，巨大的股权资本可以作为债务的资本保障，有利于筹集新的债务资本；另一方面，由于上市公司受证监会的监管以及定期的信息披露要求加大了对公司外部股东权益的保护，因此有利于吸引新的股权资本的流入。第四，有利于确立公司价值。股票上市后，频繁交易的股票价格能够客观地评价公司的价值，这样有助于激励公司为提高公司价值而采取各种措施。第五，有益于达成并购协议。如果公司被兼并，或者兼并其他公司需要以股票支付兼并价格，则拥有确定的市场价值的上市公司有益于达成上述并购协议。第六，有利于提高公司知名度。上市资格和条件的严格审核使得公开上市向社会传递了一种利好消息，公众认为上市公司经营状况和发展前景良好，从而给公司带来良好声誉，这会吸引更多的投资者，并增加公司的举债能力。

公开上市的缺点主要表现在如下几个方面：第一，披露成本。公开上市公司必须根据证监会的要求定期对外披露季度、年度报告，以及可能影响股价的重大事件，这些信息披露需要聘请中介机构，可能造成沉重的经济负担，产生大量的披露成本。第二，信息披露。管理层可能并不希望披露经营数据，因为这些数据可能是商业秘密。类似地，公司的所有者也许并不希望人们知道其所拥有的净财富，由于公开上市公司必须披露高管人员、董事及主要股东的持股数量，因此很容易被得知股东的净财富。第三，股价扭曲。股票市价的高低受到众多因素的影响，而不仅仅取决于公司业绩，当股价偏离公司实际经营状况时，股价不能作为市场对该公司价值的客观评价。尤其是人为因素扭曲公司股价，不但使得公司价值失真，而且会在一定程度上损害公司形象。

公司通过IPO完成了上市和融资两项最重要的工作，是企业在生命周期特定时点改变其财务和所有权结构的重要方式。要成为一家上市公司，需要承担很多成本。J.C.布劳和S.E.福西特（Brau，J.C.，Fawcett，S.E.，2006）对在2000—2002年间发生IPO的上市公司的336位CFO进行了问卷调查，当被问及公司选择上市的原因，近60%的CFO回答是为创造用于未来并购的公众股份，51.2%的CFO认为上市可以为公司界定一个市场价格，仅有14.3%的CFO认为是因为债务融资成本太高。CFO选择IPO的原因的调查如图10-2所示。

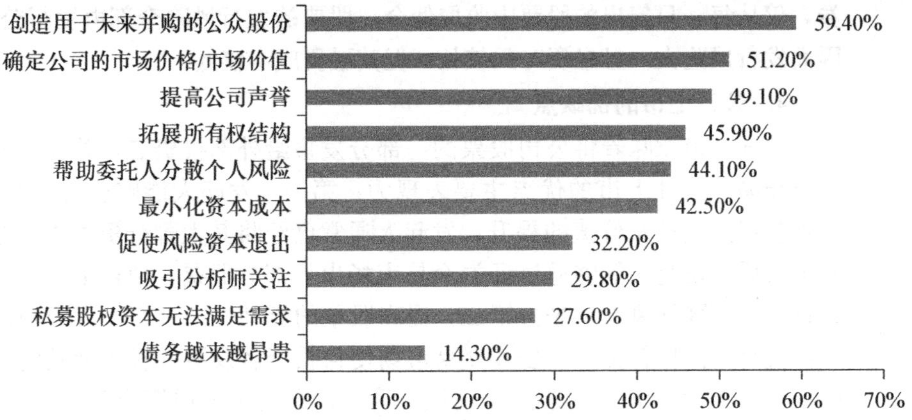

图 10-2 公司上市原因的调研（支持的 CFO 所占的比重）

资料来源：Brau, J. C., Fawcett, S. E. Evidence on What CFOs Think About the IPO Process: Practice, Theory, and Managerial Implications. Journal of Applied Corporate Finance, 2006, 18 (3): 107-117.

10.1.3 股权再融资

股权再融资（seasoned equity offering，SEO）是指公开上市公司再次发行股份，也称后续发行。股权再融资主要有增发和配股两种方式。

1. 增发融资

增发（seasoned public offering，SPO）是指上市后公开发行新股，通常采用公开增发和定向增发两种形式。公开增发就是面对社会大众再发新股；定向增发就是只面向特定对象再发新股。公开增发和定向增发都是新股的增量发行，对其他股东的权益有摊薄效应。与公开增发相比，定向增发的对价不限于现金，还包括非现金资产（包括股权）、债权等，而公开增发必须以现金认购；由于特定人不同于社会公众投资者，不需要监管部门予以特殊保护，在我国，定向增发的条件可不受《公司法》关于三年连续盈利及发行时间间隔的限制；定向增发不需要承销，成本和费用相对较低。

定向增发作为一种创新型的、高效便捷的再融资工具，既可以满足上市与挂牌公司通常的项目资金需求，也有助于上市公司实现资产注入及整体上市、引入战略投资者、完成并购重组等多重目标。

[例 10-2] 长电科技（600584）2017 年两次定向增发的有关资料如表 10-2 所示。

表 10-2 长电科技（600584）定向增发资料

预案日	2016-04-29	2016-04-29
发行价格（元）	17.60	15.34
增发上市日收盘价	15.58	14.37
增发数量（万股）	15 085.23	17 307.69

续表

预案日	2016-04-29	2016-04-29
预计募集资金总额（亿元）	26.55	26.55
实际募集总额（亿元）	26.55	26.55
其中：资产募集金额（亿元）		26.55
货币募集金额（亿元）	26.55	
发行费用（亿元）	0.49	
实际募资净额（亿元）	26.06	26.55
发行对象	机构投资者	机构投资者
认购方式	现金	资产
实施价格相对基准价格的比例（%）	90.01	90.03
预案价格相对基准价格的比例（%）	90.01	90.03
是否控股股东认购	否	否
增发目的	配套融资	融资收购其他资产

资料来源：Wind 资讯.

根据江苏长电科技股份有限公司公告，本次发行股份购买资产的定价基准日为 2016 年 4 月 29 日，发行股份购买资产的发行价格为定价基准日前 60 个交易日公司股票交易均价的 90%，即 15.36 元/股。扣除本次发行的定价基准日至发行股份日期间公司红利后，本次发行股份购买资产的发行价格调整为 15.34 元/股。本次募集配套资金发行股份价格为公司定价基准日前 20 个交易日公司股票交易均价的 90%，即 17.62 元/股。扣除本次发行的定价基准日至发行股份日期间公司红利后，本次配套募集资金的发行价格调整为 17.60 元/股。

长电科技股份有限公司本次定向增发的上市发行日为 2017 年 6 月 7 日，增发上市日收盘价低于发行价。以配套融资定向增发为例，发行折价率为 11.48%（即 15.58/17.6−1）。

2. 配股融资

配股（right offering）是指上市公司仅向现有股东同比例发行新股。它赋予公司现有股东对新发股票的优先取舍权，这种方式可以保护现有股东合法的优先购买权，这种优先购买权具有一定的时效，过期失效。

[例 10－3] 新奥股份（600803）2018 年 1 月 30 日刊登配股公告，公司将以 2018 年 2 月 1 日上海证券交易所收市后公司总股数 985 785 043 股为基数，以每 10 股配售 2.5 股的比例向股权登记日全体股东配售。本次配股拟募集资金总额不超过人民币 23 亿元（含发行费用），扣除发行费用后的净额将全部用于投资年产 20 万吨稳定轻烃项目。

新奥股份配股融资的实施结果如下。

（1）发行数量：实际配售 243 570 740 股，均为网上配售。

（2）发行价格：9.33 元/股。

（3）发行方式：本次配股采取网上定价发行方式，通过上海证券交易所系统进行。

（4）募集资金总额：2 272 515 004.20 元。

（5）发行费用总额及每股发行费用：本次发行费用总额为 33 684 570.74 元（包括承销保荐费用、律师费用、验资费用、证券登记费及查询费、信息披露及其他费用），每股发行费用为 0.14 元。

（6）募集资金净额：2 238 830 433.46 元。

根据配股公告，配售比例为每 10 股配售 2.5 股新股，发行价格为 9.33 元，这表明原有股东需持有 4 股股票和现金 9.33 元才能认购 1 股新股。配股融资的一大特点就是新股的发行价格是根据配股发行公告发布时的股票市价进行一定的折价处理来确定的，其目的是鼓励股东出价认购。当市场环境不稳定的时候，确定配股价是非常困难的。在正常情况下，新股发行的价格按发行配股公告时的股票市场价格抑价 10%～25%。在本例中，新奥股份（600803）的配股公告日为 2018 年 1 月 30 日，当天股票收盘价为 14.54 元/股，相对于新股发行价 9.33 元，折价率高达 35.83%（9.33/14.54－1）。

配股通常是通过备用承销（standby underwriting）或包销方式发行的，每认购 1 股股票必须向承销商支付备用费（standby fee），作为其承担风险责任的补偿。在实务中，认购价格通常制定得远低于当时的市场价格，从而使配股发行失败的可能性比较小。

中国上市公司利用资本市场进行股票融资的方式有：首次公开发行股票、增发股票、配售股票以及优先股等。图 10－3 列示了 A 股上市公司 1991—2019 年融资统计数据。从图 10－3 可以看出，在 2005 年以前，上市公司主要通过 IPO 和配股进行股权融资。2005 年后，上市公司主要通过 IPO 和增发进行股权融资。2005—2013 年 IPO 融资呈 M 形变化，配股融资变化较为平缓，但增发融资呈上升趋势，这表明在次贷危机后，上市公司股权融资主要是通过增发方式完成的。

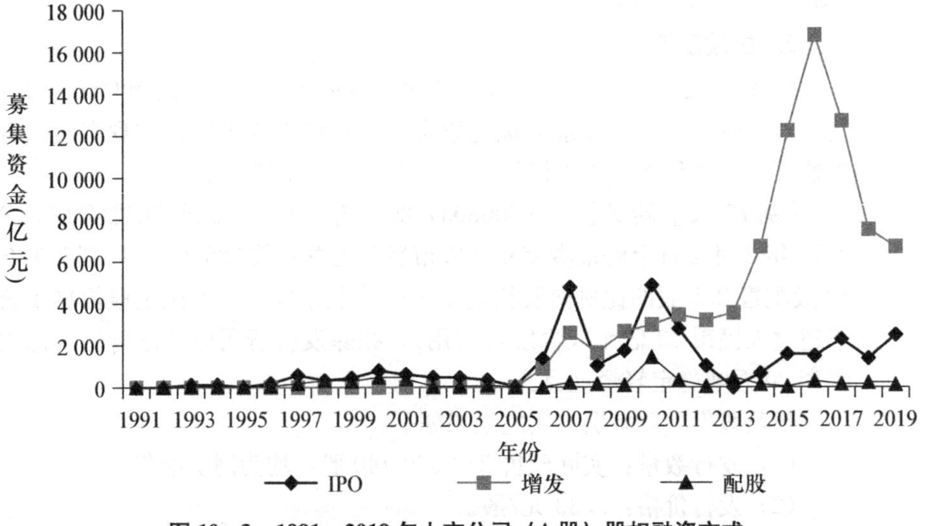

图 10－3　1991—2019 年上市公司（A 股）股权融资方式

资料来源：根据 Wind 资讯数据整理。

除增发和配股外，2016 年 3 月 24 日，在新三板挂牌的中视文化正式取得股转系统核准函，核准该公司首家发行优先股。新三板优先股第一单的落地以及即将建立的优先股转让流通机制，将增加新三板市场的融资工具和投资工具，进一步完善新三板的市场功能，促进二级市场的流动性。目前，适合发行优先股的公司主要有四类：(1) 银行类金融机构，发行优先股补充一级资本，满足资本充足率的监管要求；(2) 资金需求量较大、现金流稳定的公司，发行优先股可以补充低成本的长期资金，降低资产负债率，改善公司的财务结构；(3) 创业期、成长初期的公司，这类公司股票估值较低，通过发行优先股，可在不稀释控股权的情况下融资；(4) 进行并购重组的公司，发行优先股可以作为收购资产换取股票的支付工具。

10.1.4　私募股权融资

私募股权融资是指企业以非公开方式向潜在的投资者筹集股权资本的行为，风险投资公司、私募股权投资、天使投资人和机构投资者是私募股权融资的主要对象。

1. 风险投资公司

风险投资公司（venture capital firm，VC ）是为初创公司提供启动资金的有限合伙制企业，通过风险投资基金进行投资。风险投资的目的不是控股，无论成功与否，退出是风险投资的必然选择。风险投资的退出方式包括首次上市(IPO)、收购和清算。

风险投资的特征是：(1) 投资对象为处于创业期（start-up）的中小型企业，而且多为高新技术企业；(2) 投资期限至少在 3～5 年以上，投资方式一般为股权投资，通常占被投资企业 30%左右的股权，而不要求控股权，也不需要任何担保或抵押；(3) 投资决策建立在高度专业化和程序化的基础之上；(4) 风险投资人（venture capitalist）一般积极参与被投资企业的经营管理，提供增值服务；(5) 除了种子期（seed）融资外，风险投资人一般也对被投资企业以后各发展阶段的融资需求予以满足；(6) 由于投资目的是追求超额回报，当被投资企业增值后，风险投资人会通过上市、收购兼并或其他股权转让方式撤出资本，实现增值。

2. 私募股权投资

私募股权投资（private equity，PE）是指通过私募形式对私有企业，即非上市企业进行的股权性投资。私募股权投资主要是通过上市、并购或管理层回购、出售持股获利等方式退出。

私募股权投资的特点是：(1) 对非上市企业的股权投资，不能上市交易，流动性较差，因此，投资者会要求高于公开市场的回报；(2) 没有现成的市场供非上市企业的股权出让方与购买方直接达成交易，而持币待投的投资者和需要融资的企业必须依靠个人关系、行业协会或中介机构来寻找对方；(3) 资金来源广泛，如富有的个人、风险基金、杠杆收购基金、战略投资者、养老基金、保险公司等；(4) 投资回报方式主要有三种：公开发行上市、售出或并购、公司资本结构重组。

在机构调研报告中，一般都将风险投资公司与私募股权投资的概念统一为风险投资，简称为PE/VC。在资本市场上，很多传统的VC机构现在也介入PE业务，而许多传统上被认为专做PE业务的机构也参与VC项目，也就是说，PE与VC只是一个概念上的区分，在实际业务中两者界限越来越模糊。例如，著名的PE机构凯雷投资集团（Carlyle）也涉及VC业务，其投资的携程网、聚众传媒等就是VC形式的投资。

风险投资为公司发展开辟了新的融资渠道，解决了公司创业发展阶段的融资难题，打破了公司发展初期的资金瓶颈，为培育具有发展潜力的创新科技型公司做出了贡献。但风险投资对投资对象的选择比较严格，条件比较苛刻，使得风险资本的融通对一般公司来说有一定的困难。在欧美国家，据不完全统计，风险投资人进行项目投资的成功率仅为30%左右。正是因为这样，在风险投资界才会奉行“不要将鸡蛋放在一个篮子里”的分散组合投资原则。

3. 天使投资人和机构投资者

天使投资是股权资本投资的一种形式，通常是指具有一定净财富的个人对具有较大发展潜力的初创企业进行早期的直接投资，属于一种自发而分散的民间投资方式。天使投资往往是一种参与性投资，也称为增值型投资。投资后，天使投资人往往积极参与被投企业的战略决策和战略设计；为被投企业提供咨询服务；帮助被投企业招聘管理人员；协助公关；设计退出渠道和组织企业退出等。当然，也有一些天使投资并不参与投资后管理。

机构投资者通常指用自有资本或者从分散的公众投资者手中筹集资本专门进行有价证券投资活动的法人机构。在欧美国家，以有价证券投资收益为其重要收入来源的证券公司、投资公司、保险公司、各种福利基金、养老基金及金融财团等，一般称为机构投资者。其中，最典型的机构投资者是专门从事有价证券投资的共同基金。

上述各种股权投资者关注的重点是项目的投资收益，而公司投资者（corporate investor），如公司的合作伙伴（corporate partner）、战略合作伙伴（strategic partner）或战略投资者（strategic investor），投资的目的不仅是获得投资收益，更重要的是实现公司战略目标，提高资源的配置效率。

与公开发行相比，私募股权融资的优点在于：(1) 避免了证券注册、招股说明书的印刷等一系列费用，发行费用相对较低；(2) 对于不够上市资格的公司来说，可以较快地达到募集到所需资本的目的；(3) 发行方式更为灵活。发行者可以有针对性地对发行条件加以修改以适应交易各方的要求。

与公开发行相比，私募股权融资的缺点在于：(1) 资本成本较高。私募发行的投资者与公开发行的投资者相比更倾向于要求更高的溢价。(2) 限制条款较多，经营灵活性受限。私募投资者一般会提出更为苛刻的限制性条款，并易于加强对公司经营的监督，这限制了公司经营的灵活性，更可能会使公司被迫放弃一些有利的投资机会。

IDG资本（IDG capital partners）从1992年开始在中国进行风险投资，是最早进入我国的国际投资机构之一。IDG资本已成为中国风险投资行业的领先者，不仅向中国企业家提供资金，而且在投资后提供一系列增值服务和强有力的支持。IDG资本已经在中国投资300余家优秀公司，包括百度、搜狐、腾讯、携程、金蝶、奇虎360、汉庭、如家、九安医疗、波司登、天福茗茶等公司，已有70多家所投公司公开上市或并购。

10.1.5 证券发行成本

证券发行成本主要指销售公开发行证券的直接成本和间接成本。直接成本中最重要的是承销商薪酬，如支付给主承销商或者路演的管理费用、承销进出差价（公开发行价格与承销商购买价格之间的差额）① 等。证券发行的间接成本主要包括：(1) 发行抑价。对于首次公开发行，股票价格在发行日后一般会大幅上涨。由于股票是按照低于上市后的有效价格出售的，因此抑价对公司来说是一种成本。(2) 超常收益。股票多次发行时，在发行公告日股票价格一般下跌1%～2%。下跌将保护新股东，防止公司向他们出售定价过高的股票。(3) 发行延迟或撤销的成本。

I. 李、S. 洛克黑德、J. 里特等（Lee, I., Lochhead, S., Ritter, J., et al, 1996）研究美国上市公司1990—1994年间首次公开发行和再融资发行的直接成本，如表10－3所示。作为比较，表10－4列示了可转换债券、纯债券（不含任何转换、赎回条款的债券）发行的直接成本。

表10－3 股票发行的直接成本（1990—1994年）

融资总额（百万美元）	首次公开发行（IPO）				再融资（SEO）			
	发行次数	总价差（%）	其他直接费用（%）	直接发行成本/融资总额（%）	发行次数	总价差（%）	其他直接费用（%）	直接发行成本/融资总额（%）
2～9.99	337	9.05	7.91	16.96	167	7.72	5.56	13.28
10～19.99	389	7.24	4.39	11.63	310	6.23	2.49	8.72
20～39.99	533	7.01	2.69	9.70	425	5.6	1.33	6.93
40～59.99	215	6.96	1.76	8.72	261	5.05	0.82	5.87
60～79.99	79	6.74	1.46	8.20	143	4.57	0.61	5.18
80～99.99	51	6.47	1.44	7.91	71	4.25	0.48	4.73

① 在实务中，承销进出差价一般是以发行规模或融资总额的百分比衡量的。为平衡股票发行的供求关系，承销合同中一般会包含超额配售选择权（green shoe option），俗称“绿鞋”条款。这一条款给予承销商按照发行价增购证券的选择，以满足过多的需求和超额认购。它一般延续大约30天时间，包括增购不超过15%的新发行证券。对承销商来说，“绿鞋”选择权是一种好处；而对发行人来说，它是一项成本。假如新发行证券的市场价格在30天内升至发行价之上，承销商就可以从发行人处买入证券，然后立即将其转售给公众。2010年，在海外股票发行中采用“超额配售选择权”机制已成为惯例。交通银行、中国建设银行、中国银行和招商银行等多家境内商业银行赴海外上市均采用了“超额配售选择权”机制。

续表

融资总额（百万美元）	首次公开发行（IPO）				再融资（SEO）			
	发行次数	总价差（%）	其他直接费用（%）	直接发行成本/融资总额（%）	发行次数	总价差（%）	其他直接费用（%）	直接发行成本/融资总额（%）
100～199.99	106	6.03	1.03	7.06	152	3.85	0.37	4.22
200～499.99	47	5.67	0.86	6.53	55	3.26	0.21	3.47
500 及以上	10	5.21	0.51	5.72	9	3.03	0.12	3.15
总计	1 767	7.31	3.69	11.00	1 593	5.44	1.67	7.11

资料来源：Lee，I.，Lochhead，S.，Ritter，J.，et al. The Costs of Raising Capital. The Journal of Financial Research，1996，19：59-74.

表 10-4 可转换债券、纯债券发行的直接成本（1990—1994 年）

融资总额（百万美元）	可转换债券				纯债券			
	发行次数	总价差（%）	其他直接费用（%）	直接发行成本/融资总额（%）	发行次数	总价差（%）	其他直接费用（%）	直接发行成本/融资总额（%）
2～9.99	4	6.07	2.68	8.75	32	2.07	2.32	4.39
10～19.99	14	5.48	3.18	8.66	78	1.36	1.4	2.76
20～39.99	18	4.16	1.95	6.11	89	1.54	0.88	2.42
40～59.99	28	3.26	1.04	4.30	90	0.72	0.6	1.32
60～79.99	47	2.64	0.59	3.23	92	1.76	0.58	2.34
80～99.99	13	2.43	0.61	3.04	112	1.55	0.61	2.16
100～199.99	57	2.34	0.42	2.76	409	1.77	0.54	2.31
200～499.99	27	1.99	0.19	2.18	170	1.79	0.4	2.19
500 及以上	3	2.0	0.09	2.09	20	1.39	0.25	1.64
总计	211	2.92	0.87	3.79	1 092	1.62	0.62	2.24

资料来源：Lee，I.，Lochhead，S.，Ritter，J.，et al. The Costs of Raising Capital. Journal of Financial Research，1996，19：59-74.

根据表 10-3、表 10-4 中的数据，可以得出三个结论：第一，股票发行和债券发行的各类成本一般随着发行规模的增加而下降，也就是说，发行成本服从规模经济效应；第二，在全部发行的成本中，发行股票的直接费用高于发行债券的直接费用；第三，IPO 的成本是最高的，例如，对于一次融资规模小于 1 000 万美元的 IPO 来说，全部直接费用约占融资总额的 16.96%，如果考虑股票发行的间接成本，IPO 的成本将超过 20%。

表 10-5 列示了中国 2016 年前十大承销商的承销保荐费和发行费用。在这十大承销商中，承销保荐费率最高的是中信证券，平均费率为 9.37%，最低的是中信建投证券，平均费率为 4.81%，前十大承销商承销保荐费率的平均值为 6.85%。从发行费用的角度看，在这十大承销商中，发行费用最高的是中信证券，平均费率为 13.21%，最低的是中银国际证券，平均费率为 5.82%，前十大承销商发行费率的平均值为 9.23%。

表 10-5 前十大承销商股票发行保荐与发行费用（2016 年）

机构名称	募集资金（万元）	承销保荐费用		发行费用		承销家数
		金额（万元）	平均费率（%）	金额（万元）	平均费率（%）	
中信建投证券	1 834 948.03	60 270.76	4.81	79 989.54	6.90	14
中国国际金融	1 212 261.57	56 766.36	6.21	70 132.16	7.93	10
安信证券	1 176 505.94	54 337.94	7.85	68 661.83	10.56	12
中信证券	1 142 255.04	79 919.34	9.37	101 587.13	13.21	18
华泰联合证券	1 085 582.58	37 269.16	4.96	45 583.41	6.41	6
国泰君安证券	986 764.00	28 469.25	7.25	35 470.12	9.34	6
申万宏源证券	665 952.38	34 382.79	7.18	47 215.75	10.46	10
广发证券	633 562.68	52 256.81	9.30	67 733.60	12.19	15
中银国际证券	614 919.63	13 786.23	4.82	16 355.27	5.82	3
招商证券	599 235.92	32 473.60	6.74	44 626.19	9.46	12

数据来源：Wind 资讯.

为减少股票发行费用和承销保荐费用，发行公司应在保证发行成功和有关服务质量的前提下，选择发行费率和承销保荐费率较低的中介机构和服务机构。

10.1.6 股票融资的优缺点

普通股融资的优点主要表现在：(1) 普通股没有到期日，是一项永久性资本来源，除非公司清算才予以偿还（但公司可在允许的条件下，通过二级市场回收股票）。(2) 普通股没有固定的股利负担。其股利分配的多少与公司的盈利与否、投资机会等有关。(3) 普通股融资风险小。由于普通股没有固定的到期日，一般也不用支付固定的股利。(4) 普通股融资能增强公司的信誉，是公司筹措债务资本的基础。(5) 普通股比债券更容易卖出，这是因为普通股的预期收益高于优先股和债券，而且在通货膨胀时期，普通股增值优于优先股和债券。

普通股融资的缺点主要表现在：(1) 股票发行费用比较高。发行费用是指发行公司支付给与股票发行相关的中介机构的费用，如承销费、注册会计师费（审计、验资、盈利预测审核等费用）、资产评估费、律师费等。其中，承销费所占的比例最高。此外，股票发行成功后，上市公司仍然需要为审计股票在交易所流通支付相当高的费用。不仅如此，普通股的融资成本从税后收益中支付，不能享受减税优惠，导致普通股融资成本比较高。(2) 一方面普通股融资会影响公司的控制权或管理权，另一方面新股东对公司已积累的盈余具有分配权，这就会降低普通股的每股净收益，从而可能引起普通股市价下跌。(3) 股票上市后要向社会披露信息，接受证券监管部门的监管等。

10.1.7 上市公司股权融资现状

20 世纪 70 年代后期，随着宏观经济体制改革和金融体制改革的不断深入，我国政府面临建设资金短缺的巨大压力，企业也面临融资困境。以 1981 年发行国库券为始端，国债开始恢复。到20世纪80年代中期，城市中的一些国有企业和集体企业开始进行各种形式的股份制尝试，许多企业开始半公开、公开发行股票，股票的一级市场开始出现。随着证券发行和投资者队伍逐步扩大，证券流通的需求日益强烈，股票和债券的柜台交易陆续在全国各地出现。从发展历程看，1990年11月26日，上海证券交易所（简称上交所）由中国人民银行批准成立，同年12月19日正式开业。当日首批上市公司共有方正科技等7家。1989年11月15日，深圳证券交易所（简称深交所）开始筹建，1991年4月11日，由中国人民银行批准成立并于同年7月3日正式开业。到1990年12月1日，深交所有5只股票上市，到12月19日，上交所有8只股票上市。2004年5月，中小企业板成立，首批8只股票上市。2006年，在中关村的新三板首批10家企业挂牌。2009年10月，创业板的首批28家企业成功上市。2013年12月14日，国务院发文提出，全国中小企业股转系统面向全国所有股份制中小企业开放扩容。从2015年9月1日起，新三板正式划归场内交易行列。2019年1月30日，证监会正式发布在上海证券交易所设立科创板并试点注册制的一系列文件并公开征求意见，备受瞩目的科创板和注册制如期而至。经过多年的发展，资本市场呈现多层次市场交易体系，以满足投资者和融资者对金融服务的多样化需求。图10-4列示了我国多层次资本市场的基本内容。

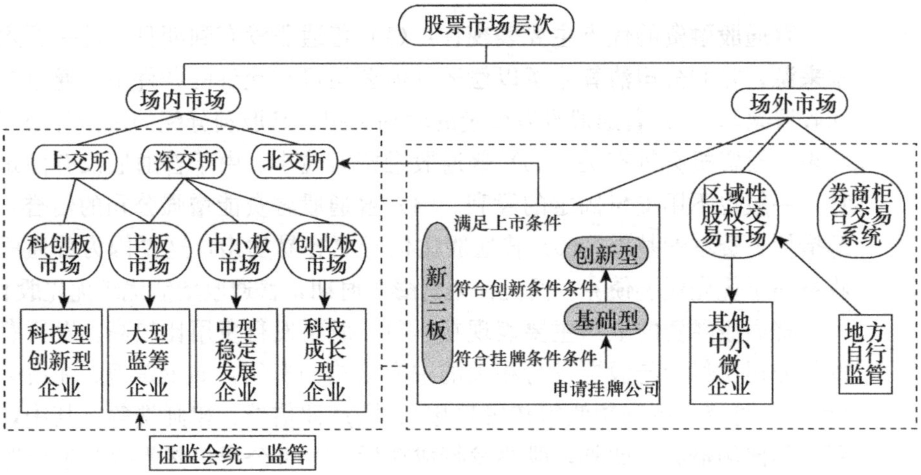

图10-4　多层次资本市场

图10-4显示了沪深北交易所（包括主板、中小企业板、科创板、创业板），北交易所（新三板），区域性股权交易市场、券商柜台交易系统等多层次市场体系、架构。

不同板块承担着不同的功能。主板市场主要是具有较大的资本规模以及稳定的盈利能力的大型蓝筹企业上市的交易市场；深圳的中小企业板市场主要是为中小企业上市融资提供的一个主要通道，市场中一般是一些细分市场中稳定发展的企业；深圳的创业板市场主要服务于高科技高中档的创新型企业上市融资。

新三板的全称是全国中小企业股份转让系统，是专门服务中小企业的场外交易市场，但它的准入门槛过高，流动性极其匮乏。为了使新三板活跃，首先设立精选层，建立挂牌公司转板上市机制。投资者的准入门槛也由原来的 500 万元调整为最低 100 万元。2021 年 11 月 15 日北交所正式开板，81 只股票集体亮相。北交所将新三板的精选层进行制度平移，也就是说，新三板精选层的公司将直接变成上市公司，与沪深交易所的上市公司一样可以直接融资。此外，满足条件的新三板创新层的公司，也可以在北交所申请上市变成上市公司，并可向科创板和创业板转板。这样，就能维持新三板基础层、创新层与北交所层层递进的市场结构。

图 10-4 中的区域性股权交易市场也可称为四板市场，是主要为特定区域内的企业提供股权、债权的转让和融资服务的私募市场，对于促进中小微企业融资、鼓励科技创新和激活民间资本具有积极作用。未来上海也会推出上交所战略新兴板块，为我国的一些重要战略新兴行业对接资本市场服务。

1. 主板市场（沪深证券交易所）

1991 年 7 月 15 日，上交所以 1990 年 12 月 19 日为基期 100 点，开始发布上证综合指数。1991 年 4 月 4 日，深交所以前一天为基期 100 点，开始发布深证综合指数。图 10-5 列示了 1991—2019 年上交所、深交所上市公司的数量和股票总市值的各年情况。

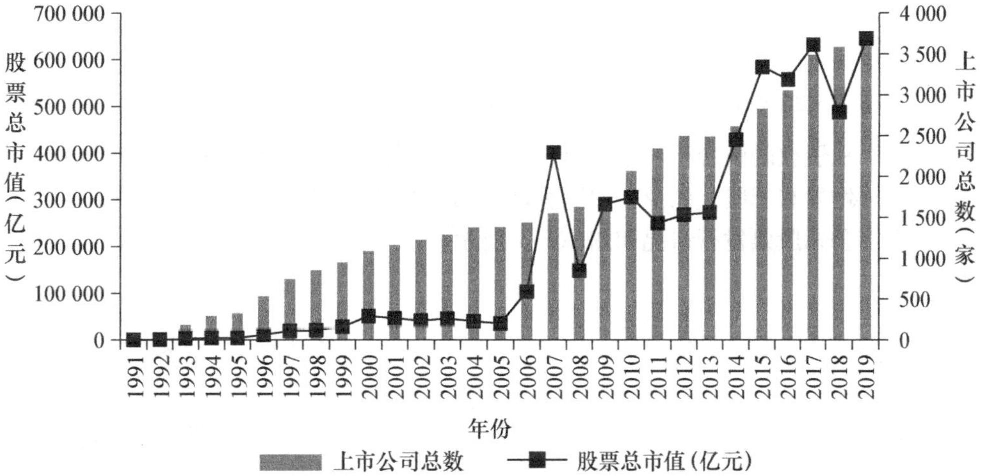

图 10-5 上市公司数量和股票总市值（1991—2019 年）

资料来源：Wind 资讯.

在图 10-5 中，1991—2019 年上交所、深交所上市公司的数量由 1991 年的 13 家上升到 2019 年的 3 773 家，年平均增长率为 32.09%；股票总市值从 1991 年的 120.32 亿元上升到 2019 年的 645 497.42 亿元，年平均增长率为 71.45%。

按证监会的行业分类，在上市公司股票总市值中，制造业上市公司总市值为 282 995 亿元，占全部上市公司市值的 43.42%，其次为金融业（27.16%），信息传输、软件和信息技术服务业（5.15%），采矿业（5.04%），其他行业的上市公司市值占比均小于 5%。这一现象表明，上市公司大部分集中在制造业和金融业，这也说明我国各级政府在选择上市公司时的政策偏好，同时反映了中国经济结构依然以机械、设备等制造业为主的现实。有关数据如图 10-6 所示。

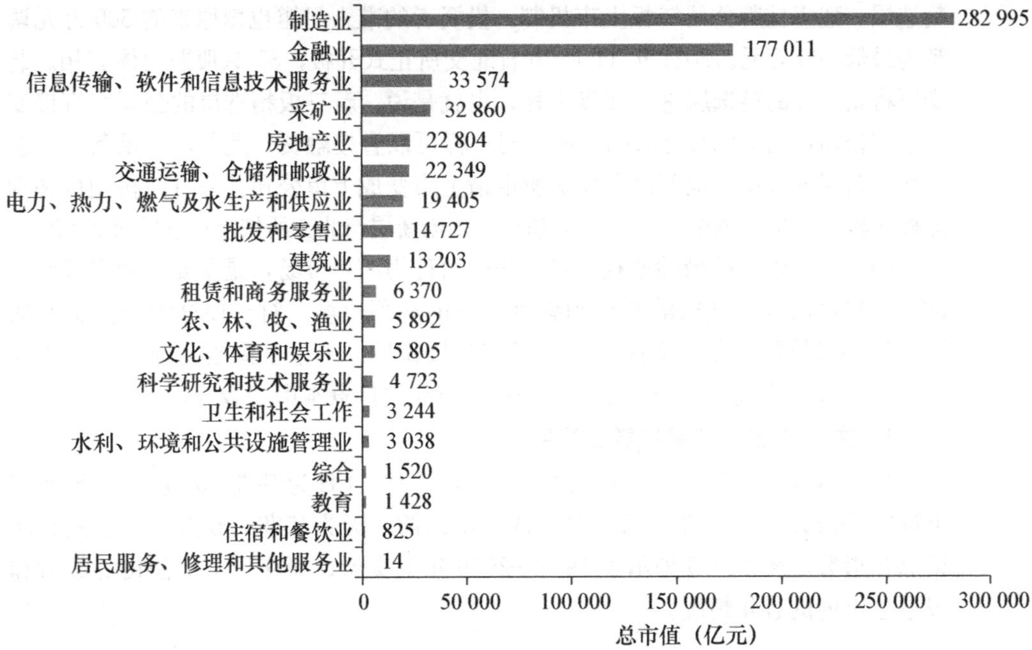

图 10-6 上市公司市值行业分类

资料来源：Wind 资讯，数据截止日为 2019 年 12 月 26 日。

从股权融资分析，中国上市公司主要通过首次股票公开发行（IPO）、再融资（增发和配股）以及在中国香港上市（H 股）进行股权融资。1991—2019 年上市公司股票发行情况如图 10-7 所示。

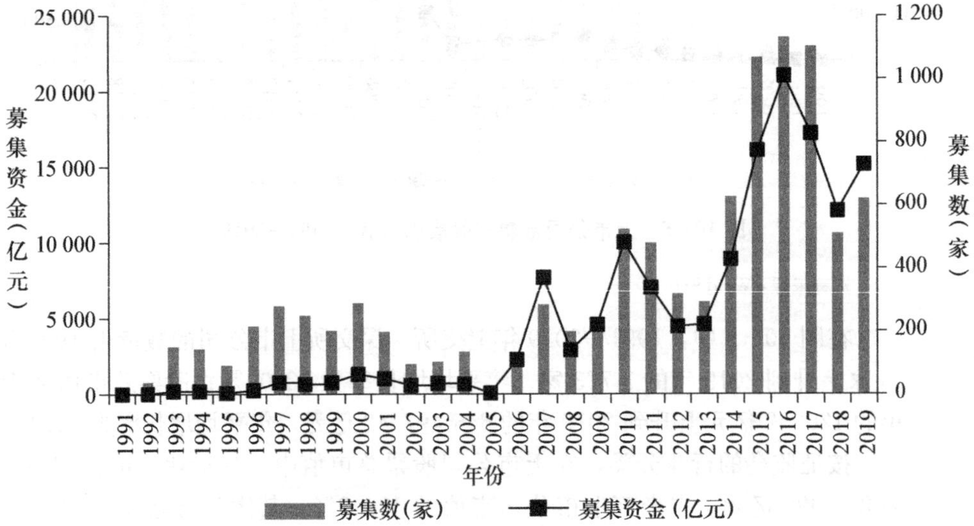

图 10-7 上市公司股票发行与资金筹集情况（1991—2019 年）

说明：(1) 募集数包括 IPO、增发、配股发行数。
(2) 募集资金指 IPO、增发、配股募集资金总额，没有扣除发行费。
资料来源：Wind 资讯.

根据图 10 - 7，在 1991—2005 年，上市公司股票发行数和发行额相对较为平缓。2006—2017 年募集资金变动较大。从图中可以看出，这一期间至少经过了三次大的波动，其拐点分别在 2005 年、2008 年和 2013 年。这三个拐点与 2005 年我国开始股权分置改革、2008 年发生全球次贷经济危机、2013 年 IPO 暂停（当年的股票融资额仅来自增发或配股所得）有关。

表 10 - 6 描述了 2018 年 12 月至 2019 年 12 月股权融资地区分布，在一定程度上反映了我国目前经济发展的地区差异。股权融资额前五名的地区分别是北京、广东、上海、浙江、湖北，这一点与我国改革开放优先发展沿海地区的总体战略有关，而其他地区股权融资水平较低，这与其历史上的经济地位有关。

表 10 - 6　2018 年 12 月至 2019 年 12 月股权融资地区分布　　单位：亿元

省区	总额	首发	增发	配股	优先股	可转换债券	可交换债
北京	4 691.86	682.85	917.86	0.00	2 250.00	517.99	323.16
广东	1 665.89	390.98	645.65	4.05	0.00	438.97	186.24
上海	1 420.10	208.23	585.45	0.00	0.00	581.62	44.79
浙江	1 249.25	316.89	751.10	4.53	0.00	132.31	44.42
湖北	898.28	29.26	808.73	0.00	0.00	37.92	22.37
江苏	886.09	259.46	265.63	0.00	0.00	335.00	26.00
山东	872.67	172.81	616.60	0.00	0.00	71.26	12.00
河南	809.86	9.26	755.34	0.00	0.00	39.06	6.20
云南	607.66	26.15	565.27	10.22	0.00	6.03	0.00
福建	477.54	30.72	87.56	0.00	300.00	56.96	2.30
安徽	345.16	12.08	293.38	0.00	0.00	35.20	4.50
四川	225.20	36.62	80.18	0.00	0.00	108.40	0.00
天津	200.23	22.04	128.19	0.00	0.00	50.00	0.00
河北	168.88	22.64	117.39	8.35	0.00	0.00	20.50
重庆	144.36	110.92	30.43	0.00	0.00	3.00	0.00
广西	111.20	7.33	99.04	4.82	0.00	0.00	0.00
湖南	109.41	10.13	46.92	0.00	0.00	15.37	37.00
陕西	103.45	52.20	9.10	38.75	0.00	3.40	0.00
新疆	92.81	0.00	32.67	38.28	0.00	8.76	13.09
宁夏	86.39	81.55	4.84	0.00	0.00	0.00	0.00
江西	82.22	5.80	22.87	0.00	0.00	8.55	45.00
甘肃	64.10	0.00	47.54	16.56	0.00	0.00	0.00
内蒙古	61.25	0.00	61.25	0.00	0.00	0.00	0.00
吉林	60.17	0.00	51.87	8.30	0.00	0.00	0.00
贵州	53.23	0.00	29.33	0.00	0.00	23.90	0.00

续表

省区	总额	首发	增发	配股	优先股	可转换债券	可交换债
辽宁	52.07	16.30	20.77	0.00	0.00	10.00	5.00
西藏	32.72	15.45	0.00	0.00	0.00	17.27	0.00
山西	31.85	0.00	31.85	0.00	0.00	0.00	0.00
黑龙江	21.36	9.52	8.76	0.00	0.00	3.08	0.00
海南	8.03	0.00	4.83	0.00	0.00	3.20	0.00

资料来源：Wind资讯.

2. 中小企业板、创业板、新三板市场

为了满足处于不同阶段、属于不同类型企业的融资需求以及不同投资者的风险偏好，深交所于2004年5月设立中小企业板。2004—2019年中小企业板市场发展情况如图10-8所示。在图中，中小企业股票发行与资金募集虽然各年波动较大，但总体上呈上升趋势。2010年、2015年、2016年的融资额有较大幅度的上升。中小企业板上市公司从以制造业为主，开始向信息技术、互联网、物流服务、金融、房地产等行业覆盖。公司的地区分布也主要从浙江、广东向其他省区扩大。

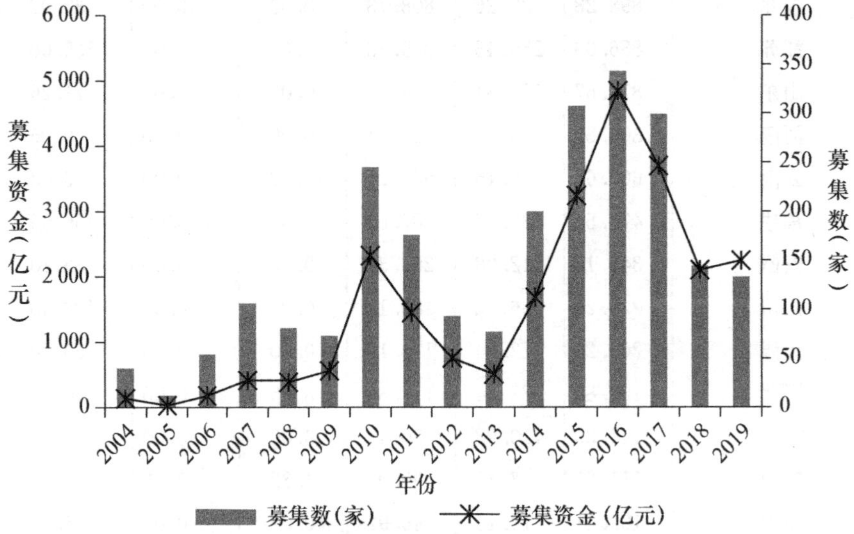

图10-8 中小企业板股票融资情况（2004—2019年）

说明：(1) 募集数包括IPO、增发、配股发行数。
(2) 募集资金指IPO、增发、配股募集资金总额，没有扣除发行费。
资料来源：Wind资讯.

如果说中小企业板市场主要面向符合现有上市标准、成长性好、科技含量较高、行业覆盖面较广的各类公司，那么创业板市场主要面向符合新规定的发行条件但尚未达到现有上市标准的成长型、科技型以及创新型企业。经过长达10年的准备，创业板于2009年10月正式推出，10月30日创业板的首批28家公司上市。创业板在此期间的股票融资情况如图10-9所示，其走势与中小企业板融资走势基本相同。创业板市场的推出为一批具有自主创新能力的企业提供了发展所需资金，促进了中小企业政策支持体系的建设，引导社会资金流向自主创新型企业和战略性新兴产业。2020 年 4 月 27 日，中央全面深化改革委员会通过了《创业板改革并试点注册制总体实施方案》。创业板推广注册制，聚焦成长型创新创业企业，支持新经济、新技术、新基建，与科创板错位竞争，市场化、法制化，接棒成为资本市场存量改革试验田。

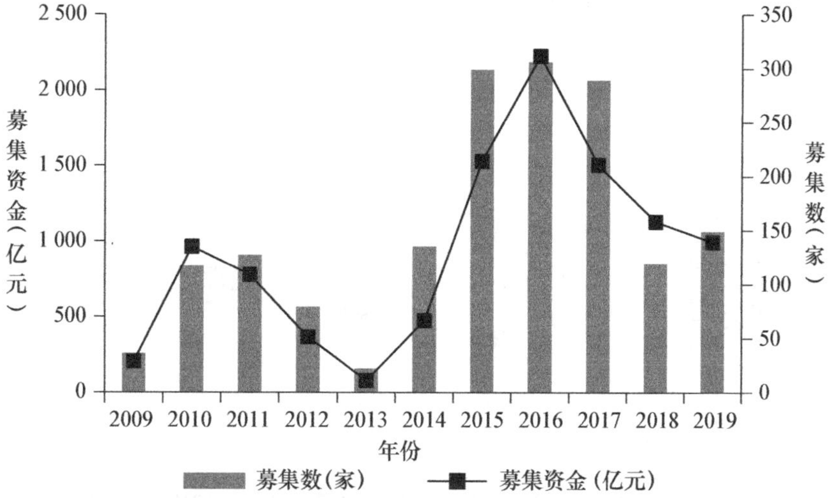

图 10－9　创业板企业股票融资情况（2009—2019 年）

说明：(1) 募集数包括 IPO、增发、配股发行数。
(2) 募集资金指 IPO、增发、配股募集资金总额，没有扣除发行费。
资料来源：Wind 资讯.

自 2014 年新三板扩容后，新三板企业在挂牌数量、行业分布、融资规模等方面都出现了大幅提升，截至 2018 年 5 月，新三板新增挂牌公司有 11 314 家，2013 年 5 月至 2016 年，挂牌公司数量速度增长，但 2017 年增速放缓，这一期间挂牌公司数量平均增长 7.26%，新三板各月挂牌数和增长率如图 10－10 所示。

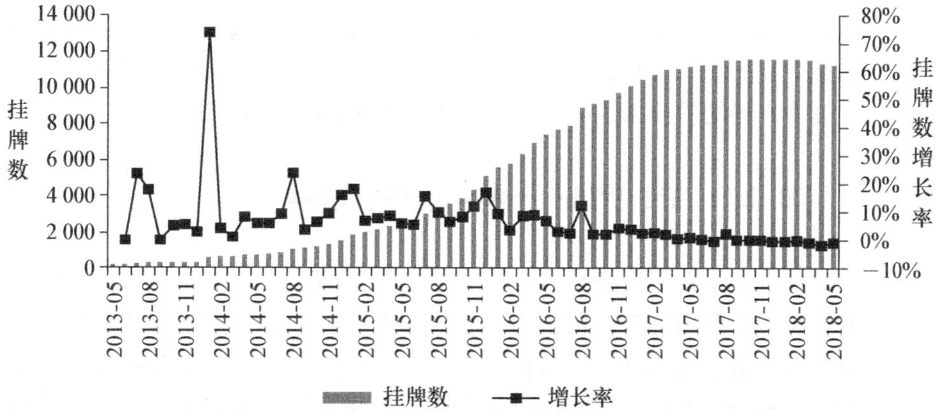

图 10－10　新三板挂牌公司数（2013 年 5 月至 2018 年 5 月）

资料来源：Wind 资讯.

科创板主要服务科技创新企业，是独立于现有主板市场的新设板块，实行注册制试点。科创板于2019年7月22日正式开板，截至2021年7月22日，A股共有4 402家上市企业，科创板的313家占全部上市企业的比例为7%；科创板上市企业总市值为5.38万亿元，占A股上市企业总市值93.97万亿元的6%。在科创板上市公司中，以新一代信息技术、生物、新材料、高端装备制造业、节能环保产业、新能源汽车产业以及相关服务业等领域或行业为主。科创板各月上市情况如图10-11所示。

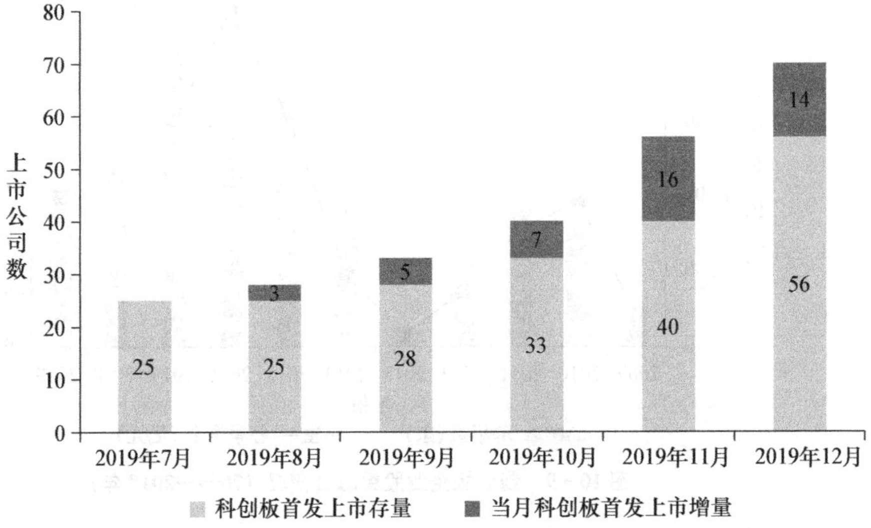

图10-11 科创板上市公司（2019年7—12月）

资料来源：Wind、恒大研究院.

多层次资本市场助力经济与金融的结合，为处于不同生命周期的企业匹配适合的融资方式和交易场所，同时满足不同风险偏好投资人的需求。经过30多年的发展，资本市场在满足不同层次融资需求上的发展是不平衡的，主板上市公司股票交易、企业融资规模远远大于中小企业板、创业板。而新三板规模化发展不足10年，融资规模、制度建设等都处于相对薄弱的起步阶段，对标美国纳斯达克市场，从长远看，新三板有长足的发展空间。科创板是我国建设多层次资本市场的重要探索，代表着A股注册制的进一步推进。

10.1.8 IPO折价：一种可能性的解释

确定股票发行价格是IPO中最难做的事情之一，发行价格定得太高或太低，发行公司都会面临潜在的成本。证券发行定价过高，有可能发行失败；发行价格过低（低于真实的市场价值），发行公司原有股东将遭受损失。IPO折价（IPO underpricing）通常是指新股首次公开发行二级市场的首日交易价格定价明显高于一级市场的发行价格。当折价发生时，由于发行方以低于股票自身价值的价格进行销售，现有股东可能会遭受损失，而新股东能够从他们购买的股份中获得更高的收益率。例如，华宝股份（300741.SZ）的发行价格为 38.6 元，发行市盈率为 22.99 倍（行业市盈率为 41.47 倍）；2018 年 3 月 1 日上市首日收盘价为 55.58 元，市盈率为 29.818 倍，上市首日收盘价相对于发行价的溢价率为 43.99%（即 55.58/38.6−1）。

经验研究表明，股票首次公开发行的价格常常要低于交易第一天的市场收盘价，这种现象一般称作 IPO 折价。自洛格（Logue，1973）① 提出这一问题以来，各国学者对 IPO 公司上市首日收盘价相对于发行价的溢价提出了各种解释，包括基于信息不对称的视角、基于制度的视角、基于控制权的视角和基于行为金融的视角。但不论从何种视角审视，折价普遍存在于各国的股票市场中，且这种现象在证券市场不发达的发展中国家更为严重。图 10－12 描述了 IPO 首个交易日股票溢价率的 20 个国家（地区）的国际比较。

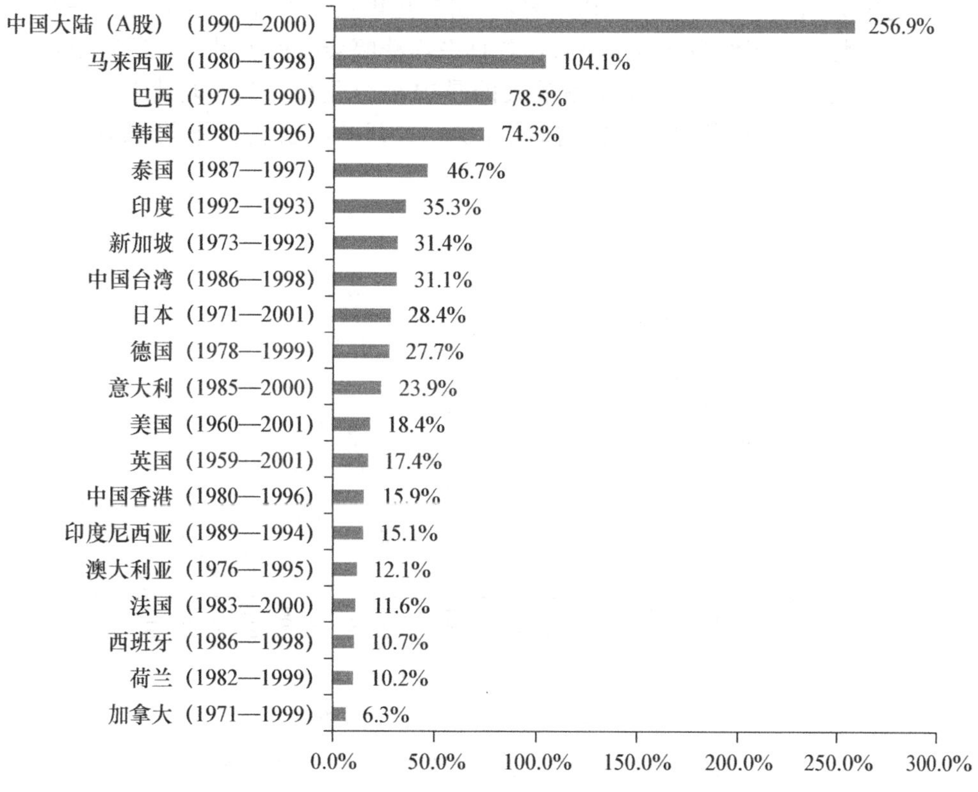

图 10－12　IPO 首个交易日股票溢价率的国际比较

资料来源：Ritter，J. R. Investment Banking and Securities Issuance. Handbook of the Economics of Finance，2003（1）：255-306.

在图 10－12 中，中国大陆（A 股）在 1990—2000 年间 IPO 首个交易日股票溢价率为 256.9%，在 20 个国家（地区）中居首位，远高于成熟市场乃至其

① Logue，D. E. On the Pricing of Unseasoned Equity Issues：1965—1969. Journal of Financial and Quantitative Analysis，1973，8（1）：91-103.

他新兴市场的收益率水平，其中最重要的原因在于中国股票市场非市场化。在1990—2000年间，股票公开发行价格采取的是固定价格、相对固定市盈率定价，发行价格是由行政控制而非市场决定的。随着IPO市场化程度的加快，IPO首个交易日股票收益率呈下降趋势。

图10-13描述了中国各板块IPO首个交易日股票收益率，在1995—2017年间，主板市场首个交易日平均涨幅最高的是151.59%（1997年），平均涨幅为75.88%，从整体上看，主板市场IPO折价水平呈下降趋势。对中小企业板市场来说，在2004—2017年间，首个交易日平均涨幅最高为209.05%（2007年），平均涨幅为61.91%，在整个期间首日涨幅率呈倒V形变化。对创业板市场来说，在2009—2017年间，首个交易日平均涨幅最高为92.67%（2009年），平均涨幅为38.88%，在整个期间首日涨幅率呈V变化。这种变化的原因之一是2013年IPO停发，引起当年涨幅率为0，从而出现一个拐点。如果将这一年作为异常值剔除，首日平均涨幅会有所上升。在这三个板块中，首个交易日平均涨幅波动率最大的是中小企业板，其平均涨幅的标准差为51.99%，主板平均涨幅的标准差为46.48%，创业板平均涨幅的标准差为25.22%。

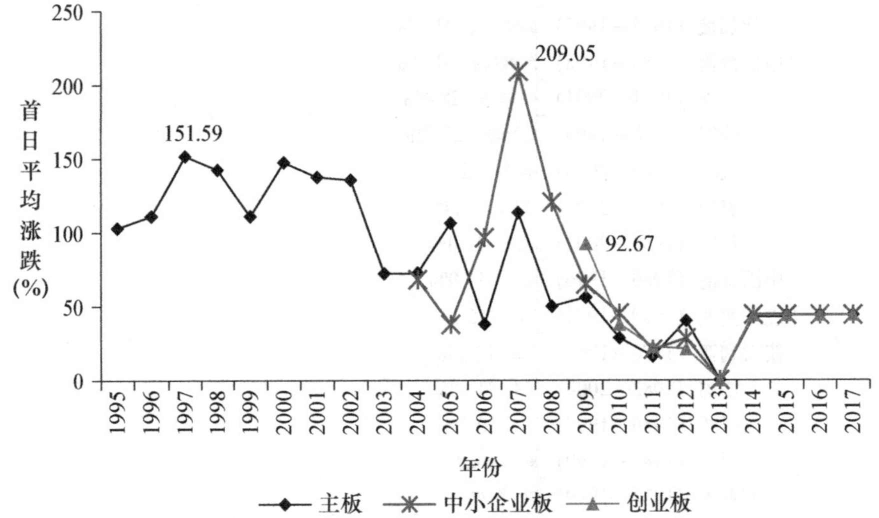

图10-13 IPO首个交易日股票收益率（1995—2017年）

资料来源：中国证券监督管理委员会，中证资本市场运行统计监测中心．中国证券期货统计年鉴．北京：中国统计出版社，2018.

从图10-13可知，IPO折价是一种普遍现象。那么，影响IPO折价的因素是什么？根据J.R. 里特（Ritter，J.R.，2014）的统计数据，美国公司在1980—2013年间，首个交易日股价收益率平均在7.2%～64.5%之间波动，平均为18%。相对来说，销售额小的公司的IPO折价程度较大。一种可能的解释是，销售额小的公司一般都是规模较小或年轻的公司，这些公司的风险大于规模大的公司。这种不确定性的增加仅当折价存在时才可能在某种程度上吸引风险偏好的投资者。

新股公开发行折价的另一个解释是承销商垄断力假说，假设投资银行作为股票承销商相对于上市公司来说具有更多的关于股票发行和定价方面的信息，因此，上市公司将股票发行的定价交由投资银行决定。由于委托代理关系的存在，发行公司在发行过程中很难监督投资银行的行为，而投资银行通过低价发行的方式可以提高承销活动的成功概率。

谁来承担 IPO 折价成本？如果投资者能够以 IPO 价格从承销商手中购买到股票，且能够从第一天的折价发行中受益，那么 IPO 折价成本由公司在上市前的股东承担，或者说，这些股东是以低于股票上市后的价格出售股票的。根据 J. R. 里特（2014）的分析，仅仅在美国市场上的 IPO 公司几乎每年都要在"桌子上"留下数十亿美元。为什么发行股票公司的股东要容忍新股折价发行？一个重要的原因是 IPO 交易中的各方当事人之间信息不对称。罗克（Rock，1986）① 认为 IPO 实施的前期实际上存在两类投资者——信息优势者和信息劣势者，从而导致逆向选择。信息优势者在股票价格高于价值时，不会购买股票，使得价格被高估的股票只有信息劣势者购买。由于大多数投资者都是信息劣势者，他们并不清楚企业未来的成长与价值，比信息优势者购买到劣质股票的概率更大。为鼓励信息劣势者购买股票，保持他们的信心，发行公司只好折价发行股票，或者说，通过折价揭示真实信息以对不知情的投资者做出补偿。

10.1.9　市盈率分析

市盈率（P/E）是股票价格与当前每股收益的比值，这一概念自 20 世纪 20 年代出现于华尔街以来，经本杰明·格雷厄姆（Benjamin Grahanm）1934 年在《证券分析》中正式表达得以流传，已成为股票发行定价和股票市场评价股票投资价值最常用的估价模型。市盈率这一指标的数学意义是每 1 元净利润对应的股票价格；经济意义是按市场价格购买公司股票回收投资所需要的年份。市盈率的投资意义通常以一定的市盈率为基准，超过视为股票被高估，低于视为股票被低估。前者应出售该股票，后者应买入该股票。但以市盈率作为投资评价标准的意义并不明确，因为基准市盈率很难确定。

与其他股票估值模型一样，市盈率必须结合时间序列进行观察，以发现其变动趋势。图 10－14 描述了沪深两市上市公司首发平均市盈率，在 2000—2017 年间，主板上市公司首发平均市盈率为 25.57 倍；中小企业板上市公司首发平均市盈率为 27.59 倍；创业板上市公司首发平均市盈率为 35.52 倍。由于 2013 年 IPO 停发，各个板块首发市盈率最小值均为 0。2015 年以后，根据证监会的监管要求，上市公司首发市盈率基本上都在 23 倍以下。

---

① Rock，K. Why New Issues Are Underpriced. Journal of Financial Economics，1986，15（1）：187－212.

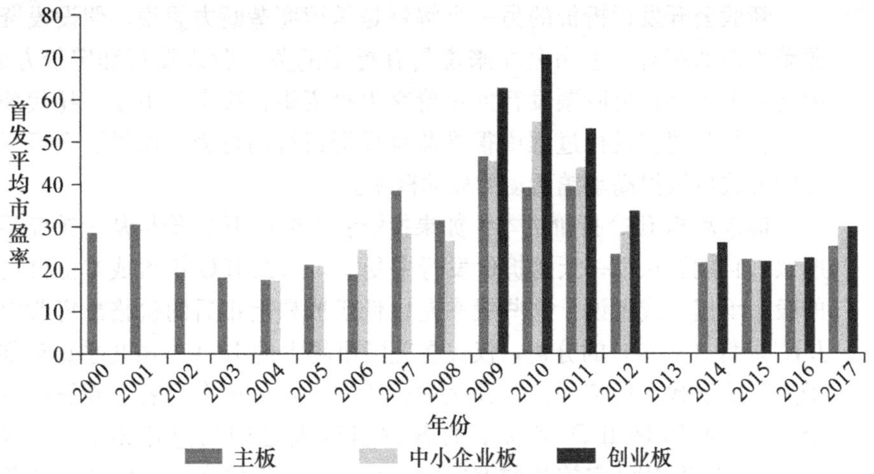

图 10-14　上市公司首发平均市盈率（2000—2017 年）

资料来源：中国证券监督管理委员会，中证资本市场运行统计监测中心．中国证券期货统计年鉴．北京：中国统计出版社，2018.

图 10-15 分别描述了全部 A 股（上证 A 股、深证 A 股）、中小企业板、创业板上市公司 1991—2019 年间各年的市盈率中位数，根据统计年鉴，全部 A 股上市公司市盈率最大值为 152.07 倍，最小值为 18.89 倍，平均值为 44 倍。在 2004—2019 年间，中小企业板上市公司市盈率最大值为 72.43 倍，最小值为 20.65 倍，平均值为 48.19 倍。在 2009—2019 年间，创业板上市公司市盈率最大值为 112.24 倍，最小值为 31.79 倍，平均值为 58.16 倍。从图中可以看出，在这几个板块中，市盈率高低依次为创业板、中小企业板、全部 A 股。各板块的市盈率波动趋同，这表明各板块估值水平具有一定的联动性。

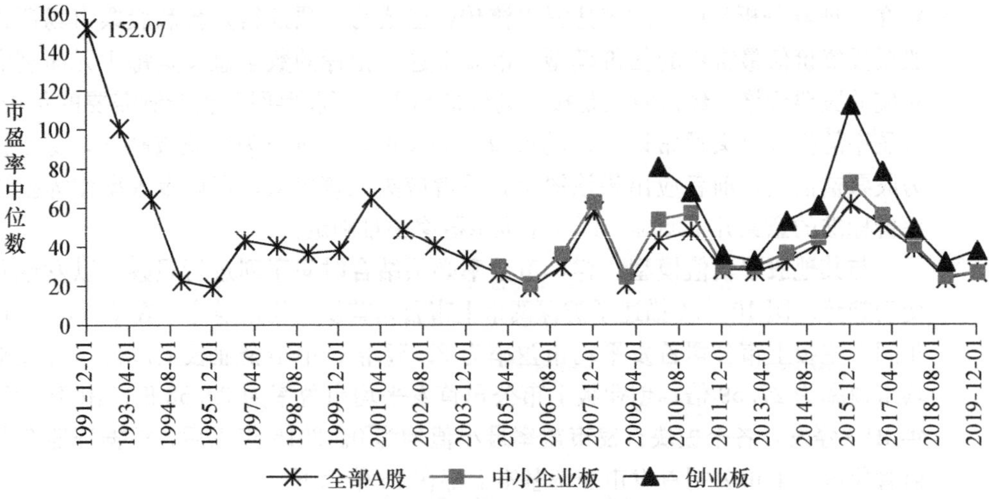

图 10-15　上市公司各年市盈率中位数（1991—2019 年）

资料来源：Wind 资讯.

为了解行业市盈率状况，图 10-16 描述了 2019 年 12 月 26 日不同行业（证监会行业分类）的市盈率（中位数）。在图中，2019 年 12 月 26 日，市盈率最高的行业是卫生和社会工作（83 倍），市盈率最低的行业是房地产业（12 倍）。

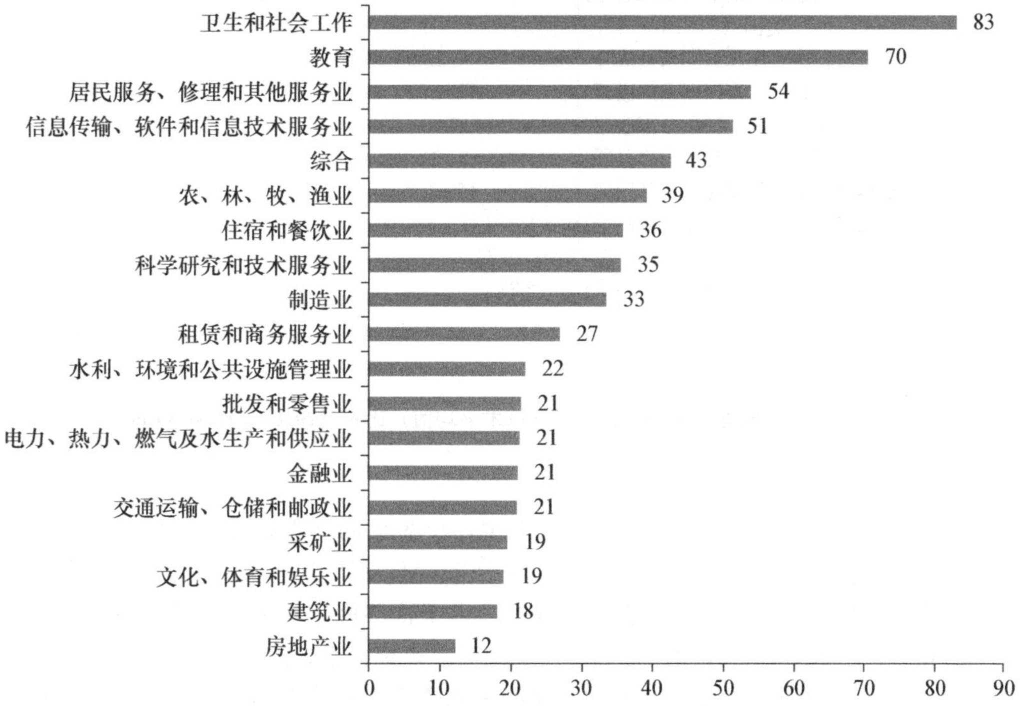

图 10-16 不同行业市盈率（2019 年 12 月 26 日）

资料来源：Wind 资讯.

不同国家经济体制和资本市场成熟程度不同，市盈率也各不相同。图 10-17 描述了 2016 年 12 月 30 日主要国家或地区的市盈率。在图中，除俄罗斯外，中国大陆在 12 个国家或地区中名列第二位，不仅高于英国、美国等成熟市场，也高于韩国、中国台湾等新兴市场。中国大陆全部 A 股市盈率相当于中国香港的 11.95 倍、中国台湾的 6.88 倍，相当于美国的 4.09 倍、韩国的 2.92 倍、英国的 2.82 倍。

10.1.10 市盈率与利率分析

为简化，假设公司未来股利增长率为 0，且每期派发的股利（D）与每期的净利润（E）相等，这时，股票价值和市盈率可分别表示为：

$$P=\sum_{t=1}^{\infty}\frac{D_t}{(1+r)^t}=\frac{E}{r}$$

$$E=P\times r$$

$$\frac{P}{E}=\frac{1}{r}$$

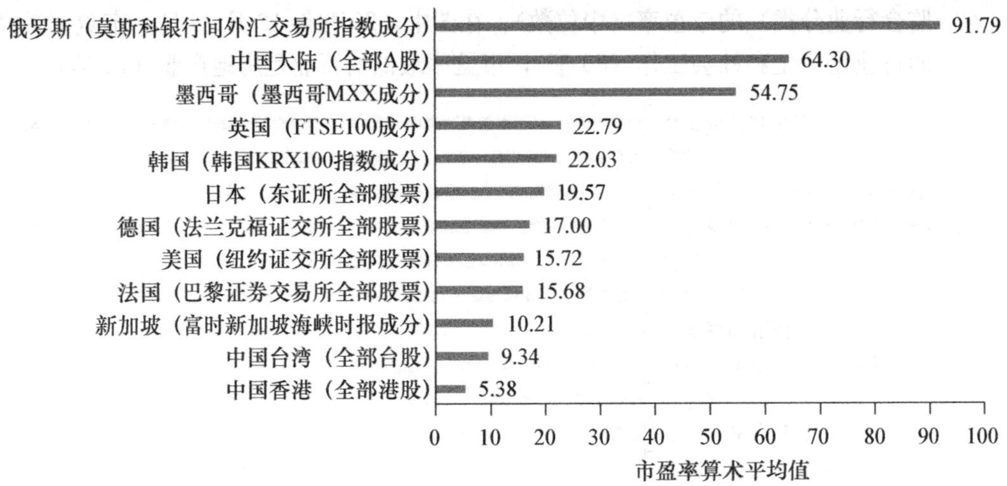

图 10-17 不同国家或地区市盈率（算术平均值）比较（2016年12月30日）

资料来源：Wind 资讯.

此时市盈率理论值为 $1/r$，或者说，市盈率的倒数是投资者要求的收益率(r)，这一收益率取决于无风险利率和风险溢价的大小。实际市盈率是否等于理论值，取决于以上假设是否得到满足。由于这些假定在大多数情况下与现实不相符，因此，需要结合市盈率的影响因素，确定一个合理的市盈率。

现代证券分析理论奠基人本杰明·格雷厄姆综合其数十年的股市投资经验提出，在美国，一般好股票的市盈率在15倍左右，高成长股的市盈率可以高一些，在25～40倍之间。针对中国股票市场的市盈率，许多学者发表了自己的观点或者从不同角度进行了研究。李红刚、付茜（2002）① 根据资产定价的基本模型以及中国的实际数据，估计出目前中国股市合理市盈率范围为8～24倍，据此认为中国股市实际市盈率偏高。吴明礼（2001）② 分析认为，中国证券市场中不同股票的市盈率水平相差甚大，通常业内人士所用简单平均作为实际市盈率水平的估计不太合适，与纳斯达克市场相比，中国股票市场的泡沫程度还是可以接受的。那么在实务中，判断合理市盈率的基准是什么?

市场利率代表了某一时点上金融市场的资金收益水平。同一时期各国或地区的市场利率水平和走势不一致将影响到各国或地区股市的投资收益水平。对于成熟的资本市场而言，合理的市盈率水平应是市场平均收益率水平的倒数，而通常将银行1年期利率看作市场平均收益率水平。由于中国利率没有完全市场化，其水平也不能有效地反映市场平均收益率，因此这一方法并不适用于中国股市市盈率的计算。何诚颖（2003）③ 认为，股市市盈率的波动大约会在长期利率的倒数和短期利率的倒数之间。其中，短期利率的倒数是高峰区，长期利率的倒数是底部区。如果银行1年期利率为1.8%（扣税后），将1年期利率的

① 李红刚，付茜．中国股票市盈率合理范围探析．改革，2002（2）：103-106.

② 吴明礼．我国股市的市盈率结构分布和分析．数量经济技术经济研究，2001（5）：99-102.

③ 何诚颖．中国股市市盈率分布特征及国际比较研究．经济研究，2003（9）：74-81，95.

倒数55倍当作合理市盈率，实际上是把可以到达的高峰区当作合理区。长期利率可以选择10年期和20年期国债利率。如果其利率分别为3%，4.26%（按年固定付息），据此可以计算出市盈率的相对底部区分别为33倍和23.47倍。可见，中国股市市盈率的相对底部区在33倍以下，极限低点为23倍，相对顶部为55倍。实际上，这个合理市盈率在现实的股票市场中是不存在的。正如价格围绕价值波动，股市市盈率也在围绕合理市盈率波动；也正如价格总是要向价值回归，股市市盈率也要向合理市盈率回归。因此，合理市盈率是一个具有高度参考价值的数据，对所有的经济行为具有参考、监测的意义。

图10-18描述了中国1年期存款利率与沪市上市公司投资收益率（按市盈率倒数计算）在1993—2019年间的趋势。在此27年间，1年期存款利率高于A股按市盈率倒数计算的收益率的情况有11年，1年期存款利率低于A股按市盈率倒数计算的收益率的情况有16年。从变动趋势看，大致可分为两个阶段，在1993—2002年间，中国相对高利率时期沪市投资收益率低于1年期存款利率。随着利率水平的下降，沪市估值水平明显回升。在2003—2019年间，除2007年外，中国沪市股票投资收益率均高于中国1年期存款利率，股票投资收益率相对偏高。2007年，中国再次出现了沪市股票投资收益率降低与1年期存款利率提高相背离的现象。

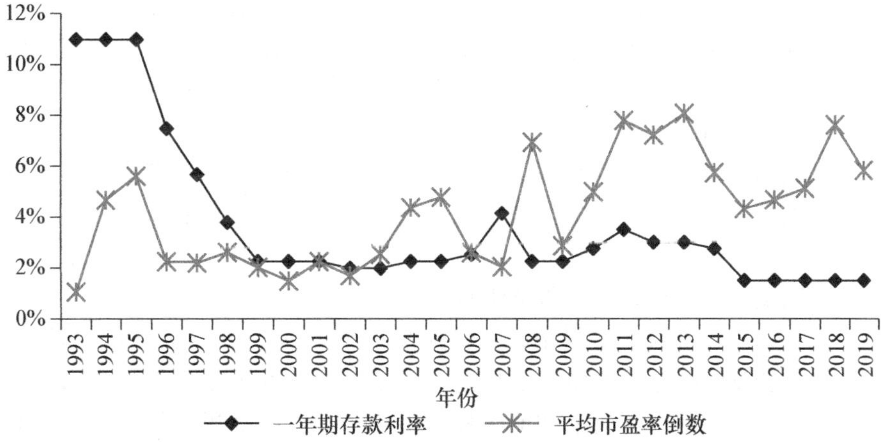

图10-18 中国1年期存款利率与市盈率倒数趋势

数据来源：上市公司平均市盈率倒数根据Wind资讯数据整理，1年期存款利率来源于 http://finance.sina.com.cn/worldmac/compare.shtml?indicator=FR.INR.DPST。

10.2 长期债务融资

10.2.1 长期借款融资

长期借款是指公司向银行等金融机构以及向其他单位借入的、期限在一年以上的各种借款，主要用于购建固定资产和满足长期流动资本占用的需要。我国目前各种金融机构提供的长期借款主要有：固定资产投资借款、更新改造借款、科技开发和新产品试制借款等。

1. 长期借款条件

公司申请借款一般应具备的条件是：(1) 独立核算、自负盈亏、有法人资格；(2) 经营方向和业务范围符合国家产业政策，借款用途属于银行贷款办法规定的范围；(3) 借款公司具有一定的物资和财产保证，担保单位具有相应的经济实力；(4) 具有偿还贷款的能力；(5) 财务管理和经济核算制度健全，资本使用效益及公司经济效益良好；(6) 在银行开立账户，办理结算。

由于长期借款的期限长、风险大，按照国际惯例，银行通常对借款公司提出一些有助于保证贷款按时足额偿还的条件。这些条件写进借款合同，形成了合同的保护性条款。这些条款主要包括以下三类。

第一，一般性限制条款。一般性限制条款是对借款公司资产的流动性及偿债能力等方面的要求条款，主要包括：公司需要持有一定限额的货币资本及其他流动资产，以保持资产的合理流动及偿债能力；限制公司支付现金股利和再购入股票，以减少公司资本的过分外流，保证借款公司的债务清偿能力；限制公司资本支出的规模，以保持公司资产的流动性，保证贷款的安全清偿；限制公司借入其他长期资本，以防止其他债权人取得对借款公司资产的优先索偿权。

第二，例行性限制条款。例行性限制条款是指大多数借款合同中固定不变地列示的条款，主要包括：借款公司应定期向银行报送财务报表，使贷款银行能及时、充分地了解借款公司的财务状况和经营成果；未经贷款银行同意，不得在正常情况下出售太多的资产，以保持公司正常的生产经营能力；如期清偿应缴纳的税金和其他到期负债，以防被罚款而造成现金流失；不能以公司的资产抵押获得其他形式的贷款，以避免公司过重的偿债负担；禁止公司让售应收账款和贴现应收票据，以减少或有负债；限制借款公司租赁固定资产，防止公司因负担巨额租金而削弱偿债能力等。

第三，特殊性限制条款。特殊性限制条款是指为了全面保证贷款的安全，针对贷款的特定情况而特别规定的条款。特殊性限制条款仅在部分借款合同中出现，并在特殊情况下才能生效，主要包括：明确规定贷款用途，借款公司不得挪作他用；限制借款公司的投资，以防止公司投资于在短期内不能收回的项目；限制公司高级管理人员的工资和奖金总额，以防止公司支付过多的报酬而影响公司的利润；要求公司主要负责人购买人身保险，并要求其在合同有效期内担任领导职务，以保证公司经营的正常进行等。

2. 长期借款利率

银行定期贷款利率一般高于短期贷款利率。利率的具体水平决定于资本市场的供求关系、贷款金额、有无担保及公司的信誉等。银行定期贷款的利率可采用固定利率、变动利率和浮动利率三种。

(1) 固定利率。在贷款合同签订时，即设定好固定的利率，不论贷款期内利率如何变动，借款人都按照固定的利率支付利息，不会随行就市。

(2) 变动利率。按变动利率计息的长期贷款，利率可以定期调整，一般根据金融市场行情每半年或一年调整一次，调整后贷款的余额按新利率计息以还本付息。

(3) 浮动利率。浮动利率是指随市场利率的变动而调整的利率。借款公司在借入贷款时开出期票，即浮动利率期票，票据规定期限，但利率按优惠利率加成计算。通常将市场上信誉最好的公司借款利率或商业票据利率定为优惠利率，并在此基础上加 0.5～2 个百分点作为浮动利率。浮动利率票据到期按面值还本，平时按规定的付息期定期按浮动利率付息。

3. 长期借款的偿还

公司以长期借款方式筹集的资本属于借入资本，需要按期还本付息。长期借款的还本付息方式主要有：一次性偿付法、等额利息法、等额本金法和等额本息法等。一次性偿付法是指在借款到期时一次性偿还本金和利息的方法。等额利息法是指借款期内每期末按借款利率偿还固定利息，到期一次还本的方法。等额本金法是指借款期内每期偿还固定的本金及按借款余额计算利息的方法。在这一还款方式下，每期偿还的本金数额相等，但每年支付的利息数额随着每期剩余本金数额的减少而逐年降低。等额本息法是指借款期内每期偿还相等数额的款项的方法。在这种还款方式下，每期偿还的本金和利息总额相等，但每年偿还的利息和本金各不相等。随着本金的不断偿还，每期剩余的未偿还本金逐步减少，因而每期偿还额中所包含的利息逐步减少，因而每期偿还额中所包含的本金逐年增加。不同的还本付息方式能够不同程度地缓解公司的偿债负担。

10.2.2　公司债券融资品种

债券是指公司依照法律程序发行，承诺按约定的日期支付利息和本金的书面债务凭证。它代表债权人与债务人之间的契约关系，这种关系使债权人对公司收益具有固定索取权，对公司财产具有优先（先于股东）清偿权。

在过去的 30 年里，资本市场不断创造出新的债券融资工具。这些创新使公司和债券购买者具有一定的选择权并可以根据自己的能力发行或购买符合自己特定需要的债券。在实务中，债券融资品种主要有如下几种：

(1) 抵押债券。是指以公司财产作为担保而发行的一种公司债券。可做抵押品的资产有不动产、动产和公司持有的债券、股票。

(2) 信用债券。是指没有抵押品，完全靠公司良好的信誉而发行的债券。通常只有经济实力雄厚、信誉较高的公司才有能力发行这种债券。

(3) 次级信用债券。是指资产或收益的求偿权次于其他债务的债券。一旦公司破产清算，只有在全部付清其他有担保和无担保的债券之后，该项债券的持有人才能获得清偿。但求偿权顺序居于优先股和普通股之前。

(4) 零息债券。是指其票面利率为零，以低于面值的价格出售给投资者的债券。其基本特点是：不必支付利息，按低于面值的价格购买，到期按面值归还本金。

(5) 浮动利率债券。是指其票面利率随一般利率水平的变动而调整的债券。

其票面利率通常定期（例如3个月或6个月）根据某些作为基准的市场利率（如国库券利率）调整，其每期调整一般限制在某一最大幅度范围和某一期间内。①

(6) 收益债券。是指在公司有足够的利润时才支付利息的一种债券。当公司因收益不足而无法支付债券利息时，收益债券并不处于违约状态。该债券规定期限，到期必须还本。

(7) 指数债券。亦称购买力债券，它与一般债券基本相同，只是债券利率随价格指数的变动而变动。当通货膨胀加重时，债券利息也随之上升，因而可以保护债券持有人不因通货膨胀而受到损害。

(8) 可转换债券。是指在一定时期内，可以按规定的价格或一定的比例，由持有人自由选择转换为普通股的债券。由于这种债券可转换成普通股，因此利率一般较低。

(9) 可赎回债券。是指债券发行者有权在债券到期前向债券持有人赎回所发行的债券，这对发行债券的融资者来说是比较有利的。

(10) 可回售债券。如果说可赎回债券给予发行者一种买权，那么可回售债券则给予投资者一种卖权，投资者在购买这种债券后，如果市场利率不变或持续下降，他就持有已买入的债券，得到等于或高于市场利率的利息收入；如果市场利率上升，他就可以把这种利率相对较低的债券按约定价格出售给债券发行者，以便利用自己的资本获得较高的利率。

(11) 分离交易可转债，又称附认股权证债券。它是指在发行债券的同时，附有一份认股权证。债券和股票权证发行时是组合在一起的，但在上市后则自动拆分成可转换债券和股票权证，可分别进行交易。分离交易可转债这种融资方式赋予了上市公司一次发行两次融资的机会。首先是发行附认股权证公司债，这属于债权融资；然后是认股权证持有人在行权期或者到期行权，这属于股权融资。②

(12) 信用敏感债券。是指债券的票面利率与发行人的信用状况反向变动的债券，即随着发行人信用状况的改善而降低，随着发行人信用状况的恶化而上升。

(13) 商品链债券。是指本金偿还以及在某些情况下的息票支付与某一特定商品（如石油或白银）或某种指定商品价格指数相联系的一种债券。这类债务的构造通常能为某种商品的生产商在出现商品价格暴跌和相应的收入巨减时，提供避免损失的保值作用。

(14) 双重货币债券。是指涉及两种货币的固定收益的债券，其利息使用一种基本货币（通常指投资者所在国货币），本金使用另一种非基本货币（通常是发行者所在国货币）。

---

① 另外，还有逆向浮动利率债券，即在基准利率下降时利息反而上升的债券。美国奥兰治县就购买过这种债券，它在某种程度上导致了1994年12月奥兰治县的破产。

② 认股权证是一种权利证明，它赋予投资者在指定的时期内以确定的价格直接向发行公司购买普通股的权利。

（15）垃圾债券（junk bond）。是指由于财务状况不稳定或其他原因被认为很危险的公司发行的债券。其投资利息高、风险大，对投资人本金的保障较弱。

10.2.3 公司债券发行

上市公司发行公司债券的基本程序是：（1）由董事会制定方案，股东会做出决议；（2）依照公司法规定的条件，向债券管理部门提交规定的申请文件，报请批准；（3）发行公司债券申请经批准后，应当公告债券募集办法。

1. 债券发行价格

公司债券的发行价格是发行公司（或其承销机构）发行债券时所使用的价格，也是投资者向发行公司认购其所发行债券时实际支付的价格。影响公司债券发行价格的因素主要包括：

（1）发行人的类型。债券市场是按发行人的类型分类的，不同的发行人被称为不同的市场部门（market sector），如公司、政府等。

（2）发行人的资信。如果发行人资信状况好，债券信用等级高，则投资者相对承受的风险小，所以债券的票面利率可以定得比其他条件相同的债券低一些，反之就高一些。

（3）债券期限。债券价格的波动与债券期限密切相关，期限越长，价格波动的风险越大，票面利率会高于期限较短的债券。

（4）赎回与转换条款。在债券契约中，通常设置某些条款，如允许债券发行人全部或部分提前偿还债务的赎回条款（call provision）。持有可转换债券的债权人可根据情况将手中的债权转换为股权等。一般来说，市场投资者对含有利于发行人的赎回条款的债券会要求较大的收益，而对含有利于投资者的转换条款的债券则要求较小的收益。

债券的买卖价格包括发行价格和转让价格，都是根据债券的现值确定的。当然，其他许多经济的、非经济的因素也在同时影响债券的发行价格，但无论这些因素的作用有多大，债券的发行价格始终围绕债券的内在价值上下波动。在实务中，公司债券的发行价格通常有等价、溢价、折价三种情况。

2. 债券信用评级

债券信用评级是指由专门的信用评级机构，对拟发行债券单位的债券质量做出的等级评价。根据中国人民银行的有关规定，凡是向社会公开发行债券的公司，公司发行债券时，都必须由中国人民银行及其授权的分行指定的资信评定机构或公证机构进行信用评级。债券信用评级的目的是确认债券发行主体的信用等级，从而向社会公众揭示所发行债券的质量，作为投资者投资决策的参考依据。

目前，国际上三个主要的评信机构分别是穆迪投资服务公司（Moody's）、标准普尔公司（S&P）和菲奇投资服务公司。按照国际惯例，债券信用等级一般分为三等九级，具体分为 AAA，AA，A；BBB，BB，B；CCC，CC，C 三个等次九个级别。按照债券等级排列，依次反映了债券违约风险的大小。3A 和双

A债券是非常安全的，单A和3B债券也足够安全，称为投资等级债券。双B以及更低级别的债券是投机性债券或垃圾债券，这些债券的违约风险较高。

债券信用评级是定性和定量因素结合得到的结果，主要受以下因素影响：(1) 偿债能力比率，包括资产负债率、产权比例以及利息保障倍数等。偿债能力越强，评级越高。(2) 抵押条款。如果债券有抵押保障，而且抵押物价值大于债务价值，则债券的评级会上升。(3) 附属条款。如果债券附属于其他债券，那么要比没有附属的债券评级低一等。(4) 担保条款。如果实力较弱公司的债券由一家实力强的公司（通常是该公司的母公司或关联方）担保，则债券的评级会上升。(5) 偿债基金。如果债券有偿债基金来保证系统性的偿付，则评级会上升。(6) 到期时间。在其他条件不变的情况下，到期时间较短的债券风险小于到期时间较长的债券，因此，一般短期债券比长期债券评级高。(7) 稳定性。如果发行公司的销售收入和利润趋于稳定，则债券的评级会上升。(8) 政府管制。政府管制能够降低债券发行人的违约风险，比如公用事业类和电信类公司等受政府管制比较多。如果证券发行人受政府管制，则评级会上升。(9) 跨国经营。如果当地政治环境比较差，则公司的收入、资产和利润中来自跨国经营的比例越高，风险分散效应越好。因此，跨国经营能够分散风险，评级会上升。(10) 劳工动荡。如果公司存在潜在的劳工问题，使得公司佣工不稳定，则会导致评级降低。(11) 会计政策。如果公司采用相对保守的会计政策，其报告的利润比不使用保守政策得到的数据质量高。因此，保守的会计政策能够使评级上升。

公司债券信用评级的变化会影响其借入长期资本的能力以及这些资本的成本。评级机构会定期重新评估流通在外的债券，偶尔会因为发行人条件的变化调高或调低债券的等级。

3. 债券担保方式

公司发行债券时，按财产担保可以分为担保债券和信用债券。担保债券按抵押品不同又可以分为不动产抵押债券（房屋等）、动产抵押债券（适销商品等）和证券信托抵押债券（股票及其他债券等）。一旦债券发行人违约，信托人就可将担保品变卖处置，以保证债权人的优先求偿权。担保方式主要有以下四类。

(1) 母公司担保。这种方式的特点主要是：手续简单，一般无须付费；有利于延长债券期限；对公司的资产规模、盈利水平、资信等级要求比较高。

(2) 第三方担保。这种方式的特点主要是：手续简便；有利于扩大投资者群体；需要与发行人有良好的合作关系；对公司的资产规模、盈利水平、资信等级要求较高；费用较高。

(3) 担保公司。这种方式的特点主要是：对担保公司审查严格，审核周期比较长，且收费水平会较高；对担保公司的资产规模、资信等级要求较高；费用较高。

(4) 资产质（抵）押。这种方式的特点主要是：需要获得投资者的认可，以及突破某些投资政策的限制；抵质押资产的差异可能会影响发行人的信用等级；需要增加资产评估的环节。质押和抵押的根本区别在于是否转移担保财产的占有。①

与担保债券不同的是无担保债券，又称作信用债券，这种债券不以任何财产作为担保，完全凭信用发行。与担保债券相比，信用债券的持有人承担的风险较高，因而往往要求较高的利率。为了保护投资人的利益，发行这种债券的公司往往受到种种限制，只有那些信誉卓著的大公司才有资格发行。除此以外，在债券契约中都要加入保护性条款，如不能将资产抵押给其他债权人，不能兼并其他企业，未经债权人同意不能出售资产，不能发行其他长期债券等。

4. 债券发行成本

债券发行成本主要包括中介机构费用、登记托管费、发行推介费、发行宣传费等。中介机构费用包括的内容如表 10－7 所示。

表 10－7　债券发行中介机构费用

项目	说明
保荐费	公司债券实行保荐制，需支付保荐费用
承销费用	发行人支付给主承销商的承销牵头费和支付给承销团所有成员的承销佣金
受托管理费用	公司债需聘请债券受托管理人，目前要求由保荐人担任
评级公司评级费	按照中国人民银行征信管理局要求，需评级公司出具评级报告
律师事务所费用	需聘请律师出具法律意见书
会计师事务所费用	由于不需要出具特殊的报告，一般不额外增加费用

资料来源：http://blog.sina.com.cn/s/blog_43fbfcd60101au3q.html.

登记托管费是指公司债券发行和存续期内，发行人需支付登记托管和兑息手续费，具体数额根据发行规模确定，由中国证券登记结算有限责任公司收取。发行推介费主要指发行的初步询价和路演推介所产生的费用，费用因路演的范围和规模而异。IPO 的发行推介费用一般为 100 万～300 万元，但考虑到债券路演通常范围和规模较小，费用会相对较低，大约为 50 万元（也有部分债券发行时不采用路演推介的方式，则此项费用为 0）。信息披露费用包括刊登募集说明书摘要及发行公告、网上路演公告、利率确定公告、上市公告书等的费用。宣传费用包括发行仪式、上市仪式费用，纪念品费用，总结会等费用。对一只 5 年期债券而言，除利息费用外，中介机构费用及其他费用约增加年融资成本 0.3%～0.4%。

10.2.4　公司债券偿还与收回

公司债券既可以在到期日一次偿还，也可以在到期日前清偿。债券偿付计

① 抵押不转移对抵押物的占管形态，仍由抵押人负责抵押物的保管；质押改变了质押物的占管形态，由质权人负责对质押物进行保管。一般来说，抵押物毁损或价值减少由抵押人承担责任，质押物毁损或价值减少由质权人承担责任。债权人对抵押物不具有直接处置权，需要与抵押人协商或通过起诉由法院判决后完成抵押物的处置；对质押物的处置不需要经过协商或法院判决，超过合同规定的时间，质权人就可以处置。

划一般会在借款时具体规定。对于公开发行的债券而言，债券清偿主要采用偿债基金，分批偿还。债券契约附有赎回条款或转换条款或售回条款等都可能使债券持有人提前收回债券投资。如果市场利率发生变化，也可以通过债券调换提前收回旧债券。

1. 偿债基金

偿债基金是指债券发行人为偿还未到期债务而设置的专项基金。通常设置“偿债基金”账户，由债券信托人进行管理。通过偿债基金收回债券有两种方式：一种是公司定期向受托人支付一笔现金，由受托人按照偿债基金赎回价格回收债券（偿债基金赎回价格通常低于普通赎回价格），并按照债券的序列号以抽签的方式决定被收回的债券。另一种是发行公司在公开市场上购买债券。偿债基金减少了该债务的实际期限，从而能与期限较短的债务一样降低债务的风险。公司会选择成本最小的方式，如果利率上升，债券价格下降，公司将在公开市场上抑价购买债券；如果利率下降，将提前赎回债券。但要注意，偿债基金的赎回与赎回条款不同，偿债基金赎回一般不要求有赎回溢价。

2. 分批偿还

分批偿还是指在发行同一种债券的当时就订有不同到期日的债券。由于投资者可以选择最适合自己的到期日，因此，发行这类债券比发行同一天到期的债券能吸引更广泛的投资者群体。例如，2016年禹州市投资总公司公开发行城市停车场建设专项债券“16禹停车”债，发行额为12.8亿元，期限为10年。该债券设置本金分期偿付条款，在债券存续期的第3年末至第6年末，每年分别偿付本期债券发行总额的10%，在债券存续期的第7年末至第10年末，每年分别偿付本期债券发行总额的15%。分期提前偿付债务使“16禹停车”债的实际期限低于10年，约为6.9年。

3. 赎回条款

公司在发行债券时，可以对债券附加一些条款，以便降低发行者的风险或提升债券投资者的吸引力。赎回条款允许公司在某一规定的期间内以事先确定的价格购回或赎回全部债券。一般而言，赎回价格会超过债券的票面价值100元。赎回价格与票面价值之间的差价称为赎回溢价（call premium）。例如，债券的购回价格为面值的105%，则债券赎回溢价等于面值的5%。初始赎回价格通常设定为债券面值加上年利息，并且随着到期时间的减少而下降，逐渐趋近面值。赎回条款一般有两种：随时赎回条款和推迟赎回条款。随时赎回条款规定，债券一经发行，债券发行人即有权随时赎回债券；推迟赎回条款规定，债券发行人只能在一定时间后赎回已发行的债券。

如果债券契约中载明允许发行公司在到期日前将债券从持有者手中赎回的条款，则当市场利率下降时，公司会发行利率较低的新债券，并以所筹措的资金赎回高利率的旧债券。在这种情况下，可赎回债券持有者的现金流量包括两部分：赎回前正常的利息收入；赎回价格（面值+赎回溢价）。

[**例10-4**] ABC公司拟发行债券融资，债券面值为100元，息票率为

12%，期限为 20 年，每年付息一次，到期偿还本金，目前同类债券投资者要求的预期收益率为 12%。

如果债券没有赎回条款，债券的价值为：

$$P_D=\sum_{t=1}^{20}\frac{100\times 12\%}{(1+12\%)^t}+\frac{100}{(1+12\%)^{20}}=100(\text{元})$$

假设债券契约规定，5 年后公司可以 112 元的价格赎回。如果 5 年后市场利率下跌，假设下降至 8%，ABC 公司一定会以 112 元赎回债券。如果债券被赎回，可赎回债券的价值为：

$$P_D=\sum_{t=1}^{5}\frac{100\times 12\%}{(1+12\%)^t}+\frac{112}{(1+12\%)^{5}}=106.81(\text{元})$$

假设债券按面值发行，那么债券被赎回时的预期收益率（YTC）计算如下：

$$100=\sum_{t=1}^{5}\frac{100\times 12\%}{(1+YTC)^t}+\frac{112}{(1+YTC)^{5}}$$

解得

$$YTC=13.82\%$$

从表面上看，债券赎回收益率大于不可赎回债券的预期收益率 12%（债券按面值发行，到期收益率与息票率相同）。但是，债券被赎回后，投资者收到的赎回价（112 元）只能按 8%的利率再进行投资，则持有 20 年债券的预期收益率计算方式如下：

$$100=\sum_{t=1}^{5}\frac{100\times 12\%}{(1+YTC)^t}+\sum_{t=1}^{15}\frac{112\times 8\%}{(1+YTC)^t}\times\frac{1}{(1+YTC)^{5}}+\frac{112}{(1+YTC)^{20}}$$

解得

$$YTC=10.54\%$$

事实上，这一数值相当于可赎回债券的投资者前 5 年获得了 13.82%的预期收益率，后 15 年获得了 8%的预期收益率的平均预期收益率。因此，相对于不可赎回债券，投资者的预期收益率下降了 1.46%（12%－10.54%）。如果投资者是理性的，他们会认识到，一旦债券被赎回，他们将遭受再投资损失。因此，他们不会花费 100 元去购买利率为 12%的可赎回债券。赎回条款的存在降低了该类债券投资者的实际预期收益率。为弥补被赎回的风险，这种债券发行时通常有较高的息票率和较高的承诺到期预期收益率。

4. 回售条款

附回售条款的债券给予投资人在债券到期日之前的某一时点将债券回售给发行人的权利。同时，大多数可回售债券还会有利率跳升条款，即在回售时点前，发行人可提高票面利率以满足投资人要求。例如，“16 同仁堂”公司债是 5 年期债券，由于期限较长，可能跨越一个以上的利率波动周期，债券的投资价值在其存续期内可能随着市场利率的波动而发生变动，从而使债券投资者持有的债券价值具有一定的不确定性。为此，该债券附第三年末发行人调整票面利率选择权及投资者回售选择权的条款。

作为给予投资者回售选择权的交换，发行人可用更低的票面利率再融资。例如，一只 5 年期、含投资者 3 年期末回售选择权的债券（3＋2）票面利率不仅应低于 5 年期债券票面利率，也应低于 3 年期债券票面利率。这是因为上述可回售债券等价于一只 3 年期普通债券加上一个投资者按照同样或更高（若存在利率跳升）的利率将现有债券继续持有两年的选择权，从而使得可回售债券的价值更高。

5. 转换条款

如果公司发行的是可转换债券，那么，可通过转换成普通股收回债券。债券持有人由债权人变成股东，债务资本变成股权资本。

可转换债券的价值主要有：纯债券价值（straight-debt value），即不含转换权债券的价值，一般根据债券估价模型计算；转换价值（conversion value），即可转换债券能以当前股票价格立即转换为普通股时可转换债券所能取得的价值，其计算公式为：

$$\text{转换价值}=\text{转换比例}\times\text{股票转换时的市场价格}$$

式中，转换比例（conversion ratio）指每份可转换债券可转换成普通股的股数。

6. 债券调换

发行新的债券来调换一次或多次发行的原有债券称为债券调换。这种债券调换主要是因为：第一，以利率较低的新债券替换利率较高的旧债券，从而减少债务的利息；第二，消除原债券契约中某些限制性条款，以利于公司的进一步发展；第三，推迟债务的到期日，以改善公司的现金流量；第四，将公司多次发行且尚未清偿的债券予以合并，从而便于对债券的统一管理；第五，保持当前最佳的资本结构和负税效果。

［**例 10－5**］北京同仁堂科技发展股份有限公司 2016 年 7 月 29 日发布公告，拟发行公司债券（代码：136594. SH），面值不超过 12 亿元，募集资金主要用于调整债务结构、补充公司营运资金。假设现在是 2018 年 3 月 1 日，与债券发行有关的条款如表 10－8 所示。

表 10－8　16 同仁堂公司债券基本条款

债券代码	136594. SH	债券简称	16 同仁堂
实际募集资金（亿元）	8	债券类型	一般公司债
质押券代码	134594 16 同仁质	折合标准券（元）	68
上市日期	2016-08-30	摘牌日期	2021-07-30
交易市场	136594. SH（上海）	海外评级	无

最新债项评级	AA+（维持，2017-06-20）	评级机构	上海新世纪资信评估投资服务有限公司
票面利率（当期）	2.95%	发行价格/最新面值	100/100（元）
利率类型	累进利率	息票品种	附息
付息频率	每年付息 1 次	下一付息日	2018-07-31
利率说明	2016-07-31 至 2019-07-30，票面利率：2.95%；2019-07-31 至 2021-07-30，票面利率：2.95%+上调基点	距下一付息日（天）	152
剩余期限（年）	1.416 4+2	期限（年）	5（3+2）
起息日期	2016-07-31	到期日期	2021-07-31
发行规模（亿元）	8	发行方式	公募
债券全称	北京同仁堂科技发展股份有限公司 2016 年公司债券（第一期）	是否城投债曲线样本券	否
发行人	北京同仁堂科技发展股份有限公司	担保人	—
缴款日期	2016-08-01	主承销商	中银国际证券股份有限公司
内含特殊条款	回售，调整票面利率	下一行权日	2019-07-31

资料来源：Wind 资讯（2018 年 3 月 1 日数据）.

根据北京同仁堂科技发展股份有限公司公开发行 2016 年公司债券（第一期）募集说明书摘要，结合表 10-8，“16 同仁堂”公司债券的主要条款说明如下。

（1）债券价值：“16 同仁堂”债面值为 100 元，平价发行。这表明债券发行时，债券面值等于市场价值。在债券存续期内，债券市场价值还取决于利率等其他变化。在债券交易中，债券通常以其面值的百分比形式报价。尽管每年只对外发放一次或两次利息，但利息可以一年内连续累计。目前，交易所债券实行净价交易全价结算，也就是说按净价报单买卖，全价结算（净价+应计利息）。例如，2018 年 3 月 1 日，“16 同仁堂”债报价：净价为 96.65 元，全价为 98.379 6 元，其中应计利息为 1.729 6 元。

（2）债券利率：“16 同仁堂”债票面利率由发行人和主承销商根据网下利率询价结果在利率询价区间内协商确定。债券采用累进利率①，在债券存续期内前

① 累进利率债券是指以利率逐年累进方法计息的债券。其利率随着时间的推移，后期利率将比前期利率更高，有一个递增率，呈累进状态。例如第一年为 5%，第二年为 6%，第三年为 7%，等等。累进利率债券的期限一般是浮动的，投资者可以自行选择，但必须符合最短持有期和最长持有期的限制。

三年利率为2.95%，固定不变；在存续期的第三年末，如发行人行使调整票面利率选择权，未被回售部分的债券票面利率在存续期内前三年票面利率的基础上调整，利率为2.95%+上调基点，在债券存续期后两年固定不变。

（3）发行人调整票面利率选择权：发行人有权决定在本期债券存续期的第三年末调整债券后两年的票面利率；发行人将于第三个计息年度付息日前的第30个交易日，在证监会指定的上市公司信息披露媒体上发布关于是否调整债券票面利率以及调整幅度的公告。若发行人未行使本期债券调整票面利率选择权，则债券后续期限票面利率仍维持原有票面利率不变。

（4）投资者回售选择权：发行人发出关于是否调整本期债券票面利率及调整幅度的公告后，投资者有权选择在本期债券的第三个计息年度付息日将持有的债券按票面金额全部或部分回售给发行人。

（5）还本付息方式及支付金额：本期债券采用单利按年计息，不计复利。每年付息一次，到期一次还本，最后一期利息随本金的兑付一起支付。本期债券的付息日为2017—2021年每年的7月31日。若投资者行使回售选择权，回售部分债券的付息日为2017—2019年每年的7月31日。与此相对应，本期债券的计息期限为2016年7月31日至2021年7月31日。若债券持有人行使回售选择权，则回售部分债券的计息期限为2016年7月31日至2019年7月31日。

10.2.5 债券融资的优缺点

债券融资的优点主要表现在：（1）债券成本较低。公司债券的利息费用可在税前支付，从而可以享受扣减所得税的优惠，因而其实际负担的资本成本较低。（2）可利用财务杠杆。债券持有人一般只能收取固定的利息，不能参加剩余利润的分配，当公司资本收益率高于债券利率时，可以为普通股股东带来更多的收益。（3）便于调整资本结构。在公司发行可转换债券或可提前赎回债券的情况下，公司可根据需要主动合理地调整资本结构。（4）保障股东控制权。债券持有人无权参与公司经营管理，因此，发行债券融资不会分散股东对公司的控制权。

债券融资的缺点主要表现在：（1）财务风险较高。债券有固定的到期日，并需要定期支付利息，发行公司必须承担按期还本付息的义务。在公司经营不景气时，也需要向债券持有人支付本息，这会给公司带来更大的财务困难，有时甚至会导致破产。（2）限制条件较多。发行债券的限制条件一般要比定期借款、租赁融资的限制条件更多且严格，从而限制了公司对债券融资方式的使用，有时还会影响公司以后的融资能力。

10.2.6 债券市场与企业融资现状分析

与股票交易并行，我国于1981年1月重新开始发行国债。经过40年的发展，已发展形成种类基本齐全、品种结构较为合理、信用层次不断拓展的债券市场。债券品种创新演变如表10-9所示。

表10-9 债券品种创新演变

年份	政府信用债券	金融债券	企业信用债券
1981	国债		
1984			企业债
1985		特种贷款金融债	
1992			城投债
1996	贴现债券：中国人民银行融资券		
1997		政策性银行债、特种金融债	
2001		非银行金融机构债	
2002	中央银行票据		
2003		境内美元债	中小企业集合债
2004	凭证式国债（电子记账）	商业银行次级债	
2005		券商短期融资券：国际机构债（熊猫债）	短期融资券：信贷资产支持证券、券商资产支持证券
2006	储蓄国债		可转换公司债券
2007	特别国债		公司债
2008			中期票据
2009	地方政府债券		中小企业集合票据
2010	政府支持机构债券		企业资产支持票据
2011		商业银行普通债券	非公开定向债务融资工具
2012			中小企业私募券
2013		同业存单	可续期债券
2014		证券公司短期公司债券、保险公司次级债	永续中期票据：项目收益债、项目收益票据
2015	定向承销地方政府债券	大额存单：专项金融券	

资料来源：中央国债登记结算有限责任公司．中国证券市场概览（2015）．2016．

政府信用债券主要有国债和地方政府债券，前者的发行主体是中央政府，由财政部具体进行发行操作，分为记账式国债和储蓄国债；后者的发行主体是地方政府，分为一般债券和专项债券。政府信用债券通过中央结算公司招标或定向承销发行，在银行间债券市场、交易所债券市场交易，在中央结算公司总托管。此外，政府信用债券还有通过中国人民银行发行的中央银行票据；通过中央结算公司发行的政府支持机构债券；通过中央汇金投资有限责任公司发行的中央汇金债券等。

金融债券一般通过中央结算公司发行，在银行间债券市场交易，在中央结算公司托管，主要包括由开发性金融机构（国家开发银行）和政策性银行（中国进出口银行、中国农业发展银行）发行的政策性金融债券；由境内设立的商业银行法人发行的商业银行债券，如一般金融债券、小微企业贷款专项债、次级债券等品种；由境内设立的非银行金融机构法人，包括财务公司、金融租赁公司等银行业金融机构、证券公司、保险机构发行的非银行金融债券。

企业信用债券主要有：(1) 企业债。发行主体为企业，经发改委核准，企业债通过中央结算公司发行系统面向银行间债券市场和交易所市场统一发行，在银行间及交易所债券市场交易，在中央结算公司登记托管。此外，企业债包括中小企业集合债、项目收益债、可续期债等。(2) 非金融企业债务融资工具。发行主体为具有法人资格的非金融企业，面向银行间债券市场发行，在银行间债券市场交易，在上海清算所登记托管。(3) 公司债。发行主体为上市公司或非上市公众公司，经证监会核准，在交易所债券市场公开或非公开发行，在证券交易所上市交易或在全国中小企业股份转让系统转让，在中证登登记托管。(4) 可转换公司债券（简称可转债）。发行主体为境内的上市公司，在交易所债券市场发行、交易，在中证登登记托管。分离交易可转债是认股权和债券分离交易的可转债。(5) 中小企业私募债券。发行主体为境内中小微型企业，面向交易所债券市场合格投资者非公开发行，只在合格投资者范围内转让，在中证登登记托管。

从 1982 年开始，一些企业开始自发地向企业内部或社会集资并支付利息，形成最初的企业债。1984 年，银行开始发行金融债券以支持一些在建项目。此后，金融债券成为银行的一种常规性融资工具。图 10-19 描述了 1998—2019 年国债、地方政府债券、中央银行票据，金融债券，企业债、公司债的变动趋势。从发行规模看，这一期间，发行最多是国债、地方政府债券、中央银行票据，其次是金融债券和企业债、公司债。从发行趋势看，金融债券和企业债、公司债发行表现为平稳的上升趋势，国债、地方政府债券、中央银行票据发行的波动率相对高于其他两类债。

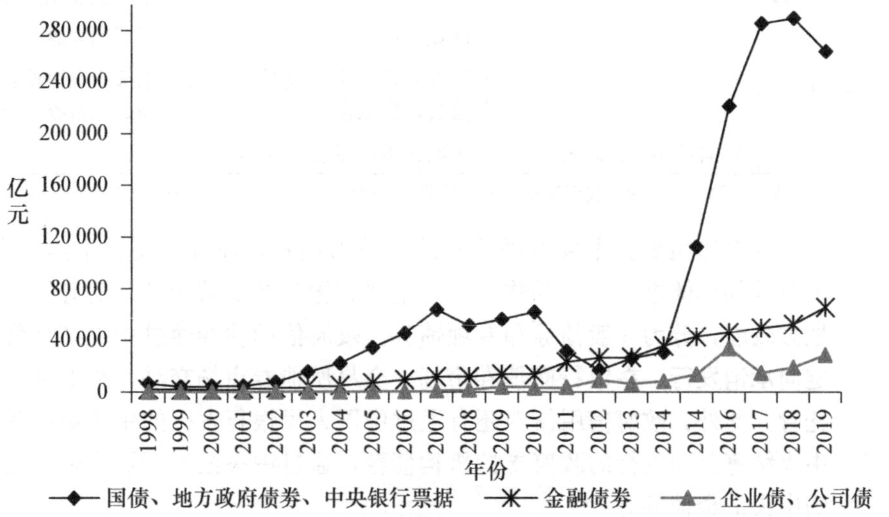

图 10-19　1998—2019 年债券发行时间序列

说明：(1) 政府信用债券包括国债、地方政府债券和中央银行票据。

(2) 金融债券包括商业银行普通债券、商业银行次级债、保险公司债、证券公司债、证券公司短期融资券、其他金融机构债。

(3) 企业信用债券包括企业债、公司债、中期票据、短期融资券、可转债、分离交易可转债、可交换公司债券。

资料来源：Wind 资讯.

需要说明的是，公司债和企业债虽然都是企业依照法定程序发行的、约定在一定期限还本付息的有价证券，但这两种证券产生的制度背景不同，因而存在一定区别：第一，发行主体不同，公司债目前仅由上市的股份有限公司发行。第二，募集资金的用途不同，企业债的募集资金一般用于基础设施建设、固定资产投资、重大技术改造、公益事业投资等方面；而公司债可根据公司自身的具体经营需要提出发行需求。第三，监管机构不同，公司债的发行实行核准制，由证监会审核发债公司的材料是否符合法律制度规定，而企业债的发行由发改委审批。第四，信息披露要求的差异，企业债的发行人没有严格的信息披露义务，公司债发行人的信息披露较为严格。

我国可转债融资历史较短，进入 20 世纪 90 年代以后，随着股票市场的建立才开始出现。根据证监会编制的《中国资本市场二十年》的数据，我国发行可转债的历史可以追溯到 1991 年 8 月 11 日发行的能源转债。这是一只由非上市公司发行的可转债，其发行者为海南新能源股份有限公司，发行规模仅为 3 000 万元，存续期为 3 年，公司股票直到 1992 年 11 月才上市，转换期从 1993 年 6 月 7 日开始，从 1993 年 6 月 7 日至 6 月 16 日之间有 30%的可转债按照配股价转换为 A 股股票并在深交所上市流通。1992 年 11 月，中国宝安集团股份有限公司在国内证券市场第一次公开发行了总额为 5 亿元的 3 年期可转债，该债券于 1993 年 2 月 10 日上市交易，成为我国第一只上市交易的可转债。在经济转型的特殊背景下，可转债在我国的发展经历了一个不断积累经验、逐步完善的过程。从 2010 年开始，我国可转换债券的融资方式得到了大规模的发展，到 2011 年 2 月随着中国石油化工集团公司 230 亿元可转债的上市，我国可转债的市场容量突破千亿元。根据 Wind 资讯，从 2012 年 3 月到 2019 年 3 月，共发行了 235 只可转债，发行额为 4 548.99 亿元。

2014 年 12 月 8 日，宝钢集团发布可交换公司债券募集说明书摘要和发行公告，将使用所持有的新华保险的部分 A 股股票作为标的股票，于 2014 年 12 月 10 日公开发行可交换公司债券，发行规模为 40 亿元。宝钢集团当时持有新华保险 4.71 亿股，占新华保险 A 股股本的 15.11%，均为流通股，市值约 95.09 亿元。本次可交换公司债券拟以不超过 2.36 亿股新华保险 A 股股票作为债券担保物，占宝钢集团所持新华保险 A 股股票的 50%。宝钢集团 2014 年可交换公司债券成功完成发行，成为首只公开发行的可交换公司债券。

2006 年，交易所债券市场推出了分离交易可转债，这是一种附认股权证的公司债，可分离为纯债券和认股权证两部分，赋予了上市公司一次发行两次融资的机会。分离交易可转债是债券和股票的混合融资品种，它与普通可转债的本质区别在于债券与期权可分离交易。2006 年出台的《上市公司证券发行管理办法》首次将分离交易可转债列为上市公司再融资品种，并对其发行条件、发行程序、条款设定等方面做出较为具体的规定。2006 年 11 月 29 日，第一只分离交易可转债“06 马钢”在上交所上市。随后，许多上市公司开始发行分离交易可转债进行融资。根据 Wind 资讯，到 2009 年，共发行了 20 只分离交易可转债，发行总额为 933.65 亿元。

图10-20描述了1998—2019年间可转债、分离交易可转债（或称附认股权证债券）、可交换公司债券的发行情况。可转债发行额从1998年的4亿元，至2019年达到2 695亿元；分离交易可转债主要发生在股权分置改革后（2006—2009年），发行规模最大的为633亿元，最小的为30亿元；可交换公司债券主要发生在2013—2019年间，发行额最大值为1 173亿元，最小值为3亿元，2019年为824亿元。

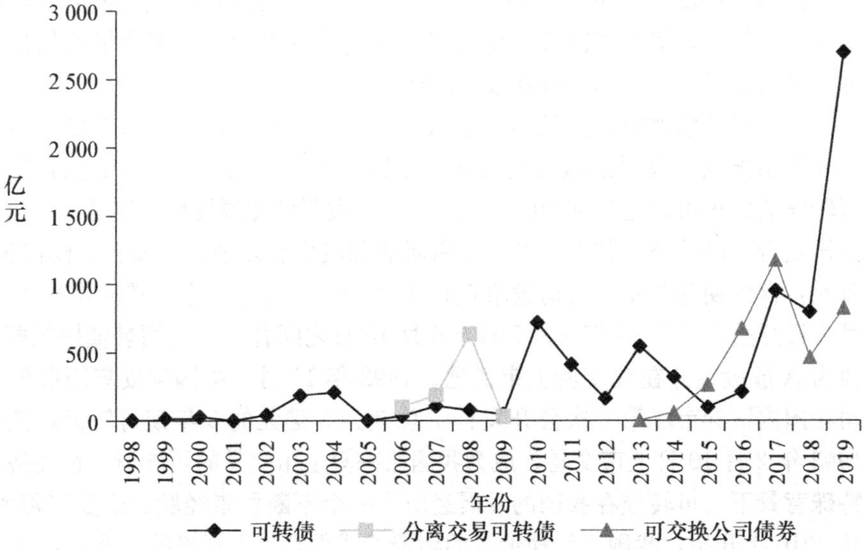

图10-20　1998—2019年可转债、分离交易可转债、可交换公司债券发行时间序列

2015年1月，证监会发布修订后的《公司债券发行与交易管理办法》，涵盖扩大发行主体范围、丰富债券发行方式、简化发行审核流程等七方面主要内容。根据中央国债登记结算有限责任公司发布的《2015年债券市场统计分析报告》，公司债的改革促使公司债发行量迅猛增长，在2015年7月以后，公司债的发行量明显超过中期票据、短期融资等同类企业融资工具。全年发行量接近1万亿元，创出历史新高。公司债新规出台之后，受市场资金面宽松、股票市场行情回落、高收益资产短缺、回购质押等因素的影响，公司债发行利率明显下降。

表10-10列示了与企业融资有关的主要金融产品历史发行规模。在2006—2017年间，假设不考虑分离交易可转债，发行规模增长率最高的品种是可转债，年均增长率为167.6%，其后分别为公司债（141.42%）、中期票据（47.01%）、企业债（36.36%）和短期融资券（30.48%）。这一现象表明我国企业的融资品种从以企业债为主开始向多品种发展。

表10-10　债务市场主要金融产品历史发行规模　　单位：亿元

年份	企业债	公司债	中期票据	短期融资券	可转债	分离交易可转债	可交换公司债券
2006	615	0	0	2 920	34	99	0
2007	1 109	112	0	3 349	106	172	0
2008	1 567	288	1 737	4 339	77	633	0

续表

年份	企业债	公司债	中期票据	短期融资券	可转债	分离交易可转债	可交换公司债券
2009	3 252	735	6 913	4 612	47	30	0
2010	2 827	512	4 971	6 892	717	0	0
2011	2 485	1 291	7 336	10 122	413	0	0
2012	6 499	2 623	8 559	14 222	164	0	0
2013	4 752	1 700	6 979	16 135	545	0	3
2014	6 972	1 408	9 773	21 850	321	0	60
2015	3 421	10 284	12 728	32 806	98	0	265
2016	5 926	27 735	11 420	33 676	213	0	674
2017	3 731	11 025	10 369	23 776	947	0	1 173

说明：企业债指一般企业债和集合企业债；中期票据指一般中期票据和集合票据；短期融资券指一般短期融资券和超短期融资债券。

资料来源：Wind资讯.

从各种债券发行结构看，从2016年5月至2018年5月，各类债券发行总额为788 217.46亿元，各类债券发行规模结构如图10－21所示。从图中可以看出，债券发行规模占比排在前五名的品种分别是同业存单、金融债券、地方政府债券、国债、短期融资券；相对而言，企业债和公司债占比相对较低，还有相当大的发展空间。

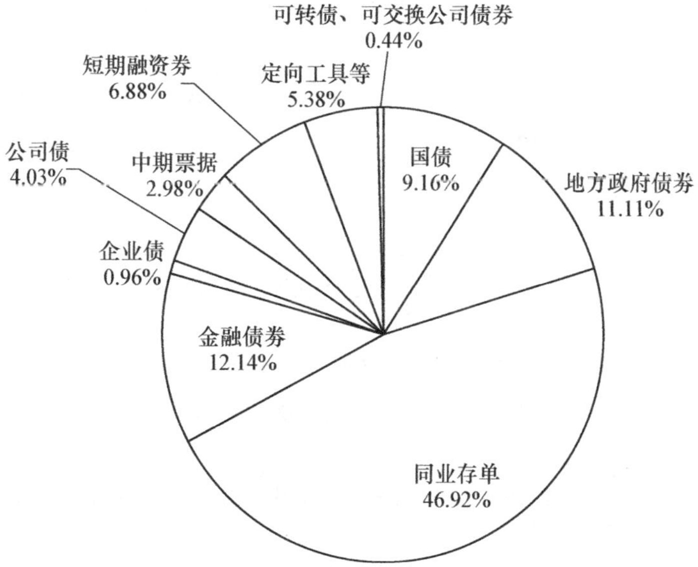

图10－21　债券发行规模结构图（2016年5月至2018年5月）

说明：定向工具等主要包括定向工具、国际机构债券、政府支持机构债券、资产支持证券。

10.3　直接融资与间接融资

直接融资通常指股票和债券融资，间接融资通常指贷款。直接融资和间接融资的比例关系既反映一国的金融结构，也反映一国中两种金融组织方式对实体经济的支持和贡献程度。事实上，以资本市场为载体的直接融资与以银行为中介的间接融资具有较大不同，前者以满足大额、长期融资需求为主，后者则以满足中小额、中短期融资需求为主。两者相互补充、相互竞争、相互促进、共同发展。

在我国，企业融资方式是随着经济体制的变革持续演变的。根据我国企业的融资制度变迁过程分析，我国企业融资制度大体上可以划分为三个阶段：1983年以前属于财政主导型融资阶段；1984—1990年属于银行主导型融资阶段；1990年以后属于市场主导型的多元化融资阶段。经过30多年的发展，在一定程度上改变了过去单纯依赖财政拨款和银行贷款的局面，使股票融资、企业债券融资等直接融资方式成为企业融资的重要组成部分。

图10-22描述了2002—2018年企业直接融资、间接融资、直接融资占社会融资总额（直接融资与间接融资之和）的比率的时间序列数据。在图中，虽然直接融资占社会融资总额的比例呈上升趋势，但这一比重仍然较低。这表明，现阶段我国企业需要的资金大部分来自银行贷款。

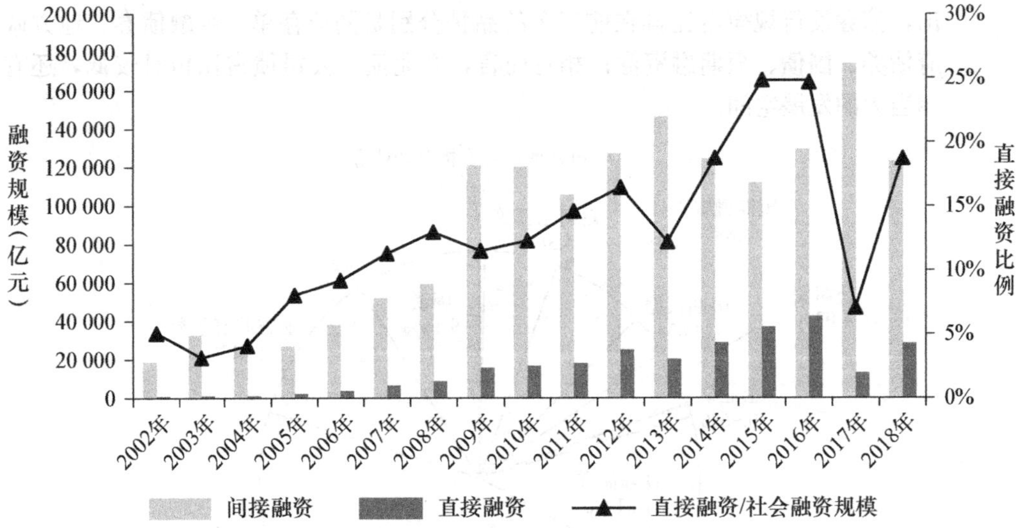

图10-22 直接融资占社会融资总额比例（2002—2018年）

说明：(1) 直接融资主要包括企业债、非金融企业股票融资。
(2) 银行贷款增加额主要包括人民币贷款、外币贷款、委托贷款、信托贷款、未贴现银行承兑汇票。
资料来源：国家统计局网站.

根据图10-22的数据，现阶段，我国企业仍以银行贷款间接融资为主，在直接融资中以股票融资为主，尽管债券市场的出现比股票市场早，但我国的公司债券市场发展相当缓慢，远远低于股票市场的发展速度。这种股热债冷的原因是多方面的：在公司中，许多经营者认为“股票是软的，债务是硬的”，“既不必承担风险，又不必偿还本金”的股票融资对自己最为有利。而且，相当多的上市公司将股权资本视为可自主支配的自由现金流量，可根据需要调整股利政策，或通过送股、转股等股票股利形式发放股利，或降低现金股利支付率，使经营者认为股票的融资成本低廉。

吴晓求（2003）认为，公司偏好股票融资而冷落债券融资的关键原因在于政府政策的误导。在我国，政府驱动资本市场发展有双重目标：既要发挥资源配置作用，又要肩负推动改革的使命，只有满足上述两者要求的市场形式才能得到政府的扶持和鼓励。当两者目标发生冲突并难以两全时，在实际操作中往往牺牲资源配置成本，以保证经济改革的顺利进行。也可以说，国有企业没有完成根本性改革时，其债务最终都要由国家来承担。发行公司债券将对国有企业制度和政府调控经济模式改革产生极大的压力。对公司来说，股票本来是比公司债券更具有影响力的金融产品，但国家通过对上市公司设置国家股和法人股，使国有企业的股权结构不会因高层交易而变化。这样，股票融资成为一种国家改变国有企业债务比率，从而改善国有商业银行资产质量但又不需要改变经济管制模式的方法。

资本市场的出现和发展不仅推动了中国经济体制和社会资源配置方式的变革，也使企业的融资方式从财政拨款、银行贷款向股票、债券融资多元化发展。但由于中国市场机制不够完善，证券市场历史较短，发展不够充分，证券化率[①]整体上要低于发达国家。图 10－23 列示了中国和其他各国证券化率的时间序列数据。

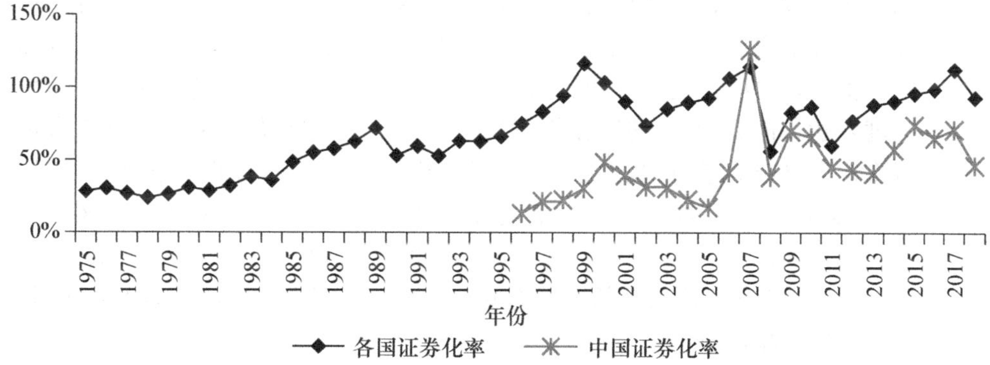

图 10－23　中国和其他各国证券化率的时间序列数据

资料来源：http://finance.sina.com.cn/worldmac/indicator_CM.MKT.LCAP.GD.ZS.shtml.

在图 10－23 中，除 2007 年外，中国证券化率都低于其他各国证券化率均值。证券化率是衡量一国证券市场发展程度的重要指标。一国或地区的证券化率越高，意味着证券市场在该国或地区的经济体系中越重要。发达国家由于市场机制高度完善、证券市场历史较长、发展充分，证券化率整体上要高于发展中国家。图 10－24 列示了 12 个国家 2018 年的国内生产总值和证券化率。

① 证券化率指的是一国各类证券总市值与该国国内生产总值的比率（各类金融证券总市值与国内生产总值的比值），实际计算中证券总市值通常用“股票总市值＋债券总市值＋共同基金总市值”等来代表。

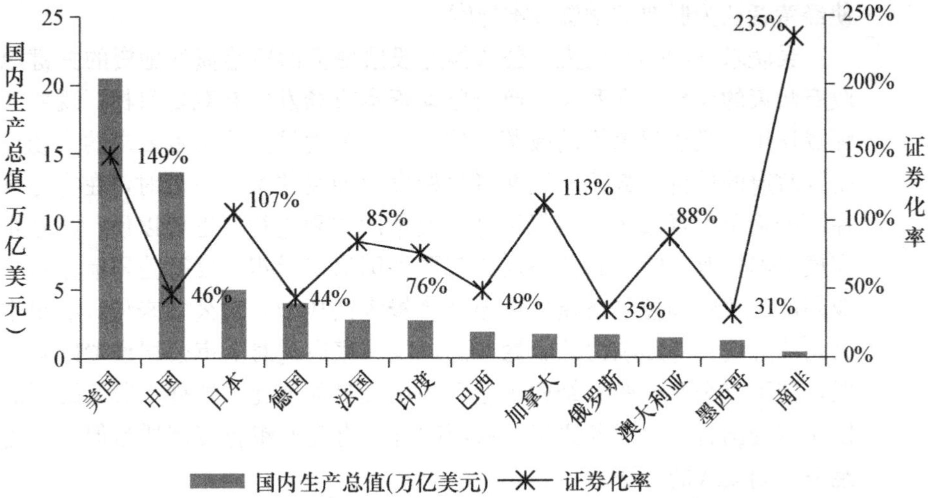

图 10-24 部分国家证券化率（2018 年）

资料来源：http://finance.sina.com.cn/worldmac/indicator_CM.MKT.LCAP.GD.ZS.shtml.

在一些发达国家，证券化率（股票市价总值与国内生产总值的比率）已经达到较高的程度，2018 年，美国、日本、加拿大的证券化率都超过 100%，而中国、俄罗斯、印度等发展中国家的证券化率均低于 80%。证券化率并非完全与经济发展水平成正比，它还受到国家金融体制、经济政策等因素的影响。例如，德国传统上以银行融资为主，证券融资发展缓慢，因此虽然经济高度发达，但 2018 年的证券化率只有 44%。由于证券化率与股市市值相关，股市市值又与股票价格相关，如果股票价格水平短期内波动较大，可能会加剧证券化率的变动，在新兴市场尤其如此。2018 年，南非的证券化率为 235%，在各国排名中处于前列，但国内生产总值在这 12 个国家中处于最低位置。证券化率与股价水平的上涨有密切关系，并不一定表明证券市场在国民经济中地位的提高。

10.4 租赁融资

10.4.1 租赁种类

租赁是出租人以收取租金为条件，在契约或合同规定的期限内，将资产租让给承租人使用的一种经济行为。租赁合约规定双方的权利与义务，其具体内容需要通过谈判确定，所以租赁的形式多种多样。

根据《企业会计准则第 21 号——租赁》的相关规定，承租人和出租人在租赁开始日，根据与资产所有权有关的全部风险和报酬是否转移，将租赁分为融资租赁和经营租赁。如果在一项租赁中，与资产所有权有关的全部风险或收益实质上已经转移，这种租赁称为融资租赁，否则称为经营租赁。

1. 经营租赁

经营租赁（operating lease），又称服务租赁，是指由租赁公司向承租人在短期内提供资产（如设备等），并提供维修、保养、人员培训等的一种服务性业务。因此，经营租赁能够同时提供融资与维修服务。经营租赁的特点主要表现在以下三个方面：第一，经营租赁的租赁期限通常小于租赁资产的寿命期，因此在一次租赁中，承租人所支付的租赁费总额不能完全补偿购买该资产的所有费用。但在一次租赁合约期满后，出租人可以将这些资产再租给其他承租人，或通过抑价出售这些资产补偿全部购置成本，因此经营租赁并非完全的分期付款。第二，在经营租赁方式下，与租赁资产有关的一些费用，如租赁资产的维修费、保养费、折旧费等一般由出租人负担。第三，经营租赁契约一般包含解约条款（cancellation clause），据此条款，承租人在约定的租赁期结束以前有权取消租赁契约，返还租赁资产，这意味着如果技术发展使资产过时，或承租人业务变化不再需要该资产，承租人有权终止租赁合约，将资产退回。

2. 融资租赁

融资租赁（financial lease），又称资本租赁（capital lease），是由出租人、承租人、供应商共同组成的一种租赁方式。在这一业务中，与租赁有关的三个当事人分别签订具有法律效力的购买合同和租赁合同，这两个合同合为一体，构成融资租赁。在购买合同中，主要体现了出租人的义务，即支付租赁物的货款，承租人行使对租赁物的选择权；在租赁合同中，主要体现了出租人的权利，即收取租金，承租人要承担租赁物瑕疵风险，供应商在购买合同中的义务主要是对承租人负责。

融资租赁与经营租赁不同，主要表现在：第一，融资租赁的租赁期比较长，一般长达资产预计使用寿命期的大部分。租赁设备的购置成本必须全部摊入各期租赁费，即出租人收取的租金必须等于租赁设备的全部成本加上租赁投资收益，因此融资租赁是完全的分期付款。第二，在融资租赁方式下，由承租人负责租赁资产的维修、保养等。第三，融资租赁禁止中途解约，即融资租赁双方签订的租赁合同一般是不可撤销的。也就是说，承租人必须支付全部租金且可能会面临破产风险。

在典型的融资租赁合同中，由使用设备的公司（即承租方）选定其所需的具体设备，并与制造商协商价格，然后安排租赁公司（即出租方）直接向制造商购入此设备，同时开始执行租赁合同。承租方通常需要对出租方的初始投资进行全额的分期支付，此外，还必须按同期担保贷款利率对尚未偿清的余额支付一定的利息。在租赁合同到期时，承租方通常拥有以较低售价获得资产的选择权。由于出租方在租赁合同到期前能够收回全部的投资，并且承租方负责租赁资产的维修、保养等费用，因此出租方所获得的收益是完成这些支付后的净额，故融资租赁也称净租赁。

上述融资租赁合同只是说明了一种典型的融资租赁过程。按照融资租赁中当事人的关系，可将融资租赁分为直接租赁、售后回租和杠杆租赁三种。

（1）直接租赁指出租人根据承租人提出的要求，直接购买承租人所必需的租赁物品，然后出租给承租人，即制造商出售资产给出租人，出租人再把资产租赁给承租人。在这种方式下，出租人与承租人应签订租赁合同，出租人根据承租人的订货要求，与制造商签订资产买卖合同。

（2）售后回租指拥有某项资产的公司将资产出售后，立即按照特定条款从购买者手中租回该项资产。售后回租一方面可以使公司取得出售资产的现金收入，另一方面可以继续使用该项资产。

（3）杠杆租赁指在一项租赁交易中，如果资产购置所需资本的一部分（10%～20%）由出租人承担，其余大部分由出租人以租赁资产作抵押向债权人贷款，这种租赁方式称为杠杆租赁。与其他租赁方式不同，它是一种由出租人、承租人和债权人三方组成的租赁形式。从承租人的角度看，杠杆租赁与其他租赁方式并无区别，承租人支付的租赁费首先用于偿还贷款人的贷款本息，剩余部分是出租人的投资收益。若出租人无力偿还借款，债权人享有租赁资产和租赁费用的要求权。

除此之外，为了解决创业期和成长期的高科技风险公司资本短缺的困难，也可采取风险租赁，即出租人以租赁债权和投资方式将设备出租给承租人，以获得租金和股东权益作为投资回报。此交易中，租金是出租人的主要回报，一般为全部投资的50%左右，其次是设备的残值回报，一般不超过25%，这两项收益相对比较安全可靠，其余部分按双方约定，在一定时间内以设定价格购买承租人的普通股权。

为了与国际会计准则趋同，2018年12月7日，财政部对《企业会计准则第21号——租赁》进行了修订。在新租赁准则下，承租人不再将租赁区分为经营租赁或融资租赁，而是采用统一的会计处理模型，对短期租赁和低价值资产租赁以外的其他所有租赁均确认使用权资产和租赁负债，并分别计提折旧和利息费用。其中，短期租赁是指在租赁期开始日，租赁期不超过12个月的租赁；低价值资产租赁是指单项租赁资产为全新资产时价值较低的租赁。

10.4.2 租赁对所得税税收的影响

在新租赁准则下，对于短期租赁和低价值资产租赁，可以选择不确认使用权资产和租赁负债，而是采用与现有的经营租赁相似的方式进行会计处理。这两种情况下的租赁资产发生的租赁费支出，按照租赁期限均匀扣除。对于承租人而言，短期租赁和低价值资产租赁对税收的影响只体现在租金抵税效应，即租赁费×所得税税率。因此，短期租赁和低价值资产租赁又称节税性租赁（tax-oriented lease）。

除短期租赁和低价值资产租赁外，使用权资产（租赁资产）的折旧由承租人计提，其对税收的影响体现在两方面：一是承租人享受折旧带来的抵税效应；二是租赁费支出属于资本化支出，不得在所得税前抵扣，使得承租人丧失了租金的抵税效应。因此，又称非节税性租赁（non-tax-oriented lease），但租赁费用中的利息可在税前扣除。也就是说，租赁资产的折旧费和租赁费中相当于利息的部分抵减所得税，而不是租赁费用本身享受税收抵减。为计算应税收益抵减额，通常将租赁费用看作债务付款，将其分割为本金和利息两部分，确定应税收益抵减额。

假设一项 5 年期的资产租赁，租赁费为每年 11 548.74 万元，租赁费率（利率）为 5%，所得税税率为 25%，则各年租赁费用、利息费用和折旧费用（每年为 10 000 万元）抵税额如表 10-11 所示。

表 10-11　租赁费用、利息费用和折旧费用抵税额　　单位：万元

年份	租赁费用 (1)	租赁费用		折旧费用 (4)	应税收益抵减额 (5)=(3)+(4)	抵税额 (6)=(5)×25%
		债务本金 (2)	利息费用 (3)=(1)-(2)			
1	11 548.74	9 048.74	2 500.00	10 000.00	12 500.00	3 125.00
2	11 548.74	9 501.18	2 047.56	10 000.00	12 047.56	3 011.89
3	11 548.74	9 976.24	1 572.50	10 000.00	11 572.50	2 893.13
4	11 548.74	10 475.05	1 073.69	10 000.00	11 073.69	2 768.42
5	11 548.74	10 998.80	549.94	10 000.00	10 549.94	2 637.48
合计	57 743.70	50 000.00	7 743.70	50 000.00	57 743.70	14 435.92

表 10-11 中各栏计算方式如下：

租赁负债总额可通过 5 年间每年 11 548.74 万元的现值计算得出，假设付款在每年末发生，折现率为 5%。

$$租赁债务本金现值=11\ 548.74\times\left[\frac{1-(1+5\%)^{-5}}{5\%}\right]=50\ 000(万元)$$

租赁费用中相当于本金的部分可按下列公式计算，如第 1 年可计算如下：

$$P_1=\frac{A}{(1+r)^{n-t+1}}=\frac{11\ 548.74}{(1+5\%)^5}=9\ 048.74(万元)$$

使用权资产应在资产寿命周期内计提折旧，本例采用直线法计提折旧，每年折旧为 10 000 万元（50 000/5）。

应税收益减免额由利息费用和折旧费用构成，从表 10-11 中可以看出，5 年应税收益减免额之和为 57 743.70 万元，正好等于租赁费用总额。唯一的差别是时间问题：使用权资产在前期应税收益额减免较多，而在后期较少。由此，利息和折旧抵税额前期多、后期少，而租赁费抵税每年是一个相等的数额；不同时期抵税额的差异又会影响抵税现值的大小。

10.4.3　租赁对财务报表的影响

在 2019 年之前，经营租赁业务一直作为企业表外融资的重要形式存在，即经营租赁未纳入承租人的资产负债表，导致其财务报表无法全面反映因租赁交

易而取得的权利和承担的义务，从而降低了财务报表的相关性。新租赁会计准则的核心变化就是将经营租赁表外业务表内化，要求承租人对所有租赁（选择简化处理的短期租赁和低价值资产租赁除外）确认使用权资产和租赁负债，并分别确认折旧和利息费用。

假设承租人与出租人签订了为期3年的设备租赁合同。相关租赁安排如下：年租赁费为100万元，租赁费率（利率）为7%，则租赁付款额现值为262.43万元。

在原租赁会计准则下，承租人只需每年确认100万元的租赁费用，对资产负债表没有影响。在新租赁会计准则下，承租人在期初需确认一项金额为262.43万元的使用权资产和租赁负债，之后每年按直线法确认使用权资产的折旧87.48万元（262.43/3），按实际利率法确认利息费用并增加租赁负债，每年支付的租金冲减租赁负债。新旧租赁会计准则对财务报表的影响如表10-12所示。

表10-12　新旧租赁会计准则对财务报表的影响　　单位：万元

项目	期初	第1年	第2年	第3年	合计
原租赁会计准则：					
利润表费用（年租赁费）		100.00	100.00	100.00	300.00
新租赁会计准则：					
利润表					
使用权资产折旧		87.48	87.48	87.48	262.43
利息费用		18.37	12.66	6.54	37.57
合计		105.85	100.13	94.02	300.00
资产负债表					
使用权资产	262.43	174.95	87.48		
租赁负债	262.43	180.80	93.46		

在表10-12中，在新租赁会计准则之下，使用权资产折旧以直线法计算，利息支出在租赁期内随着租赁负债的减少而减少，因此承租人利润表中总体成本呈现前高后低的特点，相应初期净资产和每股收益下降。前期利息费用增加，也会使利息保障倍数下降。从资产负债表来看，因为经营租赁业务入表，使用权资产和租赁负债同时增加会导致资产负债率提高；确认使用权资产也会使资产周转率下降。从现金流量表来看，原准则下支付经营租赁租金一般计入经营活动流出的现金流量，新准则实施后计入筹资活动流出的现金流量。新准则的实施会导致经营活动净现金流增加，筹资活动净现金流减少。

在租赁业务中（除短期租赁和低价值资产租赁外），与租赁资产有关的风险和收益实质上已经转移给承租人，因此，也可以将这种租赁业务看作借款购买资产的一种替代融资方式。在这种情况下，租赁资产应在资产负债表中反映，即资产租赁产生了与租赁费现值相等的一项资产和负债，分别列示在资产负债表的左右两方。

假设某公司需要增加一项资产，价值 2 000 万元，采用资产租赁、举债购买资产方式对资产负债表的影响如表 10 - 13 所示。

表 10 - 13　资产租赁、举债购买资产对资产负债表的影响　　单位：万元

项目	资产增加前	资产增加后	
		资产租赁	举债（借款）购买
资产			
流动资产	3 000	3 000	3 000
固定资产	5 000	5 000	7 000
使用权资产（租赁资产）	—	2 000	—
总资产	8 000	10 000	10 000
负债与股东权益			
流动负债	2 000	2 000	2 000
长期负债	1 000	3 000	3 000
其中：租赁负债	—	2 000	—
股东权益	5 000	5 000	5 000
负债与股东权益	8 000	10 000	10 000

租赁融资

从表 10 - 13 中可知，资产租赁对资产负债表的影响与负债（借款）融资的影响相同。公司如果签订了资产租赁合同，就负有支付未来租金的义务，该义务与借款合同一样，具有法律约束力——无力偿付租金如同借款合同中无法偿还本金或利息一样，均可能导致公司破产。因此，签订融资租赁合同会改变资本结构，增加财务风险。新租赁准则下，原采用经营租赁方式取得的资产及支付义务需在资产负债表中列示，消除了承租人利用经营租赁进行表外融资的机会，可以更为全面真实地反映企业资产债务情况，更好地满足报表使用者需求。此外，新准则引入的承租人增量借款利率反映了承租人自身信用风险特征，结合原表外债务的显性化，将促使企业重新梳理评估现有业务和债务结构，加强风险管理，提升发展质量。

10.4.4　租赁融资的优缺点

租赁融资的优点主要表现在：(1) 能够迅速获得所需资产。租赁资产是一种融资与融物相结合的融资方式，因此，公司在筹到资本的同时，即可获得长期资产的使用权。(2) 增加了融资的灵活性。租赁资产可以避免定期借款融资所附加的各种限制性条款，从而为公司经营活动提供了更大的弹性空间。(3) 可以减少设备引进费。采用租赁方式引进设备，融资与引进设备都由有经验和对市场熟悉的租赁公司承担，这样，既能迅速获得公司所需要的设备，又可以因租赁公司的高效率而节省费用。(4) 有利于减轻所得税负担。租赁费中的利

息、手续费以及融资性租赁设备的折旧费均可在税前支付，这样可获得财务杠杆利益，减轻了公司的税收负担。

租赁融资的缺点主要表现在：(1) 融资成本高。通常租赁的隐含收益（租金）要高于债券利息。(2) 当事人违约风险。租赁业务所涉及的当事人很多，如果当事人中有一方违约，就可能给其他当事人带来风险。(3) 利率和税率变动风险。在租赁期间，如果银行利率或税率发生变化，就会给租赁当事人带来一定的风险。如利率降低，因承租人必须按合同规定的数额支付租金，则不能享有利率下跌的好处。而利率提高，则会使出租人的收入减少。

根据中国租赁联盟、华经产业研究院统计，在2011—2018年，我国融资租赁业务总量由2011年的9 300亿元增至2018年的66 500亿元，增长了7.15倍，年均增速达到34%。2014年以后，尽管增速放缓，但是我国融资租赁市场规模依然保持着较高的增长速度。2018年我国融资租赁合同余额比2017年增长了9.4%。图10-25描述了2011—2018年我国融资租赁行业市场规模变化情况。

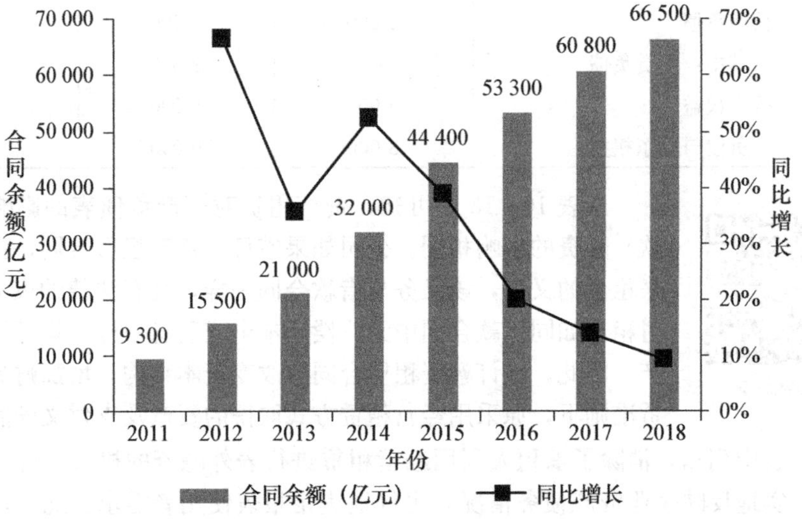

图10-25 中国融资租赁行业市场规模及增长率（2011—2018年）

资料来源：中国租赁联盟、华经产业研究院整理。

从行业分布来看，融资租赁资产的行业分布排名前五的行业为能源设备、交通运输设备、基础设施及不动产、通用机械设备和工业装备，其占比总计达81%，每个行业资产总额均超过千亿元，融资租赁在能源设备与环保治理等领域具备较为丰富的行业经验，伴随我国经济动能切换与新经济崛起，未来融资租赁有望进一步开拓新行业蓝海。租赁资产行业分布如图10-26所示。

根据中国租赁联盟公布的数据，截至2018年底，全国融资租赁企业总数约为11 777家，比2017年底增加2 101家，增长21.7%，相比2006年的80家，年均复合增速达到51.6%。其中2018年金融租赁企业有69家，与2017年相比不变；内资租赁企业有397家，比2017年增加了117家；外资租赁企业有11 311家，比2017年增加了1 984家。

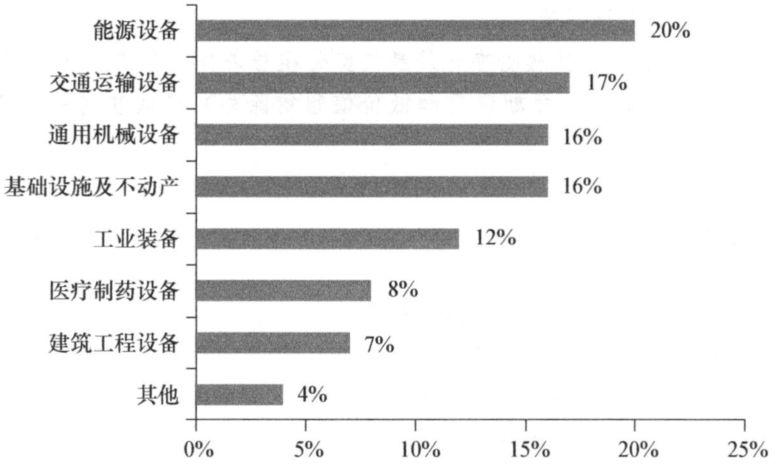

图 10－26　融资租赁资产行业分布

资料来源：中国租赁联盟、华经产业研究院整理。

一些研究表明，依照国际经验，融资租赁行业的增速并不随着经济增长率的下行而下行。原因显而易见，经济下行时期，企业获得资金会比较困难。而此时融资租赁有利于产品销售，增强企业的盈利能力。

□ 本章小结

1. 首次公开发行股票（IPO）是指公司首次向社会公众发行股票筹措资本的一种方式，首次公开发行的股票在证券交易场所挂牌交易，公司成为上市公司。其新发行股票的定价方式有市盈率定价法、固定价格方式、累计投标询价方式和竞价方式。

2. 股权再融资主要有增发和配股两种方式。增发又称上市后公开发行，即已上市公司再次发行新股。公司增发的新股可由包括现有股东在内的所有投资者认购。配股是指上市公司仅向现有股东同比例发行新股。普通股股东通常拥有优先认股权，认股权是有价值的。每股认股权的价值等于配股后的市场总市值减去配股总价格的差除以认股权数。

3. 银行通常对借款公司提出一些有助于保证贷款按时足额偿还的条件，形成了合同的保护性条款，包括一般性限制条款、例行性限制条款、特殊性限制条款。银行定期贷款的利率可采用固定利率、变动利率和浮动利率三种。长期借款的还本付息方式主要有一次性偿付法、等额利息法、等额本金法和等额本息法等。不同还本付息的方式对债务人的资本成本的影响是不同的。

4. 企业信用债券主要有：(1) 企业债。发行主体为企业，经发改委核准，通过中央结算公司发行系统面向银行间债券市场和交易所市场统一发行。(2) 非金融企业债务融资工具。发行主体为具有法人资格的非金融企业，面向银行间债券市场发行。(3) 公司债。发行主体为上市公司或非上市公众公司，经证监会核准，在交易所债券市场公开或非公开发行。(4) 可转换公司债券。发行主体为境内的上市公司，在交易所债券市场发行、交易，在中证登登记托管。(5) 中小企业私募债券。发行主体为境内中小微型企业，面向交易所债券市场合格投资者非公开发行，只在合格投资者范围内转让，在中证登登记托管。

5. 新租赁会计准则的核心变化就是将经营租赁表外业务表内化，要求承租人对所有租赁（选择简化处理的短期租赁和低价值租赁除外）确认使用权资产和租赁负债，并分别确认折旧和利息费用。

□ 基本训练

◆ 单项选择题

1. 下列各项中，属于普通股特征的是（　　）。

A. 优先分派剩余财产

B. 普通股股东只有选举权，没有被选举权

C. 股利的支付具有强制性

D. 公司增发新股时，现有普通股股东具有优先认购权

2. 发行人有权选择理想的股东结构，有助于上市公司改善治理结构，提高公司质量，符合这一特征的新股发行方式是（　　）。

A. 固定价格方式　　B. 累计投标询价方式

C. 竞价方式　　D. 混合方式

3. 与公开发行相比，私募股权发行的优点是（　　）。

A. 发行方式更为灵活，发行者可以对发行条件加以修改以适应交易各方的要求

B. 募集对象广泛，影响深远

C. 需要支付更高的承销费用，发行费用提升

D. 限制条款较少，经营灵活性不受限

4. 下列各项中，不属于零息债券特征的是（　　）。

A. 票面利率为零　　B. 不必支付利息

C. 按高于面值的价格出售　　D. 到期按面值归还本金

5. 如果租赁资产的维修费、保养费、折旧费等由出租人负担，这种租赁方式是（　　）。

A. 经营租赁　　B. 直接租赁　　C. 售后回租　　D. 杠杆租赁

◆ 多项选择题

1. 相对于普通股而言，优先股的权利包括（　　）。

A. 投票权　　B. 收益权　　C. 有限表决权　　D. 转换权

E. 优先分派剩余财产

2. 证券公开发行的成本主要有（　　）。

A. 承销费　　B. 承销进出差价

C. 发行抑价　　D. 超常收益

E. 发行延迟或撤销的成本

3. 债务担保方式主要有（　　）。

A. 母公司担保　　B. 第三方担保

C. 担保公司　　D. 资产质（抵）押

E. 同行业公司担保

4. 影响公司债券发行价格的因素主要有（　　）。

A. 发行者的类型　　B. 发行人的资信

C. 债券期限　　D. 赎回与转换条款

E. 所得税税率

5. 租赁融资的优点主要表现在（　　）。

A. 能够迅速获得所需资产　　B. 增加了融资的灵活性

C. 可以减少设备引进费　　D. 有利于减轻所得税负担

E. 融资成本低

◆ **判断题**

1. IPO 折价是指新股首次公开发行时，二级市场的首日交易价格定价明显低于一级市场的发行价格。（　　）

2. 资产质押和抵押的根本区别在于是否转移担保财产的占有。（　　）

3. 附赎回条款的债券可以降低投资者的风险或增加对债券投资者的吸引力。（　　）

4. 附回售条款的债券给予投资者在债券到期日之前的某一时点将债券回售给发行人的权利。（　　）

5. 使用权资产（租赁资产）的租赁费支出属于资本化支出，不得在所得税前抵扣，使得承租人丧失了税金的抵税效应，因此，又称非节税性租赁。（　　）

◆ **讨论思考题**

1. 影响 IPO 抑价的因素很多，J. C. 布劳和 S. E. 福西特对在2000—2002 年间发生 IPO 的上市公司的 336 位 CFO 进行了问卷调查，询问了他们对 IPO 抑价的看法。请阅读文献（Brau，J. C.，Fawcett，S. E. Evidence on What CFOs Think About the IPO Process：Practice，Theory，and Managerial Implications. Journal of Applied Corporate Finance，2006，18（3）：107-117），查阅 CFO 对 IPO 抑价的看法。

2. 按照上市公司目的和价值取向的不同，定向增发主要有三种模式：资产并购重组型、引入战略投资者型和财务投资者型。请查询相关资料说明这三种模式的特点。

3. 私募股权融资是一个非常复杂的过程，时间长短不一，大概需要 3～6 个月的时间。假设你所在的公司正处在创业期，需要进行私募股权融资。公司的 CEO 希望你查询私募股权融资的流程。

4. 2012 年 3 月 27 日，柳化股份在上交所公开发行 5.10 亿元的公司债，票面利率为 7.0%，期限为 5+2 年，第 5 年末附有调整票面利率和回售权，鹏元评级给予债券 AA 评级。该债券简称“11 柳化债”，于 2012 年 4 月 16 日在上交所挂牌上市。2018 年 3 月 20 日，柳州化工公告称，因无力清偿到期债务且明显缺乏清偿能力，柳州中院已裁定公司重整，公司债券“11 柳化债”及其利息存在不能全额清偿的风险；法院已通知截至当时持有公司债券的债券持有人向管理人申报债权。另外，公司存在因重整失败而被宣告破产的风险，公司债券将可能被终止上市交易。

（1）债券发行时，债券信用评级为 AA，跟踪“11 柳化债”发行至今的信用评级变化，查阅公司财务报表，分析信用等级变化的原因。

（2）“11 柳化债”含有回售条款，即“本期债券持有人有权在第 5 个付息日将其持有的全部或部分本期债券按票面金额回售给发行人”。你认为“11柳化债”的投资者是否会行使自己的回售权？一旦债券发生违约，他们会采取什么措施保障自身的利益？

5. 南方航空2018年3月16日发布公告称，公司与广州南沙南航天水租赁有限公司（以下简称天水租赁）签署协议，将公司自有的14架A320飞机出售给天水租赁，出售总价为3.71亿元，并以每架飞机人民币68.7万元月租金向天水租赁租回上述14架飞机，租期为8～22个月不等，2018年和2019年租金总额预计分别为10 789.5万元和5 564.7万元。

请查询相关资料，分析南方航空采用售后回租的好处及可能面临的风险。

◆ 计算分析题

1. 海星公司决定在2021年底前投资建设一个项目。公司为此需要筹措资金10亿元，其中2亿元可以通过公司自有资金解决，剩余的8亿元需要从外部筹措。

公司在2020年12月31日的有关财务数据如下：

(1) 资产总额为100亿元，资产负债率为40%。

(2) 公司长期借款年利率为6%，每年末支付一次利息。借款合同规定公司资产负债率不得超过55%。

(3) 公司2020年净利润为30亿元；2021年预计净利润为40亿元。公司适用的所得税税率为25%。公司发行在外的普通股为50亿股；假定公司采用固定股利分配政策，年股利为每股0.7元。

财务部从公司实际情况出发，设计了两套融资方案，具体内容如下。

方案1：以增发股票的方式融资8亿元。

公司目前的普通股每股市价为15元，拟增发股票每股价格为10元，为此，公司需要增发8 000万股股票以筹集8亿元资金。为了给公司股东以稳定的回报，维护其良好的市场形象，公司仍将维持其设定的每股0.7元的固定股利分配政策。

方案2：以发行公司债券的方式融资8亿元。

鉴于目前银行存款利率较低，公司拟发行公司债券，假设债券息票率为4.8%，期限为8年，每年付息一次，到期一次还本，发行总额为8亿元。

要求：

分析上述两种融资方案的优缺点，并从中选出较佳的融资方案。

2. 假设某公司流通在外的普通股为60万股，股票现行市场价格为每股100元。公司最近宣布通过认股权配售融资1 050万元，用于新的投资项目，并决定将新股票以每股70元的价格向老股东出售。

要求：

(1) 计算发行新股票数。

(2) 假设公司规定每持有1股股票可以获得1份认股权，计算购买1股新股所需要的认股权份数。

(3) 假设认股权配售融资额等于预期融资额1 050万元，计算每份认股权的价值。

(4) 如果公司某一股东在认股权配售前持有4股股票，公司宣布认股权配售后，这位股东将会如何做？对他的财富有什么影响？

3. XYZ公司希望在今年发行20年期、面值为1 000元的债券，预计融资额为

2 000 万元。投资银行告诉公司的财务总监，这种债券很难发行，只有当债券利率为12%时，才能受到投资者的欢迎。但对 XYZ 公司来说，12%的利率是无法接受的。于是投资银行建议 XYZ 公司在发行债券的同时，每张债券附 50 份认股权证。认股权证赋予持有者以每股 25 元的价格购买 1 股普通股的权利。这样，投资者可能愿意以 10%的利率购买债券。目前股票的市场价格为每股 25 元，投资者预期第 5 年股票价格将升至 36.75 元。如果不提前行使，认股权证于 10 年后到期。如果投资者在第 5 年行使认股权，每份认股权证价值为 3 元。

要求：

(1) 计算纯债券价值、每张债券认股权证价值。

(2) 如果投资者在第 5 年行使认股权，计算投资者投资该债券的收益率。

(3) 根据 (1) 和 (2) 的分析，解释投资者为什么愿意购买利率为 10%的附认股权证的债券。

(4) 计算附认股权证债券的税后资本成本。

4. XYZ 公司拟发行面值为 1 000 元、期限为 20 年的可转债，预计融资额为 2 000 万元。投资银行认为该债券的息票率预计为 10.5%；每张债券可转换普通股 40 股；相同条件纯债券市场利率为 12%；该债券在发行后 5 年内不得赎回，5 年后可转债价值超过 1 200 元时，公司可赎回债券，赎回价格为 1 100 元。

公司股票当前市场价格为每股 25 元；上年度股利为每股 1.48 元，股利稳定增长率为 8%。

要求：

(1) 计算转换价格。

(2) 计算纯债券价值。

(3) 计算债券的转换价值。

(4) 计算可转债价值大十 1 200 元的年份。

(5) 计算可转债税后成本、纯债券税后资本成本、股票资本成本。

(6) 假设 XYZ 公司当前债务总额为 5 000 万元，股东权益总额为 5 000 万元。如果公司发行可转债融资 2 000 万元，计算公司的加权平均资本成本。

(7) 假设 XYZ 公司当前的资本构成与 (6) 相同，公司发行认股权证融资 2 000 万元，有关条件与计算分析题 3 相同，计算公司的加权平均资本成本。

(8) 如果公司不发行可转债或附认股权证债券融资，计算公司的资本成本。

5. 假设 BBC 公司正在考虑筹措长期资本 50 万元，投资银行为公司提供了以下几种方案，为简化，假设不考虑筹资费用。

(1) 发行利率为 8%的可转债，面值为 1 000 元，每张债券可转换 100 股公司股票，转换价格为每股 10 元。

(2) 发行利率为 8%的债券，面值为 1 000 元，每张债券附 100 份认股权证，每份认购价格为 10 元。

要求：

(1) 公司融资前资本结构如表 10-14 所示，计算可转债融资、附认股权证融资后的资本结构（假设不考虑短期负债）。

表 10-14　公司融资前资本结构　　单位：元

项目	融资前
长期负债	0
普通股（面值为1元）	100 000
资本公积	0
留存收益	50 000
股东权益	150 000
负债和股东权益	150 000

（2）说明附认股权证债券与可转债融资的区别。

6. ACC公司拟发行面值为1 000元、期限为20年的可转债，投资银行认为债券的息票率预计为10%；每张债券可转换相关股票20股；相同条件的纯债券市场利率为12%；债券在发行后10年内不得赎回，但10年后，公司有权在任何时候以每张1 050元的价格赎回可转债，以后每年降低5元。

公司股票当前市场价格为每股35元；下年度股利为每股2.8元，股利稳定增长率为8%。

要求：

（1）计算转换价格。

（2）计算纯债券价值。

（3）计算各期债券的转换价值、纯债券价值、赎回价值、可转债市场价值（假设可转债市场价值第0年为1 000元，以后每年增加50元，直到第9年；第10～20年等于债券的转换价值）。

（4）根据（3）的计算结果，描述可转债的纯债券价值、转换价值、赎回价值、市场价值之间的关系。

7. ABC公司拟发行面值为1 000元、期限为20年的可转债，投资银行认为债券的息票率预计为9.5%；每张债券可转换普通股50股；相同条件的纯债券市场利率为12%；债券在发行后5年内不得赎回，但5年后，公司有权在任何时候以每张1 050元的价格赎回可转债。

公司股票当前市场价格为每股15元；ABC公司的股票收益率为15.5%，其中5.5%为股利率，10%为股价稳定增长率。

要求：

（1）假设某投资者按面值购买ABC公司可转债，在第5年将可转债转换为股票，假设第5年股票转换价值为1 208元，投资者的内部收益率是多少？比较纯债券、可转债、股票的投资风险。

（2）可转债持有人会在规定期间将持有的可转债转换为普通股股票吗？

8. ASS公司拟在某繁华地段投资建设一个蛋糕现做现销的销售点，设备总投资为50 000元，使用期限为5年，设备无残值，采用直线法计提折旧。公司所得税税率为25%。设备的投资方案如下：

（1）向银行贷款购买，假设贷款利率为10%，税后利率为6%，借款期限为5年。

(2) 向租赁公司租赁一台设备，租赁费率为 8%，每年支付租赁费 11 595 元，连续支付 5 年，每期支付在期初。

要求：

做出购买或租赁设备的决策。

◆ 案例分析

中南公司是一家小型软件制造商，公司经营较为成功。现在中南公司计划第一次公开发行普通股，但面临如何确定合适的普通股价格问题。该公司及其投资银行认为，正确的方法是选择几家类似但已公开发行普通股的公司进行估价等方面的比较。

有几家软件制造商在规模、资产结构和资产负债率方面与中南公司较为相近。在这些公司中，三 A 公司和四海公司更为相似，有关数据如表 10-15 所示。

表 10-15 三家公司相关数据

项目	三 A 公司	四海公司	中南公司
	每股收益（元）		净利润（元）
2021 年	4.50	7.50	1 200 000
2016 年	3.00	5.50	816 000
	每股价格（元）		
2021 年	36.00	65.00	
	每股股利（元）		股利总额（元）
2021 年	2.25	3.75	600 000
2016 年	1.50	2.75	420 000
	每股账面价值（元）		账面价值（元）
2021 年	30.00	55.00	9 000 000
2021 年其他数据：			
市场价值/账面价值比率	1.20	1.18	
资产总额（万元）	2 800	8 200	2 000
债务总额（万元）	1 200	3 000	1 100
销售收入（万元）	4 100	14 000	3 700

在分析这些数据时，假设 2016 年和 2021 年是这三家公司较为正常的年份。也就是说，这几年的销售、收益和股利既不特别好，也不特别差。三 A 公司在深交所上市，四海公司在上交所上市；目前，中南公司在场外交易市场交易。

要求：

(1) 假设中南公司有 100 股股票，计算该公司的每股收益、每股股利和每股账面价值。

(2) 根据 (1) 的计算结果，分析中南公司的股票能否在同一市场以与三 A 公司或四海公司股票同样的价格出售。

(3) 分析中南公司董事会是否会进行股票分割，例如将 100 股分割为 1 000 股、10 000 股或更多股。

(4) 假设中南公司将其股票分割为 400 000 股，计算每股收益、每股股利和每股账面价值。

（5）计算三家公司五年的复合增长率。

（6）计算三家公司的股利支付率。

（7）计算三家公司 2021 年的净资产收益率。

（8）计算三家公司的资产负债率。

（9）以 2021 年数据为基础，计算三 A 公司和四海公司的市盈率、股票市场价值/每股股利的比率、股票市场价值/账面价值的比率。

（10）根据（9）的计算结果，计算中南公司 400 000 股股票的价格范围。

（11）根据稳定增长模型，计算三 A 公司、四海公司的股权资本成本，然后利用稳定增长模型估计中南公司的股票价格。

（12）分析中南公司的股票应以何价格向公众公开发行。请找出一个平衡价格，这一价格要低到足以吸引投资者来购买股票而又不会使股票发行后价格立即猛涨的程度。请将复合增长率、净资产收益率及总资产收益率考虑在内。

（13）如果你前面所选择的价格实际用于确定股票公开发行时的价格，计算中南公司实际能筹措到的资本数额。假设股票筹资费率为 8%。

第 11 章

营运资本管理

哈佛商学院斯图尔特·吉尔森（Stuart Gilson）教授在接受普华永道关于中国零售企业营运资本管理的调研时指出，公司面临的最大挑战之一是对净营运资本的管理。净营运资本是公司在营运时所占用的短期资产与短期负债之间的差额。净营运资本过度增长会严重消耗公司的现金流。例如，客户应收账款或库存的增加都体现对公司现金的耗用。对公司利润表直接负责的管理者可能会过分着眼于盈利，而忽视其决策对资产负债表的影响，但资产负债科目会对公司的现金流产生重大影响。从财务的角度，公司价值的创造主要是由其生成现金流的能力所决定的。对于一般企业来说，营运资本管理包括企业经营过程的供产销三个阶段。从融资的角度看，采购时能延期付款，销售产品时能预收账款，无异于供应商、客户都在给公司提供无息贷款。有人将这种运作商业信用的方法称为 OPM（other people's money）。如果将应付账款和预收货款比作“用别人的钱”，那么，应收账款和存货就是“被别人用钱”。营运资本管理的目标就是尽可能减少公司在流动资产上的资金占用。以海尔为例，海尔曾提出追求零营运资本管理，这是一种极限管理，当然不是真的要求营运资本为零，而是尽量使营运资本趋于最小。这种管理模式在实践中更多地集中在存货与应收账款。要做到存货最小，可采取的措施为 JIT 管理与订单生产；要做到应收账款最小，应拒绝或减少赊销。为此，海尔强推现款现货，实现零坏账目标。除家乐福、麦德龙等信用等级较高的大卖场，海尔很少给予客户信用账期。实施这一变革时，海尔前几个月销售下降很多，但其并未因此放弃。与商户僵持数月后，还是获得了订单。一旦商户认可，现款现货的价值凸显，海尔在竞争中就占据了主动。

通过本章的学习，可以了解营运资本组合策略与融资策略；掌握目标现金余额的确定方法；掌握公司信用政策的分析方法；熟悉存货订货批量模型以及管理模式；掌握商业信用、短期融资的方式和特点。

11.1 营运资本管理策略

11.1.1 营运资本概念

营运资本（working capital）管理包括流动资产管理和流动负债管理，前者主要指现金管理、信用管理、存货管理；后者主要指商业信用管理（应付账款）和短期融资管理。

在营运资本管理中，净营运资本（NWC）这一数据并没有现实意义，但这一结果可以用来分析流动资产和流动负债的匹配情况。如果 $NWC>0$，则说明流动资产所占用的资金除了流动负债提供的资金外，还有一些来自长期负债。在这种情形下，公司运营较为安全。如果 $NWC=0$，则说明流动资产所占用的资金完全是由流动负债提供的。由于流动负债需要短期归还，这增加了公司运营风险。如果 $NWC<0$，则意味着公司不能从短期资产中筹集足够的现金来解决负债问题，在这种情况下，公司可能会面临较大的偿付风险。因此，公司需要：(1) 控制和降低存货投资；(2) 重新审核并紧缩信贷，减少公司的应收账款；(3) 增加长期负债或者发行股票以确保流动性。

11.1.2 流动资产组合策略

公司在确定流动资产总额时，必须进行收益与风险的权衡。为简化，采用总资产收益率（息税前利润/资产总额）衡量收益水平，采用净营运资本或流动比率衡量风险。

1. 资产组合的风险和收益

从资产的盈利能力分析，流动资产的盈利能力低于固定资产。例如，工业企业运用劳动资料（厂房、设备等）对劳动对象进行加工，生产一定数量的产品，通过销售转化为应收账款或现金，最终可为企业带来利润。因此，通常将固定资产称为盈利性资产。与此相比，流动资产虽然也是生产经营中不可缺少的一部分，但除有价证券外，现金、应收账款、存货等流动资产只是为企业再生产活动正常进行提供必要的条件，本身并不具有直接的盈利性。

从风险性分析，由于流动资产比固定资产更易于变现，其潜亏的可能性或风险小于固定资产。当然，固定资产也可通过市场销售变为现金，但固定资产作为公司的主要生产手段，如将其销售，公司将无法进行正常的经营活动。因此，除了不需要的固定资产出售转让外，公司生产经营中的固定资产未到迫不得已时（如面临破产）是不会出售的。所以固定资产的变现能力较差。公司在一定时期持有的流动资产越多，承担的风险相对越小，因为有足够的易变现资产，一方面可以保证偿还到期债务，另一方面可以提升应付各种意外情况的能力，如抵御因材料供应偶然中断和产品销路不畅对生产和收入的影响等。但公司持有的流动资产越多，占用的资金就越多，这些资产（如现金、有价证券等）作为生息资本所产生的收益必然小于将这些资产作为经营资本所带来的收益。因此，持有流动资产所带来的风险减少是以收益的降低为代价的。

［**例 11－1**］假设 SST 公司正在考虑流动资产持有量的三种方案，如表 11－1 所示。这三种方案的主要区别是有价证券持有量不同。为简化，假设公司固定资产总额保持不变；存货、应收账款均为变现力较强的资产（即无坏账和呆滞积压产品）；假设有价证券投资所需要的资金均为发行股票筹得，即在有价证券增加的同时，普通股股本也得到相应的增加；假设有价证券投资收益率为 6%；在其他条件不变的情况下，A 方案的息税前利润为 100 万元，B 方案和 C 方案的息税前利润分别比 A 方案增加 3 万元和 6 万元（即有价证券投资收益）。

表 11－1 流动资产组合策略 单位：万元

项目	A 方案（激进）	B 方案（折中）	C 方案（稳健）
（1）流动资产	350	400	450
（2）其中：有价证券	0	50	100
（3）固定资产	300	300	300
（4）资产总额	650	700	750
（5）流动负债	200	200	200
（6）长期负债	220	220	220
（7）股东权益	230	280	330
（8）预期息税前利润	100	103	106
（9）总资产收益率（(8)/(4)）	15.38%	14.71%	14.13%
（10）净营运资本（(1)－(5)）	150	200	250
（11）流动比率（(1)/(5)）	1.75	2	2.25

从表 11－1 中可以看出，随着流动资产持有量的增加，总资产收益率从 15.38%下降至 14.13%，但流动比率由 1.75 上升到 2.25。这表明流动资产持有量的高低与总资产收益率和风险呈反方向变化。对这三个方案的选择，不但取决于方案的风险与收益水平，还取决于决策者的风险规避态度，不同的决策者会得出不同的结论。但在正常情况下，所采用的流动资产组合方案应有利于公司发展，有利于提高公司价值，力求以最低的风险代价，取得更多的收益。

2. 流动资产项目组合策略

流动资产内部不同项目之间的变现能力和收益水平也各不相同。流动资产各项目按变现能力由大到小排列为：现金、有价证券、应收账款、存货。流动资产各项目按收益可能性由小到大排列为：现金、有价证券、应收账款、存货。其中，现金是非盈利资产，有价证券可通过出售获得一定的收入；应收账款和存货中包含了公司潜在的收益，如扩大应收账款有可能促使公司增加销售，从而增加利润，保持一定的存货有利于减少停工损失和缺货损失，有利于公司利润的形成和实现。

流动资产项目组合策略就是根据流动资产各项目风险与收益的特征，合理确定流动资产内部各个项目之间的比例关系。在确定流动资产构成比例时，一般有两种策略：稳健型策略和激进型策略。前者不但提高流动资产在资产总额中的比例，而且在流动资产总量中保持充足的现金和有价证券，这种策略的基本特点是低风险、低收益。后者追求尽可能低的流动资产份额，特别是减少现金和有价证券的存量，试图通过减少流动资产占用量来提高公司的盈利能力。这种策略的特点是高风险、高收益。

流动资产各项目之间到底应保持什么样的比例，不仅取决于行业特征，也取决于公司本身的风险与收益特征。一般来说，稳健型策略适用于未来收益不确定性较大的公司，而激进型策略适用于未来收益变化较小的公司。

11.1.3 流动负债组合策略

流动负债组合策略主要是研究短期负债与长期负债之间的比例关系、流动负债各项目之间的比例关系。

1. 长短期负债融资的风险与成本

为分析方便，在讨论流动负债策略时，假设短期债务成本低于长期债务成本。从风险看，借款人和贷款人对长短期负债风险的看法是不同的。对于贷款人来说，贷款期限越长，风险越高；对于借款人来说，情况正好相反，在其他条件一定的情况下，债务期限越短，公司偿付本息的缓冲时间就越少，发生违约的概率就越大，反之则越小。

[**例 11-2**] 假设 SST 公司资产总额为 700 万元，股东权益为 280 万元，公司长短期利率分别为 10%和 8%，该公司目前正在考虑三个方案：

A. 激进型策略：流动负债 300 万元，长期负债 120 万元；

B. 折中型策略：流动负债 200 万元，长期负债 220 万元；

C. 稳健型策略：流动负债 100 万元，长期负债 320 万元。

其他有关资料如表 11-2 所示。

表 11-2 流动负债组合策略 单位：万元

项目	A（激进）	B（折中）	C（稳健）
(1) 流动资产	400	400	400
(2) 固定资产	300	300	300
(3) 资产总额	700	700	700
(4) 流动负债（8%）	300	200	100
(5) 长期负债（10%）	120	220	320
(6) 负债总额	420	420	420
(7) 股东权益	280	280	280

续表

项目	A（激进）	B（折中）	C（稳健）
(8) 负债和股东权益总额	700	700	700
(9) 预期息税前利润	103	103	103
(10) 利息费用	36	38	40
(11) 税前利润	67	65	63
(12) 所得税（50%）	33.5	32.5	31.5
(13) 税后利润	33.5	32.5	31.5
(14) 净资产收益率（(13)/(7)）	11.96%	11.61%	11.25%
(15) 净营运资本（(1)－(4)）	100	200	300
(16) 流动比率（(1)/(4)）	1.33	2	4

在表 11-2 中，从收益性分析，激进型策略的净资产收益率最高，稳健型策略最低，折中型策略的收益率介于二者之间。从风险分析，激进型策略的风险最高，流动比率为 1.33，净营运资本为 100 万元；稳健型策略的风险最低，其流动资产相当于流动负债的 4 倍，净营运资本为 300 万元；折中型策略的风险介于二者之间。总之，公司收益水平和风险高低与流动负债的比例呈同方向变化。

2. 流动负债各项目的组合策略

短期负债本身也是由各种不同项目组成的，如短期银行借款、应付账款、应付票据以及由于法规和结算原因形成的其他应付款项。短期负债中的不同项目，其资本成本和偿还期限不同，对风险与收益的影响也各有差异。相对来说，银行借款的基本特征是低风险、高成本，当公司由于某种原因暂时不能偿还借款时，银行一般不会立即诉诸法律，而是采取提高利率的方法来制约公司。应付账款融资则是低成本、高风险，当公司不能按期付款时，债权人有可能会诉诸法律，如果能按期付款，其成本相对比较低，甚至没有成本。由于法律和结算原因形成的各种应付税金、应付工资、应计费用属于“自然融资”方式，对于这种负债，公司一般只需加以合理利用。

短期负债各项目的组合策略主要是根据生产经营的规律性，合理安排短期银行借款、应付账款、应付票据的借款期限、还款期限和使用期限，即按不同的偿还期限筹措各种短期资金来源，以保证既能满足生产经营需要，又能及时清偿各种到期债务。

11.1.4　营运资本融资策略

公司的流动资产一般分为临时性流动资产（波动性流动资产）和永久性流动资产两部分。前者是指由于季节性或临时性原因占用的流动资产，如销售旺季增加的应收账款和存货等；后者是指用于满足公司长期稳定需要的流动资产，如保险储备中的存货或现金等。与此相对应，公司的资金需求也分为临时性资金需求和永久性资金需求两部分。前者通过短期负债融资满足公司临时性流动资产需要，后者通过长期负债和股权资本满足公司永久性流动资产和固定资产的需要。

营运资本的融资策略就是指如何配置流动资产与其资金来源等问题。对临时性和永久性流动资产的融资策略一般有三种类型：稳健型、激进型和折中型。

1. 稳健型策略

这是一种较为谨慎的融资策略，如图11-1所示。图中虚线在永久性流动资产线以上，这表明公司的长期资金不仅能满足永久性流动资产的资金需求，而且能满足部分短期或临时性流动资产的资金需求。长期资金来源超出永久性流动资产需求部分，通常以可迅速变现的有价证券形式存在。当临时性流动资产需求处于低谷时，这部分证券可获得短期投资收益；当临时性资产需求处于高峰时，则将其转换为现金。

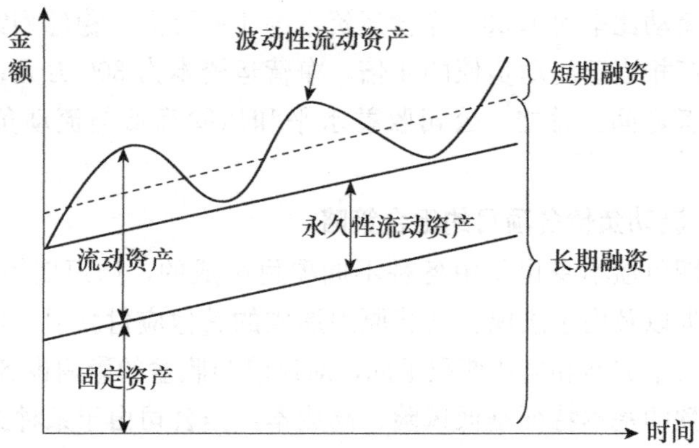

图11-1 稳健型策略

稳健型策略的主要目的是规避风险。采取这一策略，公司短期负债比例相对较低，其优点是可增强公司的偿债能力，降低利率变动风险。但这种策略会使公司的资本成本增加，利润减少；如用股权资本代替负债，还会丧失财务杠杆利益，降低股东的收益率。这种策略通常适合长期资金多余，但又找不到更好投资机会的公司。

2. 激进型策略

这是一种扩张型融资策略，如图11-2所示。图中虚线在永久性流动资产以下，这表明公司长期资金不能满足永久性流动资产的资金需求，要依赖短期负债来弥补。激进型融资策略的主要目的是追求高利润。但采取这种策略，一方面，降低了公司的流动比率，加大了偿债风险；另一方面，短期负债融资利率的多变性又增加了公司盈利的不确定性。因此，短期负债的低成本所带来的收益将被这些高风险抵消。这种策略一般适合长期资金来源不足或短期负债成本较低的公司。

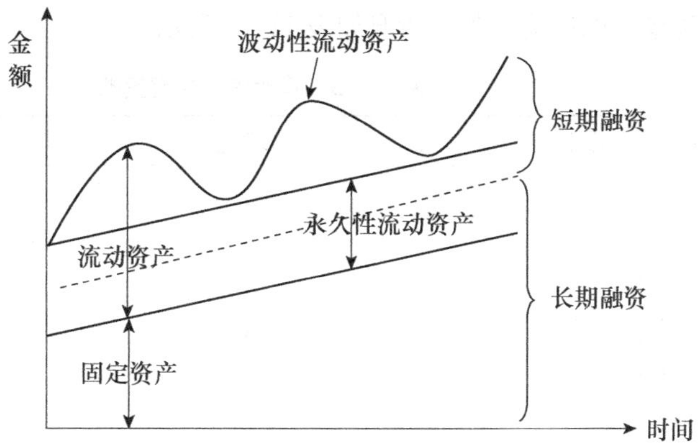

图 11-2　激进型策略

3. 折中型策略

这是一种介于上述两者之间的融资策略，如图 11-3 所示。图中虚线刚好与永久性流动资产线重合，这表明公司的长期资金正好满足永久性流动资产的资金需求，而临时性流动资产的资金需求则全部由短期负债融资解决。这种策略要求公司负债的到期结构与公司资产的寿命周期相匹配，这样一方面可以减少公司到期不能偿债的风险，另一方面可以减少公司闲置资金占用量，提高资金的利用效率。这种策略是一种理想的融资策略，但是较难在现实经济活动中完美地实现。

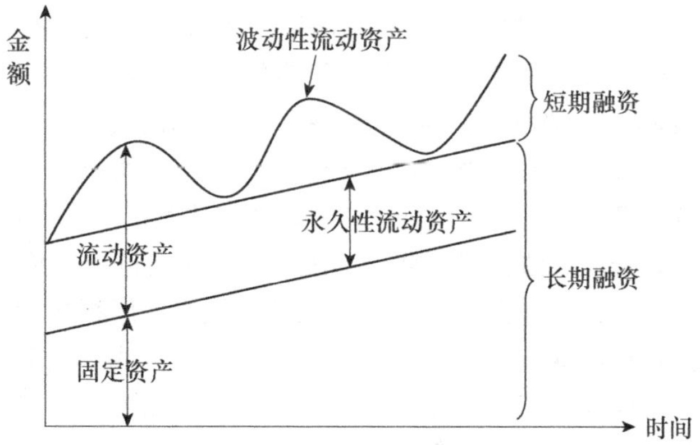

图 11-3　折中型策略

［**例 11-3**］假设 SST 公司资本总额中 60%为负债资本，40%为股权资本。目前，公司正考虑三种营运资本融资策略。

A. 激进型策略：流动资产投资 350 万元，流动负债 300 万元，长期负债 90 万元；

B. 折中型策略：流动资产投资 400 万元，流动负债 200 万元，长期负债 220 万元；

C. 稳健型策略：流动资产投资 450 万元，流动负债 100 万元，长期负债 350 万元。

三种策略的风险与收益情况如表 11-3 所示。

表 11-3　营运资本融资策略　　单位：万元

项目	A（激进）	B（折中）	C（稳健）
（1）流动资产	350	400	450
（2）固定资产	300	300	300
（3）资产总额	650	700	750
（4）流动负债（8%）	300	200	100
（5）长期负债（10%）	90	220	350
（6）负债总额	390	420	450
（7）股东权益	260	280	300
（8）负债和股东权益总额	650	700	750
（9）预期息税前利润	100	103	106
（10）利息费用	33	38	43
（11）税前利润	67	65	63
（12）所得税（50%）	33.5	32.5	31.5
（13）税后利润	33.5	32.5	31.5
（14）净资产收益率（(13)/(7)）	12.88%	11.61%	10.50%
（15）净营运资本（(1)−(4)）	50	200	350
（16）流动比率（(1)/(4)）	1.17	2	4.5

根据表 11-3，激进型策略的净资产收益率为 12.88%，流动比率为 1.17，其特点是收益多、风险高；稳健型策略的净资产收益率为 10.50%，流动比率为 4.5，其特点是收益少，风险也低；折中型策略的收益与风险介于二者之间。

上述各种策略孰优孰劣，并无绝对标准，公司应结合自身的实际情况，灵活运用这些策略。在选择组合策略时，还应注意以下几个问题：

第一，资产与债务偿还期相匹配。如在销售旺季，库存增加所需要的资金一般应以短期银行借款来解决；而在销售淡季，库存减少，释放出的现金即可用于归还银行借款。如果采用长期资金，在销售淡季就会出现资金闲置，即使投资于有价证券，其收益相对也较低。相反，如果固定资产投资以短期银行借款融资，则无法用该项投资产生的现金流入量还本付息。按照资产与债务偿还期相匹配的原则，公司应将长期资金来源用于固定资产投资，因为无论公司的盈利能力如何，如果没有足够的现金支付到期债务或当前费用，公司就会陷入财务危机。

第二，净营运资本应以长期资金来源来解决。

第三，保留一定的资金或融资能力。这样可使公司在需要时能够更方便地使用资金。保留一定的资金并非意味着公司实际上一定拥有一部分现金节余，它还包括公司的借贷能力，即公司保留一部分向银行借款的能力，在必要时用这部分能力随时从银行取得借款。但这一原则容易造成资金使用效率低下，

营运资本组合策略

导致某种机会成本的发生，因此，公司应在资金使用方便和资金使用效率之间寻找一个合适的均衡点。

11.1.5　现金周转期

一般对于典型的制造业来说，公司的经营周转期涵盖了公司从取得原材料开始到销售货物并从客户处收到现金为止的所有阶段。在实务中，通常采用现金周转期反映营运资本管理效率，因此，现金周转期又称营运资本周转期，是指公司从现金投入经营活动开始，到销售商品收回现金为止所需要的时间，即现金周转一次所需要的天数。它的长短取决于以下三方面：(1) 存货周转期。存货周转期是指从现金购买原材料开始，将原材料转化为在产品、半成品、产成品，直到销售为止所需要的时间。(2) 应收账款周转期。应收账款周转期是指从应收账款形成到收回现金所需要的时间，即从产品销售到收回现金的时间。(3) 应付账款周转期。应付账款周转期是指从购买原材料延期付款开始到以现金偿还应付账款为止所需要的时间。它们之间的关系如图 11-4 所示。

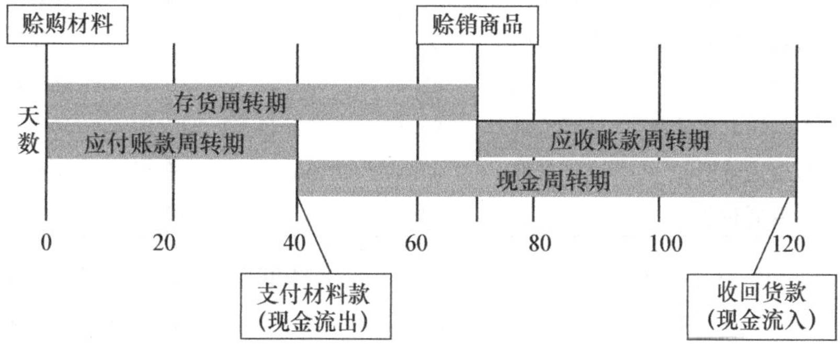

图 11-4　现金周转期

根据图 11-4，现金周转一次所需要的天数可按下式计算：

现金周转期＝存货周转期＋应收账款周转期－应付账款周转期　(11-1)

现金周转期又称为现金缺口期 (cash gap)，是指公司向供应商支付货款到从客户收到货款的间隔天数，在此期间需要的现金需要通过融资加以解决。

在图 11-4 中，经营周转期为 120 天，现金周转期为 80 天，或者说现金缺口期为 80 天。从图中可以看出，存货周转期、应收账款周转期越长，现金周转期也越长；公司延长应付账款周转期时，现金周转期也随之缩短。因此，缩短现金缺口期的方法有：(1) 延长采购存货的应付账款付款；(2) 加速应收账款收款；(3) 加快存货周转。公司存货周转越快，所需现金越少。管理者都知道应收账款收款期和应付账款付款期对现金缺口期的影响，但很难直接领会到加快存货周转对现金缺口期的影响。其实，缩短现金缺口期的前两种方法都是受环境和行业惯例限制的，在激烈的竞争环境下，公司为了促销，不能过分限制应收账款的期限；为了保持公司的信誉，也不能拖延应付账款的付款期。只有缩短存货周转天数很少受外围因素的影响，属于公司的内部管理问题。所以，为了缩短现金缺口期，任何公司都应该加强对存货的管理。

在实务中，大多数公司的现金周转期都是正值，这意味着公司需要为存货和应收账款融资，现金周转期越长，融资需求越大。同时，公司现金周转期的改变通常被视作预警信号。延长现金周转期表明公司在存货周转或回收应收账款时出现了问题。当然，这样的问题也可能因应付账款周转期的延长而掩藏或至少部分掩藏，因此，这三个周转期都需要实时监控。

表 11-4 列示了东软集团 2012—2017 年间的主要周转期指标，从表中可以看出，东软集团各周转期指标在各年间均呈先上升后下降的变动趋势（2015 年的值最高）。从总体上看，各年间（存货周转期＋应收账款周转期）＞应付账款周转期，表明东软集团投入在存货和应收账款上的资金大于占用供应商的资金。要了解具体变动的原因，需结合公司的产品类型和特点、销售收入、信用政策、收账政策、存货需求等方面具体分析。

表 11-4 东软集团主要周转期指标（2012—2017 年）

周转期	2012 年	2013 年	2014 年	2015 年	2016 年	2017 年
应收账款周转期	68.67	81.44	90.88	98.67	86.54	80.95
存货周转期	54.64	62.83	75.63	90.68	81.46	81.16
应付账款周转期	88.96	96.81	106.40	117.84	109.98	109.82
现金周转期	34.35	47.47	60.11	71.51	58.02	52.29
经营周转期	123.31	144.27	166.51	189.35	168.00	162.11

由于行业的经营特点不同，其经营周转期和现金周转期差异较大，行业之间难以进行比较分析。即使是同行业的不同公司，这些周转期也存在较大的差异。中国连锁经营协会和普华永道以中国内地及香港上市的 86 家零售企业的公开数据为基础进行调研，联合发布了《2016 中国零售企业营运资本管理调研：聚焦营运效率 重塑零售价值》的报告，采用周转期等指标分析了零售企业营运资本管理效率，如表 11-5 所示。

表 11-5 零售业主要周转期指标（2013—2015 年平均值）

周转天数	百货店	超市店	服装专业店	家电专业店	综合店
应收账款周转期	6.9	4.8	48.6	3.5	1.7
存货周转期	21.0	53.5	153.3	63.5	27.4
应付账款周转期	55.2	77.6	84.8	127.4	61.5
现金周转期	−27.3	−19.3	117.1	−60.4	−32.4
经营周转期	27.9	58.3	201.9	67.0	29.1

资料来源：根据《2016 中国零售企业营运资本管理调研：聚焦营运效率 重塑零售价值》整理。

根据调研报告，从各零售业态之间的横向比较看，百货店、超市店、家电专业店及综合店的营运资本结构较为接近，整体呈现负向的现金周转期（即应付账款周转期长于应收账款周转期与存货周转期之和），普遍对供应商的付款周期较长。服装专业店在存货周转方面有较大的不同，因为除了零售环节，通常其供应链向上游延伸至生产环节，导致库存水平比其他零售业态更高，最终呈现正向的现金周转期。相比库存品类管理更为发达的美国超市零售业，中国超市店 2013—2015 年期间存货周转期维持在 50 多天，高于美国超市店的平均水平 30 多天；中国零售业平均付款周期长达 2～4 个月，而同期美国零售企业平均付款周期只有 1.5 个月。对于不同零售业态的企业来说，可预见的营运资本提升和改善的空间都是巨大的。

11.2 现金管理

11.2.1 现金管理动机

现金是每个公司进行交易必不可少的一项资产，公司持有一定量的现金主要是为了满足交易性需要、预防性需要和投机性需要。

交易性需要是指公司持有现金以满足日常经营业务现金支付的需要，如用现金购买材料、支付工资、缴纳税款、偿还债务和派发股利等。而公司的现金收入主要来源于经营过程中的商品销售、资产出售和新的融资活动等，通常这种现金流入和流出在时间和数量上很难同步同量发生。当现金流入大于现金流出时，形成现金结余；当现金流入小于现金流出时，则需要补充现金短缺。因此，公司应保留一定的现金余额，以便在现金流出大于现金流入时，不至于中断交易。一般来说，为满足交易性需要所持有的现金余额主要取决于公司的销售水平，通常公司的销售扩大，销售额增加，所需要的现金余额也会随之增加。

预防性需要是指公司为了应付意外紧急事件而持有的现金。由于市场行情瞬息万变和各种不确定因素的存在，许多意外事件的发生会影响公司的现金收入与支出，如自然灾害、采购环境的重大变化，以及生产事故等都会打破公司的现金收支计划，使现金收支出现不平衡。因此，在正常经营活动现金需要量的基础上，追加一定数量的现金余额以应付未来现金流入和流出的随机波动，是公司在确定必要现金持有量时应当考虑的因素。预防性需要所持有的现金余额主要取决于以下三方面：一是公司对现金流量预测的准确程度；二是公司临时借款能力；三是公司愿意承担现金短缺风险的程度。

投机性需要是指公司持有现金用于不寻常的购买机会的需要。例如，遇到廉价原材料或其他资产供应的机会，可以立即以手中持有的现金大量购入以获取低成本优势；当有价证券市价大幅下跌时，公司可用现金购入有价证券，而在价格反弹时卖出有价证券从而获得高额资本利得。通常，除金融机构和投资公司外，一般公司很少为投机行为专设现金储备，当遇到不寻常的购买机会时，常常设法临时筹集现金。但是，拥有一定数额的现金储备，无疑为捕捉有利的投资机会提供了方便。

不同的公司持有现金需求量的动机各不相同。一般来说，经营现金流量需求的不确定性越大，交易性和预防性现金需求就越大；交易性现金需求受季节性因素的影响，例如，零售公司往往在年末或年初几个月保持较高的现金余额，因为它们预计在元旦前后或春节前后销售额会增加；投机性现金需求对于拥有长期投资项目的公司来说并不重要，但对于那些面临短期获利机会，而且必须尽快利用这些机会，否则便会在竞争中受到损失的公司，投机性需求就是一个重要的因素。例如，一家财务服务公司需要从短期交易机会中获利，这些机会随时在金融市场上出现，因而，它必须手头持有现金，以便获利机会来临时抓住。

现金是公司流动性最强的资产，拥有足够的现金可以满足经营开支的各种需要，对保持公司经营稳定、降低风险、增强现金的流动性和债务的可清偿性具有十分重要的意义。然而，现金属于非盈利性的资产，即使是银行存款，其利率也非常低，并且公司持有现金会增加持有现金的机会成本，降低收益。因此，公司现金管理的目标就是要在资产的流动性和收益性之间进行权衡，即在保证公司正常经营所需现金支付的同时尽量减少闲置现金的数量，以提高现金的收益率。

11.2.2 目标现金余额的预测

目标现金余额也称最佳现金持有量，是指能够使现金管理的机会成本与转换成本之和保持最低的现金持有量。预测目标现金余额主要有存货模式和随机模式。

1. 存货模式

存货模式是美国经济学家威廉·J. 鲍莫尔（William J. Baumol）在1952年首先提出的，他认为现金持有量在许多方面与存货经济批量相似，可根据存货模型确定目标现金持有量。

存货模式的基本原理是将持有现金的机会成本同转换有价证券的交易成本进行权衡，以求得两者相加总成本最低时的现金余额，从而确定最佳现金持有量。该模型假定：(1) 一定时期内公司未来的现金需求总量可以预测；(2) 公司所需的现金可以通过证券变现取得，且证券变现的不确定性很小；(3) 现金支出过程比较稳定，波动较小，而且每当现金余额降至零时，均通过部分证券变现得以补足；(4) 有价证券的利率或收益率以及每次公司将有价证券转换为现金所支付的交易成本可以获悉并固定不变。在这些假设条件下，现金余额随着时间推移呈现出一定的规律性，如图11-5所示的锯齿形。公司期初持有一定量的现金 C（出售有价证券获得），若每天平均流出量大于流入量，到一定时间后现金余额降至零时，公司必须再出售有价证券进行补充，使下一周期的期初现金余额恢复到最高点（C），而后这笔现金再供生产逐渐支用，待其余额降至零后又进行补充……如此反复进行下去（见图11-5）。

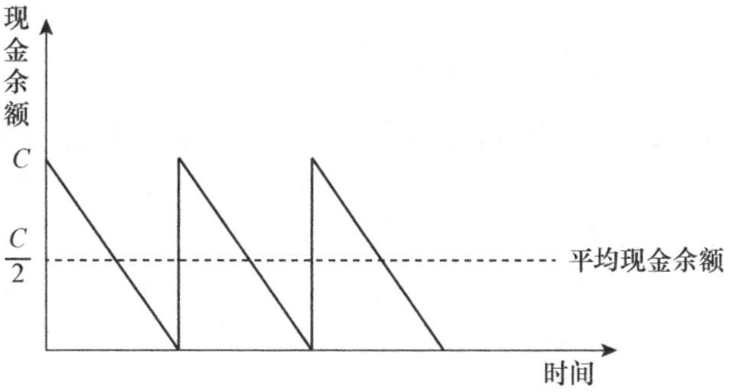

图 11－5　存货模式下的现金余额变动图

存货模式将现金持有量和短期有价证券联系起来考虑，当现金不足时，可以出售有价证券，则不存在现金短缺成本；管理成本是持有现金的固定成本，不是最佳现金持有量决策的一个变量，因而在现金的持有成本中可以不考虑现金短缺成本和管理成本，而与现金持有量决策相关的成本主要包括：

第一，持有现金的机会成本，即公司持有现金所放弃的将其用于其他投资机会可能获得的收益，如投资于有价证券而带来的利息或股息收入等，所以机会成本一般按有价证券的利率计算，并与现金持有量同方向变化，现金持有量越大，持有现金的机会成本就越高。

第二，现金与有价证券转换的交易成本，如经纪人费用、相关税金及其他管理成本等。假设这些成本只与转换次数有关，那么，这一成本的高低与现金持有量成反比例关系，即现金持有量越大，有价证券转换次数越少，转换交易成本越低。

现金持有量（现金余额）与这两种成本之间的关系可以用图 11－6 来表示。

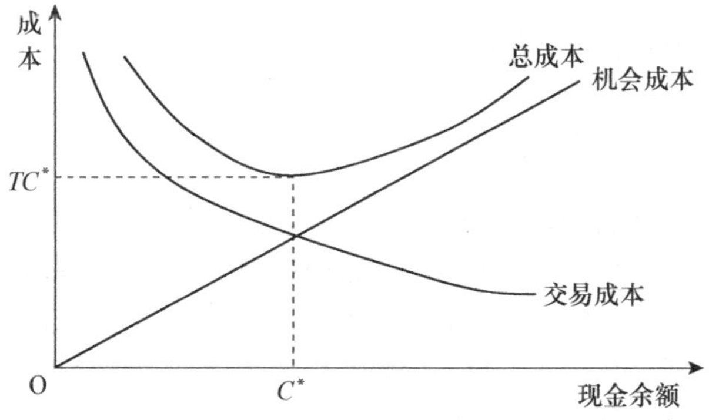

图 11－6　存货模式

从图 11－6 中可以看出，现金持有量的大小与机会成本同方向变化，而与交易成本反方向变化，即现金持有量越大，机会成本越高，短期有价证券的转换次数越少，交易成本就越低；反之，现金持有量越小，机会成本越低，短期有价证券的转换次数越多，交易成本就越高。当持有现金的机会成本与交易成本之和最低（横轴上的现金持有量 C^*），即总成本最低时，现金持有量就是最佳现金持有量。存货模式下，与持有现金相关的总成本可用公式表示为：

$$TC=\left(\frac{C}{2}\right)\times r+\left(\frac{T}{C}\right)\times F \tag{11-2}$$

式中，TC 表示持有现金的总成本；C 表示现金持有量，即每次有价证券变现的数量；r 表示有价证券的利率（机会成本）；T 表示一个周期内的现金总需求量；F 表示每次转换有价证券的交易成本。

将式（11-2）中的 C 作为变量，TC 为 C 的函数，对该公式求一阶导数并令其等于零，就可以得到最佳现金持有量 C^* 的计算公式：

$$C^*=\sqrt{\frac{2TF}{r}} \tag{11-3}$$

将式（11-3）代入式（11-2）得

$$\text{最低现金持有总成本}(TC^*)=\sqrt{2TFr} \tag{11-4}$$

$$\text{有价证券最佳交易次数}(N)=\frac{T}{C^*} \tag{11-5}$$

［**例 11-4**］假设 MIT 公司预计每月现金需要量为 640 000 元，现金与有价证券的交易成本为每次 200 元，有价证券的月利率为 1%，则 MIT 公司最佳现金持有量为：

$$C^*=\sqrt{\frac{2\times 640\ 000\times 200}{1\%}}=160\ 000(\text{元})$$

最低现金持有总成本为：

$$TC^*=\sqrt{2\times 640\ 000\times 200\times 1\%}=1\ 600(\text{元})$$

每月有价证券交易次数为：

$$N=\frac{640\ 000}{160\ 000}=4(\text{次})$$

上述计算表明，当公司现金余额为 0 时，公司应出售有价证券获得现金 160 000 元，公司每月持有现金的总成本为 1 600 元，每月交易有价证券 4 次。

存货模式可以较精确地测算出一定时期的最佳现金持有量及相关指标，但这一模式建立在未来期间现金流量稳定均衡且呈现周期性变化、有价证券收益率可预测的基础上，而实际工作中往往不易做到这些。因此，公司应根据不同的情形重新测算和调整现金持有量。

2. 随机模式

随机模式又称米勒-奥尔模式（Miller-Orr model），是美国经济学家默顿·米勒（Merton Miller）和丹尼·奥尔（Denid Orr）将不确定性引入现金管理的一种目标现金余额模型。该模型假设公司每日现金净流量是一个随机变量，其变化近似服从正态分布，如图 11-7 所示。公司可以根据历史经验和现实需要，预测出一个现金余额的控制范围，即确定现金余额的上限（H）和下限（L），并将现金余额控制在上下限之间。

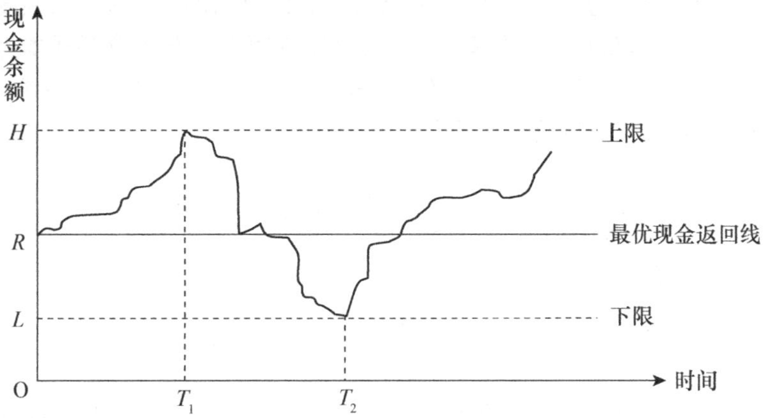

图 11－7　米勒-奥尔现金管理模式

图 11－7 描述了随机模式下的最佳现金余额，虚线 H 为现金余额的上限，虚线 L 为现金余额的下限，实线 R 为最优现金返回线或最佳现金余额。通常，公司的现金余额是随机波动的，当实际现金余额在 H 和 L 之间随机波动时，表明公司的现金余额处于一个较为合理的水平，无须进行调整。当现金余额达到现金控制上限（H）时，如在 T_1 点时，公司应用现金购入（$H-R$）单位（元）的有价证券，使现金余额回落到最优现金返回线 R 的水平上；当现金余额降至现金控制下限（L）时，如在 T_2 点时，公司应出售（$R-L$）单位有价证券，使现金余额回升到最优现金返回线 R 的水平上。

最优现金返回线（R）的确定，仍根据持有现金的机会成本与转换短期有价证券的交易成本之和最低的原理，并将现金余额可能波动的幅度同时考虑在内。该模式确定目标现金余额的基本步骤如下：第一，确定现金余额下限（L），它是公司现金的安全储备额或银行要求的某一最低现金余额，可以是等于零或大于零的某一数值。通常 L 值的确定取决于公司每日的最低现金需要和管理人员的风险偏好等因素。第二，估算每日现金余额变化的方差。一般是根据历史资料，采用统计的方法分析得到。第三，确定利息率和交易成本。第四，根据上述资料计算现金余额上下限及最优现金返回线。

在米勒-奥尔模式中，当给定 L 值时，最优现金返回线（R）和上限（H）的现金余额以及现金平均余额的计算公式分别为：

$$R=\sqrt[3]{\frac{3F\sigma^2}{4r}}+L \tag{11-6}$$

$$H=3R-2L \tag{11-7}$$

$$\text{平均现金余额}=\frac{4R-L}{3} \tag{11-8}$$

式中，F 表示每次有价证券转换的交易成本；σ^2 表示每日现金余额变化的方差；r 表示有价证券的利率（按日计算的机会成本）。

［例 11-5］假设根据现金流动性要求和有关补偿性余额的协议，某公司的最低现金余额为 2 000 元，根据历史资料测算出的每日现金余额波动的标准差为 1 250 元，有价证券年利率为 10%，每次有价证券转换交易成本为 100 元，如果一年按 360 天计算，那么在随机模式下，该公司最优现金返回线（R）的现金余额、上限（H）以及平均现金余额分别为：

$$R=\sqrt[3]{\frac{3\times100\times1\ 250^2}{4\times(10\%\div360)}}+2\ 000=7\ 500+2\ 000=9\ 500(\text{元})$$

$$H=3\times9\ 500-2\times2\ 000=24\ 500(\text{元})$$

$$\text{平均现金余额}=\frac{4\times9\ 500-2\ 000}{3}=12\ 000(\text{元})$$

上述计算表明，该公司最优现金返回值为 9 500 元，现金控制上限为 24 500 元。如果公司的现金余额达到 24 500 元，应购买 15 000 元（24 500－9 500）的有价证券，使现金余额降至 9 500 元；如果公司现金余额下降至 2 000 元，则应出售 7 500 元（9 500－2 000）的有价证券，使现金余额恢复到 9 500 元的最优水平。公司平均现金余额为 12 000 元。

随机模式是在现金需求量难以预知的情况下进行现金余额控制的方法，它更加明确了现金管理的关键。首先，最优现金返回线 R 的现金余额并不是现金余额上限和下限的中间值，它取决于每日现金余额变化的幅度、利率的高低和每次有价证券转换交易成本的大小；其次，最优现金返回线 R 的现金余额与交易成本 F 正相关，而与机会成本 r 负相关，这一发现与存货模式的结论基本上是一致的；最后，随机模式说明最优现金返回线的现金余额及平均现金余额都与现金流量这一变量正相关，这就意味着现金流量更具不确定性的公司应保持更大的平均现金余额。

11.2.3 现金集中管理

20 世纪 90 年代以来，随着公司规模的不断膨胀，集团公司对其下属成员的财务控制尤其是现金控制的需求快速增长，银行开始帮助集团公司集中其内部的现金，在保证正常付款需要的前提下，减少集团公司的总借款金额，以降低财务成本，或者集中更多的现金进行短期投资，以获取更大的财务收益。因此，银行的公司业务已经从单纯的支付结算和贷款授信业务为主转变为为公司提供专业化的现金管理服务，现金管理已经成为公司银行服务的基本平台。

银行现金管理不同于传统意义上的公司现金管理，它是指银行凭借雄厚的实力、先进的手段和丰富的经验，将收款付款、账户管理、投资、筹资、信息服务等产品进行有机组合，为客户量身定制个性化现金管理方案，提供综合性服务，协助客户对现金流入、流出及存量进行统筹规划，在保证流动性的基础上，实现公司经济效益的最大化。目前，最为流行的一种银行现金管理方式是现金池。国际上许多知名的公司集团，如英国石油公司（BP）、宝马汽车

(BMW) 和通用电气 (GE) 等都已经利用现金池管理集团内的现金。

现金池的基本思想是建立由集团统一管理的现金池账户，通过零余额管理或者虚拟余额管理，实现各成员单位现金的集中运作和集团内部现金资源的共享，减少集团对外整体筹资规模和筹资成本，提高集团现金整体效率。按照是否需要进行现金余额的实际结转，现金池可分为物理现金池 (physical pooling) 和名义现金池 (notional pooling) 两种。物理现金池也称为现金余额集中，是指团中的分公司或子公司通过银行建立的子账户进行商业经营、款项收付，每个营业日结束时，分 (子) 公司账户下的所有现金都发生实际转账，进入主账户 (主账户是指集团总部的现金管理账户，一般是以法人名义设立，如母公司或财务公司等)，转账后各分 (子) 公司的账户余额变为零。名义现金池也称为账户余额集中，是指集团下属的各分 (子) 公司的银行账户虚拟集中到一起 (不发生现金物理转移)，由集团总部现金管理者对集中后的现金头寸进行统一管理。在名义现金池安排中，现金没有被实际划转，而是由银行来冲销参与账户中的借方余额和贷方余额，以便计算现金池的净利息头寸，银行再根据该净利息头寸向集团支付存款利息或收取透支利息。

建立现金池为集团公司带来的最直接收益是改善利息收支情况。假设某集团公司下属 A，B，C，D 4 个子公司，其账户余额分别为－200 万元、500 万元、－300 万元和 400 万元，它们共同的银行提供的存款利率为 3%，透支利率或贷款利率为 6%，则未建立现金池与建立现金池对集团公司存贷款利息的影响如图 11－8 所示。

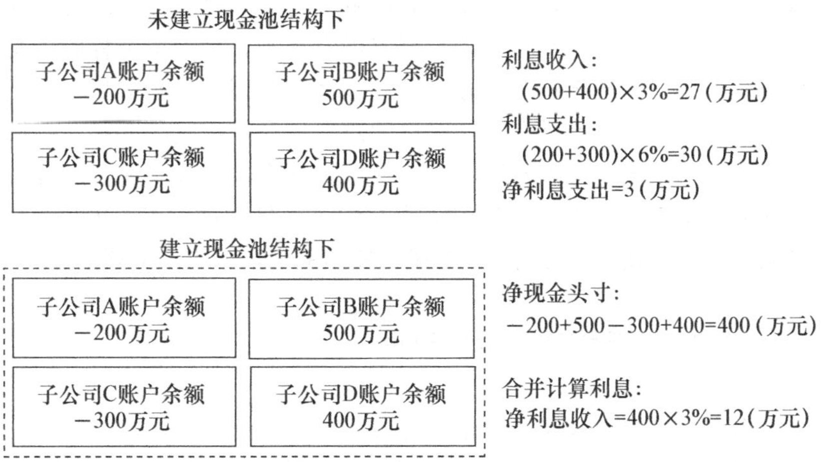

图 11－8　现金池对集团公司存贷款利息的影响

通过图 11－8 的分析，未建立现金池的利息净支出为 3 万元，而建立现金池后，实现了净利息收入 12 万元，可见整个集团的利息收支情况显著改变。

现金池的构建可以使集团公司通过金融机构媒介进行委托贷款。此时，银行是放款人，集团公司及其子公司是委托贷款人和借款人，通过电子银行实现一揽子委托贷款协议。仍以上述 A，B，C，D 4 个子公司构成的集团公司为例，现金池的操作流程如图 11－9 所示。日终，子公司 B 和子公司 D 账户现金余额分别为500万元和400万元，自动归集到集团公司现金池，而子公司A和子公司C账户日间分别透支200万元和300万元，集团公司分别向其下拨现金200万元和300万元，以补足账户透支金额，这样集团公司日终统一上收各成员公司账户现金头寸合计400万元（－200＋500－300＋400）。若日终集团公司现金池账户现金余额不足以补足各子公司透支，则由银行向集团公司提供授信项下短期融资用以补足各子公司透支额度。

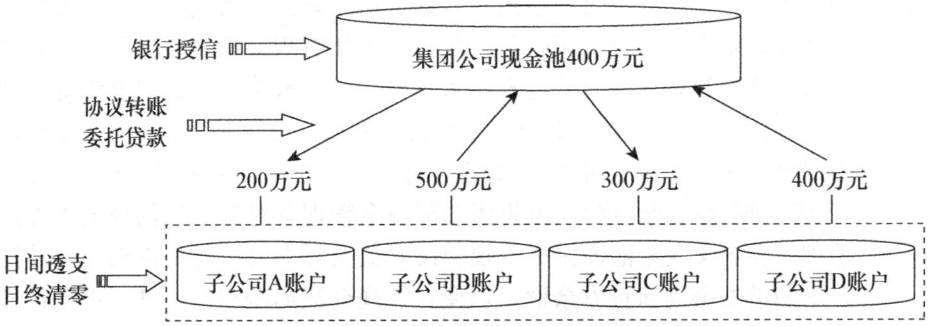

图11-9　集团现金池业务操作流程

现金池不仅可以改善集团公司的利息收支状况，而且可以集中整个集团的现金余额（如上例中为400万元）进行投资，进一步提高集团的现金收益。虽然在名义现金池下，集团公司不能直接操作现金池账户（因为该账户是虚拟账户），但可以通过在现金池结构中建立影子账户达到同样的投资目的。影子账户实际上是一个以集团公司或任一成员单位名义开设的由集团现金管理中心控制的名义现金池参与账户。该账户通常没有存款，是一个纯粹的透支账户，透支范围以其他所有现金池参与账户的存款净额为限。通行的做法是，集团现金管理者定期检查现金池所有参与账户的总存款和总透支的差额，差额为正表示集团存在盈余现金，可以通过影子账户办理一笔透支获取现金进行短期投资（只要投资收益率大于透支利率就有利可图）。要做到这一点，集团现金管理者需要能够及时、方便地从银行获取准确、完整的现金池账户余额报告。

11.2.4　闲置现金投资管理

公司在筹集现金和经营业务时会取得大量的现金，这些现金在转入资本投资或其他业务活动之前，通常会闲置一段时间。如何处置“趴”在账户上的闲置资金？或者说如何在保持流动性与控制风险的前提下对闲置的现金资产进行配置，减少公司持有现金的机会成本或获取现金投资收益？根据普华永道发布的报告，在当今欧美国家尤其是美国，54%的美国企业都选用外部机构进行现金管理，44%的企业趋向于公司自行管理。在现金投资工具选择上，92%的企业选择货币市场基金；86%的企业认为国债是安全的；排在第三到第五位的分别是长期存款（79%）、银行同业拆借（78%）及商业票据（72%）；仅有不到3%的企业将目光投向了收益率较高的点对点投资（peer-to-peer investing，

P2P）产品。由此可以看出，即便是在美国这样比较平衡和成熟的金融市场上，资金投向的选择也是比较谨慎的。

公司将暂时闲置的现金投资于货币市场基金等有价证券，一方面，能够获得高于银行存款利率的收益，减少公司持有现金的机会成本；另一方面，有价证券作为一种“准现金”，具有很强的变现能力，当公司现金不足时可以随时变现以补充现金的需求。这就要求在选择投资工具时，首先应选择高流动性和低风险性的金融工具，其次才考虑其收益性。此外，不同的有价证券，其投资收益的税负成本不同，如国库券的收益相对低些，但是可以免缴税金，而其他一些有价证券的收益虽然相对高一些，但需要缴纳较多的税金。因此，对收益的考虑要权衡各种投资税负成本后的实际投资收益的大小。

11.3　应收账款信用管理

11.3.1　应收账款信用成本

应收账款是指公司对外销售商品或提供劳务时采用赊销方式而形成的应向购货方或接受劳务方收取的款项，主要包括应收账款、应收票据等。商品和劳务的赊销，一方面可以扩大销售，减少存货，增加利润；另一方面又会因形成应收账款而增加公司的经营风险和信用成本。应收账款的信用成本是指公司持有应收账款所付出的代价，主要包括以下几部分。

1. 机会成本

应收账款的机会成本是指将资金投放于应收账款而丧失的其他投资收益，如投资于有价证券所产生的利息或股利收入。这一成本的大小通常与公司维持赊销业务所需的资金数量和资本成本的大小有关。其计算公式为：

$$\text{应收账款的机会成本}=\text{维持赊销业务所需要的资金}\times\text{资本成本} \tag{11-9}$$

式中，资本成本一般按短期有价证券的利率计算；维持赊销业务所需要的资金可按下式计算：

$$\begin{matrix}\text{维持赊销业务}\\\text{所需要的资金}\end{matrix}=\text{应收账款平均余额}\times\text{变动成本率} \tag{11-10}$$

式中

$$\text{应收账款平均余额}=\frac{\text{年赊销收入净额}}{\text{应收账款周转率}}$$
$$=\frac{\text{年赊销收入净额}}{360}\times\text{应收账款平均周转天数}$$

$$\text{变动成本率}=\text{变动成本}/\text{销售收入}$$

在上面的分析中，假设公司的成本水平保持不变（即单位变动成本不变，固定成本总额不变），随着赊销业务的扩大，只有变动成本总额随之上升。

假设某公司预测的年度赊销额为 5 400 万元，应收账款平均周转天数为 60 天，变动成本率为 70%，资本成本为 10%，则应收账款的机会成本计算如下：

$$应收账款周转率=\frac{360}{60}=6(次)$$

$$应收账款平均余额=\frac{5\ 400}{6}=900(万元)$$

维持赊销业务所需要的资金=900×70%=630(万元)

应收账款的机会成本=630×10%=63(万元)

上述计算表明，公司投放 630 万元的资金可维持 5 400 万元的销售业务。可见，应收账款机会成本的大小主要取决于公司维持赊销业务所需要资金的多少，而后者在很大程度上取决于应收账款的周转情况。在正常情况下，应收账款的周转速度越快，维持一定赊销额所需的资金就越少，应收账款的机会成本也就越小，反之亦然。

2. 管理成本

应收账款的管理成本是指公司对应收账款进行管理而发生的各种支出，主要包括对客户的资信调查费用、各种信息的收集费用、账簿记录和保管费用、逾期催收账款的费用以及其他费用等。在应收账款一定数额范围内，管理成本一般为固定成本。

3. 坏账成本

坏账成本是指由于债务人破产、解散、财务状况恶化或其他种种原因，公司无法收回应收账款所产生的损失。该成本一般随着应收账款数额的增加而加大。为了增强公司抵御坏账风险的能力，避免因坏账成本的发生给公司生产经营活动的稳定性带来不利影响，公司应按规定以应收账款余额的一定比例提取坏账准备金。

11.3.2 应收账款信用政策的分析

应收账款的信用政策是指公司在采用信用销售方式时，对应收账款信用风险进行规划和控制而确立的原则和行为规范，主要包括信用标准、信用条件和收账政策三个方面。合理制定信用政策是加强应收账款管理、降低应收账款信用风险的重要前提。公司信用决策的标准是将实施信用政策或改变信用政策所引起的销售收入变化带来的收益增加额与应收账款信用成本增加额进行比较，选择能够使公司收益增加的信用政策方案。

1. 信用标准

信用标准是客户获得公司商业信用所应具备的最低条件，如果客户达不到这些条件，就不能享受公司按商业信用提供的各种优惠。信用标准主要根据市场竞争激烈程度、客户的资信状况、公司的实际经营和财务状况以及公司自身承担违约风险的能力等因素来制定。如果公司制定的信用标准较严，只对信誉好、坏账损失率低的客户予以赊销，将使许多客户因信用品质达不到标准而被拒之门外，这样尽管有利于降低违约风险及应收账款的信用成本，但不利于公司市场竞争能力的提高和销售收入的增加；相反，如果公司采取较低的信用标准，虽然有利于公司扩大销售，提高市场竞争力和占有率，但同时会导致坏账损失风险的加大和信用成本的增加，因此，公司在制定信用标准时应权衡不同标准下的收入与成本。如果公司要改变信用标准，也必须预测信用标准改变后收入与成本的变化，从而评估改变信用标准是否具备可行性。

2. 信用条件

信用条件是指公司接受客户信用时所提出的付款要求，主要包括信用期限、现金折扣与折扣期限。信用条件的基本表达方式如“1/10，n/30”，它规定如果客户在发票开出后的 10 天内付款，则可以享受 1%的现金折扣；如果放弃折扣优惠，则全部款项必须在 30 天内付清。其中，30 天为信用期限，10 天为折扣期限，1%为现金折扣率。

（1）信用期限。信用期限是指公司允许客户从购货到支付货款的时间间隔。公司产品的销售量与信用期限之间存在一定的依存关系。一般而言，延长信用期限可以在一定程度上扩大销售，从而增加营业利润。但不适当地延长信用期限，一方面会使平均收账期延长，占用在应收账款上的资金增加，机会成本增加；另一方面也会导致管理成本及坏账成本增加。因此，公司是否延长客户的信用期限，应视延长信用期限增加的边际收益是否大于增加的边际成本而定。

［**例 11－6**］假设 FED 公司在现行的经济政策下，预测的年度赊销收入净额为 480 万元，其信用条件是“n/30”，变动成本率为 70%，资本成本（有价证券的利率）为 10%。假设公司固定成本总额保持不变。该公司信用经理考虑了 3 个信用条件的备选方案。

A 方案：维持“n/30”的信用条件；

B 方案：将信用条件放宽到“n/60”；

C 方案：将信用条件放宽到“n/90”。

各种备选方案估计的赊销水平、坏账损失率和收账费用等有关数据如表 11－6 所示。

表 11－6　FED 公司信用条件备选方案　　单位：万元

项目	A 方案 (n/30)	B 方案 (n/60)	C 方案 (n/90)
①年赊销额（预计数）	480	528	576
②应收账款收账天数（天）	30	60	90
③应收账款周转率（次数）(360/②)	12	6	4
④应收账款平均余额（①÷③）	40	88	144
⑤维持赊销业务所需要的资金（④×变动成本率）	28	61.6	100.8

续表

项目	A方案（n/30）	B方案（n/60）	C方案（n/90）
⑥平均坏账损失率（预计数）	1.0%	2.0%	4.0%
⑦坏账损失（①×⑥）	4.8	10.56	23.04
⑧收账费用	2.1	3.0	4.2

根据以上资料，分别评价各种方案的信用成本和收益，如表11-7所示。

表11-7 FED公司信用成本与收益比较（A，B，C方案） 单位：万元

项目	A方案（n/30）	B方案（n/60）	C方案（n/90）
①年赊销额	480	528	576
②变动成本（①×变动成本率）	336	369.6	403.2
③信用成本前收益	144	158.4	172.8
④信用成本：			
应收账款机会成本	2.8	6.16	10.08
坏账损失	4.8	10.56	23.04
收账费用	2.1	3.0	4.2
小计	9.7	19.72	37.32
⑤信用成本后收益	134.3	138.68	135.48

根据表11-7的计算可知，在这三种方案中，B方案（n/60）信用成本后收益最大，比A方案（n/30）增加收益43 800元（1 386 800－1 343 000）；比C方案（n/90）增加收益32 000元（1 386 800－1 354 800）。因此，在其他条件不变的情况下，应选择B方案。

（2）现金折扣与折扣期限。延长信用期限会增加应收账款占用的时间和金额，许多公司为了加速现金周转，及时收回货款，减少坏账损失，往往在延长信用期限的同时，采用一定的优惠措施，在规定的时间内提前偿付货款的客户可按销售收入的一定比例享受折扣。公司还可能根据需要采用阶段性的折扣期限与不同的现金折扣率，如“2/10，1/20，n/30”，即给予客户30天的信用期限，如果客户能在发票开出后10天内付款，即可享受2%的现金折扣；超过10天但在20天之内付款，则可享受1%的现金折扣；否则，必须在30天内全额支付款项。

公司提供现金折扣能够吸引客户，扩大销售，加速应收账款周转，但现金折扣的优惠实际上是产品价格的扣减，使公司丧失折扣额本身的收益，所以公司是否提供以及提供多大程度的现金折扣，应着重考虑提供折扣后所得的收益是否大于现金折扣的成本。

在例11-6中，如果FED公司选择了B方案，但为了加速应收账款的回收，公司考虑将信用条件改为“2/10，1/20，n/60”（D方案），估计约有40%的客户（按赊销额计算）将利用2%的折扣；10%的客户将利用1%的折扣，预计坏

账损失率降为 1%，收账费用降为 2.4 万元。根据上述资料，有关指标计算如下：

应收账款平均收账期＝40%×10＋10%×20＋50%×60＝36(天)

应收账款周转率＝360/36＝10(次)

应收账款平均余额＝528/10＝52.8(万元)

维持赊销业务所需要的资金＝52.8×70%＝36.96(万元)

应收账款的机会成本＝36.96×10%＝3.70(万元)

坏账损失造成的资本损失＝528×1%＝5.28(万元)

现金折扣减少的收入＝528×(2%×40%＋1%×10%)＝4.75(万元)

根据以上资料对 B，D 两方案进行分析评价，如表 11－8 所示。

表 11－8　FED 公司信用成本与收益比较（B，D 方案）　　单位：万元

项目	B 方案（n/60）	D 方案（2/10，1/20，n/60）
①年赊销额	528	528
减：现金折扣	—	4.75
②年赊销净额	528	523.25
减：变动成本（①×变动成本率）	369.6	369.6
③信用成本前收益	158.4	153.65
④信用成本：		
应收账款机会成本	6.16	3.70
坏账损失	10.56	5.28
收账费用	3.00	2.40
小计	19.72	11.38
信用成本后收益	138.68	142.27

表 11－8 的计算结果表明，提供现金折扣以后，公司的信用成本后收益增加 35 900 元（1 422 700－1 386 800），因此，公司最终应选择 D 方案（2/10，1/20，n/60）作为最佳方案。

3. 收账政策

收账政策是指公司针对客户违反信用条件，拖欠甚至拒付账款而采取的收账策略与措施。对于客户拖欠或拒付的款项，无论采取何种方式加以催收，都需要付出一定的代价，即收账费用，如收账所花费的邮电通讯费、派专人收款的差旅费和不得已时的法律诉讼费等。通常，公司如果采取较积极的收账政策，将会使拖欠款项的客户减少、拖延款项的时间缩短，从而减少应收账款占用的资金和坏账损失，但会增加收账费用；如果采取较消极的收账政策，则会导致拖欠款项的客户增多并且拖欠时间延长，从而增加应收账款占用的资金和坏账损失，但会减少收账费用。因此，制定收账政策的基本原则是在增加的收账费用与减少的坏账损失及应收账款的资金占用之间进行权衡。

值得注意的是，通常收账费用投入越多，坏账损失越少，但两者之间并非

呈线性关系。公司一开始增加一些收账费用，在某一范围内可以减少一小部分的坏账损失，当收账费用增加到一定程度时，增加收账费用会使坏账损失明显减少，当收账费用达到某一限度后，再增加收账费用对减少坏账损失几乎没有意义了，这表明收账费用的增加并不能完全避免坏账损失，一定量的坏账损失是不可避免的。

[例 11－7] 假设 W 公司应收账款现行收账政策和拟改变的收账政策如表 11－9 所示。

表 11－9　W 公司收账政策备选方案

项目	现行收账政策	拟改变的收账政策
年收账费用（万元）	60	100
应收账款平均收账天数（天）	45	30
坏账损失/年赊销额（%）	3	2
年赊销额（万元）	3 600	3 600

假设资本成本（或有价证券的利率）为 10%，变动成本率为 60%。根据表 11－9 中的资料，计算两种方案的收账成本，并以此进行收账政策决策，如表 11－10 所示。

表 11－10　收账政策分析评价表　　单位：万元

项目	现行收账政策	拟改变的收账政策
年赊销额	3 600	3 600
应收账款平均收账期（天）	45	30
应收账款周转率（次）	8	12
应收账款平均余额	450	300
维持赊销业务所需要的资金	270	180
收账成本：		
应收账款机会成本	27	18
坏账损失	108	72
收账费用	60	100
分析评价：		
拟改变的收账政策比现行政策减少的应收账款机会成本		9
拟改变的收账政策比现行政策减少的坏账损失		36
小计		45
拟改变的收账政策比现行政策增加的收账费用		40

从表 11－10 中可以看出，拟改变的收账政策减少了应收账款的机会成本和坏账损失共计 45 万元，大于由此带来的收账费用增加 40 万元，因此应选取拟改变收账政策的方案。

应收账款信用管理

总之，影响公司信用标准、信用条件及收账政策的因素很多，如赊销额、赊销期限、现金折扣、坏账损失、过剩生产能力、信用部门成本、变动成本率以及固定成本、机会成本、存货投资、公司承受信用风险的能力等。这就使得信用政策的制定更为复杂，但一般来说，理想的信用政策就是公司采取或松或紧的信用政策时带来的收益最大的政策。

11.3.3 应收账款信用风险管理

信用风险从两个方面影响公司的现金流量：现金流量的时间及其数额，前者是由于客户付款迟于规定的时间，公司可能会发生比预期更高的机会成本和收账成本，其结果是降低了销售利润；后者是有些客户赖账或至少不付清全部货款导致的现金流量的不确定性。

1. 收集客户信用资料，建立完善客户信用档案

收集客户信用资料、建立客户信用档案是进行客户信用分析和应收账款管理的前提，资料的真实、可靠程度直接影响到信用决策的结果。信用管理部门应在与客户建立交易关系之前就着手建立客户信用档案，并在与客户关系的发展过程中予以及时补充和更新完善，以便能够依靠完整的客户资料来评价和跟踪客户的信用状况。公司在接受订单时，若为老客户，信用管理部门要对已有老客户的信用资料进行分析，看其是否齐全，是否需要更新，如果资料短缺或已经过期，则通过相应的信用调查予以补充更新；若为新客户，则直接通过调查建立新的客户档案资料。客户信用档案包括客户基本资料、客户信用资料、赊销合同、以往交易记录等基本内容。通常可以直接与客户进行接触，如索取信用申请表，并通过当面采访、询问、观察、记录等方式获取信用资料，这种方法能保证收集资料的准确性和及时性；也可以通过查阅客户的财务报表，参考公司业务部门提供的意见或第三方推荐等方式来获取；还可以通过银行、财税部门、工商管理部门、证券交易部门、专业的资信评级机构等外部调查方式来了解客户的基本信用情况。

2. 客户资信评估

在充分获取客户信用资料、建立信用档案的基础上，需要对档案资料进行整理分析，采用科学、合理的分析和评估方法对客户资信状况进行评定，并把评信结果分别通知公司的业务部门和客户。在实务中，经常采用 5C 评估法对客户的信用风险进行分析。信用受评人的 5C 是指品德、能力、资本、抵押品和经济状况。

品德（character）即客户偿还债务的态度和诚意，是评估客户信誉品质的首要因素，因为客户是否愿意尽自己最大努力归还欠款，直接决定着账款的回收速度和数额。公司可以通过了解客户以往的付款履约记录进行评价。

能力（capacity）即客户的偿债能力，主要取决于客户的资产，特别是流动资产的数量、质量以及流动负债的性质。公司可以通过了解客户的财务状况，计算分析其流动比率、速动比率、资产负债率等偿债能力的相关指标，或进行实地考察予以判断。

资本（capital）即客户的财务实力，主要是对客户总资产、有形资产净值以及留存收益等的测定。它反映了客户的经济实力与财务状况的优劣，是客户偿付债务的最终保证。公司一般可以从客户的财务报表中获得相关信息。

抵押品（collateral）即客户提供的在其无力偿还债务或拒绝偿还债务时可以用于抵押的财产。公司对一些信用状况不太了解或存在争议的客户，如果其能够提供足够的抵押品，就可以考虑为其提供与之相应的信用。客户提供的抵押品越充足，信用安全的保障就越大。

经济状况（condition）即可能影响客户偿债能力的各种社会经济形势及其他情况，如经济衰退、市场收缩及自然灾害等。这需要了解客户在过去经济困境时期的付款历史。

此外，还可以采用信用评分法，即通过打分的方式评价每位客户资信状况的定量的分析方法。它是先对一系列可能影响客户资信状况的因素进行评分，然后采用一定的权数加权平均，得出客户综合的信用分数，以此来比较和评价不同客户的资信状况。信用评分法也可参阅第2章财务危机预警分析的相关内容。

3. 修订信用政策，建立信用额度

公司应根据情况的变化不断修改和调整信用政策，尽量协调三个相互矛盾的目标：(1) 提高销售量；(2) 降低应收账款机会成本；(3) 降低坏账损失。如果改变后的信用政策所增加的利润足以补偿其所包含的风险，公司就应改变信用政策。

根据客户的信用等级及有关资料，为每一客户设定一个信用额度。信用额度虽然不一定能提高客户付款的概率，但它可以限制不付款引起的坏账损失。通常，对新客户制定一个低的信用额度，随着收账经验的积累，如果客户的付款情况是正常的，则可以提高信用额度。在实际操作中，信用控制单位必须从每月的出货中，审查是否超过信用额度，审查该客户是否有逾期账款未收而停止出货。

4. 债权保障机制

债权保障机制是在签约时保障或转嫁应收账款的信用风险。公司在交易中往往会遇到某些交易利润丰厚，但风险也较大，针对这种商机和风险并存的交易，公司可以采纳，但前提是将风险加以转移，使债权得到保障。一种方法是自身控制风险，在与客户签约时，由客户提供一定的抵押、担保或保证；另一种方法是通过外部力量转移风险，例如银行提供的应收账款担保、应收账款保理、保险公司提供的信用保险业务以及担保公司提供的信用担保业务等。在采用上述方法建立债权保障机制时，公司要付出一定的代价，如保理费用或保险费用等，但能够锁定应收账款的风险。因此，公司可以在其所支付的成本费用与所降低的坏账损失之间进行比较，权衡得失，选择适当的债权保障方法。

5. 应收账款监控机制

对于已经发生的应收账款，公司应对其进行跟踪分析与控制，及时了解应收账款的变动情况，适时采取相应的措施。通常，应收账款监控包括个别客户监控和整体监控。个别客户监控是对与自己有经常性业务往来的客户进行单独管理，主要是因为：(1) 可能会在发货、发票或付款过程中出现误差或耽搁；(2) 一些买方可能会故意拖延付款直到卖方催收；(3) 买方由于财务状况发生变化而支付能力下降，卖方可能缩减未来的赊销水平等。对个别客户应收账款的跟踪管理与监控主要是在货物发出后到应收账款到期前的一段时间，跟踪了解货物的走向，确认货物的品质、数量是否符合要求，客户是否收到发票等，同时在账款到期前提示客户付款。对于那些到期不支付账款的客户，公司一方面要通知业务部门停止发货，另一方面要通知账款追收部门开始追收账款。

在实务中，主要通过编制应收账款账龄分析表，按账龄分类估计潜在的风险损失，正确估量应收账款价值，并对现行的信用政策进行调整。应收账款账龄分析是通过考察应收账款的账龄结构，揭示每个客户的风险性和每笔应收账款发生坏账的可能性。采用账龄分析法时，将不同账龄的应收账款进行分组，并根据前期坏账实际发生的有关资料，确定各账龄组的估计坏账损失百分比，再将各账龄组的应收账款金额乘以对应的估计坏账损失百分比数，计算出各组的估计坏账损失额之和，即为当期的坏账损失预计金额。

表 11 - 11 为三一重工股份有限公司（简称三一重工，股票代码为 600031）2017 年度报告中披露的应收账款账龄分析。

表 11 - 11　三一重工 2017 年应收账款账龄分析

账龄	应收账款余额（亿元）	占总应收款的比例	坏账准备提取比例	坏账准备（亿元）
1 年以内	126.32	66.80%	1.00%	1.26
1～2 年	24.41	12.91%	6.00%	1.46
2～3 年	16.86	8.92%	15.00%	2.53
3～4 年	12.91	6.83%	40.00%	5.16
4～5 年	3.51	1.86%	70.00%	2.46
5 年以上	5.08	2.69%	100.00%	5.08
合计	189.09			17.95

资料来源：三一重工股份有限公司 2017 年度报告.

在表中，三一重工 1 年以内的应收账款比例较大（66.80%），3 年以上的应收账款占比相对较小。公司应分析具体有哪些客户，这些客户是否经常发生拖欠的情况，拖欠的原因是什么。对拖欠时间不同的账款以及不同信用品质的客户，公司应采取不同的收账方法，制定出切实可行的收账政策，并适当地修订已制定的信用政策。此外，该公司对可能发生的坏账损失计提了相应的坏账准备，充分估计了其对损益可能产生的影响，尤其对于 3 年以上的应收账款预计收回的可能性较小，计提坏账准备的比例较大。

6. 逾期账款催收机制

逾期账款催收机制主要包括两方面内容：(1) 确定合理的催收程序。在发出追账通知后，首先进行内勤追讨，如采取信函、电报、电话、传真等方式；然后，对于仍无法收回的账款，再进行外勤追讨，如派专人与客户面谈或委托专业的机构进行收账，或诉诸法律予以解决；最后，对未收回的款项合理地确认坏账损失，并通知资信调查部门进行信用登记，完善信用档案资料。(2) 确定合理的讨债方法。对于已逾期的应收账款，公司应具体分析其形成原因，相应地采用必要的催收手段，使损失减到最低限度。一般对于短期拖欠的客户，可采取较委婉的信函方式催收；对于长期拖欠的客户，可采取电话方式催收，或者派专人与客户当面洽谈；当这些措施无效时，再委托专业收账机构或律师事务所开展追账。通常采取法律方式强制收回账款是公司不得已而为之的最后办法。因为每个客户拖欠或拒付账款的原因不尽相同，许多信用品质良好的客户也可能由于某些原因陷入财务困境，无法支付到期的款项，若公司直接向法院提起诉讼，不仅需要花费数额相当的诉讼费用，而且会损害与客户的关系，使公司销售受到不利影响。因此，对于那些确实只是暂时遇到困难，经过努力能够走出困境的客户，公司可以与其商谈进行债务重组，给予一定的宽限期，接受低于债务金额的非货币性资产予以抵偿，将债权转变为对客户的投资等，帮助客户渡过难关，以便日后收回更多的账款。对于那些有支付能力却故意拖欠账款的客户，公司应采取严厉的措施加以催收。总之，公司在采用收账措施时，既要考虑本公司的利益，又不能过分伤害客户的感情，应根据具体情况灵活地运用各种催账手段，维护与客户良好的信用关系。

11.4 存货管理

11.4.1 存货成本

在经营管理中，大多数公司会维持一定的存货。对于制造业来说，存货一般包括原材料、在产品、产成品。在存货管理中，主要研究公司持有多少存货，使其成本最低。与存货相关的成本主要有购置成本、订货成本、储存成本、缺货成本。

(1) 购置成本。购置成本是指存货本身的价值，其数额取决于存货数量和单价，与一次的存货批量无关，因此，购置成本在存货批量决策中一般属于无关成本。但是，对原材料存货来说，如果供应商采用数量折扣等优惠办法时，购置成本就成了决策的相关成本。

(2) 订货成本。订货成本是指为了订货而发生的成本，如采购人员的工资、采购部门的一般经费（如办公费、水电费、折旧费等）和采购业务费（如差旅费、邮电费、检验费等）。订货成本可分为两部分：为维持一定的采购能力而发生的、各期金额比较稳定的成本，称为固定订货成本；随着订货次数的变动而变动的成本，称为变动订货成本。

(3) 储存成本。储存成本是指为保持存货而发生的成本，包括存货占用资本应计的利息（若公司用现有现金购买存货，就失去了现金存放于银行或投资于证券本应取得的利息，称为放弃利息；若公司借款购买存货，就要支付利息费用，称为付出利息）、仓库费用、保险费用、存货破损和变质损失等。储存成本也分为两部分：总额稳定、与储存存货数量和储存时间无关的成本，称作固定储存成本；如果储存成本总额的大小取决于存货数量，则称为变动储存成本。

在订货成本和储存成本中，只需要考虑订货成本中的变动订货成本、储存成本中的变动储存成本。至于固定的订货成本和固定的储存成本，往往是存货决策中的无关成本。

(4) 缺货成本。缺货成本是指存货供应中断造成的损失，例如，材料供应中断造成的停工损失、产成品库存短缺造成的拖欠发货损失和丧失销售机会的损失（还应包括需要主观估计的商誉损失）；如果生产公司以紧急采购代用材料解决库存材料中断之急，那么短缺成本表现为紧急额外购入成本（紧急额外购入的开支会大于正常采购的开支）。缺货成本大多表现为机会成本，计算比较困难，但为了决策需要，应估算出单位缺货成本（短缺一个单位存货而给企业带来的平均损失）。

11.4.2 经济订货批量

经济订货批量模型是一种广为人知的建立最佳存货水平的方法，其原理与 11.2.2 节“目标现金余额的预测”中的存货模型相同。为简化，假设：(1) 公司能够及时补充存货，所需存货市场供应充足，在需要存货时，可以立即到位。(2) 存货集中到货，而不是陆续入库。(3) 不允许缺货，即无缺货成本。(4) 一定时期的存货需求量能够确定，即需求量为常量。(5) 存货单价不变，不考虑现金折扣，单价为已知常量。(6) 公司现金充足，不会因现金短缺而影响进货。

在设定上述条件后，与经济订货批量决策的相关成本主要指变动的订货成本和储存成本。前者等于订货次数与每次订货成本的乘积；后者等于平均存货水平与单位储存成本的乘积。

假设 T 代表某种存货的全年需要量；Q 代表每次进货量，$Q/2$ 代表平均存货水平；K 代表单位存货年储存成本；T/Q 代表订货次数；F 代表每次订货成本；TC 代表与订货批量决策相关的总成本（不包括存货的固定成本、购置成本等）。TC 可按下式计算：

$$TC=\frac{Q}{2}K+\frac{T}{Q}F \tag{11-11}$$

求成本最小值，即可得到最佳存货水平 Q^*。

$$Q^*=\sqrt{\frac{2TF}{K}} \tag{11-12}$$

由此，求出最佳存货水平时的总成本：

$$TC(Q^*)=\sqrt{2TFK} \tag{11-13}$$

根据以上存货经济批量的基本模型，即可对公司各项存货（原材料、在产品等）的采购、投产等批量进行决策。

［例11-8］假设EST公司全年需要A材料1 200件，每次订货成本为10元，每件的年储存成本为0.6元，根据上述资料，存货决策如下。

（1）A材料的经济订货批量为：

$$Q^*=\sqrt{\frac{2\times 1\ 200\times 10}{0.6}}=200(\text{件})$$

（2）A材料年最佳采购次数为：

$$N=1\ 200\div 200=6(\text{次})$$

（3）经济订货批量下的最低总成本为：

$$TC(Q^*)=\sqrt{2\times 1\ 200\times 10\times 0.6}=120(\text{元})$$

不同订货批量下的相关成本如表11-12所示。

表11-12　不同订货批量下的相关成本　　金额单位：元

订货次数 (T/Q)	订货批量 (Q)	平均储存量 ($Q/2$)	年订货成本 ($T/Q\times F$)	年储存成本 ($Q/2\times K$)	年成本合计 (TC)
1	1 200	600	10	360	370
2	600	300	20	180	200
3	400	200	30	120	150
4	300	150	40	90	130
5	240	120	50	72	122
6	200	100	60	60	120
7	171	86	70	51	121
8	150	75	80	45	125

表11-12的结果表明，当采购批量为200件时，年存货总成本最低，则该采购批量即为经济订货批量。进一步分析还可以看出，当某一订货批量的年订货成本等于年储存成本时，存货总成本核算最低，即在经济订货批量下，年订货成本与年储存成本相等。

一般情况下，公司的存货不能做到随用随时补充，因此不能等存货用光再去订货，而需要在没有用完时提前订货。在提前订货的情况下，公司再次发出订货单时，尚有存货的库存量，称为订货点，它的数量等于交货时间和每日平均需用量的乘积。假设公司订货日至到货期的时间为10天，每日存货需用量为10件，则经济订货点的采购量为100件（10×10），即公司尚存100件存货时，就应当再次订货，等到下批订货到达时（再次发出订货单10天后），原有库存刚好用完。此时有关存货的每次订货批量、订货次数、订货间隔时间等并无变化，与瞬时补充时相同。这就是说，订货提前期对经济订货批量并无影响，可仍以原来瞬时补充情况下的300件为订货批量，只不过在达到再订货点（库存

100 件）时即发出订货单。

在实务中，存货管理通常归属采购、生产和市场营销等职能部门，财务经理关注的主要是存货占用的资金或存货成本。因此，本章仅简单介绍原材料的经济订货批量模型，模型在其他存货（在产品、产成品）等方面的应用可参阅相关教材。

11.4.3　存货管理的 ABC 分析法

存货管理的 ABC 分析法是意大利经济学家巴雷特于 19 世纪首创的，经过不断的发展与完善，现已广泛用于现代公司的存货管理与控制。ABC 分析法是对存货各项目（如原材料、在产品、产成品等）按种类、品种或规格分清主次，重点控制的方法。ABC 分析法的操作步骤如下：第一，计算每一种存货在一定期间内（通常为一年）的资金占用额。第二，计算每一种存货资金占用额占全部资本占用额的百分比，并按大小顺序排列，编成表格。第三，将存货占用资金巨大，品种数量较少的确定为 A 类；将存货占用资金一般，品种数量相对较多的确定为 B 类；将存货品种数量繁多，但价值金额较小的确定为 C 类。第四，对 A 类存货进行重点规划和控制；对 B 类存货进行次重要管理；对 C 类存货实行一般管理。

通过对存货 A，B，C 分类，可使公司分清主次，并采取相应的措施进行有效的管理和控制。从财务管理的角度来看，A 类存货虽然种类较少，但占用资本较多，应集中主要精力，对其经济批量进行认真规划，实施严格控制；C 类存货虽然种类繁多，但占用资本很少，不必耗费过多的精力去分别确定其经济批量，也难以实行分品种或分大类控制，因此可凭经验确定进货量；B 类存货介于 A 类和 C 类之间，也应给予相当的重视，但不必像 A 类那样进行非常严格的规划和控制，管理中可根据实际情况采取灵活措施。

11.4.4　适时供应系统

适时供应系统（just-in-time，JIT），是指公司在生产自动化的情况下，合理规划并大大简化生产和销售过程，使从原材料进厂到产成品出厂进入市场的每个环节都能够紧密衔接，使整个公司生产经营中的各个环节能够像钟表一样相互协调、准确无误地运转，从而达到降低产品成本，全面提高产品质量、劳动生产率和综合经济效益的目的的先进管理系统。它的核心思想是致力于减少公司存货，减少浪费，降低成本，最终增加公司利润，强化公司的竞争地位。

在工艺流程中，适时供应思想是公司将存货恰好在需要时取得并且投入流程，使得生产准备成本最小，经济订货批量下降，存货占用资本量较低。因此，要求公司具有高效的采购计划、极为可靠的供应商以及有效的存货处理系统，通过计算机网络获得即时信息，有利于适时供应思想成为现实。

对于减少原材料存货，可以通过提高内部管理效率来实现，同时，与可靠供应商的合作，对于降低原材料库存至关重要；对于减少在产品的占用，可以通过提高内部物流管理效率实现目标；产成品存货将受到客户满意程度的影响，适销对路必然减少库存。适时供应将导致较快的生产流程，要求管理者一方面降低存货水平，另一方面防止缺货成本的发生，实现最佳的存货占用水平。

11.5 短期融资

11.5.1 商业信用

商业信用是指在商品交易中以延期付款或预收货款进行购销活动所形成的借贷关系，它是公司间直接的信用行为。商业信用产生于商品交换之中，其具体形式主要是应付账款、应付票据、预收账款等。

1. 应付账款

应付账款是指因购买材料、商品或接受劳务供应等而发生的债务。对于卖方来说，可以利用这种方式促销，而对于买方来说，延期付款则等于向卖方借用资金购进商品，以满足短期资金需要。

公司在一定时期内应付账款融资额度的大小不但与公司生产经营状况有关，也与供应商（卖方）提供的信用条件有关。如供应商的信用条件是“net 30”，表示购货方必须在 30 天内支付货款。有时供应商为促使购货方按期或及早付款，通常给予购货方一定的现金折扣，如信用条件“2/10，n/30”，即购货方如在购货后 10 天内付款，可以享受 2%的现金折扣；如在 10～30 天内付款，购货方必须支付全额货款，允许购货方付款的期限最长为 30 天。假设某公司按“net 30”的条件平均每天从供货商处采购货物价值 5 000 元，如果公司在信用期限末（第 30 天）付款，则它相当于通过应付账款获得了价值 15 万元的融资（30×5 000）。如果公司的采购计划随着生产计划进行调整，其应付账款融资额度也将随之变动。

应付账款融资按其是否支付一定的费用，分为免费融资、有代价融资两种。如果供应商不提供现金折扣，购货方在信用期限内任何时间支付货款均无代价，如果供应商提供现金折扣，购货方在折扣期限内支付货款也没有成本，这两种情况通常称为免费融资（在许多情况下，供应商已将这一成本包括在其产品价格中）。如果购货方在规定的信用期限延迟付款，或放弃现金折扣，在折扣期限外支付货款，则称为有代价融资。

[例 11-9] 假设某公司按“2/10，n/30”的条件购买一批商品，价值 100 000 元。如果公司在 10 天内付款，则可获得最长为 10 天的免费融资，并可获得现金折扣 2 000 元（100 000×2%），免费融资额为 98 000 元（100 000－2 000）。如果公司放弃这笔折扣，在第 30 天付款，付款总额为 100 000 元。那么，公司放弃现金折扣的实际利率是多少？

公司为推迟付款 20 天，需多支付 2 000 元。这种情况可以看作一笔为期 20 天，金额为 98 000 元的借款，利息为 2 000 元，其借款的实际利率为：

$$20\text{天的实际利率}=(2\,000/98\,000)\times 100\%=2.04\%$$

利率通常以年表示，因此，必须把 20 天的利率折算为 360 天的利率。假设按单利计算，则实际年利率为：

$$\text{实际年利率}=2.04\%\times 360/20=36.72\%$$

若用公式来表述，公司放弃现金折扣的实际利率（或机会成本）可按下式计算：

$$\text{放弃现金折扣的实际利率}=\frac{\text{折扣率}}{1-\text{折扣率}}\times\frac{360}{\text{信用期限}-\text{折扣期限}} \tag{11-14}$$

根据例 11－9 中的资料，放弃现金折扣的实际利率为：

$$\text{放弃现金折扣的实际利率}=\frac{2\%}{1-2\%}\times\frac{360}{30-10}=36.72\%$$

计算结果表明，如果公司放弃现金折扣，以取得这笔为期 20 天的资金使用权，是以承担 36.72%的年利率为代价的。或者说，放弃 2%的现金折扣意味着该公司可向供应商融通 98 000 元的资金，使用 20 天。

公司是否放弃现金折扣，通常应与其短期融资成本相比较，如果其他融资成本低于这一水平，就不应放弃赊销方提供的折扣优惠，公司可通过其他渠道融通成本较低的资金，提前支付这笔应付款。假设例 11－9 中同期银行短期借款利率为 12%，则买方可利用银行借款支付货款。假设该公司在第 10 天利用银行借款 98 000 元支付货款，并在第 30 天偿还这笔借款的本金和利息。这笔借款 20 天的利息为 653.33 元（98 000×0.12×20/360），那么在第 30 天公司应向银行偿还 98 653.33 元，这比发票金额减少了 1 346.67 元。因此，公司应该利用现金折扣，在第 10 天付款。

如果公司推迟付款，在第 45 天而不是 30 天付款，那么获得 45 天信用期的代价是丧失 2 000 元的折扣，放弃现金折扣的实际利率计算如下：

$$\text{放弃现金折扣实际利率}=\frac{2\%}{1-2\%}\times\frac{360}{45-10}=20.99\%$$

尽管实际利率仍然高于 12%的利率，但实际成本比原先在第 30 天付款小多了。付款推迟的时间越长，实际利率就越低。延期付款可降低成本，但由此会带来一定的风险或潜在的融资成本，主要包括：（1）信用损失。如果公司过度延期支付其应付账款，或严重违约，公司的信用等级就将遭受损失，不良的信用等级会影响公司与其他供应商和金融机构的关系。（2）利息罚金。有些供应商可能会向延期付款的客户收取一定的利息罚金；有些供应商则将逾期应付账款转为应付票据或本票，这两者都是付款义务的正式凭证，一旦破产，应付票据或本票就对供应商更为有利。（3）停止送货。拖欠货款会使供应商停止或推迟送货，这不但会因停工待料而丧失生产或销售机会，也会失去公司原有的客户。(4) 法律追索。供应商可能利用某些法律手段，如对公司所购原材料保留留置权，控制存货，或诉诸法庭，使公司不得不寻求破产保护等。

公司在利用商业信用时，还必须将其在一定条件下可自由使用的资金来源用于短期投资所获得的收益，与放弃现金折扣的实际利率及延期付款导致的信用等级下降的机会成本进行权衡，以使获得的利益最大。

2. 应付票据

应付票据是购销双方按购销合同进行商品交易，延期付款而签发的、反映债权债务关系的一种信用凭证。根据承兑人的不同，应付票据分为商业承兑汇票和银行承兑汇票两种。商业承兑汇票是由收款人签发经付款人承兑，或由付款人签发并承兑的票据；银行承兑汇票是由收款人或承兑申请人签发、由承兑申请人向开户银行申请，经银行审查同意，并由银行承兑的票据。商业汇票承兑后，承兑人（即付款人）负有将来无条件支付票款的责任，经承兑的商业票据允许背书转让。

应付票据的承兑期限由交易双方商定，一般为1～6个月，最长不超过9个月。应付票据可以带息，也可以不带息。带息应付票据利率通常低于其他融资方式（如短期借款）的利率，且不用保持相应的补偿性余额和支付各种手续费等。

采用应付票据结算方式，当收款人需要资金时，可持未到期的商业承兑汇票或银行承兑汇票向其开户银行申请贴现；当贴现银行需要资金时，可持未到期的汇票向其他银行转贴现。票据贴现实际上是持票人把未到期的汇票转让给银行，贴付一定利息以取得银行借款的行为。因此，它是商业信用发展的产物，实为一种银行信用。

3. 预收账款

预收账款是卖方公司在交付货物之前向买方预先收取部分或全部货款的信用形式。对于卖方来说，预收账款相当于向买方借用资金后用货物抵偿。预收账款一般用于生产周期长、资金需要量大的货物的销售。

公司在生产经营活动中往往还形成一些应付费用，如应付水电费、应付工资、应付税金、应付利息等。这些项目的发生受益在先，支付在后，支付期晚于发生期，故为公司形成一种自然性融资。其期限通常有强制性的规定，如按月支付工资、按规定期限缴纳税金等。这些短期融资项目也视作无息负债。

与其他短期融资方式相比，商业信用融资的主要优势体现在以下两个方面：一是易于取得，即公司无须办理任何复杂的手续即可取得商业信用，且自主权较大；二是无须担保。在商业信用融资方式下，公司无义务将自有资产抵押给债权方，不存在因无法偿付而使抵押资产被强行拍卖或处置的风险。

但这种方式的弊端也显而易见，主要体现在以下三个方面：第一，融资时间短。商业信用融资仅可作为公司短期资金的周转使用，为了保证公司信用等级，合理安排和平衡资金，如期付款是公司长久运行的保证。第二，融资限制较大。对于商品销售方而言，商业信用往往存在于供小于求的卖方市场，在这一市场上才可能出现预先收取货款的短期融资方式。对于商品购买方而言，商业信用往往存在于供大于求的买方市场，在这一市场上先提货后付款的融资行为较多发生。第三，隐性成本较大。商业信用融资方式使用不当的代价往往是信用等级下降，支付能力受到质疑，在当今以信用经济为特质的社会中，信用的缺失会使公司陷于经营失败的危机。

11.5.2　商业票据

商业票据（commercial paper）是指向货币市场投资者发行的无担保本票。商业票据作为一种期限短、交易金额大、风险程度低的货币市场短期直接融资工具，在成熟的资金市场中得到了广泛的应用。

公司发行商业票据可满足不同的融资需求：(1) 临时性或季节性资金需求；(2) 当长期资本市场不能提供令人满意的融资条件时，发行商业票据可暂缓进行长期融资；(3) 补充或替代商业银行贷款。由于发行商业票据不是以现实的商品交易为基础，而是以公司信用作为担保，因此，只有信用程度极高的公司才可能利用这种融资方式。在实务中，信用等级较低的公司发行商业票据时，必须借助信用等级较高的公司给予信用支持（这种票据称为信用支持票据），或以高品质的资产为抵押（这种票据称为抵押支持商业票据）。

商业票据的票面利率通常高于银行存款利率，低于银行贷款利率，这也是大多数公司偏好发行商业票据的原因。除了融资成本相对较低外，发行商业票据还可以提升公司知名度（由于对发行人信用度的严格要求，票据发行主体往往是信誉优良公司的代名词）。商业票据融资的弊端主要在于，发行商业票据对发行公司要求较高的资信评级，发行条件比较严格；由于商业票据属于无担保信用债券，发行商业票据的风险比较大。

11.5.3　短期借款

在我国，短期银行借款主要用于满足公司生产周转性资金、临时资金和结算资金等需求。短期借款按有无担保分为无担保短期借款和担保短期借款两种。

1. 无担保短期借款

无担保短期借款是指公司凭借自身的信誉从银行取得的贷款。公司申请无担保短期借款时，需要将公司近期的财务报表、现金预算和预测报表送交银行。银行根据这些资料对公司的风险与收益进行分析后，决定是否向公司贷款，并拟定具体的贷款条件。这些条件主要是：

(1) 信用额度。信用额度是借款公司与银行之间正式或非正式协议规定的公司向银行借款的最高限额。信用额度的确立一般以银行出具的信函通知书为准（或者它是一份更为正式的、具有法律约束的协议），上面写明银行的信用额度、期限或贷款条件等。虽然大部分信用额度的时间以一年为限，但只要借款人的信用风险维持不变，而且银行能够接受，那么信用额度到期后往往可再续约。当信用额度更新时，信用限额、利率及其他条件也会随之变化。

（2）周转信贷协议。周转信贷协议是指银行具有法律义务承诺提供不超过某一最高限额的贷款协议。在协议的有效期内，只要公司的借款总额未超过最高限额，银行必须满足公司任何时候提出的借款要求。公司享用周转信贷协议，通常要对贷款限额的未使用部分付给银行一笔承诺费。这是因为尚未使用的信用额度仍属稀缺资源，尤其是订立的有法律约束力的信用额度协议。承诺费一般按信用额度总额中尚未使用部分的一定百分比计算。如果周转信用额度为100万元，借款公司年度内使用了60万元，余额为40万元，借款公司该年度内应向银行支付承诺费，假设承诺费率为0.5%，则公司在该年度内享有周转信贷协议所付出的代价为2 000元。周转信贷协议不仅可以满足公司季节性资金需要，而且可以满足一般流动资金需要。

（3）补偿性余额。补偿性余额是银行要求借款公司在银行中保持按贷款限额的一定百分比（10%～20%）计算的最低存款余额。从银行的角度看，补偿性余额可以降低贷款风险；对于借款公司来说，补偿性余额则提高了借款的实际利率。例如，某公司按8%向银行借款100 000元，银行要求维持贷款限额15%的补偿性余额，那么公司实际可用的借款只有85 000元，该项借款的实际利率为9.4%（即100 000×8%/85 000）。

2. 担保短期借款

担保借款又称抵押借款，是指借款公司以本公司的某些资产作为偿债担保品而取得的借款。借款公司可以用自己拥有的应收账款、存货、固定资产或其他资产作为担保品。担保借款需要借贷双方签订抵押借款合同，在合同中必须注明担保品的名称及有关说明，同时应将该合同送一份到有关政府机关备案，以保证债权人的权益。

银行贷款的安全程度取决于担保品的价值大小和变现速度。在借款者不能偿还债务时，银行就可变卖担保品，当出售担保品所得价款超过债务本息时，要将其差额部分归还借款者；当所得价款低于债务本息时，其差额部分则变为一般无担保债权。通常担保品的价值越大，变现力越强，银行贷款的风险就越小。短期借款的担保品一般包括应收账款、应收票据和存货等。

3. 短期银行借款成本

短期银行借款成本的高低主要取决于银行贷款利率，与国库券、银行承兑汇票、商业票据等利率不同的是，大多数商业贷款的利率都通过借贷双方协商决定。在某种程度上，银行根据借款人的信用程度调整利率，信用越差，利率越高。此外，提供贷款的服务成本也是决定利率大小的因素。由于信用调查与贷款处理过程中存在固定成本，因此，小额贷款比大额贷款的利率更高。

11.5.4 短期融资计划

短期融资计划是通过编制现金预算实现的，通过现金预算，可以确定公司一定时期内的现金需求数量及其筹集方式，为经营管理者合理处理现金收支业务，正确调度资金，保证资金的正常流转提供参考依据。

现金预算主要由现金流入量、现金流出量、现金净流量及现金需求计划、现金筹措与运用计划四部分构成：

● 现金流入量。它是指期初的现金结存数和预算期内发生的现金收入，如现销收入、收回的应收账款、应收票据到期兑现和票据贴现收入等。

● 现金流出量。它是指预算期内预计发生的现金支出，如采购材料支付货款、支付工资、支付部分制造费用、支付三项费用（销售费用、管理费用、财务费用）、偿还应付款项、缴纳税金、支付利润以及资本支出（设备购置费）等。

● 现金净流量及现金需求计划。现金净流量指现金流入量与现金流出量之间的差额。差额为正表示现金多余；差额为负表示现金不足。根据现金净流量及其他资料确定现金需求量。

● 现金筹措与运用计划。根据计划期现金净流量及公司有关资金管理的各项政策，确定筹集或运用现金的数额。如果现金不足，可向银行取得借款，或发放短期商业票据以筹集资金，并预计还本付息的期限和数额；如果现金多余，除了可用于偿还借款外，还可用于购买有价证券进行短期投资。

现金预算一般以年、季、月、旬、周甚至日为编制期，为简化，在这里以季度为单位介绍现金预算的编制方法。

下面以 ATT 公司为例说明现金预算的编制方法。

（1）现金流入量。ATT 公司的现金流入量主要是产品销售收入，根据市场预测、销售合同以及公司的生产能力，首先预测 20×8 年各季度产品销售收入，假设该公司各季度产品销售收入分别为 8 750 万元、7 850 万元、11 600 万元和 13 100 万元。如果公司采取赊销方式，则从销售收入到现金收入存在一个时间差，其长短取决于公司的信用政策和客户的支付能力。据估计，在各季度销售收入中有 80%能于当季度收到现金，其余 20%要到下季度收讫。假设该公司 20×7 年第四季度销售收入为 7 500 万元，年末应收账款余额为 1 500 万元。据此可编制销售收入收现计划，如表 11 - 13 所示。

表 11 - 13　ATT 公司销售收入收现计划　　单位：万元

项目	第一季度	第二季度	第三季度	第四季度
期初应收账款	1 500	1 750	1 570	2 320
销售收入	8 750	7 850	11 600	13 100
现金收入				
其中：上季收现	1 500	1 750	1 570	2 320
本季收现	7 000	6 280	9 280	10 480
现金收入合计	8 500	8 030	10 850	12 800
期末应收账款	1 750	1 570	2 320	2 620

表 11 - 13 中，上季度收现数等于期初应收账款数，即上季度应收账款在本季度全部收现；本季度收现数等于本季度销售收入×80%；期末应收账款数等

于本季度销售收入×20%。

ATT公司除产品销售收入外，还包括其他现金收入，如固定资产报废残值收入、按政策规定退回的已缴税款等。通常公司筹措长期资金（如发行债券或股票等）也是公司的一项资金来源，为简化，假设该公司在计划期内未筹措长期资金。

（2）现金流出量。ATT公司的现金支出主要包括：1）材料采购支出计划。根据销售收入计划和生产计划确定材料采购支出计划，公司购买各种原料、零件、能源时可在当季度付款，也可根据供应商的信用条件和公司的支付能力延期付款，延期付款可在一定时间内占用供应商的资金，成为公司的短期现金来源，但在存在现金折扣的情况下，延期付款所承担的机会成本很高，因此一般公司都应尽可能及时支付货款。假设ATT公司材料采购支出均在当季度付现。2）工资、管理费用（不包括折旧费）、销售费用等现金支出。3）资本支出，指长期投资现金支出。该公司长期投资支出主要发生在第一季度。4）所得税、利息、股利支出，利息支出包括全部长期债务利息支出，但不包括为弥补该年度资金不足而借入的短期债务的利息支出。ATT公司现金支出如表11-14所示。

表11-14　现金流出计划　　单位：万元

项目	第一季度	第二季度	第三季度	第四季度
材料采购支出	6 500	6 000	5 500	5 000
工资、管理费用、销售费用支出	3 000	3 000	3 000	3 000
资本支出	6 250	130	550	800
所得税、利息、股利支出	400	400	450	500
合计	16 150	9 530	9 500	9 300

（3）现金净流量及现金需求计划。根据现金流入量和现金流出量计划编制现金需求计划，如表11-15所示。在表中，该公司前两个季度的现金流出量大于现金流入量，其原因包括：（1）第一季度的资金支出较高；（2）第一、二季度的销售收入较低。随着销售收入增加和资金支出减少，在后两个季度中现金流入量大于现金流出量。根据预计的现金流量，即可确定公司的现金需求计划。假设该公司年初现金余额为500万元，也是公司确定的最低现金持有量。

表11-15　现金需求计划　　单位：万元

项目	第一季度	第二季度	第三季度	第四季度
（1）现金收入	8 650	8 030	12 100	12 800
其中：销售收现收入	8 500	8 030	10 850	12 800
其他现金收入	150	0	1 250	0
（2）现金支出	13 150	9 530	9 500	9 300
（3）现金净流量（(1)−(2)）	−4 500	−1 500	2 600	3 500
（4）现金需求计划				

续表

项目	第一季度	第二季度	第三季度	第四季度
(5) 期初现金余额	500	−4 000	−5 500	−2 900
(6) 期末现金余额 ((3)+(5))	−4 000	−5 500	−2 900	600
(7) 最低现金余额	500	500	500	500
(8) 累计现金余(缺)((6)−(7))	−4 500	−6 000	−3 400	100

表 11-15 表明，该公司在第一、二、三季度累计现金余缺分别为−4 500 万元、−6 000 万元和−3 400 万元，只有在第四季度才有现金节余 600 万元，扣除最低现金余额后，可将剩余的 100 万元进行其他投资。

上述现金流量及现金需求计划只是一个预期值，由于未来是不确定的，其实际值会偏离预期值，如销售收入下降、应收账款不能按期收回、成本费用增加等。如有可能，公司应进一步进行敏感性分析，以观察各项因素变化对现金流量的影响。

根据现金预算，还需要确定短期资金来源。为简化，假设：(1) 短期资金主要来源于短期银行借款和商业信用融资（即延期付款融资）。(2) ATT 公司可利用的银行短期贷款限额为 4 000 万元，年利率为 8%。(3) 公司可利用供应商提供的商业信用延期支付货款，延期支付货款虽然可解决部分现金短缺，但这一方面可能丧失供应商提供的现金折扣，另一方面可能会降低公司的商业信用。(4) 丧失现金折扣的机会成本（季利率）为 5%。因此，在通常情况下，公司应谨慎使用商业信用。表 11-16 列示了 ATT 公司短期资金筹集计划。

表 11-16 ATT 公司短期资金筹集计划 单位：万元

项目	第一季度	第二季度	第三季度	第四季度
现金需求				
(1) 经营现金需求量*	4 500	1 500	−2 600	−3 500
(2) 银行借款利息**	80	80	80	63
(3) 延期付款利息***	0	0	79	0
(4) 现金需求合计	4 580	1 580	−2 441	−3 437
现金来源：				
(5) 银行借款限额	4 000	0	0	0
(6) 延期付款融资	0	1 580	0	0
(7) 出售短期证券	580	0	0	0
(8) 现金来源合计	4 580	1 580	0	0
偿还借款和支付延期货款：				
(9) 支付延期货款	0	0	1 580	0
(10) 偿还银行贷款	0	0	861	3 139
现金余额增加：				
(11) 增加现金余额	0	0	0	298

续表

项目	第一季度	第二季度	第三季度	第四季度
银行借款余额：				
（12）季初余额	4 000	4 000	4 000	3 139
（13）季末余额	4 000	4 000	3 139	0

* 根据表 11－15 中现金净流量填列，其中正数代表现金需求量。

** 第一季度银行借款利息＝借款数额×季利率＝4 000×2％＝80（万元），第二、三季度类推，第四季度银行借款利息＝3 139×2％ ＝ 63（万元）。

*** 延期付款利息＝延期付款金额×放弃现金折扣的实际利率＝1 580×5％＝79（万元）。

ATT公司第一季度现金总需求量为 4 580 万元，取得银行短期借款 4 000 万元，出售短期有价证券 580 万元。其中，500 万元用于弥补现金需求量与银行借款限额之差，另外 80 万元支付第一季度借款利息。

第二季度需追加融资 1 500 万元以弥补经营现金流出量，除此之外，还需支付银行借款利息 80 万元。由于银行借款限额已全部使用，公司可通过延期支付货款融资 1 580 万元来解决现金需求问题。在第一、二季度，公司的现金净流量为负数，其所维持的现金余额为最低现金余额，即公司没有多余的现金偿还银行借款。

第三季度和第四季度公司的现金净流量均为正数，第三季度用所创造的现金流量归还本季度银行借款利息 80 万元，延期支付货款应计利息 79 万元，支付上季度延期货款 1 580 万元，偿还银行借款本金 861 万元。至此，季度末银行借款余额减少到 3 139 万元。第四季度的现金净流量用以支付本季度利息 63 万元，偿还银行借款本金 3 139 万元，在第四季度结束时，公司在偿还了全部银行借款本息及延期货款的基础上，还增加了 298 万元现金余额。

现金预算

在编完短期资金需求计划后，公司还应对这一计划进行评估和分析，以便进一步完善财务计划。评价和分析可从以下几个方面着手：（1）公司能否寻求其他短期资金来源以取代延期付款带来的融资成本过高（季利率为 5％）的问题；（2）公司是否应拥有更多的现金、短期有价证券或贷款能力，以防止客户拖欠货款或坏账损失而引起的现金短缺问题；（3）这一计划是否会降低流动比率或公司资产变现能力，是否会引起银行的不利反应；（4）延期支付货款是否会影响公司的商业信用，是否会引起供应商的不满；（5）公司是否应筹措长期资金以解决长期投资的资金需要，如果这样，可减少相当多的短期借款，ATT公司长期投资的资金来源于短期借款，但到年末，公司偿还了全部借款，这意味着资金支出全部由公司的经营现金流量得以解决；（6）由于公司的现金净流量大部分产生于第三和第四季度，公司可否将资金投资延期至下半年支付，以减轻第一季度资金需求的压力，公司可否与设备厂家协商，采用分期付款方式支付设备等资产的款项等。

短期资金筹措计划一般需要反复测试，可根据不同的假设条件设计不同的融资方案，然后进行比较和选择，以使计划切实可行。

□ 本章小结

1. 稳健型融资策略表明公司的长期资金不但能满足永久性流动资产的资金需求，而且能满足部分短期或临时性流动资产的资金需求。激进型融资策略表明公司长期资金不能满足永久性流动资产的资金需求，要依赖短期负债来弥补。折中型融资策略表明公司的长期资金正好满足永久性流动资产的资金需求，而临时性流动资产的资金需求则全部由短期负债融资满足。

2. 现金持有量存货模式的基本原理是将持有现金的机会成本同转换有价证券的交易成本进行权衡，以求得二者相加总成本最低时的现金余额。现金持有量随机模式是将不确定性引入现金管理，提出的一种公司在现金流量每日随机波动、无法准确预测的情况下确定目标现金余额的方法。

3. 应收账款信用政策是对商业信用进行规划和控制而确定的基本原则与行为规范，具体包括信用标准、信用条件和收账政策三部分内容。公司信用政策确定的基本原则是将拟实施信用政策或拟改变信用政策所引起的销售收入变化带来的收益增加额与应收账款成本增加额进行比较，选择能够使公司收益增加的方案。

4. 经济订货批量决策的相关成本主要指变动的订货成本和储存成本。前者等于订货次数与每次订货成本的乘积；后者等于平均存货水平与单位储存成本的乘积。

5. 短期资金是指使用时间在一年以内或者超过一年的一个营业周期以内的资金。短期资金主要来源于自然融资和非自然融资两种，前者指商业信用和应计费用，后者指商业票据和短期借款等。

□ 基本训练

◆ 单项选择题

1. 如果净营运资本大于零，说明流动资产所占用的资金来源是（　　）。

A. 流动负债和长期负债　　B. 流动负债

C. 长期负债　　D. 流动负债和股权融资

2. 某公司的原材料购买和产品销售均采用商业信用方式，应收账款的平均收账天数为 45 天，应付账款的平均付款天数为 25 天，存货平均周转天数为 60 天。假设一年按 360 天计算，则公司现金周转率为（　　）次。

A. 2.7　　B. 4.5　　C. 9　　D. 36

3. 假设 PE 集团公司下属 X，Y，Z 3 个子公司，其账户余额分别为－300 万元、600 万元和－200 万元，为公司服务的同一银行提供的存款利率为 4%，透支利率或贷款利率为 6%，则 PE 集团建立现金池的存贷款利息的收支净额为（　　）。

A. 利息净收入 4 万元　　B. 利息净支出 4 万元

C. 利息净收入 6 万元　　D. 利息净支出 6 万元

4. 收益性和风险性均较高的营运资本融资政策是（　　）。

A. 配合型融资政策　　B. 激进型融资政策

C. 稳健型融资政策　　D. 混合型融资政策

5. 某公司的周转信贷协定为 3 000 万元，贷款利息为 7%，承诺费率为 5%，如果该公司年度平均借款余额为 1 400 万元，则该公司享有周转信贷协议的代价是（　　）

万元。

A. 50　　B. 100　　C. 150　　D. 80

◆ 多项选择题

1. 在选择营运资本组合策略时，应注意的问题主要是（　　）。

A. 资产与债务偿还期相匹配

B. 净营运资本应以长期资金来源来解决

C. 净营运资本应以短期资金来源来解决

D. 保留一定的资金或融资能力

E. 流动资产投资应采用长期资金

2. 采用随机模式控制现金持有量，影响最优现金返回线的因素包括（　　）。

A. 现金余额上限　　B. 现金余额下限

C. 有价证券的日利率　　D. 每日现金余额变化的方差

E. 每次现金与有价证券转换的交易成本

3. 在存货管理中，与存货相关的成本主要有（　　）。

A. 购置成本　　B. 订货成本

C. 储存成本　　D. 缺货成本

E. 机会成本

4. 如果净营运资本<0，则意味着公司不能从短期资产中筹集足够的现金来解决负债问题，解决的方式主要是（　　）。

A. 控制和降低存货投资

B. 重新审核并紧缩信贷，减少公司的应收账款

C. 放松信贷政策，增加公司的应收账款

D. 增加长期负债或者发行股票以确保流动性

E. 减少长期负债或者发行股票以降低融资成本

5. 现金预算是短期融资计划的基本工具，现金预算的构成主要包括（　　）

A. 现金流入量　　B. 现金流出量

C. 现金净流量　　D. 现金筹措与运用

E. 投资收回现金

◆ 判断题

1. 流动资产项目组合策略就是根据流动资产各项目风险与收益的特征，合理确定流动资产内部各个项目之间的比例关系。（　　）

2. 在其他条件一定的情况下，债务期限越短，公司偿付本息的缓冲时间就越少，发生违约的概率就越小。（　　）

3. 名义现金池是指集团下属的各分（子）公司的银行账户虚拟集中到一起（不发生现金物理转移），由集团总部现金管理者对集中后的现金头寸进行统一管理。（　　）

4. 信用标准是客户获得公司商业信用所应具备的最低条件，如果客户达不到这些条件，就不能享受公司按商业信用提供的各种优惠，或只能享受较低的信用优惠。（　　）

5. 商业折扣是公司给予在规定日期以前付款的客户的价格优惠，其目的是尽快收

回货款。　　　　　　　　　　　　　　　　　　　　　　　　　　　　　　　　（　　）

◆ 讨论思考题

1. 我国 A 股上市公司现金和现金等价物、交易性金融资产各年平均值占资产总额平均值的百分比，如图 11－10 所示。从图中可以看出，A 股上市公司现金和现金等价物占资产总额的比重在 2011 年前基本上呈持续上升趋势，2011 年后呈下降趋势；而交易性金融资产则呈上升趋势，特别是 2011 年后，上升幅度较大。请根据公司现金持有动机解释现金和现金等价物以及交易性金融资产变动趋势的原因。

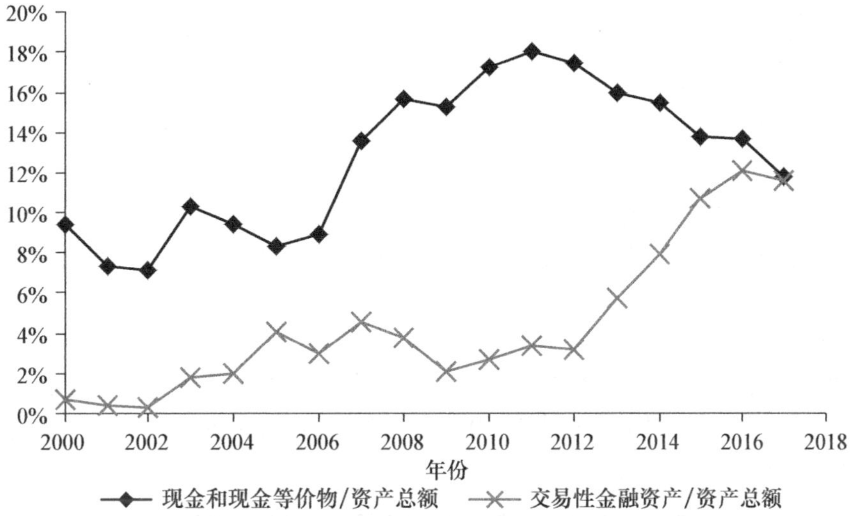

图 11－10　现金和现金等价物、交易性金融资产占资产总额的比重（A 股）

资料来源：根据 Wind 数据整理.

2. 2004 年末，一场发生在美国的诉讼把人们的目光聚焦于我国最大的彩电厂家四川长虹集团（简称长虹）。长虹与美国 APEX Digital（简称 APEX）的商业组合一度为长虹带来了巨额的出口，使其快速抢占市场并实现公司发展，但大量的信用赊销使其出口的大幅增长并没有得到现金流的支持，最终遭受了 40 多亿元人民币的巨额损失。请查找长虹事件的相关资料，分析长虹应收账款管理存在的问题，并思考应该如何构建信用管理体系。

3. 对于电脑制造商来说，存货周转率尤为重要。戴尔公司每年的存货周转率可达 80 次，而竞争者只有 10～20 次，相比而言，戴尔公司的营运资本几乎为负值，因此能创造惊人的现金流量。2001 会计年度的第四季度，戴尔公司的营业收入为 81 亿美元，营业利润率为 7.4%，而来自经营活动的现金流量为 10 亿美元。2001 会计年度的投入资本收益率为 355%。关于存货，迈克·戴尔认为："存货不是资产而是负债。"你是否赞同这一观点？为什么？

4. 海尔集团从 2005 年开始，在前期流程再造的基础上，进一步创新升级，在全集团划分出了 2 000 多个自主经营体，实施人单合一模式。每个经营体独立核算、自负盈亏、超利分享。人单合一模式实施至今，对提高企业竞争力和效益起到了决定性的作用，形成了基于供应链的集约化营运资本管理模式。请查阅有关文献，了解海尔集团营运资本管理模式。

5. 访问以下网址：http://www. boc. cn/cn/static/index. html（中国银行），http://www. pbc. gov. cn（中国人民银行），http://www. icbc. com. cn/index. jsp（中国工商银行），http://www. cmbchina. com（招商银行），http://www. citibank. com. tw（花旗银行）等，进入相关银行网站，查询目前银行为公司提供的现金管理服务主要有哪些，将如何利用银行提供的现金管理服务；在选择提供服务的银行时，会考虑哪些因素；除支票、汇票、本票等传统支付工具外，银行还为公司收付款提供哪些创新产品和服务。

◆ **计算分析题**

1. GTM公司现金收支平衡，预计全年（按360天计算）现金需要量为810 000元，现金与有价证券的转换交易成本为每次500元，有价证券的年利率为10%。

要求：

(1) 计算最佳现金持有量。

(2) 分别计算最佳现金持有量下的全年持有现金的总成本、全年现金交易成本和全年持有现金的机会成本。

(3) 计算最佳现金持有量下的全年有价证券交易次数和有价证券交易间隔期。

2. 根据现金流动性要求和有关补偿性余额的协议，F公司的最低现金余额为6 000元，每次有价证券转换的交易成本为100元，有价证券的年利率为12%，每日现金余额及其可能出现的概率如表11-17所示。

表11-17 F公司每日现金余额及其可能出现的概率

概率	现金余额（元）
0.2	8 000
0.5	10 000
0.3	12 000

要求：

(1) 如果一年按360天计算，计算F公司最优现金返回线的现金持有量和现金余额的上限。

(2) 若此时现金余额为15 000元，公司应如何调整现金？

(3) 若此时现金余额为30 000元，公司应如何调整现金？

3. 已知PT公司每季度的现金需求量为360 000元，每次有价证券的转换交易成本为80元，有价证券的月利率为0.3%。

要求：

(1) 利用存货模式确定最佳现金持有量、每季度持有现金的机会成本、出售有价证券的交易成本以及现金的持有总成本。

(2) 假设利用随机模式计算得出的最佳现金持有量是利用存货模式确定的最佳现金持有量的2倍，该公司认为任何时候其银行活期存款及现金余额均不能低于100 000元，计算现金余额的上限以及预期每日现金余额变化的标准差（每月按30天计算）。

(3) 如果目前的现金余额为300 000元，根据随机模式确定至少应该购买多少张市场价格为 20 元的债券（不考虑其他的相关费用）。

4. 某公司目前的信用条件是 n/40，实现的赊销额为 2 400 万元，坏账损失率估计为 1%，收账费用为 10 万元。为了扩大销售，提高市场份额，该公司拟将信用期限延长至 60 天。如果采用这种信用条件，预计赊销额会增加 10%，坏账损失率将提高到 2%，收账费用增加到 15 万元。信用条件变化后新老客户的付款习惯无差别。产品的变动成本率为 60%，该公司应收账款占用资金的机会成本为 15%。

要求：

(1) 分别计算该公司现行信用条件和拟改变信用条件下应收账款的信用成本。

(2) 计算分析该公司是否应该延长信用期限。

5. AAA 公司预计年度赊销收入净额为 1 800 万元，其信用条件为 n/30，变动成本率为 70%，资本成本为 12%，预计坏账损失率为 4%，发生收账费用 10 万元。为了加速应收账款的收回，公司拟推出新的信用条件“2/10，1/20，n/30”，预计大约有 60%的客户将利用 2%的折扣，30%的客户将利用 1%的折扣，预计坏账损失率降为 2%，收账费用降为 6 万元。

要求：

(1) 计算该公司现行信用条件下应收账款的机会成本。

(2) 计算该公司拟改变信用条件的情况下应收账款的机会成本。

(3) 计算分析该公司是否应该采用新的信用条件。

6. PC 公司 2015 年成立，主要从事个人电脑的组装和销售业务，该公司产品质量优良，价格合理，在市场上颇受欢迎，销路很好，因此该公司迅速发展壮大。但是到 2021 年末，公司发现：过去为了扩大销售、占领市场，一直采用比较宽松的信用政策，客户拖欠的款项数额越来越大，时间越来越长，严重影响了资金的周转循环，公司不得不依靠长期负债及短期负债筹集资金。

假如现在公司请你做财务顾问，协助他们改善财务问题。财务人员整理的有关资料如下：公司考虑将其信用条件由“1/15，n/30”改为“2/10，n/30”，以加速应收账款的收现。目前，约有 50%的客户享有公司提供的 1%的折扣。在信用条件改为“2/10，n/30”后，享有折扣的客户预期会增至 60%。不管在什么信用条件下，在所有未享受折扣的客户中，有一半客户会准时付款，而另一半客户则会在信用期过后的第十天付款。因为公司只改变了信用条件，并未放宽信用标准，所以其坏账损失预期仍然停留在目前总销售收入的 1%的水平上。然而，在现金折扣提高到 2%后，公司的销售额预期可由目前的每年 360 000 元上升到每年 450 000 元。PC 公司的变动成本率为 65%，应收账款投资必要收益率为 8%。

要求：

(1) 为改善公司目前的财务状况，PC 公司应采取什么措施？

(2) 分别计算 PC 公司在信用条件改变前后的平均收现期、现金折扣费用、应收账款机会成本以及坏账损失。

(3) 计算信用条件改变给 PC 公司带来的增量收益，分析说明 PC 公司是否应该改变其信用条件。

(4) 假定 PC 公司改变其信用条件后，仍有 50%的客户会提前付款以享受折扣，有25%的客户准时付款，其余25%的客户则会在信用期过后的第十天付款。而销售额预期不会改变。则PC公司平均收现期会缩短几天？是否应该改变其信用条件？

(5) 在(4)的前提下，若PC公司改变其信用条件，现金折扣率应不超过多少？

7. VS公司是一家面向零售商店的空气过滤器分销商，从几家制造商购买过滤器。过滤器的订货批量为1 000件，每次订货成本为40元。零售商店对过滤器的需求是每月20 000件，过滤器的储存成本为每月每件0.1元。

要求：

(1) 计算经济订货批量（即每次订货应是多少个1 000件），以及最佳存货成本。

(2) 如果每件过滤器每月的储存成本下降0.05元，最佳订货量应是多少？

(3) 如果订货成本下降为每次10元，最佳订货批量应是多少？

8. 某企业拟采购一批商品，供应商提供的信用期为60天，付款报价如下：(1) 立即付款，价格为9 750元；(2) 30天内付款，价格为9 870元；(3) 31～60天内付款，价格为10 000元。目前企业资金充裕。全年按360天计算。

要求：

(1) 计算立即付款条件下的现金折扣和放弃现金折扣的成本率。

(2) 计算30天付款条件下的现金折扣和放弃现金折扣的成本率。

(3) 分析60天付款条件下的现金折扣并确定最有利的付款日期。

(4) 如果企业资金紧张，银行借款的利率为8%，分析企业应否放弃现金折扣。

(5) 如果企业有一短期投资机会，预计投资收益率为20%，分析企业是否应放弃现金折扣。

9. 天一公司是一家季节性很强的公司，常因资金不到位而使公司的生产效益受到严重影响。今年问题同样存在，急需解决的资金缺口在200万元，财务人员经过讨论形成以下4个备选的融资方案。

方案一：银行短期贷款。ABC银行愿意提供期限为3个月的短期借款200万元，年利率为8%，银行要求保留20%的补偿性余额。

方案二：票据贴现。将面额为220万元的未到期（不带息）商业汇票提前3个月进行贴现。贴现率为9%。

方案三：商业信用融资。天龙公司愿意以“2/10，n/30”的信用条件，向公司销售200万元的A材料。

方案四：安排专人催回250万元的应收款项。

天一公司的产品销售利润率为9%。

要求：

请协助财务人员分析天一公司短期资金筹集方式，并做出选择。

10. 某季节性企业因业务需要在8月融资50万元，现有以下4种融资方案：

(1) 与某商业银行签订期限为1年的借款合同，周转信用额度为50万元。未使用部分的承诺费为0.5%，借款年利率为8%。假设只在8月使用这笔资金，8月按30天计算，一年按360天计算。

(2) 放弃8月50万元货款的折扣，其信用条件是：3/10，n/40。

(3) 发行期限为30天、金额为50万元的短期债券，年利率为6%，发行费用为发行总额的 0.5%。

(4) 发行期限为 60 天、金额为 50 万元的短期债券，年利率为 5%，发行费用为发行总额的 0.5%。因为只需要这笔资金 30 天，所以待 30 天收回后可以在 9 月投资有价证券，年收益率为 7%，购买和销售有价证券总交易费为发行额的 0.4%。

要求：

(1) 计算每种融资方式的融资费用。

(2) 是否一定要选择成本最低的融资方式？为什么？

◆ 案例分析

激进、折中、稳健 3 家公司分别实施与公司名称相一致的营运资本管理策略。3 家公司简易的资产负债表及流动比率如表 11-18 所示。

表 11-18 3 家公司简易资产负债表及流动比率 单位：元

项目	激进公司	折中公司	稳健公司
流动资产	150 000	200 000	300 000
固定资产	200 000	200 000	200 000
资产总计	350 000	400 000	500 000
流动负债	200 000	100 000	50 000
长期负债	0	100 000	200 000
负债合计	200 000	200 000	250 000
股权资本	150 000	200 000	250 000
负债和股东权益合计	350 000	400 000	500 000
流动比率	0.75∶1	2∶1	6∶1

假设公司短期借款利率为 12%，长期借款利率为 10%，所得税税率为 40%。

3 家公司的产品成本函数如下：

产品成本＝固定成本＋变动成本

激进公司产品成本＝200 000＋0.7×营业收入

折中公司产品成本＝270 000＋0.65×营业收入

稳健公司产品成本＝385 000＋0.6×营业收入

由于 3 家公司的流动资产不同，在不同的经济环境下，3 家公司的营业收入也不同，如表 11-19 所示。

表 11-19 3 家公司营业收入 单位：元

项目	激进公司	折中公司	稳健公司
经济上涨时期	1 200 000	1 250 000	1 300 000
经济平缓时期	900 000	1 000 000	1 150 000
经济萧条时期	700 000	800 000	1 050 000

要求：

(1) 编制 3 家公司的简易利润表，主要项目有营业收入、营业成本与费用（不包括利息）、息税前利润、利息、税前利润、所得税、净利润。如果发生亏损，则所得税为0。

（2）比较3家公司的总资产收益率（*ROA*＝息税前利润/总资产）和净资产收益率（*ROE*＝净利润/净资产），分析哪家公司在经济上涨时期最好，哪家公司在经济平缓时期最好，哪家公司在经济萧条时期最好。

（3）假设在经济平缓时期，短期贷款利率升至25%，分析这对3家公司的净资产收益率产生何种影响。

（4）假设激进公司因库存短缺而产量减少，变动成本率升至80%，分析这对其净资产收益率产生何种影响（假设处于经济平缓时期）。

（5）分析在公司营运资本管理中应该注意哪些问题。

第 12 章

经济增加值与价值管理

著名的管理学大师彼得·德鲁克 1995 年在《哈佛商业评论》上撰文指出，我们通常所说的利润，其实并不是真正意义上的利润。如果一家企业未能获得超出资本成本的利润，它就是处于亏损状态。缴纳税款看似产生了真正的利润，但其实这一点毫无意义，企业的回报仍然少于资源消耗……这并不创造价值，而会损害价值。20 世纪 80 年代美国 Stern & Stewart 咨询公司引入经济增加值并向可口可乐公司首次推介了这一理念，使其在实际运作中见到成效。此后，在全球范围内得到广泛应用。至今，世界范围内已有 300 多家公司（包括西门子、索尼等）在运用经济增加值的管理体系，其效率以及增长率均得到大幅提高。经济增加值被美国《财富》杂志称为“创造财富的密钥”。经济增加值不仅可以评价公司是否为股东创造价值，还可以识别公司价值创造的驱动因素，实施价值导向管理。魏斌曾任华润集团首席财务官，根据多年的财务管理实践，按照公司价值创造的逻辑，提出了 5C 价值管理体系，即由资本结构（capital structure）、现金创造（cash generation）、现金管理（cash management）、资金筹集（capital raising）、资产配置（capital allocation）五个模块组成，这五个模块是构成公司价值的五个关键因素。其中，现金创造和现金管理与公司的回报与增长水平直接相关，资本结构和资金筹集体现公司的财务能力，或者说是主要风险水平，资产配置推动公司的持续发展。5C 价值管理体系涵盖了从获得资本来源到进行业务经营和日常管理，再到进一步成长，最终实现可持续发展的完整价值创造与管理循环。① 5C 价值管理体系使价值管理可以系统地在公司落地实施。

通过本章的学习，可以掌握经济增加值的经济意义和基本模型；了解从会计利润到经济增加值的主要调整项目与方法；熟悉经济增加值与净现值、市场增加值的关系；掌握公司价值创造的动因及财务战略矩阵的基本内容；熟悉价

① 魏斌. 价值之道——公司价值管理的最佳实践. 北京：中信出版社，2018.

值创造、价值评价与价值分享体系的基本内容。

12.1 经济增加值调整方式

12.1.1 经济增加值基本模型

经济增加值（economic value added，EVA）是一种剩余价值指标，在数量上等于税后净经营利润超过资本成本的价值。其计算公式为：

$$EVA = NOPAT + Adj_{op} - WACC \times (IC + Adj_{ic}) \tag{12-1}$$

式中，$NOPAT$（net operating profit after taxes）为税后净经营利润；Adj_{op} 为 $NOPAT$ 的调整数；$WACC$ 为公司加权平均资本成本；IC 为投入资本总额；Adj_{ic} 为投入资本的调整数。

假设不考虑各种调整因素，经济增加值可表述为：

$$\begin{aligned} EVA &= IC \times \left[\frac{NOPAT}{IC} - WACC\right] \\ &= IC \times (ROIC - WACC) \end{aligned} \tag{12-2}$$

式中，$ROIC$ 为投入资本收益率；IC 为投入资本；$NOPAT$ 可根据息税前利润直接计算，即

$$\begin{aligned} NOPAT &= \text{净利润} + \text{利息费用} \times (1 - \text{所得税税率}) \\ &= \text{息税前利润} \times (1 - \text{所得税税率}) \end{aligned}$$

式（12-2）中的 $ROIC - WACC$ 称作收益率差（return spread），正的收益率差创造价值，负的收益率差损害价值。单纯的增长并不一定创造价值，只有当收益率差为正时，增长才有意义。因此，管理的目标不是预期的收益率最大，而是预期的收益率差最大。在其他因素保持不变的情况下，提高投入资本收益率、降低资本成本、增加资本投入（假设新投资的 $ROIC$ 大于 $WACC$）或减少资本投入（如果被剥离资产的投资收益率小于资本成本）时，就会增加经济增加值，为股东创造价值。

现根据教材第4章价值评估的案例，计算ESP公司的经济增加值，如表12-1所示。

表12-1　ESP公司经济增加值及公司价值　　单位：亿元

年份	基期	2020年	2021年	2022年	2023年	2024年	2025年
净利润		36.63	40.29	43.51	46.13	48.43	50.85
加：利息×(1−所得税税率)		4.77	5.24	5.66	6.00	6.30	6.62
税后净经营利润		41.40	45.53	49.18	52.13	54.73	57.47
期初投入资本		320.00	358.40	394.24	425.78	451.33	473.89

续表

年份	基期	2020 年	2021 年	2022 年	2023 年	2024 年	2025 年
投入资本收益率		12.94%	12.71%	12.47%	12.24%	12.13%	12.13%
加权平均资本成本		9.98%	9.98%	9.98%	9.98%	9.98%	9.03%
经济增加值		9.48	9.78	9.85	9.66	9.71	14.68
高速增长期经济增加值现值	36.75						
稳定增长期经济增加值现值	226.42					364.24	
期初投入资本	320.00						
现值合计	583.17						

表中，2020 年经济增加值＝320.00×(12.94%－9.98%)＝9.48（亿元）。(本案例计算结果均为 Excel 电子表格计算结果。)

其他各年计算方法相同。

计算高速增长期经济增加值现值，需在 Excel 电子表格中输入“＝NPV(9.98%，9.48，9.78，9.85，9.66，9.71)”，按回车键后可以得到高速增长期经济增加值现值为 36.75 亿元。

$$\text{稳定增长期经济增加值现值}=\frac{14.68}{9.03\%-5\%}\times\frac{1}{(1+9.98\%)^5}=\frac{364.24}{(1+9.98\%)^5}=226.42(\text{亿元})$$

$$\text{公司价值}=36.75+226.42+320=583.17(\text{亿元})$$

12.1.2　标准会计调整

经济增加值与会计利润的主要区别在于后者只考虑了以利息形式反映的债务资本成本，忽略了股权资本成本。经济增加值是扣除全部资本成本后的收益，反映了使用全部资本的机会成本。为此需要对经营利润和投入资本进行一定的调整。

1. 主要调整项目

经济增加值的倡导者 Stern & Stewart 咨询公司列出了多达 164 个调整项目，这些调整主要有三个目的：(1) 消除会计稳健原则的影响，如对研发费、商誉等的调整，使调整后的数据能够反映公司的真实业绩；(2) 消除或减少管理层进行盈余管理的机会，如对各种准备金（如坏账准备）的调整；(3) 使业绩计量免受过去会计计量误差的影响，如将研发费和商誉资本化而不是在费用发生当期冲减利润，消除了经营者对这类投资的顾虑。以对外报告的会计数据为基础进行调整，常见的调整项目主要有研发费用、商誉、递延税项、存货、各种准备金等。

(1) 研发费用。研发费用与其他有形资产投资一样，旨在提高公司未来的经营业绩。但会计稳健原则要求公司在研发费用发生的当年将其作为费用一次性摊销，这种会计处理方法可能降低研发费用发生当年公司的经营业绩，同时低估公司资本占用额。因此，应将研发费用资本化，在支出的当年，将全部的研发费用加回经营利润和投入资本，以后逐年摊销的研发费用从 NOPAT 中扣除，而未摊销的余额部分仍然包括在投入资本总额中。

假设某公司 2021 年度财务报表披露的 2017—2021 年研发费用和各年摊销额如表 12－2 所示，假设研发费用在发生时即资本化，分 5 年摊销。

表 12－2　各年研发费用与摊销费用　　单位：万元

年度	研发费用	摊销费用				
		2017 年	2018 年	2019 年	2020 年	2021 年
2017	990	198	198	198	198	198
2018	1 020		204	204	204	204
2019	1 130			226	226	226
2020	1 520				304	304
2021	960					192
合计	5 620	198	402	628	932	1 124

为计算 2021 年的经济增加值，将该年度 960 万元的研发费用加回税后净经营利润，2021 年摊销的研发费用为 1 124 万元，将其从税后净经营利润中扣除。2021 年和以前未摊销的研发费用为 2 336 万元（5 620－198－402－628－932－1 124）加入投入资本。

（2）商誉。对商誉的会计处理有两种方法：一种是将商誉逐年摊销；一种是在商誉产生时作为费用一次性核销。这两种方法都将这部分投资从资产负债表中扣除了，从而不能真正反映公司实际占用的资本额，消除了经营者对这部分资本负有的增值责任。因此，在计算经济增加值时，对商誉不进行摊销，而将其视为一项永久性无形资产，且在整个经济寿命期内发挥作用。如果在会计处理时已将商誉作为费用进行摊销，应将其每年的摊销额加回税后净经营利润，并将累计的摊销额加入投入资本。这样，不仅可以真实反映公司占用的所有资本，也可以使利润不受商誉摊销的影响。

（3）递延税项。根据会计准则计算的利润与按照税法计算的应纳税所得存在差异时，就会产生递延税项。当会计利润大于应纳税所得额时，形成递延所得税负债（反之形成递延所得税资产），公司的纳税义务向后推延。只要公司持续发展并不断更新设备，递延税款实际上一直保持一个余额，相当于公司永久性占用的资本，和其他资本一样可用于生产经营。会计利润与应纳税所得的时间性差异产生的原因如图 12－1 所示。

对递延税项的调整是将其贷方余额加回投入资本总额；若为借方余额，由于递延所得税资产并不是公司真正意义上的资产，应从资本总额中扣除；同时，将当期递延税项贷方余额增加值加回当期的税后净经营利润，或将其借方余额的增加值从税后净经营利润中扣除。经过调整后计算出的经济增加值能够更准确地反映公司的经营业绩。

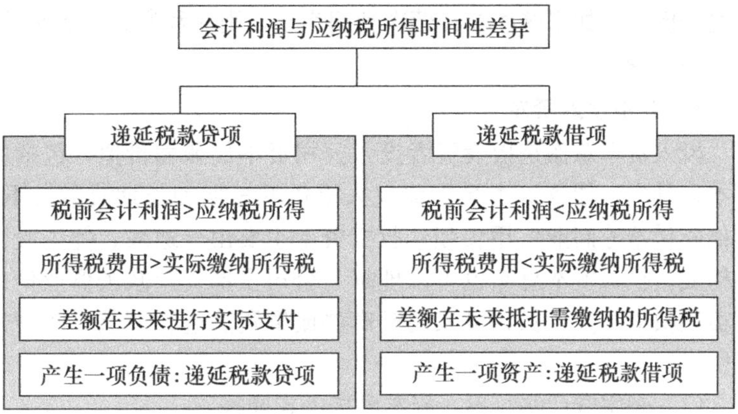

图 12-1 递延税款时间性差异产生的原因

(4) 存货和各种准备金。如果公司采用后进先出法确定存货成本，应按先进先出法进行调整。对于各种准备金，如坏账准备、存货跌价准备、长期股权投资减值准备、固定资产减值准备、无形资产减值准备等，出于会计稳健原则，我国会计制度规定公司要为将来可能发生的损失预先提取准备金，准备金余额抵减对应的资产项目，余额的变化计入当期费用冲减利润。但这些准备金并不是公司当期资产的实际减少，准备金余额的变化也不是当期费用的现金支出。提取准备金的做法一方面低估了公司实际投入经营的资本总额，另一方面低估了公司的利润，因此不利于反映公司的真实盈利能力；同时，公司管理人员还有可能利用这些准备金账户操纵账面利润。因此，计算经济增加值时应将准备金账户的余额加入资本总额，同时将准备金余额的当期变化加入税后净经营利润。

2. 调整税后净经营利润

计算公司经济增加值时，需要对税后净经营利润和投入资本总额进行调整。税后净经营利润反映了公司资产的盈利能力，为纠正会计信息对真实业绩的扭曲，调整税后净经营利润可按下式计算：

$$\begin{aligned}\text{调整税后净经营利润}=&\ \text{息税前利润}+\text{本年发生的研发费用}-\text{本年研发费用摊销额}+\text{本年发生的商誉}\\&-\text{本年度商誉摊销额}+\text{存货跌价和各种准备金增加额}-\text{调整后所得税}\end{aligned} \tag{12-3}$$

其中

$$\text{调整后所得税}=\text{利润表中的所得税}-\text{递延税款贷方增加额}-\text{非经营收益(费用)所得税}+\text{利息费用所得税}$$

对所得税进行调整，其目的在于剔除非经营活动对税金的影响，主要是将利息费用、非经营收益（费用）对报表中所得税的影响剔除。通常，非经营收益（费用）被看作不再重复发生的项目，为了消除对这些项目的影响，要在税前经营利润中排除这些项目。为了保持计算的一致性，必须消除这些项目对所得税的影响。如果这些非经营净利润为正，则净利润越大意味着公司纳税越多，反之则越少。

3. 调整投入资本

投入资本总额是指投资者投入公司资本的账面价值，包括债务资本和股权资本。其中，债务资本是指债权人提供的短期和长期贷款，不包括应付账款、其他应付款等商业信用负债；股权资本主要由普通股、优先股以及少数股东权益构成。投入资本总额也可以理解为公司全部资产减去商业信用后的净值。为真实反映资本投入额，可采用资产法或融资法进行调整，两种方法的结论可相互核对。

（1）采用资产法，投入资本可按下式调整：

$$\text{调整后投入资本}=\text{经营性营运资本}+\text{固定资产净值}+\text{无形资产}+\text{其他资产}+\text{累计商誉摊销}+\text{未摊销资本化研发费用}+\text{存货跌价及各种准备金余额} \quad (12-4)$$

（2）采用融资法，投入资本可按下式调整：

$$\text{调整后投入资本}=\text{普通股权益}+\text{少数股东权益}+\text{递延税项贷方余额（借方余额为负值）}+\text{累计商誉摊销}+\text{未摊销资本化研发费用}+\text{存货跌价及各种准备金余额}+\text{短期借款}+\text{一年内到期的长期借款}+\text{长期借款}+\text{租赁债务}-\text{超额现金} \quad (12-5)$$

［**例12-1**］现以GMS公司为例，说明经济增加值调整方式。根据GMS公司利润表（见表12-3）和资产负债表（见表12-4），以及与估价有关的报表附注，计算GMS公司的经济增加值。

表12-3　GMS公司利润表　　单位：万元

项目	2021年	2022年
销售收入	180 000	185 000
销售成本	128 095	130 830
销售、管理费用	18 845	22 252
折旧前经营利润	33 060	31 918
折旧和摊销	12 318	13 411
息税前利润（经营利润）	20 742	18 507
利息费用	7 750	9 552
非经营收益（费用）和特殊项目	1 036	2 333
税前利润	14 028	11 288
所得税（25%）	3 507	2 822
少数股东权益	28	0
非常项目前利润	10 549	8 466

续表

项目	2021 年	2022 年
非常项目和非持续经营业务利润	426	0
净利润	10 975	8 466
发行在外的股数（万股）	619	548
每股收益：不包括非常项目（元）	17.04	15.45
每股收益：包括非常项目（元）	17.73	15.45

说明：出于数据平衡和简化的原则，对引用的数据进行了一定的修正和调整，此案例仅为说明从会计利润到经济增加值的调整方式。

资料来源：詹姆斯·L. 格兰特. 经济增加值基础. 大连：东北财经大学出版社，2005：148-154.

表 12-4　GMS 公司资产负债表　　单位：万元

项目	2021 年末	2022 年末
流动资产		
现金和短期投资	10 442	10 284
应收账款	94 788	110 788
存货	16 316	16 704
其他流动资产	9 006	8 388
流动资产合计	130 552	146 164
固定资产总额	119 418	120 815
折旧、摊销（累计）	43 798	42 972
固定资产净值	75 620	77 843
无形资产	14 847	14 795
其他资产	53 711	64 298
资产总额	274 730	303 100
负债		
一年内到期的负债	15 677	19 018
应付票据（含息票据）	53 266	59 933
应付账款	21 516	25 725
应付所得税	1 445	1 016
应计费用	24 723	24 810
其他流动负债	1 001	2 001
流动负债合计	117 628	132 503
长期负债	62 963	65 843
递延所得税	6 656	6 451
其他负债	66 243	67 421
负债总额	253 490	272 218
股东权益		
普通股	1 033	914

续表

项目	2021 年末	2022 年末
资本公积	13 808	21 108
留存收益	5 803	8 153
普通股权益	20 644	30 175
少数股东权益	596	707
股东权益总额	21 240	30 882
负债和股东权益总额	274 730	303 100

说明：出于数据平衡和简化的原则，对引用的数据进行了一定的修正和调整，此案例仅为说明从会计利润到经济增加值的调整方式。

资料来源：詹姆斯·L. 格兰特. 经济增加值基础. 大连：东北财经大学出版社，2005：148-154.

为估计调整后税后净经营利润和投入资本，根据GMS财务报表披露，与估价有关的附注如下。

附注1：GMS公司在2021年、2022年存货跌价准备分别为1 890万元和1 929万元。

附注2：假设GMS公司研发费用在发生时即已资本化，假设研发费用分3年直线摊销，GMS公司研发费用及未摊销研发费用如表12－5所示。

表12－5　GMS公司研究开发费用及其摊销　　单位：万元

项目	研发费用	摊销费用			
		2019 年	2020 年	2021 年	2022 年
2019 年	8 200	2 733	2 733	2 733	
2020 年	7 900		2 633	2 633	2 633
2021 年	6 800			2 267	2 267
2022 年	6 600				2 200
合计	29 500	2 733	5 367	7 633	7 100
2022 年初未摊销的研发费用				7 167	
2022 年末未摊销的研发费用					6 667
未摊销的研发费用的净变化					－500

在表12－5中，2022年初、年末未摊销的研发费用计算方式如下：

2022年初未摊销的研发费用＝29 500－2 733－5 367－7 633－6 600
＝7 167(万元)

2022年末未摊销的研发费用＝29 500－2 733－5 367－7 633－7 100
＝6 667(万元)

附注3：公司最低现金按销售收入的3%计算，公司超额现金为资产负债表中“现金与短期投资”与最低现金的差额，经营性营运资本等于经营性流动资产减去经营性流动负债，有关数据如表12－6所示。

表 12-6　GMS 公司最低现金与经营性营运资本（2022 年初）　单位：万元

项目	2022 年初	说明
最低现金占销售收入（%）	3	
最低现金	5 400	利润表：180 000×3%
超额现金	5 042	资产负债表：10 442－5 400
经营性流动资产	125 510	资产负债表：130 552－5 042
经营性流动负债	48 685	资产负债表：117 628－15 677－53 266
经营性营运资本	76 825	125 510－48 685

根据上述资料，计算 GMS 公司的经济增加值如下。

第一，根据利润表、资产负债表和报表附注，估计调整后的税后净经营利润，如表 12-7 所示。

表 12-7　GMS 公司调整后税后净经营利润（2022 年）　单位：万元

项目	金额	说明
息税前利润	18 507	利润表
加：本年研发费用增加额	6 600	附注 2
减：本年研发费用摊销额	－7 100	
商誉摊销增加额	0	
存货跌价准备增加额	39	附注 1（1 929－1 890）
调整后税前净经营利润	18 046	
报表上的所得税	2 822	利润表
减：递延所得税增加额	－205	资产负债表（6 451－6 656）
加：利息费用抵税收益	2 388	9 552×25%
减：非经营收益（费用）和特殊项目抵税收益	583	2 333×25%
营业税	4 832	2 822－(－205)＋2 388－583
调整后税后净经营利润	13 214	18 046－4 832

第二，采用资产法和融资法分别估计 GMS 公司 2022 年初的投入资本，如表 12-8、表 12-9 所示。

表 12-8　GMS 公司调整后投入资本（资产法）（2022 年初）　单位：万元

资产法	金额	说明
经营性营运资本	76 825	附注 3
固定资产净值	75 620	资产负债表
无形资产	14 847	资产负债表
其他资产	53 711	资产负债表
未摊销资本化研发费用	7 167	附注 2
存货跌价	1 890	附注 2
投入资本	230 060	合计

表 12-9　GMS 公司调整后投入资本（融资法）（2022 年初）　　单位：万元

融资法	金额	说明
股东权益		
普通股权益	20 644	资产负债表
加：少数股东权益	596	资产负债表
递延税项贷方余额	6 656	资产负债表
未摊销资本化研发费用	7 167	附注 2
存货跌价	1 890	附注 1
减：超额现金	5 042	附注 3
股东权益总额	31 911	
付息债务		
付息短期负债	68 943	应付票据＋一年内到期债务
长期借款	62 963	
其他负债	66 243	
付息债务总额	198 149	
调整后投入资本	230 060	←＝31 911＋198 149

第三，根据调整后的税后净经营利润和调整后的投入资本，结合资本成本，计算 GMS 公司的经济增加值，如表 12-10 所示。

表 12-10　GMS 公司经济增加值（2022 年）　　单位：万元

项目	金额	说明
债务（万元）	198 149	付息债务/投入资本：86.13％
股东权益（万元）	31 911	股东权益/投入资本：13.87％
投入资本（万元）	230 060	
公司债务税前成本（％）	6	
所得税税率（％）	25	
债务税后成本（％）	4.5	6％×(1－25％)
无风险收益率（％）	5	
市场风险溢价（％）	6	
β 系数	1.1	
股权资本成本（％）	11.6	CAPM：5％＋1.10×6％
加权平均资本成本（％）	5.48	WACC：86.13％×4.5％＋13.87％×11.6％
投入资本收益率（％）	5.74	ROIC：13 214/230 061
经济增加值（万元）	596	EVA：230 060×(5.74％－5.48％)

上述计算表明，在 2022 年，GMS 公司实现的净利润为 8 466 万元，为股东创造的经济增加值为 596 万元。

GMS 经济增加值

经济增加值的最大贡献就是采用经济利润而不是会计利润进行财务决策，它克服了现行会计准则只确认和计量债务成本、对股权成本只作为利润分配处理的缺陷，充分体现了资本保值增值的要求。

12.1.3　经济增加值调整在中国的实践

2006 年 12 月 30 日，国资委发布修订的《中央企业负责人经营业绩考核暂行办法》，并于 2007 年 1 月 1 日正式实施。2012 年 12 月 29 日，国资委再次发布《中央企业负责人经营业绩考核暂行办法》，对考核办法进行了一定的调整。在经济增加值调整细则中，主要对利息支出、研究开发费用、非经常性收益、无息流动负债和在建工程等五项进行调整。有关项目的计算方式如下：

$$\begin{aligned}\text{经济增加值} &= \text{税后净经营利润} - \text{资本成本}\\ &= \text{税后净经营利润} - \text{调整后资本} \times \text{平均资本成本}\end{aligned}$$

式中

$$\text{税后净经营利润} = \text{净利润} + (\text{利息支出} + \text{研究开发费用调整项}) \times (1 - 25\%)$$

公司通过变卖优质资产等取得的非经常性收益在税后净经营利润中全额扣除。

$$\begin{matrix}\text{调整后}\\\text{投入资本}\end{matrix} = \begin{matrix}\text{平均所有者}\\\text{权益}\end{matrix} + \begin{matrix}\text{平均负债}\\\text{合计}\end{matrix} - \begin{matrix}\text{平均无息}\\\text{流动负债}\end{matrix} - \begin{matrix}\text{平均}\\\text{在建工程}\end{matrix}$$

根据国资委经济增加值考核细则，有关项目确定方式如下：

(1) 利息支出是指企业财务报表中“财务费用”项下的“利息支出”。

(2) 研究开发费用调整项是指企业财务报表中“管理费用”项下的“研究与开发费”和当期确认为无形资产的研究开发支出。对于勘探投入费用较大的企业，经国资委认定后，将其成本费用情况表中的“勘探费用”视同研究开发费用调整项按照一定比例（原则上不超过 50%）予以加回。

(3) 无息流动负债是指企业财务报表中“应付票据”“应付账款”“预收款项”“应交税费”“应付利息”“应付职工薪酬”“应付股利”“其他应付款”“其他流动负债”；对于由于承担国家任务等原因造成“专项应付款”“特种储备基金”余额较大的，可视同无息流动负债扣除。

(4) 在建工程是指企业财务报表中符合主业规定的“在建工程”。工程物资和在建工程作为不能为当期实际创造利润的长期性持续性投资，不应包括在资本占用中，当期完工并转入固定资产时才计入。

(5) 其他重大调整事项。对那些由于重大政策变化、严重自然灾害等不可抗力因素、企业重组上市及会计准则调整等不可比因素，经济增加值受到重大影响的情形进行调整。

资本成本是计算经济增加值的重要参数。从理论上讲，资本成本应采用加权平均资本成本，资本成本的高低应体现行业的风险差异，由于中国资本市场尚不成熟，股票交易价格的形成机制并不能充分反映上市公司的风险与价值。在估计经济增加值时，国资委考核中央企业的资本成本原则上定为 5.5%（基于长期贷款利率确定的）；承担国家政策性任务较重且资产通用性较差的企业，资本成本定为4.1%；资产负债率在75%以上的工业企业和80%以上的非工业企业，资本成本上浮0.5个百分点；资本成本确定后，3年保持不变。

国资委引入经济增加值指标评价企业业绩，向中央企业发出了清晰的信号：企业必须从以规模为导向的发展模式逐步向以价值创造为导向的发展模式转变。

12.1.4 经济增加值与净现值

在项目评估中，投资决策的法则之一是净现值法则。项目净现值衡量投资项目对公司增量价值的贡献大小。投资于净现值为正的项目将会增加公司价值；反之，则会损害公司价值。经济增加值是对净现值法则的简单拓展。或者说，项目净现值是它在寿命周期内所追加的经济增加值的现值，即

$$NPV=\sum_{t=1}^{t=n}\frac{EVA_t}{(1+WACC)^t} \tag{12-6}$$

假设公司有一投资项目，初始投资额为100万元，项目周期为4年，按直线法计提折旧，资本成本为10%，每年税后净经营利润如表12-11第二栏所示，采用折现现金流量法计算的项目净现值和采用折现经济增加值法计算的各投资年度经济增加值现值之和均为74.34万元。由于投资年度的经济增加值的现值等于投资项目的净现值，因此，投资项目经济增加值现值也可以作为投资决策的一种评价指标。

表12-11 投资项目净现值与经济增加值的现值 单位：万元

年份	税后净经营利润	折旧	现金净流量	资本成本费用	投资余额	经济增加值
0			−100.00		100	
1	30	25	55.00	10.0	75	20.0
2	30	25	55.00	7.5	50	22.5
3	30	25	55.00	5.0	25	25.0
4	30	25	55.00	2.5	0	27.5
NPV			74.34			74.34

12.1.5 市场增加值

市场增加值（MVA）是从总体上衡量公司为投资者创造价值能力的指标，其大小不仅取决于公司当前经营创造的价值能力，还与公司未来创造价值的能力有关。

市场增加值是指一个公司的市场价值与它所占用的资本（投资额）之差，即

$$MVA_t = MV_t - BV_t \tag{12-7}$$

式中，MV_t 表示 t 时点公司市场价值，即债务与股权市场价值之和；BV_t 表示 t 时点公司投入资本的账面价值，它是根据经济增加值的概念进行调整的。

由于公司资本由债务资本和股权资本两部分构成，市场增加值可相应地分解为债务市场增加值和股权市场增加值，前者等于公司债务的市场价值减去账面价值的净额，后者等于公司股权资本的市场价值减去账面价值的净额。如果公司债务的市场价值等于账面价值，市场增加值就等于股权资本市场增加值。

根据市场增加值的定义，如果市场增加值大于零，说明公司资本的市场价值大于投资者投资于公司的资本数量，从而为投资者创造了价值；反之，则说明公司损害了投资者的价值。从某一特定时点来说，市场增加值的大小反映了公司为投资者创造价值或损害价值的数量。因此，公司管理的目标是市场增加值最大化，而不是市场价值最大化，因为后者只关注公司在资本市场上的价值定位，忽略了公司的资本占用量，不能反映价值的创造。

从投资的角度分析，市场增加值计算公式中的投入资本账面价值应当是公司过去和现在的所有项目投入资本总额。如果资本市场是理性的，则上述所有项目未来预期现金流量的现值之和等于公司投入资本的市场价值。因此，接受净现值大于零的投资项目意味着市场增加值的增加，该项目对公司市场增加值贡献的大小就是该项目的净现值。根据市场增加值、净现值、经济增加值之间的关系，公司市场价值可写为：

$$\begin{aligned} MV &= IC_0 + \sum_{t=0}^{\infty} \frac{NCF_t}{(1+WACC)^t} \\ &= IC_0 + \sum_{t=1}^{\infty} \frac{EVA_t}{(1+WACC)^t} \end{aligned} \tag{12-8}$$

式（12-8）中的公司市场价值等于投入资本账面价值加上所有未来经济增加值的现值。重新调整后，市场增加值可按下式计算：

$$MVA_0 = MV_0 - IC_0 = \sum_{t=1}^{\infty} \frac{EVA_1}{(1+WACC)^t} \tag{12-9}$$

式（12-9）描述了经济增加值与市场增加值的关系，即市场增加值等于未来经济增加值的现值，经济增加值越多，公司价值的增值越多，为股东创造的财富就越多。

从市场增加值与经济增加值的关系看，市场增加值作为经营业绩的衡量指标，反映了股东投入资本的增值部分，直接与股东财富的创造相关。市场增加值标志着一家公司合理运用稀缺资源的能力。经济增加值的作用在于它扣除了资本成本，减去了投资者期望的最低投资收益。因此，当市场认为公司的经济增加值为零时，公司收支平衡，投资者只获得了最低回报，因而公司的市场增加值等于零。此时，公司市值与资本的账面价值相等。

将前述的净现值与经济增加值、市场增加值结合起来，可以发现这些指标是从不同的角度反映公司价值的增值的。采用净现值分析公司价值的增值，实质上是项目投资决策分析中的净现值最大化原则，如果把股东投资于公司看成同一个投资期趋近无穷大的投资项目，公司价值最大化目标就是公司所有投资的子项目累积净现值最大化目标，也就是市场增加值最大化目标。从本质上说，经济增加值是公司价值实现的内在动力，市场增加值是公司价值的外在市场表现，净现值是公司价值实现的微观决策标准。可见，公司价值最大化与经济增加值直接相关。一些投资公司的研究报告表明，经济增加值的长期变化是上市公司市场增加值变动的最重要原因。

12.2 经济增加值驱动因素

12.2.1 价值驱动因素分析的思路

价值驱动因素是影响或推动价值创造的一个决策变量。根据财务估价理论，公司价值创造的源泉来源于存量资产创造的价值和公司未来增长机会创造的价值。如果资产账面价值与投入资本相等，根据式（12－8），公司市场价值为初始投入资本与未来经济增加值现值之和，其中未来经济增加值的现值来源于两个方面：存量资产创造的各期经济增加值现值和未来增量投资创造的各期经济增加值的现值，因此，式（12－8）可改写为：

$$MV = IC_{存量资产} + \sum_{t=1}^{\infty}\frac{EVA_{t,存量资产}}{(1+WACC)^t} + \sum_{t=1}^{\infty}\frac{EVA_{t,未来投资}}{(1+WACC)^t} \qquad (12-10)$$

式中，存量资产的价值创造主要取决于公司存量资源的经营效率；未来增长价值主要取决于增量资源的投入与整合。因此，可从经营效率和增长价值两个方面研究价值创造的驱动因素。

12.2.2 经营效率驱动因素

反映公司经营效率的关键业绩指标既可以采用净资产收益率或投入资本收益率，也可以采用现金流量指标或经济增加值以及影响这些指标的派生因素。

以净资产收益率作为关键业绩指标，其价值驱动因素可分为销售利润率、总资产周转率、财务成本比率、权益乘数和税收效应比率等因素。为反映经营活动对净资产收益率的影响，也可根据杜邦财务分析体系，将净资产收益率指标分解为总资产收益率和权益乘数（见第2章格力电器净资产收益率分析）。

如果以公司自由现金流量作为关键业绩指标，价值驱动因素主要是现金流量、资本成本和增长率（见第3章）。如果以经济增加值作为关键业绩指标，价值驱动因素是投入资本、税后净经营利润和资本成本等。在其他因素保持不变的情况下，提高投入资本收益率、降低资本成本、增加资本投入（假设新投资的投入资本收益率大于资本成本）或减少资本投入（如果被剥离资产的投资收益率小于资本成本）时，就会增加经济增加值，为股东创造价值。

12.2.3 增长价值驱动因素

影响公司增长价值的因素不仅表现为较高的增长率，还表现为高增长率的持续期或竞争优势持续期。在其他因素不变的情况下，伴随着超额收益，高增长时期持续得越长，公司的价值增值就越大。公司收益增长率一方面受商品市场和管理效率双重影响，另一方面受金融市场和财务政策的影响，如负债水平、投资规模、融资方式、股利政策等。因此，某一销售增长率是否能实现，不仅取决于公司的经营效率，也取决于公司的财务政策或财务资源。

需要注意的是，如果公司的增长率是通过增加投资或资本扩张（如并购与重组）等实现的，这种增长必须能带来现金流量或收益的增长，单纯的快速增长不一定会创造价值，只有当增长创造的增量价值大于增量成本时，才会为公司创造价值。

[例 12-2] 假设 ABC 公司存量资产的投入价值为 10 000 万元，税后净经营利润为 1 500 万元，预期投入资本收益率为 15%，资本成本为 12%。为扩大收益，增加公司价值，公司预期在未来 5 年每年初追加投资 1 000 万元，预计这些投资的预期收益率为 15%，预期资本成本仍保持在 12%的水平上。在第 5 年之后，公司将继续投资 1 000 万元，且收益每年增长 5%，新投资收益率与资本成本均为 12%。假设公司持续经营，根据经济增加值模型，ABC 公司市场价值计算如表 12-12 所示。

表 12-12 ABC 公司市场价值计算 单位：万元

项目	现值	计算方法
现有资产		
投入资本	10 000	
经济增加值的现值	2 500	←10 000×(15%−12%)/0.12
第 1 年初投资的经济增加值现值	250	←1 000×(15%−12%)/0.12
第 2 年初投资的经济增加值现值	223.21	←[1 000×(15%−12%)/0.12]/1.12
第 3 年初投资的经济增加值现值	199.30	←[1 000×(15%−12%)/0.12]/1.12^2
第 4 年初投资的经济增加值现值	177.95	←[1 000×(15%−12%)/0.12]/1.12^3
第 5 年初投资的经济增加值现值	158.88	←[1 000×(15%−12%)/0.12]/1.12^4
公司市场价值	13 509.34	

在表 12-12 中，假设每年投资均发生在年初；各年投资的经济增加值为一固定数额，且一直持续到永久。在调整时，可将各年的经济增加值按永续年金调整到各年投资的期初，然后调整到第 0 期。例如，对第 2 年初投资的经济增加值的现值进行为期 1 年的折现。

表中计算结果表明，公司市场价值为 13 509.34 万元，其中存量资产的投入资本为10 000万元，存量资产创造的经济增加值现值为2 500万元，第1～5年每年追加投资获得的经济增加值现值合计为1 009.34万元。据此，市场价值增加值为3 509.34万元（13 509.34−10 000）。需要注意的是，只有当投入资本收益率大于资本成本时，才会为公司创造市场增加值。尽管公司在第5年后将继续增加投资，由于投入资本收益率等于资本成本，投资的边际收益等于0。由此说明，增加投资并不意味着增加价值，只有投入资本收益率的增长率大于资本成本的增长率时才会创造增量价值。如果公司投资的收益等于或低于资本成本，增加投资的结果只会损害公司价值。

根据例12-2的数据，采用公司自由现金流计算的公司价值如表12-13所示。

表12-13　ABC公司市场价值计算　　单位：万元

年份	0	1	2	3	4	5	6
现有资产税后息税前利润		1 500	1 500	1 500	1 500	1 500	
第1年初投资的$EBIT(1-T)$		150	150	150	150	150	
第2年初投资的$EBIT(1-T)$			150	150	150	150	
第3年初投资的$EBIT(1-T)$				150	150	150	
第4年初投资的$EBIT(1-T)$					150	150	
第5年初投资的$EBIT(1-T)$						150	
税后息税前利润合计		1 650	1 800	1 950	2 100	2 250	2 362.5*
资本支出（再投资）	1 000	1 000	1 000	1 000	1 000	937.5	984.38*
公司自由现金流量	−1 000	650	800	950	1 100	1 312.5	1 378.13
公司自由现金流量现值（前5年）	2 338.12						
稳定增长期公司自由现金流现值	11 171.22					19 687.5	
公司价值	13 509.34						

*按增长率5%计算。

阅读表12-13的数据时，需要注意的是：（1）各年资本支出（再投资）发生在每年初，因此第1年的1 000万元列示在第0年，第2年的资本支出列示在第1年，以此类推。（2）假设第6年起税后净经营利润、资本支出增长率为每年5%；第5年之后投资收益率与资本成本均为12%。因此，第5年的资本支出可按下式计算：

$$净投资_5=\frac{EBIT_6(1-T)-EBIT_5(1-T)}{投入资本收益率}=\frac{2\ 362.5-2\ 250}{12\%}=937.5(万元)$$

采用资本成本对公司自由现金流量进行折现得到的公司价值为13 509.34万元，与运用经济增加值方法得到的公司价值相等。这种情形仅在两种方法假设条件、调整方式基本一致的情况下才可能出现。例如，采用经济增加值方法时，需要对研发费用进行调整，那么，采用公司自由现金流量方法时，也要对研发费用进行调整。即用于估计公司自由现金流量的税后净

市场价值
与驱动因素

经营利润与估计经济增加值的税后净经营利润相一致。但在大多数情况下，由于增长率预测、各年投入资本预测等原因，两种方法的结果是有差异的。

12.2.4　价值驱动因素分析

现以经济增加值为例说明不同价值驱动因素对公司价值的影响。根据式(12-2)，影响经济增加值的因素主要有投入资本、税后净经营利润和加权平均资本成本。在其他因素保持不变的情况下，提高投入资本收益率、降低资本成本、增加资本投入（假设新投资的投入资本收益率大于资本成本）或减少资本投入（假设被剥离资产的投资收益率小于资本成本）时，就会增加经济增加值，为股东创造价值。

[例 12-3] 假设 XYZ 公司目前投入资本为 2 000 万元，资本成本为 10%，投入资本收益率第 1 年为 18%，以后每年递减 1%，到第 9 年时与资本成本相同。据此，未来经济增加值现值与公司价值计算如表 12-14 所示。

表 12-14　经济增加值现值与市场价值的基本数据　　单位：万元

年度	0	1	2	3	4	5	6	7	8	9
ROIC－WACC		8%	7%	6%	5%	4%	3%	2%	1%	0%
EVA		160	140	120	100	80	60	40	20	—
PV（EVA）(10%)	533	←=NPV(10%，160，140，120，100，80，60，40，20)								

根据表 12-14，假设公司资产的账面价值与投入资本相等，市场价值计算如下：

$$MV=2\,000+\frac{160}{1+10\%}+\frac{140}{(1+10\%)^2}+\cdots+\frac{20}{(1+10\%)^8}$$
$$=2\,000+533=2\,533(\text{万元})$$

上述计算表明公司未来经济增加值的现值为 533 万元，公司的市场价值（2 533 万元）为投入资本与未来经济增加值现值之和。以表 12-14 中的数据为基础，分析不同因素变化对公司价值的影响。

(1) 提高现有资本投资收益率。假设 XYZ 公司通过提高经营效率，如提高市场份额、降低成本、提高资产周转率等，使第 1 年的投入资本收益率由 18% 提高到 20%，以后每年递减 1.25%，第 9 年的投入资本收益率与资本成本相同。假设投入资本和资本成本等因素保持不变，投入资本收益率变化对公司价值的影响如表 12-15 所示。

表 12-15　提高现有资本收益率对市场价值的影响　　单位：万元

年度	0	1	2	3	4	5	6	7	8	9
ROIC－WACC		10%	8.75%	7.5%	6.25%	5%	3.75%	2.5%	1.25%	0%
EVA		200	175	150	125	100	75	50	25	0
PV（EVA）	666	←=NPV(10%，200，175 ，150，125，100，75，50，25)								

在表12-15中，其他因素不变的情况下，提高投入资本收益率，未来经济增加值的现值增加了133万元（666－533），公司市场价值也随之由2 533万元增加到2 666万元，增加了133万元。

（2）剥离不良资产，降低资本占用。假设XYZ公司的资产由A，B两类构成，A类资产总额为1 500万元，投入资本收益率为22%，B类资产总额为500万元，投入资本收益率为6%，A，B资产平均投入资本收益率为18%。假设公司决定以账面价值出售B类资产。A类资产收益率每年递减1.5%，到第9年与资本成本相同。假设资本成本保持不变，公司剥离不良资产后的价值如表12-16所示。

表12-16　资产剥离后市场价值　　单位：万元

年度	0	1	2	3	4	5	6	7	8	9
ROIC－WACC		12%	10.5%	9%	7.5%	6%	4.5%	3%	1.5%	0%
EVA		180	158	135	113	90	68	45	23	—
PV（EVA）	600	←=NPV(10%，180，158，135，113，90，68，45，23)								

表12-16表示，公司剥离不良资产500万元后，未来经济增加值现值为600万元，市场价值降为2 100万元（1 500＋600）。与表12-15比较，虽然市场价值减少了433万元（2 533－2 100），但资本减少了500万元，相当于创造了67万元的价值，这与未来经济增加值现值的增加值67万元（600－533）刚好相等。

上述计算表明，如果以比资本投入增加更快的速度增加市场价值，或者以比市场价值减少更快的速度减少资本投入，都会得到同样的效果，即增加股东价值。因此，价值创造的目标不是市场价值最大化，而是市场增加值最大化。

（3）延长竞争优势期。上述内容均假设竞争优势期为8年，假设延长至10年，每年收益率仍呈线性递减，其他因素保持不变，市场价值计算如表12-17所示。

表12-17　延长竞争优势期的市场价值　　单位：万元

年度	0	1	2	3	4	5	6	7	8	9	10	11
ROIC－WACC		8%	7.2%	6.4%	5.6%	4.8%	4%	3.2%	2.4%	1.6%	0.8%	0%
EVA		160	144	128	112	96	80	64	48	32	16	—
PV（EVA）	617	←=NPV(10%，160，144，128，112，96，80，64，48，32，16)										

表12-17的结果表明，公司竞争优势期限延长2年，未来经济增加值现值将增加84万元（617－533），同样公司市场价值增加84万元（2 000＋617－2 533）。

任何公司经过一段时间的快速增长后，都会进入增长速度等于或小于经济平均增长速度的成熟期。当公司的资本投入资本收益率大于资本成本，即存在超额利润时，高速增长能提高公司价值；同时，某一领域的超额利润会吸引竞争者进入，导致竞争加剧，最终导致高速增长期的结束。因此，要延长高速增长期，公司必须建立并提高进入壁垒和竞争优势，并采取必要的措施延长竞争优势的持续期间以提高公司价值。

(4) 降低资本成本。假设其他因素不变，资本成本降低到 8%，则第 1 年投入资本收益率与加权平均资本成本之间的差额为 10%（即 18%−8%），以后每年递减 1.25%（即 10%/8），第 9 年为 0。表 12-18 列示了资本成本降低后的公司价值。

表 12-18　降低资本成本后的公司价值　　单位：万元

年度	0	1	2	3	4	5	6	7	8	9
ROIC−WACC		10%	8.75 %	7.5%	6.25%	5%	3.75%	2.5%	1.25 %	0%
EVA		200	175	150	125	100	75	50	25	—
PV (EVA) (8%)	704	←=NPV(8%, 200, 175, 150, 125, 100, 75, 50, 25)								

表 12-18 表明，降低资本成本 2%，使未来经济增加值现值增加了 171 万元（704−533），公司市场价值由 2 533 万元增加到 2 704 万元（2 000+704），同样增加了 171 万元。

12.3　可持续增长与财务战略矩阵

12.3.1　内含增长率

影响公司价值的重要参数是未来收益的增长率，尤其销售收入增长率的高低是影响公司增长价值的关键因素。为考察这一指标的合理性，通常将预期销售收入增长率与公司内含增长率和可持续增长率进行比较。

假设 XYZ 公司预计销售增长率为 10%，并假设公司主要通过外部融资（长期借款）和减少股利支付满足增加资产、扩大销售的资金需要。如果不追加外部资金，仅仅依靠新增的留存收益和自然融资形成的资金来源（假设折旧全部用于当年的更新改造）所能达到的最大增长率称为内含增长率（internal growth rate）。假设销售增长率用 g 表示，股利用 Div 表示，外部资金需要量可通过下式计算：

$$AFN=(A/S)gS_0-(L/S)gS_0-[M(1+g)S_0-Div] \qquad (12-11)$$

式中，AFN 为外部资金需要量；A/S 为基期资产（A 指与销售增长有关的资产项目）与期初销售收入（S_0）的比率，表示增加 1 元销售收入所需增加的资产，A/S 也可以表示为总资产周转率的倒数；L/S 表示自然融资增加的负债（指应付账款和应计项目，不包括银行借款和债券）与初期销售收入的比率关系，说明销售收入每增加 1 元自然产生的融资额；M 为基期销售净利率；Div 表示股利支付额。

如果无外部追加资金，即 $AFN=0$，通过式（12－11）即可求出内含增长率。

$$AFN=(A/S)gS_0-(L/S)gS_0-[M(1+g)S_0-Div]=0$$

$$g=\frac{MS_0-Div}{S_0[(A/S)-(L/S)-M]}$$

假设公司每年股利支付率为 d，且保持不变，则下一年度的股利为：

$$Div=dMS_0(1+g)$$

将 Div 代入上式，即可得到内含增长率 g 计算公式：

$$g=\frac{M(1-d)}{(A/S)-(L/S)-M(1-d)} \tag{12-12}$$

内含增长率（不使用外部资金的最大增长率）与销售净利率正相关，与股利支付率负相关。销售净利率越高，内含增长率越高；股利支付率越高，内含增长率越低。公式中的分母是每单位增量销售收入所需追加的增量资金。

假设 XYZ 公司 2021 年销售净利率为 6.6%，股利支付率为 66.67%，与销售有关的资产/销售收入比率为 0.6，与销售有关的负债/销售收入比率为 0.1。如果这些财务指标保持不变，则公司内含增长率为：

$$g=\frac{6.6\%\times(1-66.67\%)}{0.6-0.1-6.6\%\times(1-66.67\%)}=4.60\%$$

上述计算结果表明，XYZ 公司内部资金能使其维持在 4.60% 的增长水平上，超过这一增长水平，公司将不得不追加外部资金。

12.3.2 可持续增长率

如果一家公司增长所需资金完全来自内部（留存收益和自然融资），那么经过一段时间公司资金总额中的股东权益不断增加，引起负债比率不断下降。如果公司希望继续保持原有的资本结构，就需要发行新债融资。可持续增长率（sustainable growth rate，SGR）是指在财务杠杆不变的条件下，运用内部资金和外部资金所能支持的最大增长率。

如果公司新增的股东权益仅来自留存收益，而留存收益的高低又取决于下一年度的销售收入、股利支付率、销售净利率，即

$$\begin{matrix}\text{留存收益}\\\text{增加额}\end{matrix}=\begin{matrix}\text{下一年度}\\\text{净利润}\end{matrix}\times(1-\text{股利支付率})=MS_0(1+g)\times(1-d)$$

在长期负债与股东权益比率一定的情况下，公司追加债务数额取决于留存收益增加额和杠杆比率（有息债务/股东权益）两个因素，即

$$\text{债务增加额}=\text{留存收益增加额}\times\text{杠杆比率}=MS_0(1+g)(1-d)\times(D/E)$$

如果资产增长与销售增长相等，则资产需求增加额等于自然融资增加额与留存收益增加额及债务增加额之和，即

$$\begin{aligned}(A/S)gS_0 &= (L/S)gS_0 + MS_0(1+g)(1-d) + MS_0(1+g)(1-d)(D/E)\\ &= (L/S)gS_0 + MS_0(1+g)(1-d)(1+D/E)\end{aligned}$$

整理上式后，增长率（g）可表示为与财务政策（杠杆比率、股利支付率等）相一致的最大的销售收入增长率，即可持续增长率，通常用 g^* 表示，即

$$g^* = \frac{M(1-d)(1+D/E)}{(A/S)-(L/S)-M(1-d)(1+D/E)} \tag{12-13}$$

可持续增长率与杠杆比率（D/E）和销售净利率正相关，与股利支付率负相关。负债比率越大，增长率越高；利润率越高，增长越快。但股利支付率越高，增长率越低。

在其他因素一定的情况下，由于可持续增长率是运用内部和外部资金的最大增长率，因此，它一般高于内含增长率。在本例中，XYZ 公司基期杠杆比率为 66.67%，假设销售净利率、股利支付率保持不变，则

$$g^* = \frac{6.6\% \times (1-66.67\%)(1+66.67\%)}{0.6-0.1-6.6\% \times (1-66.67\%)(1+66.67\%)} = 7.91\%$$

在上面的分析中，如果杠杆比率保持不变，随着股东权益的增长，负债必须以相同的比率增长，负债和股东权益的共同增长决定了资产所能扩展的速度，当然后者也会限制销售的增长。也就是说，限制销售增长的主要因素是股东权益的扩张速度。

上述计算结果表明，在各种比率保持不变的条件下，公司运用内外部资金的最大可持续增长率为 7.91%，低于预期销售增长率 10%，公司必须调整经营计划或改变财务政策，以平衡发展与资金之间的关系。

12.3.3 财务战略矩阵

在财务管理中，价值创造与可持续增长率的组合分析是通过财务战略矩阵实现的。财务战略矩阵是通过两维的参数综合分析公司价值增长程度的工具，一是资本收益率差幅（$ROIC-WACC$）；二是销售增长率与可持续增长率之间的差幅（$G_{销售}-SGR$）。为分析方便，假设公司具有多个部门或业务单元，它们各自创造的价值构成了公司价值创造总额。根据不同的资本收益率差幅和增长率差幅将财务战略矩阵分为四个象限，如图 12-2 所示。每一象限对应资本收益率差幅与增长率差幅的不同组合，对应不同的经营状态。[①]

---

① 加布里埃尔·哈瓦维尼，克劳德·维埃里．经理人员财务管理——创造价值的过程．北京：机械工业出版社，2000．

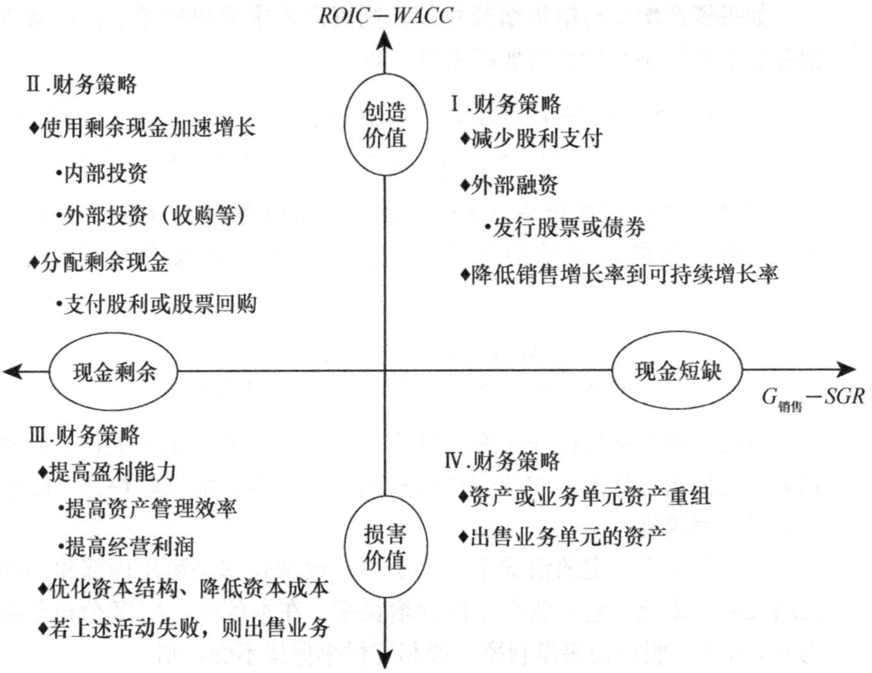

图 12-2　财务战略矩阵

在图12-2中，纵坐标表示资本收益率差幅，用于衡量公司某一特定业务单元创造价值的能力。如果资本收益率差幅大于零，则表明该业务单元为公司创造价值；反之，则损害公司价值。横坐标表示增长率差幅，用于衡量公司某一特定业务单元为销售增长提供现金的能力。如果增长率差幅大于零，表明业务单元现金短缺；反之，则表明该业务单元现金剩余。处于不同象限的部门或业务单元应采用不同的财务策略。

象限Ⅰ：处于这一象限的业务单元，资本收益率差幅与增长率差幅大于零。该业务单元的经营活动创造价值，但现金短缺。对此，可供选择的财务策略是：(1) 筹措资金，满足销售增长的需要；(2) 缩小经营规模，使公司的可持续增长率与销售增长率相平衡。这个战略可以使公司通过进入更加细分的市场，提高留存业务的价值创造能力。

象限Ⅱ：处于这一象限的业务单元，资本收益率差幅大于零，但增长率差幅小于零。该业务单元的经营活动创造价值，并产生剩余现金。根据是否存在增长机会采取不同的财务策略，如果存在增长机会，可将多余的现金投资于现有业务单元，促进现有业务的扩张，或者通过收购实现外部增长；如果目前尚未发现有利的投资机会，可通过现金股利或股票回购方式将多余的现金返还给股东。

象限Ⅲ：处于这一象限的业务单元，资本收益率差幅和增长率差幅均小于零。该业务单元虽然能够产生足够的现金流量维持自身发展，但是业务的增长反而会降低经营的价值，这是公司处于衰退期的前兆。对此，可采取的财务策略是：(1) 将多余的现金用于该业务单元的业务重组，提高投入资本收益率；

(2) 通过扩大销售、提高价格、减少费用等途径提高边际收益；(3) 通过有效营运资本管理（加速收款、减少存货）等方法提高资产周转率；(4) 通过业务重组降低资本成本；(5) 将该业务单元的业务出售，并将多余的现金返还给股东。

象限Ⅳ：处于这一象限的业务单元，资本收益率差幅小于零，增长率差幅大于零。该业务单元的经营活动既不能创造价值，又不能支持其自身的发展。如果不能彻底改变这一局面，就必须出售该业务单元的资产，全面退出该业务。

经济增加值作为一种评价指标，能够准确地反映经营者为股东创造的价值，但由于经济增加值对公司未来成长的估算是建立在既有产品、技术和市场的基础上，同时经济增加值的计算对资本成本高度敏感，而资本成本的确定又依赖历史数据分析，因此，经济增加值的可操作性还有诸多问题需要解决，如对公认财务会计准则的调整、股权资本成本的确定等，这在一定程度上限制了公司的外部信息使用者。

12.3.4　经济增加值动量分析

斯图尔特·贝内特（Stewart Bennett，2010）将经济增加值和营业收入增长率相结合，提出了经济增加值动量（EVA momentum）的分析方法。经济增加值动量的计算方法如下：

$$\text{经济增加值动量}=\frac{\text{本期经济增加值增量}}{\text{上一期营业收入}} \tag{12-14}$$

经济增加值动量可以进一步分解为经营效率指标（productivity gains）和盈利增长效率指标（profitable growth），如下式所示：

$$\begin{aligned}\text{经济增加值动量}&=\Delta\left(\frac{\text{经济增加值}}{\text{营业收入}}\right)+\frac{\text{经济增加值}}{\text{营业收入}}\times\text{营业收入增长率}\\&=\text{经营效率}+\text{盈利增长效率}\end{aligned}$$

根据格力电器财务报表，其经济增加值、经济增加值动量的计算方式见附录，经济增加值动量变动趋势如图 12-3 所示。

经济增加值动量不仅可以衡量公司价值创造效率，而且可以判断公司的成长类型，如图 12-4 所示。

价值中立型成长（value neutral）指的是营业收入增长率或营业收入增加值率（经济增加值/营业收入）二者中有一个指标为零，处在这种状态时对经济增加值动量无影响。

价值增值型成长（valuable growth）指的是营业收入增长率和营业收入增加值率均大于零。前者表明公司的市场份额在扩张，后者表明公司价值创造的效率在提高，处于这一象限的组合是公司经营的最佳状态。

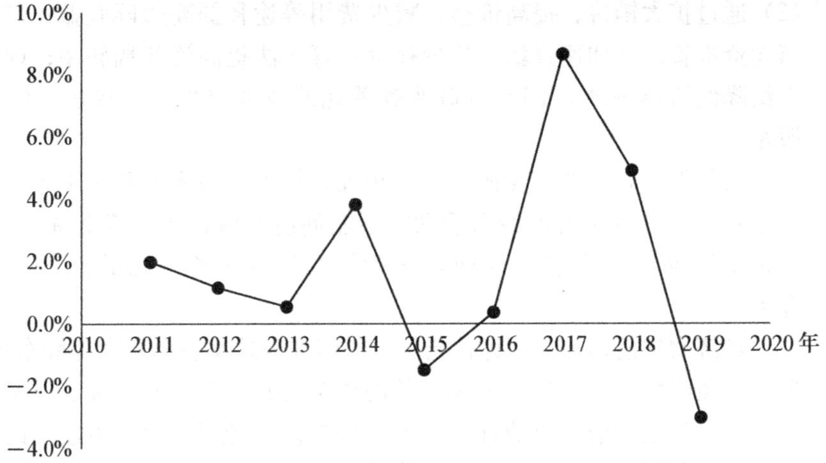

图12-3 格力电器经济增加值动量指标变动趋势（2010—2019年）

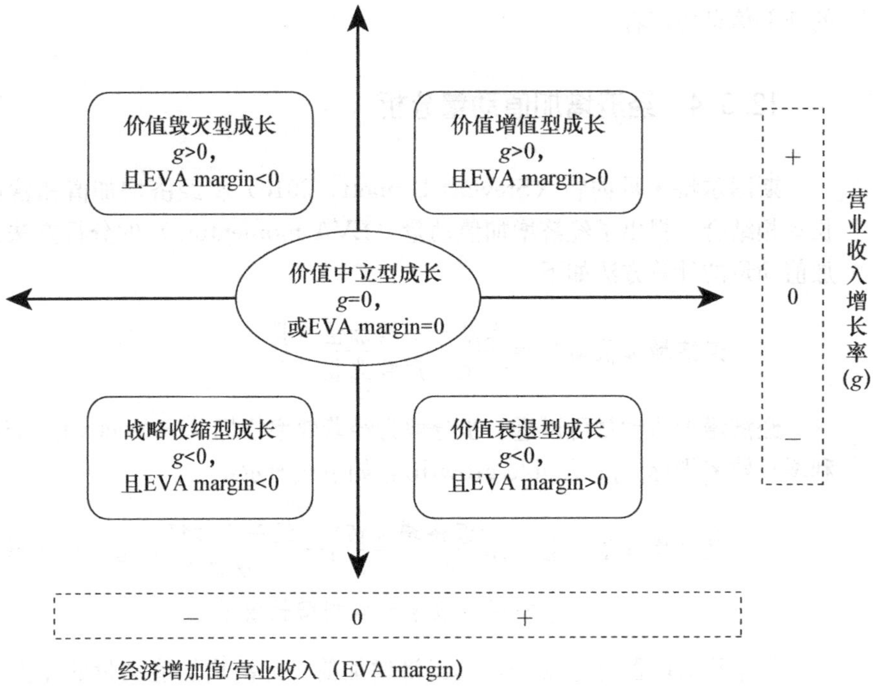

图12-4 价值成长型矩阵

资料来源：Stewart，B. EVA Momentum：The One Ratio That Tells the Whole Story. Journal of Applied Corporate Finance，2009，21（2）：74-86.

价值毁灭型成长（destructive growth）指的是营业收入增长率大于零，但营业收入增加值率小于零，由于单位营业收入的价值创造为负，因此，营业收入越高，价值毁灭程度越高，公司应极力避免这一象限的组合。

战略收缩型成长（strategic retrenchment）指的是营业收入增长率和营业收入增加值率均为负值，表明公司所在的市场萎缩，且伴随着价值毁损。处于这一象限意味着公司的经营规模发生了收缩，可能是公司剥离部分业务造成的，也可能是由于经营环境等原因经营受阻。

价值衰退型成长（fading star）指的是营业收入增加值率大于零，营业收入增长率小于零。在这一象限下，公司的营业收入虽然还可以为股东创造价值，但市场竞争力在下降。

根据经济增加值动量判断的格力电器各年的成长类型如图 12－5 所示。从图 12－5 可以看出，除 2015 年、2019 年外，格力电器各年增长类型均落在价值增值型成长区域内。这表明公司营业收入增长率和营业收入增加值率均大于零。前者表明格力电器的市场份额在扩张，后者表明格力电器价值创造的效率在提高，处于这一象限的组合是格力电器经营的最佳状态。

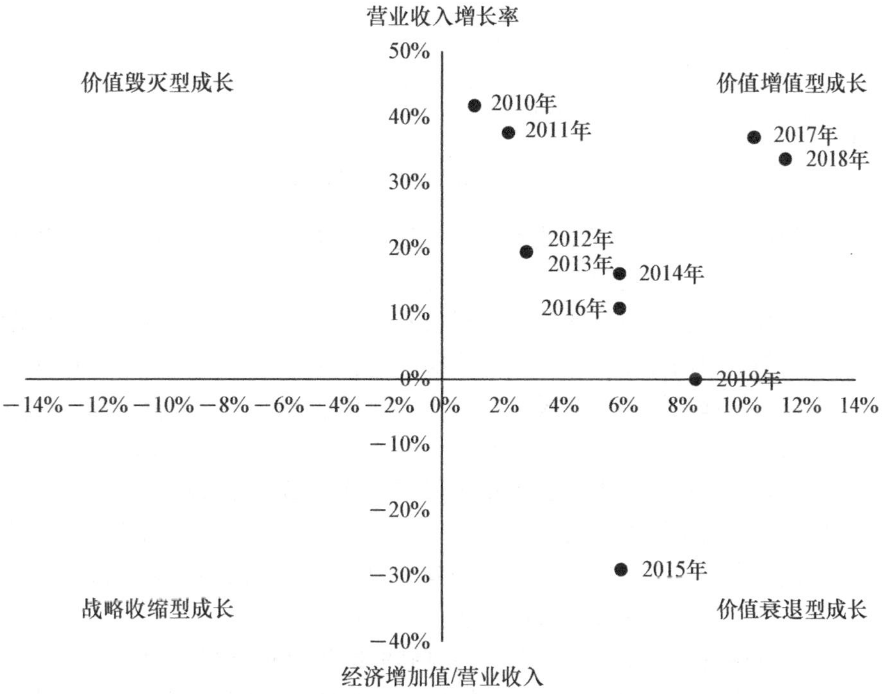

图 12－5　格力电器成长类型

12.3.5　价值创造与财务支持策略

公司财务的研究框架主要有两个：一是通过资源的流动和重组实现资源的优化配置和价值增值，即如何在商品市场上进行实物资产投资，为公司的未来创造价值；二是通过各种金融工具的创新和资本结构的调整实现资本的扩张和增值，即如何在金融市场上筹措投资所需要的资本，为投资者创造价值。在实务中，公司财务管理主要表现为投资决策、筹资决策和营运资本管理三种形式，最终目标是实现市场增加值最大化，如图 12－6 所示。

在图 12－6 中，市场增加值的来源是公司的投资活动和经营活动，市场增加值主要是向市场或投资者展示这种价值的度量结果，仅当投资活动和经营活动

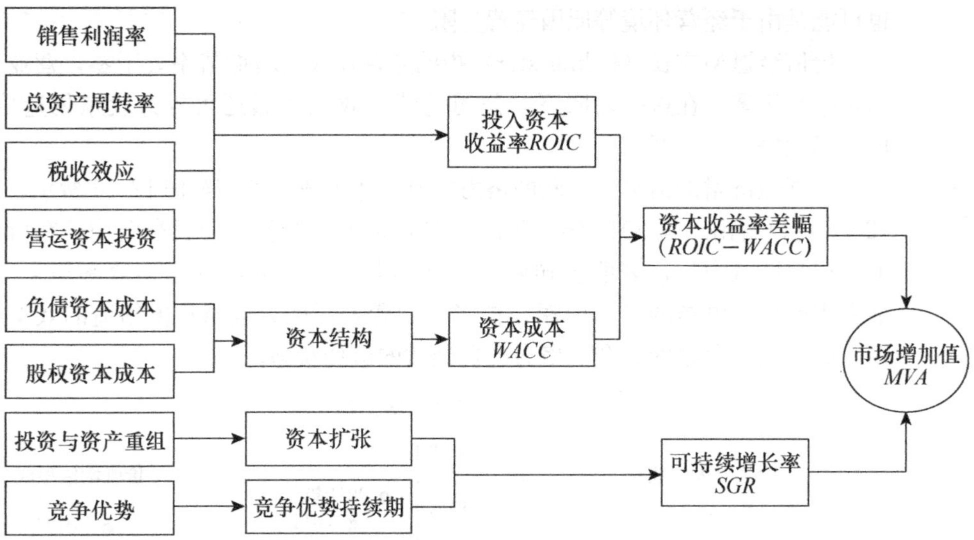

图12－6　价值创造

所创造的价值大于资本成本时，才能为投资者创造增量价值。可以说，价值创造与价值评价是动因和结果的关系。

投资决策是一种评价和选择投资项目、优化资源配置的经济活动。投资项目决策的目的在于评价或选择能够创造公司价值的投资项目，以便提高公司价值的长期增长潜力。在投资决策中，除了选择和评价投资项目，财务部门也可以通过监控和量化公司股票价格与其内在价值的关系，识别价值创造的新机会。例如，当上市公司当前股价小于股票内在价值，即股票价值被低估时，财务部门可以寻找不同的方法消除差距，如加强与投资者的沟通或者回购股票，或者通过剥离或出售某些资产、并购其他业务、放弃某些与公司战略不符的业务等资产重组方式提高股票市场价格。

在融资决策中，竞争和套利机制的结果是很难找到净现值大于零的融资方案或融资机会。因此，公司必须通过其他方法（如证券创新）创造价值。[①] 在实务中，融资决策创造价值可以直接通过节税或降低融资成本实现，也可以通过提高公司资金来源的可靠性和灵活性、降低公司风险等方式间接实现。20世纪90年代后期，安然公司的管理层为了达到增长目标，采用债务资本对宽带进行投机性投资。宽带投资失败后，巨额的债务将安然拖入了破产的泥潭。安然事件的教训之一是融资策略与投资策略是互补的，拟定融资策略之前要充分考虑到经营业务方面的风险，一旦经营业务发生变化，要重新审视融资策略合适与否。这意味着财务部门还应掌握评估和监控与投资决策有关的风险管理技术与工具。例如，财务部门可通过掉期、远期、期货、期权等衍生工具转移风险、降低风险或化解风险。由于公司的投资、融资可以看作某种期权的组合，根据

① 近年来金融创新品种层出不穷，公司从开发和高价发行具有独创性的证券中获得好处，但是，从长远看，证券创新者所能从中获得的价值很小。因为证券创新者通常不能对其创新证券的思想申请专利或版权，所以其他公司很快就能复制和发行类似的证券，最终迫使价格下跌。

期权理论设计的各种避险工具既可规避下方风险，又不丧失上方收益。

如果说投资管理强调公司的发展，那么融资管理强调的是公司的生存。尽管保持合理的资本结构可以降低财务危机成本，但资本结构并不是一个关键的价值动因，对于已经达到合理杠杆水平的公司，资本结构创造价值的潜力有限，因此，管理者应确保公司具有足够的财务灵活性，在支持公司战略的同时尽量减少财务危机，而不是通过调整实现最佳的资本结构。

在前面的分析中，反映价值创造的一个重要指标是投入资本收益率，这一指标又可分解为销售利润率和资产周转率，而税后的投入资本收益率与税率有关。因此，营运资本管理对提高投入资本收益率或价值创造的贡献主要是提高资产管理效率或加速资本周转，如加速收款、减少存货等。

12.4 价值导向管理

12.4.1 价值创造体系

从历史渊源分析，管理是以以下五种思想或理论为基础建立的：1211 年佛罗伦萨银行家发明的簿记法；20 世纪初泰勒发明的科学管理；20 世纪 20 年代斯隆提出的分权组织；20 世纪 50 年代德鲁克提出的公司战略和目标管理；20 世纪 90 年代肯尼斯·布兰查德提出的价值导向管理。如果说簿记法使工业革命催生的大型公司组织得以迅速发展，那么价值导向管理使传统的经营理念发生了革命性的变化。

价值导向管理作为一种价值管理体系，主要包括价值创造体系、价值评价体系和价值分享体系。价值创造体系主要回答公司价值创造的驱动因素；价值评价体系主要回答不同的价值驱动因素对公司价值创造的贡献程度；价值分享体系主要回答如何回报不同贡献程度的价值驱动因素。

根据核心能力理论，公司价值的持续增长来源于公司的持续竞争优势，持续竞争优势则来源于公司所拥有的战略资源。上述各节的讨论主要是从财务资源的角度分析价值创造的驱动因素，事实上，除投资者提供的财务资源外，人力资源和客户资源以及其他无形资产都是构成公司竞争优势所不可缺少的资源。因此，在价值管理中，不仅要为财务资源的提供者——股东创造价值，也要为人力资源提供者或财务资源的使用者——员工（包括经营者和其他员工）创造价值。此外，还要为公司产品/服务的购买者——客户创造价值。股东价值、客户价值和员工价值也可以看作结果与动因之间的关系，如图 12－7 所示。

图 12－7 中的财务资源主要表现为有形资产；组织资源、信息资源和人力资源主要表现为无形资产。在无形资产中，信息资源主要包括信息系统、数据库、图书馆和网络资源等。组织资源是指执行公司价值创造战略所要求的组织能力，主要包括：（1）文化——执行战略所需要的使命、愿望和核心价值的意识和内在化；（2）领导力——管理者动员和领导员工实现公司目标的能力；（3）协调

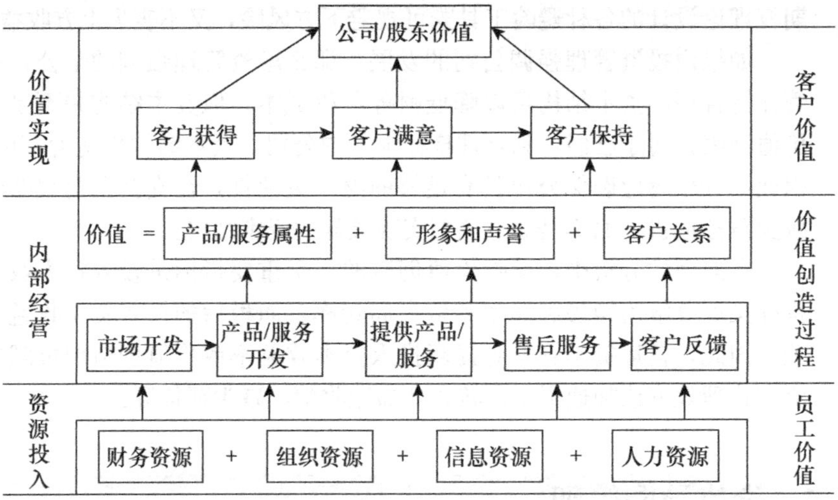

图12－7 股东价值、客户价值、员工价值动因图

一致——个人、团队和部门目标与战略目标的实现相结合；（4）团队工作及知识管理——整个公司共享的具有战略潜力的知识。人力资源主要指员工技能、知识和诀窍的有效性，这些技能、知识和诀窍主要用来执行对创造公司价值至关重要的内部经营。

资源投入是创造价值的第一步，经过产品/服务开发过程、生产过程、销售过程创造价值。这一过程是通过公司的内部业务经营完成的，即从确定客户的要求开始，到研究开发满足客户要求的产品与服务项目、制造并销售产品或服务，最后提供销售服务、满足客户要求的一系列活动，它是公司改善经营业绩的重点。客户满意和实现股东价值最大化都要从内部业务经营中获得支持。

公司价值或股东价值的实现是通过为客户创造价值完成的，或者说，通过为客户提供超越竞争对手的价值，为公司或股东创造价值。为提高客户价值，公司不但要在产品属性、服务质量、价格、品牌等客户价值收益来源上做文章，而且要研究影响客户支出成本的因素，设法降低客户购买成本、时间成本、精神成本、体力成本以及风险承担（因信息不对称导致的客户所购与所需产生差异而带来的损失）；通过建立客户信息共享机制和内部沟通机制，实现公司与客户的双向沟通，建立基于共同利益的新型公司-客户关系，通过客户服务（争取客户、满足客户、保持客户）创造价值。

12.4.2 价值评价体系

价值评价体系是对资源创造的价值或价值创造的因素进行系统和科学评价的一整套标准、过程和方法，旨在度量不同价值驱动因素对价值创造的贡献程度，为经营业绩考核提供依据。价值评价体系是公司人力资源战略的重要组成部分，在此仅从评价标准或指标的角度分析关键业绩评价指标。

从业绩评价的角度分析，评价指标的设计必须反映公司的关键成功因素和关键业绩指标（key process indication，KPI）。其设计思路应遵循 SMART 原则：S（specific）代表具体，指业绩考核要切中特定的工作指标；M（measurable）代表可度量，指评价指标是数量化或行为化的，验证这些评价指标的数据或信息是可以获得的；A（attainable）代表可实现，指评价指标在付出努力的情况下可以实现，避免设立过高或过低的目标；R（realistic）代表现实性，指评价指标是实实在在的，可以证明和观察的；T（time bound）代表时限，注重完成业绩评价指标的特定期限。

为保证关键业绩指标的有效实施，它应具备以下特征：(1) 能将员工的工作与公司远景、战略与部门工作相连接，能够层层分解，层层支持，使每一员工的个人业绩与部门业绩、公司整体效益直接挂钩；(2) 保证员工的业绩与客户的价值相连接，共同为实现客户的价值服务；(3) 员工业绩考核指标的设计是基于公司的发展战略与流程，而非岗位的功能。因此，关键业绩指标与一般业绩指标相比，把个人和部门的目标与公司的成败联系起来，就更具有长远的战略意义。关键业绩指标能集中测量员工的行为，使员工按照业绩的测量标准和奖励标准去做，真正发挥业绩考核指标的牵引和导向作用。

公司应根据所在行业特点、发展阶段、内部状况因素来确定关键业绩指标。通常，公司关键业绩指标的定位框架主要表现为八个方面：市场地位、创新、生产率、实物及金融资产、利润、管理人员的表现和培养、工人表现和态度、公共责任感。

基于价值创造的驱动因素，价值评价指标主要包括股东价值、客户价值和员工价值评价指标。股东价值评价指标主要有 ROA，ROE，ROIC，EVA，MVA 以及与此有关的派生指标，可参阅有关章节的相关内容。

12.4.3　价值分享体系

在信息经济时代，管理发生了革命性的变化：公司资源由单一财务资源拓展为财务资源、人力资源和客户资源的结合；价值评价由注重股东价值的结果性指标发展到注重价值驱动过程且由过程性指标和结果性指标相结合的分层指标体系；财务管理机制由股东独享财权的单边治理发展到由股东、员工、客户共同分享财权的多边共同治理；公司收益分配机制由利润分享发展到价值分享。

这里的价值分享主要是从员工业绩评价的角度进行的，价值分享体系主要解决两个问题：(1) 如何回报价值创造的驱动因素，即如何确定公司的薪酬战略和薪酬政策；(2) 以什么样的方式和什么样的水平回报和激励员工，即薪酬模式的选择问题。价值分享体系设计的目的是在实现公司价值或股东价值最大化的同时，实现个人价值最大化。公司价值最大化需要员工全力创造价值，如实现工作目标、提高工作技能、认同公司的价值观等；个人价值最大化则需要给员工合理分配价值，如发放工资、奖金，授予荣誉，营造良好的工作氛围，乃至给员工配售股权/期权等。员工分配价值的依据是其所创造的价值，这就涉及如何对员工创造的价值或价值创造的要素进行评价。

虽然在关键业绩指标中从不同的角度列示了许多考核指标，但最终都会落实到部门或员工对公司价值创造的贡献程度。相比传统的会计业绩指标，经济增加值是一个衡量公司价值创造能力的较准确的尺度，而且是一个容易被管理者理解和掌握的财务衡量尺度。在以经济增加值为基础的薪酬激励计划中，员工的奖金与经济增加值指标直接挂钩。经济增加值对员工的激励一直可以渗透到管理层的底部，许多影响经济增加值的重要经营指标都与一线管理者甚至普通员工的行为相关，并且能被他们直接控制。这些指标反映的经营信息与一组财务业绩指标联系起来，直接解释了经济增加值的变化。在以经济增加值为基础的薪酬激励计划中，公司只对超过资本成本的增加值进行奖励，从而将奖金的数量与员工为股东创造的财富紧密地联系起来，使员工开始像公司的所有者一样思考。此外，经济增加值指标计算过程中对相关事项的调整有效地避免了会计指标短期化和过分稳健的影响，更加精确地说明了员工对价值的实际创造。

自1982年以来，有近300家大型公司采用经济增加值体系作为下属业务单元业绩评估和经营者奖励的依据，包括可口可乐，AT&T，Quaker Oats，Briggs & Stratton以及CSX等巨型跨国集团。以西门子为例，公司44万名员工中参与激励计划的占15%～20%，前50名高层管理者中有60%的薪酬与价值指标挂钩。公司根据当年的股价来估计下一年投资者对经济增加值的预期增加值，并以此作为标准。如果下一年达到了预期的标准，高层管理者将得到全部的目标奖金。当然，公司还在其他方面（如市场份额）设定了标准，达到或超过这些标准，高级管理层会得到更多的报酬。但是，公司实行的是价值创造“一票否决制”，即所有增加的奖金只有在达到经济增加值目标的基础上才能拿到。在完成经济增加值指标的前提下，对照主要竞争对手的增长和市场份额，加倍奖励。

对公司来说，只有解决好价值创造、价值评价、价值分享这一条价值链的连接和平衡问题，才能促使员工有持续的动力去创造价值，换言之，才能构建员工的动力机制。可以说，全力创造价值、科学评价价值、合理分享价值构成了价值导向管理的核心主线。

□ 本章小结

1. 经济增加值是扣除全部资本成本后的收益，反映了使用全部资本的机会成本。计算经济增加值时，需要对经营利润和投入资本进行一定的调整。其目的在于：(1) 消除会计稳健原则的影响，如对研发费用、商誉等的调整，使调整后的数据能够反映公司的真实业绩；(2) 消除或减少管理层进行盈余管理的机会，如对各种准备金（如坏账准备）的调整；(3) 使业绩计量免受过去会计计量误差的影响，如将研发费用和商誉资本化，而不是在费用发生当期冲减利润，消除经营者对这类投资的顾虑。

2. 价值驱动因素是一个影响或推动价值创造的决策变量。根据财务估价理论，公司价值的创造来源于存量资产创造的价值和公司未来增长机会创造的价值。前者主要取决于公司存量资产的经营效率，后者主要取决于增量资产的投入与整合。因此，可从经营效率和增长价值两个方面研究价值创造的驱动因素。

3. 如果以经济增加值作为关键业绩指标，价值驱动因素是税后净经营利润和资本成本等，在其他因素保持不变的情况下，提高投入资本收益率（ROIC）、降低资本成本（WACC）、增加资本投入（假设新投资的投入资本收益率大于资本成本）或减少资本投入（假设被剥离资产的投资收益率小于资本成本）时，就会增加经济增加值，为股东创造价值。

4. 财务战略矩阵是通过两维的参数综合分析公司价值增长程度的工具，一是资本收益率差幅（$ROIC-WACC$），二是销售增长率与可持续增长率之间的差幅（$G_{销售}-SGR$）。

5. 对公司来说，只有解决好价值创造、价值评价、价值分享这一条价值链的连接和平衡问题，才能促使员工有持续的动力去创造价值。可以说，全力创造价值、科学评价价值、合理分享价值构成了价值导向管理的核心主线。

□ 基本训练

◆ 单项选择题

1. 公司在研发费用发生的当年将其作为费用一次性摊销，这种会计处理方法的后果是（　　）。

A. 提高了当年公司的经济增加值

B. 高估了公司资本占用额

C. 降低了研发费用发生当年公司的经营业绩

D. 对公司经营业绩和经济增加值没有影响

2. 下列各项中，关于递延税项描述错误的是（　　）。

A. 当会计利润大于应纳税所得额时，形成递延所得税资产

B. 当会计利润大于应纳税所得额时，形成递延所得税负债

C. 对递延税项的调整是将其贷方余额加回投入资本总额

D. 将当期递延税项贷方余额增加值加回当期的税后净经营利润

3. 下列关于市场增加值、经济增加值、净现值的说法中，正确的是（　　）。

A. 经济增加值是从总体上衡量公司为股东创造价值能力的指标

B. 经济增加值可以分解为债务经济增加值和股权经济增加值

C. 如果经济增加值大于零，经济增加值一定大于净现值

D. 经济增加值是公司价值实现的微观决策标准

4. 某业务单元的经营活动创造价值，但现金短缺，则该业务单元所处财务战略矩阵的象限为（　　）。

A. 第一象限　　B. 第二象限　　C. 第三象限　　D. 第四象限

5. 下列各项中，不属于价值导向管理体系的是（　　）。

A. 价值创造体系　　B. 价值评价体系

C. 价值分享体系　　D. 杜邦分析体系

◆ 多项选择题

1. 在其他因素保持不变的情况下，能够增加经济增加值，为股东创造价值的措施有（　　）。

A. 提高投入资本收益率
B. 降低资本成本
C. 如果新投资的投入资本收益率大于加权平均资本成本，增加资本投入
D. 如果被剥离资产的投入资本收益率小于资本成本，减少资本投入
E. 如果被剥离资产的投资收益率小于资本成本，增加资本投入

2. 将会计利润调整到经济增加值需要调整一些项目，其目的是（　　）。
A. 消除会计稳健原则的影响
B. 消除管理层进行盈余管理的机会
C. 使业绩计量免受过去会计计量误差的影响
D. 分析公司价值创造的动因
E. 剔除非经营活动、非经常性活动的损益

3. 计算经济增加值需要调整的项目有（　　）。
A. 研究开发费用　　B. 商誉
C. 递延税项　　D. 资产减值准备
E. 存货跌价准备

4. 财务战略矩阵第三象限的业务单元可采取的财务策略有（　　）。
A. 将多余的现金用于业务重组，提高投入资本收益率
B. 通过扩大销售、提高价格、减少费用等途径提高边际收益
C. 通过有效的营运资本管理方法提高资产周转率
D. 优化资本结构，降低资本成本
E. 将该业务单元的业务出售，并将多余的现金返还给股东

5. 下列关于价值导向管理体系的说法中，正确的有（　　）。
A. 价值创造体系主要回答公司价值创造的驱动因素
B. 价值评价体系主要回答不同的价值驱动因素对公司价值创造的贡献程度
C. 价值分享体系主要回答如何回报不同贡献程度的价值驱动因素
D. 价值评价体系是对价值创造的因素进行科学评价的标准、过程和方法
E. 价值导向管理体系主要研究财务资源创造与评价

◆ 判断题

1. 从本质上说，经济增加值是公司价值实现的内在动力，市场增加值是公司价值的外在市场表现，净现值是公司价值实现的微观决策标准。（　　）

2. 经济增加值与会计利润的主要区别在于前者只考虑了以利息形式反映的债务资本成本，忽略了股权资本成本。（　　）

3. 市场价值最大化只关注公司在资本市场上的价值定位，忽略了公司的资本占用量，不能反映价值的创造。（　　）

4. 在财务战略矩阵中，第四象限表示资本收益率差幅大于零，增长率差幅大于零。（　　）

5. 价值评价体系主要解决如何确定公司的薪酬战略和薪酬政策的问题。（　　）

◆ 讨论思考题

1. 根据安然公司2000年报，无论从哪个角度去评估，安然公司在2000年度的业

绩都是无可挑剔的。2000 年公司净利润达到历史最高。安然公司预计未来每股收益会持续增加。安然公司的会计利润与经济增加值有关数据如表 12-19 所示。

表 12-19 安然公司会计利润与经济增加值的比较

项目	1996 年	1997 年	1998 年	1999 年	2000 年
净利润（百万美元）	600	100	700	880	990
每股收益（美元）	1.25	0.185	1.155	1.4	1.2
经济增加值（百万美元）	−10	50	−200	−330	−650

安然公司作为世界上最大的电力、天然气以及电信公司之一，2000 年披露的营业额达 1 010 亿美元。公司连续 6 年被《财富》杂志评选为“美国最具创新精神公司”。但是，这个拥有上千亿美元资产的公司 2002 年宣告破产。请查询安然公司相关信息，结合表 12-19 的数据，从会计利润和经济增加值的角度分析安然公司破产的原因。

2. 自 1982 年以来，许多大型公司采用经济增加值体系作为下属业务单元业绩评估和经营者奖励依据，包括可口可乐，AT&T，Quaker Oats，Briggs & Stratton 以及 CSX 等巨型跨国集团。从 2007 年起，中央企业第二任期经营业绩考核全面启动，国资委修订后的《中央企业负责人经营业绩考核暂行办法》（简称《办法》）也正式对外公布并开始实施。《办法》鼓励企业使用经济增加值指标进行年度经营业绩考核，并将逐渐增加经济增加值指标的考核范围和指标权重。你认为采用经济增加值指标（相对于利润指标）考核管理者经营业绩的作用是什么？采用经济增加值指标考核经营者业绩需要注意什么问题？

3. 经济增加值动量指标不仅可以衡量公司价值创造效率，而且可以判断公司的成长类型。请根据斯图尔特·贝内特（2010）模型，说明价值成长型矩阵的基本内容。

4. 请说明股东价值、客户价值、员工价值之间的逻辑关系和价值创造动因。

5. 可口可乐公司在 1995 年的年报中写道，可口可乐向每一个接触它的人提供价值。这表明无论是向公司提供资源的投资者，还是公司价值的直接创造者（员工、供应商等），或是从公司品牌中获得享受的消费者，都会因可口可乐公司的存在而获益。根据公司价值分享体系，说明为什么经济增加值指标能够更好地度量员工的业绩。

◆ **计算分析题**

1. 以教材第 4 章基本训练中计算分析题 6 的数据为基础，计算 XYZ 公司的经济增加值。

2. AAA 公司 2020 年销售收入为 1 000 万元，销售利润率为 15%，投入资本为 1 000 万元，公司无负债，资本成本为 10%。为提高收益，目前公司正在考虑两个方案。

（1）引进新产品扩大销售：AAA 公司正在考虑引入一种新产品，根据市场预测，新产品会使销售收入提高 10%，该产品的销售利润率为 15%，但需要新增投资 500 万元。假设不考虑所得税，你认为公司应引入这一新产品线吗？

（2）改善采购：AAA 公司拟通过改善采购流程、节约成本等措施，使销售利润率上升到 17%，但同时要投入资本 150 万元。

要求：

假设销售收入保持不变，不考虑所得税，你认为公司是否应执行以上两个方案？

3. 假设ASS公司是一家高速成长的小型企业，该公司投入资本均为股权资本，2020年公司投入600万元，税后净经营利润为200万元，公司股权资本成本为15%。

要求：

(1) 假设公司在未来5年每年经济增加值增长15%，而且在第5年之后将不存在超额收益，即5年后投资收益率与股权资本成本均为12%。请估计公司价值，并区分公司价值中有多少来自经济增加值，有多少来自投入资本。

(2) 假设2020年公司将投入资本降低400万元，通过售后回租方式将资金租用回来。假设售后回租后税后净经营利润为180万元，资本成本保持不变，请估计公司价值，并区分有多少来自经济增加值，有多少来自投入资本。

4. 公司2021年业绩平平，销售及利润的增长均为5%左右，而竞争者增长率为10%，聘用你作为总经理，其目标是使销售增长10%，如表12-20所示；预计资产负债表如表12-21所示；投资类似企业的预期收益率（股权资本成本为20%）、公司与竞争者的相关数据如表12-22所示。

表12-20　预计利润表　　单位：万元

项目	2021年实际	2022年预计
销售收入	2 000	2 200
减：营业费用	1 780	1 920
减：折旧	20	50
息税前利润	200	230
减：利息费用（10%）	50	60
税前利润	150	170
减：所得税（$T=40\%$）	60	68
净利润	90	102

表12-21　预计资产负债表　　单位：万元

项目	2021年末实际	2022年末预计	项目	2021年末实际	2022年末预计
投入资本			资本来源		
现金	100	60	短期债务	200	300
经营性营运资本需求（WCR）	600	780	长期债务	300	300
固定资产净额	300	360	所有者权益	500	600
合计	1 000	1 200	合计	1 000	1 200

表12-22　公司与竞争者的相关数据

指标	2021年实际	2022年预计	竞争者
销售增长率	5.0%	10.0%	9.0%
净利润增长率	5.0%	13.3%	10.0%
营业费用增长率	6.0%	7.9%	9.0%
投入资本增长率	8.0%	20.0%	10.0%
WCR增长率	8.0%	30.0%	25.0%
短期债务/WCR	33.3%	38.5%	25.0%
ROIC	12.0%	12.55%	14.0%

要求：

请说明这一计划是否可行。

5. 假设 DSA 公司存量资产的投资额为 10 000 万元，税后净经营利润为 1 200 万元，预期投入资本收益率为 12%，资本成本为 10%。为扩大收益、增加公司价值，公司预期在未来 5 年每年初追加投资 1 000 万元，预计这些投资的预期收益率为 12%，预期资本成本仍保持在 10%的水平。在第 5 年之后，公司将继续投资 1 000 万元，且收益每年增长 5%，新投资收益率与资本成本均为 10%。

要求：

(1) 假设公司持续经营，根据经济增加值模型，计算 DSA 公司价值，并将公司价值分为存量资产创造的经济增加值和未来投资创造的经济增加值。

(2) 以 (1) 作为基础方案，对影响经济增加值的参数或变量进行敏感性分析，即改变某一参数或变量后，计算经济增加值和公司价值，并结合基础方案进行分析。

方案 1：减少投入资本。假设投入资本降至 5 000 万元（降低 50%），税后净经营利润为 1 200 万元；其他变量保持不变。

方案 2：减少投入资本、租赁资产。假设公司管理层能够以租赁的方式租赁资产（投入资本的 50%），进一步假设这些租赁资产的租赁成本为 4 000 万元；经过调整，公司年度税后净经营利润为 1 200 万元，投入资本收益率为 13.33%；其他变量保持不变。

方案 3：投入资本收益率变动。假设公司存量资产收益率由 12%提高至 12.5%，每年再投资部分收益率降至 11.5%；其他变量保持不变。

方案 4：投资收益率和资本成本同时提高。假设存量资产和再投资的投入资本收益率从 12%提高至 13.5%，资本成本从 10%提高至 11%；其他变量保持不变。

6. XYZ 集团为专门从事家电类产品生产与经营的上市公司，其下设四个子公司，分别从事电视机、冰箱、洗衣机、微波炉四类家电产品的生产和销售，这些子公司的有关数据如表 12-23 所示。

表 12-23　XYZ 集团各子公司主要财务比率

项目	电视机	冰箱	洗衣机	微波炉
销售增长率	9.0%	13.0%	8.0%	5.0%
投入资本收益率	8.0%	15.0%	8.0%	12.0%
净资产收益率	13.0%	18.0%	14.0%	16.0%
加权平均资本成本	10.0%	12.0%	9.0%	11.0%
股利支付率	50.0%	40.0%	25.0%	60.0%

要求：

(1) 计算 XYZ 集团各子公司的留存收益比率，按简化方式计算可持续增长率（留存收益率×净资产收益率）、资本收益率差幅（$ROIC-WACC$）、销售增长率与可持续增长率之间的差幅（$G_{销售}-SGR$）。

(2) 根据 (1) 的计算结果，说明各子公司在财务战略矩阵中处于哪个象限，不同的子公司应采用何种财务策略以提高公司价值创造的能力或改善价值毁损状况。

附　　录

1. 格力电器财务报表、价值评估

格力电器财务报表、价值评估

格力电器财务报表分析

格力电器报表预测与价值

格力电器经济增加值

2. 各章参考文献及阅读书目

参考文献

图书在版编目（CIP）数据

公司理财/刘淑莲编著. --3版. --北京：中国人民大学出版社，2022.1
高等学校经济管理类核心课程教材
ISBN 978-7-300-30000-9

Ⅰ.①公… Ⅱ.①刘… Ⅲ.①公司-财务管理-高等学校-教材 Ⅳ.①F276.6

中国版本图书馆CIP数据核字（2021）第216329号

"十二五"普通高等教育本科国家级规划教材
高等学校经济管理类核心课程教材
公司理财（第3版）
刘淑莲　编著
Gongsi Licai

出版发行	中国人民大学出版社		
社　　址	北京中关村大街31号	**邮政编码**	100080
电　　话	010－62511242（总编室）		010－62511770（质管部）
	010－82501766（邮购部）		010－62514148（门市部）
	010－62511173（发行公司）		010－62515275（盗版举报）
网　　址	http://www.crup.com.cn		
经　　销	新华书店		
印　　刷	天津鑫丰华印务有限公司	**版　　次**	2012年11月第1版
开　　本	787 mm×1092 mm　1/16		2022年1月第3版
印　　张	31.75 插页1	**印　　次**	2025年8月第6次印刷
字　　数	670 000	**定　　价**	72.00元

中国人民大学出版社　管理分社

教师教学服务说明

中国人民大学出版社管理分社以出版工商管理和公共管理类精品图书为宗旨。为更好地服务一线教师，我们着力建设了一批数字化、立体化的网络教学资源。教师可以通过以下方式获得免费下载教学资源的权限：

★ 在中国人民大学出版社网站 www.crup.com.cn 进行注册，注册后进入“会员中心”，在左侧点击“我的教师认证”，填写相关信息，提交后等待审核。我们将在一个工作日内为您开通相关资源的下载权限。

★ 如您急需教学资源或需要其他帮助，请加入教师 QQ 群或在工作时间与我们联络。

中国人民大学出版社　管理分社

教师 QQ 群： 648333426(工商管理)　114970332(财会)　648117133(公共管理)
教师群仅限教师加入，入群请备注（学校＋姓名）

联系电话： 010-62515782，82501868，82501048，62514760

电子邮箱： glcbfs@crup.com.cn

通讯地址： 北京市海淀区中关村大街甲 59 号文化大厦 1501 室（100872）

管理书社　　人大社财会　　公共管理与政治学悦读坊